Kuno Fischer

Arthur Schopenhauer Leben, Werke und Lehre

Kuno Fischer

Arthur Schopenhauer
Leben, Werke und Lehre

Herausgegeben und eingeleitet
von Maria und Werner Woschnak

marixverlag

Bibliografische Information der Deutschen Nationalbibliothek
Die Deutsche Nationalbibliothek verzeichnet diese Publikation in der Deutschen Nationalbibliografie; detaillierte bibliografische Daten sind im Internet über http://dnb.d-nb.de abrufbar.

Die Ausgabe wurde neu gesetzt und bearbeitet nach der Ausgabe Heidelberg 1898
Covergestaltung: Nicole Ehlers, marixverlag GmbH
Bildnachweis: akg-images GmbH, Berlin
Lektorat: Dr. Bruno Kern, Mainz
Satz und Bearbeitung: Medienservice Feiß, Burgwitz
Der Titel wurde in der Minion Pro gesetzt.
Gesamtherstellung: Bercker Graphischer Betrieb GmbH & Co.KG, Kevelaer
Printed in Germany

ISBN: 978-3-86539-245-9

www.marixverlag.de

Inhalt

Zweites Buch

Anhang

Arthur Schopenhauer – Originalgenie und philosophischer Außenseiter

Eine Einführung zu Kuno Fischers Schopenhauer-Buch

Kuno Fischers Schopenhauer-Monographie, die, nach dem Urteil Wilhelm Windelbands „großartigste[...] Charakteristik einer philosophischen Persönlichkeit, die ihm gelungen ist“[1], wird hier auf der Grundlage der dritten Auflage, um eine Einführung und aktuelle Literaturhinweise ergänzt, wiederum vorgelegt.[2] Die erneute Herausgabe eines Werkes, das zuletzt vor etwas mehr als hundert Jahren, kurz nach dem Tode Kuno Fischers, erschienen ist, bedarf „einer besondern Schutzrede“[3], eines Wortes der Rechtfertigung, die nicht bloß im Hinweis darauf bestehen kann, dass es sich dabei um das einst berühmte Buch eines einst berühmten Autors handelt. Da die geschichtliche Begründung sich notwendig im Widerspruch zur eigenen Absicht realisiert[4], wollen die folgenden Ausführungen den Autor des Buches, der heute nur noch einem engeren Kreis philosophisch Interessierter bekannt ist, und das Buch selbst vorstellen, um zu zeigen, dass seine Neuausgabe nicht die Freude am Nostalgischen und Historischen, sondern der Blick auf seine Qualität und Originalität, seinen zeitlosen Gehalt und sein bleibendes Verdienst motiviert.

---

1 Windelband, Wilhelm: Kuno Fischer. Gedächtnisrede bei der Trauerfeier der Universität in der Stadthalle zu Heidelberg am 23. Juli 1907, Heidelberg 1907, S. 34.

2 Das Werk ist in erster Auflage 1893 erschienen. Die zweite Auflage (Heidelberg 1897) ist um zwei Kapitel ergänzt – Schopenhauers „Aphorismen zur Lebensweisheit“ und seinen „Versuch über das Geistersehen und was damit zusammenhängt“. In der dritten, schon nicht mehr von Fischer selbst besorgten Ausgabe (Heidelberg 1908) ist dem Buch, in dem Zitate und Daten betreffende Unzulänglichkeiten der zweiten Auflage berichtigt sind, ein Namenregister zum Ausweis biographischer, philosophiegeschichtlicher und literarhistorischer Beziehungen hinzugefügt. Vgl. Fischer, Kuno: Schopenhauers Leben, Werke und Lehre, Heidelberg [3]1908, Vorbemerkung, S. V.

3 Vgl. Fischer, Kuno: Vorlesungen über die Geschichte der neuern Philosophie, 1. Bd., Stuttgart 1852, S. 1.

4 Hegel hat für die geschichtliche Rechtfertigung ein für allemal gezeigt, dass sie in die Lage kommt, „bewußtlos das Gegentheil dessen [zu] thu[n], was sie beabsichtigt“. Hegel, Georg Wilhelm Friedrich: Grundlinien der Philosophie des Rechts oder Naturrecht und Staatswissenschaft im Grundrisse, in: Ders.: Sämtliche Werke. Jubiläumsausgabe in zwanzig Bänden, hrsg. von Hermann Glockner, Stuttgart – Bad Cannstatt 1964 f., Bd. 7, § 3, S. 40.

Kuno Fischer und die Heidelberger Tradition

Was die philosophiegeschichtliche Einordnung betrifft, steht Kuno Fischer in der Heidelberger Tradition des Philosophierens, deren herausragendster Repräsentant er ist. In ihrem Sinn lehrten in Heidelberg in „fast ununterbrochener Folge […] ein Jahrhundert lang Philosophen, welche ihre eigene Bemühung um die Probleme grundsätzlich mit einer umfassenden Kenntnisnahme und kritischen Vergegenwärtigung der geschichtlichen Überlieferung verbanden. *Hegel* hatte damit begonnen; *Eduard Zeller*, *Kuno Fischer*, *Wilhelm Windelband*, *Paul Hensel*, *Ernst Hoffmann* folgten ihm, obwohl sie seine dialektisch-konstruierende Methode nicht übernahmen“[5]. Der als Nachfolger Eduard Zellers nach Heidelberg berufene und von Wilhelm Windelband auf dem Lehrstuhl der Ruperto-Carola beerbte, beiden als Denker und Forscher ebenbürtige Kuno Fischer, hat „sowohl seinen Vorgänger wie seinen Nachfolger in der Kunst der literarischen Darstellung und des Kathedervortrags“[6] übertroffen. In seiner 1924 vorgelegten, Kuno Fischer gewidmeten Habilitationsschrift[7] hat sich Hermann Glockner zu dieser Heidelberger Tradition bekannt, die mit der n.s.-diktatorisch geregelten Nachfolge von Heinrich Rickert zu Ende geht: „Ernst Krieck kam nach Heidelberg. Damit war die philosophische Tradition zerstört. Sie wurde auch 1945 nicht wieder aufgenommen“[8].

Kuno Fischer – Biographisches[9]

Ernst Berthold Kuno Fischer wird am 23. Juli 1824 in Groß-Sandewalde in Schlesien geboren. Der Vater, der Sandewalder Pastor Karl

5 Glockner, Hermann, in: Philosophie in Selbstdarstellungen I, hrsg. von L. J. Pongratz, Hamburg 1975, S. 80.

6 Glockner, Hermann: Kuno Fischer und die philosophische Tradition, in: Ders.: Gesammelte Schriften, Bd. 4, Kulturphilosophische Perspektiven. Studien und Charakteristiken aus der Sphäre der Individualität, Bonn 1968, S. 387.

7 Glockner, Hermann: Der Begriff in Hegels Philosophie. Versuch einer logischen Einleitung in das metalogische Grundproblem des Hegelianismus, Tübingen 1924.

8 Glockner, Hermann: Heidelberger Bilderbuch. Erinnerungen von Hermann Glockner, Bonn 1969, S. 94.

9 Inhalt und Farbe gewinnt die folgende biographische Skizze vor allem durch ihren Anschluss an Arbeiten von Hermann Glockner, der Kuno Fischer mehrfach charakterisiert hat. Von Carl Neumann in das Haus der Nachkommen Kuno Fischers eingeführt, verdankt Glockner einer fünfundzwanzigjährigen Freundschaft mit der älteren Tochter, der Geheimrätin Mary Clauss und der Enkelin Kuno Fischers, der Medizinerin Marie Clauss, einen „fast unerschöpfliche[n] Schatz von unmittelbaren Überlieferungen“, aus dem er in seinem Heidelberger Bilderbuch das „Vermächtnis Kuno Fischers“ durch eine Reihe zum Teil sehr privater Bilder ergänzt hat. Fischers

Theodor Fischer, widmet sich nach dem frühen Tod der Mutter mit großer Sorgfalt seiner und seines älteren Bruders Erziehung, was zu einer innigen Beziehung zwischen Vater und Sohn führt.[10] Fischer besucht zunächst das humanistische Gymnasium in Posen, dem er die Beherrschung seines Gefühlsüberschwanges, seine klassische Bildung, sowie sein literarisches und ästhetisches Interesse, das von besonderem Einfluss auf seine weitere Entwicklung ist, verdankt. Nach dem Abitur 1844 beginnt er in Leipzig ein Studium der Philologie bei Gottfried Hermann und Moritz Haupt, doch dauert es kein Semester, bis den jungen Studenten die Philosophie an sich reißt[11] und er im Herbst 1844 an die Universität Halle wechselt, wo er bis zum Frühjahr 1847 studiert. Julius Schaller, vor allem aber Johann Eduard Erdmann, der ihn in die Philosophie Hegels einführt, sind dort seine Lehrer. 1847 promoviert er in Halle mit der in lateinischer Sprache abgefassten Dissertation „De Parmenide Platonico".[12] Um sich auf die akademische Laufbahn vorzubereiten, nimmt der junge Doktor 1848 eine Hauslehrerstelle bei dem Papierfabrikanten Bohnenberger in Pforzheim an. In dieser Zeit entstehen die ersten philosophischen Arbeiten (Aufsätze und Buchbesprechungen). Der Aufenthalt ist angenehm durch gemeinsame Reisen und Ausflüge, anlässlich eines Winteraufenthaltes in Karlsruhe lernt er den Schauspieler Ludwig Dessoir kennen, der ihn in Sprech- und Vortragskunst unterrichtet, mit deren selbstverständlicher Beherrschung er sich die technischen Voraussetzungen seiner künftigen Erfolge als Vortragender schafft. Mehr Freude als der Unterricht des zurückgebliebenen Sohnes bereiten Fischer die Vorträge, die er den Damen des Hauses (der Mutter und der ältesten Tochter) über ästhetische Themen hält, die gesammelten Vorträge bilden die Grundlage von Fischers erster Buchveröffentlichung.[13]

Lieblingstochter Mary hat sich das Werk ihres Vaters rezeptiv zu erschließen vermocht und daraus die Verpflichtung abgeleitet, nach dessen Tod, gemeinsam mit Fischers Schüler Hugo Falkenheim, für sein Lebenswerk Sorge zu tragen. Vgl. Glockner, Hermann: Kuno Fischer und die philosophische Tradition, in: Ders.: Gesammelte Schriften, Bd. 4, a.a.O., S. 386–389.

10 Noch Jahrzehnte später zeugt davon der Umstand, dass der über 80jährige Vater den berühmten Sohn in seine Logik-Vorlesung begleitet. Vgl. Windelband, Wilhelm: Kuno Fischer. Gedächtnisrede bei der Trauerfeier, a.a.O., S. 38.

11 Vgl. Windelband, Wilhelm: Kuno Fischer. Gedächtnisrede bei der Trauerfeier, a.a.O., S. 9.

12 Fischer, Kuno: De Parmenide Platonico, Stuttgart 1851.

13 Fischer, Kuno: Diotima. Die Idee des Schönen. Philosophische Briefe, Pforzheim 1849. (Neue Ausgabe herausgegeben und mit einem Vorwort versehen von Hermann Glockner, Leipzig 1928.)

1850 übersiedelt Fischer nach Heidelberg, wo er sich in Philosophie habilitiert. Fischers erstes Buch bringt ihn in Kontakt mit der Familie des emigrierten und in Heidelberg ansässig gewordenen französischen Offiziers Desiré Le Mire. Seiner literarisch interessierten Gattin Mary gefällt das Buch so gut, dass sie mit dessen Autor zum Zwecke eines intensiven Gedankenaustausches brieflich in Kontakt tritt. Später gern gesehener Gast im Hause Le Mire heiratet er im September 1852 die ältere Tochter Marie, dem Ehepaar werden ein Sohn und zwei Töchter geboren. Als Lehrer der Philosophie ist Fischer von allem Anfang an überaus erfolgreich. Mitten in der trüben Zeit der Reaktion, einer Zeit geistiger Depression, in der die hochfliegende Spekulation des Deutschen Idealismus, die „Philosophie des Geistes", längst dem Materialismus, der „Metaphysik der Geistlosigkeit"[14], gewichen war, gewinnt der junge Dozent die Gunst und Aufmerksamkeit des Publikums durch eine Wiederanknüpfung an die unterbrochene Tradition idealistischen Philosophierens, deren Losung „Rückkehr zu Kant"[15] heißt. In einer Zeit, in der man ihren höchsten Leistungen verständnislos und gleichgültig gegenüberstand, bringt er es dahin, „daß es in allen Fakultäten für selbstverständlich galt, neben den Fachstudien seine Vorlesungen zu hören"[16], und erobert so der Philosophie den ihr gebührenden Rang im Rahmen der Universitas litterarum zurück. Zur Lehr- und Vortragstätigkeit tritt in engster Verbindung mit dieser eine Phase intensiver schriftstellerischer Produktion. Im Jahre 1852 erscheint nicht nur Fischers logisches Hauptwerk,[17] im selben Jahr beginnt auch die groß angelegte „Geschichte der neuern Philosophie"[18] mit dem Descartes-Band zu erscheinen. Doch die so hoffnungsvolle akademische Laufbahn wird nach nur einem Jahr jäh unterbrochen. Fischer gerät, von theologischer Seite denunziert, in Pantheismus-Verdacht. Er wehrt sich in einer Reihe brillanter Streitschriften[19] erfolglos gegen die ungerechtfertigten Vorwürfe: obwohl

14 Jellinek, Georg: An der Bahre Kuno Fischers. Worte der Erinnerung gesprochen am 8. Juli 1907, Heidelberg 1907, S. 4.

15 Fischer, Kuno: Vorlesungen über die Geschichte der neuern Philosophie, 1. Bd., Stuttgart 1852, S. IX.

16 Windelband, Wilhelm: Kuno Fischer. Gedächtnisrede bei der Trauerfeier, a.a.O., S. 5.

17 Fischer, Kuno: System der Logik und Metaphysik oder Wissenschaftslehre. Lehrbuch für akademische Vorlesungen, Heidelberg 1852.

18 Fischer, Kuno: Geschichte der neuern Philosophie, Bd. 1, Heidelberg 1852.

19 Fischer, Kuno: Das Interdikt meiner Vorlesungen und die Anklage des Herrn Schenkel, Direktor des Heidelberger Predigerseminars in der „Darmstädtischen Kirchenzei-

er in der Sache recht behält, wird ihm im September 1853 wegen „pantheistischer Gesinnung" die Lehrbefugnis entzogen. Im selben Jahr verlässt er Heidelberg. Zwar kann sich Fischer auf Vermittlung von Alexander von Humboldt 1855 an der Universität Berlin zum zweiten Male habilitieren, doch auch hier legt man dem Versuch einer Rückkehr aufs Katheder Schwierigkeiten in den Weg. Noch bevor diese ausgeräumt sind, erhält Fischer eine Berufung an die Universität Jena, der er folgt.

Die Jahre in Jena, 1856 bis 1872, hat Fischer selbst stets als die schönsten seines Lebens bezeichnet. Sie fallen in die Zeit der „Neubelebung der Erinnerung an die Weimarer Klassik [...,] jener zweiten Kulturblüte Sachsen-Weimars"[20], die dem Großherzog Karl Alexander und seiner Gemahlin, der Großherzogin Sophie zu verdanken war. Fischers ästhetische und literarische Interessen ließen ihn geradezu prädestiniert erscheinen, einer der geistigen Mittelpunkte dieser Bewegung zu werden. Fischer lebt sein Credo: „Philosophie lehren zu dürfen ist der herrlichste Beruf, den es auf der Welt gibt".[21] Der begnadete Lehrer der Philosophie begeistert sein Publikum in und außerhalb der Universität, Vorlesungen und Vorträge sind meisterlich zum Kunstwerk gestaltet, was Form, Aufbau und Ausdruck betrifft.[22] Neben Fischers rhetorischem Talent ist es aber vor allem „die souveräne Stoffbeherrschung"[23], die als das eigentliche Geheimnis seines phänomenalen Lehrerfolges angesehen werden muss. Forschung und Lehre, Vorlesung und Publikation sind bei Fischer aufs engste miteinander verbunden, was gedruckt werden soll, muss zuvor „die Probe des Katheders" mehrfach bestanden haben: „die Herrschaft über den Stoff, die Deutlichkeit der Darstellung [ist Fischer überzeugt, kann] durch nichts besser gewonnen und auf die Probe gestellt werden als durch den lehrenden Vortrag."[24] Nur dort, wo die Darstellung in unmittelbarem Kontakt mit dem Publikum gezeigt hat, dass sie das Verständnis ihres Gegenstandes zu erschließen vermag, hat sie sich bewährt und ist reif, auch

---

tung", Mannheim 1854. Fischer, Kuno: Die Apologie meiner Lehre – nebst – Replik auf die „Abfertigung des Herrn Schenkel", Mannheim 1854.

20 Glockner, Hermann: Heidelberger Bilderbuch. Erinnerungen, a.a.O., S. 140.

21 Zit. nach Glockner, Hermann: Heidelberger Bilderbuch. Erinnerungen, a.a.O., S. 147.

22 Windelband, Wilhelm: Kuno Fischer. Gedächtnisrede bei der Trauerfeier, a.a.O., S. 11.

23 Glockner, Hermann: Kuno Fischer und die philosophische Tradition, in: Ders.: Gesammelte Schriften, Bd. 4, a.a.O., S. 388.

24 Fischer, Kuno: Geschichte der neuern Philosophie, 3. Bd., Mannheim 1860, S. IX.

im Druck zu erscheinen. Dementsprechend sind die Erstausgaben seiner Bücher, wo sie nicht ohnehin auf die Vorlesung, ihr einen didaktischen Grundriss zu verschaffen, bezogen sind, auch ganz durch diese Herkunft aus der Vorlesung bestimmt und bilden erst in den Folgeauflagen ihre eigentlich literarische Form aus. Der 1860 erschienene Kant-Band seiner Geschichte wird zur Grundlage des Neukantianismus. In einer Reihe literarisch-ästhetischer Schriften tritt Fischer zudem als Interpret klassischer Dichtung (Goethe, Schiller, Lessing, Shakespeare) auf.[25]

1872 erfolgen Ruf und Rückkehr nach Heidelberg. Als Nachfolger Eduard Zellers steht Fischer in Heidelberg nunmehr auf der Höhe seines Ruhmes. In den dreißig Jahren seines Wirkens wird der „Kathederfürst" zum Symbol[26] der Ruperto-Carola, ja zum Wahrzeichen[27] von Heidelberg, weit über Heidelberg hinaus bekannt und berühmt. Orden und Ehrenzeichen bleiben nicht aus, so etwa der Zähringer Hausorden, den ihm 1893 der Großherzog von Baden verleiht oder die Ehrenbürgerwürde, mit der ihn anlässlich des fünfzigjährigen Doktordiploms die Stadt Heidelberg auszeichnet. An Fischers achtzigstem Geburtstag 1904 erfolgt die Ehrenpromotion durch die Universität Königsberg, die Fischer den Titel „Wiedererwecker Kants" verleiht.[28] Auch sein ehemaliger Lehrer Johann Eduard Erdmann ist stolz auf den großen Schüler, zwischen den beiden Philosophen entwickelt sich eine Freundschaft, deren Verlauf Hermann Glockner in seiner Erdmann-Monographie an Hand der Dokumente – siebenunddreißig, in den Jahren 1854 bis 1890 an Fischer gerichtete Briefe – verfolgt hat.[29]

Fischer, der nach dem Tod seiner ersten Frau 1884 die Dänin Christine Stilling ehelichte, beendet 1903 seine Vorlesungstätigkeit, auf seinen Wunsch hin wird Wilhelm Windelband, sein ehemaliger

25 Um nur einige Werke zu nennen: Fischer, Kuno: Lessings „Nathan der Weise", Stuttgart 1864. Fischer, Kuno: G. E. Lessing als Reformator der deutschen Literatur, 2 Bde., Stuttgart 1881, Heidelberg 1905, ^{2}1919. Fischer, Kuno: Goethes Faust. Über die Entstehung und Komposition des Gedichts, Stuttgart 1878. Fischer, Kuno: Schiller als Philosoph, Heidelberg 1892. Fischer, Kuno: Goethe Schriften, Heidelberg 1889–1904. Ausgabe in zwei Bänden, hrsg. von V. Michels, Heidelberg 1954.

26 Jellinek, Georg: An der Bahre Kuno Fischers. Worte der Erinnerung, a.a.O., S. 3.

27 Windelband, Wilhelm: Kuno Fischer. Gedächtnisrede bei der Trauerfeier, a.a.O., S. 6.

28 Vgl. Gadamer, Hans-Georg (Hg.): Kuno Fischer. Logik und Metaphysik oder Wissenschaftslehre, Darmstadt 1997, Zeittafel, S. XVI.

29 Glockner, Hermann: Ein deutsches Philosophenleben im 19. Jahrhundert. Johann Eduard Erdmann, in: Ders.: Gesammelte Schriften, Bd. 4, a.a.O., S. 522 ff.

Schüler in Jena, sein Nachfolger. Kuno Fischer ist am 5. Juli 1907 in Heidelberg gestorben.

Kuno Fischers Geschichte der neuern Philosophie

Fischers groß angelegte, im Jahre 1852 begonnene „Geschichte der neuern Philosophie", findet erst mit dem 1901 vorgelegten Hegel-Band ihren Abschluss, Thema seines Hauptwerkes sind die großen Systeme der Philosophie der Neuzeit. Die Auseinandersetzung mit Descartes, Spinoza, Leibniz, Kant, Fichte, Schelling, Hegel, Bacon und Schopenhauer hat Fischer zeit seines Lebens beschäftigt. In der zuletzt zehnbändigen „Geschichte der neuern Philosophie" (Heidelberg 1887–1904) haben wir Fischers Vermächtnis vor uns, jedes der Bücher findet sich angesichts neuer Auflagen ergänzt und erweitert, mitunter auch grundlegend umgearbeitet, ganz wie es Fischers, in fortgesetztem Studium vertiefte Auseinandersetzung mit den Denkern seiner Wahl, ermöglicht und verlangt hat. Bei aller Konzentration auf die Systeme der neuzeitlichen Philosophie hat Fischer dabei den Gesamtzusammenhang der europäischen Philosophietradition im Auge, als dessen fundierten Kenner ihn die 1891 erstmals als eigenständige Publikation erschienene „Einleitung in die Geschichte der Philosophie"[30] ausweist. Hier wird die Entwicklung des philosophischen Denkens von Parmenides bis Descartes zusammenfassend expliziert und der für die Anlage des Werkes entscheidende Gesichtspunkt formuliert: dass die Systeme der neuern Philosophie „von zwei Brennpunkten [aus ...] beherrscht werden": von Spinoza als dem Vollender des Dogmatismus und von Kant als dem Begründer des Kritizismus[31]. Das dem Lebenswerk gesetzte Ziel hat der Autor in der Vorrede zum ersten Band umrissen: „Ich will die Hauptsysteme, von denen das Licht kommt und die Geschichte der Philosophie in Wahrheit lebt, in ihrem eigenen Geist methodisch entwickeln und so wiedererzeugen, dass man deutlich einsieht, aus welchen Problemen sie hervorgehen, wie sie diese Probleme auflösen und welche ungelösten und zu lösenden Fragen sie der Welt zurücklassen"[32].

30 Fischer, Kuno: Einleitung in die Geschichte der Philosophie, Heidelberg 1891.
31 Vgl. Fischer, Kuno: Vorlesungen über die Geschichte der neuern Philosophie, 1. Bd., Stuttgart 1852, Vorrede, S. VII f.
32 Fischer, Kuno: Geschichte der neuern Philosophie, 1. Bd., Mannheim ^{2}1865, S. VII.

Eine solche Aufgabe ist methodisch nicht durch „Quellenauszüge [...,] die zu einem Referat aneinandergereiht werden"[33], zu bewältigen, als Wissenschaft ist die Geschichte der Philosophie nicht aus Philosophiegeschichten zusammengelesenes Kompilat, sondern aus den Quellen gearbeitetes Original. Fischers Philosophiegeschichte strebt nicht nach historischer Vollständigkeit, sondern „nach der klaren und zusammenhängenden Einsicht, in die innere Verfassung der Philosophie, wie sie die Geschichte ausgebildet und entwickelt hat."[34] Solcherart macht uns Fischer die dargestellten Systeme als problemgeschichtliche Etappen auf dem Weg der Entwicklung des Geistes (der Wahrheit) begreifbar. Ganz so, wie Bruno Liebrucks und vor ihm Hegel jenen empfehlen, die gewillt sind, von der Philosophie etwas zu lernen, sucht Fischer „die Philosophen im Umhof ihrer Größe"[35] auf, er stellt sich in der Darstellung der einzelnen Systeme ganz auf ihren Standpunkt. Mit unvergleichlicher Gestaltungskraft gelingt es ihm, die schwierigsten Gedankengänge herauszuarbeiten, indem er das philosophische Werk zunächst dekonstruiert, um es von seinem Mittelpunkt aus neu aufzubauen. Seine Darstellungen sind nicht Nacherzählungen, sondern systematische Nachschöpfungen, die Fischer als kongenialen Denker ausweisen, er macht die Systeme einsichtig, ohne sie im eigentlichen Sinn zu popularisieren, Klarheit und Durchsichtigkeit der Gedanken sind nie durch didaktische Konzessionen auf Kosten der dargestellten Position erkauft. Dass er auch die jeweilige Persönlichkeit in ihrer unverkennbaren Weise zu porträtieren und sie aus ihrer Zeit heraus zu begreifen lehrt, macht den unverkennbaren Reiz seiner als Monographien-Reihe konzipierten Philosophiegeschichte aus und zeigt uns Fischer als „den hervorragendsten unter den drei Lehr-Meistern der Philosophie, denen die Universität Heidelberg in der Geisteswissenschaft der Vorweltkriegszeit ihre führende Rolle verdankte."[36] Die Charakteristika, durch die sich Fischers Monographien insgesamt auszeichnen: die „Klarheit seiner Darstellung", den „Reichtum seiner Diktion", die

33 Fischer, Kuno: Geschichte der neuern Philosophie, 1. Bd., a.a.O., S. VIII.

34 Fischer, Kuno: Vorlesungen über die Geschichte der neuern Philosophie, 1. Bd. Stuttgart 1852, S. VII.

35 Liebrucks, Bruno: Wissenschaftlicher Weltumgang und Entsprachlichung, in: Ders.: Irrationaler Logos und rationaler Mythos, Würzburg 1982, S. 61.

36 Glockner, Hermann: Kuno Fischer und die philosophische Tradition, in: Ders.: Gesammelte Schriften, Bd. 4, a.a.O., S. 387.

„Feinheit der Antithesen", die „erleuchtende Kraft seiner Bilder", die „durchsichtige[...] Anordnung des Stoffs"[37] – wird der Leser in der vorliegenden Schopenhauer-Monographie in meisterlicher Vollkommenheit verwirklicht finden und genießen dürfen. Fischers Werk lädt ein, die philosophischen Gipfel der neuern Philosophie zu besteigen, es gleicht darin einer Karte, die uns die Wahl des Zieles überlässt und den Weg dorthin zeigt, ohne ihn uns abzunehmen[38]. Seine Bücher sind keine leichte, dafür aber eine umso solidere Kost: ihr „Mißbrauch enttäuscht"[39] – wer sie nicht ernsthaft studieren, sondern in der Manier manch gegenwärtiger Einführungen die dargestellte Position bloß überblicken, d.h. über sie hinwegsehen will, wird durch Büchlein, die philosophische Themata für Eilige, Angeber und Dummies[40] aufbereiten, besser bedient sein.

Fischers philosophisches Schaffen steht ganz im Schatten seines philosophiegeschichtlichen Monumentalwerkes – schon Johann Eduard Erdmann hat darauf hingewiesen, dass der gefeierte Philosophiehistoriker als Philosoph unterschätzt wird[41]. Bei aller Bedeutung, welche die Philosophiegeschichte als Schule des Philosophierens für Fischer hat, ist er doch weit davon entfernt, Philosophie in Philosophiegeschichte aufzulösen. Es ist Hans-Georg Gadamer zu danken, dass er Fischers systematisches Hauptwerk: „Logik und Metaphysik"[42] wieder zugänglich gemacht hat. Da es ihm um Fischer als Repräsentanten der Gegenwart Hegels im philosophischen Denken um die Mitte des 19. Jahrhunderts ging[43], hat er der Neuherausgabe die erste Auflage von 1852 zugrunde gelegt. Bereits in der Vorrede zu dieser Erstauflage zeigt sich uns Fischer als eigenständiger Denker, indem er Wert auf die Feststellung legt, dass

37 Vgl. Windelband, Wilhelm: Kuno Fischer. Gedächtnisrede bei der Trauerfeier, a.a.O., S. 18.

38 Dieser Vergleich ist Robert Reininger entlehnt, vgl. Ders.: Wertphilosophie und Ethik. Die Frage nach dem Sinn des Lebens als Grundlage einer Wertordnung, Wien – Leipzig [3]1947, S. 3.

39 Glockner, Hermann: Kuno Fischer und die philosophische Tradition, in: Ders.: Gesammelte Schriften, Bd. 4, a.a.O., S. 388.

40 Das Angebot ist vielfältig, für alle, die nicht in dieser Welt leben, sei hingewiesen auf: Tietz, U: Hegel für Eilige, Berlin 2004. Sterzl, Anton: Philosophie für Angeber, Augsburg 1999. Morris, Tom: Philosophie für Dummies, Weinheim 2002.

41 Glockner, Hermann: Ein deutsches Philosophenleben im 19. Jahrhundert. Johann Eduard Erdmann, in: Ders.: Gesammelte Schriften, Bd. 4, a.a.O., S. 541.

42 Fischer, Kuno: Logik und Metaphysik oder Wissenschaftslehre, hrsg. u. eingeleitet v. Hans-Georg Gadamer, Darmstadt 1997.

43 Vgl. Gadamers Einleitung, in: Fischer, Kuno: Logik und Metaphysik oder Wissenschaftslehre, a.a.O., S. VII.

ihm die hegelsche Philosophie, an deren Form er sich anschließt, nicht als Kanon gilt. Wohl wissend, wie leicht dieses System dogmatisch missverstanden werden kann, macht er mit seinen Prinzipien nur deshalb „gemeinschaftliche Sache“, weil ihm „das Problem von Logik und Erkenntnistheorie“ alleine vom Standpunkt der „Identitätsphilosophie“ aus begreifbar und lösbar erscheint. War Fischer schon in dieser ersten Auflage des Werkes, angesichts der „unter den kritischen Gesichtspunkt“ oder unter die Kontrolle Kants gestellten Identitätsphilosophie, die er vertritt, nur in sehr eingeschränktem Sinn als Hegelianer in Anspruch zu nehmen, so dokumentieren die Umgestaltungen der zweiten Auflage die Distanz zu Hegel mit aller Deutlichkeit.[44] Wie wenig andererseits die Philosophie der Philosophiegeschichte gegenübergestellt werden kann, zeigt sich an Fischers Monumentalwerk selbst, am Kant-Band,[45] der dem Neukantianismus Grundlage und Ausgangspunkt geworden ist, wie am Hegel-Band[46], der in eben dem Sinn auf die Wiederbelebung der hegelschen Philosophie (Hegelianismus) bezogen werden kann, sehen wir die genuin philosophiegeschichtliche Leistung in den Entwicklungszusammenhang der Philosophie eingreifen und damit in ihr selbst unmittelbar zur Geltung kommen.

Die Antithese zwischen Hegel und Schopenhauer[47]

Fischers Lebenswerk gehört in die Reihe jener großartigen wissenschaftlichen Errungenschaften, die das 19. Jahrhundert auf dem Gebiet der Geschichte der Philosophie hervorgebracht hat. Voraussetzung für diese in Art und Ausmaß einmaligen Leistungen war eine Neubewertung der Philosophiegeschichte durch Hegel. In seinen „Vorlesungen zur Geschichte der Philosophie“ hat Hegel Philosophiegeschichte nicht länger als eine „Galerie der Meinungen“[48], sondern als sinnvollen Entwicklungszusammenhang des Denkens vorgetragen und damit erstmals die Geschichte der

---

44 Fischer, Kuno: Logik und Metaphysik oder Wissenschaftslehre, a.a.O., S. 9 f.
45 Fischer, Kuno: Geschichte der neuern Philosophie, 3. Bd., Mannheim 1860.
46 Fischer, Kuno: Geschichte der neuern Philosophie, Heidelberg 1901.
47 In seiner an die Darstellung angeschlossenen Kritik sieht Fischer im Verfehlen des Eigensinns der Geschichte das Grundgebrechen von Schopenhauers System: „Die entwicklungsgeschichtliche Betrachtung. Die Antithese zwischen Kant und Schopenhauer“ und „Der Unwert der Geschichte. Die Antithese zwischen Schopenhauer und Hegel“. Vgl. Fischer, Kuno: Schopenhauers Leben, Werke und Lehre, S. 546 ff.
48 Vgl. Hegel, Georg Wilhelm Friedrich: Vorlesungen über die Geschichte der Philosophie, in: Ders.: Sämtliche Werke, a.a.O., Bd. 17, S. 39.

Philosophie als integrierenden Bestandteil des philosophischen Systems begriffen. Hegels Nachfolger haben fortgeführt, was bei ihm systematisch grundgelegt war, im Geiste seiner Ausführungen waren sie um die Vertiefung seines Grundgedankens ebenso wie um Korrekturen inhaltlicher und formaler Art bemüht, wobei sie das Unzureichende der hegelschen Methode vor allem in ihrem konstruktiven Charakter gesehen haben.[49] Ganz anders die Position Schopenhauers: Für ihn ist die Geschichte der Philosophie bloß Wissen, keine Wissenschaft. So war ihm auch stets der Hinweis auf die eigene Originalität wichtiger als die Einbindung in die Überlieferung oder der Anschluss an die Tradition. Er hat auch erst sehr spät eingeräumt, dass einzelne seiner philosophischen Ideen und Gedanken Vorgänger haben, und dort, wo er zu solchen Zugeständnissen bereit war, stets auf die Bemerkung Wert gelegt, in welch unzulänglicher Weise diese Vorgänger ihre Ideen gefasst hätten[50]. Sowenig das Genie als solches aus irgendwelchen Lebensumständen oder Familiengenealogien abzuleiten ist, sowenig ist das, was es denkt aus dem, was vor ihm gedacht wurde, zu erklären. Das Genie ist ein Original oder es ist gar nicht. Eigenes und fremdes Denken stehen sich bei Schopenhauer in größtmöglicher Distanz gegenüber – die Frühlingsblume (Leben) ist ihm das adäquate Bild des einen, das Fossil (Tod) das adäquate Bild des anderen.[51] Von einer Verlebendigung der Tradition, dem sich zu eigen Machen fremder Gedanken durch denkende Aneignung, weiß Schopenhauer nichts. Wer die Gedanken anderer kennt, sieht entweder die eigene Meinung bekräftigt oder beglückwünscht sich dazu, die sichtbar werdenden Irr-, Ab- und Umwege des Denkens vermieden zu haben – das philosophiegeschichtliche Wissen dient einzig der Selbstbestätigung, dazu, sich zu überheben. Schopenhauer ist in seinen Stellungnahmen zu anderen Philosophen dieser Theorie gemäß verfahren, vor der Folie des eigenen Denkens lobt er das jeweils Übereinstimmende und tadelt das jeweils Abweichende.[52]

49 Vgl. Wilhelm, Windelband: Geschichte der Philosophie, in: Die Philosophie im Beginn des zwanzigsten Jahrhunderts. Festschrift für Kuno Fischer, hrsg. von Wilhelm Windelband, Heidelberg [2]1907. S. 531.

50 Vgl. Fischer, Kuno: Schopenhauers Leben, Werke und Lehre, S. 151.

51 Vgl. Schopenhauer, Arthur: Parerga und Paralipomena: kleine philosophische Schriften, 2. Bd., in: Arthur Schopenhauers sämtliche Werke in sechs Bänden, hrsg. von Eduard Grisebach, Leipzig [3]1920, S. 520.

52 Vgl. Fischer, Kuno: Schopenhauers Leben, Werke und Lehre, S. 546.

Auch das Lesen ist ein bloßes Surrogat des eigenen Denkens[53], das, von einem anderen am Gängelbande geführt, Zeit und Energie vergeudet – was auch sollte uns interessieren an den Überresten eines fremden Mahls[54], als welches die gelesenen Gedanken erscheinen, wenn deren Wahrheit und Leben dem Verständnis transzendent bleiben? Schopenhauer übersieht dabei, dass die Kennzeichnungen „fremd“ und „eigen“ gerade auf das Allgemeine des Gedankens nur in einem sehr eingeschränkten Sinn, gewissermaßen bloß alltagssprachlich, angewendet werden können.

Kuno Fischers Schopenhauer-Buch

Kuno Fischer legt in seinem Schopenhauer-Buch „die Geschichte des jüngsten und letzten Philosophen“[55] der großen, unmittelbar von Kant ausgehenden Periode systematischen Denkens vor. Seine philosophische Bedeutung und sein unaufhaltsam sich ausbreitender Ruhm sind dabei gleichermaßen Motiv, Schopenhauer in die Reihe der Denker aufzunehmen, von denen Fischers philosophiegeschichtliches Monumentalwerk handelt. Die Aufgabe, vor die wir angesichts der im Rahmen der europäischen Geistesgeschichte singulären Erscheinung dieses philosophischen Originalgenies gestellt sind, hat Fischer in der Vorrede zur zweiten Auflage (1897) formuliert, sie hat bis heute nichts an Aktualität verloren: „Die Schopenhauer-Literatur floriert. Wenn man den Philosophen richtig zu verstehen und zu beurteilen vermag, was freilich etwas schwieriger ist, als seine Schriften lesen und loben, so wird die Beschäftigung mit ihm nicht bloß blühen, sondern auch Frucht tragen. Von Schopenhauer ist mehr zu lernen als von ‚Zarathustra‘“.[56]

Schopenhauer – Biographisches

Die Kennzeichnung Schopenhauers als eines philosophischen Außenseiters trifft nicht erst auf seine Philosophie, sondern bereits auf seine Biographie zu. Die von Kuno Fischer aus Selbstdarstellungen und Briefen sorgfältig recherchierte Vita zeigt uns Schopenhauers Werdegang in keinem Punkt mit dem eines deutschen Gelehrten

53 Vgl. Schopenhauer, Arthur: Parerga und Paralipomena, a.a.O., S. 521.
54 Vgl. Schopenhauer, Arthur: Parerga und Paralipomena, a.a.O., S. 520.
55 Fischer, Kuno: Schopenhauers Leben, Werke und Lehre, S. 44.
56 Fischer, Kuno: Schopenhauers Leben, Werke und Lehre, Heidelberg ^{2}1897, Vorrede.

des 18. Jahrhunderts vergleichbar. Dieser kommt typischerweise aus kleinen Verhältnissen, sein Bildungsweg beginnt mit dem Studium der Theologie oder Philologie und auf seine akademische Laufbahn bereitet er sich als Hauslehrer vor. Weder die „Atmosphäre des Pfarrhauses“ noch die Hochschätzung der „Gelehrsamkeit“, sondern Wohlstand, Unabhängigkeit und „freie Menschenbildung“[57] kennzeichnen die urbane Atmosphäre des von Danzig, dem Geburtsort Schopenhauers, nach Hamburg übersiedelten Handelshauses, aus dem Schopenhauer stammt und das weiterzuführen er von seinem Vater bestimmt ist. Seine Erziehung erhält er in vornehmen privaten Instituten im In- und Ausland, ausgedehnte Reisen (Holland, Belgien, England, Frankreich, Schweiz, Österreich) geben ihm die Möglichkeit, im „Buch der Welt“ zu lesen und sich mehrere Fremdsprachen mit einer Vollkommenheit anzueignen, die ihm in späteren Jahren die Übersetzung schwierigster philosophischer Texte ermöglicht. Nach dem tragischen Tod des Vaters (1805), der Auflösung des väterlichen Geschäftes und der Übersiedelung von Mutter und Schwester nach Weimar ergibt sich endlich auch für Schopenhauer die Möglichkeit, das verhasste „Comptoir“, in das einzutreten er sich im Anschluss an die Europareise verpflichtet hatte, hinter sich zu lassen und seinen auf Poesie, Kunst und Wissenschaft gerichteten Neigungen zu folgen. Da ihm die Voraussetzungen für ein Studium fehlen, beginnt die Auseinandersetzung mit der Welt der Bücher nunmehr, wiederum in Umkehrung des natürlichen Lebenslaufes – „erst die Wanderjahre, dann die Lehrjahre“[58] – mit dem Besuch des humanistischen Gymnasiums (1807), dessen Lernstoff der Hochbegabte sich in so kurzer Zeit aneignet, dass er schon 1809 sein Studium an der Universität Göttingen beginnen kann. Schopenhauer setzt das Studium 1811 an der Universität Berlin fort und wird schließlich 1813 in Jena mit der Dissertation „Über die vierfache Wurzel des Satzes vom zureichenden Grunde“ zum Doktor der Philosophie promoviert.

Fischers Darstellung ist dadurch charakterisiert, dass sie den Fortgang des Lebens (Biographie), das Werden des Werkes (den Entwicklungsgang seines Denkens) und Schopenhauers Persönlichkeit

57 Vgl. Glockner, Hermann: Die europäische Philosophie von den Anfängen bis zur Gegenwart, Stuttgart ^{2}1960, S. 844.
58 Fischer, Kuno: Schopenhauers Leben, Werke und Lehre, S. 65.

in unmittelbarer Aufeinanderbezogenheit herausarbeitet. In diesem Sinn qualifiziert er den Rat seines Göttinger Lehrers Gottlob Ernst Schulze, zuallererst und vor allem Platon und Kant zu studieren, als die „folgenreichste Begebenheit seiner geistigen Bildungsgeschichte“[59], die Lektüre Kants greift wegweisend in Schopenhauers Entwicklung ein, ihr verdankt er die grundsätzliche Entscheidung für die philosophische Laufbahn, der Auseinandersetzung mit Kants Idealismus darüber hinaus die erkenntnistheoretische Grundlage seines Systems. Mit dem Hinweis auf Platon und Kant sind bereits zwei Säulen dieses Systems markiert, zu ihnen treten als dritte wesentliche Voraussetzung seiner Philosophie die Upanischaden – in die indische Philosophie wird er durch den Orientalisten Friedrich Majer eingeführt.

In Weimar wird die Mutter Johanna Schopenhauer, die später als Reise- und Romanschriftstellerin Berühmtheit erlangt, zum Mittelpunkt eines schöngeistigen Salons, zu dessen bedeutendsten Besuchern Goethe gehört. Im Salon der Mutter, mit der er sich allzu rasch endgültig überwirft, lernt auch Schopenhauer Goethe kennen, den er zeit seines Lebens schätzt und verehrt. Von ihm persönlich in seine Farbenlehre eingeführt, nimmt der gelehrige Schüler die Gedanken des Meister mit solcher Selbständigkeit auf, dass Goethe sehr bald Grund zu Klagen hat: er sieht das Verhältnis Schüler – Meister für seinen Geschmack zu schnell sich ins Gegenteil verkehren. Ebenso beurteilt Goethe später auch Schopenhauers Schrift: „Über das Sehn und die Farben“ (1815), die dieser als philosophische Begründung und Fortbildung der Goetheschen Farbenlehre versteht. In Dresden entsteht Schopenhauers philosophisches Hauptwerk: „Die Welt als Wille und Vorstellung“, das 1819 vom Verlag F. A. Brockhaus veröffentlicht wird und, die Erwartungen von Autor und Verleger enttäuschend, zum geschäftlichen Misserfolg gerät. Eine Italienreise endet im Juni 1819 jäh durch die Nachricht vom Zusammenbruch des sein und seiner Familie Vermögen verwaltenden Handelshauses. Schopenhauer gelingt es, den drohenden Vermögensverlust durch kluges Taktieren abzuwenden; er fasst den Entschluss, die akademische Laufbahn einzuschlagen, habilitiert sich in Berlin und beginnt dort im Frühjahr 1820 seine Lehrtätigkeit als Privatdozent. Doch

59 Fischer, Kuno: Schopenhauers Leben, Werke und Lehre, S. 67.

auch als Universitätslehrer ist Schopenhauer erfolglos, die wenigen Hörer bleiben nach einigen Semestern ganz aus und der Dozent ist auf Jahre nur noch in den Vorlesungsverzeichnissen zu finden. Er verlässt Berlin auf der Flucht vor der herannahenden Cholera, um sich ab 1833 in Frankfurt am Main dauerhaft niederzulassen. Die Arbeiten aus seiner zweiten literarischen Schaffensperiode, unter anderem die Schrift „Über den Willen in der Natur" (1836) und seine beiden ethischen Schriften, die von der norwegischen Sozietät 1839 preisgekrönte Schrift „Über die Freiheit des menschlichen Willens" und die von der dänischen Sozietät 1840 nicht preisgekrönte Schrift „Über das Fundament der Moral" teilen das Schicksal seines Hauptwerkes. Der schriftstellerische Erfolg und die Anerkennung durch die akademische Welt bleiben aus.

Fischer zeichnet Schopenhauers Persönlichkeit als gleichermaßen hochbegabt und schwer belastet. Spottsucht und Rechthaberei bringen ihn immer wieder in Schwierigkeiten und zeigen uns schon den jungen Schopenhauer als einen eigenbrötlerisch-ungeselligen Menschen. Insbesondere eine Disposition zu Wahnideen und Angstgefühlen, unwiderstehliche Menschenscheu, Furcht, Argwohn und Misstrauen bleiben sein unbezwingbares väterliches Erbe und sind verantwortlich für eine Gemütsbeschaffenheit, auf deren Grund sich schon früh ein pessimistisches Lebensgefühl bemerkbar macht. Dagegen zeigt sich sein „intellektuelles Naturell [...] mit dem ganzen Schwergewicht seines starken und heftigen Wollens angetan und ausgerüstet; er war berufen ein genialer *Künstler* zu werden, nicht ein solcher, der die Erscheinungen in Gestalten und Farben, sondern der das Wesen und die Beschaffenheit der Dinge in Begriffen darstellt und abbildet: ein Künstler, dessen Stoff in Erkenntnissen, Einsichten und Ideen besteht, die auf dem Weg der gelehrten, wissenschaftlichen, philosophischen Bildung und Arbeit erworben werden mussten."[60] Er hat tatsächlich, was ihm später zur Lehre wurde, den Charakter vom Vater und die Intelligenz von der Mutter geerbt.

Bei aller Detailtreue kommt Fischer in der Nachzeichnung von Schopenhauers Biographie ganz ohne die sonst so beliebte Anekdote aus, dass er dabei auch auf Weichzeichnung und Schönfärberei verzichtet und die Schattenseiten und Widersprüchlichkeiten, die sei-

60 Fischer, Kuno: Schopenhauers Leben, Werke und Lehre, S. 57.

nen Charakter prägen, nicht verschweigt, hat ihm Kritik unter jenen Anhängern Schopenhauers eingetragen, denen der verehrte Meister über allem steht – die sich auch heute noch als „Apostel“ und „Evangelisten“[61] in den Dienst seiner Sache stellen. Fischers Darstellung der Persönlichkeit Schopenhauers bleibt unvoreingenommen und fair auch dort, wo er uns den Philosophen als Menschen zeigt, der in mehr als einer Hinsicht imponiert, aber in kaum einer sympathisch erscheint. Von der Gehässigkeit, mit der etwa das erste Kapitel des Schopenhauer-Artikels in Fritz Mauthners „Wörterbuch der Philosophie“[62] zu einer Abrechnung mit Fischers Schopenhauer-Darstellung gerät, ist Fischer selbst weit entfernt.[63] Die eigene vornehme Gesinnung zeigt er am deutlichsten dort, wo er guten Grund gehabt hätte, Schopenhauer bloßzustellen, Schopenhauer hatte Fischers unrechtmäßige Aberkennung der Lehrbefugnis an der Heidelberger Universität mit den Worten kommentiert: „Es geschieht ihm sehr recht“[64]. Fischer weist auf diesen Kommentar ohne bittere Häme hin, wie sie einem kleinlich nachtragenden Gemüt wohl gerechtfertigt erschienen wäre – der mit den näheren Umständen nicht vertraute Leser erfährt nicht einmal, dass es sich bei dem denunzierten und vertriebenen Dozenten um Fischer selbst handelt.[65]

Schopenhauer und die Universitätsphilosophie

Arthur Schopenhauer ist eines der eindrucksvollsten Beispiele dafür, dass sich Philosophie nicht auf Universitätsphilosophie beschränken lässt. Im Anschluss an Kant, für dessen einzig wahren und echten Thronerben er sich hält, und gleichzeitig völlig unbeeindruckt durch die Fortschritte, welche die Philosophie in Auseinandersetzung

61 Fischer, Kuno: Schopenhauers Leben, Werke und Lehre, S. 147 ff.
62 Mauthner, Fritz: Wörterbuch der Philosophie. Neue Beiträge zu einer Kritik der Sprache, Bd. 1 und 2, Leipzig ^{2}1923.
63 Fischers großartiger Monographienreigen wird hierin pauschal als eine Reihe von „Auszügen“ abgetan, die vornehmlich von Kandidaten der Philosophie, denen sie sich als vorgeschnittenes Prüfungsfutter empfehlen, geschätzt werden. Fischer selbst erscheint als seniles, philosophische Werke lesendes und exzerpierendes Schulmeisterlein, dessen Fähigkeiten als Geschichtsschreiber der Philosophie quasi verkehrt proportional zur Größe der von ihm behandelten Philosophen einzuschätzen sind, was sein völliges Versagen beim Versuch der Erfassung eines Originalgenies von Schopenhauerschem Ausmaß erklärt und insbesondere seine Schopenhauer-Monographie „unerfreulich“ macht. Vgl. Mauthner, Fritz: Wörterbuch der Philosophie, a.a.O., S. 91 ff.
64 Fischer, Kuno: Schopenhauers Leben, Werke und Lehre, S. 138.
65 Vgl. Fischer, Kuno: Schopenhauers Leben, Werke und Lehre, ebd.

mit Kant, seit Kant erfahren hat, legt das Originalgenie als Dreißigjähriger sein Hauptwerk: „Die Welt als Wille und Vorstellung" vor, um den Rest seines Lebens an dessen Erweiterung, Vertiefung und Kommentierung zu arbeiten. Die thematischen Schwerpunkte dieses, aus der Explikation des einen Grundgedankens: die Welt ist die Selbsterkenntnis des Willens, hervorgehenden organischen Ganzen, sind: Erkenntnistheorie, Metaphysik, Ethik und Ästhetik. Dass er den Sinn der Weltgeschichte für Täuschung erklärt, vollends aber dass sein systematischer Entwurf zu Selbstverleugnung und Weltüberwindung führt, bringt Schopenhauer in schärfsten Gegensatz zur abendländischen Philosophie und jenem ihr immanenten Optimismus, der in Leibnizens Lehre von der besten aller möglichen Welten beredten Ausdruck gefunden hat.[66]

Von der Universitätsphilosophie zeitlebens ignoriert, wird Schopenhauer nur zögernd, zunächst in Literatur und Kunst zur Kenntnis genommen, um im letzten Lebensjahrzehnt endlich als Misanthrop und Pessimist allgemein bekannt zu werden. Eine breitere Leserschaft und schließlich Popularität gewinnt ihm dabei freilich nicht sein Hauptwerk, sondern Schriften, die ihm, gemessen an diesem nur Parerga (Beiwerke, Nebenwerke) und Paralipomena (Randbemerkungen, Nachträge) waren, wie etwa seine „Aphorismen zur Lebensweisheit", von denen das lesebereite Publikum schon dem Titel nach nicht akademische Subtilitäten, sondern Antworten auf die Frage: Was ist der Mensch? im Sinne des kantischen Weltbegriffs der Philosophie erwarten durfte. Was die Universitätsphilosophie betrifft, bleibt er ein Außenseiter, der ihr in der Folge eben deshalb ihr zunächst ferne liegende Themenkreise (z.B. Buddhismus) zu erschließen vermag.

Fischer lässt keinen Zweifel daran, dass die Rezeption von Schopenhauers Philosophie, oder besser deren Ausbleiben, einzigartig und dem Rang und der Qualität seiner Werke völlig unangemessen ist: „Man weiß ja, dass Bücher ihre Schicksale haben; schwerlich haben philosophische je ein ähnliches gehabt. Es handelte sich um Werke, die keineswegs von innen dunkel waren, vielmehr durch ihren Reichtum an erleuchtenden und neuen Ideen, durch ihre stilistische und künstlerische Vollkommenheit die volle Beachtung aller

66 Vgl. Fischer, Kuno: Gottfried Wilhelm Leibniz. Leben, Werke und Lehre, hrsg. und eingeleitet von Thomas Sören Hoffmann, Wiesbaden 2009.

Literaturkenner und Literaturfreunde sogleich verdient hätten."[67] Wie erklärt sich die Ignoration eines so bedeutenden Werkes? – War hier tatsächlich eine Verschwörung von Philosophieprofessoren am Werk, deren Kopf Hegel und deren Triebkraft die Todesangst des Mittelmaßes vor dem Genie gewesen ist, wie Schopenhauer mit unbelehrbarer Hartnäckigkeit behauptet hat[68], oder ist es einfach so, dass Philosophen, die gut schreiben können, vom Fach nicht ganz ernst genommen werden?[69] Fischer gibt zu bedenken, dass die Philosophieprofessoren nicht der Zeitgeist sind und verweist in diesem Zusammenhang auf Schopenhauers unzeitgemäße Themenwahl. Für ihn steht die Nichtbeachtung Schopenhauers damit im Zusammenhang, dass die, die Zeit bestimmenden Probleme und Fragen allesamt von historischem Charakter waren, ihr Thema war die Weltgeschichte, der sich Schopenhauer „von Grund auf abgewendet zeigt"[70]. Erst als das „Grunddogma" der hegelschen Philosophie, die Lehre vom „Fortschritt im Bewusstsein der Freiheit", seine beherrschende Stellung verliert, ist die „Zeit [...] gekommen, wo man seinen Worten lauscht", mit welchen er „die Lehre von dem Thema und Endzweck der Weltgeschichte für eine Täuschung [erklärt] und dieselbe gründlicher als je ein Sterblicher vor ihm der Welt auszureden" versucht.[71]

Schopenhauer, der seine Außenseiterrolle mitunter genossen, unter seiner Erfolglosigkeit aber schwer gelitten hat, hat sich mehrfach „Über die Universitätsphilosophie" geäußert, zusammenfassend unter diesem Titel im ersten Band seiner Parerga.[72] Den entsprechenden Ausführungen fehlt es nicht an plakativen Gegenüberstellungen: Einsicht steht gegen Absicht, Sein gegen Schein, Philosoph gegen Sophist, Genie gegen Gelehrter, Selbstdenker gegen Bücherphilosoph, die „alma mater" ist Schopenhauer nicht primär im geistigen, sondern im handgreiflichen Sinn eine nährende Mutter, das Genie braucht die Universität nicht, es lebt für die Philosophie, die Philosophieprofessoren dagegen leben von der Philosophie; an die

67 Vgl. Fischer, Kuno: Schopenhauers Leben, Werke und Lehre, S. 46.
68 Vgl. Fischer, Kuno: Schopenhauers Leben, Werke und Lehre, ebd.
69 Wie Chargaff mit Blick auf Schopenhauer, Nietzsche und Santayana festgestellt hat. Vgl. Chargaff, Erwin: Über das Lebendige. Ausgewählte Essays, Stuttgart 1993, S. 336.
70 Fischer, Kuno: Schopenhauers Leben, Werke und Lehre, S. 47.
71 Fischer, Kuno: Schopenhauers Leben, Werke und Lehre, ebd.
72 Schopenhauer, Arthur: Parerga und Paralipomena: kleine philosophische Schriften, 1. Bd., in: Arthur Schopenhauers sämtliche Werke in sechs Bänden, a.a.O., S. 163 ff.

Stelle der Liebe zur Weisheit tritt die Lohndienerei, der Hinblick auf den Gewinn, den die Wissenschaft abwirft, der Missbrauch von Universität und Philosophie als bloßes Mittel. Die Lektüre dieser Schimpfreden wird den unterhalten, der eine solche Art der Polemik zu schätzen weiß und nicht den Anspruch hat, von ihr belehrt zu werden, schon Fischer hat auf die Folgenlosigkeit dieser Art der Schmähungen (Sophist, Lump, Galimathias etc.) hingewiesen: „Was hat die Welt davon, dass er seine Galle los wird?“[73] Wer weiß, dass die Personalunion von Universitätsprofessor und Philosoph in der Tat nicht die Regel, sondern die Ausnahme ist,[74] nimmt mit Erstaunen zur Kenntnis, dass Schopenhauers Abrechnung mit der Universitätsphilosophie vorrangig solche Ausnahmen (Fichte, Schelling, Hegel) zur Zielscheibe seiner polemischen Attacken macht. Den Vorwürfen ist mit Bruno Liebrucks entgegenzuhalten, dass der „sophistische Charakter der Philosophie nicht eliminierbar [ist,] [s]olange wir in der Bemühung um Philosophie auch ‚unser täglich Brot‘ verdienen“.[75] Aus Schopenhauers Mund erscheinen sie umso verwunderlicher, als vermutet werden darf, dass er selbst, nach dem drohenden und zuletzt glücklich abgewendeten Vermögensverlust, eine akademische Laufbahn vor allem im Hinblick auf eine materielle Sicherstellung ins Auge gefasst hat. Ist also nach der Fabel Schopenhauer der Fuchs und die Philosophieprofessoren die Trauben? – redet er schlecht, was er vergeblich zu erreichen versucht hat? Obgleich man seinen Ausführungen das Ressentiment nur allzu deutlich ansieht, sollte man es sich damit nicht zu einfach machen. Schopenhauer und die Universitätsphilosophie seiner Zeit sind sich gegenseitig einiges schuldig geblieben – die Universitätsphilosophie die Auseinandersetzung mit Schopenhauer und die Anerkennung seiner Leistungen, wenn wir von vereinzelten Versuchen, Schopenhauers Philosophie zum Gegenstand akademischen Forschens (Preisfrage) und universitären Unterrichtens (Vorlesungen) zu machen absehen, hat diese Schuld wohl erst Kuno Fischer in der vorliegenden Monographie eingelöst – und Schopenhauer die Kritik der Universitätsphilosophie. Diese ist im Hinweis auf die je eigene Originalität und Genialität auch nicht zu

73 Fischer, Kuno: Schopenhauers Leben, Werke und Lehre, S. 545.
74 Vgl. Liebrucks, Bruno: Drei Revolutionen der Denkart, Wiesbaden 1977, S. 5.
75 Liebrucks, Bruno: Das Problem der Sprachaufstufung und der Vorrang der Eindeutigkeit bei Theodor Litt, in: Ders.: Irrationaler Logos und rationaler Mythos, Würzburg 1982, S. 268.

leisten. Trotz der Vielzahl thematisch einschlägiger Passagen finden wir daher bei Schopenhauer auch dort, wo das Gesagte über Beschimpfungen und Verunglimpfungen hinausgeht, nur sehr wenig, woran anzuknüpfen wäre, um diese unter den nicht bloß geänderten, sondern verschärften Bedingungen der Gegenwart ebenso schwerer wie ungleich dringlicher gewordene Aufgabe zu lösen. Ist nicht auch heute an den Universitäten mancherorts, um es mit den Worten des Übertreibungskünstlers zu sagen, „die Wirklichkeit [...] so schlimm / daß sie nicht beschrieben werden kann"[76] und sehen wir nicht auch gegenwärtig die Universitätsphilosophie „mit hundert Absichten und tausend Rücksichten behaftet [...] ihres Weges" gehen?[77] Bei leicht veränderter Schwerpunktsetzung und Aktualisierung, was das Inhaltliche betrifft, sind Vorsichten und Rücksichten, die den „Willen des Ministeriums", „die Wünsche der Verleger", „die gute Freundschaft der Kollegen", „den Zuspruch der Studierenden", „den Gang der Tagespolitik", „die Richtung des Publikums" u.a.m. im Auge haben, nach wie vor Ausdruck akademischer Untugenden. Während man sie an einer am humboldtschen Bildungsbegriff ausgerichteten Universität als persönliche Verfehlungen eines Ideals ansehen kann, das selbstverständliche Geltung hat, stehen für die Philosophie an einer Universität, die ihr gegenwärtiges Erscheinungsbild einer Reihe von primär ökonomisch motivierten und nach den Gesetzen des Marktes maßstäblich ausgerichteten Reformen verdankt, Möglichkeit und Berechtigung ihrer universitären Existenz in Frage. Angesichts der Drohung, dass sich die wenig vorteilhafte Position der Philosophie im Verteilungskampf um knapper werdende finanzielle Mittel weiter verschlechtern könnte, die stets noch jene Vandalen auf den Plan gerufen hat, die unter dem Titel ihrer Selbsterhaltung ihre Selbstauflösung betreiben, scheint es nur eine Frage der Zeit zu sein, bis der Philosophie das „Asylrecht"[78], das sie an Universitäten noch genießt, gekündigt wird.

Eine Kritik der Universitätsphilosophie setzt einen Begriff von Philosophie voraus, der es ihr ermöglicht, in Abhebung zu einem am Paradigma neuzeitlicher Naturwissenschaft orientierten Wissen-

---

76 Bernhard, Thomas: Heldenplatz, Frankfurt am Main 1988, ^{6}1994, S. 115.
77 Schopenhauer, Arthur: Die Welt als Wille und Vorstellung, 1. Bd., in: Arthur Schopenhauers sämtliche Werke in sechs Bänden, a.a.O., Vorrede zur 2. Auflage, S. 26.
78 Liebrucks, Bruno: Drei Revolutionen der Denkart, a.a.O., S. 5.

schaftsverständnis, als Wissenschaft auftreten zu können. Soll dieser Versuch einer Standortbestimmung der Philosophie im Verhältnis zu den Einzelwissenschaften nicht zur Anpassung an das Vorgehen derselben werden, kann sich Philosophie nur im Widerstand gegen die auf Effektivität, Effizienz, Erfolg, Nutzen etc. gerichteten Tendenzen behaupten. Der durch die institutionellen Rahmenbedingungen verschärfte Anpassungsdruck ist groß, wie viel sie ihm jeweils entgegenzusetzen hat entscheidet darüber, wie weit sie bleiben kann, was sie ist und offenbart darin das Ausmaß, in dem sie sich selber versteht resp. missversteht. Wo die Aufgabe scheitert, wird das, was geistige Arbeit verhindert, zu ihrem Ausweis. Die Selbstkritik gegenwärtiger Universitätsphilosophie hat nicht die Qualität, dass sie auf Unterstützung durch Argumente von philosophischen Außenseitern, wie Schopenhauer einer ist, verzichten könnte. In diesem Sinn ist das Werk Schopenhauers auf mannigfache Weise geeignet, der „Universitätsphilosophie" – um zur Not bei dieser problematischen Verallgemeinerung zu bleiben – einen Spiegel vorzuhalten. Wer würde nicht akademischen Untugenden, wie etwa der von solchem Anpassungszwang diktierten Vielschreiberei (publish or perish) Schopenhauers Grundsatz entgegenhalten wollen, nur dann zu schreiben, wenn man etwas zu sagen hat, und selbstredend wäre Schopenhauer angehenden philosophischen Schriftstellern zur Pflichtlektüre aufzugeben, wenn man nur den Schreibstil durch Lektüre zu beeinflussen und zu verbessern hoffen dürfte. Kant hat gezeigt, dass im Rahmen der Frage: Was ist der Mensch?, Schulbegriff und Weltbegriff der Philosophie spannungsvoll aufeinander bezogen sind[79]. Philosophie ist darin unaufhebbar durch den Gegensatz Esoterik – Exoterik bestimmt. Da sie ihrer Aufgabe in der Alternative von gehaltvoller Naivität und leerer Differenziertheit, die mit der Abspannung des Gegensatzes, d. h. in der Beschränkung auf bloß eines der Momente droht, nicht gerecht zu werden vermag, müssen immer wieder Anstrengungen einer Vermittlung beider Momente in dem Sinn unternommen werden, dass die philosophische Spezial- und Fachdiskussion auf die Grundfrage: Was ist der

79 „In dieser Absicht ist Philosophie die Wissenschaft von der Beziehung aller Erkenntniß auf die wesentlichen Zwecke der menschlichen Vernunft". Kant, Immanuel: Kritik der reinen Vernunft, in: Kants gesammelte Schriften, hrsg. von der Königlich Preußischen Akademie der Wissenschaften, Berlin 1904 ff., Bd. 3, B 866 f.

Mensch? zurückbezogen wird. In ihrer Tendenz zu Spezialisierung und Differenzierung steht die Universitätsphilosophie immer in der Gefahr, sich von ihrem Quellpunkt abzuschneiden. Das ungebrochene Interesse an Werken wie Schopenhauers „Aphorismen zur Lebensweisheit" ist so gesehen ein vorwurfsvoller Hinweis darauf, dass die Universitätsphilosophie auf Fragen von einiger Bedeutung keine Antworten hat. Auf dem Weg von der Liebe zur Weisheit zur Wissenschaft esoterisch geworden, hat sie den Anspruch, „Führerin des Lebens"[80] zu sein, aufgegeben und überlässt das unbestellte Feld dem philosophischen Dilettantismus, in Form der psychologischen Beratung, der Lebenshilfeliteratur etc.

Schopenhauers Werk und Wirkung – Die Welt als Wille und Vorstellung[81]

Den Anweisungen entsprechend, die Schopenhauer mehrfach zum Studium seiner Philosophie und zur Lektüre seiner Werke gegeben hat, beginnt Fischer seine Einführung in Schopenhauers Lehre mit der Darstellung seiner Dissertation. Die 1813 erschienene Abhandlung „Über die vierfache Wurzel des Satzes vom zureichenden Grunde" hat den Charakter einer Propädeutik, insoferne sie in der Unterscheidung von Kausalgrund, Erkenntnisgrund, Seinsgrund und Grund des Handelns (Motivation) Anlage und Differenzierungen seines Hauptwerkes enthält. „Die Welt als Wille und Vorstellung" teilt sich in vier Bücher, die Schopenhauers Grundgedanken: „Die Welt ist die Selbsterkenntnis des Willens" explizieren. Das erste Buch enthält Schopenhauers Erkenntnistheorie und lässt bereits mit dem ersten Satz den Anschluss an Kants transzendentalen Idealismus erkennen: „Die Welt ist meine Vorstellung". Das zweite Buch enthält Schopenhauers Metaphysik: die Lehre vom Willen, der sich in der gesamten Natur objektiviert, mit dem dritten Buch wird das Problemgebiet der Ästhetik betreten, das vierte Buch enthält Schopenhauers Ethik und Religionsphilosophie.

80 Vgl. Reininger, Robert: Wertphilosophie und Ethik. Die Frage nach dem Sinn des Lebens als Grundlage einer Wertordnung, Wien – Leipzig ^{2}1946, S. 1.

81 Im Rahmen der folgenden skizzenhaften Hinweise sind Schopenhauers Werke betreffende Zitate und Paraphrasen nicht ausgewiesen – wer weiter liest, wird sie in Fischers Darstellung unschwer wiedererkennen und die entsprechenden Bezüge herstellen können.

Schon im Kant-Band seiner Geschichte hat Fischer Schopenhauers Verdienst um die kantische Philosophie hervorgehoben, das darin besteht, „auf die erste Ausgabe der Vernunftkritik, als die wahre Grundlage der Lehre Kant's, hingewiesen [zu] haben“[82]. Nur im Ausgang von der transzendentalen Ästhetik, der Lehre von Raum und Zeit, ist ein angemessenes Verständnis der kritischen Philosophie möglich: „Hier ist die Entdeckung, worauf das ganze kritische Lehrgebäude ruht, der Schwerpunkt, wonach die übrigen Begriffe sich richten.“[83] Ein Verfehlen dieser Interpretationsrichtung bringt die kritische Philosophie „in Widerstreit mit sich selbst“[84], wie das in der zweiten Auflage der Vernunftkritik der Fall ist. Diese Art des Rückgriffs auf Kant ist nicht unproblematisch, eine Interpretation Kants, welche die transzendentale Ästhetik ins Zentrum stellt, schließt an die „Kritik der reinen Vernunft“ an einer Stelle an, an der dieses revolutionäre Werk vorkritische Züge trägt und begreift damit Transzendentalphilosophie von einem Lehrstück aus, das Kant in der zweiten Auflage zu korrigieren bemüht gewesen ist. Schopenhauers Anschluss an Kant ist zudem durch die Zurücknahme einer Reihe kantischer Differenzierungen gekennzeichnet.[85] Dazu kommt, dass noch in einem weiteren wesentlichen Punkt Schopenhauer kein Schüler Kants gewesen ist.[86] Kant hat Philosophie als Wissenschaft konzipiert und ist demgemäß bestrebt gewesen, der Metaphysik ein methodisches Fundament zu geben, das es ihr ermöglicht, als Wissenschaft aufzutreten[87]. Auch für die an Kant anschließenden Vertreter des Deutschen Idealismus sind Logik und Metaphysik – so auch für Fischer – stets Wissenschaftslehre. Im Gegensatz dazu ist für Schopenhauer Philosophie nicht primär Wissenschaft, sondern Kunst – eine Sache des Genies: das Genie, der vom Genius geleitete

---

82 Fischer, Kuno: Geschichte der neuern Philosophie, 3. Bd., Mannheim 1860, S. XIV.

83 Fischer, Kuno: Geschichte der neuern Philosophie, 3. Bd., a.a.O., S. XV.

84 Fischer, Kuno: Ebd.

85 So etwa werden Anschauungs- und Verstandesformen bei ihm nicht in der kantischen Weise unterschieden, und von den bei Kant aus der Urteilslehre abgeleiteten zwölf Kategorien finden wir bei Schopenhauer nur noch eine: die Kausalität.

86 Schopenhauers Auseinandersetzung mit Kant hat ebenso im spezifischen Anschluss an Kant wie in einer „Kritik der Kantischen Philosophie“ ihren Niederschlag gefunden. Vgl. Arthur Schopenhauers sämtliche Werke in sechs Bänden, a.a.O., Bd. 1, S. 529 ff.

87 Vgl. Kant, Immanuel: Prolegomena zu einer jeden künftigen Metaphysik, die als Wissenschaft wird auftreten können, in: Kants gesammelte Schriften, a.a.O., Bd. 4, S. 253 ff.

Selbstdenker, „der hat die Boussole, den rechten Weg zu finden“[88] – methodische Überlegungen spielen dabei nur eine untergeordnete Rolle. Wird man im Rahmen der Erkenntnistheorie Schopenhauer den exklusiven Anspruch, der einzig echte Thronerbe Kants zu sein, bestreiten müssen, die Einsicht in die Notwendigkeit einer Auseinandersetzung mit Kant, ja eines Ausgangs von Kant als unverzichtbare Grundlage allen Philosophierens, wird man ihm nicht absprechen können. Der Fortschritt der Philosophie seit Kant war weder gestern noch ist er heute ein Einwand gegen eine solche „Rückkehr zu Kant“, soferne all die Schritte, welche die Philosophie über Kant hinaus getan hat, es nicht rechtfertigen, dass wir auch nur einen einzigen hinter ihn zurück tun, – und heißt nicht schon Kant verstehen, über ihn hinausgehen?[89]

Schopenhauer überschreitet die Erkenntnisgrenzen, die bei Kant durch die Unterscheidung von Erscheinung und Ding an sich der Metaphysik gesetzt sind, indem er das Ding an sich als Wille bestimmt. Damit ist nicht nur eines der zentralen Probleme der Kantinterpretation, in der Art des gordischen Knotens gelöst, indem Schopenhauer die Leiblichkeit des Menschen zum Ausgangspunkt seiner Willensmetaphysik macht, umgeht er auch „die gefährlichste Klippe des Kantianismus“[90] im Sinne einer „reflexionslogischen“ Verfehlung der Leibproblematik. Der Leib, das „unmittelbare Objekt“, ist uns auf eine doppelte Weise gegeben: in einer Außenperspektive als Objekt der Vorstellung, d. h. als sinnliche Erscheinung in Raum und Zeit, und in einer Innenperspektive als Wille zum Leben. In Analogie zu dieser Leiberfahrung wird der Wille zum einheitlichen Erklärungsprinzip alles Wirklichen, die Erscheinungswelt insgesamt muss ihrem Wesen nach als Wille begriffen werden, als Wille zum Leben, der sich in der Natur unmittelbar manifestiert und im Menschen Bewusstsein und Einsicht gewinnt.

Schopenhauers Willensmetaphysik weist auf mehreren Traditionslinien ins 20. Jahrhundert. Indem er den Willen vom Gedanken einer die Natur insgesamt bestimmenden natürlichen Selbstbe-

88 Schopenhauer, Arthur: Parerga und Paralipomena: kleine philosophische Schriften, 2. Bd., in: Arthur Schopenhauers sämtliche Werke in sechs Bänden, a.a.O., S. 521.

89 Vgl. Windelband, Wilhelm: Präludien. Aufsätze und Reden zur Einleitung in die Philosophie, Tübingen ^{3}1907. (Vorwort zur ersten Auflage 1883, S. IV.)

90 Glockner, Hermann: Die europäische Philosophie von den Anfängen bis zur Gegenwart, a.a.O., S. 858.

hauptung her fasst, nimmt Schopenhauer nicht nur unabhängig von Darwin wesentliche Bestimmungen des Darwinismus vorweg, sondern auch Gedanken, die sich zum Teil in der neuzeitlichen Anthropologie wiederfinden – der „exstatische Gefühlsdrang" bei Max Scheler[91], oder der Begriff Kultur als ins Zweckdienliche umgearbeitete Natur bei Arnold Gehlen[92]. Seine Erkenntnis der Rolle des Unbewussten weist über Nietzsche und Eduard von Hartmann[93] auf die Freudsche Psychoanalyse. Freud erwähnt Schopenhauer nicht nur an mehreren Stellen seiner Traumdeutung – das Verhältnis von Traum und Wahnsinn[94], das Verhältnis von Traum und Charakter[95], oder die Frage der Entstehung des Traumes[96] betreffend –, er hebt auch mehrfach die „weitgehenden Übereinstimmungen der Psychoanalyse mit der Philosophie Schopenhauers" hervor und gesteht ihm zu, „nicht nur den Primat der Affektivität und die überragende Bedeutung der Sexualität vertreten, sondern selbst den Mechanismus der Verdrängung gekannt"[97] zu haben. Auch im Zusammenhang mit der dritten (psychologischen) Kränkung der Eigenliebe, die sich mit der Einsicht verbindet, dass angesichts letztlich nicht zu bändigender sexueller Triebregungen „das Ich nicht Herr sei in seinem eigenen Haus", ist es „der große Denker Schopenhauer, dessen unbewußter ‚Wille' den seelischen Trieben der Psychoanalyse gleichzusetzen ist,"[98] auf den Freud hinweist. Vor allem aber ist es die Abwehr von Missverständnissen und nicht gerechtfertigten Vorwürfen, die in Schlagworten wie „Pansexualismus" der Psychoanalyse vorwerfen, alles aus der Sexualität zu erklären, die Freud in Schopenhauer den Verbündeten suchen lässt, der „bereits vor geraumer Zeit den Menschen vorgehalten [hat,] in welchem Maß ihr Tun und Trachten

91 Vgl. Scheler, Max: Die Stellung des Menschen im Kosmos, Bern – München 1966, S. 14.
92 Vgl. Gehlen, Arnold: Der Mensch. Seine Natur und seine Stellung in der Welt, Frankfurt am Main ²1974, S. 38.
93 Hartmann, Eduard von: Philosophie des Unbewußten. Versuch einer Weltanschauung, Berlin 1869.
94 „Schopenhauer nennt den Traum einen kurzen Wahnsinn und den Wahnsinn einen langen Traum." Freud, Sigmund: Beziehungen zwischen Traum und Geisteskrankheiten. Die Traumdeutung, in: Ders.: Gesammelte Werke, 2. u. 3. Bd., hrsg. von Anna Freud et.al., Frankfurt am Main 1972 f., S. 94.
95 Freud, Sigmund: Die ethischen Gefühle im Traum. Die Traumdeutung, in: Ders.: Gesammelte Werke, 2. u. 3. Bd., a.a.O., S. 69.
96 Freud, Sigmund: Traumreize und Traumquellen. Die Traumdeutung, in: Ders.: Gesammelte Werke, 2. u. 3. Bd., a.a.O., S. 38 f.
97 Freud, Sigmund: „Selbstdarstellung", in: Ders.: Gesammelte Werke, 14. Bd., a.a.O., S. 86.
98 Freud, Sigmund: Eine Schwierigkeit der Psychoanalyse, in: Ders.: Gesammelte Werke, 12. Bd., a.a.O., S. 6 f. u. 11 f.

durch sexuelle Strebungen – im gewohnten Sinne des Wortes – bestimmt wird"[99]. Solcherart beruft sich Freud mehrfach auf Schopenhauer, ohne freilich in ihm einen Vorläufer der eigenen Position sehen zu wollen.[100]

Aus Schopenhauers metaphysischer Weltkonzeption sind auch die Prinzipien seiner Ethik abgeleitet. Sittliche Gestalten[101] gelten ihm bloß als begriffliche Abstraktionen, an ihre Stelle treten das Mitleid als die eine Tugend und der Egoismus als das eine Laster. In dieser „grandiosen Vereinfachung" der sittlichen Probleme zeigt sich Schopenhauer auch im Rahmen der praktischen Philosophie als Widerpart der Philosophie des Deutschen Idealismus.[102] Die Konzeption einer Ethik, die sich über den Menschen hinaus auf das Lebendige, d. h. auch auf das Tier bezieht, weist ebenfalls weit ins 20. Jahrhundert. So finden wir Schopenhauer im Rahmen jener Positionen, denen das Mitleid als Grundlage der Ausweitung des Humanitätsgedankens auf das Tier resp. der Einbeziehung des Tieres in die sittliche Gemeinschaft das fundamentale ethische Prinzip ist, als vielzitierten Klassiker der Tierethik, wobei die näheren Differenzierungen seines Mitleidsbegriffs und die metaphysischen Voraussetzungen desselben nicht selten außer Acht bleiben. Schon Albert Schweitzer, dessen Auseinandersetzung mit Schopenhauers Ethik tiefgreifend und nicht zuletzt ihrer kritischen Einwände wegen beachtenswert ist, nimmt einen genuin schopenhauerschen Gedanken zum Ausgangspunkt seiner „Ethik der Ehrfurcht vor dem Leben": „Ich bin Leben, das leben will, inmitten von Leben, das

---

99 Freud, Sigmund: Drei Abhandlungen zur Sexualtheorie, in: Ders.: Gesammelte Werke, 5. Bd., a.a.O., S. 32.

100 Dass auch für ihn der Hinweis auf Originalität wichtiger ist als der Gedanke einer Vermittlung an der Tradition, zeigen seine wiederholten Feststellungen, erst nach Ausarbeitung seiner Theorie auf Schopenhauer gestoßen zu sein. (Vgl. Freud, Sigmund: „Selbstdarstellung", in: Ders.: Gesammelte Werke, 14. Bd., a.a.O., S. 86.) In der nämlichen Weise wird auch Platon erwähnt, wo der psychoanalytische Begriff der Sexualität über geschlechtliche Vereinigung und genitale Lustempfindung hinausgehend auf den „allumfassenden und alles erhaltenden Eros" bezogen wird. (Vgl. Freud, Sigmund: Die Widerstände gegen die Psychoanalyse, in: Ders.: Gesammelte Werke, 14. Bd., a.a.O., S. 105.) Freud nimmt angesichts von Vorurteilen und Vorwürfen gegen die Psychoanalyse die Autorität der Philosophie in Anspruch, mit der er als naturwissenschaftlich ausgebildeter und ausgerichteter Nervenarzt sonst wenig anzufangen weiß.

101 Etwa Recht, Moralität, Sittlichkeit, Familie, Staat etc., wie sie bei Hegel entfaltet werden. Vgl. Hegel, Georg Wilhelm Friedrich: Grundlinien der Philosophie des Rechts oder Naturrecht und Staatswissenschaft im Grundrisse, in: Ders.: Sämtliche Werke, a.a.O., Bd. 7.

102 Litt, Theodor: Ethik der Neuzeit, München – Berlin 1926, S. 141 f.

leben will."[103] Im Ausgeliefertsein an den blinden und unaufhaltsamen Drang des Willens, den, im Kampf gegen Hemmungen und im Konflikt mit anderen, von Ziel zu Ziel vorwärtsgetrieben, jede Befriedigung rastlos und enttäuscht zurücklässt, erweist sich alles Leben als Leiden. Durch die kontemplative Versenkung in die Idee der Dinge beim Schaffen und Betrachten von Kunstwerken kann sich der Mensch diesem Bestimmtsein durch den Willen wohl punktuell, nicht aber dauerhaft entziehen: die Kunst kann trösten, aber nicht erlösen.[104] Die Selbsterkenntnis des Willens vollendet sich erst in Selbstverleugnung und Weltüberwindung, wie sie Resignation und Askese ermöglichen. Diese Heilslehre, in der Schopenhauer mit dem Buddhismus übereinstimmt, ist der Schlussstein seines Systems.[105]

Schopenhauer, der sich selbst als Künstler verstand und als Religionsstifter aufgetreten ist, hat seit je polarisiert, sein Werk und seine Persönlichkeit, sein Charakter, der schreiende Widerspruch zwischen Leben und Lehre, der pessimistische Grundzug seiner Weltsicht und nicht zuletzt der Gegensatz, in dem sie zur abendländischen Philosophietradition steht, haben ebenso unbedingte Gegnerschaft wie bedingungslose Anhängerschaft provoziert. Wer Schopenhauer als Philosophen begegnen will, sieht sich zu einer denkenden Aneignung seines Werkes herausgefordert und wird in Fischers Gesamtdarstellung, in der detailreichen, gelehrten und anschaulichen Nachzeichnung des Lebens, der Werke und der Lehren des Philosophen den Schlüssel und roten Faden zur Bewältigung eben dieser Aufgabe finden. Das Buch lädt nicht nur zu denkender Aneignung ein, es unterstützt dieselbe auch auf das wirkungsvollste, darin, dass es die differenzierte Argumentation in anschaulicher Klarheit vor uns ausbreitet und uns hilft, in den verwickelten Gedankenmassen den Überblick zu behalten, ist es dem Kompass vergleichbar, an dem wir uns orientieren, um nicht vom Wege abzukommen. Das Studium von Fischers Monographien unterscheidet sich wohltuend von einer Lektüre, nach der man mit den dargestellten Denkern fertig ist, indem man sie in einer Schublade abzulegen

103 Schweitzer, Albert: Kultur und Ethik, München 1996, S. 330.

104 Vgl. Reininger, Robert: Der Pessimismus und seine Überwindung, in: Ders.: Philosophie des Erlebens, ausgewählt, herausgegeben und eingeleitet von Karl Nawratil, Wien 1976.

105 Fischer, Kuno: Schopenhauers Leben, Werke und Lehre, S. 144.

weiß. Fischer geht es sowenig um „lesen und loben", wie um „lesen und tadeln", sondern um eine Auseinandersetzung, die Frucht trägt. Wir dürfen seinem Urteil vertrauen, dass eine solche Begegnung mit Schopenhauer niemanden unbeeindruckt lassen und ihr geringster Ertrag ein uneingeschränktes Lesevergnügen sein wird: „Wenn man ihn zu Ende [gelesen] hat, so ist es sehr fraglich, ob man ihm Recht gibt, aber sicher ist, dass man ihn nie wieder vergisst."[106] Eine problemgeschichtlich angelegte Einführung in das System eines Philosophen ist immer auch eine Einführung in die Philosophie selbst, Fischers Schopenhauer-Monographie wird darüber hinaus der weit anspruchsvolleren Aufgabe gerecht, im Sinne der kantischen Unterscheidung, auch eine Einführung in das Philosophieren zu sein.

Am 186. Geburtstag von Kuno Fischer
und 114. Geburtstag von Hermann Glockner

Die Herausgeber

106 Fischer, Kuno: Schopenhauers Leben, Werke und Lehre, S. 47.

Erstes Buch

Schopenhauers Leben und Charakter

Erstes Kapitel

Biographische Nachrichten. Das Zeitalter Schopenhauers. Der erste Abschnitt seiner Jugendgeschichte (1788 – 1805)

I. Biographische Quellen und Nachrichten

Es ist zu verwundern und zu bedauern, dass der Philosoph, von dem wir handeln wollen, keine Bekenntnisse autobiographischer Art hinterlassen hat, da er mehr als irgend ein anderer seiner Geistesgenossen, Rousseau ausgenommen, zu grüblerischen Selbstbetrachtungen über die eigene Person, ihre Bedeutung und Schicksale geneigt und viel damit beschäftigt war. Nach dem Abschluss seiner Jugendperiode hatte er ein Werk solcher Aufzeichnungen angelegt und nach dem erhabenen Beispiel des Marc Aurel „*Εἰς ἑαυτόν*" genannt, er hat dieselben noch in späteren handschriftlichen Büchern angeführt und auch mündlich auf ihre Wichtigkeit hingewiesen; aber die Schrift, deren Umfang nur dreißig Blätter betragen haben soll, ist auf seinen Wunsch von seinem Testamentsvollstrecker vernichtet worden. (S. unten 9. Kap.)

1. Vier Lebensskizzen rühren von ihm selbst her: das zum Behuf der Promotion im September 1813 und das zum Behuf der Habilitation am letzten Dezember 1819 verfasste „*Curriculum vitae*", dann die beiden kurzen Lebensabrisse aus dem April und Mai 1851, von denen der erste für Joh. Eduard Erdmann zur Aufnahme in dessen Geschichtswerk der neuern Philosophie, der andere für Meyers Konversationslexikon geschrieben wurde. Das „*Curriculum vitae*" von 1819 ist für die Kenntnis der ersten dreißig Lebensjahre des Philosophen die umfänglichste und nächste Quelle.

2. Nach seinem Tod erschien von Wilhelm Gwinner, seinem Testamentsvollstrecker und jüngeren Freunde, der während der

letzten sechs Lebensjahre vertraulichen Verkehr mit ihm gepflogen: „Arthur Schopenhauer, aus persönlichem Umgang dargestellt".[107] Auf den Inhalt dieser Schrift gestützt, ergingen sich sehr bald in der Tagesliteratur die ungünstigsten Charakterschilderungen Schopenhauers, worin Männer, die sonst die ausgemachtesten Gegner waren, wie Karl Gutzkow und Julian Schmidt, übereinstimmten.

Um die Eindrücke des Gwinner'schen Charakterbildes zu entkräften und dessen abstoßende Züge als Entstellungen nachzuweisen, vereinigten sich zwei Anhänger und Bewunderer zu einem apologetischen Werk: „Arthur Schopenhauer. Von ihm. Über ihn. Ein Wort der Verteidigung von Ernst Otto Lindner und Memorabilien, Briefe und Nachlass-Stücke von Julius Frauenstädt."[108]

Wir haben es jetzt nicht mit den auf Schopenhauers Charakter und moralischen Wert bezüglichen Fragen und Streitfragen zu tun, sondern lediglich mit dem zur Kenntnis seiner Lebensgeschichte dienlichen Material. Dieses ist in dem oben genannten Werk beträchtlich vermehrt worden, namentlich durch die Veröffentlichung einer großen Zahl Schopenhauer'scher Briefe. Auch hat Frauenstädt aus den „Studien" oder „Erstlingsmanuskripten" des Philosophen, Selbstbetrachtungen während der letzten sechs Jahre seiner Jugendzeit (1812 – 1818), sehr bemerkenswerte und interessante Mitteilungen gemacht.

3. Das Beispiel von Lindner und Frauenstädt hat die nützliche Folge gehabt, dass demselben zwei andere Anhänger und Bewunderer nachgefolgt sind und die in ihren Händen befindlichen Briefe des Meisters herausgegeben haben: David Asher in seiner Schrift: „Schopenhauer. Neues von ihm und über ihn"[109], und Adam v. Doß, einer seiner geliebtesten Schüler, der kurz vor seinem Tod die an ihn gerichteten Briefe Schopenhauers durch Karl du Prel hat veröffentlichen lassen.[110]

107 Leipzig, F. A. Brockhaus, 1862.
108 Berlin, A. W. Hayn, 1863.
109 Berlin, Dunker, 1871, vorher im Deutschen Museum 1865.
110 Feuilleton der Wiener deutschen Zeitung, Dez. 1872, Jan. 1873. – Die 83 Briefe an Frauenstädt erstrecken sich vom 16. Dezember 1847 bis zum 6. Dezember 1859; seit dem 31. Oktober 1856 hatte Schopenhauer die Korrespondenz abgebrochen und mehr als drei Jahre vergehen lassen, bevor er noch einmal antwortend an Fr. schrieb. In diese Zwischenzeit fallen seine 24 Briefe an Asher vom 12. November 1856 bis zum 18. August 1860. Die 12 Briefe an A. v. Doß reichen vom 10. Mai 1852 bis zum 1. März 1860. – Alle diese Briefe, namentlich die an Frauenstädt, gewähren ein höchst schätzbares Material, um Schopenhauers Charakter- und Gemütsart in ihrem ganz

4. Zehn Jahre später erschien, von dem Mathematiker Joh. Karl Becker herausgegeben, der „Briefwechsel zwischen Arthur Schopenhauer und Joh. August Becker", dem Vater des Herausgebers, einem der ersten und der Lehre kundigsten Anhänger des Philosophen, mit dem er bis zuletzt auf freundschaftlichem Fuße verkehrt hat. Der Briefwechsel zählt in der ersten Abteilung 9, in der zweiten 53 Briefe; von jenen hat Schopenhauer 4, von diesen 23 geschrieben; das Thema der ersten Gruppe der Briefe (31. Juli bis 16. Dezember 1844) waren scharf gefasste Fragen und Einwürfe, welche gewisse Kardinalpunkte der Lehre betrafen und bei unserer Beurteilung der letzteren wieder zur Sprache kommen sollen. Als Becker die Korrespondenz begann, war er Rechtsanwalt in Alzey; im Jahre 1850 wurde er Kreisrichter in Mainz und lebte jetzt in der Nähe des Philosophen.[111]

5. Nach den Publikationen der Lindner, Frauenstädt, Asher und A. v. Doß konnte Gwinner, dem auch der Briefwechsel zwischen Schopenhauer und Becker zu Gebote stand, die zweite Auflage seiner Biographie in einem „umgearbeiteten und vielfach vermehrten" Werke sechzehn Jahre nach der ersten erscheinen lassen, eine umfassende und reichhaltige, durch viele quellenmäßige Nachrichten und Schriftstücke ausgezeichnete Lebensbeschreibung.[112]

6. Da in der Geschichte Schopenhauers sein Aufenthalt in Weimar und Goethes persönlicher Einfluss von einer gewichtigen und fortwirkenden Bedeutung gewesen sind, so ist der Düntzer'sche Aufsatz: „Goethes Beziehungen zu Johanna Schopenhauer und ihren Kindern" hier zu erwähnen. Derselbe ist sieben Jahre jünger als die neue Auflage der Gwinner'schen Biographie und enthält aus den Briefen, welche die Mutter an den Sohn in den Jahren 1806 und 1807 geschrieben hat, einige interessante Auszüge, welche Goethe betreffen.[113]

---

natürlichen Gange und täglichen Tempo richtig zu erkennen und demgemäß die Vorstellungen, die man sich davon aus seinen Büchern macht, wo er auf der Weltbühne erscheint, zu berichtigen.

111 Leipzig, F. A. Brockhaus, 1883. Ein Brief Sch. fehlt in dieser Ausgabe: der vom 2. Dez. 1850. Derselbe findet sich bei Schemann und Grisebach (Schopenhauers Briefe, S. 110). Die Zahl der von Sch. an J. A. Becker geschriebenen Briefe beträgt demnach 28. – Ich nenne noch Schopenhauers Briefe an Karl Bähr, sechs an der Zahl (vom 5. März 1858 bis zum 25. Februar 1860), die Grisebach vollständig mitgeteilt hat.

112 Leipzig, F. A. Brockhaus, 1878.

113 Abhandlungen zu Goethes Leben und Werken. I. (Leipzig 1885), S. 115–211. Vgl. Gwinner, Zweite Auflage, S. 46–80.

7. Zum Schluss nenne ich die jüngsten, sehr sorgfältigen und dankenswerten Arbeiten, wodurch Eduard Grisebach sowohl in biographischer als auch in bibliographischer Hinsicht das Studium Schopenhauers gefördert hat. Zur ersten Säkularfeier der Geburt des Philosophen ließ er „Edita und Inedita Schopenhaueriana“ erscheinen.[114] Seinem Vorsatz gemäß, dass keine Zeile, die Schopenhauer geschrieben, ungedruckt bleiben oder inkorrekt gedruckt werden soll, hat er die jüngste Gesamtausgabe der Werke Schopenhauers in sechs Bänden besorgt und am dreißigjährigen Todestag des Philosophen eröffnet. In dem letzten Bande gibt er eine „Chronologische Übersicht von Schopenhauers Leben und Schriften mit sieben Beilagen“ (in der zweiten Schopenhauers Briefe an Goethe, neun an der Zahl, vom Januar 1817 bis zum 23. Juni 1818).[115] Dazu kommen neuerdings Ludwig Schemanns Sammelwerk „Schopenhauer-Briefe“ (1893) und die von Grisebach verfasste Lebensgeschichte Schopenhauers (1897).[116]

Von den Werken Schopenhauers und deren Ausgaben wird in dem letzten Kapitel dieses Buches näher die Rede sein.

II. Schopenhauers Zeitalter

Ich schreibe die Geschichte des jüngsten und letzten Philosophen der großen Periode, die unmittelbar von Kant ausging und durch die Kritik der reinen Vernunft im Jahre 1781 begründet wurde. Diejenigen Leser, welche meine Geschichte der neuern Philosophie, insbesondere meine Darstellung und Kritik der kantischen Lehre kennen, sind schon über die Aufgabe und Stellung orientiert, die unter den nachkantischen Philosophen Schopenhauer einnimmt.[117]

Er hatte die dreißig überschritten, als Ende des Jahres 1818 sein Hauptwerk die Presse verließ. In dem Verlaufe eines Menschenalters (1790 – 1820) waren aus der kantischen Philosophie eine Reihe neuer Systeme in verschiedenen Richtungen hervorgegangen; eine

114 Leipzig, Brockhaus 1888.

115 Universalbibliothek. 2861–2865. Leipzig, Phil. Reclam jun. Grisebach, Edita und Inedita Schopenhaueriana, S. 32–37. Vgl. Gesamtausgabe, VI., S. 196. Zuerst erschienen im Goethe-Jahrbuch (1888), S. 50–74.

116 Ed. Grisebach, Schopenhauer. Geschichte seines Lebens. (Geisteshelden. Eine Sammlung von Biographien, herausgegeben von Dr. Anton Bettelheim, Bd. XXV und XXVI), Berlin, Ernst Hoffmann, 1897.

117 Meine „Kritik der kantischen Philosophie“, zweite Auflage, S. 271–278.

dieser Richtungen war in gerader Linie von Reinhold zu Fichte, von Fichte zu Schelling, von Schelling zu Hegel fortgeschritten, in dessen Lehre diese metaphysisch und monistisch gerichtete Philosophie gipfelte. Was man heute Monismus nennt, hieß damals Identitätsphilosophie. In eben dem Jahre, in welchem Schopenhauer sein Hauptwerk zu Ende führte, wurde Hegel von Heidelberg nach Berlin gerufen, woselbst er eine höchst erfolgreiche Lehrtätigkeit bis zu seinem Tod, den 14. November 1831, entfaltet und die Schule gegründet hat, die während der nächsten Jahrzehnte in dem Gebiete der philosophischen Lehre und Literatur einen tonangebenden und herrschenden Einfluss ausüben sollte.

Um Schopenhauers philosophische und schriftstellerische Laufbahn von Beginn bis zum Schluss ihrer Werke durch weltgeschichtliche Grenzpunkte zu bezeichnen, so erstreckt sich dieselbe vom Ende des ersten bis zum Anfang des zweiten französischen Kaiserreichs; dazwischen liegen die Epochen der Restauration, der zweiten und dritten französischen Revolution, welche letztere auch in Deutschland Volksbewegungen und Versuche politischer Umgestaltungen hervorrief. Wir hatten die Mitte des Jahrhunderts erreicht, als die rückläufige Bewegung wieder zur Herrschaft gelangte und jene Neuerungsversuche völlig unterdrückte. Die Reaktion, womit die zweite Hälfte des Jahrhunderts begann, schien bereits die öffentlichen Zustände auf lange Zeit in die alten Geleise zurückgedrängt zu haben, als der Ausbruch und Ausgang des Krimkrieges den Lauf der Dinge oder, wie die heutige Parole lautet, „den Kurs" von Grund auf änderte. Auf die Niederlage Russlands folgte nach einigen Jahren die größere Niederlage Österreichs. König Friedrich Wilhelm IV. starb den 2. Januar 1861. Eine ungeahnte große und gewaltige Zeit hatte mit dem neuen Jahrzehnt begonnen: das Zeitalter Wilhelms I. und die Bismarck'sche Epoche, aus welcher nach drei siegreichen Kriegen das neudeutsche Kaiserreich hervorging, verkündet den 18. Januar 1871 im Schlosse zu Versailles.

Seit dem Beginn der philosophischen und schriftstellerischen Laufbahn Schopenhauers war ein Menschenalter vergangen, er stand vor dem Abschluss der letzteren, und noch hatte die Welt von ihm und seinen Werken so gut wie gar keine Kenntnis genommen, er war so gut wie völlig unbeachtet geblieben, und das Dunkel, welches ihn einhüllte, schien undurchdringlich. Er hatte die sechzig überschritten, als sein Ruhm endlich zu tagen und bald weithin zu leuchten begann. Im letzten Jahrzehnt seines Lebens (1850 – 1860) wurde er als der Philosoph des Jahrhunderts gepriesen und seine Lehre als die Philosophie der Zukunft.

Schon ist mehr als ein Menschenalter seit dem Tod Schopenhauers verflossen, sein Ruhm ist im Wachsen geblieben und sein Name in aller Welt Munde. Dieselben Werke, die vor sechzig Jahren in die Stampfmühle wandern mussten, um „doch einigen Nutzen zu bringen", erscheinen heute in Volksausgaben und paradieren an den Schaufenstern der Buchläden. Man weiß ja, dass Bücher ihre Schicksale haben; schwerlich haben philosophische je ein ähnliches gehabt. Es handelte sich um Werke, die keineswegs von innen dunkel waren, vielmehr durch ihren Reichtum an erleuchtenden und neuen Ideen, durch ihre stilistische und künstlerische Vollkommenheit die volle Beachtung aller Literaturkenner und Literaturfreunde sogleich verdient hätten.

Wie erklärt sich deren so andauernde und hartnäckige Nichtbeachtung? Sagen wir gleich, so kurz und gut es sich am Anfang sagen lässt, wie sich die Sache *nicht* erklärt. Freilich ist diese nichtige Erklärung im Munde des Philosophen selbst immer die geläufigste und beliebteste gewesen: die deutschen Philosophieprofessoren sollen sich aus allen Beweggründen des Neides verschworen haben, seine Schriften ungelesen, jedenfalls unerwähnt zu lassen.

Die Professoren sind nicht der Zeitgeist. Wenn ein Denker und Schriftsteller, wie Schopenhauer, ein langes Menschenalter hindurch keine Wirkung auf die Welt hervorbringt, so sind seine Schriften nicht von einigen Professoren, sondern vom Zeitgeist unbeachtet geblieben, worunter wir kein mystisches Ding, sondern den Inbegriff derjenigen Interessen und Fragen verstehen, welche in einem gegebenen Zeitabschnitte herrschen. Nun vergegenwärtige man sich unser Deutschland von den Freiheitskriegen bis in die Volksbewegungen des Jahres 1848, die Interessen nationaler, religiöser, kirchlicher, politischer, historischer Art, die es erfüllt und tief bewegt haben; man vergleiche damit Schopenhauers Lehre und seine sämtlichen Werke, um zu sehen, was sie zur Weckung, Klärung, Lösung *dieser* Fragen beigetragen oder geleistet haben. So gut wie nichts! Alle jene Zeitfragen, in welches Gebiet und in welche Richtung sie auch fallen, sind von eminent historischem und kritischem Charakter gewesen;

sie gehören in das große Thema der Weltgeschichte, dem Schopenhauer, der Mann wie die Lehre, sich von Grund auf abgewendet zeigt, denn in seinen Augen hat die Weltgeschichte überhaupt kein Thema.

Der Zeitgeist herrscht und gleicht auch darin einem Herrscher, dass er, wie die Könige, denen Gehör erteilt, die ihm etwas zu sagen haben; aber sie müssen warten, bis sie gerufen werden und die Stunde ihrer Audienz da ist. Wenn der Glaube an die Weltgeschichte als den „Fortschritt im Bewusstsein der Freiheit", dieses Grunddogma der Hegel'schen Lehre, erschüttert wird und zu wanken beginnt, eine natürliche Folge großer vereitelter Hoffnungen, dann hat die Stunde für Schopenhauer geschlagen. Er wird die Lehre von dem Thema und Endzweck der Weltgeschichte für eine Täuschung erklären und dieselbe gründlicher als je ein Sterblicher vor ihm der Welt auszureden suchen. Die Zeit ist gekommen, wo man seinen Worten lauscht. Wenn man ihn zu Ende gehört hat, so ist es sehr fraglich, ob man ihm Recht gibt, aber sicher ist, dass man ihn nie wieder vergisst.

III. Abstammung. Erste Jugend- und Wanderjahre

1. Die Vorfahren

Die Voreltern Schopenhauers waren nach Danzig eingewanderte Holländer, wie die Kants eingewanderte Schotten. Während das ostpreußische Ordensland erst ein weltliches von Polen abhängiges, dann unter dem großen Kurfürsten ein souveränes preußisches Herzogtum geworden, mit den brandenburgischen Landen vereinigt, zum preußischen Staat, unter seinem Nachfolger zum Königreich Preußen herangewachsen war, blieb das westpreußische seit dem Thorner Frieden (1466) in der Abhängigkeit von Polen. Infolge der ersten Teilung des polnischen Reiches (1772) wurde Westpreußen mit Ausnahme von Danzig und Thorn eine preußische Provinz; infolge der zweiten Teilung (1793) wurde auch Danzig eine preußische Stadt, die den 3. April von preußischen Soldaten besetzt wurde und den 7. Mai dem König huldigte.

Johann Schopenhauer, der Urgroßvater des Philosophen, war am Anfang des 18. Jahrhunderts aus Holland nach Danzig gekommen, wo er sich als Kaufmann niedergelassen und die städtische Domäne Stutthof, fünf Meilen von der Stadt entfernt, gepachtet hatte. (Hier hatten im März 1716 Peter der Große und seine Gemahlin als Gast

Schopenhauers einige Tage gewohnt.) Sein Sohn Andreas war Danziger Bürger geworden (1745) und ländlicher Gutsbesitzer in dem eine Viertelmeile von der Stadt gelegenen Dorfe Ohra. Aus seiner Ehe mit A. R. Soermans, der Tochter des niederländischen Ministerresidenten, sind vier Söhne hervorgegangen, deren ältester Heinrich Floris war, der Vater des Philosophen. Die weiteren Familiennachrichten lauten recht unheimlich: die Mutter des Heinrich Floris wurde gerichtlich für geisteskrank erklärt und entmündigt; einer seiner Brüder sei von Geburt blödsinnig gewesen, ein zweiter es durch Ausschweifungen geworden, und er selbst habe zuletzt an so schweren Gedächtnisstörungen gelitten, dass sein plötzlicher Tod wahrscheinlich eine Tat des verdunkelten Geistes war.

2. Heinrich Floris Schopenhauer

Mit allen Eigenschaften ausgerüstet, die zur kaufmännischen Laufbahn befähigen und treiben, hatte er durch Reisen im Ausland, namentlich in Frankreich und England, sich die dazu nötige Weltbildung erworben und in dem großen Handlungshaus Bethmann zu Bordeaux seine Schule gemacht;[118] dann hatte er mit seinem Bruder Johann Friedrich einen Großhandel in Danzig gegründet und war ein wohlhabender hanseatischer Kaufherr geworden von ausgeprägt patrizischer und reichsstädtischer Gesinnung, von englischen Sitten und Lebensformen, die er allen andern vorzog. Er las täglich die Times und fühlte sich dann über den Weltlauf orientiert.

Bei seiner Gesinnungsart von unbeugsamer Willensstärke und oft eigensinniger Härte konnte er es nicht ertragen, dass Danzig, welches unter polnischer Herrschaft die Freiheiten der Hansestadt bewahrt hatte, nunmehr eine preußische Provinzialstadt werden sollte. Den polnischen Hofratstitel hatte er sich gefallen lassen, ohne ihn je zu brauchen; aber gegen die preußischen Gefälligkeiten, die man ihm erzeigen wollte, verhielt er sich schroff ablehnend. Selbst die Auszeichnung, die dem Danziger Kaufmann bei seiner Durchreise durch Potsdam Friedrich der Große erwiesen, indem er ihn zu sich einlud und in der Früh des Morgens ein zweistündiges Gespräch mit ihm führte, hatte nicht vermocht ihn zu gewinnen. Aus freien Stücken

118 In demselben Hause ist Friedr. Hölderlin einige Jahre nach seiner Katastrophe in der Familie des Kaufherrn Gontard zu Frankfurt a. M. (1798) Hofmeister geworden und auf seiner Rückreise nach Deutschland unheilbarem Wahnsinn verfallen (1802).

hatte der König ihm und seinen Nachkommen durch ein Patent vom 9. Mai 1773 volle Niederlassungsfreiheit in den preußischen Staaten verliehen.

3. Johanna Schopenhauer

Den 16. Mai 1785 begründete Heinrich Floris durch seine Heirat mit Johanna Henriette Trosiener, der Tochter eines Danziger Ratsherrn, seinen Hausstand: sie war neunzehn alt, klein, anmutig, nicht schön, er noch einmal so alt, hochgewachsen und hässlich mit seinem breiten Gesicht, der aufwärts gestülpten Nase und dem hervorspringenden Kinn. Die junge Frau hatte den ersten schmerzlichen Liebestraum bereits erlebt, aber sie war nicht empfindsam oder gar zur Schwermut geneigt, sondern weltdurstig, phantasievoll und zu heiterem, geselligem Lebensgenuss wie geschaffen. Gewiss sind es diese Eigenschaften gewesen, welche die Wahl des ernsthaften Handelsherrn auf sie gelenkt hatten. Ohne erotische Zuneigung, aber auch ohne jedes Bedenken hatte sie die Hand des so viel älteren, charakterfesten und angesehenen Mannes ergriffen, der ihr hohe Achtung einflößte und ein glänzenderes Los, als sie erwarten konnte, zu bieten hatte. An seiner Seite konnte sie nun die Welt kennen lernen und genießen.

In dem Hause Schopenhauer herrschte ein düsterer, in dem Hause Trosiener ein lebensfroher Geist. Einen Zug hatte Heinrich Floris mit seinem Schwiegervater gemein: das heftige ungestüme Wollen. Es heißt, dass der Ratsherr Trosiener bisweilen solche Ausbrüche unbezähmbarer Heftigkeit gehabt habe, dass alles in Schrecken vor ihm floh.

Auf dem reizenden Landsitz ihres Mannes zu Oliva, in herrlicher Waldes- und Meeresgegend, mit der Aussicht auf die Leuchttürme von Hela und Danzig, umgeben von einem nach englischer Art eingerichteten Garten, in einem künstlerisch ausgestatteten Heim lebte Johanna Schopenhauer damals goldene Tage, an die sie nach einem halben Jahrhundert, am Ende ihres langen schicksalsreichen Lebens noch mit Entzücken zurückdenkt. Die Wochentage verflossen still und einsam, am letzten Wochenabend kam der Gatte mit befreundeten Gästen und brachte Leben und Geselligkeit mit sich.[119]

---

119 Johanna Schopenhauer, Jugendleben und Wanderbilder. (Braunschweig, Westermann, 1839.) Teil I, Kap. 27.

Wie grundverschieden ihre Gemüter geartet waren, so stimmten doch die Gatten in einer Neigung völlig überein: in der Lust zu reisen. Es sind für die Frau in ihrer zwanzigjährigen Ehe wohl die schönsten Jahre gewesen, die sie an der Hand ihres weltkundigen Führers auf großen Reisen zugebracht hat. In den Lebenserinnerungen, die sie kurz vor ihrem Tod aufgezeichnet, ist ein Kapitel mit den Worten Goethes überschrieben:

„Ich sah die Welt mit liebevollen Blicken,
Und Welt und ich, wir schwelgten im Entzücken;
So duftig war, belebend, immer frisch,
Wie Fels, wie Strom, so Bergwald und Gebüsch.“[120]

Heinrich Floris pflegte über das Schicksal der Seinigen in der besten Absicht Entschließungen zu fassen und Entscheidungen zu treffen, ohne deren eigene Art und Beschaffenheit mit in Rechnung zu ziehen. Noch bevor er wusste, ob ihm ein Sohn beschieden sei, hatte er schon beschlossen, dass derselbe Großhändler werden, Arthur heißen (da dieser Name in den fremden Sprachen unverändert bleibe) und in England geboren werden soll, um als Engländer auf die Welt zu kommen. Dieses Land galt ihm als das gelobte. Er wusste, dass die Selbständigkeit seiner Vaterstadt sich zu Ende neige, und fasste deshalb wohl den Plan auch seiner Übersiedlung nach England. Also nicht obgleich, sondern weil seine Frau sich im ersten Stadium ihrer Schwangerschaft befand, trat er den 24. Juni 1787 die große Reise an, die durch Holland nach Havre und von dort nach London führte. Schon hatte das Ehepaar sich hier häuslich niedergelassen und alle Einrichtungen für die bevorstehende Katastrophe vorbereitet, als der besorgte Gatte fand, dass diese in der Heimat und in dem eigenen Hause besser durchzumachen sei als in der Fremde. Nun wurde in der ungünstigsten Jahreszeit, unter den größten Beschwerden die Reise nach Danzig schleunigst zurückgelegt, wo sie am letzten Tage des Jahres eintrafen und Freitag den 22. Februar 1788 Arthur Schopenhauer geboren wurde.[121]

120 Zu meinen Handzeichnungen (1821).
121 Das Geburtshaus, Nr. 114 der Heiligengeist-Gasse, ist seit dem 22. Februar 1888 mit einer Tafel bezeichnet.

4. Arthurs Kindheit und Knabenalter

Die fünf ersten Jahre verflossen in ländlicher Stille, teils in Oliva, teils in Stutthof, jener Danziger Domäne, deren Pächter nunmehr sein Großvater Trosiener war. Die Gewalten der französischen Revolution waren entfesselt, und die hoffnungsvollen Tage von 1789 längst vorüber. Damals war Heinrich Floris selbst nach Oliva geritten, um seiner Frau triumphierend die Botschaft von der Erstürmung der Bastille zu bringen. Man hatte sich für die französischen Freiheitsfeste begeistert, ohne zu ahnen, dass eine der nächsten Folgen dieser Revolution die zweite Teilung Polens und der Untergang der letzten Freiheit Danzigs sein würde.

Noch bevor ein preußischer Soldat den Boden seiner Heimat betrat, verließ Heinrich Floris mit Weib und Kind seine Vaterstadt und hat sie nie wiedergesehen. Um seinen republikanischen und patriotischen Gefühlen Genüge zu tun, brachte er die schwersten Opfer; die Auswanderungssteuer allein kostete den zehnten Teil des Vermögens. Er eilte nach Hamburg, um dort nicht als Bürger, sondern nur als Beisasse zu leben. Welche seltsame Fügung, dass sein einziger Sohn, der das Andenken dieses Vaters in heiligen Ehren hielt, zwei Menschenalter später den „Volksdank für preußische Krieger" zu seinem Universalerben eingesetzt hat!

In demselben Frühjahr, wo Arthur Schopenhauer als Kind aus seiner Vaterstadt auswanderte, verließ die Nähe Danzigs Johann Gottlieb Fichte, der in Krockow einige Zeit als Hauslehrer verweilt und seiner ersten, soeben erschienenen Schrift, für deren Verfasser Kant gehalten worden war, den Anfang seiner Berühmtheit zu danken hatte.

Nach der Geburt der Tochter Adelaide Lavinia, genannt Adele, Arthurs einziger Schwester (den 12. Juni 1797), brachte der Vater seinem Erziehungsplan gemäß den Sohn nach Havre in das ihm befreundete Handlungshaus Grégoire de Blésimare, um die französische Sprache und Sitten zu erlernen. Hier wurde er mit dem Sohne des Hauses und gleich diesem erzogen. Voll der angenehmsten Erinnerungen an diesen Aufenthalt und seinen Freund Anthime kehrte Arthur nach zwei Jahren in das elterliche Haus zurück, und zwar zur Freude des Vaters dergestalt französisiert, dass er die deutsche Sprache fast verlernt hatte und ihre harten Laute peinlich empfand.

In dem Runge'schen Privatinstitut zu Hamburg wurde er fast vier Jahre lang unterrichtet und für den kaufmännischen Beruf vorbereitet. Schon jetzt nahmen seine Wünsche eine Richtung, die den väterlichen zuwiderlief: er sehnte sich nach der wissenschaftlichen und gelehrten Laufbahn und suchte durch unablässige Bitten die Erlaubnis des Vaters dafür zu gewinnen. Dieser aber, der den Sohn zu lieb hatte, um einen harten Zwang auf ihn auszuüben, und doch die gelehrte Profession für das Handwerk ohne goldenen Boden ansah, nahm zur List seine Zuflucht: er versprach ihm eine große und herrliche Reise, wenn er auf die gelehrten Studien verzichten und dem Gymnasium das Comptoir vorziehen wollte; er lockte ihn mit den Reichen der Welt, und dieser Anblick wirkte auf den jungen Arthur, wie in der Volkssage die Helena auf den Faust.

Die Reise begann im Mai 1803 und dauerte bis gegen Ende des folgenden Jahres. Der erste längere Aufenthalt war *London*. Als dann die Eltern durch England und Schottland reisten, wurde der Sohn während der drei Sommermonate in der Pension des Rev. Lancaster zu Wimbledon bei London zurückgelassen, um sich in der Sprache und den Sitten der Engländer einheimisch zu machen. Er hat sich hier lange nicht so wohlgefühlt, wie in Havre; die englischen Sitten haben ihn weniger angemutet als die französischen, und besonders ist die englische Bigotterie ihm zuwider geworden und zeitlebens geblieben. Dagegen hat er die englische Sprache sehr gut erlernt und liebgewonnen, er hat später durch fortgesetzte Übung sich den Gebrauch derselben in einem Grad angeeignet, dass er im Gespräche mit Engländern stets für einen Engländer galt, und erst nach einiger Zeit gemerkt wurde, dass er es nicht sei. Übrigens hatte er sich in Wimbledon, wie aus den abmahnenden Briefen der Mutter hervorgeht, zu viel mit dichterischen Werken, namentlich den Tragödien Schillers beschäftigt.

Der zweite längere Aufenthalt war *Paris*. Hier diente ihnen ein merkwürdiger Mann, einer der genausten Kenner der Stadt und ihrer Geschichte, zum täglichen Führer: der bekannte Schriftsteller Louis Seb. Mercier, der Verfasser des bändereichen „*Tableau de Paris*". Dass diesem Manne ein interessanter Moment unserer großen Literatur zu danken war, ahnten weder die Reisenden noch er selbst. Vor zwanzig Jahren hatte Mercier ein dramatisches Porträt Philipps II. veröffentlicht und in dem „*Précis historique*", der vorausging, den Untergang der Armada in poetischer Prosa verherrlicht. Schiller, noch in der Dichtung seines Don Carlos begriffen, hatte jenen Prosahymnus in Verse übertragen, welche er „Die unüberwindliche Flotte“ nannte. Ohne dieses Gedicht, deren eigentlicher Urheber Mercier ist, wäre der Medina Sidonia und mit ihm eine der schönsten und gelungensten Szenen nicht in das Trauerspiel unseres Don Carlos gekommen. Noch heute lesen wir die lebendige Schilderung mit Vergnügen, welche Johanna Schopenhauer von der Person Merciers gegeben hat.[122]

Nachdem man zwei Monate in Paris verweilt hatte, wurde gegen Ende Januar 1804 die Reise fortgesetzt, sie ging in das südliche Frankreich und dann von Lyon nach Genf, Savoyen und der Schweiz. In den Erzählungen der Mutter, obwohl sie den Sohn nicht nennt, erkennen wir die unvergänglichen Eindrücke, die seine Phantasie damals empfangen hat. Einer der grausigsten war der Bagno in Toulon, worin sechstausend Galeerensklaven das freud- und hoffnungsloseste Dasein führten: ein Stück Dantescher Hölle auf Erden! In Lyon erinnerten einige der öffentlichen Plätze an die schrecklichsten Gräueltaten der Revolution, die vor wenigen Jahren hier geschehen waren, und jetzt sprach man darüber leichtfertig und geschwätzig, wie über amüsante Begebenheiten. Von einer ungeheuren Wirkung war in St. Férioles das Getöse der unterirdischen Gewässer, die in den Kanal von Languedoc herabstürzten. Doch der erhabenste aller Eindrücke war der Anblick des Montblanc in Chamonix, der das Herz des jungen Arthur so mächtig ergriff, dass er den Vater bat, ihn dort länger bleiben zu lassen. Wie oft hat später der Philosoph in seinen Schriften den Montblanc, wann sein Gipfel sich plötzlich entschleiert und im Morgenlicht strahlt, mit dem Genie in seiner Schwermut und in seiner Heiterkeit verglichen![123]

Der letzte mächtige Eindruck der Schweiz war der Rheinfall bei Schaffhausen. Man reiste durch Schwaben, Bayern und einen Teil Österreichs, besuchte Wien und Pressburg und auf der Rückreise Dresden und Berlin. Hier trennte sich die Familie, der Vater kehrte nach Hamburg zurück, Mutter und Sohn gingen nach Danzig, wo Arthur den 20. November 1804 konfirmiert wurde und seine Vaterstadt zum letzten Mal sah. Es war schon ein weiter Gesichtskreis,

122 Vgl. meine Schrift „Schillers Jugend- und Wanderjahre in Selbstbekenntnissen“, 2. Aufl., S. 227–229. – Joh. Schopenhauer, Jugend- und Wanderleben, Teil II (S. 150 ff.).

123 Joh. Schopenhauer, Reise durch das südliche Frankreich. Sämtl. Schriften (Leipzig, Brockhaus, 1834), Bd. XVIII, 2. Teil, S. 130–138, S. 254 ff.

den jetzt die äußere Weltkenntnis des siebzehnjährigen Jünglings umfasste.

Der Vater hatte sein Versprechen erfüllt; nun war die Reihe am Sohn. In den ersten Tagen des Jahres 1805 trat er bei dem Senator Jenisch zu Hamburg in die kaufmännische Lehre, ganz im Widerstreit mit seiner innersten Neigung. Die Befriedigungen, welche seiner Phantasie und Wissbegierde die Reise in vollem Maß gewährt hatte, waren wirklich nicht geeignet, den Drang nach weiterer Erkenntnis zu hemmen. Vielmehr hatten sie denselben, wie es nicht anders sein konnte, verstärkt.

Da änderte sich durch den plötzlichen Tod des Vaters im April 1805 mit einem Mal die Lage der Familie. Von einem Speicher war oder hatte sich der unglückliche Mann, den in der jüngsten Zeit Geistesstörungen heimgesucht hatten, in den Kanal herabgestürzt und ein jähes Ende genommen. Die Frau mit ihren beiden unmündigen Kindern war nicht imstande, das Geschäft des Mannes fortzuführen, sie löste es auf und wählte Weimar zu ihrem künftigen Aufenthaltsort; Arthur aber musste in Hamburg zurückbleiben, um seine kaufmännischen Lehrjahre zu vollenden.

IV. Die Grundzüge seines Charakters

1. Anerzogene und angeerbte Gemütsart

Wir dürfen diesen ersten Abschnitt seiner Jugendgeschichte nicht beschließen, ohne eine deutliche Vorstellung von der ihm angeborenen und anerzogenen Gemütsart mitzunehmen, die gleichsam die Basis seiner Persönlichkeit, den Grundbass seines Lebens ausmacht.

Er hat mit fünf Jahren seine Vaterstadt und Heimat verloren und nie eine zweite gefunden: so hatte es der väterliche Wille gefügt. Er hat der väterlichen Absicht und Führung gemäß im Ausland und auf Reisen eine fremdländische und kosmopolitische Erziehung empfangen, deren Vorteile er stets als eine Wohltat gepriesen hat, die er dem Vater nicht genug danken könne: daher kann man sich nicht wundern, dass ihm die Heimats- und Vaterlandsgefühle, die volkstümlichen und nationalen Sympathien und Antipathien völlig gefehlt haben, dass er diesen Mangel nicht als eine Entbehrung, sondern als einen Vorzug empfunden, den er seine „liberale Bildungsart" nannte, dass ihm das deutsche Vaterland nie mehr bedeutet hat, als die deutsche Sprache und Literatur, soweit beide ihm und seiner Geistesart homogen waren. Es hat vielleicht nie jemand gegeben, der den Wert und die Macht der Literatur so hochgehalten und so überschätzt hat wie er.

Noch tiefer liegen die angeborenen Charakterzüge, die bis in die Wurzeln seines Daseins hinabreichen. Seine eigene Vererbungslehre, nach welcher die Willensart väterlicher, die Geistesart mütterlicher Herkunft sein soll, scheint sich an ihm selbst bestätigt zu haben, und seine unablässige Selbstergründung ist wohl der erste und nächste Weg gewesen, der ihn zu dieser Lehre geführt hat. Das heftige, ungestüme Wollen, diese so hervorstechende Eigenschaft sowohl seines Vaters als seines Großvaters Trosiener, war auch sein unveräußerliches Erbteil.

2. Das väterliche Erbteil

In der väterlichen Familie waren Geisteskrankheiten einheimisch: eine wahnsinnige Großmutter, zwei wahnsinnige Oheime, ein von Anwandlungen des Wahnsinns heimgesuchter Vater, der wohl zuletzt dem Schicksal der Geistesumnachtung erlag! Etwas von dieser Belastung war auf den Sohn übergegangen und gehörte zu seiner väterlichen Mitgift: er trug die Disposition zu Wahnideen in sich, woraus die unerklärlichen und schrecklichen Angstgefühle hervorgingen, die ihn plötzlich ergriffen und mit unbezwinglicher Gewalt bemeisterten. Überall sah er sich von Gefahren umgeben, die auf ihn lauerten, die schlimmsten sah er in den Menschen: daher seine unwiderstehliche Menschenscheu, die eine beständige Quelle der Furcht und feindseligen Erregung, des Argwohns und Misstrauens war, Stimmungen, die nicht etwa durch Gewohnheit geschwächt, sondern durch die Lebhaftigkeit seiner Einbildungskraft ins Maßlose gesteigert wurden. Es gibt nichts Fürchterlicheres als die Furcht, hat Bacon gesagt. Die Tapferkeit befreit uns vom Schicksal, die Furcht macht uns zu seinem Sklaven. Wenn dieser Affekt herrscht, so reicht er hin, um uns die Welt als Hölle erscheinen zu lassen: daher derselbe von Seiten der Gemütsbeschaffenheit auch der zureichende Grund ist, um eine pessimistische Weltansicht hervorzurufen.

Als Arthur Schopenhauer, noch ein sechsjähriges Kind, einmal im Hause zurückgeblieben war, während die Eltern einen längeren Spaziergang machten, geriet er plötzlich außer sich vor Angst, dass sie nie wiederkehren würden und er für immer verlassen sei. Als er, ein siebzigjähriger Greis, jemand über die Schienen der Eisenbahn gehen sah, rief er ihm zu, dass er sich in Acht nehmen möge. „Wenn ich so ängstlich wäre wie Sie", sagte jener, „so hätte mich längst der Teufel geholt." „Und mich auch", erwiderte Schopenhauer, „wenn ich es nicht wäre." Er schlief eine zeitlang mit Waffen und pflegte seine Habseligkeiten in die verborgensten Winkel zu verstecken, weil er fortwährend Raub und Diebstahl vor Augen sah; aus Neapel vertrieb ihn die Furcht vor den Blattern, aus Verona die Furcht vor vergiftetem Schnupftabak, aus Berlin die Furcht vor der Cholera; er vertraute seinen Bart nie einem fremden Schermesser an und führte stets einen ledernen Becher mit sich, um nicht aus fremden Gläsern zu trinken.[124]

Unter den Heroen des Geistes hat wohl keiner in solchem Grad, wie Arthur Schopenhauer, jene Worte des Goethe'schen Faust erlebt und erlitten:

Du bebst vor allem, was nicht trifft,
Und was du nie verlierst, das musst du stets beweinen!

Seine Menschenscheu und sein darauf gegründetes Misstrauen mögen ihm bisweilen zu einer nützlichen Schutzwehr gedient haben, aber sie haben ihm auch schlimme Früchte getragen. Eine der schlimmsten lag darin, dass dieser geniale Denker, der dunkle und labyrinthische Gegenden der menschlichen Natur zu erleuchten gewusst hat, in konkreten und praktischen Fällen oft eine erstaunliche, seinen eigensten und teuersten Interessen verderbliche Menschenunkenntnis an den Tag gelegt hat, denn grundloses Misstrauen paart sich leicht mit grundlosem Vertrauen, und maßlose Affekte sind vor dem Richterstuhl der Vernunft grundlos. Der Ausspruch des Herzogs im Goethe'schen Tasso passte auf ihn wie bestellt:

Die Menschen fürchtet nur, wer sie nicht kennt,
Und wer sie meidet, wird sie bald verkennen.

124 Vgl. Gwinner, S. 400–427. Diese Charakteristik stammt offenbar aus Selbstschilderungen, vielleicht aus seinen Aufzeichnungen: „*Εἰς ἑαυτόν*".

Wenn er solche Worte, wie die angeführten, in seinem gefeierten Dichter las, so musste die innere Stimme ihm zurufen: „*de te fabula narratur*!"

Nehmen wir nun an, dass aus der ihm angeborenen Willensart eine Lebensanschauung und Weltansicht erwuchs, so konnte dieselbe nicht anders als schwermütig ausfallen, sich düster färben und pessimistisch gestalten. Freilich gehörte dazu das Bedürfnis nach einer Weltansicht, der mächtige Drang nach Vorstellungen und Ideen, der Vergrößerungsspiegel der Phantasie; sonst entstand nur ein elender, von den unseligsten Affekten gequälter, von seinen Wahnideen bis zur Verdunkelung beherrschter Mensch!

3. Das mütterliche Erbteil

Ein solcher Ideendurst, eine solche intellektuelle Triebkraft herrschte wirklich in dem jungen Arthur, und zwar von Anbeginn. Dieser zweite Grundzug seines Wesens war das Erbteil seiner Mutter. Johanna Schopenhauer, wie wir sie schon kennen gelernt haben, war eine lebensfrohe, heitere, der Sonnenwelt zugewendete Natur, die vor allem Pessimismus zurückwich, als ob sie ein Gifthauch anwehte. Es lagen dichterische und künstlerische Keime in ihr bereit, die nur auf günstige Bedingungen harrten, um sich schnell und leicht zu entfalten. Sie ist eine anmutige und vielgelesene Schriftstellerin geworden und hat ihre intellektuelle Begabung auf ihre beiden Kinder vererbt. Adele hat sich als Blumenmalerin ausgezeichnet, Märchen gedichtet und, was mehr als beides sagen will, sich in das Gebiet der literarischen und künstlerischen Interessen dergestalt eingelebt, dass sie Goethe bei seinen Arbeiten gute Dienste leisten konnte.

Und Arthur? Sein intellektuelles Naturell war mit dem ganzen Schwergewicht seines starken und heftigen Wollens angetan und ausgerüstet; er war berufen ein genialer *Künstler* zu werden, nicht ein solcher, der die Erscheinungen in Gestalten und Farben, sondern der das Wesen und die Beschaffenheit der Dinge in Begriffen darstellt und abbildet: ein Künstler, dessen Stoff in Erkenntnissen, Einsichten und Ideen besteht, die auf dem Weg der gelehrten, wissenschaftlichen, philosophischen Bildung und Arbeit erworben werden mussten. Vermöge seiner Geistesart gehörte er zu den Kindern des Lichts, zu jenen „Göttersöhnen", die nach dem Wort des Herrn berufen sind, das Wesen der Welt, das Ewige im Vergänglichen zu erkennen und anzuschauen: „Und was in schwankender Erscheinung schwebt, befestiget mit dauernden Gedanken!“ – Das Gefühl dieses Berufs war schon in ihm lebendig, als er sich verurteilt sah, im Comptoir zu Hamburg die kaufmännischen Geschäfte zu erlernen.

Zweites Kapitel

Der zweite Abschnitt der Jugendgeschichte. Die neue Laufbahn und die neuen Lehrjahre (1805 – 1814)

I. Johanna Schopenhauer in Weimar

1. Der gesellige Kreis. Goethe

Den 28. September 1806 war Frau Schopenhauer mit ihrer neunjährigen Tochter in Weimar angelangt, ahnungslos, welchen furchtbaren Ereignissen in nächster Zukunft sie entgegenging. Aber, wie seltsam es klingt, sie hätte zu ihrem geselligen Heil in keinem gelegeneren Zeitpunkte nach Weimar kommen können, als in den Tagen der Schlacht bei Jena. Solche ungeheure Begebenheiten rütteln die Menschenlose durcheinander und führen Personen, die sonst getrennt bleiben, schnell und traulich zusammen. In der gemeinsamen Ausübung weiblicher Tugenden, um Not und Elend zu lindern, fand sie sogleich alle Gelegenheit, sich tätig und hilfreich zu zeigen; sie war wohlhabend und freigebig; sie wusste auch im geistigen Wechselverkehr angenehm und anregend zu wirken durch die Art, wie sie sich mitteilte und wie sie empfing.

Gleich in den ersten Tagen hatte sie Goethe besucht, aber nicht angetroffen, alsbald überraschte er sie durch seinen schnellen und scheinlosen Gegenbesuch; sie war durch Fräulein von Göchhausen der Herzogin Amalie vorgestellt und mit Wieland bekannt gemacht worden. Es dauerte nicht lange, so war Johanna Schopenhauer der Mittelpunkt eines geselligen Kreises von unvergleichlicher Art. Nun interessieren uns vor allem die brieflichen Nachrichten, die sie dem Sohne gab.

Einige Tage nach der Schlacht hatte Goethe sich mit Christiane Vulpius, seiner bewährten tapferen Freundin, trauen lassen und die natürliche Ehe, die er schon achtzehn Jahre mit ihr geführt, in eine vollgültige verwandelt. Aber von der weimarschen Gesellschaft wurde ihm die gesetzliche Form seiner Ehe noch mehr verübelt als die ungesetzliche, da sie eine soziale Erhöhung und Anerkennung der Frau zur Folge hatte, die man derselben nicht gönnte. Ganz anders dachte Frau Schopenhauer; sie freute sich aufrichtig ihrer Bekanntschaft, als ihr Goethe seine Frau schon am nächsten Tage zuführte (20. Oktober 1806). Ein treffendes Wort darüber schrieb sie ihrem Sohn: „Wenn Goethe ihr seinen Namen gibt, so können wir ihr wohl eine Tasse Tee geben".

Goethe hat diese Aufnahme dankbar empfunden und ihr vergolten. Bald fühlte er sich wohl und heimisch in ihrem Hause und nahm an den Gesellschaftsabenden, die sie zweimal wöchentlich hielt, den regsten Anteil; jedes Mal stand für ihn ein kleiner Tisch mit Material zum Zeichnen in Bereitschaft. Unter den Genrebildern, die uns Goethe im geselligen Verkehr zeigen, würde eines der anmutigsten und eigenartigsten fehlen, wenn Johanna Schopenhauer ihre weimarschen Gesellschaftsabende dem Sohne nicht so anschaulich beschrieben hätte.

Hier las Goethe eines Abends mit verteilten Rollen seine „Mitschuldigen", ein anderes Mal las er schottische Balladen, dann Calderons „standhaften Prinzen", der mehrere Abende in Anspruch nahm. Da diese Tragödie, als er sie aufführen sah, einen so außerordentlich tiefen Eindruck auf Arthur Schopenhauer gemacht und in seinen Schriften ihm wiederholt zur Erleuchtung seiner Heilslehre gedient hat, so ist uns der Brief seiner Mutter, worin sie ihm die eben erwähnte Vorlesung schildert, in mehr als einer Hinsicht merkwürdig. „Goethe verlässt mich nicht", schrieb sie den 23. März 1807, „er hat jeden Abend seinen standhaften Prinzen standhaft vorgelesen bis gestern, wo er ihn zu Ende brachte. Es ist doch ein hoher Genuss, von Goethe dies lesen zu hören; mit seiner unbeschreiblichen Kraft, seinem Feuer, seiner plastischen Darstellung riss er uns alle mit fort, obgleich er nicht kunstgemäß gut liest.

Er ist viel zu lebhaft, er deklamiert, und wenn etwa ein Streit oder gar eine Bataille vorkommt, macht er einen Lärm, wie in Drury Lane, wenn es dort eine Schlacht gab. Auch spielt er jede Rolle, die er liest, wenn sie ihm eben gefällt, so gut es sich im Sitzen tun lässt. Jede schöne Rolle macht auf sein Gemüt den lebhaftesten Eindruck, er erklärt sie, liest sie zwei- und dreimal, sagt tausend Dinge dabei, kurz, es ist ein eigenes Wesen, und wehe dem, der es ihm nachtun wollte! Aber es ist unmöglich, ihm nicht mit innigem Anteil, mit Bewunderung zuzuhören, noch mehr ihm zuzusehen; denn wie schön alles dieses seinem Gesichte, seinem ganzen Wesen lässt, mit wie einer eigenen hohen Grazie er alles dies treibt, davon kann niemand sich einen Begriff machen. Er hat etwas so Einfaches, so Kindliches. Alles, was ihm gefällt, sieht er leibhaftig vor sich; bei jeder Szene denkt er sich gleich die Dekoration und wie das Ganze aussehen muss. Kurz, ich wünschte, du hörtest das einmal."[125]

Der Brief charakterisiert auch die Briefstellerin, ihre lebhafte Einbildungskraft, ihr anschauliches Darstellungsvermögen, das alles, was sie erzählt, uns so sehen lässt, wie sie selbst es sieht. Dies heißt künstlerisch vorstellen und schreiben. Ich kann es mir nicht versagen, aus einem Brief, der zwei Monate nach ihrer Ankunft in Weimar geschrieben ist, die Stelle anzuführen, worin sie Goethes Erscheinung und deren Eindruck schildert. „Welch ein Wesen ist dieser Goethe! Wie groß und gut! Da ich nicht weiß, ob er kommt, so erschrecke ich jedes Mal, wann er ins Zimmer tritt; es ist, als ob er eine höhere Natur als alle übrigen wäre, denn ich sehe deutlich, dass er denselben Eindruck auf alle übrigen macht, die ihn doch länger kennen und ihm zum Teil auch weit näher stehen als ich. Er selbst ist immer ein wenig stumm und auf eine Art verlegen, bis er die Gesellschaft recht angesehen hat, um zu wissen, wer da ist. Er setzt sich dann immer dicht neben mich, etwas zurück, so dass er sich auf die Lehne von meinem Stuhle stützen kann; ich fange dann zuerst ein Gespräch mit ihm an, dann wird er lebendig und unbeschreiblich liebenswürdig." „Er ist das vollkommenste Wesen, das ich kenne; eine hohe schöne Gestalt, die sich sehr gerade hält, sehr sorgfältig gekleidet, immer schwarz oder ganz dunkelblau, die Haare recht geschmackvoll frisiert und gepudert, wie es seinem Alter ziemt, und ein gar prächtiges Gesicht mit zwei klaren, braunen Augen, die mild und durchdringend zugleich sind. Wenn er spricht,

125 „Bei der Szene, wo der Prinz als Geist mit der Fackel dem kommenden Heere vorleuchtet, warf Goethe, ganz von der Schönheit der Dichtung hingerissen, das Buch mit solcher Heftigkeit auf den Tisch, dass es zu Boden fiel." So erzählt der Professor Stephan Schütze in Weimars Album zur 4. Säkularfeier der Buchdruckerkunst 1840, wo er „die Abendgesellschaften der Hofrätin Schopenhauer" schildert (S. 183–204). – Beiläufig: Düntzer ist ungewiss, von welchem Hofe Frau Schopenhauer den Titel „Hofrat" erhalten habe (S. 174). Wenn er das in Gwinners Biographie längst gedruckte „*curriculum vitae*" des Sohnes gelesen hätte, so würde er sich dieses wichtige Rätsel haben lösen können: sie hatte den Titel von ihrem Mann!

verschönert er sich unglaublich, und ich kann ihn dann nicht genug ansehen."

Er fühlte sich der Frau Schopenhauer so befreundet, dass er interessante Personen, die um seinetwillen nach Weimar gekommen waren, bei ihr einführte. So lernte sie Bettina Brentano, Goethes jugendliche Freundin, und Zacharias Werner, den Dichter der „Söhne des Thals" und der „Weihe der Kraft", in ihrem eigenen Hause kennen, jene den 1. November, diesen den 23. Dezember 1807.[126]

In welcher Epoche damals Goethes dichterische Kraft und Tätigkeit stand, bekunden uns seine Werke. Während eines mehrwöchentlichen Aufenthaltes in Jena (vom 11. Nov. bis 18. Dezember 1807) entstanden unter dem Eindruck der in schönster Jugendblüte prangenden Minna Herzlieb, der Pflegetochter des Frommann'schen Hauses, die Sonette.[127] Gleichzeitig reifte die Dichtung der „Pandora". Der Plan der „Wahlverwandtschaften" wurde entworfen, und die Ausführung gedieh nach einigen Unterbrechungen schnell zur Vollendung, so dass dieser tief durchdachte, seelenkundige und mit der vollkommensten Meisterschaft geschriebene Roman noch im Jahre 1809 erscheinen konnte. Ostern 1808 war der erste Teil des „Faust" endlich erschienen und nun dieses weltbedeutende Gedicht auch für alle Zeiten weltberühmt.

Die literarischen Größen Weimars versammelten sich im Hause der Frau Schopenhauer und zierten ihre Tafelrunde; jeder trug zur Erheiterung und Belehrung der Gäste bei, was er vermochte. Bisweilen erschien auch Wieland und las aus seiner Übersetzung des Cicero vor, und Hildebrand von Einsiedel, der Hofmarschall der Herzogin Amalia, der den Anbruch der goldenen Zeit Weimars schon miterlebt und mitgefeiert hatte, gab seine Übersetzung plautinischer Lustspiele zum besten. Mit vollem Rechte konnte Johanna Schopenhauer bald nach ihrer Ankunft dem Sohne schreiben: „Der Zirkel, der sich Sonntag und Donnerstag um mich versammelt, hat wohl in Deutschland und nirgends seinesgleichen".

126 Damals lernte auch A. Schopenhauer diesen Dichter kennen. (Er schreibt den 3. November 1845 an Becker: „Dass Sie den Werner lesen und also seine Werke noch leben, freut mich sehr. Er war ein Freund meiner Jugend und hat gewiss Einfluss und zwar günstigen auf mich gehabt. Im frühen Jünglingsalter schwärmte ich für seine Werke, und als ich im zwanzigsten Jahre seinen Umgang vollauf genießen konnte, im Hause meiner Mutter zu Weimar, fand ich mich hochbeglückt." (Briefwechsel, S. 90)

127 Vgl. die vierte meiner „Goethe-Schriften": „Goethes Sonettenkranz" (Heidelberg 1895).

2. Karl Ludwig Fernow

Unter den vorzüglichen Männern jenes Kreises war einer, mit dem Johanna Schopenhauer alsbald die innigste Freundschaft schloss, die, da seine Tage gezählt waren, nur von kurzer Dauer sein konnte, aber für ihre ganze Zukunft die heilsamsten Folgen hatte, auch für die ihres Sohnes, weshalb diesem Freunde hier eine Stelle gebührt. In ihm fand Frau Schopenhauer den Führer, den sie zur Ausbildung und Anwendung ihrer Fähigkeiten bedurfte.

Karl Ludwig Fernow, ein Bauernsohn aus der Uckermark, hatte sich vom Notarsschreiber, Apothekerlehrling und Apothekergehilfen zum Künstler, Ästhetiker und Gelehrten emporgearbeitet. Als er im Jahre 1786 in die Ratsapotheke nach Lübeck kam, lernte er den Zeichenkünstler und Maler Asmus Carstens kennen, und im Verkehr mit ihm, der sein Lehrer und Freund wurde, erkannte er in dem Studium und der Ausübung der bildenden Kunst seinen eigentlichen Beruf. Dass die bildende Kunst nationale Aufgaben und Zwecke zu erfüllen, dass sie durch die Wahl großer Gegenstände und deren Darstellung in Wandgemälden an der Erziehung des Volks teilzunehmen habe, waren Ideen, die der großdenkende Carstens hegte und auf seinen Freund übertrug. Solche Gesichtspunkte führten in das Gebiet der Kunstgeschichte und Kunstphilosophie. Mit Begeisterung las Fernow Schillers ästhetische Aufsätze, studierte er Kants „Kritik der Urteilskraft“ und hörte er Reinholds Vorlesungen in Jena. Es gelang ihm nach Rom zu kommen, wo er mit Carstens einige Jahre zusammenlebte. Als dieser den 26. Mai 1798 hier gestorben war, hielt ihm Fernow an der Pyramide des Cestius die Grabrede und wurde nachmals sein Biograph.

Nach einem neunjährigen Aufenthalt in Rom (1794 – 1803) war er als ein vorzüglicher Kenner der antiken Kunst wie der italienischen Malerei, Sprache und Poesie nach Deutschland zurückgekehrt, um in Jena Vorlesungen über Ästhetik, Kunstgeschichte und italienische Literatur zu halten. Aber an der Ausübung dieses Lehramtes hinderte ihn ein schweres Leiden, das er sich auf der Rückreise mit Weib und Kind in ungünstiger Jahreszeit durch Entbehrungen und Strapazen aller Art zugezogen hatte. Nun wurde er Bibliothekar der Herzogin Amalia und lebte in Weimar, mit umfassenden Arbeiten beschäftigt: darunter waren die Lebensbeschreibungen der vier größten Dichter und Maler Italiens und die Gesamtausgabe der Werke Winckelmanns.

Gleich im Beginn ihrer weimarschen Zeit hatte ihn Frau Schopenhauer am Hofe der Herzogin kennen gelernt; bald gehörte er zu ihren täglichen Gästen, er kam jeden Abend zur Teestunde, las und erklärte ihr italienische Dichter oder sprach über Werke der bildenden Kunst. Nach dem Tod der Herzogin (den 10. April 1807) verschlimmerte sich seine Krankheit, deren eigentliche Beschaffenheit die Ärzte entweder verkannten oder verheimlichten. Als er Antonio Scarpas jüngste Schrift „*sul aneurysmo*" gelesen hatte, kannte er sein Schicksal. Er litt an der Pulsadergeschwulst. Nachdem seine schwindsüchtige Frau, eine Römerin aus der dienenden Klasse, verschieden war, wohnte er während der letzten Monate seines Lebens im Hause der Freundin und genoss die liebevollste Pflege. Hier starb er den 4. Dezember 1808.

3. Die Schriftstellerin

Der beständige Verkehr mit Fernow, seine Gespräche und sein Beispiel führten Johanna Schopenhauer in die schriftstellerische Bahn. Ihr erster Gegenstand war Fernow selbst. Sie schrieb großenteils aus dem Nachlass der Briefe seine ergreifende Lebensgeschichte und fand Teilnahme und Beifall (1810).[128] Dann versuchte sie sich als Kunstschriftstellerin. Noch glücklicher und ergiebiger konnte sie sich auf dem Felde der Reiseerzählung erproben, da sie hier in dem vertrauten Element ihrer eigenen Erlebnisse und Erfahrungen war. So erzählte sie ihre Reise durch England und Schottland (1813) und die durch das südliche Frankreich (1817). Sie war bereits eine Schriftstellerin von Ruf, als sie anfing Romane zu schreiben und leider genötigt wurde, ihre Feder nunmehr als Erwerbsmittel zu brauchen. Nach dem Vorbild der neuen Heloise, des Werther und der Wahlverwandtschaften schrieb sie ihre „Gabriele" (1819 – 1821), einen mehrbändigen Roman, dessen Heldin das Ideal leidenschaft-

128 Darin schreibt sie: „Von nun an suchte und fand Fernow jeden Abend nach vollbrachter Arbeit Erheiterung und Erholung in meinem Hause, wo er gewiss war, wenigstens zweimal in der Woche an einem Teetisch einen Kreis versammelt zu finden, wie ihn in geistiger Hinsicht vielleicht Jahrhunderte nicht wieder zusammenbringen werden. Goethe war die alles belebende Seele desselben, neben diesem in unaussprechlicher Liebenswürdigkeit Wieland, Einsiedel; was Weimar damals nur an geistreichen, gelehrten und bedeutenden Männern und gebildeten liebenswürdigen Frauen enthielt, schloss, von jenen beiden angezogen, der Gesellschaft sich an, die überdem noch durch die vielen merkwürdigen Fremden, die, um Wieland und Goethe in der Nähe zu sehen, bei mir Zutritt suchten, an Zahl, mehr noch an Bedeutung und Interesse unendlich gewann."

licher Hingebung und völliger Entsagung verkörpern sollte. Goethe hat diesen Roman, der die Höhe ihrer dichterischen Leistungen bezeichnet, in Marienbad gelesen und gelobt, ein Jahr bevor er hier die letzte seiner eigenen Wahlverwandtschaften erlebt hat, woraus aber kein Roman, sondern die „Marienbader Elegie“ hervorging (1823).

II. A. Schopenhauers neue Laufbahn

1. Die letzten Jahre in Hamburg

Während Mutter und Tochter in Weimar eine zweite Heimat gefunden hatten, worin sie sich mit jedem Tage wohler und behaglicher fühlten, wurde der Sohn in Hamburg von Tag zu Tag unzufriedener mit seinem Los und schrieb verzweifelte Briefe. Es ging ihm wie Descartes, aber umgekehrt. Dieser stand mit sechzehn Jahren am Ende der Schulzeit und brannte vor Begierde nach dem Buch der Welt; Arthur Schopenhauer hatte in ungefähr gleichem Alter in dem Buch der Welt schon viel geblättert und vielerlei gelesen; jetzt brannte er vor Begierde nach dem Unterricht der Gelehrtenschule und den Büchern der Weisheit als nach dem Stoff, dessen sein Gestaltungsvermögen bedurfte.

Er trieb in Hamburg allerhand Allotria, womit er seinen Lehrherrn hinterging; eifrig und heimlich hörte er alle Vorlesungen, welche Gall über seine Schädellehre hielt; in Gemeinschaft mit seinem Freunde Anthime de Blésimare, der zur Erlernung der deutschen Sprache nach Hamburg gekommen war, gab er sich lockeren Genüssen und Ausschweifungen hin, die seinem erhabenen Selbstgefühl recht zur Beschämung gereichten. Man darf sich überhaupt seine pessimistische Grundstimmung ja nicht als dumpf und elegisch vorstellen, dazu war in ihm zu viel Naturkraft und Geisteslebendigkeit. Wenn er in Klagen ausbrach, äußerten sich dieselben bitter und spottsüchtig.

Um eine Natur, wie die seinige, für den kaufmännischen Beruf zu gewinnen, war eine Reise durch die weite große Welt, wie sie der Vater ihm hatte angedeihen lassen, ein sehr zweckwidriges Mittel gewesen. Und die Briefe, die jetzt die Mutter an ihn schrieb, von und über Weimar, die Schilderungen ihrer Gesellschaftsabende und der geistigen Interessen, die sie belebten, das Bild, das sie ihm von Goethes bezaubernder Persönlichkeit, von seiner Vorlesung des standhaften Prinzen entwarf – „ich wünschte, du könntest das einmal hören“ – alle diese Mitteilungen waren gar nicht geeignet, ihm das Comptoir in Hamburg erträglicher zu machen. Um so schmerzlicher verwünschte er sein Schicksal und bestürmte die Mutter mit Klagen.

Diese, besorgt und zärtlich, wie sie damals für den Sohn gesinnt war, wünschte ihm zu helfen. Die Frage war, ob er im zwanzigsten Lebensjahr noch eine Laufbahn ergreifen könne, die mit dem Gymnasium beginnen musste. Darüber beriet sie sich mit ihrem Freunde Fernow, der aus der eigenen Erfahrung am besten urteilen konnte: er, der mit zwanzig Jahren die ersten bedeutenden Kunstwerke gesehen, mit dreißig die ersten akademischen Vorlesungen gehört hatte und ein berühmter Kunstgelehrter und Kunstschriftsteller geworden war! Fernow erteilte ihr seinen Rat in einer eingehenden Denkschrift. Noch sei für den Sohn keine Zeit verloren, da bei den Sprachkenntnissen und der Bildung, die er schon habe, derselbe wohl imstande sein werde, die alten Sprachen in zwei Jahren so weit zu erlernen, dass er in zwei weiteren Jahren die Reife für das akademische Studium erlangen könne. Nur möge er sich über seinen Drang zur Wissenschaft keiner Einbildung und Selbsttäuschung hingeben.

Die Mutter schickte ihm Fernows Brief und ließ ihm die Wahl frei (28. April 1807). Der plötzliche Eindruck, dass die neue ersehnte Lebensbahn sich ihm öffne, erschütterte ihn so, dass er in Tränen ausbrach. Während sonst seine Unentschlossenheit, die natürliche Folge seines Misstrauens, ins Grenzenlose ging, war jetzt sein Entschluss auf der Stelle gefasst. Schon in ihrem Brief vom 14. Mai wünschte ihm die Mutter mit herzlichen Worten Glück zum neuen Lebensberuf. Ein merkwürdiger Lebenslauf: erst die Wanderjahre, dann die Lehrjahre!

2. Die Schulzeit in Gotha und Weimar

Es war durch Fernow ausgemacht und vorbereitet, dass er das Gymnasium in Gotha besuchen, bei dem Professor Lenz wohnen, von dem Direktor Döring Privatstunden im Lateinischen erhalten und an dem Klassenunterricht in der Selecta teilnehmen sollte, wo Friedrich Jacobs den deutschen Unterricht gab. Alles ging auf das Beste. Der neunzehnjährige Jüngling, der mit „*mensa*“ beginnen musste, machte die schnellsten Fortschritte, Jacobs erstaunte über die Vortrefflichkeit seiner Aufsätze; da verdarb er sich alles durch die Spottsucht. Seine Spottverse auf einen Professor, der die Selecta getadelt hatte, wurden bekannt, und Döring kündigte ihm den Unterricht. Nun war auch seines Bleibens in Gotha nicht länger.

Nach bitteren und verdienten Vorwürfen von Seiten der Mutter wurde ihm die Wahl des Gymnasiums zwischen Altenburg und Weimar gelassen. Frau Schopenhauer würde um ihretwillen Altenburg vorgezogen haben, er wählte Weimar. Hier wurde er von dem Direktor Lenz im Gebrauch der lateinischen Sprache geübt und von dem jüngst berufenen, nur drei Jahre älteren Professor Franz Passow im Griechischen unterrichtet; er wohnte mit dem letzteren in demselben Haus und arbeitete unter seiner Leitung. Im Beginn des Jahres 1808 war er nach Weimar gekommen, im Herbst 1809 hatte er, dank seiner Begabung und Energie, das Ziel der Schule erreicht, und zwar in der Hälfte der Zeit, die Fernow berechnet hatte.

Die segenreichste Frucht seiner weimarschen Gymnasialzeit war eine gründliche und gewandte Kenntnis der klassischen Sprachen, eine unauslöschliche Begeisterung für das klassische Altertum, welches er in Hamburg noch keineswegs zu schätzen gewusst hatte; in Weimar dichtete er eine Art Vaterunser auf den Homer und schrieb es in sein Handexemplar. Sein erstes Jahr in Weimar war das letzte im Leben Fernows, dem er noch die ersten Anregungen zum Studium der italienischen Literatur zu danken gehabt hat; ich nenne besonders das Studium Petrarcas, der einer seiner Lieblingsdichter geworden und stets geblieben ist.

3. Die Universitätszeit in Göttingen und Berlin

Die Beschäftigung mit den Werken der klassischen Literatur war mit der Schulzeit nicht etwa beseitigt, sondern wurde auf der Universität fortgesetzt und hat ihn durch das Leben begleitet; er durfte sich rühmen, dass er die meisten seiner Freunde, darunter manche Philologen von Fach, an Sprachkenntnis und Belesenheit übertroffen habe. Aber er strebte nach universeller Erkenntnis und bedurfte jetzt der naturwissenschaftlichen und philosophischen Studien.

In Göttingen, wo er sich den 9. Oktober 1809 in der medizinischen Fakultät immatrikulieren ließ und die vier ersten Semester studiert hat (1809 – 1811), hörte er sämtliche Fächer der Naturgeschichte bei Blumenbach, Physik und physische Astronomie bei Tobias Mayer,

Chemie bei Strohmeyer, eine Reihe historischer Vorlesungen bei Heeren, Psychologie und Logik bei Gottlob Ernst Schulze, dem Verfasser des „Änesidemus“[129], der ihm riet, zuerst und vor allem Kant und Plato zu studieren und erst später Aristoteles und Spinoza.

Dass er diesen „weisen Rat“ befolgt hat, müssen wir als die folgenreichste Begebenheit seiner geistigen Bildungsgeschichte bezeichnen. Erst das Studium Kants hat in seiner wissenschaftlichen Laufbahn die *philosophische* Epoche und Richtung begründet, von welcher letzteren er nie mehr gewichen ist. Als er die kantische Lehre durchdrungen hatte, sah er die Aufgabe vor sich, die zu lösen war. Zu ihrer Lösung hat das Studium Platos ihm den Weg gezeigt. In der Synthese der kantischen und platonischen Weltansicht sollte der Charakter seiner eigenen künftigen Lehre bestehen. Wir können hier nicht kürzer und bündiger, auch nicht seinem Sinn und Ausdruck gemäßer das System kennzeichnen, welches auszubilden und festzustellen das Thema seines Lebens gewesen ist. Noch während er in Göttingen studierte, hatte er sich für die philosophische Laufbahn entschieden und sah das Ziel in der Ferne.

Dafür gibt eine Unterredung, die er mit Wieland auf dessen Wunsch gehabt hat, ein denkwürdiges Zeugnis. Als der achtundsiebzigjährige Dichter ihm die philosophische Laufbahn ausreden wollte, antwortete der dreiundzwanzigjährige Student: „Das Leben ist eine missliche Sache; ich habe mir vorgenommen, das meinige damit hinzubringen, über dasselbe nachzudenken“. Diese Antwort gefiel und imponierte dem greisen Wieland so sehr, dass er den Philosophen von Beruf in ihm erkannte. Als er kurz nachher bei einer Cour am Hofe der Mutter begegnete, begrüßte er sie mit den Worten: „Ich habe neulich eine höchst interessante Bekanntschaft gemacht! Wissen Sie auch mit wem? Mit Ihrem Sohn! Es war mir sehr lieb, diesen jungen Mann kennen zu lernen, aus dem wird noch einmal etwas Großes werden.“ Die Erzählung stammt aus der mündlichen Überlieferung des Philosophen. Wahrscheinlich hat dieses Gespräch in den Osterferien 1811, nicht 1810, stattgefunden, da die Antwort, die Schopenhauer gab, längere und tiefere philosophische Studien voraussetzt, als das erste Semester umfassen konnte.[130]

---

129 Vgl. meine Geschichte der neuern Philosophie, Bd. VI (Dritte Auflage, 1900, Jubiläumsausg.), S. 51–58.

130 Vgl. Grisebach, Schopenhauer. Seine Lebensgeschichte, S. 65.

In denselben Ferien hatte er einen Göttinger Freund als seinen Gast mit nach Hause gebracht: Karl Josias Bunsen, der nachmals als „Ritter Bunsen" und preußischer Gesandter in England ein berühmter Mann wurde. Sechsundvierzig Jahre später haben sich beide Jugendfreunde als Greise am Ende ihrer Laufbahn und ihres Lebens noch einmal in Frankfurt wiedergesehen. Bunsens Name leuchtete längst im Glanze hoher Ehren; Schopenhauer, der damals berühmt zu werden begann, hielt das Ende seiner irdischen Laufbahn für den Anfang seines unvergänglichen Ruhmes und sagte zu Bunsen (wie dieser mir unmittelbar nachher erzählt hat): „Sie haben Ihren Lohn dahin!" Das Wiedersehen war nicht erquicklich gewesen.

Zum Abschiedsgruß von Göttingen schrieb Schopenhauer in das Fremdenbuch der Ruine Hanstein, wo er gern verweilt hatte und sich an das Goethe'sche „Bergschloss" erinnert fühlte, die drei ersten Strophen dieses Gedichts, das im Herbst 1801 auf der Lobedaburg bei Jena entstanden war: „Da droben auf jenem Berge, da steht ein altes Schloss" u. s. f. Unter das Gedicht schrieb er „Worte Goethes des Göttlichen". Diese seine Zeilen sind vom 5. September 1811.[131]

Die drei letzten Semester (vom Herbst 1811 bis in das Frühjahr 1813) wurden in Berlin studiert. Die Beschäftigung mit Plato hatte ihn zu den Altertumsstudien zurückgeführt: er hörte bei Böckh eine Vorlesung über Plato und bei dem berühmten Fr. Aug. Wolf, an den er durch Goethe empfohlen war, Vorlesungen über die Wolken des Aristophanes und die Satiren des Horaz, über griechische Literaturgeschichte und griechische Altertümer. Die naturwissenschaftlichen Studien wurden eifrig wiederholt und fortgesetzt: er hörte Vorlesungen über Astronomie und Physik, über Magnetismus und Elektrizität, über Experimentalchemie und Physiologie, über die Anatomie des menschlichen Gehirns und die Gebiete der Zoologie.

Am wenigsten gefördert und befriedigt fühlte er sich durch die philosophischen Vorlesungen bei Fichte und Schleiermacher: er hörte jenen über „die Tatsachen des Bewusstseins" und hat auch einmal in seinem Kolloquium hartnäckig mit ihm disputiert, diesen über die Geschichte der mittelalterlichen Philosophie, wobei er am Rand seines Heftes gelegentlich wider die Einheit und Zusammengehörigkeit von Philosophie und Religion protestiert hat. Von den

131 Grisebach, Edita und Inedita Schopenhaueriana, S. 40–41.

Schriften Fichtes hat er mit innerer Zustimmung nur eine gelesen, die in Ansehung der Gegenwart pessimistisch gestimmt war: „Die Grundzüge des gegenwärtigen Zeitalters". Er war selbst schon mit dem Ausbau der eigenen Ideen beschäftigt.

4. Die Promotion in Jena

Die akademischen Lehrjahre waren zu Ende. Am liebsten würde er jetzt in Berlin promoviert haben, wenn nicht der Ausbruch der deutschen Freiheitskriege im Frühjahr 1813 ihn von dort vertrieben hätte. Auch in Dresden, wo er gern in Ruhe seine Dissertation geschrieben hätte, war nicht seines Bleibens, denn schon sammelten sich die Kriegswolken, die sich hier in nächster Zukunft entladen sollten. Und da er zu Weimar im Hause der Mutter Verhältnisse vorfand, die ihn abstießen, so ging er in das vom Kriegslärm verschonte Rudolstadt, wo er bis in den Herbst blieb und im Gasthof zum Ritter seine Abhandlung „Über die vierfache Wurzel des Satzes vom zureichenden Grunde" verfasste. Damit erwarb er sich von der philosophischen Fakultät zu Jena den Doktorgrad (2. Oktober 1813). Die Schrift enthält bereits den Unterbau seines Systems.[132]

Nach seiner eigenen Angabe hatte er zum Zweck der Abhandlung eine Reihe kritischer Schriften über die kantische Kritik gelesen, wie Herders Metakritik, Maimons Transzendentalphilosophie, Schulzes Änesidemus, Becks Standpunktslehre, Fries′ neue Kritik der Vernunft. Von Reinhold, Fichte, Schelling, Hegel und Herbart war nicht die Rede. Herders Metakritik wird auf das schärfste getadelt: sie wimmle von zahllosen Fehlern und liefere den Beweis, dass ihr Verfasser den großen Philosophen nicht verstanden habe.[133] Noch den 4. November 1813 hatte er dem Buchhändler Frommann in Jena Hegels Logik mit der Bemerkung zurückgeschickt, dass er dieses Buch so wenig lese wie der Absender.[134]

Während die deutsche Jugend für ihr Vaterland kämpfte, hatte sich Arthur Schopenhauer, als ob er gar nicht dazu gehörte, in ein philosophisches Stillleben nach Rudolstadt zurückgezogen und die Schrift über den Satz vom zureichenden Grunde geschrieben; er

132 Über die vierfache Wurzel des Satzes vom zureichenden Grunde. Eine philosophische Abhandlung von Arthur Schopenhauer, Doktor der Philosophie Rudolstadt, in Kommission der Hof-Buch- und Kunsthandlung, 1813.
133 Vgl. Edita u. Inedita, Randschriften A. Schopenhauers, S. 88–91.
134 Arthur Schopenhauer, Drei Vorlesungen von Dr. Herm. Frommann. (Jena 1872.)

hatte der Fakultät in seinem „*Curriculum vitae*" erklärt, dass er, dank seinem Vater, kosmopolitisch erzogen sei, dass sein Vaterland größer als Deutschland und er berufen wäre, der Menschheit nicht mit der Faust, sondern mit dem Kopfe zu dienen. Dies waren nun freilich keine Gründe „zureichender" Art. In eine Fensterscheibe des von ihm bewohnten Zimmers hatte er eingekritzelt: „*Arth. Schopenhauer majorem anni 1813 partem in hoc conclave degit*". Dazu die idyllischen Worte des Horaz „*laudaturque domus, longos quae prospicit agros*".

5. Goethes Einfluss

Im Laufe des November kehrte er nach Weimar zurück und lebte unter sehr unerquicklichen Verhältnissen in Pension bei der Mutter. Bisher hatte Goethe ihn unbeachtet gelassen und jenen Empfehlungsbrief an Fr. A. Wolf mehr um der Mutter willen als aus Interesse für den Sohn geschrieben. Nun hatte in der Promotionsschrift des jungen Mannes ein Abschnitt, der vom Grunde des Seins handelte und die durchgängige Anschaulichkeit der geometrischen Beweise verlangte, seine Aufmerksamkeit erregt und seinen Beifall gefunden. Die gleiche Forderung wollte er in den optischen Beweisen seiner Farbenlehre erfüllt haben und hielt den jungen Schopenhauer für fähig und würdig, in dieselbe eingeführt zu werden. In einer Abendgesellschaft der Mutter unterhielt er sich mit ihm und lud ihn für den folgenden Abend zu sich ein. Es war am 6. November, dass Goethe, wie Schopenhauer zu sagen pflegte, ihm zuerst seine Gnade zugewendet hat. Nach den Aufzeichnungen in seinem Tagebuch hatte Goethe schon am 4. November sich mit Schopenhauers Schrift beschäftigt und ihn selbst am 7., 10. und 14. dieses Monats bei sich gesehen. Er schreibt den 24. November an Knebel: „Der junge Schopenhauer hat sich mir als ein merkwürdiger und interessanter Mann dargestellt, Du wirst weniger Berührungspunkte mit ihm finden, musst ihn aber noch kennen lernen. Er ist mit einem gewissen scharfsinnigen Eigensinn beschäftigt, ein Paroli und Sixleva in das Kartenspiel unserer neueren Philosophie zu bringen. Man muss abwarten, ob ihn die Herren vom Metier in ihrer Gilde passieren lassen; ich finde ihn geistreich und das übrige lasse ich dahingestellt." An demselben Tag schreibt Schopenhauer an F. A. Wolf: „Ihr Freund, unser großer Goethe, befindet sich wohl, ist heiter, gesellig, günstig, freundlich: gepriesen sei sein Name in alle Ewigkeit".

Die eigentlichen Annäherungen und das Studium der Farbenlehre, worin er Goethes Schüler und Anhänger wird, fallen in die ersten Monate des Jahres 1814, nachdem ihn Goethe am 8. Januar früh in einem Handbillett zu einer Sitzung „um elf Uhr, lieber jedoch um halb elf Uhr" zu sich eingeladen hatte. Er ist in dieser Zeit dem großen Mann so nahe gekommen, dass er sich über seine idealistische und pessimistische Grundansicht offen gegen ihn aussprach. Als er ihm einst erklärte, dass die Sinnenwelt unsere Vorstellung sei, und die Sonne nicht wäre, wenn wir sie nicht sähen, blickte ihn Goethe groß an und sagte: „Vielmehr wären Sie nicht, wenn die Sonne Sie nicht sähe!"

Auch mit seiner pessimistischen Lebensanschauung muss er nicht zurückgehalten haben, wie aus dem Sinnspruch erhellt, den ihm auf seine Bitte, als er Abschied nahm, Goethe ins Stammbuch geschrieben hat:

„Willst du dich deines Wertes freuen,
So musst der Welt du Wert verleihen.

Im Gefolg und zum Andenken mancher vertraulichen Gespräche. Weimar, den 8. Mai 1814." Es war gerade vier Monate, seitdem ihn Goethe zu Versuchen über die Farbenlehre eingeladen hatte.

Das Stammbuch Schopenhauers bestand aus diesem einzigen Blatt. Kürzer und treffender, als in diesen Goethe'schen Worten geschehen ist, lässt sich der Widerspruch nicht charakterisieren, an welchem der persönliche Pessimismus Schopenhauers zeitlebens gelitten hat: die Menschheit verachten und den Ruhm begehren, der doch in nichts anderem besteht als in der hohen Anerkennung der Menschen!

Dass während seines letzten Aufenthaltes in Weimar (vom November 1813 bis Mitte Mai 1814) ihn der Orientalist Friedrich Majer, der auch zu der Gesellschaft der Mutter gehörte, in das indische Altertum eingeführt, d. h. wohl zum Studium desselben angeregt hat, ist von Schopenhauer selbst in seinen Aufzeichnungen für Joh. Eduard Erdmann bemerkt, aber nicht näher erörtert und in seinem Berliner „*Curriculum vitae*" gar nicht erwähnt worden, weshalb wir darüber ohne eingehende Kunde sind. Bei der großen Wichtigkeit, welche der Gegenstand alsbald für die Ausbildung seiner Ideen gewinnen sollte, ist die Unkunde in diesem Punkte als eine biographische Lücke zu bezeichnen.[135]

III. Das Zerwürfnis zwischen Mutter und Sohn

Die nächste Ursache, dass er Weimar für immer verließ, lag in seinen Verhältnissen zur Mutter. Solange er in Hamburg lebte, hatte sie zärtliche und besorgte Briefe an ihn geschrieben, reich an Mitteilungen und interessanten Nachrichten aus ihrem neuen Leben; er hatte es ihrer mütterlichen Liebe und Fürsorge zu danken, dass er das Joch des ihm verhassten Berufes abschütteln und seinem Genius nachleben durfte. In der Nähe aber hatten die schon vorhandenen wechselseitigen Abneigungen sich wieder geltend gemacht, vermehrt und am Ende zu einer Schärfe und Bitterkeit gesteigert, dass nichts übrig blieb als die Trennung. Die Wurzel dieser so unnatürlichen Abneigung war von beiden Seiten die angeerbte Gemütsart.

1. Die ökonomischen Differenzen

Dazu kamen ökonomische Differenzen, die zur Grundverstimmung des ganzen Verhältnisses sehr viel beigetragen haben. Schon von Hamburg aus hatte der Sohn zur Sparsamkeit geraten, da trotz der erlittenen großen Verluste die Mutter in Weimar als reiche Witwe lebte, Equipage und verheiratete Dienerschaft hielt und der Geselligkeit zuliebe übermäßige Ausgaben machte. Auch fürchtete er, dass eine zweite Heirat den Verbrauch des Vermögens beschleunigen könnte, denn die reiche und lebenslustige Witwe, obwohl schon etwas korpulent und schiefen Wuchses, hatte Bewerber genug, unter denen sich auch der jüngste Bruder der Frau von Stein befand. Zwar über diesen Punkt vermochte sie den Sohn zu beruhigen, nicht ebenso über die Art und Weise, wie sie mit dem Geld umging, welches sein Vater erworben und der Familie hinterlassen hatte.

Das Vermögen war keineswegs so groß, wie es nach ihrer Lebensweise den Anschein hatte. Als Arthur mündig geworden war (den 22. Februar 1809), erhielt er als sein väterliches Erbteil den dritten

135 Fr. Majer aus Unterkoskau im Voigtlande, geb. 1772, hat im Jahre 1813 den II. Band seines „Mythologischen Taschenbuches“ herausgegeben und ist den 15. Mai 1818 gestorben, nachdem er kurz vorher sein Werk über „Brahma oder die Religion der Indier als Brahmaismus" veröffentlicht hatte. Vgl. Ludwig Schemann, Schopenhauer-Briefe, S. 440 f.

Teil des Ganzen, der 19 000 Taler betrug, wozu er sieben Jahre später von seinem Oheim Andreas außer einigen Ländereien in Ohra noch 2000 Taler geerbt hat. Er hatte als Student 1000 Taler jährlich, was in jener Zeit mehr als genug war, aber für einen Mann, der stets einer vollen unabhängigen Muße genießen wollte, kaum hinreichte. Mutter und Tochter lebten in einem Scheinreichtum, den die letztere, als sie zur Erkenntnis der Lage gekommen war, sehr peinlich empfand, während die Mutter diesen Zustand mit tadelnswerter Leichtfertigkeit gepflegt hat, denn sie liebte den Schein und geriet in Schulden. Hierin war die Vernunft und das Recht auf der Seite des Sohnes.

2. Die persönlichen Differenzen

Was ihn aber der Mutter nicht bloß unbequem, sondern höchst unsympathisch und unleidlich erscheinen ließ, war seine beständige, bittre Tadel- und Spottsucht über das Elend der Welt und die Dummheit der Menschen. Er führte gern Goethes „Kophtisches Lied" im Munde, welches „alle die Weisesten aller der Zeiten" einstimmen lässt:

Töricht auf Bess'rung der Toren zu harren!
Kinder der Klugheit, o habet die Narren
Eben zum Narren auch, wie sich's gehört![136]

Nun waren ihm seine Spöttereien in Gotha recht übel bekommen und gaben der Mutter Gelegenheit, diese seine typische Unart mit scharfen Worten zu geißeln. „Du bist kein böser Mensch", schrieb sie ihm, „Du bist nicht ohne Geist und Bildung, Du hast alles, was Dich zu einer Zierde der menschlichen Gesellschaft machen könnte, dabei kenne ich Dein Gemüt und weiß, dass wenige besser sind, aber dennoch bist Du überlästig und unerträglich, und ich halte es für höchst beschwerlich, mit Dir zu leben: alle Deine guten Eigenschaften werden durch Deine Superklugheit verdunkelt und für die Welt unbrauchbar gemacht, bloß weil Du die Wut, alles besser wissen zu wollen, nicht beherrschen kannst. Damit verbitterst Du die Menschen um Dich her, niemand will sich auf eine so gewaltsame Weise bessern und erleuchten lassen, am wenigsten von einem so

136 In Schillers Musenalmanach 1799.

unbedeutenden Individuum, wie Du doch noch bist. Niemand kann es ertragen, von Dir, der doch auch so viele Blößen gibt, sich tadeln zu lassen, und am wenigsten in Deiner absprechenden Manier, die im Orakelton gerade heraussagt: ‚so und so ist es', ohne weiter eine Einwendung nur zu vermuten. Wärest Du weniger, als Du bist, so wärest Du nur lächerlich, so aber bist Du höchst ärgerlich." „Solch eine ambulante Literaturzeitung, wie Du gern sein möchtest, ist ein langweiliges und gehässiges Ding."

In diesen Worten konnte der junge Schopenhauer sich spiegeln; er ist geschildert, wie er leibt und lebt. Beherrschen aber konnte er die Unart, welche die Mutter ihm vorhielt, mitnichten, denn sie war der unmittelbarste Ausdruck seiner Willens- und Geistesart. Die Willensart gab den pessimistischen tiefen Grundton, die Geistesart die hellen und scharfen Töne des Witzes und Spottes. So war er und so ist er stets geblieben; er ist mit den Jahren wohl zurückhaltender, „zugeknöpfter", wie er zu sagen pflegte, klüger vielleicht, aber kein anderer geworden. Und so verhält es sich ja nach seiner Lehre, die aus seiner Selbstergründung hervorging, mit den menschlichen Charakteren überhaupt.

Mutter und Sohn standen so zueinander, dass im Widerstreit mit dem Naturgesetz ihre wechselseitige Anziehung mit der Größe der Entfernung zunahm; in der nächsten Nähe wirkte nur die Repulsion. Arthur sagte oft zu seiner Mutter: „wir beide sind zwei!" Er sollte ihrem Wunsch gemäß das Gymnasium nicht in Weimar besuchen, sondern in Gotha; er sollte in Weimar nicht bei ihr, sondern außerhalb ihres Hauses wohnen. Als er sich für Weimar entschieden hatte, schrieb sie ihm (den 13. Dezember 1807): „Es ist zu meinem Glücke notwendig zu wissen, dass Du glücklich bist, aber nicht ein Zeuge davon zu sein. Ich habe dir immer gesagt, es wäre sehr schwer mit Dir zu leben, und je näher ich Dich betrachte, desto mehr scheint diese Schwierigkeit für mich wenigstens zuzunehmen." „Auch Dein Missmut ist mir drückend und verstimmt meinen heiteren Humor, ohne dass es Dir etwas hilft. Sieh, lieber Arthur, Du bist nur auf Tage bei mir zum Besuch gewesen, und jedes Mal gab es heftige Szenen um nichts und wieder nichts, und jedes Mal atmete ich erst frei, wenn Du weg warst, weil Deine Gegenwart, Deine Klagen über unvermeidliche Dinge, Deine finsteren Gesichter, Deine bizarren Urteile, die wie Orakelsprüche von Dir ausgesprochen werden, ohne dass man etwas dagegen einwenden dürfte, mich drücken, und mehr noch der ewige Kampf in meinem Innern, mit dem ich alles, was ich dagegen einwenden möchte, gewaltsam niederdrücke, um nur nicht zu neuem Streit Anlass zu geben." „Höre also, auf welchem Fuß ich mit Dir sein will. Du bist in Deinem Logis zu Hause; in meinem bist Du ein Gast, der immer freundlich empfangen wird, sich aber in keine häusliche Einrichtung mischt. Um diese bekümmerst Du Dich gar nicht, ich dulde keine Einrede, weil es mich verdrießlich macht und nichts hilft; an meinen Gesellschaftstagen kannst Du abends bei mir essen, wenn Du Dich dabei des leidigen Disputierens, das mich auch verdrießlich macht, wie auch alles Lamentierens über die dumme Welt und das menschliche Elend enthalten willst, weil mir das immer eine schlechte Nacht und üble Träume macht, und ich gern gut schlafe."

Es gibt kein Bild, das der Frau Schopenhauer so sprechend ähnlich sein könnte, wie dieser Brief an ihren Sohn im Augenblick, wo derselbe in ihre Nähe kommt. Scharf und schneidend ist der Ton, den sie gegen ihn anschlägt; es rührt sich kein Laut mütterlicher Zärtlichkeit und Liebe, jedes Wort sucht ihn fernzuhalten und abzuwehren, um die Behaglichkeit und Ruhe ihres eigenen Daseins zu sichern und ihm gegenüber gleichsam zu ummauern. Jedes Wort beweist, dass sie ihn nicht liebt. Und auf der andern Seite ist es sehr erklärlich, dass eine Frau wie Johanna Schopenhauer, die mit Goethe und Wieland auf freundschaftlichem Fuß verkehrt, der Fernow sich geistesverwandt fühlt, die von einer Reihe bedeutender Männer sich umgeben und gefeiert sieht, die bald auch als Schriftstellerin Glück macht, nicht geneigt sein kann, von ihrem Sohn, der das Gymnasium besucht, sich meistern und tadeln zu lassen. Diese beiden Personen, von Natur einander die nächsten, sind und bleiben zwei, wie der Sohn sagte.

Mündig und selbständig, kehrt er nach Jahren zeitweiliger Trennung im November 1813 für längere Zeit in das mütterliche Haus zurück. Als er der Mutter seine Promotionsschrift „Über die vierfache Wurzel" usw. überreichte, hatte sie für ihn keinen Glückwunsch, sondern eine Kränkung in Bereitschaft: „Das ist wohl etwas für Apotheker!" Verletzt erwiderte der Sohn: „Man wird meine Schrift noch lesen, wenn von der deinigen kaum mehr ein Exemplar in einer Rumpelkammer zu finden ist". Die Mutter replizierte:

„Von der Deinigen wird noch die ganze Auflage zu haben sein!" Ein recht charakteristischer Wortwechsel zwischen Mutter und Sohn, wie zwischen zwei literarischen Nebenbuhlern! Noch merkwürdiger ist, dass beide recht hatten. Es kam eine Zeit, wo die Werke Arthur Schopenhauers eingestampft und die seiner Mutter gesammelt, neu aufgelegt und viel gelesen wurden; heutzutage liegen die Werke der Johanna Schopenhauer in der Rumpelkammer, wo sie für immer bleiben, während die ihres Sohnes in Volksausgaben von Hand zu Hand gehen.

Mehr und mehr verbitterten sich damals die Stimmungen von beiden Seiten und durch beiderseitige Schuld. Dass nach der Schlacht bei Leipzig der Sohn imstande sein konnte, von dem nationalen Aufschwung, den Heldentaten und der Siegesfreude der Deutschen teilnahmslos und spöttisch zu reden, musste die patriotischen Gefühle der Mutter auf das äußerste empören.[137]

3. Die häuslichen Differenzen

Seit einiger Zeit lebte in ihrem Hause ein jüngerer ihr befreundeter Mann, den Arthur schon im Mai zu seinem großen Verdruss hier angetroffen hatte: Friedrich Müller aus Ronneburg im Altenburgischen (später durch die Adoption eines Oheims mütterlicherseits „von Gerstenbergk" genannt), Verfasser der „Kaledonischen Erzählungen" und der Gedichte, die in dem Roman „Gabriele" eingeflochten wurden. Es kam zwischen den beiden Männern sehr bald zu heftigen Auftritten, denen heftige Auftritte zwischen Mutter und Sohn folgten. Am Ende verkehrten diese beiden unter demselben Dache nur noch schriftlich, bis ihm zuletzt die Mutter die Wohnung kündigte und den Absagebrief schrieb.

Er ging und hat seine Mutter, die noch vierundzwanzig Jahre zu leben hatte, nicht wiedergesehen, auch nicht die Schwester, die mit

137 In dem oben (S. 70) erwähnten Brief an Fr. A. Wolf vom 24. November 1813 entschuldigt Schopenhauer seinen Mangel an kriegerischem Patriotismus: „Ich bin, wie Sie sehen, den Musen auch unter dem allgemeinen Waffengetümmel treu geblieben. Vielleicht wird es mancher tadeln: aber ich bin mir bewusst, recht getan zu haben, dass ich nicht in einen Wirkungskreis trat, in welchem ich nichts als guten Willen hätte zeigen können und dafür einen verließ, in welchem ich, wenn die Götter es zulassen, mehr zu leisten hoffe." – „Weimar hat bloß durch starke Einquartierung gelitten: das Land aber ist durch Kosaken schrecklich verheert. Über die glückliche Befreiung Deutschlands und eben dadurch der höhern Kultur vom Druck der Barbaren wäre es überflüssig, Ihnen meine Freude zu schildern." Schemann, Schopenhauer-Briefe, S. 69–71. Grisebach, A. Schopenhauers handschriftlicher Nachlass, IV. Band, S. 478–479.

der Mutter vereinigt blieb und, obwohl sie für deren Schwächen nicht blind war, ihre Herzensgüte stets gepriesen hat. Der Sohn hat ihr vorgeworfen, dass sie den Vater nicht geliebt und sein Andenken nicht in Ehren gehalten habe, was mit den Bekenntnissen, welche sie selbst kurz vor ihrem Tod niedergeschrieben hat, nicht wohl übereinstimmt. Um so eifriger war er bestrebt, nachdem der letzte Funken der Pietät für die Mutter erloschen war, dem Vater Altäre des Dankes zu errichten. Wäre es nach dem Vater gegangen, so wäre er ein elender Kaufmann geworden. Da die Mutter ihm half, wurde er ein genialer Denker und Schriftsteller.

Drittes Kapitel

Der dritte Abschnitt der Jugendgeschichte. Neue Werke und neue Wanderjahre (1814 – 1820)

I. Der Dresdner Aufenthalt

1. Glückliche Jahre

Unter den deutschen Städten, die er noch am Schluss jener großen Reise gesehen hatte, war ihm Dresden in guter Erinnerung geblieben. Jetzt wählte er diesen Ort zu einem mehrjährigen Aufenthalt (vom Mai 1814 bis in den September 1818), um hier in voller Muße seine Ideen auszuarbeiten, systematisch zu ordnen und darzustellen. Nach seiner eigenen Aussage war er schon während des Jahres 1814 mit den Grundgedanken ins Reine gekommen, aber die Ausführung des Hauptwerkes geschah erst in der Zeit vom März 1817 bis in den März 1818. Andere Arbeiten waren dazwischengetreten.

Es war eine glückliche, schaffensfreudige Zeit, die er hier in Dresden verlebte: voller Ideen und Arbeitsdrang, in frohem Erstaunen über die Entstehung und Geburt seines Werkes, gehoben von den sichersten Hoffnungen künftigen Ruhmes. Er sah seine Schöpfung vor sich aufsteigen, „wie aus dem Morgennebel eine schöne Landschaft“. Sein Lebensbaum stand in voller Blüte und die Früchte reiften schnell. Als er einmal an einem Frühlingsmorgen, mit Blüten bedeckt, aus dem Zwinger heimkehrte, rief ihm die Hauswirtin zu: „Sie blühen, Herr Doktor!“ „Jawohl“, erwiderte er, „die Bäume müssen blühen, wenn sie Frucht tragen sollen!“

Im Kreise ästhetischer und belletristischer Schriftsteller, die ihn *„Jupiter tonans“* nannten, da er im Ausdruck seiner Affekte zu donnern und zu blitzen verstand, fand er nach angestrengter Geistesarbeit gesellige Zerstreuung; und die Ausflüge, die er in die benachbarten Gegenden unternahm, im Sommer 1817 nach Teplitz, im nächsten Sommer in die Sächsische Schweiz, gewährten ihm angenehme Erholung. Unter jenen Dresdner Freunden befand sich der Kunstkenner Joh. Gottlob von Quandt, der bis ans Ende einer seiner treuesten Freunde geblieben und noch zuletzt auch ein enthusiastischer Anhänger seiner Lehre geworden ist.[138]

Hier in Dresden lernte ihn der Freiherr von Biedenfeld kennen und wurde im Fortgang des persönlichen Verkehrs von soviel Interesse und Bewunderung für den Philosophen und sein Werk erfüllt, dass er dem Buchhändler Brockhaus dringend riet, dieses Werk zu verlegen. Noch vierzig Jahre später hat er im Stuttgarter „Morgenblatt“ den Schopenhauer der Dresdner Jahre *ad vivum* geschildert. „Als Sohn der hochbegabten Johanna Schopenhauer, völlig unabhängig durch ein hübsches Vermögen und früh in philosophisches Studium vertieft, hatte Arthur schon vor seiner Ankunft in Dresden sehr reiche Bekanntschaft mit dem geselligen Leben in verschiedenen Gegenden Deutschlands gemacht, ohne seinen Eigentümlichkeiten im mindesten zu entsagen, noch in die Schwächen anderer sich geduldig zu fügen. In dieser Hinsicht war er unverkennbar ein wenig *enfant gâté*, von offenherzigster Ehrlichkeit, geradeheraus, herb und derb, bei allen wissenschaftlichen und literarischen Fragen ungemein entschieden und fest, Freund und Feind gegenüber jedes Ding bei seinem rechten Namen nennend, dem Witze sehr hold, oft ein wahrhaft humoristischer Grobian, wobei nicht selten der Blondkopf mit den blaugrau funkelnden Augen, der langen Wangenfalte auf jeder Seite der Nase, der etwas gellenden Stimme und den kurzen heftigen Gestikulationen mit den Händen ein gar grimmiges Aussehen gewann. Mit seinen Büchern und Studien lebte er fast gänzlich isoliert und ziemlich einförmig, suchte keine Freundschaft, schloss sich auch niemandem besonders

138 Geb. in Leipzig den 9. April 1787, gestorben den 18. Juni 1859 auf seinem Gute Dittersbach bei Stolpen in der Sächsischen Schweiz. Vgl. Quandts Briefe an Adele Schopenhauer vom 26. Oktober 1818 und 16. Dezember 1826. Schemann, Schopenhauer-Briefe (Br. über Sch.), S. 489–496.

an, sah sich aber bei seinen weiten und großen Spaziergängen gern begleitet, unterhielt sich dabei sehr lebhaft über einzelne literarische Vorkommenheiten, wissenschaftliche Gegenstände, hervorragende Geister, besonders gern über Drama und Theater. Wer ihn liebenswürdig, anziehend, belehrend haben wollte, der musste mit ihm allein spazieren gehen. Mir wurde dieser Genuss oft zuteil, und dieser Umstand erwarb mir sein Wohlwollen, womit er mich noch jetzt erfreut. So galt er allgemein für einen Sonderling und war es auch gewissermaßen wirklich. Obschon entschiedener Gegner jenes Abendzeitungs-, Almanachs- und Liederkranzwesens, der sämtlichen Teilnehmer daran, die er nur die literarische Clique nannte, besonders aber Böttigers, den er laut als den gestiefelten Kater verhöhnte, fand er sich doch sehr häufig an den öffentlichen Orten ein, wo diese Männer gewöhnlich sich vergnügten. In der Regel entspann sich alsdann bald ein Kampf, wobei er mit seinem unverblümten Geradeheraus sehr den Unangenehmen spielte, mit den beißendsten Sarkasmen den Kaffee versalzte, seinem kritischen Humor ungeniert die Zügel schießen ließ, die ärgsten Brocken von Goethen und Shakespeare den Leuten ins Gesicht warf und dabei immer mit übereinandergeschlagenen Beinen an ihrem Whisttisch saß, dass sie Bock über Bock schossen. Dabei erschien er ihnen stets als ein Wauwau, alle fürchteten ihn, ohne dass einer jemals gewagt hätte, Gleiches mit Gleichem zu vergelten. Zum Glück blieb er über solche Dinge beim Reden stehen und bewahrte seine Tinte für anderes: Journalgeträtsche war nicht seine Sache, erschien ihm als zu kleinlich und verächtlich."[139]

Schon in Göttingen war ihm Ludwig Sigismund Ruhl, ein Maler aus Kassel, nahegetreten. Als beide in Dresden von ungefähr wieder zusammentrafen, erneuerte sich ihr persönlicher Verkehr, und hier befestigte sich ein freundschaftliches Verhältnis von lebenslänglicher Dauer. Ruhl, der als Direktor der hessischen Kunstsammlungen zu Kassel im Jahre 1887 gestorben ist, neunzig Jahre alt, hat fünf Jahre vor seinem Tod „Eine Groteske" geschrieben (1882), worin er den Geist des Philosophen erscheinen lässt und ihm huldigt. In einer „Note" schildert er die Persönlichkeit Schopenhauers in jenen Jahren, wo er sein Werk schrieb. „Jetzt aber will ich dich, mein guter Arthur, der

139 Grisebach, Sch. Lebensgeschichte, S. 113–115.

Welt keineswegs so zeigen, wie du endlich bei der Erkenntnis ihres Elends und ihrer unsäglichen Leiden bitter geworden bist. Gerade das Gegenteil habe ich im Sinn; meine Erinnerung führt mich vielmehr zu dem jungen, noch allerlei hoffenden Doktor Schopenhauer zurück, so wie ich ihm, nachdem wir beide Göttingen verlassen, in Dresden ganz unvermutet hinter der Kreuzkirche wieder begegnete, wo wir dann von da ab, trotz täglichen Streitens, unzertrennliche Gefährten wurden." „Ich sehe dich noch im Geist unter all den Figuren auf der Brühl'schen Terrasse, hinter deren Erdendasein Zeit und Vergessenheit auch die letzte Spur schon verwehte. Du stehst wieder vor mir, mit der blonden, von der Stirn aufstrebenden Phöbuslocke, mit der sokratischen Nase, mit den stechend sich dilatierenden Pupillen, aus welchen gegen Kuhn und Kind, gegen Theodor Hell, Langbein, Streckfuß *e tutti quanti* der damaligen Dichtergrößen, die in Dresden *le haut du pavé* hielten, zerschmetternde Blitze fuhren. Ich war ganz Ohr bei euren Disputen, die mich zugleich ergötzten und unterrichteten. Dein Wissen zwang mich oft, den langen Weg aus der pirnaischen Vorstadt über die Elbbrücke bis zum schwarzen Tor hin und zurück zu machen. Wir saßen dann in deinem Zimmer, du mir vordozierend von dem und jenem, von den Erwartungen auf den Erfolg deiner Philosophie, von der vierfachen Wurzel des Satzes vom zureichenden Grunde, worüber deine Mutter dich verspottend fragte, ob es eine Anweisung für Apotheker wäre?" u. s. f.[140]

Auch hat Ruhl ein von ihm gemaltes Ölbild seines Freundes hinterlassen, das Schemann geerbt und wovon er einen Stahlstich seinem Sammelwerk der „Schopenhauer-Briefe" vorgesetzt hat. Keine Spur einer Ähnlichkeit zwischen diesem Bild Schopenhauers, das Ruhl gemalt, und jenem, das er in Worten beschrieben! Keine Spur einer Ähnlichkeit in Bau, Form und Ausdruck des Gesichtes zwischen diesem Bild des dreißigjährigen und dem wirklichen Porträt des siebzigjährigen Mannes. Es gibt auch ein Bild von dem jungen Schopenhauer, aus dem Jahre 1809, welches Gerhard von Kügelgen gemalt haben soll und Gwinner in einem Stahlstich seinem obengenannten Werke einverleibt hat. Keine Spur einer Ähnlichkeit zwischen diesen beiden Jugendbildern, dem von Kügelgen (wenn es von ihm herrührt) und dem von Ruhl: dieses letztere ist offenbar

140 Schemann, Schopenhauer-Briefe, S. 472.

ein Phantasiestück, in einer Zeit gemalt, wo er das Original nicht vor Augen hatte! Keine Spur einer Ähnlichkeit zwischen diesen Jugendbildern und dem wirklichen Porträt des greisen Frankfurter Philosophen!

2. Die Schrift über Farbenlehre und der Briefwechsel mit Goethe

Das größte Erlebnis seines letzten weimarschen Aufenthaltes war sein persönlicher Verkehr mit Goethe gewesen und der Gewinn, der ihm daraus hervorging, das Studium und die Aneignung der Goethe'schen Farbenlehre, welche er jetzt in Dresden mit den wissenschaftlichen Hilfsmitteln, die ihm zu Gebote standen, *theoretisch* auszubilden und aus einem *einzigen* Grundgedanken herzuleiten bemüht war. Eine solche Theorie hatte er in den Goethe'schen Untersuchungen vermisst. Diesem Mangel abzuhelfen, die Goethe'sche Farbenlehre im Gegensatz zur Newton'schen zu begründen, war nun die erste seiner Dresdner Aufgaben. Wir haben es hier nicht mit dem Inhalt seiner Farbenlehre, sondern nur mit ihrer biographischen Bedeutung zu tun. Er wollte nachweisen, dass die Farbe von durchaus subjektiver Beschaffenheit sei, in der Teilbarkeit nicht des Lichtes, wie Newton gelehrt hatte, sondern der Tätigkeit unserer Netzhaut bestehe und *physiologisch* begründet werden müsse, dass die verschiedenen Arten oder Grade des Helldunkels polare Farbengegensätze bilden, aus denen das Weiße sich wiederherstellen lasse, was Goethe im Gegensatze zu Newton unrichtigerweise bestritten und verneint habe.

So entstand im ersten Jahre seines Dresdner Aufenthaltes die Schrift „*Über das Sehn und die Farben*", die er Goethe als Manuskript im Juli 1815 und als Druckschrift den 4. Mai 1816 zugesendet hat;[141] dazwischen fällt jener Briefwechsel, von dem bisher nur die Antworten Goethes bekannt waren, neuerdings aber auch die Zuschriften Schopenhauers veröffentlicht sind, die ohne Zweifel zu den besten und interessantesten Briefen gehören, die er überhaupt geschrieben hat.[142] Sie sind nicht bloß wegen ihres Themas, sondern noch mehr aus psychologischen Gründen merkwürdig, da sie uns den Briefsteller in einer Lage zeigen, in welcher seine Geduld, ohne die mindeste

141 Über das Sehn und die Farben. Eine Abhandlung von Arthur Schopenhauer. *Est enim verum index sui et falsi. Spinoza, ep.* 74, Leipzig 1816. Bei Jak. Friedr. Hartknoch.

142 Goethe-Jahrbuch IX, S. 50–74. Grisebach, A. Schopenhauers S. W., Bd. VI, S. 217–246.

üble Absicht von Goethes Seite, auf die grausamste Probe gestellt, sein Misstrauen auf das peinlichste gereizt, seine Hoffnungen auf das bitterste getäuscht wurden, und er sich doch bei aller Offenheit und allem Freimut die höchste Mäßigung auferlegen musste und keinen Augenblick vergessen durfte, dass es Goethe war, an den er schrieb. Er hat es nicht vergessen und diese recht schwere Prüfung in seiner Weise musterhaft bestanden.

Der Brief, der die Zusendung des Manuskripts begleitet hat, fehlt. Offenbar hatte Schopenhauer gewünscht, Goethe von der Richtigkeit seiner Theorie zu überzeugen und seine Schrift durch ihn oder gemeinsam mit ihm herauszugeben: er wollte als sein Schüler, als einer „der ersten seiner Proselyten" und der zweite Begründer seiner Farbenlehre erscheinen. Er hatte sich vorgestellt, dass Goethe noch ebenso lebhaft von der Sache erfüllt sei wie damals, als er sie ihm vortrug; war doch kaum ein Jahr seitdem verflossen. Aber der Dichter weilte schon in einer ganz anderen Region. Als Schopenhauer acht Wochen vergeblich auf Antwort gewartet hatte und sich endlich nach dem Schicksal seiner Schrift erkundigte (3. September 1815), wohnte Goethe auf der Gerbermühle bei Frankfurt und lebte nicht in der Farbenlehre, sondern bei Suleika und im west-östlichen Diwan.

Man fühlt in den Ausdrücken Schopenhauers, wie Ungeduld und Misstrauen schmerzhaft erregt und mühsam unterdrückt sind. Mit einer in Bescheidenheit verhüllten Ironie schreibt er: „Ew. Excellenz haben mich bisher keiner Antwort gewürdigt, welches ich mir hauptsächlich daraus erkläre, dass die mannigfaltigen Umgebungen Ihres öfter veränderten Aufenthaltes, dabei der Umgang mit regierenden, diplomatischen und militärischen Personen Sie zu sehr beschäftigt und Ihre Aufmerksamkeit einnimmt, als dass meine Schrift anders als sehr unbedeutend dagegen erscheinen oder zu einem Briefe über dieselbe Zeit übrigbleiben könnte". „Ich weiß von Ihnen selbst, dass Ihnen das literarische Treiben stets Nebensache, das wirkliche Leben Hauptsache gewesen ist. Bei mir aber ist es umgekehrt: was ich denke, was ich schreibe, das hat für mich Wert und ist mir wichtig; was ich persönlich erfahre und was sich mit mir zuträgt, ist mir Nebensache, ja ist mein Spott." „Mir ist diese Ungewissheit über etwas, das zu dem gehört, was mir allein wichtig ist, unangenehm und quälend, ja in manchen Augenblicken kann meine Hypochondrie hier Stoff zu den widrigsten und unerhörtesten Grillen finden. Um allem diesem und der Plage einer täglich getäuschten Erwartung ein Ende zu machen, – bitte ich Ew. Excellenz, mir meine Schrift nunmehr zurückzuschicken mit oder ohne Bescheid, wie Sie für gut finden: in jedem Fall glaube ich jedoch noch diese Bitte mit Zuversicht hinzufügen zu dürfen, dass Sie mir zugleich in zwei lakonischen Worten anzeigen, ob außer Ihnen irgend jemand sie gelesen hat oder gar eine Abschrift davon genommen ist."

Goethe vertröstete ihn auf seine Rückkehr nach Weimar, von wo er eingehend antworten werde; die Antwort kam, aber keine eingehende; er hat die Schrift noch fünf Monate behalten und erst den 28. Januar 1816 zurückgeschickt, ohne sie je einem andern gezeigt, aber auch ohne je sich selbst in einem eingehenden, von Schopenhauer inbrünstig ersehnten Urteil darüber ausgesprochen zu haben. Er fühlte sich teils schon dem Gegenstande selbst, dieser „geliebten und betretenen Region" der Farbenlehre entfremdet und von dem Widerspruch, den er erfahren hatte, ermüdet, teils auch durch die Abweichungen Schopenhauers, wie in Ansehung der Farbenpolarität, der Herstellung des Weißen, der Entstehung des Violetten unangenehm berührt. Es schien ihm, dass der Schüler bereits den Meister spielen wollte, und er hat sich in einigen Epigrammen von bitterem Geschmack darüber ausgelassen.[143] Es half nichts, dass Schopenhauer jene Differenzen für nebensächlich erklärte und von seiner Farbenlehre sagte, sie verhalte sich zur Goethe'schen wie die Frucht zum Baum, wie der Scheitelpunkt zur Pyramide, dass er der treuste und gründlichste Verteidiger der Goethe'schen Farbenlehre gewesen und stets geblieben ist.

Den Vorschlag Goethes, die Schrift seinem Freunde Thomas Seebeck, dem Entdecker der entoptischen Farben, mitzuteilen[144] und ihn zu einem Urteil aufzufordern, lehnte Schopenhauer sehr entschieden ab, voller Angst und Misstrauen, dass es ihm mit Seebeck ergehen könne, wie es Goethe in Ansehung seiner Entdeckung der Bildung und Zusammensetzung des Schädels mit Oken gegangen sei. Er wolle über sein Werk „nicht eine Meinung hören, sondern eine

143 S. unten: Zweites Buch, Kap. III, Nr. II, 4., S. 240.
144 Vgl. meine „Erinnerungen an Moritz Seebeck". Anhang: Goethe und Thomas Seebeck (Heidelberg, Winter 1886), S. 117–121. Vgl. Goethe an Staatsrat Schultz in Berlin, Br. vom 19. Juli 1816.

Autorität, nicht das Urteil eines Einzelnen, sondern des Einzigen". Er wusste von Seebeck und dessen Entdeckung der entoptischen Farben so wenig, dass er fragen konnte, ob das Wort nicht „epoptisch" heißen sollte! Dass Goethe die Absicht gehegt, seine Schrift durch Seebeck beurteilen zu lassen, hatte ihn so gereizt, dass er brieflich sein Schicksal mit dem der Pfarrerstochter von Taubenhain verglich, welche der gnädige Herr mit seinem Jäger habe verheiraten wollen!

Der ausführlichste und geistreichste der Briefe Schopenhauers ist vom 11. November 1815; er verdient auch deshalb unser Interesse, weil aus seinen Ideen bis in die Bilder und die Ausdrucksweise hinein die gleichzeitige Entstehung des Hauptwerks unverkennbar hervorleuchtet. Goethe hat in dem vorangegangenen Brief (23. Oktober) gesagt: „Ich versetze mich in Ihren Standpunkt, und da muss ich denn loben und bewundern, wie ein selbstdenkendes Individuum sich so treu und redlich mit jenen Fragen befasst und das, was gegenständlich daran ist, rein im Auge behält, indem es sie aus seinem Innern, ja aus dem Innern der Menschheit zu beantworten sucht." Diese treffende und wohltuende Anerkennung beantwortet Schopenhauer mit einer Schilderung seiner intellektuellen Persönlichkeit: „Alles, was von Ihnen kommt, ist mir ein Heiligtum. Überdies enthält Ihr Brief das Lob meiner Arbeit, und Ihr Beifall überwiegt in meiner Schätzung jeden anderen. Besonders erfreulich aber ist es mir, dass Sie in diesem Lobe selbst mit der Ihnen eigenen Divination gerade wieder den rechten Punkt getroffen haben, indem Sie nämlich die Treue und Redlichkeit rühmen, mit der ich gearbeitet habe. Nicht nur was ich in diesem beschränkten Felde getan habe, sondern alles, was ich in Zukunft zu leisten zuversichtlich hoffe, wird einzig und allein dieser Treue und Redlichkeit zu danken sein. Denn diese Eigenschaften, die ursprünglich nur das Praktische betreffen, sind bei mir in das Theoretische und Intellektuale übergegangen; ich kann nicht rasten, kann mich nicht zufrieden geben, solange irgendein Teil eines von mir betrachteten Gegenstandes nicht reine, deutliche Kontur zeigt. Jedes Werk hat seinen Ursprung in einem einzigen glücklichen Einfall, und dieser gibt die Wollust der Konzeption: die Geburt aber, die Ausführung ist wenigstens bei mir nicht ohne Pein, denn alsdann stehe ich vor meinem eigenen Geist, wie ein unerbittlicher Richter vor einem Gefangenen, der auf der Folter liegt, und lasse ihn antworten, bis nichts mehr zu fragen übrig ist." „Der

Mut, keine Frage auf dem Herzen zu behalten, ist es, der den Philosophen macht. Dieser muss dem Ödipus des Sophokles gleichen, der Aufklärung über sein eignes schreckliches Schicksal suchend, rastlos weiter forscht, selbst wenn er schon ahnt, dass sich aus den Antworten das Entsetzlichste für ihn ergeben wird. Aber da tragen die meisten die Jokaste in sich, welche den Ödipus um aller Götter willen bittet, nicht weiter zu forschen: und sie gaben ihr nach, und darum steht es auch mit der Philosophie noch immer, wie es steht."[145]

Nachdem er auf Goethes Zustimmung oder wenigstens gutachtliche Meinung sieben Monate hindurch vergeblich gehofft hatte, endete die Sache für Schopenhauer mit einer sehr bitteren Enttäuschung, die er Goethe gegenüber zwar nicht verhehlt, aber bemeistert hat. Vielleicht ist der Dank und die Ehrfurcht, die Goethe gebühren, nie schöner und stolzer ausgesprochen worden als in den folgenden Worten: „Ew. Excellenz haben es in Ihrer Biographie gesagt", schrieb er den 7. Febr. 1816: „'so ist doch immer das Finale, dass der Mensch auf sich zurückgewiesen wird'". „Auch ich muss jetzt schmerzlich aufseufzen: ‚ich trete die Kelter allein'." „Nach so langer Zeit, so vielem Schreiben auch nicht einmal Ihre Meinung, Ihr Urteil zu erfahren, nichts, gar nichts als ein zögerndes Lob und ein leises Versagen des Beifalls ohne Angabe von Gegengründen: das war mehr als ich fürchten, weniger als ich je hoffen konnte. Indessen bleibe es ferne von mir, gegen Sie mir auch nur in Gedanken einen Vorwurf zu erlauben. Denn Sie haben der gesamten Menschheit, der lebenden und kommenden, so Vieles und Großes geleistet, dass alle und jeder, an dieser allgemeinen Schuld der Menschheit an Sie, mit als Schuldner begriffen sind, daher kein Einzelner in irgendeiner Art je einen Anspruch an Sie zu machen hat. Aber wahrlich, um mich bei solcher Gelegenheit in solcher Gesinnung zu finden, musste man Goethe oder Kant sein: kein anderer von denen, die mit mir zugleich die Sonne sahen."

In Goethes „Tag- und Jahresheften" lesen wir unter dem Jahre 1816: „Dr. Schopenhauer trat als wohlwollender Freund an meine Seite. Wir verhandelten manches übereinstimmend miteinander, doch ließ sich zuletzt eine gewisse Scheidung nicht vermeiden,

145 Die Vergleichung des Philosophen mit dem Ödipus hatte auch Schiller dreißig Jahre früher in seinen „Philosophischen Briefen" gebraucht. Vgl. meine Schrift „Schiller als Philosoph", I. Buch, Die Jugendzeit, S. 77.

wie wenn zwei Freunde, die bisher miteinander gegangen, sich die Hand geben, der eine jedoch nach Norden, der andere nach Süden will, da sie denn sehr schnell einander aus dem Gesichte kommen." Unmittelbar vorher hatte Goethe der Schrift eines Gegners gedacht mit der sehr beherzigenswerten Bemerkung: „Professor Pfaff sandte mir sein Werk gegen die *Farbenlehre* nach einer den Deutschen angeborenen Zudringlichkeit."

Als er Schopenhauer drei Jahre später (den 19. und 20. August 1819) zum letzten Mal sah, bemerkte Goethe in den Annalen: „Ein Besuch Dr. Schopenhauers, eines meist verkannten, aber auch schwer zu kennenden verdienstvollen jungen Mannes, regte mich auf und gedieh zur wechselseitigen Belehrung".

3. Die Entstehung des Hauptwerks

Schopenhauer pflegte sein System gern mit einem Kristall zu vergleichen, der strahlenförmig zusammenschießt, sogar mit der hunderttorigen Thebe, deren Eingänge sämtlich auf einen und denselben Mittelpunkt hinweisen. Gewisse Anschauungen, die sonst weit voneinander abstehen, hatten sich in ihm zu Grundüberzeugungen befestigt und allmählich ohne Künstelei dergestalt in seinem Kopfe vereinigt, dass sie zu seiner eigenen Überraschung aus einem einzigen Grundgedanken hervorgingen. So entwickelte sich eine Gedankenkette, „die nie zuvor in eines Menschen Kopf gekommen war". Schon im Jahre 1813 hatte er das Gefühl, dass er den Embryo eines völlig originellen Systems in sich trage.

1. Zwei Grundüberzeugungen hatte er den Göttinger Anregungen gemäß aus seinen akademischen Studien gewonnen: die erste stammte aus *Kant*, die andere aus *Plato*. Er hatte die kantischen Hauptschriften gründlich gelesen und sich angeeignet, insbesondere die Vernunftkritik, die er aber noch nicht in ihrer ursprünglichen Form, sondern nur in der zweiten Auflage kannte, worin sich der Text fünfzig Jahre hindurch (1787 – 1838) fortgepflanzt hat. Nachdem er dieses Buch durchdrungen, war ihm zumute wie dem Blinden nach einer gelungenen Staroperation. Seitdem stand ihm unwiderruflich fest, dass unsere Sinnenwelt durchaus nichts anderes als Erscheinung oder Vorstellung, dass sie durchaus phänomenal oder ideal sei. Diese Überzeugung nannte er seine kantische oder „idealistische Grundansicht". Das Thema derselben ist *„die Welt als Vorstellung"*.

Unsere Sinnenwelt ist ein Produkt aus zwei Faktoren: ihr Stoff besteht in unseren Sinneseindrücken oder Empfindungen und ist daher „sensual", ihre Ordnung in Zeit, Raum und Kausalität, welche die Formen unseres Intellekts sind, dieser aber ist die Funktion des Gehirns, also „zerebral". Diese beiden Bestandteile der Sinnenwelt erkannt und geschieden, Stoff und Form derselben (Empfindung und Anschauung) zum ersten Mal richtig gesondert zu haben, ist eines der unsterblichen Verdienste Kants, denn vor ihm hat es keiner vermocht.

2. Da nun die abstrakten oder allgemeinen Vorstellungen (Begriffe) aus den sinnlichen, diese aber aus den Funktionen der Sinnesorgane und des Zentralorgans hervorgehen, so folgt, dass unsere gesamte Erkenntnis ein Produkt unserer leiblichen Organisation, der Intellekt also abgeleiteter und sekundärer Art ist und keineswegs ein ursprüngliches Wesen. Es ist daher verkehrt und grundfalsch, wenn die Funktion hypostasiert und unter dem Namen „Seele" eine einfache denkende, mit Vorstellungskräften begabte Substanz fingiert wird, welche die Vorstellungen und Begriffe aus sich, unabhängig vom Leib, hervorbringen soll. Die Lehre von der Seelensubstanz, d. h. die rationale Psychologie für immer widerlegt zu haben, gehört ebenfalls zu den unvergänglichen Taten der kantischen Kritik.

Dass der Intellekt sekundär und die Seele eine Fiktion ist, war eine der Grundüberzeugungen, welche in Schopenhauer feststanden, bevor er sein Hauptwerk ausführte. Zu der Befestigung dieser Grundansicht hat das Studium der französischen Sensualisten, insbesondere das des französischen Arztes P. J. G. Cabanis in seinem Werke „*Rapports du physique et du moral de l'homme*" (1802)[146] das meiste beigetragen; dazu kamen das von Schopenhauer oft und hochgepriesene Werk „*De l'esprit*" von Helvetius (1754), die Schriften Voltaires und die jüngsten Untersuchungen des französischen Physiologen Flourens über das Verhältnis des Intellekts zum Gehirn.[147]

3. Wenn aber alles Erkennen ein Produkt der leiblichen Organisation ist, so sah er sich jetzt vor die Frage gestellt: woher der Leib und sein Dasein? Dass dieser als eine Gruppierung materieller Atome aufzufassen und lediglich mechanisch und chemisch zu erklären

146 Vgl. besonders *T. I. Mém. I-III (Mém. II, III: Histoire physiologique des sensations), pg. 82–160.*

147 *Marie Jean Pierre Flourens (1794–1867).*

sei, diese scheinbar nächste Erklärungsart, die materialistische, ist ihm stets als die seichteste, vielmehr als gar keine erschienen, und er hat sie später, als sie in Flor stand, gern als „die Barbiergesellen-philosophie" bezeichnet.

Die Frage musste sich ihm generalisieren. Die Leiber sind Körper und sie bilden einen Teil der Körperwelt, der Sinnenwelt, die durchgängig den Charakter der Erscheinung oder Vorstellung hat. Was liegt den Erscheinungen zugrunde? Was ist, kantisch zu reden, *„das Ding an sich"*? das wahrhaft Reale? Diese Frage fällt zusammen mit dem Grundthema aller Metaphysik, mit dem Rätsel des Daseins: sie enthält das Problem, welches Kant in seiner Tiefe erfasst und richtiggestellt, aber nicht gelöst, nicht zu Ende gedacht habe, auch keiner nach ihm, ausgenommen Schopenhauer allein.

Was in uns dem Intellekt zugrunde liegt, denselben macht, hervortreibt und steigert, ist der *Wille*: dieser Primat des Willens in uns ist die unmittelbarste und gewisseste aller Tatsachen; der Intellekt ist die Funktion des Gehirns und die Frucht des Willens. Wenn aber unsere Erkenntnis ein organisches Produkt ist, welches im Willen wurzelt, so leuchtet mit zwingender Notwendigkeit ein: dass der Wille nicht bloß die Erkenntnis, sondern auch das Erkenntnisorgan hervorbringt, dass er nicht bloß motivierend, sondern auch *organisierend* verfährt, was er, wie sich von selbst versteht, nicht als Willkür oder mit Überlegung, sondern nur als blinder oder bewusstloser Wille vollbringen und leisten kann. Unser Leib ist demnach eine Willenserscheinung oder, wie Schopenhauer sich ausdrückt, eine „Willensobjektivation"; der Leib ist das unmittelbare, der Intellekt das mittelbare (nämlich durch die Organisation vermittelte und bedingte) Willensprodukt. Der Wille zu leben, auf diese bestimmte Art, unter diesen gewissen Bedingungen zu leben und leben zu müssen: dieser Wille ist es, der die Organe gestaltet, den Lebensbedingungen anpasst, verändert und durch Abstammung (Vererbung) und Anpassung neue Lebensformen oder Arten hervorruft, wie der französische Naturforscher de la Marck in seiner *„Zoologie philosophique"* (1809) und fünfzig Jahre später Charles Darwin in seinem epochemachenden Werk: „Von der natürlichen Entstehung der Arten" dargetan haben. La Marck hat auf die Ausbildung der Lehre Schopenhauers einen bemerkenswerten Einfluss ausgeübt, wogegen er Darwins Werk, welches er kurz vor seinem Tod las, nicht zu würdigen gewusst hat. (Er hat es wohl nur obenhin gelesen oder aus Berichten in den Times kennen gelernt, da er „platten Empirismus" und eine bloße Variante der Lehre La Marcks darin erblickte.)

4. Wenn nun in jeder Erscheinung sich eine bestimmte Willensart darstellt oder objektiviert, so enthält jede ihr eigenes Thema, ihre Wesenseigentümlichkeit, ihr charakteristisches Was (*τό τί ἐστι*): dieses in reiner begierdeloser Anschauung vorzustellen und abzubilden, ist die Sache des Genies, der Kunst und des Künstlers. Die Wesenseigentümlichkeit der Erscheinung als Gegenstand der künstlerischen Anschauung nennt Schopenhauer „die platonische Idee". Hier greift die platonische Grundansicht, die zweite jener beiden oben erwähnten Grundüberzeugungen, in seine Lehre ein: auf der *idealistischen* beruht seine Erkenntnislehre, auf der *platonischen* seine Ästhetik und Kunstlehre.

5. Aus der sekundären Beschaffenheit des Intellekts und der primären des Willens ergibt sich nun diejenige Folgerung, welche das System erst zu einem Ganzen macht und zusammenschließt. Wenn der Wille unabhängig ist vom Intellekt, so ist er auch unabhängig von Zeit, Raum und Kausalität, als welche die Formen des Intellekts sind; so ist er auch unabhängig von aller Vielheit und Mannigfaltigkeit, als welche nur in Zeit und Raum sein können: demnach hat der Wille, der allen Erscheinungen zugrunde liegt, dieselben trägt und bewirkt, den Charakter der *All-Einheit*. Was unser eigenstes innerstes Selbst ausmacht, ist auch das innerste Selbst in jeder anderen Erscheinung, ist die alles durchdringende Urkraft, das Wesen der Welt, das *All-Eine*, „*Ἓν καὶ πᾶν*". Jetzt heißt das Thema: „*Die Welt als Wille*". Die Ausführung desselben ist nicht Erscheinungs- und Erkenntnislehre, sondern Wesens- oder Prinzipienlehre, d. h. Metaphysik.

6. Die Erkenntnis aber, dass wir nicht, wie es den Anschein hat, getrennte Individuen, deren jedes für sich besteht, sondern in Wahrheit ein einziges Wesen sind, bricht den Einzelwillen, den Egoismus, die Selbstsucht, mit einem Worte die Bejahung des Willens zum Leben, und hat die Verneinung desselben zu ihrer Folge: die Selbstverleugnung, die völlige Weltentsagung, mit einem Worte diejenige Umwandlung des Charakters, welche das Wesen aller echten Moral und Religion ausmacht. Erst dadurch kommt das Heil und die Heiligkeit in die Welt. Vorher herrschen in ihr Unheil und Übel. Hier ist die Stelle, welche in der Lehre Schopenhauers den Pessimismus be-

gründet. Die Erkenntnis des Guten gründet sich auf die des Wahren; *die Ethik auf die Metaphysik*.

7. Die pantheistische Lehre von dem All-Einen und dessen Entfaltung in der Welt und dem Stufengang der Dinge ist uralten Stammes: es ist die altindische Lehre vom Brahma (Brahm) als dem Ursein, welches identisch ist mit der Weltseele (Âtman) und unserem eigenen innersten Wesen. In dieser Lehre besteht die Religionsphilosophie des Brahmanismus, die Vedântaphilosophie, enthalten in den Upanischaden, den theosophischen Abhandlungen in den vier Teilen des Veda: die Einheitslehre ist ihr Kern und Geheimnis, der auserlesenste Inhalt der Upanischaden. Als solcher findet sich die Einheitslehre dargestellt in dem „Oupnek'hat", welches ein persischer Fürst, der nach Indien gekommen war, um die heiligen Bücher kennen zu lernen, im Jahre 1640 unserer Zeitrechnung aus dem Sanskrit in seine Sprache übersetzen ließ. Aus dem Persischen hat der französische Sprach- und Altertumsforscher Anquetil du Perron, der Übersetzer des Zendavesta, jenes Werk ins Lateinische übertragen, in den unheilvollen Zeiten des Terrorismus, unter Entbehrungen aller Art, sich zum Trost und zur Erbauung. Die beiden Quartanten erschienen in den beiden ersten Jahren unseres Jahrhunderts.[148]

Dieses Werk hat Schopenhauer, der schon in Weimar zum Studium des indischen Altertums angeregt war, in Dresden studiert, er ist tief davon ergriffen und in dem pantheistischen Charakter seiner Willenslehre bestärkt worden. Als er später in den Besitz des seltenen Werkes gelangt war, hat er es stets auf seinem Tische aufgeschlagen gehabt, täglich darin gelesen und oft gesagt, dass es sein Trost im Leben gewesen sei und im Sterben sein werde.

8. Aus dem Brahmanismus und im Gegensatz zu ihm, unabhängig von aller vedischen Gelehrsamkeit und Philosophie, entsprang der *Buddhismus*, die Religion des Buddha, d. i. des Erweckten oder Wissenden, „des Allerherrlichst Vollendeten", wie seine Gläubigen sagen: es ist der Glaube, dass in der Welt das Unheil herrsche und

148 Der volle Titel lautet: *Oupnek'hat (id est secretum tegendum): opus ipsa in India rarissimum, continens antiquam et arcanam seu theologicam et philosophicam doctrinam, e quatuor sacris Indorum libris Rak Beid, Djedir Beid, Sam Beid, Athrban Beid, excerptam; ad verbum e persico idiomate, sanskreticis vocabulis intermixto, in Latinum conversum, dissertationibus et annotationibus difficiliora explanantibus illustratam: studio et opera Anquetil du Perron. Tom I et II. Argentorati 1801–1802.* Das aus dem Werke selbst entlehnte Motto heißt: *Quisquis Deum intelligit, Deus fit.* – In das Deutsche übertragen von Franz Mischel *Dr. med.* (Dresden 1882).

im Dasein wurzle, dass es eine *Erlösung* von der Qual des Daseins, von dem rastlosen Wechsel der Geburten und Wiedergeburten gebe, und zwar eine Erlösung für alle, dass dieselbe einzig und allein in der völligen Abwendung von der Welt, in der völligen Verneinung des Willens zum Leben, in der vollkommensten Selbstverleugnung mit allen ihren Tugenden bestehe, dass nur auf diesem Wege aus der Welt des Verlangens und der Gelüste in die des Nichts und der Stille, aus dem Sansara in das Nirwana gelangt werde. Der Stifter dieser Religion, nach der Legende ein Königssohn, in Wahrheit der Sprössling eines aristokratischen Geschlechts (Çakja), heißt als der Einsiedler dieses Geschlechts „Çakja muni", als Büßer und Asket „Gautama", als der Wissende und siegreich Vollendete „Buddha". Aus seinen Schülern ist eine Gemeinde, aus dieser mit der Zeit eine Kirche, eine Hierarchie, eine Weltreligion, die der ostasiatischen Völker geworden, die heute den dritten Teil der Menschheit zu ihren Bekennern zählt.

In seiner pantheistischen Lehre von dem Einen, welches in allem lebt (Brahm = Âtman), ist Schopenhauer völlig einverstanden mit der Vedântaphilosophie und dem Oupnek'hat. In seiner pessimistischen, darum auch atheistischen Weltansicht, in dem Weg wie in dem Ziel der Erlösung stimmt er mit dem Buddhismus überein und fühlt sich in seiner Lehre wesentlich dadurch bestärkt, dass er die zahlreichste der Weltreligionen für sich hat.

Der *eine* Grundgedanke aber, in welchem die Ideen Schopenhauers als in ihrem Zentrum zusammentreffen, lässt sich in kürzester Fassung so aussprechen: Das Thema der Welt ist *„die Selbsterkenntnis des Willens"*. Dieser Grundgedanke teilt sich in zwei Hälften: „Die Welt als Vorstellung" und „Die Welt als Wille". Daher nennt sich das Ganze: „Die Welt als Wille und Vorstellung". Jedes der beiden Grundthemata teilt sich wiederum in zwei Betrachtungen; daher sich das Ganze in vier Bücher gliedert: „1. Der Welt als Vorstellung erste Betrachtung: die Vorstellung, unterworfen dem Satze vom Grunde: das Objekt der Erfahrung und Wissenschaft. 2. Der Welt als Wille erste Betrachtung: die Objektivation des Willens. 3. Der Welt als Vorstellung zweite Betrachtung: die Vorstellung, unabhängig vom Satz vom Grunde: Die platonische Idee: das Objekt der Kunst. 4. Der Welt als Wille zweite Betrachtung: bei erreichter Selbsterkenntnis Bejahung und Verneinung des Willens zum Leben". Diese vier Bücher lassen sich auch bezeichnen als Dianoiologie (Erkenntnislehre), Metaphysik, Ästhetik und Ethik.

Das erste Buch gründet sich auf die Kritik der reinen Vernunft, die Schopenhauer, wie schon erwähnt, damals nur in der zweiten Auflage kannte. Hier aber hatte er eine Reihe Mängel und Fehler gefunden, welche dargelegt und berichtigt werden mussten, um die idealistische Grundansicht in ihrer vollen und folgerichtigen Geltung festzustellen. Dies geschah in seiner „Kritik der kantischen Philosophie", die er als „Anhang" dem System hinzufügte. So entstand sein Hauptwerk.

Alle bisherigen Schriften greifen ineinander und bilden eine zusammenhängende Gruppe. Die Abhandlung „über die vierfache Wurzel des Satzes vom Grunde" dient zur Einleitung in das Ganze, das sich ohne dieselbe nicht verstehen lässt; die Schrift „über das Sehn und die Farben" gehört in das erste Kapitel des ersten Buchs und darf nicht so abgesondert genommen werden, wie der Verfasser später gewollt hat; der Anhang bezieht sich auf das erste Buch in seinem ganzen Umfange. So hat Schopenhauer selbst in seiner Vorrede (August 1818) den Zusammenhang jener Schriften bestimmt.

Die kantische Philosophie bezeichnet er in eben dieser Vorrede als die wichtigste Erscheinung seit zwei Jahrtausenden; ihre Wirkung auf den menschlichen Geist und dessen Weltansicht vergleicht er der Staroperation eines Blinden, sein Werk verhalte sich zu dem kantischen, wie die Starbrille zu der Staroperation. Um seine Lehre zu verstehen, müsse man seine beiden ersten Schriften gelesen, die Hauptwerke Kants studiert, womöglich auch „die Schule des göttlichen Plato" kennen gelernt und die Wohltaten der Vedas empfangen haben. Er vermute, dass die Sanskritliteratur sich zum neunzehnten Jahrhundert verhalten werde wie die griechische zum sechzehnten, eine Vorhersagung, welche in diesem Umfange sich weder erfüllt hat noch erfüllen konnte. Seine Vorrede schloss mit den Worten: „Das Leben ist kurz und die Wahrheit wirkt ferne und lebt lange: sagen wir die Wahrheit".

Wo die Vorrede in die ironische Tonart fällt, indem sie den Lesern, die das Buch nicht zu verstehen imstande sind, andere Arten der Verwendung empfiehlt, da spürt man den Einfluss der Lektüre Tiecks und ist an den Traum des Diplomaten in „des Lebens Überfluss" erinnert.

Schon den 28. März 1818 hatte Schopenhauer dem Buchhändler Arnold Brockhaus, der kurz vorher von Altenburg nach Leipzig übergesiedelt war, den Verlag seines Werkes angetragen, das er als eine im höchsten Grade zusammenhängende Gedankenreihe kennzeichnete, die bisher noch nie in irgendeines Menschen Kopf gekommen sei, fern von dem hochtönenden, leeren, sinnlosen Wortschwall der neueren philosophischen Schule. Die Bedingungen, nach welchen das Buch in einem Umfang von vierzig Bogen in achthundert Exemplaren zur Michaelismesse erscheinen und der Verfasser einen Dukaten für den Bogen erhalten sollte, wurden ohne weiteres angenommen, da der Verleger von befreundeter Seite schon auf das Werk aufmerksam gemacht und günstig gestimmt war. Als aber in der Druckerei zu Altenburg Hemmungen eintraten, an denen der Verleger nicht die mindeste Schuld trug, wurde Schopenhauer nach seiner gewohnten Art von Ungeduld, Misstrauen und Argwohn dergestalt überwältigt, dass er die ehrenrührigsten Briefe an Brockhaus schrieb, bis dieser zuletzt allen Verkehr mit ihm abbrach und sich die weitere Korrespondenz verbat (24. September). Den letzten Druckbogen erhielt der Verfasser den 12. Dezember, als er nicht mehr in Dresden war. Das Werk erschien mit der Jahreszahl 1819.[149]

Noch ehe er die Vorrede geschrieben hatte, kündigte er Goethe in dem letzten seiner Briefe (den 23. Juni 1818) sein Werk an und nannte den Titel, den außer ihm selbst und dem Verleger noch kein Mensch wisse. „Nach mehr als vierjähriger Arbeit hier in Dresden habe ich das Tagewerk meiner Hände vollbracht und so fürs erste das Ächzen und das Krächzen abgetan." „Mein Werk ist die Frucht nicht nur meines hiesigen Aufenthalts, sondern gewissermaßen meines Lebens, denn ich glaube nicht, dass ich je etwas Besseres oder Gehaltvolleres zustande bringen werde, und bin der Meinung, das Helvetius recht hat zu sagen, dass bis zum dreißigsten, höchstens fünfunddreißigsten Jahr im Menschen durch den Eindruck der Welt alle Gedanken erregt sind, deren er fähig ist, und alles, was er später liefert, immer nur die Entwicklung jener Gedanken ist." „Ich kann nach unsern einstigen philosophischen Dialogen nicht umhin, mir viel Hoffnung auf Ihren Beifall zu machen, falls Sie noch die Ge-

---

149 Friedr. Arnold Brockhaus. Von Ed. Brockhaus, Bd. II, S. 348–364. Vgl. oben S. 78. – Der Titel lautet: Die Welt als Wille und Vorstellung: Vier Bücher nebst einem Anhange, der die Kritik der kantischen Philosophie enthält. Von Arthur Schopenhauer. „Ob nicht Natur zuletzt sich doch ergründe?" Goethe (Leipzig, F. A. Brockhaus, 1819.) – Das Werk, welches mehr als 45 Bogen (725 Seiten) betrug, war in 750 Exemplaren gedruckt worden, von denen nach Ablauf des ersten Jahres noch keine hundert verkauft waren.

duld haben, sich in einen fremden Gedankengang hineinzulesen." „Meinen Weg über Weimar zu nehmen", schrieb er in demselben Brief, „verhindern bekannte Missverhältnisse, so gern ich auch meine Schwester sähe, die ein außerordentliches Mädchen geworden sein muss, wie ich nach ihren Briefen urteile und nach ausgeschnittenen Figuren mit poetischem Text, welche mir Graf Pückler mit Ekstase vorzeigte. Der ist übrigens ein geistreicher Mensch, und ich freue mich, ihn in Rom wiederzufinden."

II. Die italienische Reise

1. Venedig und Rom

Seit dem Wechsel der Laufbahn waren elf Jahre verflossen. Jetzt war das Ziel erreicht und die Aufgabe seines Lebens in der Hauptsache gelöst. Seines Werkes froh, seines Ruhmes gewiss und einer längeren Erholung bedürftig, verließ Schopenhauer Dresden den 22. September 1818 und eilte in das gelobte Land Italien, für dessen Sprache und Literatur sein Interesse schon durch Fernow lebhaft erregt war. Bei seiner außerordentlichen Sprachbegabung ist es ihm während eines Aufenthaltes von nur acht Monaten gelungen, sich die italienische Sprache sogar in einigen ihrer Mundarten anzueignen.

Die Reise ging über Wien und Triest nach Venedig, von dort über Bologna und Florenz nach Rom, dann nach Neapel und Bajä, Pompeji und Herkulanum, und führte ihn bis Pästum, wo er „mit Ehrfurcht die Tempel erblickte, die vielleicht Plato betreten habe". Im Laufe des Dezember kommt er nach Rom, wo er die nächsten Monate bleibt und wohin er im April 1819 zurückkehrt, nachdem er den März in Neapel zugebracht hat. Noch vor Ablauf des Jahres hat er in Rom durch Freund Quandt das erste gedruckte Exemplar seines Werks erhalten. Er fühlt sich in Rom nicht heimisch. Die moderne Stadt und die damaligen Künstlerkreise neuchristlicher und deutschtümelnder Art stießen ihn ab und waren gar nicht geneigt, den „*Jupiter tonans*" humoristisch gelten zu lassen wie die Dresdner Schöngeister. Bald zirkulierten schlimme Gerüchte über seine Impietät gegen die Mutter, seinen Unpatriotismus und seinen Unglauben.[150]

150 Joh. Friedr. Böhmer an Pfeiffer in Frankfurt a. M., Brief vom 18. März 1819, Karl Witte an seine Mutter, Brief vom 19. Februar 1819. In dem erstgenannten Briefe heißt es

Dagegen war sein Aufenthalt in Venedig, wo er im Herbst 1818 und im Mai des folgenden Jahres verweilte, voll zauberischer Eindrücke; er hat in dieser märchenhaften Stadt einen Liebestraum genossen, der in seinem Leben wohl nicht der erste, auch nicht der letzte, aber vielleicht der glücklichste und erinnerungsreichste gewesen ist. Seine Schwester war von der weichen Stimmung überrascht, in welcher seine Briefe von dem geliebten Venedig und seinen dortigen Erlebnissen redeten, sie hatte ihm so leidenschaftliche Gefühle gar nicht zugetraut. Nach seiner Schilderung war die Geliebte reich und von Stand, auch bereit, ihm zu folgen, sodass einer Heirat nichts im Weg stand als sein Widerwille gegen die Ehe.

2. Lord Byron

Während Schopenhauer sich zweimal längere Zeit in Venedig aufhielt, lebte hier Lord *Byron*, der im Mai 1818 wiederum nach Venedig gekommen war und im Landhaus La Mira, dann im Palast Mocenigo mit venezianischen Frauen niederen Standes ein tolles Leben führte, bis er im April 1819 die Gräfin Teresa Guiccioli kennen lernte und die Liebe zu ihr dem wüsten Treiben ein Ende machte. Seine jüngsten Dichtungen waren „Childe Harold", „Der Gefangene von Chillon" und „Manfred".

Schopenhauer hatte beim Antritt seiner Reise von Goethe eine Empfehlungskarte an Byron erhalten. Man weiß, welche hohe Verehrung beide Dichter füreinander, welche schwärmerische Bewunderung Goethes Schwiegertochter Ottilie für Byron hegte; diese Bewunderung wurde von ihrer vertrautesten Freundin Adele Schopenhauer geteilt, die nun mit großer Spannung den Nachrichten des Bruders entgegensah, aber zu ihrem Befremden aus seinen Briefen nichts über Byron erfuhr.

Als er eines Tages auf dem Lido mit seiner Freundin spazieren ging, jagte plötzlich ein Reiter im Galopp an ihnen vorüber. „*Ecco il poeta inglese*!" rief die Freundin aus und konnte den Eindruck Byrons nicht mehr vergessen. Dadurch wurde die Eifersucht Schopenhauers dergestalt erregt, dass er die Bekanntschaft dieses großen und interessanten Dichters vermied, was er in späteren Jahren außerordentlich bereut hat. So hat er jene Begegnung einem jüngeren

von Schopenhauer: „Er ist wirklich ein ziemlich völliger Narr." Vgl. Grisebach, Sch. Lebensgeschichte, S. 130. Gwinner, Schopenhauers Leben, S. 184.

Freunde, dem Musiker R. v. Hornstein, erzählt und hinzugefügt, dass damals die drei größten Pessimisten der Welt zugleich in Italien gewesen seien: Byron, Leopardi und er selbst.[151]

III. Die Unglücksbotschaft

1. Kampf und Sieg

Schopenhauer hatte Venedig verlassen und war schon in Mailand angelangt, als ihn im Juni 1819 hier ein Brief seiner Schwester mit einer schweren Unglücksbotschaft ereilte. Das Danziger Handlungshaus Ludwig Abraham Muhl & Co., dem die Mutter fast das ganze Vermögen der Tochter und den Rest des ihrigen, Arthur über den dritten Teil des seinigen zu hohen Zinsen anvertraut hatten, war zusammengebrochen. Jetzt war es Zeit nach Hause zu eilen und zu retten, was zu retten war. Als er im August nach Weimar kam, wo er Goethe zum letzten Mal sah und besuchte, waren Mutter und Schwester in Danzig. Er hatte der letzteren gleich nach dem Empfang der Nachricht geantwortet, dass er bereit wäre, das Wenige, das ihm verblieben, mit den Seinigen zu teilen (Juni 1819).

Jenes angesehene Handlungshaus wollte sich mit den Gläubigern auseinandersetzen und eine Zahlung von 30 % leisten unter der Bedingung, dass *alle* ohne Ausnahme den Vergleich eingingen; im andern Fall stand zu fürchten, dass sich das Haus völlig bankrott erklärte und keiner etwas bekam, womit der ökonomische Ruin der Mutter und Schwester Schopenhauers besiegelt war.

Er selbst bot der Gefahr Trotz und weigerte sich, den Vergleich anzunehmen; er wollte für seine Person das Abkommen weder hindern noch daran teilnehmen, sondern den Gang der Dinge abwarten und seine drei Solawechsel, die eine Forderung von 8000 Talern (zu 6 % verzinslich) repräsentierten, in der Hand behalten, um damit vorläufig, wie man im Kartenspiele sagt, „zu passen". Er rechnete, dass der Akkord ohne ihn zustande kommen und nach Wiederaufrichtung der Firma das Haus ihm die Schuld bezahlen werde und müsse. Die Rechnung erwies sich als richtig. Sobald der erwartete Zeitpunkt eingetreten war, half den Danziger Herren kein Bitten und Sträuben, keine Versprechungen und keine Einladungen; er

151 Grisebach VI, S. 191 ff. Robert v. Hornstein: „Meine Erinnerungen an Schopenhauer" (Neue freie Presse, den 21. u. 23. November 1883).

präsentierte einen Wechsel nach dem andern und bestand auf seiner Forderung bei Heller und Pfennig, nicht ohne heimliche Angst, um so mehr mit offenem Hohn und Spott in einer Reihe sehr grober, witziger und amüsanter Briefe. „Sollten Sie", schrieb er den 1. Mai 1821, „doch noch Zahlungsunfähigkeit vorschützen wollen, so werde ich Ihnen das Gegenteil beweisen durch die famose Schlussart, welche der große Kant in die Philosophie eingeführt, um damit die moralische Freiheit des Menschen zu beweisen, nämlich den Schluss vom Sollen aufs Können. Das heißt: zahlen Sie nicht gutwillig, so wird der Wechsel eingeklagt. Sie sehen, dass man wohl ein Philosoph sein kann, ohne deshalb ein Narr zu sein."[152]

Er siegte vollständig. Binnen zehn Monaten wurden seine Wechsel mit 9400 Talern eingelöst. Freilich hat er einige Jahre später diese Summe großenteils wieder verloren, da er sie auf den Rat eines Freundes in mexikanischen Scheinwerten anlegte, ein Verlust, den er bis an das Ende seines Lebens gespürt hat. Doch ist es ihm gelungen, durch weise Sparsamkeit ohne alle Kargheit und durch kluge finanzielle Maßregeln seine Mittel so gut zu verwalten, dass sich im Lauf der Jahre seine Einkünfte verdoppelt haben.

2. Das Zerwürfnis der Geschwister

Eine sehr traurige Folge jenes ökonomischen Unglücks war ein Bruch mit der Schwester, der über zehn Jahre gewährt hat. Adele Schopenhauer stand zwischen der Mutter und dem Bruder, dem sie mit zärtlicher Liebe zugetan, auch in mancher Hinsicht geistesverwandt war, aber ihre Lebensanschauungen liefen einander zuwider. Dass man von ihm als einem Gottes- und Menschenverächter sprach, empfand sie höchst schmerzlich; sie teilte weder seine unpatriotische Gesinnung, denn sie liebte ihr Vaterland, noch weniger seinen Unglauben und seine Misanthropie, obwohl sie über manche Scheinwerte der kirchlichen Religion und des geselligen Weltverkehrs keineswegs verblendet war. Wenn sie sein Werk las und auf Stellen traf, die ihren Gefühlen und Ansichten völlig widerstritten, so legte sie das Buch weg, „aus Feigheit", wie sie ihm schrieb, denn sie scheue den Schmerz der Verschiedenheit. Voller Freude teilte sie ihm mit, dass Goethe sein Buch lese und lobe, dass er es eifrig und gründlich lesen wolle,

152 Vgl. Gwinner, S. 205–220.

auch gewisse Stellen, die ihm besonders Wohlgefallen, angestrichen habe;[153] neuerdings aber sei er unterbrochen und auf das Gebiet der Politik abgelenkt worden, denn die Ermordung Kotzebues habe ihn bis ins Innerste erschreckt und empört. Adele Schopenhauer war, wie schon erwähnt, im Goethe'schen Hause einheimisch und Ottilie von Goethe, die Tochter und Frau des Hauses, ihre geliebteste Freundin.

Nun drängte sich die Danziger Katastrophe zwischen die Geschwister. Adele bemühte sich vergeblich, den Bruder zur Nachgiebigkeit zu bewegen; er beharrte auf seinem Entschluss, und der Erfolg hat ihm Recht gegeben, aber ihre Bitten hatten zuletzt seinen Argwohn erregt und ihn glauben machen, dass man ihr aus Ländereien, die nicht zur Konkursmasse gehörten, größere Deckungen versprochen habe, wenn sie dazu helfe, den Vergleich zu Stande zu bringen; er hat diesen Verdacht nicht bloß gehegt, sondern auch merken lassen und dadurch die Gefühle der Schwester schwer verletzt. Ihr Brief vom 22. November 1819 schloss mit den Worten: „Ich bin so wund, gedrückt und habe so verschiedene schmerzliche Losreißungen mit mir selbst in der Stille abzumachen, dass ich nichts weiter ertragen kann. Argwohn hat noch nie zu dem gehört, was ich erduldet; auch die *leiseste* Andeutung tritt scheidend zwischen uns. Ich habe Deine Festigkeit, aber auch Deinen Stolz, das vergiss nicht." Er muss in seiner Antwort von dem drohenden Vermögensverlust wohl in Ausdrücken der Verzweiflung gesprochen haben, denn sie schließt ihren nächsten Brief (den 9. Dezember 1819) mit den Worten: „Endlich bleibt noch zu bemerken, dass ich als Mann mich nicht einmal vom Stuhl, viel weniger von einer Brücke stürzte, weil ich kein Geld hätte. Adio, es gehe dir gut, besser als mir!"

Die Jugendgeschichte Schopenhauers endet mit seinen Familienzerwürfnissen: im Beginn ihres letzten Abschnittes war der Bruch mit der Mutter erfolgt, am Schluss desselben erfolgte der Bruch mit der Schwester. Das waren keine guten Vorzeichen für die nächste Lebensperiode, nach deren Ablauf es wieder zu einigen Annäherungen kam, die von ihm ausgingen.

---

153 Auf dem „beiliegenden" Zettel stand: „pag. 320. 321. – 440. 441. Goethe". Die beiden Stellen sind aus dem 3. und 4. Buch; die erste betrifft die Antizipation der Schönheit und des Ideals vermöge der genialen Anschauung des Künstlers, die zweite die Lehre vom erworbenen Charakter. Grisebach, VI, S. 191.

Viertes Kapitel

Die Berliner Periode und die letzten Wanderjahre (1820 – 1831)

I. Die akademische Lehrtätigkeit

1. Die Habilitation und die Vorlesungen

Von der Unstetigkeit des ererbten Geldbesitzes zu augenscheinlich überzeugt, suchte Schopenhauer gleich nach seiner Heimkehr sich eine erwerbsfähige Laufbahn zu gründen, die natürlich keine andere als die der akademischen Lehrtätigkeit sein konnte. Über den Ort der Habilitation erbat er sich von Blumenbach in Göttingen und von Lichtenstein in Berlin briefliche Ratschläge und wählte, nachdem er sie empfangen hatte, Berlin, wo Hegel seit dem Herbst 1818 mit großem Erfolge lehrte, und durch Solgers kürzlich erfolgten Tod eine Professur der Philosophie erledigt war.

In einem an die philosophische Fakultät gerichteten Schreiben, das er in Dresden am letzten Tag des Jahres 1819 abgefasst hatte, bewarb er sich um die *venia legendi*; unter Böckhs Dekanat hat er vor versammelter Fakultät den 23. März 1820 seine Probevorlesung in deutscher Sprache über die vier Arten des Grundes gehalten und in dem nachfolgenden Kolloquium mit Hegel disputiert, wobei dieser (nach einer mündlichen und späteren Überlieferung Schopenhauers) sich eine Blöße gegeben haben soll, indem er die „animalischen" Funktionen und Ursachen von den „organischen" nicht richtig zu unterscheiden gewusst habe. In seiner lateinischen Rede (*declamatio in laudem philosophiae adversus fastidia temporis*), die als öffentlicher Akt den Lehrvorträgen voranging, brauchte er zur Bezeichnung der berühmten nachkantischen Philosophen den Ausdruck „Sophisten".[154]

Vierundzwanzig Semester hindurch hat Schopenhauer der Berliner Universität als Privatdozent der Philosophie dem Namen nach angehört, aber nur während eines einzigen Semesters gelesen. Im Frühjahr 1820 begann seine Lehrtätigkeit: er las „über die gesamte Philosophie oder die Lehre vom Wesen der Welt und vom mensch-

---

154 Br. an Böckh vom 18. März 1820. (Schemann, Schopenhauer-Briefe, S. 116–117), Gwinner, S. 266.

lichen Geist", sechsmal wöchentlich in der Stunde von 4 – 5 und schloss noch vor dem Ende des Semesters.[155] In den beiden folgenden Semestern wurde dieselbe Vorlesung fünfstündig angekündigt, aber sie kam nicht zustande; ebenso ging es im Winter (1820/21) mit der zweistündigen Vorlesung über die Erkenntnislehre. Für das Sommersemester 1822 hatte er wieder die sechsstündige Vorlesung über die gesamte Philosophie angekündigt, aber nun fehlten nicht bloß die Zuhörer, sondern auch der Dozent, der seit dem 27. Mai 1822 auf Reisen war. Während der nächsten acht Semester (vom Winter 1822/23 bis Sommer 1826) fehlt sein Name in den Lektionsverzeichnissen. Während der folgenden acht Semester (vom Winter 1826/27 bis Winter 1831/32) hat er zwar Vorlesungen angezeigt, aber keine gehalten. Zu der Wintervorlesung 1826/27 hatten sich drei Mediziner gemeldet. Auf dem Anmeldungsbogen für die Wintervorlesung 1828/29 stehen fünf Namen: außer dem bekannten Hofrat Dorow ein Wechselmakler, ein Zahnarzt, ein Stallmeister und ein Hauptmann.[156] Die angekündigte Stunde (12 – 1) war dieselbe, in welcher Hegel vor einer großen Zuhörerschaft las, die mit jedem Semester an Zahl und Eifer zunahm.

Warum er mit seiner Lehrtätigkeit ein so augenfälliges und selbstverschuldetes Fiasko gemacht hat, ist eine wohl aufzuwerfende Frage. Ich suche den Grund weder in der Wahl der Stunde noch in dem privaten Charakter der Vorlesung, am wenigsten in einem persönlichen Mangel an Lehrgabe, sondern hauptsächlich darin, dass er nicht über die herkömmlichen Fächer der Philosophie lesen, sondern sein eignes System vortragen wollte, soweit dasselbe ausgebildet und festgestellt war. Aus der Art der Ankündigung, wie aus den nachgelassenen Aufzeichnungen der Vorträge erhellt, dass er sein Werk zum Leitfaden derselben nahm. Nun aber war „Die Welt als Wille und Vorstellung" lange nicht so groß als ein Semester, wenn nämlich ein ganzes Semester hindurch fünf oder gar sechs Stunden wöchentlich darüber gelesen werden soll. Ich möchte glauben, dass Schopenhauer mit seinem Lehrstoff früher fertig war als das Semester, und dann für immer genug hatte. Das Missverhältnis zwischen dem Umfange seiner Lehre und dem eines akademischen Semesters auszugleichen,

155 Gwinner, S. 293. Schopenhauer an Osann, Br. vom 9. Aug. 1820. Danach hat Sch. in der zweiten Woche des August geschlossen. (Schemann, S. 122.)

156 Gwinner, S. 294.

scheint er entweder nicht vermocht oder nicht gewollt zu haben. Warum sollte er es mit seiner mündlichen Lehre anders gehalten haben als mit seiner schriftlichen? Noch kurz vor seinem Tod hat er in dem Entwurf einer Vorrede zu einer Gesamtausgabe seiner Werke erklärt: „Ich habe stets nur dann geschrieben, wenn ich etwas zu sagen hatte. Wenn dieser Grundsatz allgemein würde, dürften die Literaturen sehr zusammenschrumpfen." Nicht auch die Vorlesungen?[157]

2. Die Händel mit Beneke

Gleichzeitig mit oder unmittelbar nach ihm habilitierte sich der junge Philosoph Ed. Beneke, der nachmals durch seinen Standpunkt, seine Schriften und Schicksale die Aufmerksamkeit vieler erregt hat; er besuchte die Vorlesung seines zehn Jahre älteren Kollegen und schrieb über dessen Werk eine ausführliche Rezension in die jenaische Literaturzeitung, wobei er sich die tadelnswerte Freiheit nahm, in der Darstellung der Lehre Sätze, welche keineswegs der wörtliche Ausdruck des Verfassers waren, mit Anführungszeichen zu versehen.[158] Dieser, der mit vollem Rechte auf seine eigene Ausdrucksweise das größte Gewicht legte und über ein solches Verfahren höchst entrüstet war, witterte, worin er ganz unrecht hatte, dahinter die bösen Absichten eines neidischen Nebenbuhlers und schrieb sogleich an Eichstädt, den Redakteur der Literaturzeitung, einen so groben und beleidigenden Brief, dass er denselben zurückerhielt.

---

157 Grisebach in seiner Ausgabe von A. Schopenhauers handschriftlichem Nachlass, Bd. IV, gibt als „Appendix" „Bruchstücke aus den Vorlesungen über die gesamte Philosophie" (S. 373–412), die mir zur Bestätigung der obigen Ansicht gereichen. Es ist bemerkenswert, dass er auf dem Katheder in Berlin zwar gegen „die Schriften Schellings und noch mehr die der Schellingianer" polemisierte (S. 378 ff.) und diesen das Spiel mit abstrakten Begriffen vorgeworfen, aber nichts gegen Hegel gesagt hat.
Wie sein Werk, teilen sich auch seine Vorlesungspapiere in vier Abschnitte (Erkenntnislehre, Metaphysik der Natur, Metaphysik des Schönen und Metaphysik der Sitten) und umfassen nach Grisebachs Zählung 352 nummerierte Bogen, die sich auf mehr als hundert Vorlesungsstunden verteilen, so dass auf eine Stunde etwa 3,5 *geschriebene* Bogen kommen. (Grisebach, Sch. Lebensgeschichte, S. 143.)
Wer erfahren hat, wie viel Material ein gehaltvoller, wohlgeordneter, didaktisch vorwärts schreitender Vortrag von 45–50 Minuten Dauer erfordert, wird leicht ermessen, dass eine sechsstündige Vorlesung, die sich durch ein ganzes Semester erstreckt, länger ist als das Werk Schopenhauers, noch dazu in seiner ersten Gestalt. Für das folgende Semester hat Sch. *dieselbe* Vorlesung angekündigt, aber die Stundenzahl *vermindert*.

158 Jenaische Allgem. Literaturzeitung (Dezember 1820), Num. 226–229, S. 377–403. Es ist nicht richtig, dass die Rezension anonym war. Der Verfasser hatte mit den Initialen seines vollen Namens unterzeichnet, die Autorschaft war daher unverkennbar. (Beneke selbst in seiner Antwort auf die Sch. Rüge erklärt, dass er in dessen Vorlesungen nur zweimal hospitiert habe.)

Der Verfasser der Rezension hieß darin „Ihr nobler Rezensentenjunge". Nun ließ er auf eigene Kosten im Intelligenzblatt der Zeitung eine Gegenerklärung: „Notwendige Rüge erlogener Zitate" drucken, worin er das oben erwähnte Verfahren als „empörende Verfälschungen und verleumderische Lügen" bezeichnete (Februar 1821).

An eine Fälschung im schlimmen Sinne war nicht zu denken. Die Rezension war durchaus in dem ruhigen und anständigen Ton einer objektiven Besprechung gehalten. Gleich im Eingang wurde gesagt: „Das vorliegende Buch zeigt einen so großen philosophischen Scharfblick, einen solchen Reichtum geistvoller Gedanken, eine so seltene Gabe deutlicher und anschaulicher Darstellung; es enthält in der Widerlegung fremder und in der Aufstellung eigener Ansichten so viele helle und erhellende Bemerkungen über alle Teile der Philosophie, dass (Rez. muss auch diesen Panegyrikus elegisch schließen) wir die fast grenzenlosen, fast an Wahnsinn streifenden Verirrungen, zu welchen den Verfasser die folgerechte Durchführung weniger falscher Sätze geführt hat, nicht genug beklagen können." Die Ästhetik wurde als der vorzüglichste Teil hervorgehoben, der einen großen Reichtum tiefer und geistreicher Bemerkungen über einzelne Gegenstände der Kunstlehre enthalte, Bemerkungen, welche der Beherzigung und des Studiums in ausgezeichnetem Maß würdig seien.

Die Rezension schloss mit einem gerechten Tadel, der die Person traf. Schopenhauer hatte von Fichtes Lehre als von „Windbeuteleien", von der nachkantischen Philosophie als von Possenspielen geredet, die man über dem Grabe Kants aufführe. Beneke, obwohl er sich selbst im Gegensatze zu der angefeindeten Richtung fühlte, war über eine solche Art der Schmähung entrüstet und sagte mit vollem Recht: „Wir halten diese Sprache für eines Philosophen höchst unwürdig".[159]

Wir können nicht umhin, hierbei zu bemerken, dass Fichte schon fünf Jahre tot war, bevor es Schopenhauer für gut fand, ihn öffentlich zu schmähen. Er hat es später mit Hegel genau ebenso gehalten. – Seine argwöhnischen Aufregungen grenzten allemal an Manie und waren unheilbar. Dass Beneke keineswegs der neidische Nebenbuhler und Streber war, für den er ihn hielt, hat er nie glauben wollen, auch nicht, als demselben kurze Zeit nach jenem Zwiste die *venia legendi* (auf Hegels Wunsch) durch den Minister Altenstein

159 Ebendas., S. 389, S. 403.

entzogen wurde; und noch dreißig Jahre später, als Beneke ein unglückliches und freiwilliges Ende genommen hatte, beharrte er bei seiner Meinung.

In einem Schriftchen, welches Rätze, ein Gymnasiallehrer in Zittau, verfasst und Beneke in jener Rezension mitbeurteilt hatte, wurde die Bedeutung der Ethik Schopenhauers hervorgehoben und in ihrem pessimistischen Charakter bekämpft. Noch sei wohl nirgends eine phantastische Heiligkeit so blendend, scharfsinnig und philosophisch dargestellt worden als in diesem Werk, das von allen wissenschaftlich Gebildeten studiert zu werden verdiene.[160]

Die erste Beurteilung war im „Hermes" erschienen, anonym, von der Hand des Philosophen Herbart in Königsberg, der sie auf den Wunsch des Verlegers geschrieben. Hier war Schopenhauer als ein ausgezeichneter, geistreicher Schriftsteller gewürdigt und mit Größen, wie Lichtenberg und Lessing, verglichen worden; unter den nachkantischen Philosophen sei Reinhold der erste, Fichte der tiefsinnigste, Schelling der umfassendste, Schopenhauer, der in diese Reihe gehöre, der klarste, gewandteste und geselligste, was an dieser Stelle so viel sagen wollte, als der geistreichste und unterhaltendste.

Seit dem Erscheinen des Werks waren im Lauf der ersten fünf Jahre diese drei Stimmen wohl die einzig bemerkenswerten, die sich darüber haben vernehmen lassen: Herbart, Rätze und Beneke; die beiden letzten waren Neulinge, von denen der erste unbekannt geblieben. Wären ihre Stimmen beachtet worden, so hätte die Begierde, ein Buch von so seltenen Eigenschaften kennen zu lernen, wohl in weitere Kreise dringen müssen. So aber blieb es fast ein Menschenalter hindurch so gut wie unbemerkt und ungelesen.

II. Die letzten Wanderjahre und die Rückkehr

1. Die zweite italienische Reise. München und Dresden

Ende Mai 1822 begab sich Schopenhauer wiederum auf Reisen und kehrte erst nach einer dreijährigen Abwesenheit im Mai 1825 zurück. Sein Weg ging diesmal durch die Schweiz nach Mailand und Venedig, er brachte den Winter in Florenz, das Frühjahr in

160 Joh. Gottl. Rätze: Was der Wille des Menschen in moralischen und göttlichen Dingen vermag, und was er nicht vermag. Mit Rücksicht auf die Schopenhauer'sche Schrift: „Die Welt als Wille und Vorstellung". (Lpz. 1820.)

Rom zu und war Mitte Mai 1823 schon auf der Rückreise in Trient; sein nächstes Aufenthaltsziel war München, wo er ein volles Jahr bis Ende Juni 1824 verweilte, nachdem er kurz vorher noch eine Badekur in Gastein durchgemacht hatte. Er hatte sich in München elend gefühlt, ohne allen geselligen Verkehr gelebt, von Krankheit heimgesucht, schwer besorgt wegen seines Gehörs, denn er war auf dem rechten Ohr fast ganz taub geworden. Nachdem er sich einige Zeit in süddeutschen Städten, wie Stuttgart, Heidelberg, Mannheim, aufgehalten hatte, ging er im September 1824 noch einmal zu längerem Aufenthalt in sein geliebtes Dresden und kehrte erst im Mai des folgenden Jahres in das ihm verhasste Berlin zurück.

In Italien hatte er meist mit reisenden Engländern verkehrt und sich in deren Sprache und Sitten von neuem so eingelebt, dass er auf englischem Fuß fortlebte, englisch sprach und schrieb, am liebsten englische Zeitungen las, englische Gewohnheiten annahm und die englische Nation, wo er nur konnte, als die intelligenteste der Welt pries. Es tat ihm wohl, sich in Deutschland fremd zu fühlen.

2. Lichtblicke

Die einzige Art der Lichtblicke, welche mitten in seiner ungeselligen und verdüsterten Stimmung die Welt ihm gewähren konnte, war die Anerkennung seiner Verdienste und seines Genies. In der jüngsten Zeit waren solche Sonnenscheine auf zwei seiner Werke gefallen.

Die Münchener Akademie der Wissenschaften hatte in ihrem Bericht über die Fortschritte der Physiologie während des gegenwärtigen Jahrhunderts bei der Lehre von den Sinneswerkzeugen seine Schrift „über das Sehn und die Farben" erwähnt und seinen Namen neben Purkinje genannt (1824). In seiner „Kleinen Nachschule zur ästhetischen Vorschule" war Jean Paul mit dem Vorschlag einer „Literaturzeitung ohne Gründe" aufgetreten. Diese sollte von den berühmtesten Männern geschrieben werden, deren Autorität vollkommen hinreichte, alle Gründe zu ersetzen. Ein Mann wie Goethe, der Peterskirche zu Rom vergleichbar, worin es für jede Nation einen besonderen Beichtstuhl gebe, brauche nur den Titel des Buchs zu nennen und zu sagen: „es gefällt mir oder es ist zu elend; es ist trefflich oder langweilig". Um diese Rezensionsart zu kennzeichnen, gab Jean Paul unter anderen Beispielen auch sein Urteil über Schopenhauers „Welt als Wille und Vorstellung". Es sei

„ein genial philosophisches, kühnes, vielseitiges Werk voll Scharfsinn und Tiefsinn, aber mit einer oft trost- und bodenlosen Tiefe – vergleichbar dem melancholischen See in Norwegen, auf dem man in seinen finsteren Ringmauern von steilen Felsen nie die Sonne, sondern in der Tiefe nur den gestirnten Himmel erblickt, und über welchen kein Vogel und keine Woge zieht. Zum Glück kann ich das Buch nur loben, nicht unterschreiben."[161] Diese Worte nahm der Philosoph als vom Genie dem Genie gespendet, sie haben ihm unsäglich wohlgetan, und er hat sich gern darauf berufen.

3. Der Rückblick

Diese kleinen Erquickungen abgerechnet, vermochten die letzten acht Jahre dem vierzigjährigen Mann, wenn er am 22. Februar 1828 darauf zurückblickte, keine zufriedenen Eindrücke zu bieten. Wo er hinsah, traten ihm Mängel und Verluste, Misserfolge und hoffnungslose Aussichten entgegen. Seine persönlichen Familienverhältnisse, die beiden einzigen, die er auf der Welt hatte, waren gründlich zerrüttet; seine Lehrtätigkeit hatte aufgehört, bevor sie eigentlich erst angefangen; die Hälfte jenes wiedererkämpften Vermögens war durch schlechte Anlagen, die ihm ein guter Freund geraten, verloren gegangen (1827); die Absichten auf ein akademisches Lehramt, die sich erst nach Würzburg, dann nach Heidelberg gerichtet hatten, waren vergeblich gewesen, die letztere wurde durch die Antwort, die ihm Creuzer im März 1828 erteilte, völlig niedergeschlagen.[162]

Alle seine Hoffnungen ruhten auf seinem Hauptwerk. Als er sich jetzt nach dem Erfolg desselben erkundigte, musste er zehn Jahre nach der Herausgabe erfahren, dass eine „bedeutende Anzahl" Exemplare makuliert worden, der Absatz stets „sehr unbedeutend" gewesen und noch 150 Exemplare vorrätig seien (29. November 1828). Von diesem geringen Vorrat wurden im Jahre 1830 noch 97 Exemplare eingestampft, und von den 53 übriggebliebenen waren dreizehn Jahre später (1843) „noch genug für die Nachfrage vorhanden".[163] So stand es mit dem Erfolg seines Hauptwerks nach einem Vierteljahrhundert!

161 Jean Pauls sämtl. Werke (Berlin, Reimer 1827), XLIII, S. 68–72. Gemeint ist der Obstrynsee im Stifte Bergen. (Gwinner, S. 283)

162 Über seinen Wunsch nach einer akademischen Wirksamkeit in Würzburg vgl. Schopenhauers Brief an Thiersch vom 4. September 1827. (Schemann, Schopenhauer-Briefe, S. 152–154.)

163 Fr. Arnold Brockhaus, II, S. 360–362.

In die Mitte aller dieser Widerwärtigkeiten war noch ein höchst unwürdiger, ärgerlicher und nachteiliger Rechtshandel gefallen. Eine bejahrte Näherin, die im Vorraum seiner Wohnung sich unbefugterweise aufgehalten und auf sein Verbot nicht gewichen war, hatte er unter gröblichen Schimpfreden hinausgeworfen, wobei die Frau zu Boden gefallen war und einigen Schaden erlitten hatte. Ihre Klage war in erster Instanz abgewiesen worden. Dann aber durchlief der Prozess, in welchem von beiden Seiten appelliert wurde, alle Instanzen und endete damit, dass Schopenhauer zur Alimentation der Klägerin verurteilt und dieses Urteil endgültig bestätigt wurde. Er musste der Klägerin 15 Taler vierteljährlich zahlen, und da dieselbe noch zwanzig Jahre fortlebte, so hat ihm dieser Akt einer heftigen und rohen Selbsthilfe 1200 Taler gekostet! Als er endlich die offizielle Todesnachricht empfangen hatte, schrieb er auf den Brief: „*obit anus, abit onus*!“[164]

Hätte er sich in wohlgeordneten häuslichen Verhältnissen befunden, so würde eine solche Szene, wie die mit der Näherin, unmöglich gewesen sein; aber er wollte, gleich den Philosophen, die bei ihm hoch in Ansehen standen, wie Hobbes und Locke, Descartes und Kant, Hagestolz bleiben und pflegte weniger treffend als witzig zu sagen, dass die Ehemänner umgekehrte Papagenos wären; während dem Papageno in der Zauberflöte sich ein altes Weib blitzschnell in ein junges verwandle, ginge es in der Wirklichkeit den Ehemännern gerade umgekehrt. Das Gleichnis zeigt, wie er von der Ehe dachte. Er hat die Heirat, nicht die Weiber vermieden, die nach seinen eigenen Worten ihm viel zu schaffen gemacht haben: er hat sich seiner Hamburger Jugendsünden geschämt, in Dresden einen natürlichen Sohn gehabt, der früh gestorben ist, in Venedig eine Geliebte im Stich gelassen und in Berlin „in zarten Beziehungen zu einer dem Theater angehörenden Dame gestanden“, die er noch in seinem Testamente bedacht hat.[165] In seinen späteren Schriften erscheint er, wie es dem Pessimisten ziemt, als der ausgemachteste Misogyn.

164 Vgl. Gwinner, S. 304–330. – Die oben erwähnte Szene hatte den 12. August 1821 stattgefunden, das endgültige Urteil wurde den 4. Mai 1826 gefällt. Während seiner Abwesenheit war sogar sein Vermögen gerichtlich mit Beschlag belegt worden. Vgl. Grisebach, Sch. Lebensgeschichte, S.152 ff., S. 162–165.

165 „Arthur Schopenhauer. Von ihm. Über ihn.“ Von Lindner und Frauenstädt, S. 62–64. Grisebach, VI, S. 213.

III. Literarische Pläne und Arbeiten

1. Übersetzungspläne

So sah sich unser Philosoph auf ein einsames, der Meditation und den literarischen Beschäftigungen gewidmetes Leben angewiesen. Auch in dieser Hinsicht war die Berliner Periode bisher steril geblieben. Während seines letzten Aufenthaltes in Dresden hatte er den Plan gehabt, einige Schriften des englischen Philosophen David Hume und des italienischen Philosophen Giordano Bruno ins Deutsche zu übersetzen; bei diesem hatte er die Schrift „*Della causa, principio ed uno*", bei jenem „*The natural history of religion*" und „*Dialogues on natural religion*" ins Auge gefasst, da man aus einer Seite von Hume mehr lernen könne als aus sämtlichen Werken von Schleiermacher, Hegel und Herbart (1824).

Angemessener aber und seiner würdiger war es, wenn er, der deutsche Philosoph, dem die englische Sprache beinahe zur zweiten Muttersprache geworden, den größten aller deutschen Philosophen ins Englische übersetzte. Er war daher lebhaft überrascht und erfreut, als er in der „*Foreign Review*" einem Artikel über Damirons Geschichte der Philosophie in Frankreich begegnete (Juli 1829), worin der Wunsch nach einer englischen Übersetzung der Hauptwerke Kants ausgesprochen wurde. Der ungenannte Verfasser des Artikels war Francis Haywood in Liverpool. An diesen schrieb Schopenhauer und legte ihm, einleuchtend und wohlgeordnet, alle Gründe dar, aus denen er bereit sei, das gewünschte Werk auszuführen: Deutschland habe während des letzten Jahrhunderts zwei Genies wahrhaft ersten Ranges hervorgebracht: Kant und Goethe; die vielgenannten Nachfolger Kants seien mit diesen nicht zu vergleichen, und der gegenwärtige Philosoph, der von sich reden mache, Hegel, „*a mere swaggerer and charlatan*". Die Deutschen seien unfähig, Kant zu verstehen und zu würdigen; die Engländer dagegen wären es imstande, denn sie seien die intelligenteste Nation in Europa; freilich sei das Verständnis Kants sehr schwierig, denn seine Meditationen wären die tiefsinnigsten, die je in eines Menschen Kopf gekommen. Nun habe er sein Leben metaphysischen Betrachtungen gewidmet und seit zehn Jahren als Lehrer der Logik und Metaphysik der Berliner Universität angehört, wie deren Lektionsverzeichnisse ausweisen;

der geniale Jean Paul habe sein Werk ein genial philosophisches, kühnes, vielseitiges Werk voll Scharfsinn und Tiefsinn genannt; und von allen Schriften über Kants Lehre, die sich auf tausend belaufen, habe der Theologe Baumgarten-Crusius in seiner christlichen Sittenlehre nur zwei hervorgehoben: Reinholds Briefe über die kantische Philosophie und die Kritik der letzteren von Schopenhauer.[166]

Man möge die Sache nicht fallen lassen, mahnte er in einem späteren Brief an die Verleger der Zeitschrift, denn es könne ein Jahrhundert vergehen, bevor in einem und demselben Kopf so viel kantische Philosophie und so viel Englisch zusammentreffen, wie in dem seinigen. Und darin hatte er vollkommen recht. Nur die Hinweisung auf seine akademische Lehrtätigkeit und die Berliner Lektionsverzeichnisse macht einen etwas wunderlichen und seiner Wahrheitsliebe nicht gerade günstigen Eindruck, denn in diesen Verzeichnissen stand freilich nicht zu lesen, dass er seine „zehnjährige Lehrtätigkeit" nur während eines Semesters ausgeübt hatte.

Als die zu übersetzenden Hauptwerke Kants bezeichnete er in erster Reihe die „Kritik der reinen Vernunft", die „Prolegomena" und die „Kritik der Urteilskraft", in zweiter die „metaphysischen Anfangsgründe der Naturwissenschaft" und die „Kritik der praktischen Vernunft". Für die Übersetzung der Vernunftkritik forderte er ein Jahr, für die der Prolegomena drei Monate. – Haywoods ungereimten Gegenvorschlag, dass er übersetzen wolle, Schopenhauer die Übersetzung korrigieren möge, ließ er unerwidert. Alle weiteren Schritte, die er zur Herstellung dieser ihm so wichtigen Sache teils bei dem Verleger der Review, teils bei dem Dichter Thomas Campbell noch versucht hat, blieben erfolglos.

2. Übersetzungswerke

Statt der Werke Kants ins Englische übersetzte er ein spanisches Büchlein ins Deutsche: es war ein Schatz von dreihundert Regeln der Welt- und Lebensklugheit, welchen aus den Werken des berühmten Balthasar Gracian, Jesuitenrektors in Tarragona, dessen Freund Lastanosa gesammelt und als Handorakel: „*Oraculo manuel y arte de prudencia*" herausgegeben hatte (1653). Schopenhauer wollte seine dem Geist und Stil des Originals angepasste Übersetzung unter

166 Vgl. Gwinner, S. 343–378.

dem Namen Felix Treumund herausgeben und hatte auch mit dem Professor Keil in Leipzig schon Verhandlungen darüber angeknüpft (1832), die wohl zur Herausgabe geführt hätten; aber er gab die Absicht der letzteren auf, da er die Übersetzungskunst zu wenig geschätzt sah.[167]

Der Gegenstand einer zweiten Übersetzung war eines seiner eigenen Werke. Damit die Schrift „über das Sehn und die Farben", die doch einiges Aufsehen erregt hatte, auch im Auslande bekannt werde, hielt er es für zweckmäßig, dieselbe ins Lateinische zu übertragen und in der Sammlung der „*Scriptores ophthalmologici minores*", die Justus Radius in Leipzig herausgab, einrücken zu lassen. Er schrieb deshalb an den Herausgeber (März 1829), und die Sache wurde so eingerichtet, dass die Schrift unter dem Titel „*Theoria colorum physiologica eademque primaria*" in dem dritten Bande der „*Scriptores*" als dessen erstes Stück erschien (1830).

In dem Brief an Radius und in der Abhandlung selbst hatte Schopenhauer darauf hingewiesen, dass die Sensualisten, wie Locke und Condillac, nicht imstande gewesen wären, die Gesichtswahrnehmung zu erklären, da sie den Unterschied zwischen Eindruck und Wahrnehmung, zwischen Sensation und Anschauung nicht erkannt und daher beide für dasselbe gehalten hätten. Diesen Unterschied habe erst Kant entdeckt und dargetan, daher seine Philosophie sich zu der sensualistischen verhalte wie die Analysis zu den vier Spezies.

Nicht ohne Bewunderung sehen wir diesen Mann vollkommen gerüstet, in derselben Zeit ein spanisches Buch ins Deutsche, die schwierigsten und tiefsinnigsten Werke der deutschen Philosophie ins Englische und eine seiner eigenen Schriften, welche keineswegs zu den leichteren gehörte, ins Lateinische zu übersetzen. Zu der Kenntnis dieser vier Sprachen kam bei ihm noch die der französischen in gleicher Vollkommenheit, dann die der griechischen und italienischen Sprache.

---

167 Das Werkchen ist aus seinem Nachlass von Frauenstädt unter folgendem Titel herausgegeben worden: „Balthasar Gracians Handorakel und Kunst der Weltklugheit, aus dessen Werken von Don Vincencio Juan de Lastanosa aus dem spanischen Original treu und sorgfältig übersetzt von Arthur Schopenhauer". Lpz., Brockhaus 1862, 3. Aufl. 1877, 4. Aufl. 1891. Grisebach, Arthur Schopenhauers handschriftlicher Nachlass, Bd. I, Gracians Orakel der Weltklugheit (Leipzig, Phil. Reclam jun.), 2. Abdruck 1895.

Fünftes Kapitel

Der erste Abschnitt der Frankfurter Periode (1831 – 1841)

I. Die Übersiedlung nach Frankfurt

1. Traum und Flucht

In der Neujahrsnacht von 1831 hatte Schopenhauer, den wir als einen traumgläubigen Philosophen noch werden kennen lernen, ein Traumgesicht, das er sich als eine bedeutungsvolle Warnung auslegte: er sah seinen Vater und einen früh verstorbenen Spielkameraden aus den Tagen seiner Hamburger Kindheit vor sich und glaubte, dass diese Erscheinung eine im neuen Jahr ihm bevorstehende Todesgefahr bedeute. Als nun die Cholera herannahte, verließ er Berlin im August 1831 und begab sich nach Frankfurt am Main. Diese Flucht galt ihm als die Rettung aus der Gefahr, vor der jener Traum ihn gewarnt habe.

Er kam in den ersten Tagen des September und blieb bis in den Juli des folgenden Jahres. Dieser erste Aufenthalt in Frankfurt war womöglich noch trauriger als acht Jahre vorher sein Leben in München; er fühlte sich niedergedrückt und verdüstert, auch durch körperliche Leiden, und lebte so ungesellig, dass Monate vergingen, bevor er jemand sah, mit dem er sprach.

2. Annäherung an Mutter und Schwester

In dieser völligen Vereinsamung rührte sich die Sehnsucht nach den Seinigen, die seit kurzem (Juli 1829) aus Rücksichten der Ökonomie und Gesundheit Weimar verlassen hatten und an den Rhein gezogen waren, wo sie in ihrem Landhaus zu Unkel bei Bonn den Sommer und in Bonn selbst den Winter zubrachten. Eben war der Umzug nach Bonn zum zweiten Mal geschehen, als Adele Nachrichten von der Hand des Bruders empfing, der seit zehn Jahren für sie, seit siebzehn für die Mutter verstummt war. Sie antwortete sogleich, liebevoll und nachgiebig (Oktober 1831), wie sie auch schon vor Jahren bei ihrem gemeinsamen Freunde Osann, damals Professor der klassischen Philologie in Jena, besorgt und schmerzlich nach ihm geforscht hatte. Da sie der Mutter über den erneuten Briefwechsel Mitteilungen machen durfte, so schrieb auch diese wieder an den

Sohn, und das unselige Missverhältnis hat wenigstens nicht in seiner vollen Schroffheit bis an das Ende fortbestanden; doch hat ein Wiedersehn, welches Adele sehnlichst gewünscht, nicht stattgefunden, obwohl es bei der räumlichen Nähe leicht zu bewerkstelligen war.

Das Leben der Schwester scheint nach jenem plötzlichen Glückswechsel sich immer mehr vereinsamt zu haben und ist von schwermütigen Stimmungen erfüllt, die sich in ihrem Brief aussprechen; sie macht dem Bruder Bekenntnisse, die in den ökonomischen Differenzen, welche früher obgewaltet hatten, ihm Recht geben. Sein damaliger Gemütszustand erhellt aus dem Brief der Mutter vom 20. März 1832: „Was Du über Deine Gesundheit, Deine Menschenscheu, Deine düstere Stimmung schreibst, betrübt mich mehr, als ich Dir sagen kann und darf. Du weißt, warum. Gott helfe Dir und sende Dir Licht und Mut und Vertrauen in Dein umdüstertes Gemüt."[168]

Noch stand es bei ihm keineswegs fest, dass er Berlin für immer verlassen haben wollte; die Mutter hatte schon den 6. Februar 1832 zur Rückkehr gemahnt, weil man jetzt am Rhein der Ankunft „der asiatischen Hyäne" entgegensehe. Der Tod Hegels, der den 14. November 1831 an der Cholera gestorben war, hätte für Schopenhauer wohl ein Beweggrund sein können, noch einmal seine Lehrtätigkeit zu versuchen. Indessen konnte er sich nicht dazu entschließen und kündigte für das Wintersemester 1831/32 zum letzten Mal eine Vorlesung an, die er nicht hielt. Nunmehr gab er auch den Namen eines Dozenten für immer auf und ging für die nächste Zeit, beinahe ein Jahr, nach Mannheim (Juli 1832 bis Juni 1833).[169]

Nachdem er hier Ort und Gesellschaft zur Genüge kennen gelernt hatte, stellte er zwischen den beiden Städten, die er zuletzt bewohnt, eine gründliche Vergleichung an, wog ihre Vorteile und Nachteile in einer langen Liste gegeneinander ab, schriftlich und auf englisch, und kehrte im Juni 1833 nach Frankfurt zurück, um diesen Ort nicht wieder zu verlassen. Die dortigen Witterungsverhältnisse behagten

168 Über den Briefwechsel mit Mutter und Schwester vgl. Grisebach: Sch. Lebensgeschichte, S. 173–178, S. 180 f. – In einem späteren Briefe der Schwester vom Februar 1836 findet sich folgende Stelle: „Ich habe jahrelange Qual erduldet; denn mein Vermögensverlust hat alle edleren, schöneren Verhältnisse geknickt, verdorben, mein Leben verpfuscht, weil ich lebte, als wäre ich wohlhabend, und doch nicht heiraten konnte aus Armut und weil mich die Scheinwohlhabenheit drückte wie eine Lüge". (Grisebach, S. 185.)

169 Hier hatte er sich schon acht Jahre vorher einige Wochen aufgehalten (vom 7. Juli bis Ende August 1824).

ihm, und er fand A. v. Humboldts Ausspruch gerechtfertigt, dass in Ansehung des Klimas sich Frankfurt zu Berlin verhalte wie Mailand zu Frankfurt.[170]

3. Die Niederlassung in Frankfurt

Er hatte noch 27 Jahre vor sich. Die Geburtsstadt Goethes wurde Schopenhauers Eremitage. Hier lebte er wie Descartes in Holland, nur waren die Grundstimmungen beider Philosophen sehr verschieden. Während jener seine Einsiedelei liebte und sich glücklich pries, in bevölkerten Städten völlig unbekannt, darum ungestört zu leben und dem Ruhm aus dem Wege zu gehen, verzehrte sich dieser im brennenden Durst nach Ruhm und sah in der Menschenwelt, die ihn umgab, ohne ihn zu kennen, eine Wüste. Wo er bemerkt wurde, galt er als ein Sonderling. Wo er genannt wurde, hieß es nicht: „Das ist Arthur Schopenhauer, der berühmte Verfasser der ‚Welt als Wille und Vorstellung'", sondern: „Das ist der Sohn der berühmten Johanna Schopenhauer". Während die Mutter mit der Gesamtausgabe ihrer Werke beschäftigt war, sah der Sohn die seinigen in die Nacht der Vergessenheit sinken.

Werfen wir einen Blick auf sein äußeres Leben, um nicht wieder darauf zurückzukommen. Mit Ausnahme einer viertägigen Rheinreise, die bis Koblenz ging (August 1835), hat er seinen Wohnort nicht mehr verlassen, denn eine gelegentliche Fahrt nach Mainz oder eine nach Aschaffenburg (um das pompejanische Haus zu sehen) zählten nicht als Reisen. Es gibt verschiedene Arten menschlicher Narrheiten, welche uns die deutschen Satiren des sechzehnten Jahrhunderts sehr anschaulich geschildert haben; es gibt auch verschiedene Arten von Teufeln, die bei unseren Narrheiten die Hand im Spiel haben. Eine der modernsten Teufelarten ist nach Schopenhauers treffender Benennung „der Reiseteufel". Dieser hat ihn während seiner letzten fünfundzwanzig Lebensjahre nicht mehr heimgesucht. Mit den Wanderjahren war es für immer zu Ende.

Erst als er zweiundfünfzig geworden war (1840), schaffte er sich eigenes Mobiliar an und begann sich häuslich einzurichten bis auf die Mahlzeiten, die er stets im Gasthaus nahm; er wohnte Parterre, um im Fall einer Feuersbrunst sich leichter retten zu können. Wäh-

170 Gwinner, S. 389 ff.

rend der letzten siebzehn Lebensjahre (1843 – 1860) hatte er seine Wohnung am rechten Mainufer („Schöne Aussicht“), dem deutschen Ordenshaus in Sachsenhausen gegenüber, wo ein halbes Jahrtausend früher als Kustos und Priester der Verfasser der deutschen Theologie gewohnt haben sollte. Dieses Gegenüber tat ihm wohl, denn er sagte gern: „Buddha, der Frankforter und Ich“. Er zog den „Frankforter“ selbst dem Meister Eckart vor, den er übrigens erst spät kennen gelernt hat. Das deutsche Herrenhaus nannte er, weil es einst den Verfasser der deutschen Theologie beherbergt hatte, „die heiligen Hallen“.

Sein Zimmer wusste er sich allmählich so auszuschmücken, dass sein Blick überall auf Gegenstände traf, die seine Gesinnungsart und Lehre verkündeten. Unter den tierischen Willenserscheinungen waren ihm die interessantesten und liebenswürdigsten, ohne welche das Menschenleben in seinen Augen viel von seinem Reiz und Wert eingebüßt haben würde, die *Hunde*, die treuen und klugen Freunde des Menschen, ganz besonders die Pudel. Rings an den Wänden sah man eine Galerie von Hunden unter Glas und Rahmen, sechzehn an der Zahl, als er zuletzt noch aus München das Bild des berühmten Mentor erhalten, der ein Menschenleben gerettet und die Medaille verdient hatte. Der einzige ihm unentbehrliche Stubengenosse war der Pudel, der auf einem Bärenfell zu seinen Füßen lag; als der schöne große weiße an Altersschwäche gestorben war, kam ein brauner an seine Stelle[171]; der Pudel hieß „Âtma“ (Weltseele), als der lebendige Ausdruck der Lehre vom Brahm nach dem Oupnek'hat, welches aufgeschlagen auf dem Tisch lag. – An der Wand hingen die Bildnisse von Descartes und Kant, der beiden ihm verehrungswürdigsten Philosophen der neuen Zeit, auch das von Matthias Claudius wegen eines pessimistischen Aufsatzes, der ihm teuer war. – Er konnte nicht oft und nachdrücklich genug wiederholen, dass das letzte Jahrhundert zwei wahre und echte Genies erzeugt habe: Kant und Goethe. Goethes Ölbild hing über seinem Sofa, Kants Büste von Rauch stand auf seinem Schreibpult; er hatte sie bei Rauch bestellen lassen mit der ausdrücklichen Hervorhebung, dass sie „für den wahren und echten Thronerben Kants“ bestimmt sei.

Es fehlte noch ein Schmuck, der höchste: das Bild des *Buddha*! Endlich kam die Statuette an, in Paris gekauft, in Tibet gegossen,

171 Br. an Frauenstädt vom 9. Dez. 1849, 16. Okt. 1850 (Grisebach, Briefe, S. 156, 166).

von Bronze, schwarz lackiert; sie wurde von diesem Überzug befreit, auf eine Marmorkonsole gestellt, und hier thronte nun in der Ecke des Zimmers, glänzend wie Gold, der allerherrlichst Vollendete, „orthodox dargestellt mit dem berühmten sanften Lächeln". Seit dem 30. Oktober 1851 stand die Büste Kants auf dem Schreibpult, seit dem 13. Mai 1856 die Statuette Buddhas auf der Konsole in der Ecke des Zimmers, welches nunmehr auch den Anspruch hatte, „die heiligen Hallen" zu heißen. Es gereichte dem Philosophen zu inniglicher Befriedigung, dass sein Buddha hoffentlich tibetanischen und nicht chinesischen Ursprungs war wie ein anderer, im Besitz eines reichen Engländers befindlicher, mit dem er den seinigen sorgfältig verglich. Aus Tibet, dem Reich des Lamaismus! Wenn er seinen Pudel „Âtma" rief, vergegenwärtigte sich ihm der Pantheismus und das Oupnek'hat; wenn er das tibetanische Götzenbild anblickte, lächelte ihm sanft der Atheismus und Pessimismus entgegen.[172]

In allem Übrigen war, dem Vorbild Kants gemäß, sein Lebenslauf nach Gesundheits- und Arbeitszwecken genau geregelt, und ein Tag ging wie der andere.

II. Die handschriftlichen Bücher

Seit seiner ersten italienischen Reise, die er im September 1818 antrat, pflegte Schopenhauer nach den jeweiligen Bedürfnissen und Antrieben der Gegenwart Aufzeichnungen zu machen, die er in der Form handschriftlicher Bücher von verschiedenen Namen, Umfang und Inhalt bis an sein Ende fortgeführt hat. Da wurden Erlebnisse, Selbstbetrachtungen, Ideen, philosophische, zur Aufnahme in die Werke bestimmte Materien niedergeschrieben, sodass in diesen Büchern gleichsam die „Vorratskammern" für neue Auflagen und Schriften angelegt waren.

172 Vgl. Briefe an Frauenstädt vom 30. Okt. 1851, 7. April, 13. Mai und 6. Juni 1856 (Grisebach, Briefe, S. 182, 327, 329, 330 ff.). – Nach Bähr befand sich in seinem Zimmer auch ein Bild Wielands; das Bild Goethes über dem Sofa war ein kleines Ölbild nach Kügelgen. – Wilhelm Jordan, der mit dem Dichter Hebbel den Philosophen in seiner Wohnung auf der „Schönen Aussicht" besucht hat, lässt in seiner Beschreibung das Empfangszimmer mit seinen geringen, altmodischen und unbequemen Möbeln, dem schmutzigweißen, ungewaschenen Pudel und der vergoldeten Buddhastatuette als eine kahle und armselige Behausung erscheinen, gleich der Wohnung eines armen Studenten. (Episteln und Vorträge. Begegnungen mit Arthur Schopenhauer, S. 27–28.)

Die erste dieser Sammlungen, im September 1818 angelegt, hieß das „Reisebuch"; in den Anfang der Berliner Zeit gehören der „Foliant" (Januar 1821) und *„Εἰς ἑαυτόν"*, jene Selbstbetrachtungen, die Schopenhauer nicht bloß in zwei späteren Sammelbüchern, den „Cogitata" und dem „Cholerabuch", sondern auch in dem Handexemplar eines seiner Werke zitiert hat, im Hinblick auf Stellen, die in eine neue Auflage der „Parerga" aufgenommen werden sollten.

Aus Anlass der zweiten italienischen Reise im Mai 1822 entstand die „Brieftasche" und während des letzten Aufenthaltes in Dresden der „Quartant" (November 1824). Unter dem Eindruck seines vieljährigen und vielfältigen Missgeschicks nannte er das im März 1828 angelegte Buch „Adversaria". Das Motto hieß: *„Vitam impendere vero"*. Im Februar 1830 begann er die „Cogitata" mit demselben Motto. Hier hat er jenen Warnungstraum erzählt, der ihn bewog, Berlin zu verlassen. Die „Adversaria" und „Cogitata" fallen in das Ende der Berliner Zeit.

Den 6. September 1831 begann er das „Cholerabuch", so genannt, weil „geschrieben auf der Flucht vor der Cholera". Ein Jahr später (im September 1832) wurden in Mannheim die „Pandektä" angelegt. Nach der Erneuerung seiner schriftstellerischen Tätigkeit wurden im April 1837 die „Spicilegia" (Ährenlese), sein neuntes Manuskriptbuch, nach Vollendung seines letzten Werks fünfzehn Jahre später (im April 1852) die „Senilia" angefangen, so genannt, weil sie in das Greisenalter des Philosophen gehören (1852 – 1860). Die Spicilegia und Senilia fallen recht eigentlich in die Frankfurter Periode.

III. Neue Schriften

1. Pläne

Schon zehn Jahre nach der Herausgabe des Hauptwerkes trug sich Schopenhauer mit dem Wunsch und Plan einer neuen zu vermehrenden Auflage, die in der Stille herangereift war; sie sollte den Manen des Vaters (*„Piis patris manibus"*) gewidmet sein, und er hat auf dieses Monument seiner kindlichen Liebe so viel künstlerische Sorgfalt verwendet, dass er die Dedikation dreimal umgeschrieben und erst in den Pandektä „einfach und kurz" festgestellt hat (1834).[173]

173 Diese Dedikation wurde zuerst im „Folianten" (1828), dann in den „Adversaria" (1828), das dritte Mal im „Cholerabuch" geschrieben. Der „Foliant" ist vom Januar 1821.

Auch die Vorrede zu der neuen im Plan befindlichen Auflage stand schon in den „Cogitata“ (1833). Dann gedachte er die Vermehrungen in die Form „ergänzender Betrachtungen“ zu fassen und in einem Supplementband dem Hauptwerke beizufügen. In den „Pandektä“ findet sich der Entwurf zur Vorrede (1834).

Alle diese Pläne stießen auf die unüberwindlichen Hindernisse in dem beharrlichen Misserfolg des Hauptwerks. Wir kennen die Antwort, die ihm von Seiten der Verlagshandlung im November 1828 erteilt worden war. Als er jetzt nach sieben Jahren wieder anfragte, lautete die Antwort noch deutlicher und trostloser. Es sei in neuerer Zeit leider *gar keine* Nachfrage nach dem Werk gewesen; man könne ihm nicht verhehlen, dass man die Vorräte des Buchs, um wenigstens einigen Nutzen daraus zu ziehen, großenteils zu Makulatur habe machen lassen und nur noch eine kleine Anzahl zurückbehalten habe (1835).

Wollte er dennoch seine schriftstellerische Tätigkeit erneuern, so blieb ihm nichts übrig, als eine neue, von dem Hauptwerk unabhängige Schrift zu verfassen, den Plan aber einer zweiten Auflage oder eines nachträglichen Buchs ergänzender Betrachtungen, wenn nicht aufzugeben, doch auf unbestimmte Zeit zu vertagen.

2. Das neue Werk

Er ging sogleich ans Werk. Seine Absicht war, seine Lehre *in nuce* vorzutragen, den Kern derselben kürzer, bündiger, einleuchtender darzustellen, als es bisher geschehen sei und in einer anderen Schrift jemals geschehen könne. Die Erfahrungswissenschaften im Gegensatz zu der bisherigen Spekulation kamen ihm günstig entgegen und boten eine Reihe willkommener Anknüpfungspunkte. Er fand, dass die Naturwissenschaften mit Begriffen, wie Lebenskraft, Bildungstrieb, Grundkräften u. s. f., lauter unbekannten Größen, rechneten, die, bei Licht besehen, nichts anderes seien als *Wille*: der Wille in der Natur. In einem seiner glücklichsten Bilder verglich er Metaphysik und Physik mit Bergleuten, die im Schoß der Erde von weit entfernten Punkten aus Stollen graben und zusammenstoßen müssen, wenn sie richtig arbeiten. So verhalte es sich mit seiner Metaphysik und der induktiven Naturforschung der Gegenwart: sie kommen einander immer näher, schon höre man die gegenseitigen Hammerschläge. Das Büchlein hieß: *„Über den Willen in der Natur.*

Eine Erörterung der Bestätigungen, welche die Philosophie des Verfassers seit ihrem Auftreten durch die empirischen Wissenschaften erhalten hat."[174]

In der „Einleitung" macht er seinem Grimm wider die Philosophie der Gegenwart Luft: hier hat er sich zum ersten Mal gegen Hegel, die Philosophieprofessoren und die Universitätsphilosophie in Schmähungen ergossen, die fortan das ständige Thema seiner polemischen Bravourarien ausmachen sollten. Er tröste sich mit der Zeit, welche die Wahrheit ans Licht und zu Ehren bringen werde. Schon in dem „*Prooemium*" seiner lateinischen Farbenlehre hieß es: „*Tempo è galantuomo*". Auf das Titelblatt dieser neuen Schrift setzte er Worte des gefesselten Prometheus des Äschylus, der über die Missachtung seiner Lehren und Werke klagt: „*ἀλλ' ἐκδιδάσκει πάνθ' ὁ γηράσκων χρόνος*".

Während Schopenhauer sein Büchlein über den Willen in der Natur schrieb, erschien das Leben Jesu von Dav. Fr. Strauß (1835), ein Werk, welches bekanntlich nicht bloß in der gelehrten, sondern in der ganzen gebildeten Welt eine ungeheure Sensation hervorrief und auf dem Gebiet der biblischen Theologie und des Schriftglaubens eine Epoche gemacht hat, die in ihren Folgen noch heute fortwirkt. Gleichzeitig erschien in der gleichen Richtung „Die Religion des Alten Testamentes" von Wilhelm Vatke in Berlin; das Strauß'sche Werk, in zwei starken Bänden, erlebte in vier Jahren vier Auflagen. Es folgten Bruno Bauer mit seiner „Kritik der Synoptiker", Ludwig Feuerbach mit seinem „Wesen des Christentums" u. s. f. Die Welt war von religionsphilosophischen und religionshistorischen Fragen, die zu den interessantesten und wichtigsten der Menschheit gehören, und von den Parteikämpfen für und wider erfüllt.

Von allen diesen Erschütterungen hat Schopenhauer in seiner Frankfurter Klause kaum etwas gespürt. Beigetragen oder mitgewirkt dazu hat er nichts. Kann er sich wundern, dass er ungehört blieb? In seinen späteren Schriften finden sich einige Stellen, aus denen hervorgeht, dass er von Strauß' Leben Jesu Kenntnis genommen und dieser Art der Bibelkritik Verbreitung in England gewünscht, dass er die Anwendung der mythologischen Erklärungsart auf die Evangelien gebilligt und in Ansehung der asketischen Grundsätze der

174 Verlag von Siegmund Schmerber, Frankfurt a. M. 1836. (Die Schrift wurde in 500 Exemplaren gedruckt.)

Ehelosigkeit und Armut, welche aus dem evangelischen Abbild der Lehre Jesu erkennbar seien, sich auf die kritischen Untersuchungen und Urteile von Strauß berufen hat.

Wusste er nicht, dass Strauß, der nach Berlin gekommen war, hauptsächlich, um Hegel zu hören, ein Schüler und Verehrer der Hegel'schen Philosophie gewesen und auf seine Art stets geblieben ist? Auch Vatke war Hegelianer. Auch Straußens Freund und Schulgenosse, der Ästhetiker Fr. Th. Vischer, war Hegelianer; auch ihr Lehrer Ferdinand Christian Bauer, der Begründer der Tübinger Schule und Theologie, war von dem Einfluss der Hegel'schen Philosophie ergriffen. Wer von den wirksamsten Denkern und Schriftstellern jener Zeit war es nicht?

Schopenhauer aber, als ob er wie der Vogel Strauß den Kopf in den Sand gesteckt hielt und von allem, was geschah, nichts sah und hörte, nannte in der oben erwähnten Einleitung die Hegelianer ohne Unterschied „die ergötzlichen Adepten der Hegel'schen Mystifikation", und die hegelsche Lehre „die Philosophie des absoluten Unsinns, wovon drei Viertel bar und ein Viertel in aberwitzigen Einfällen" bestehe; er verglich sie „dem Tintenfisch in der Wolke mit der Umschrift: *mea caligine tutus*!" Kann man sich wundern, dass diese hohlen und leeren Worte, so farbig sie waren, damals wie Seifenblasen zerflossen und erst auf ein nachlebendes Geschlecht, das von allen diesen Dingen nichts mehr wusste und sich mit ein paar effektvollen Phrasen sehr gern von sehr schwierigen Studien loskaufte, etwas von dem gewünschten Eindruck hervorbrachten!

3. Zwei Gelegenheitsschriften. Goethe und Kant

Wir wissen ja, dass in seinen Augen es in Deutschland nur zwei Genies allerersten Ranges gab: Kant und Goethe. Nun traf es sich gleichzeitig (1837), dass Goethe in und von Frankfurt das erste Denkmal errichtet und dass in Königsberg die erste Gesamtausgabe der Werke Kants durch Karl Rosenkranz und Wilhelm Schubert veranstaltet werden sollte. In jeder der beiden Angelegenheiten ergriff Schopenhauer das Wort, aus freien Stücken, aus rein sachlichem und sachkundigem Eifer.

Über das Goethe-Monument richtete er an das neu gegründete Komitee ein „Gutachten", worin er die Beweggründe seiner Ratgebung, die leitenden Grundsätze, den Plan und die Ausführung des Denkmals darlegte. Es sei zu verhüten, dass der Unverstand und

Ungeschmack öffentliche und kostbare Werke verunstalte. In der Inschrift des neuen Bibliothekgebäudes habe man in vier lateinischen Worten drei Fehler gemacht[175]; in der Städel'schen Sammlung seien die roten und gelbroten Wände in den Sälen der vortrefflichen Gipsabgüsse ein Zeugnis der Geschmacklosigkeit und Barbarei. Das zu errichtende Denkmal müsse erhaben sein, darum einfach. Männer, welche die Welt durch ihr Genie, d.h. durch die Werke des Kopfs erleuchtet haben, wie die Denker und Dichter, seien der Nachwelt nicht durch Statuen, sondern durch Büsten zu vergegenwärtigen, so haben es in der Regel die Alten und in der neuen Zeit die Italiener gehalten, die darin den richtigen Geschmack zeigen im Gegensatz zu den Engländern und Deutschen. Die Büste Goethes auf einem angemessenen Postament, von hohen schattigen Bäumen umgeben, möge so kolossal sein, wie die Mittel es erlauben, die Inschrift sei lakonisch: „Dem Dichter der Deutschen seine Vaterstadt 1838". Keine Silbe mehr! Der Name, der sonst immer genannt wird, werde hier nicht genannt, er versteht sich von selbst. Eben dadurch ehre man den *einzigen Mann* auf eine *einzige Weise*. – Er hatte diesen Rat erteilt, „mit vollkommenster Resignation darin ergeben, dass er unberücksichtigt bleiben werde, wie dies dem Weltlauf gemäß und in der Ordnung" sei. Der Weltlauf hat recht behalten.

Es ist sonderbar genug, dass sich nirgends eine Angabe darüber zu finden scheint, wann Schopenhauer die *erste* Ausgabe der Kritik der reinen Vernunft kennen gelernt hat, die ihm völlig unbekannt war, als er seine Kritik der kantischen Philosophie schrieb und seinem Hauptwerk einverleibte. Diese Kritik gründete sich auf die zweite oder, was in der Sache gleichbedeutend ist, fünfte Auflage des Werks (1799). Zwar hatte Fr. Heinr. Jacobi schon im Jahre 1815 auf den beträchtlichen Unterschied der beiden Ausgaben, die Weglassungen in der zweiten, die Vorzüge der ersten und die Seltenheit ihrer Exemplare sehr nachdrücklich aufmerksam gemacht, aber diese Belehrung hat Schopenhauer nicht gekannt, sonst würde er wohl darauf hingewiesen haben. Ich vermute, dass er die Vernunftkritik vom Jahre 1781 erst in der zweiten Hälfte des Jahres 1829 gelesen hat, als er so eifrig mit dem Plan umging, das Werk ins Englische zu übersetzen. Zu diesem Zwecke musste er die beiden Ausgaben vergleichen.

175 Die Inschrift heißt: „*Studiis libertati reddita civitas*" und hätte nach Schopenhauer heißen sollen: „*Litteris recuperata libertate civitas*".

Jetzt zeigte sich, dass seine Kritik auf die erste Ausgabe passte wie die Faust aufs Auge. In der Widerlegung der rationalen Psychologie hatte die erste Ausgabe die durchgängige Idealität der Körperwelt (d. i. die idealistische Grundansicht) auf das unzweideutigste ausgesprochen und die Unmöglichkeit der ganzen Lehre von der Substantialität oder Wesenheit, der Einfachheit, Unkörperlichkeit und der ihrer selbst gewissen Realität der Seele bewiesen. Von diesen Ausführungen aber waren die wichtigsten in der zweiten Auflage weggelassen worden, nicht weniger als 57 Seiten; dagegen fand sich eine „Widerlegung des Idealismus", die in der ersten Auflage fehlte. Jene Weglassung glich dem amputierten Bein, diese Hinzufügung dem hölzernen. Schopenhauer fand, dass die Kritik der reinen Vernunft in der zweiten Ausgabe ein sich selbst widersprechendes, verstümmeltes, verdorbenes Buch geworden sei und einen gewissermaßen unechten Text biete. Die neue Widerlegung des Idealismus sei „so grundschlecht, so offenbare Sophisterei, zum Teil sogar so konfuser Gallimathias, dass sie ihrer Stelle in dem unsterblichen Werke ganz unwürdig erscheine. Kants eigene Verschlimmbesserung habe das Missverstehen der Kritik, welches Anhänger und Gegner sich gegenseitig vorwerfen, zur Folge gehabt, denn wer könne verstehen, was widersprechende Elemente in sich tragen?

Zweifache Furcht habe den Königsberger Philosophen zu einer solchen Verunstaltung seines Werks bewogen: einmal die Besorgnis für die eigene Originalität, da man seine Lehre in ihrer ursprünglichen Gestalt für Berkeley'schen Idealismus erklärt hatte, dann wegen der Zerstörung der rationalen Psychologie die Angst vor dem Nachfolger Friedrichs des Großen und seiner Regierung. So richtig Schopenhauers Urteil über die Verschiedenheit und den Wert der beiden Ausgaben ist, so unrichtig ist seine Ansicht von dem Charakter, der Altersschwäche und Untertanenfurcht Kants.

Die volle Übereinstimmung seiner eigenen Lehre und ihrer idealistischen Grundansicht mit der kantischen Vernunftkritik in ihrer eigentlichen und wahren Gestalt musste jener zur Hebung gereichen. Deshalb lag ihm so viel daran, dass in der ersten Gesamtausgabe der Werke Kants die Kritik der reinen Vernunft vom Jahre 1781 als der Grundtext behandelt werde. Zu diesem Zwecke richtete er den 14. August 1837 an Karl Rosenkranz, den philosophischen Mitherausgeber, einen der angesehensten Schüler Hegels, ein ausführliches

Schreiben, worin er die beiden Ausgaben verglich und mit allen den Gründen, die schon erörtert sind, die Bedeutung der ersten ans Licht stellte. Die Herausgeber haben seinen Rat befolgt und mit einigen kleinen, unmotivierten Auslassungen und Änderungen sein Schreiben abdrucken lassen.[176]

4. Zwei Preisschriften. Die Grundprobleme der Ethik

Die schriftstellerischen Pläne des Philosophen blieben auf die Erneuerung seines Hauptwerks gerichtet, das der Vermehrung und Ergänzung, auch in manchen Punkten neuer Begründungen und Erläuterungen bedurfte. Der dazu angesammelte Ideenvorrat lag bereit; die jüngste Schrift „über den Willen in der Natur" war dem zweiten Buch, welches die Lehre von der „Objektivation des Willens" enthielt, zustatten gekommen. Nun würde es sich auf das beste gefügt haben, wenn er eine solche dem Hauptwerk dienende und doch von ihm unabhängige Schrift auch zu dem vierten Buch, welches die Lehre von der „Bejahung und Verneinung des Willens zum Leben bei erreichter Selbsterkenntnis" d.h. die Ethik enthielt, hätte schreiben können.

Da kam es ihm wie gerufen, dass eben jetzt zwei skandinavische Akademien Preisaufgaben verkündet hatten, welche die Grundfragen der Ethik betrafen und mit dem Thema seines vierten Buchs auf das genaueste zusammenhingen. Die königlich norwegische Sozietät der Wissenschaften zu Drontheim hatte gefragt: „*Num liberum hominum arbitrium e sui ipsius conscientia demonstrari potest?*" Deutsch nach Schopenhauer: „Lässt die Freiheit des menschlichen Willens sich aus dem Selbstbewusstsein beweisen?"

Die königlich dänische Sozietät der Wissenschaften zu Kopenhagen hatte nach einer vorangeschickten, weitläufigen und unklaren Einleitung die Frage aufgestellt: „*Philosophiae moralis fons et fundamentum utrum in idea moralitatis, quae immediate conscientia contineatur, et ceteris notionibus fundamentalibus, quae ex illa prodeunt, explicandis quaerenda sunt, an in alio cognoscendi principio?*" Deutsch nach Schopenhauer: „Ist die Quelle und Grundlage der

176 Kants S. W. (Rosenkranz und Schubert), Bd. II, S.X-XIV. A. Schopenhauer, Die Welt als Wille und Vorstellung (3. Aufl.), S. 515 ff. Grisebach, Edita usw., S.15–17. Unverändert: Reicke, Altpr. Monatsschrift, Bd. XXVI, Heft 3–4 (1889). Grisebach, Schopenhauers S.W., VI, S.277–279. – Vgl. meine Geschichte d. neuern Philos. (4. Aufl.), Bd. IV, S. 602, 620, insbes. S. 605.

Moral zu suchen in einer unmittelbar im Bewusstsein (oder Gewissen) liegenden Idee der Moralität und in der Analyse der übrigen, aus dieser entspringenden moralischen Grundbegriffe, oder aber in einem andern Erkenntnisgrund?“ Die Frage der norwegischen Akademie ging auf die Freiheit des Willens, die der dänischen auf die Grundlage der Moral. Die Verkündigung der ersten hatte in der Hallischen Literaturzeitung vom April 1837, die der zweiten in derselben Zeitschrift vom Mai 1838 gestanden. Dort hatte sie Schopenhauer gelesen.

Die Abhandlung über die menschliche Willensfreiheit mit dem Motto: „*La liberté est un mystère*“ wurde in Drontheim den 26. Januar 1839 mit dem ersten Preise gekrönt und der Verfasser zugleich zum Mitglied der königlich norwegischen Sozietät der Wissenschaften ernannt. Es war die erste öffentliche Anerkennung, die dem einundfünfzigjährigen Mann zuteil wurde. Die deutsche Zuschrift der Akademie beantwortete er in einem lateinischen Danksagungsschreiben (28. September 1839), worin er das Wort Petrarcas auf sich anwandte: „*Si quis toto die currens pervenit ad vesperam, satis est*“. Er hat dieses Wort, das Motto seiner Spicilegia, oft gebraucht und sich damit getröstet: „Wenn einer den ganzen Tag über läuft und gegen Abend ans Ziel gelangt, so ist es genug“.

Als er die Abhandlung nach Drontheim gesandt hatte, ging er sogleich an die Bearbeitung des dänischen Themas. Sobald er die Nachricht von der Krönung der Schrift und seiner Erwählung zum Mitglied der Sozietät erhalten hatte (Februar 1839), schickte er die neue Abhandlung nach Kopenhagen, mit dem seinem Buch „über den Willen in der Natur“ entlehnten Motto: „Moral predigen ist leicht, Moral begründen schwer“. Der verschlossene Brief mit seinem Namen sollte erst nach zuerkanntem Preise eröffnet werden. Hier stand zu lesen: dass für eine Arbeit von verwandtem Thema die königlich norwegische Sozietät der Wissenschaften zu Drontheim ihm die große Medaille und das Diplom ihrer Mitgliedschaft erteilt habe, dass er auf die Ehre der zweiten Art ein größeres Gewicht lege als auf die der ersten, und dass er die beiden Abhandlungen nunmehr unter dem gemeinsamen Titel herauszugeben wünsche: „Die beiden Grundprobleme der Ethik, in zwei gekrönten Preisschriften gelöst“.[177]

177 In der Zuschrift an die dänische Akademie der Wissenschaften heißt es von der norwegischen: „*quae non solum nummum majorem mihi adjudicavit, sed quod multo*

Vergebens harrte er auf die Siegesbotschaft. Als er sich endlich nach dem Ausgang erkundigte, wurde ihm die Antwort erteilt, dass den 30. Januar 1840 das Urteil gefällt und seine Arbeit des Preises nicht für würdig erachtet worden sei: er habe den Zielpunkt der Aufgabe außer Acht gelassen und anhangsweise behandelt, was er als Hauptsache hätte behandeln solle: den Zusammenhang des Prinzips der Ethik mit dem der Metaphysik; er habe als Prinzip der Ethik das Mitleid aufgestellt, aber weder die zureichende Geltung desselben bewiesen, noch durch die Art seiner Darstellung den Preisrichtern genügt; endlich wolle man nicht verschweigen, dass man an den ungeziemenden Ausdrücken, in denen er von einigen der angesehensten Philosophen der Zeit geredet habe, gerechten und ernsten Anstoß genommen.

Nunmehr veröffentlichte er beide Abhandlungen unter dem gemeinsamen Titel: „*Die beiden Grundprobleme der Ethik*, behandelt in zwei akademischen Preisschriften von Dr. Arthur Schopenhauer, Mitglied der königlich norwegischen Sozietät der Wissenschaften. I. Über die Freiheit des menschlichen Willens, *gekrönt* von der königlich norwegischen Sozietät der Wissenschaften zu Drontheim am 26. Januar 1839. II. Über das Fundament der Moral, *nicht* gekrönt von der königlich dänischen Sozietät der Wissenschaften zu Kopenhagen, den 30. Januar 1840.“[178]

Das Urteil der dänischen Akademie hatte ihn auf das bitterste enttäuscht und in einen Aufruhr von Ärger versetzt, dem er nun in der „Vorrede“ ungezügelten Lauf ließ. Dass seine klare und bündige Auslegung des Themas nicht als richtig befunden wurde, hatten die Preisrichter selbst durch die unsichere und etwas missverständliche Fassung desselben verschuldet. Unter den Gründen wider ihn war der triftigste, dass er Männer wie Fichte, Schelling und Hegel auf schmähsüchtige Art erwähnt hatte. Gerade diese Philosophen zählten damals unter den dänischen Akademikern Anhänger und Verehrer. Ich nenne nur den einen: Hans Christian *Oersted*, den Entdecker des Elektromagnetismus. Selbst wenn eine Abhandlung wegen ihres wissenschaftlichen Wertes den Preis verdient, kann eine

---

majoris aestimo etiam in consortium suum me adsciscere dignata est“. Gwinner, S. 467. Grisebach, Schopenhauers Briefe, S. 69.

178 Joh. Christian Hermannsche Buchhandlung (F. E. Suchsland), Frankfurt am Main 1841.

Akademie ihr denselben unmöglich erteilen, wenn sie genötigt sein soll, Schmähungen, die sie verwirft, mitzukrönen. In einer solchen Lage sah sich die dänische Akademie dem Bewerber gegenüber und war mit diesem Grund wider ihn ganz in ihrem Recht.

Aber gerade dieser Tadel mit der Hinweisung auf die „*summi philosophi*" hatte ihn am meisten erbost. Was nach seiner Ansicht die dänische Akademie an ihm gesündigt hatte, sollte nun Hegel entgelten, gegen den sich die Vorrede in einer wirklich tollen Kapuzinade erging. Fichte, der in der Abhandlung selbst „so ein Windbeutel" genannt war, gilt hier mit einmal als „ein Talentmann", der hoch über Hegel stehe, „diesem sehr gewöhnlichen Kopf, sehr ungewöhnlichen Scharlatan, diesem Philosophen mit seinem falschen, erschlichenen, gekauften, zusammengelogenen Ruhm, diesem Absurditätenlehrer, diesem Papier-, Zeit- und Kopfverderber, dessen Philosophie, die Apotheose des Unsinns, einen höchst verderblichen, verdummenden, pestilenzialischen Einfluss auf die deutsche Literatur ausgeübt habe". Um solche Beschimpfungen zu erhärten, wurden aus dem naturphilosophischen Teile der Hegel'schen Enzyklopädie drei Beispiele angeführt: in dem ersten habe er in der zweiten Schlussfigur positiv geschlossen, in dem zweiten der Trägheit die Gravitation entgegengesetzt und in dem dritten die Vergänglichkeit der Materie behauptet.

Wie vor fünf Jahren in der Einleitung seiner Schrift „Über den Willen in der Natur", so verhallten auch die Schmähungen dieser Vorrede, obwohl ihre Keile verstärkt waren, völlig ungehört. Unterdessen stand die Hegel'sche Philosophie in vollster Blüte und übte in den „Hallischen Jahrbüchern", die unter A. Ruge und Th. Echtermeyer eine Menge der tüchtigsten schriftstellerischen Kräfte ins Feld führten, einen herrschenden Einfluss in der Tagesliteratur. Man mochte diesen Einfluss bekämpfen und beklagen, aber denselben „verdummend" nennen konnte nur die blinde und ohnmächtige Wut.[179]

Es gehörte die damalige weite Verbreitung der philosophischen Interessen infolge des Einflusses der Hegel'schen Philosophie dazu, dass zwei gelehrte Gesellschaften im Norden auf den Gedanken kamen, rein philosophische Themata, wie die Fragen über die

179 Man sollte polemische Ausbrüche der oben angeführten Art nicht mit dem Worte „Philippika" bezeichnen, das nicht falscher angewendet werden kann als zur Bezeichnung eines Haufens von Schmäh- und Schimpfwörtern. Ein solcher Wortschwall, in welchem sich nichts anderes ergießt als die geile Wut, ist keine *Rede*, geschweige eine „philippische".

menschliche Willensfreiheit und die Grundlage der Moral, als Preisaufgaben zu verkünden. Schopenhauer selbst, über die Seltenheit solcher Aufgaben erstaunt, sagt in seiner Vorrede: er habe beide Fragen *„pour la rareté du fait“* beantwortet; die dänische Akademie hätte sich hüten sollen, eine so hohe, ernste, bedenkliche Frage zu stellen. „Denn hinterher, nachdem auf eine ernste Frage eine ernste Antwort eingegangen, ist es nicht mehr an der Zeit, sie zurückzunehmen. Und wenn einmal der steinerne Gast geladen worden, da ist bei seinem Eintritt selbst Don Juan zu sehr ein Gentleman, als dass er die Einladung verleugnen solle.“

Er verglich sich außerordentlich gern mit dem steinernen Gast. Als er zehn Jahre später einem Professor und Hegelianer von großem Ruf auf dessen höfliche, wohl etwas scheue Bitte seinen Lebensabriss schickte, berichtet er diese Begebenheit an Frauenstädt mit den Worten: „Tritt er im Briefe nicht zu mir ein wie ein athenischer Jüngling zum Minotaur? oder Leporello mit ‚Du Bild von Erz und Steine, mir zittern die Gebeine‘?“ Noch lieber verglich er sich mit dem Montblanc, wenn er in der Morgensonne strahlt; am liebsten mit der Sonne selbst.

Nicht bloß die Vorrede blieb unbeachtet, sondern das ganze Buch. In keiner Literaturzeitung wurde es besprochen oder auch nur erwähnt. Und es war, sachlich genommen, ein höchst interessantes, geistvolles und lehrreiches Werk.[180]

Sechstes Kapitel

Der zweite Abschnitt der Frankfurter Periode (1841 – 1850)

I. Neue Werke und Ausgaben

1. Die Erneuerung des Hauptwerks

Dieser vorletzte Abschnitt seines Lebens, in welchem die öffentliche Anerkennung zu dämmern beginnt, reicht von den „beiden Grundproblemen der Ethik“ bis zu den „Parerga und Paralipomena“, dem

180 Ausgenommen das Leipziger Repertorium und die literarischen Unterhaltungsblätter. Indessen wollte er lieber von „wütenden Hegelianern“ zerrissen, als so heimtückisch behandelt sein wie im Leipziger Repertorium. Br. an Brockhaus vom März 1844 (Gwinner, S. 473).

letzten seiner Werke. Seit der Vollendung seines Hauptwerks war er unablässig mit den „Ergänzungen“ desselben beschäftigt, die in einer vermehrten Auflage oder in einem besonderen Supplementband erscheinen sollten. Die Ausführung dieses Planes hatte er schon in den Jahren 1828 und 1835 eifrig, aber umsonst betrieben und als das Ziel seiner literarischen Bestrebungen im Auge behalten.[181]

Mit den Jahren hatten sich diese Ergänzungen vermehrt und waren im Mai 1843 endlich in einem Umfange von fünfzig Kapiteln zum Abschluss gekommen. Nunmehr konnte nur noch von einer neuen Auflage des Hauptwerks in *zwei* Bänden die Rede sein.

Aber die Verlagshandlung Brockhaus verhielt sich zu seinem Antrag ablehnend, da von der ersten Auflage noch genug Exemplare für die Nachfrage vorrätig seien und sie mit derselben „ein zu schlechtes Geschäft“ gemacht habe (13. Mai 1843). Auch die Versicherung, dass sein neues Werk aus vierundzwanzigjährigem Nachdenken entstanden und das Beste sei, was er geschrieben habe, dass er nun endlich den Widerstand der stumpfen Welt zu besiegen hoffe, konnte ihre Bedenken nicht wegräumen. Endlich entschloss sie sich, eine neue Auflage des ganzen Werks zu veranstalten, den ersten Band in 500, den zweiten in 750 Exemplaren drucken zu lassen, ohne Kosten und ohne Honorar für den Verfasser. Damit war sein Hauptziel erreicht. „Sie haben mir“, schrieb er den 14. Juni, „eine unerwartete große Freude gemacht, wie ich aufrichtig gestehe; aber eben so aufrichtig versichere ich Sie meiner festen Überzeugung, dass Sie durch Übernahme meines vervollständigten Werks ein gutes Geschäft machen, ja, dass einst der Tag kommen wird, wo Sie über Ihre Bedenklichkeit, die Druckkosten daran zu wenden, herzlich lachen werden.“

„Nicht den Zeitgenossen, nicht den Landsgenossen, – der Menschheit übergebe ich mein nunmehr vollendetes Werk.“ So begann die im Februar 1844 geschriebene Vorrede, die sich alsbald in neue Schmähungen wider die Gegenwart und die nachkantischen Scheinphilosophien der drei berufenen Sophisten ergoss, unter denen Hegel auf der Leiter der Beschimpfungen noch eine Sprosse, die letzte, aufzusteigen hatte: er hieß jetzt „dieser geistige Kaliban“. Wenn er dann später nur noch als „Unsinnsschmierer“, „plumper Scharlatan“, „Bierwirtsphysiognomie“ bezeichnet wurde, so befand

181 Vgl. Fr. Arn. Brockhaus, von Eduard Brockhaus, Bd. II, S. 360–364.

er sich schon auf den Sprossen abwärts und Schopenhauer auf dem Wege der Mäßigung. Es herrsche eben jetzt auf dem Gebiete der Philosophie ein Schreiben und Reden in äußerer Regsamkeit, deren versteckte Triebfedern lediglich egoistische Motive und die Rücksichten auf Staat und Kirche seien. Absichten, nicht Einsichten wären der Leitstern „dieser Tumultuanten". Von Seiten der Regierung werde die Philosophie als Staatsmittel, von Seiten der Philosophen als Erwerbsmittel betrieben; eben darin bestehe der Unterschied zwischen ihm und den Philosophieprofessoren, dass diese *von* der Philosophie leben, er dagegen *für* sie.

Diese Tumultuanten? Auf dem Gebiete der Philosophie am Anfang der vierziger Jahre? Darunter können nur Männer gemeint sein wie D. Fr. Strauß, Ludw. Feuerbach, B. Bauer, Fr. Th. Vischer, Arnold Ruge u.a., die, wie man auch sonst über sie und ihre Werke urteilen möge, sämtlich um ihrer Reden und Schriften willen Amt, Stellung und Wirksamkeit einbüßten. Und diese sollen aus Rücksicht auf Staat und Kirche geredet und geschrieben haben? Der Mann, der diese Verleumdungen niederschrieb, war nicht bei Troste. Und was den „Kaliban" betrifft, fortan die typische Bezeichnung Hegels im Munde Schopenhauers, so sind die ersten Worte, welche Shakespeare dieses sein Monstrum ausstoßen lässt, boshafte und verleumderische Schimpfreden, für welche ihn Prospero züchtigt.

Der Ruhm, auch der verdiente, lässt sich nicht erschimpfen. Wenn das möglich wäre, so müsste ihn Schopenhauer durch seine drei letzten Werke in Überfülle gewonnen haben. Aber er blieb völlig unbeachtet, mehr als je. Niemand las den Willen in der Natur; es war „ein Raffael in der Bedientenstube": so tröstete er sich selbst. Keine Literaturzeitung erwähnte auch nur die beiden Grundprobleme der Ethik, und als er in großer Spannung nach den Erfolgen seines nunmehr vollständigen Hauptwerks sich erkundigte, schrieb ihm der Verleger (den 14. August 1846): „Ich kann Ihnen zu meinem Bedauern nur sagen, dass ich damit ein *schlechtes* Geschäft gemacht habe, und die nähere Auseinandersetzung überlassen Sie mir wohl".

2. Die neue Ausgabe der Dissertation

Eben waren die „Ergänzungen" vollendet, als Schopenhauer erfuhr, dass von seiner ersten Schrift kein Exemplar mehr vorhanden sei. Dieselbe war nicht etwa vergriffen, sondern die Rudolstädter Buchhandlung, die sie in Kommission hatte, war in Konkurs geraten und der ganze noch übrige Vorrat jener Doktordissertation eingestampft worden. Nun ließ er eine „zweite, sehr verbesserte und beträchtlich vermehrte Auflage" erscheinen und nahm die Verse des pythagoreischen Schwurs zu deren Motto, indem er die vierfache Wurzel mit der pythagoreischen Tetraktys verglich.[182]

Die neue Vorrede vom September 1847 brachte wiederum eine Schmährede des nunmehr schon gewohnten Stils: es war das vierte Präludium dieser Art. Der Verfasser blieb von der Wahnidee beherrscht, dass die Philosophieprofessoren eine neidische, wider ihn und seinen Ruhm verschworene Clique bildeten; endlich sei er dahintergekommen, in welche Gesellschaft von Gewerbsleuten und untertänigen Augendienern er geraten, und worauf es bei ihnen eigentlich abgesehen sei. Der Erfolg habe gelehrt, was dabei herauskomme, wenn ein plumper Scharlatan, wie Hegel, zum großen Philosophen gestempelt werde. Die Köpfe der jetzigen Gelehrtengeneration, zum Denken unfähig, roh und betäubt, seien die Beute des platten Materialismus geworden, der aus dem Basiliskenei hervorgekrochen. Solche und ähnliche Ergüsse, welche die schülerhafte und blinde Bewunderung für polemische Meisterstücke und philippische Reden hält, werden von Schopenhauer selbst bei dieser Gelegenheit richtig und treffend charakterisiert, indem er sagt: „Die Indignation quillt mir aus allen Poren". Er konnte die Galle nicht halten, und es gehörte zu seiner Diät, sie oft und reichlich zu ergießen. Wenn er in seinen Briefen sich auf diese Art erleichtert hat, sagt er wohl: „Jetzt habe ich meine Galle ausgeschüttet, und es ist gut".[183]

II. Die erste Anhängerschaft und das letzte Werk

1. Drei Juristen

Allmählich kamen einige Anhänger, die aber in dem Jahrzehnt von 1840 – 1850 die Vierzahl nicht überschritten. Darunter waren drei Juristen: der geheime Justizrat Dorguth in Magdeburg, zehn Jahre älter als Schopenhauer, für dessen Lehre er in einer Reihe von Schrif-

182 Joh. Christ. Hermannsche Buchhandlung (F. E. Suchsland), Frankfurt a. M. 1847. Der Umfang des neuen Textes war doppelt so groß als der alte.

183 Frauenstädt und Lindner, Arthur Schopenhauer. Von ihm. Über ihn, S. 649, Br. v. 29. Juni 1855. (Grisebach, Briefe, S. 294 ff.)

ten (1843 – 1854) Propaganda zu machen bestrebt war; er hat „über die falsche Wurzel des Idealrealismus“ an seinen Landsmann, den Professor Rosenkranz in Königsberg, ein Sendschreiben gerichtet, worin er Schopenhauer für „den ersten realen Denker der ganzen Literatengeschichte“ erklärte; der zweite war der pfälzische Advokat Johann August Becker aus Alzey, der aus dem Studium der Schriften Schopenhauers das Interesse an der Philosophie wiedergewonnen hatte und mit dem Philosophen selbst im Juli 1844 in brieflichen und persönlichen Verkehr trat, er hat diesem stets als einer der gründlichsten Kenner seiner Lehre gegolten; Adam v. Doß war noch Rechtspraktikant, als er den Meister im April 1849 besuchte und durch den schwärmerischen Eifer, den er für seine Lehre an den Tag legte, ganz für sich gewann; er schrieb, um Leser zu werben, Briefe an Personen von Gewicht und Bedeutung, wie Dav. Fr. Strauß und Leopold Schefer, und tat, was er konnte, um Brüder in Schopenhauer zu stiften.

2. Julius Frauenstädt

Aber der eigentliche Jünger und Famulus, der zur wirksamen Ausübung der Propaganda die erforderliche philosophische Schulung und rührige Schreibfertigkeit besaß, fand sich in Julius Frauenstädt, einem Manne jüdischer Abkunft aus Bojanowo, der in den Jahren 1833 – 1836 Philosophie und Theologie in Berlin studiert hatte, ohne je den Namen Schopenhauer zu hören. Um einer psychologischen Arbeit willen las er das Hauptwerk, auf welches der Zufall ihn geführt. In seinen „Studien und Kritiken zur Theologie und Philosophie“ schrieb er eine Seite über Schopenhauer; in einem Artikel, der in den Hallischen Jahrbüchern erschien und dem Philosophen Krause gewidmet war (1841), erwähnte er wiederum „den genialen tiefsinnigen Schopenhauer“, der unerkannt und verdunkelt in der Abgeschiedenheit lebe, während er an Geist und Wissen alle anderen überstrahle. Solche Worte waren Balsam für den Frankfurter Einsiedler, der immer lauschte und aufhorchte, ob sein Name genannt werde? wo und wie?

Damals hielt der wieder auferstandene Schelling in Berlin seine Vorlesungen über die Philosophie der Offenbarung und Mythologie, deren Inhalt kennen zu lernen alle Welt gespannt war. Aus seinem nachgeschriebenen Hefte gab Frauenstädt ohne alle Berechtigung eine Darstellung jenes Inhalts, welche Schelling für „das Produkt einer bettelhaften und schmutzigen Buchmacherei" erklärt hat.[184]

Als Hauslehrer in einer vornehmen russischen Familie[185] kam Frauenstädt im Juli 1846 nach Frankfurt und machte nun Schopenhauers persönliche Bekanntschaft, der ihn auf Grund seiner literarischen Verdienste nach Gebühr empfing. Er konnte im Oktober zurückkehren und fünf Monate hindurch den Verkehr mit Schopenhauer pflegen; er ist im September 1847 wiedergekommen und bis in den Dezember geblieben. Es war das dritte- und letztemal. Dann verkehrten beide neun volle Jahre hindurch in ununterbrochenem Briefwechsel.

An diesem 25 Jahre jüngeren Manne gewann Schopenhauer einen Schüler und Jünger, der bewundernd zu ihm emporsah, einen wohl unterrichteten, seiner Werke kundigen Famulus, einen unermüdlichen Leser und Schreiber, mit einem Wort einen literarischen Hausgeist, der im Laufe der Jahre ihm so viel schätzenswerte Dienste erwiesen, dass er denselben zuletzt zum Erben des Hauses, d. h. seiner Werke und seines literarischen Nachlasses ernannt hat.

Man muss Frauenstädts „Memorabilien" und Schopenhauers Briefe an ihn lesen[186], um jenem Schein einer düsteren Erhabenheit, worin sich der Einsiedler von Frankfurt so wohl gefiel, jener *„solitude of kings"*, die er mit Byron gemein haben wollte und auch zuweilen hatte, nicht zu trauen. Man muss hören, wie er den Famulus drängt, auf dem Lesezimmer in Berlin alle Bücher, Blätter und Zeitungen zu durchstöbern und zu prüfen, ob, wo und was über ihn zu lesen steht, mit welcher Ungeduld er diese Nachrichten erwartet, mit welcher Gier er sie verschlingt, welche Klagen und Seufzer er ausstößt, dass jener nicht emsig genug nachgeforscht hat, dass ihm wohl Dreiviertel der gedruckten Lobpreisungen verborgen bleibe; nun berechnet er aus der bekannten Größe die unbekannte, aus der gedruckten Bewunderung die ungedruckte und sieht seinen Ruhm ins Unermessliche wachsen. Man kann ihm nicht genug berichten, was alles die Leute über ihn sagen, schreiben und drucken. Jedes Blatt mit dem Preise seines Namens, heute gedruckt, morgen vergessen, wie es der Wind der Tagesliteratur treibt, ist ihm ein neues

184 Vgl. meine Geschichte der neuern Philosophie, Bd. VII, Schelling, 3. Aufl. (1902), S. 261.
185 Die des Fürsten Sayn-Wittgenstein.
186 S. oben Kap. I, S. 42.

Pfand der Unsterblichkeit. Ist *das* der scharfblickende Denker, der alle Scheinwerte so gründlich durchschaut? *das* der ausgemachteste, Einsamkeit blickende Pessimist, der Menschenverächter, den jedes elende Menschlein beglückt, wenn es ihn lobt?

Hat aber jemand ihn getadelt oder nicht genug gelobt oder etwa nicht erwähnt oder gar von einem ihm widerwärtigen Philosophen mit Anerkennung gesprochen, da heißt es: „der Lump", „der Schuft" usw. Wenn er die ihm verhassten Philosophen öffentlich schmäht, lässt er sich vorher von seinem juristischen Freund beraten, wie weit er gehen dürfe, ohne verklagt zu werden. In seinen Briefen schimpft er nach Herzenslust. Wehe dem Famulus, wenn er einmal die Lehre und Werke des Meisters nicht kräftig genug gepriesen, wenn er sie ungenau, inkorrekt, fehlerhaft dargestellt oder gar zu bekritteln den Versuch gemacht, wenn er die verhassten Gegner nicht abschätzig genug verurteilt und nicht mit vollen Backen in die Verdammung der Philosophieprofessoren eingestimmt hat, dann wird er auf das schärfste getadelt, abgekanzelt und heruntergemacht. Aber die Dienste dieses Mannes sind für ihn einzig in ihrer Art, unersetzlich, unentbehrlich. Alsbald besinnt und besänftigt sich Schopenhauer und schreibt als wohlaffektionierter König: „Unser lieber getreuer Dr. Frauenstädt!"

In seinen Memorabilien berichtet dieser den guten Empfang, den er bei Schopenhauer gefunden, und rühmt wiederholt, wie er ihn neben sich auf dem Sofa habe sitzen lassen. Als er aber eines Tages zu ungelegener Stunde eintrat, wurde er angefahren und bedeutet, dass man nicht nach Belieben bei ihm Audienz habe. Wenn er sich dann wieder der vielen Schriften, der Artikel und Artikelchen erinnert, die Frauenstädt schon über ihn geschrieben, wodurch er ihm Leser geworben und erworben hat, dann wird er gerührt und nennt ihn seinen Theophrast und Metrodorus, seinen *„apostolus activus, militans, strenuus, acerrimus"*. Die Behandlung wechselt zwischen Prügeln und Streicheln, er streichelt mit unsanfter Hand. Am Ende aber wurde er der flackernden und irrlichtelierenden Art seines Famulus so überdrüssig, dass er ihn wie Mephistopheles das Irrlicht behandelte:

Geh er nur gerad' in Teufels Namen,
Sonst blas ich ihm sein Flackerleben aus!

Nun ging dem andern auch die Geduld aus, und er antwortete mit heftigen Vorwürfen, worauf Schopenhauer die Korrespondenz abbrach (1856), eigentlich für immer; denn der einzige Brief, den er noch drei Jahre später an ihn geschrieben hat, war nur eine Antwort (Dez. 1859). Er hat nicht vergessen, dass er ihm Dank schuldig war, und es durch sein Testament bewiesen. Und Frauenstädt seinerseits hat nicht vergessen, was dem Famulus nützt:

Mit Euch, Herr Doktor, zu spazieren,
Ist ehrenvoll und bringt Gewinn.

Diesen Gewinn hat es ihm reichlich gebracht; der Gewinn war größer als sein Verdienst.

3. Das letzte Werk

Kaum war das Hauptwerk vollständig hergestellt und herausgegeben, als dem Verfasser neue Ergänzungen nötig erschienen, die in Ausführungen teils nebensächlicher, teils einschlägiger in dem bisherigen Werke noch unerledigter Themata bestanden. Jene sollten „*Parerga*" (Nebenwerke), diese „*Paralipomena*" (Zurückgebliebenes) heißen. Nach einer sechsjährigen Arbeit (1844 – 1850) war das Ganze in einem so beträchtlichen Umfang vollendet, dass jeder der beiden Teile einen Band für sich ausmachte. Die Parerga bestanden in sechs Abhandlungen, die „Aphorismen über die Lebensweisheit" eingerechnet; die Paralipomena in einunddreißig Kapiteln, wozu noch „einige Verse" kamen. Die Vorrede wurde im Dezember 1850 geschrieben, kurz und ohne Galle; diese hatte sich in dem dritten Stück der Parerga, welches „über die Universitätsphilosophie" handelte, reichlich abgelagert.

Im behaglichen Vollgenuss ungestörter Muße und „imperturbabler Gesundheit und Kraft", deren er sich nunmehr erfreute, nur in den beiden ersten Morgenstunden nach stets erquickendem Schlaf hatte er an diesen „*opera mixta*" gearbeitet und sie mit stilistischer Meisterschaft ausgeführt, insbesondere die Paralipomena, seine „Philosophie für die Welt", wie er sie nannte: eine Reihe von Essais, die jedem Literaturkenner als Muster ihrer Art in deutscher Sprache gelten dürfen. Im Gefühl der Vollendung war er entschlossen, kein neues Buch mehr zu schreiben, und sagte von seinem Werke, wie Hamlet von seinem Schicksal: „Der Rest ist Schweigen".

Aber jetzt, wo er auf der Höhe seiner schriftstellerischen Laufbahn angelangt war, schien er als Schriftsteller allen Kredit verloren zu haben. Vergebens wurden drei Buchhandlungen, darunter den beiden bisherigen Verlegern, die Parerga und Paralipomena für nichts angeboten. Brockhaus hatte mit der neuen Auflage des Hauptwerks wieder ein so schlechtes Geschäft gemacht, dass er sich genötigt sah, den Preis herabzusetzen.

Endlich nach einigen erfolglosen Bemühungen gelang es seinem Frauenstädt, diese letzten Schwierigkeiten aus dem Weg zu räumen und einen Berliner Buchhändler zur Herausgabe des Werks zu bewegen, das in 750 Exemplaren gedruckt wurde und im November 1851 erschien. Schopenhauer behielt das Recht auf die zweite Auflage und erhielt von der ersten zehn Freiexemplare.[187]

Es war gewiss kein schwieriges Verdienst, das sich Frauenstädt in dem gegebenen Fall um die Person und Sache Schopenhauers erworben, aber unleugbar einer der wichtigsten Dienste, den er ihm geleistet hat. „Sie sind ein wahrer Treufreund", schrieb Schopenhauer den 30. September 1850, „*et optime meritus de nobis et philosophia nostra*, in alle Wege. Herzlichen Dank für Ihre Mühe und Eifer in Herbeischaffung eines Verlegers. Ich hoffe, dass der Mann ein gutes Geschäft macht, da vieles, namentlich die Aphorismen zur Lebensweisheit, die fast den halben ersten Band füllen, sehr populär sind. Aber die Zeitläufe sind schuld, dass man so schwer einen Verleger zu solchen Büchern findet. Alles steckt noch bis über die Ohren in der Politik."

III. Das Ende des Jahrzehnts

1. Die politischen Stürme

Dass ein tiefer Ruhe und Stille, als des Elementes, in welchem allein die Werke des Genies und des Gedankens reifen können, so bedürftiger und allem Lärm so gründlich abgeneigter Mann, wie Schopenhauer, mit seinem ausgeprägt aristokratischen Selbstgefühl und seiner grenzenlosen Verachtung der Masse die Volksbewegungen der Jahre 1848 und 1849 und den Aufruhr, den sie hervorriefen, gehasst hat, versteht sich nach allem, was wir schon über ihn wissen, wohl von selbst.

187 Parerga und Paralipomena, kleine philosophische Schriften von Arthur Schopenhauer. *Vitam impendere vero*, Berlin, Druck und Verlag von A. W. Hahn, 1851.

Der März 1848 hatte ihn dermaßen in Schrecken versetzt, dass er sogar seine Bücherbestellungen zurücknahm. Als den 11. Juni der Erzherzog Johann einzog, atmete er auf. „Das ist auch recht", schrieb er an Frauenstädt, „erhebt sich der Sturm, so zieht man alle Segel ein, aber man breitet sie wieder aus, wenn die Sonne hervorkommt. Diese lässt sich hier, eben diesen Augenblick, herrlich sehen als Erzherzog Johann, dessen Einfahrt sogleich die Kanonen verkünden werden. Der Horizont hellt sich überall auf: Vernunft fängt wieder an zu sprechen und Hoffnung wieder an zu blühen, und die Hundsfötter aller Orten machen lange Gesichter." Aber den Erzherzog, der ihm jetzt als Sonne leuchtete, nannte er sehr bald den „Johann ohne Land".

Höchst anschaulich und charakteristisch hat er dem dienstfertigen Freund den Aufruhr und die Kämpfe des 18. September geschildert, die ihm bis in sein Zimmer gedrungen waren. „Was haben wir erlebt! Denken Sie sich eine Barrikade auf der Brücke und die Schützen bis dicht vor meinem Haus stehend, zielend und schießend auf das Militär in der Fahrgasse, dessen Gegenschüsse das Haus erschütterten: plötzlich Stimmen und Gebrülle an meiner verschlossenen Stubentür: ich, denkend, es sei die souveräne Canaille, verrammle die Tür mit einer Stange: jetzt geschehen gefährliche Stöße gegen dieselbe, endlich die feine Stimme meiner Magd: ‚es sind nur einige Österreicher!' sogleich öffne ich diesen werten Freunden: 20 blauhosige Stockböhmen stürzen herein, um aus meinem Fenster auf die Souveräne zu schießen; besinnen sich aber bald, es ginge vom nächsten Haus besser."[188]

Als endlich die aufrührerischen Bewegungen unterdrückt und die völlige Ruhe durch Waffengewalt wiederhergestellt war, fühlte er sich den preußischen Kriegern, die den inneren Frieden erkämpft hatten, zu höchstem Dank verpflichtet. Darum ernannte er „den in Berlin errichteten Fonds zur Unterstützung der in den Aufruhr- und Empörungskämpfen der Jahre 1848 und 1849 für Aufrechterhaltung und Herstellung der gesetzlichen Ordnung in Deutschland invalide gewordenen preußischen Soldaten, wie auch der Hinterbliebenen solcher, die in jenen Kämpfen gefallen" durch Testament vom 26. Juni 1852 zu seinem Universalerben.

188 Br. v. 2. März 1849. (Grisebach, Briefe, S. 155.)

2. Die entdeckte Verschwörung

Gegen Ende des Jahrzehnts, zur Zeit der Siege über die Volksaufstände, vielleicht im Zusammenhange mit der Freude darüber erwachte in Schopenhauer ein Gefühl davon, dass seine Zeit herannahe. Das Märchen von der Verschwörung der Philosophieprofessoren wider ihn, woran er steif und fest glaubte – sie hatte ja schon vor dreißig Jahren mit Beneke begonnen –, nahm jetzt in seiner Einbildungskraft eine Wendung zum Besseren; es ging ihr, wie es jeder schändlichen Verschwörung gehen soll: sie kam an das Licht des Tages! Infolge seiner so oft wiederholten Donnerworte und der jüngsten Schriften von ihm und über ihn ist sie endlich entdeckt und die Verschwörer in Furcht und Schrecken gejagt worden. Schon ist es so weit, dass die heimtückischen Feinde seine Schriften nicht mehr ignorieren, sondern nur noch sekretieren, d. h. alles tun, um dieselben geheim zu halten. Das ängstliche Manöver stellte sich ihm vor Augen: die Philosophieprofessoren haben seine Schriften zu Hause und sehen sie an „wie das Galgenmännlein im Fläschchen oder wie der Magus das Teufelchen Asmodäus im Fläschchen und sagen: ‚ich weiß, kommst du heraus, so holst du mich'". – Im Stillen weidet er sich an den Angstzuständen der Professoren, die jetzt nur noch auf ihre gemeinsame Rettung bedacht sind. „Ich möchte den Kriegskonseil der Herren behorchen, ihre Verlegenheit muss unbeschreiblich sein." „Aber *dies irae* kommt!" So schreibt er den 9. Dezember 1849. Noch sechs Jahre später kann er sich ihre Furcht vor ihm nicht lebhaft genug ausmalen: „Ich glaube, dass sie alle den ganzen Tag an mich denken und herumschleichen wie der Abt zu St. Gallen – ‚ihm wird's vor den Augen bald gelb und bald grün, o guter Hans Bendix' usw. – und dass ich ihnen nachts noch im Traume vorkomme als Werwolf".[189]

3. Das Goethe-Album

Es gab übrigens nach seiner Meinung noch einen zweiten Fall einer solchen schändlichen Verschwörung zur Unterdrückung der Wahrheit. Wie sich die Philosophieprofessoren zu ihm, so haben sich die Physiker zu Goethe verhalten. Als er nun zur ersten Säkularfeier der Geburt des Dichters einen Beitrag in das Frankfurter Goethe-

189 Ebendaselbst, S. 152, 157 ff., Briefe an Frauenstädt vom 11. Juni 1848, 9. Dezember 1849, 29. Juni 1855.

Album liefern sollte, schrieb er das große Pergamentblatt, das man ihm geschickt hatte, auf beiden Seiten voll „mit einer greulichen Philippika und zwar diesmal *adversus physicos*. Diese nämlich haben gegen Goethes Farbenlehre sich analog benommen wie die Philosophieprofessoren gegen meine Philosophie. Ich bin meiner Sache gewiss, habe mich dermaßen deutlich gemacht, dass es ein Skandal sein wird. Goethe sieht von oben herab auf das Album seiner Vaterstadt, hat gewiss zehnmal mehr Freude über mein Donnerwetter als über alle Lobhudeleien der übrigen, sagt: ‚du bist mein lieber Sohn, an dem ich Wohlgefallen habe', und begreift, wie dämonisch er getrieben war, als er 1813 mich zu seinem persönlichen Schüler darin gleichsam presste, vorherfühlend: ‚*exoriare aliquis meis ex ossibus ultor*'!"[190]

Als er fünf Jahre später erfuhr, dass Goethe in seinem Briefwechsel mit dem Staatsrat Schultz ihn zwar wegen seiner Fähigkeiten belobt, aber einen Gegner seiner Farbenlehre genannt habe, rief er aus: „Während ich 40 Jahre nachher und 22 Jahre nach seinem Tod noch ganz allein dastehe und die Standarte seiner Farbenlehre hoch emporhalte, schreiend: ‚ihr Esel, er hat recht!' – hier in seiner alten Vaterstadt, in deren Albo. Er tut es aber bloß, weil auch ich eine Herstellung des Weißen aus Farben lehre, und seine Maxime ist: ‚Und weiche keinen Finger breit von Goethes Wegen ab'."[191] Es ist wahr, dass Schopenhauer in der Verteidigung der Goethe'schen Farbenlehre sich als der treue Eckart bewährt hat: er hat um ihretwillen von Goethe selbst viel Leid und Unrecht erlitten, aber nie wider ihn gemurrt.

Mit dem Beginn des neuen Dezenniums – es ist sein letztes – steigt die Bahn des dreiundsechzigjährigen Mannes aufwärts, was die Anerkennung und den Ruhm seiner Werke betrifft, den ihm die Welt noch immer schuldet. Der Montblanc fängt an sich zu entwölken und im Morgenlicht zu strahlen. Zwar bleibt der Pessimismus sein unwiderrufliches Dogma, aber sein tägliches Leben im Anblick des steigenden Ruhms wird mit jedem Tag behaglicher, es strotzt von „unerschütterlicher Gesundheit" und Wohlgefühl, wie seine Briefe an den dienstfertigen Freund von einer oft skurrilen Heiterkeit, die uns an Heine erinnert.

190 Ebendas., S. 259, Br. v. 9. Dezember 1849.
191 Ebendas., S. 253, Br. v. 28. Januar 1854.

Siebentes Kapitel

Der dritte Abschnitt der Frankfurter Periode (1851 – 1860)

I. Die neue Ära

1. Die reaktionäre Zeitströmung

Die erste Hälfte unseres Jahrhunderts hatte mit einer Revolution und Volksaufständen geendet, die an der Macht der gesetzlichen Ordnung, an der Widerstandskraft der gewohnten Zustände, zuletzt an ihrer eigenen Unvernunft gescheitert waren; die zweite Hälfte begann mit einer allgemeinen Reaktion und dem überhandnehmenden Gefühl, dass die Freiheitsideen und deren Literatur Schiffbruch gelitten hatten. In den Schriften des jungen und jüngeren Deutschlands, wozu auch die nach links gerichteten Zweige der Hegel'schen Philosophie zu rechnen sind, hatte sich eine Flut freidenkerischer Literatur ergossen, die von der Revolution der Julitage 1830 herkam und in die Revolutionen der Februar- und Märztage 1848 mündete.

Zum Schutz der wiederhergestellten Ordnung wurden in den fünfziger Jahren eine Reihe reaktionärer Maßregeln ergriffen, von denen ein wesentlicher Teil in der strengen Beaufsichtigung der Lehrkanzeln und in der Absetzung verdächtiger Universitätslehrer bestand.

Nicht bloß die Gewalthaber waren reaktionär gerichtet, sondern die herrschende Zeitströmung selbst. Viele waren der bisherigen Dichter und Philosophen überdrüssig, an der Richtigkeit ihrer Ideen und an dem Grundthema derselben, nämlich dem Fortschritt der Weltgeschichte und Menschheit, irre geworden. Unwillkürlich entstand die Neigung zu einer pessimistischen Betrachtungsart, für welche kein anderer der berufene Zeitphilosoph sein oder werden konnte als Schopenhauer. Dieser selbst, wie jedes Wesen auf die Erhaltung und Mehrung seines Daseins ausgeht, fühlte instinktiv, dass die reaktionäre Zeitrichtung ihm zur Hebung und zum Heil gereiche; dass durch die preußischen Krieger nicht der Aufruhr allein, sondern auch die ganze ihm verhasste Literatur vorläufig zum Schweigen gebracht sei.

Waren nicht pantheistische, materialistische, sozialistische Lehren aus jener Philosophie hervorgegangen, die er „das Basiliskenei" nannte? Jede Absetzung eines solcher Richtungen verdächtigen oder schuldigen Universitätslehrers begrüßte Schopenhauer mit hellem Frohlocken. Ein junger Dozent der Philosophie in Heidelberg war bei und von der Kirchenbehörde als Pantheist angeklagt und von der Regierung ohne Angabe irgendeines Grundes der *venia legendi* verlustig erklärt worden. „Es geschieht ihm sehr recht", jubelte Schopenhauer, „er steht da als der letzte *Hegelianer* und Märtyrer, kein Katholik glaubt so blind an das Evangelium, wie er an die *deliramenta Spinozae*!" Dies war nun die volle Unwahrheit. Das Buch, erst nach der Absetzung erschienen, hatte die Lehre Spinozas objektiv dargestellt, dann beurteilt und ihre Unhaltbarkeit nachgewiesen.

Nicht lange nachher gingen zwei Dozenten der medizinischen Fakultät ihrer *venia legendi* verlustig: Moleschott in Heidelberg wegen seines Buches „Der Kreislauf des Lebens" und Büchner in Tübingen wegen seiner Schrift „Kraft und Stoff". „Hätte ich nicht gewusst", schreibt Schopenhauer, „dass der berühmte Hr. Moleschott das Buch geschrieben, so würde ich es nicht einmal von einem Studenten, sondern von einem Barbiergesellen, der Anatomie und Physiologie gehört hat, herrührend glauben. So krass, unwissend, roh, plump, ungelenk, überhaupt knotenhaft ist das Zeug." „Aus derselben Schule ist ein neues Buch von Dr. Büchner über Kraft und Stoff und ganz im selben Geist. Ich hoffe zuversichtlich, dass diesem Burschen auch das *ius legendi* genommen werde. Diese Lumpe vergiften Kopf und Herz und sind unwissend, wie die Knoten, dumm und schlecht." Schon im nächsten Brief freut er sich der erfüllten Hoffnung. „Mit hoher Befriedigung ersehe aus der gestrigen Postzeitung, dass dies schon eingeleitet ist. Ihm geschieht Recht: denn das Zeug ist nicht bloß höchst unmoralisch, sondern auch falsch, absurd und dumm und die Wurzel ist die Unwissenheit, das Kind der Faulheit." „So ein Mensch hat nichts gelernt als ein bisschen Klystierspritzologie, keine Philosophie, keine Humanitätsstudien getrieben: damit wagt er sich dummdreist und vermessen an die Natur der Dinge und der Welt. Ebenso Moleschott. Geschieht ihnen Recht, erleiden ihre Strafe für ihre Ignoranz."[192]

192 Briefe an Frauenstädt vom 28. Januar 1854, 29. Juni 1855, 15. Juli 1855. (Grisebach, Briefe, S. 254, 298, 301.)

Ich habe diese Stellen wörtlich angeführt, um zu zeigen, wie Schopenhauer von Herzen erfreut über jene Absetzungen war, die als politische und reaktionäre Maßregeln mit dem wissenschaftlichen Unwert und der Ignoranz nicht das mindeste zu schaffen gehabt: diese sprechen wider die Verleihung der *venia legendi*, doch sind sie nie Gründe gewesen, aus denen eine Regierung die Vorlesungen akademischer Dozenten verboten hat.

Man sollte meinen, dass Schopenhauer aus religiösen oder politischen Gründen selbst reaktionär gesinnt war; dass er dem Materialismus den Spiritualismus, der pantheistischen Lehre die theistische entgegengesetzt habe. Wie aber wird man sich wundern, wenn man seine Schriften liest! Eine seiner wichtigsten Lehren erscheint, für sich genommen und von den übrigen isoliert, als der ausgeprägteste Materialismus: dass unsere Erkenntnis ein organisches Produkt sei und das Gehirn sich zu den Vorstellungen verhalte wie die Speicheldrüse zum Speichel, die Leber zur Galle, der Magen zur Verdauung, die Nieren zum Urin, die Hoden zum Samen u. s. f. Er hasst den Pantheismus, sofern derselbe optimistisch gesinnt ist. Was er ihm entgegensetzt, ist aber nicht der Theismus, den er noch heftiger hasst, sondern der Pessimismus und Atheismus. Er ist der ausgesprochenste Feind der jüdischen Religion; den Monotheismus des Alten Testaments nennt er „Judenmythologie", die mosaische Gottesidee „den alten Juden", um rohere Ausdrücke, welche Schimpfworten ähnlich sind, nicht zu wiederholen. Wenn er sich vorsichtig ausdrückt, so geschieht es aus Sorge für seine Sicherheit und aus Furcht vor den Gerichten, welche Beweggründe er, spaßend nach Heinescher Art, als die Erfüllung seiner besonderen Pflicht gegen Gott auslegt. „O, die Pflichten gegen sich selbst werden sehr vernachlässigt! Was soll es denn erst mit den Pflichten gegen andere und gar gegen Gott werden! Von letzteren kenne schon ich z.B. nur noch eine: die Pflicht der *Höflichkeit*", – die er dann auch dem dienstfertigen Freunde angelegentlich empfiehlt. In aller Polemik wider die Theologie das „*suaviter in modo*" zu befolgen, kann er demselben nicht oft genug anraten, während er durch sein eigenes Beispiel das äußerste Gegenteil dieser goldenen Regel bewiesen hat.[193]

193 Br. v. 15. Okt. 1853, Br. v. 5. Jan. 1848 u. 30. Okt. 1851. (Grisebach, Briefe, S. 245, 149 u. 186.)

Hört man den Schopenhauer über und wider Hegel'schen Pantheismus und Feuerbach'schen Materialismus sich so wütend ereifern und alle Maßregeln zu ihrer gewaltsamen Unterdrückung gutheißen, so muss man des Verses gedenken: „*Quis tulerit Gracchos de seditione querentes*", deutsch nach Strauß: „Ist es auch billig, darf man fragen, wenn Gracchen über Aufruhr klagen?" – und in den Anfängen, der Volksbewegung des Jahres 1848 hoffte derselbe Mann, dass die neue Zeit auch ihm zugute kommen und seiner Philosophie Raum schaffen werde. „Jetzt wird jedenfalls größere, wenn nicht totale Lehrfreiheit den Universitäten zufallen und dann auch wohl in der Philosophie der Jugendgott nicht mehr so durchaus obligat sein; worauf dann jüngere Dozenten, statt den alten armseligen Brei aufzutischen, es wagen werden, mit meiner soliden und reichen Tochter an der Hand aufzutreten." So schrieb er im Juni 1848.[194]

Es ist natürlich keine Rede davon, dass Schopenhauer sich und seine Lehre dem Dienst der damaligen Reaktion anpassen gekonnt oder gewollt hatte: er, der über den bedeutendsten Repräsentanten und Wortführer jener Zeitrichtung in folgende Worte ausbricht: „Eben habe den neuen Band der Rechtslehre von Stahl durchblättert. Mit welcher Frechheit so ein Tartüffe die Jugend zu belügen sucht! Plumpes, dummes, elendes Geträtsche. Freilich muss so ein Kerl mich ignorieren bis zum letzten Augenblick: den Teufel merkt das Völkchen nicht, und wenn er sie am Kragen hätte. Aber doch! allen solchen zittert bei meinem Namen das Herz im Leibe. Glauben Sie mir's."[195]

Nun, Stahl und die anderen haben gewiss nicht bei seinem Namen gezittert, den sie nicht einmal kannten. Dass er aber dem Getriebe der Zeit aus weiter Ferne plötzlich auf den Leib gerückt war, dass infolge der veränderten Zeitlage und Richtung Affekte der empfänglichsten Art für die Zauber seiner Lehre und Rede erregt waren: dies hat er richtig herausgefühlt. Auch die Vergleichung war ganz gut gewählt und am Ende noch treffender, als er selbst wusste. Die Zeit war gestimmt wie die Gesellen in Auerbachs Keller: „Politisch Lied, ein garstig Lied!" Sie war zu allerhand Zaubereien geneigt, zu allerhand Täuschungen und Enttäuschungen und hörte am Ende mit zufriedenem Erstaunen, dass die ganze Welt Blendwerk sei: „Be-

194 Ebendas. S. 152.
195 Br. v. 11. Mai 1854, Br. v. 11. Sept. 1854 (ebendas. S. 264, 276).

trug ist alles, Lug und Schein!“ Mit einem Worte, sie war auf dem Wege zu Schopenhauer oder schon bei ihm, ohne dass sie es ahnte, denn „Den Teufel spürt das Völkchen nie, und wenn er sie beim Kragen hätte“. Schopenhauer selbst vergleicht sich sehr gern und darum so oft mit dem Mephistopheles in dieser Szene. Wenn man die Gegenstände Revue passieren lässt, mit welchen sich Schopenhauer nach den Umständen vergleicht, so sind sie stets von einer unheimlichen und unwiderstehlichen Gewalt: er ist der Minotaur, der steinerne Gast, der Mephistopheles, der Montblanc, die Sonne! „Ich bin das Monstrum“, sagte er zu Karl Bähr im Hinblick auf die Philosophieprofessoren, „das jeden Morgen vor ihnen steht, sie zu verschlingen.“[196]

Der Sinn der Zeit hatte sich gewendet. Die vom politischen Katzenjammer befallene, von der Gegenwart angewiderte Welt sehnte sich wieder einmal zurück ins alte romantische Land und konnte nicht oft genug die weihrauchduftende „Amaranth“ (1849) hören; noch begieriger lauschte sie den Gesängen des „Trompeters von Säckingen“ (1854); sie ließ sich das Märchen von „Waldmeisters Brautfahrt“ (1851) erzählen und rief *da capo*, sie schwelgte in den Wein- und Liebesliedern von Hafis, die ihr gerade zu gelegener Stunde Daumer verdeutscht hatte (1852 und 1856). Die Dichter des Tages waren O. v. Redwitz, O. Roquette, V. Scheffel u.a. Nach dem Schiffbruch der deutschen Einheitsversuche, nach den Tagen von Bronzell und Olmütz, nach der Wiederherstellung des Bundestages in Frankfurt a. M. kam das Satyrspiel mit der elegisch-lustigen Grundstimmung: „O, du lieber Augustin, alles ist hin!“ Der einzige Trost hieß: „*Ergo bibamus!*“ Der poetische Zeitgeist inspirierte seinen Hofdichter zu einem „Neuen Gaudeamus“. Nach der Hegel’schen Philosophie sei die Weltgeschichte der Fortschritt im Bewusstsein der Freiheit: hol’ sie der Teufel! „Guano, Guano!“ rief der Hofdichter der Zeit, „Gott segne euch, ihr trefflichen Vögel, an der fernen Guanoküst’, trotz meinem Landsmann, dem Hegel, schafft ihr den gediegensten Mist!“ Der Fortschritt der Welt besteht nicht im Bewusstsein der Freiheit, sondern darin, dass sich der feuchte Genius loci ausdehnt von Auerbachs Keller in Leipzig bis zum „schwarzen Walfisch in Askalon“!

196 Gespräche und Briefwechsel mit Arthur Schopenhauer. Aus dem Nachlasse von Karl Bähr herausgegeben von Ludwig Schemann (1894), S. 24.

Doch wir wollen das Bild von Auerbachs Keller und seinen lustigen Gesellen nicht zu weit verfolgen, damit es nicht scheine, als ob wir Schopenhauers Lehre für ein bloßes Zauber- und Possenspiel halten. Bleiben wir bei jenem Bild, das wir gleich im Eingang gewählt hatten: der Zeitpunkt im Leben Schopenhauers ist gekommen, von dem es heißt: die Stunde seiner Audienz hat geschlagen.

2. Zeitphänomene
Das Tischrücken und der animalische Magnetismus

Es hatte sich so günstig gefügt, dass die „Parerga und Paralipomena" im November 1851 herauskamen, der Preis war billig, der Inhalt in Form der Essays lesbar und lesenswert, genussreich und belehrend. In der Geschichte nicht seiner Lehre, aber ihrer Anerkennung ist dieses Werk epochemachend, denn es war das erste, welches sogleich Leser in Menge gefunden hat. Seine Abhandlung „Über die Universitätsphilosophie", die Schopenhauer vor dem Druck wegen ihrer Kampfeslust dem wiehernden Streitross im Stall verglich, strotzte von Polemik und kam der von uns geschilderten Zeitstimmung sehr gelegen. Eine andere Abhandlung, welche den damaligen Tagesinteressen höchst willkommen sein musste, war der „Versuch über das Geistersehen und was damit zusammenhängt".

Schon in seiner Schrift „Über den Willen in der Natur" hatte Schopenhauer eine Reihe empirischer Tatsachen hervorgehoben und erläutert, die dem Grundgedanken seiner Lehre, dass der Wille die allgegenwärtige und allein wirksame Kraft sei, zur Bestätigung dienen sollten: darunter war der animalische Magnetismus eine der wichtigsten. Hier, wie in dem eben genannten Stück der „Parerga", wurde auf Grund der kantischen Lehre von Zeit und Raum dargetan, dass der Wille, da er unabhängig von beiden, also auch von dem Kausalzusammenhang in Zeit und Raum sei, unmittelbar in die Ferne, d. h. *magisch* zu wirken vermöge. Daraus allein sollten die Phänomene des sogenannten tierischen Magnetismus und des Somnambulismus zu erklären sein wie auch die Möglichkeit, dass der menschliche Wille in fremden Körpern ebenso unmittelbar Bewegungen verursachen könne als in dem eigenen.

Am Anfang der fünfziger Jahre war das Tischrücken, das Geisterklopfen und die Psychographie von Amerika her eingewandert und auch in Deutschland Gegenstand der allgemeinsten Sensation geworden. Überall wurden die wunderlichen Phänomene besprochen und gesellige Zusammenkünfte zu ihrer Ausführung und Anschauung veranstaltet. Während die Physiker das Phänomen der drehenden Tische rein mechanisch, d.h. als das Resultat der Summation kleiner Druckwirkungen erklärten, die Menge aber das Werk dämonischer Wesen und Kräfte darin anstaunte, wollte Schopenhauer hier die Magie des Willens in ihrem sichtbarsten und handgreiflichsten Ausdruck erkennen. Das Tischrücken galt ihm als die augenscheinlichste Demonstration seiner Philosophie, als Akt einer „Experimentalmetaphysik", deren Theorie einzig und allein in seiner Lehre von der Welt als „Wille und Vorstellung" anzutreffen sei.[197]

Ebenso lebhaften und eifrigen Anteil aus ganz demselben Grunde nahm er an den Versuchen des animalischen Magnetismus, welche Regazzoni aus Bergamo und der Franzose Bünet de Balan öffentlich und privatim in Frankfurt ausführten: jener im Winter 1854/55, dieser im März 1856. Bei einem der öffentlichen Experimente des letzteren spielte Schopenhauer selbst mit und ließ sich mit einem vierzehnjährigen Bauernjungen in Rapport setzen, der sodann im tiefsten Schlafe jede seiner Bewegungen stehend und gehend nachmachte und in fünf Sprachen nachsagte, was Schopenhauer ihm vorgesagt hatte.

Als vierzehn Frankfurter Ärzte öffentlich gegen Regazzoni auftraten, den kataleptischen Zustand der Somnambüle anzweifelten und alles für Betrug ausgaben, erklärte sich Schopenhauer leidenschaftlich dafür. Solche Tatsachen in Abrede stellen, heiße nicht ungläubig sein, sondern unwissend und beobachtungsunfähig. „Ich habe mir das Didaskalienblatt gekauft der vierzehn Namen wegen, damit nicht bei einem plötzlichen Vorfall weder für mich, noch meine Magd, noch meinen Hund, noch meine Katze einer der vierzehn geholt werde. Mich freut, dass ich dem Regazzoni mein Zeugnis in sein Album geschrieben habe, klar und französisch."[198]

---

197 Br. vom 19. Aug. und 23. Sept. 1853, vom 28. Jan. und 4. März 1854 (Grisebach, Briefe, S. 239, 242, 252, 257).

198 Br. vom 30. Nov. 1854 (ebendas. S. 282–283).

II. Die neue Propaganda. Apostel und Evangelisten

1. Aktive und passive Apostel

Das Schwergewicht der Lehre Schopenhauers, welche wir jetzt nur biographisch verfolgen und erst im nächsten Buch systematisch darstellen werden, fällt in ihren letzten Teil, das vierte Buch des Hauptwerks, welches von „der Bejahung und Verneinung des Willens zum Leben bei erreichter Selbsterkenntnis“ handelt. Die Selbsterkenntnis des Willens, dieses Grundthema des ganzen Systems, vollendet sich in der Selbstverleugnung und Weltüberwindung oder in der Erlösung von der Welt, d. i. die Heilslehre, worin Schopenhauer seine Übereinstimmung mit dem Buddhismus, mit dem Wesen des Christentums und dem Tiefgehalt der Mystik findet, wie sich die letztere in Eckart, Tauler und der deutschen Theologie ausspricht.

Da er auf diese Weise das Mysterium der Welt enthüllt und das Problem des menschlichen Lebens gelöst haben will, so nimmt er für seine Lehre nicht bloß die künftige Herrschaft in der Philosophie, sondern auch eine *religiöse* Geltung in Anspruch, die sich erweitern und im Laufe der Zeit die Welt dergestalt durchdringen soll, dass aus ihr gleichsam der abendländische Buddhismus hervorgeht. Wenn man diesen Plan zu Ende dichtet, so würde zuletzt die Religion der Erdbewohner zwei Hemisphären haben, wie die Erde selbst, und ein Ganzes bilden, gleich dieser.

Von solchen Ideen war Schopenhauers Einbildungskraft bewegt. Er sah in seiner Lehre eine Religionsstiftung, in ihrer Verbreitung eine Propaganda fidei, in seinen Schülern und Anhängern „Apostel“ und unterschied dieselben in die beiden Klassen der passiven und aktiven: jene waren für die öffentliche Verbreitung unwirksam wie Becker, der „ein stummer Apostel“ hieß, und Adam von Doß, den der Meister wegen seines liebevollen Eifers „Apostel Johannes“ nannte; dagegen hießen Dorguth und Frauenstädt die beiden aktiven Apostel oder „Evangelisten“, da sie durch Druckschriften zur Verbreitung der Lehre beitrugen. Jener war der „Urevangelist“, dieser der „Erzevangelist“.

Als ein neuer Apostel sich eingefunden und alsbald einen Artikel (nur einen kleinen) über Schopenhauer in den „Didaskalia“ veröffentlicht hatte, so bezeichnete ihn dieser als „angehenden

Evangelisten" und freute sich innig, wie derselbe aus freien Stücken ihm sagte, er werde in München Adam von Doß aufsuchen. „Dieses Sichbesuchen der Apostel gefällt mir sehr: es hat etwas Ernstes und Grandioses: ‚Wo zwei in meinem Namen versammelt sind, bin ich mitten unter ihnen'." Ich führe diese Stelle ausdrücklich an, damit man ja nicht meine, dass Schopenhauer seine Anhänger im Scherz „Apostel und Evangelisten" genannt habe. Es war ihm damit völliger und feierlicher Ernst.[199]

2. Otto Lindner und John Oxenford

Ist es nicht eine Ironie des Schicksals, dass der erste Herold, der die neue Ära eröffnet und zu dem Ruhm Schopenhauers vielleicht noch mehr als Frauenstädt beigetragen hat, ein abgesetzter Dozent der Philosophie in Breslau war? Ernst Otto Lindner, nunmehr Mitredakteur der Vossischen Zeitung in Berlin, hatte gleich nach ihrem Erscheinen die „Parerga und Paralipomena" gelesen und noch in den letzten Tagen des Jahres 1851 dem Verfasser seine Huldigung dargebracht. Vermöge seiner Stellung bei einem der gelesensten Blätter der preußischen Hauptstadt, seiner literarischen Bildung und geübten Feder wurde Lindner sogleich eines der tätigsten und tüchtigsten Werkzeuge der neuen Propaganda fidei, sodass Schopenhauer, der seine Gemeinde schon zur Kirche anwachsen sah, ihm den Titel „*Doctor indefatigabilis*" erteilte.[200]

In dem Aprilheft der Westminster Review von 1853 war von einem ungenannten Verfasser ein längerer Aufsatz mit dem seltsamen Titel „*Iconoclasm in German Philosophy*" erschienen.[201] Unter den gläubig verehrten Bildern hat man die berühmten deutschen Philosophen der nachkantischen Zeit zu verstehen, unter dem Bilderstürmer den Arthur Schopenhauer, dessen sämtliche Schriften, mit Ausnahme der „über das Sehn und die Farben", im Eingang angeführt waren. Ein in Deutschland von den wenigsten, im Ausland kaum gekannter Mann arbeite seit fast vierzig Jahren an dem Umsturz aller nach Kant errichteten Lehrgebäude der spekulativen Philosophie; dieses geheimnisvolle Wesen heiße Arthur Schopenhauer und lebe in Frankfurt am Main. Der Verfasser urteilt vom

199 Br. v. 12. Sept. 1852 (Grisebach, Briefe, S. 218).
200 Lindner u. Frauenstädt I. Ein Wort der Verteidigung von E. O. Lindner, S. 1–130.
201 Westminster Review, S. 388–407.

baconischen und utilistischen Standpunkt. Die spekulativen Philosophen Deutschlands, wie Fichte, Schelling und Hegel, seien ohne Zweifel die Träger großer, auf den Fortschritt der Welt gerichteter Ideen, aber ihre Darstellung und Methode sei abstrakt, dunkel und ungenießbar, während Schopenhauers Lehre zwar ihrem Inhalt nach entmutigend und abstoßend, geschichtsfeindlich und ultrapessimistisch sei, aber in ihrer Darstellung und Methode einleuchtend, geistreich und höchst unterhaltend. Als Probe der Darstellungsart gab der Verfasser aus dem ersten Buche des Hauptwerks die Lehre von der menschlichen Vernunft und aus der Schrift über die vierfache Wurzel des Satzes vom Grunde die Erklärung des Kausalitätsgesetzes und die ergötzliche Kritik des kosmologischen Beweises zum besten. Der genialste Teil des Systems scheine ihm die Ideenlehre zu sein, das selbständigste seiner Werke die in Weise der Essays geschriebenen „Parerga und Paralipomena". Die pessimistische Denkart dieses genialen, exzentrischen, kühnen und erschreckenden Schriftstellers verwarf der Engländer und wünschte sich einen Philosophen, der seinen Gefühlen besser zusagte, aber an Tiefe und Ideenreichtum, an Klarheit und Gelehrsamkeit dem misanthropischen Weisen in Frankfurt gleichkäme.

Schopenhauer hatte von diesem Aufsatz gehört und brannte vor Begierde, ihn zu lesen. Lindner verschaffte ihm das Heft der Zeitschrift, er ließ den Artikel durch seine Frau übersetzen und unter dem Titel „Deutsche Philosophie im Ausland" in der Vossischen Zeitung erscheinen. Der Verfasser war John Oxenford (derselbe, der vier Jahre später die erste Auflage meines Werks über „Francis Bacon" ins Englische übersetzt hat).

Obwohl Schopenhauer mit der Würdigung seiner Lehre nicht zufrieden war und lieber „Menschenverächter" als Menschenhasser heißen wollte, so fühlte er sich doch durch die Anpreisung seines Genies, durch den Ausdruck der Bewunderung, die ihm als Schriftsteller gezollt wurde, und dadurch, dass es ein Engländer war, der ihn in solcher Weise illustriert hatte, sehr angenehm berührt. Die Art der Schilderung war in hohem Maße anregend und anreizend, sie war ganz geeignet, den Philosophen zugleich lesens- und sehenswert erscheinen zu lassen. Als „ein geheimnisvolles Wesen" zu gelten, war ganz nach seinem Geschmack, auch nach dem des sensationsbedürftigen Publikums, das solche Wesen liebt. Ohne Zweifel haben

Oxenford und Lindner viel dazu beigetragen, dass Arthur Schopenhauer nunmehr nicht bloß ein berühmter Schriftsteller wurde, was er längst verdiente zu sein, sondern auch eine Frankfurter Sehenswürdigkeit, und dass er noch einige Jahre lang vollauf genießen konnte, was es heißt: „*digito monstrari et dicier hic est!*"

Die Mutter hat die Berühmtheit des Sohnes, die ihr, ich weiß nicht, ob zur Freude oder zur Beschämung, jedenfalls zum Stolz gereicht haben würde, nicht erlebt; sie war den 17. April 1838 in Jena, die Schwester elf Jahre später den 25. August 1849 in Bonn gestorben, nachdem sie einige Jahre zuvor noch das Glück genossen hatte, Rom zu sehen.

3. Die Anfänge der Schopenhauer-Literatur

Die erste Anwendung, welche die Lehre Schopenhauers erfahren und er selbst mit großer Befriedigung aufgenommen hat, bestand in der Abhandlung „Zur systematischen Entwicklung der Geometrie aus der Anschauung", welche Kosack, ein Gymnasiallehrer zu Nordhausen, in dem Osterprogramm 1852 hatte erscheinen lassen, um die Forderungen zu erfüllen, die Schopenhauer in der Lehre vom Grunde des Seins für die geometrischen Beweise gestellt hatte.

Das erste Buch über Schopenhauers Philosophie waren Frauenstädts „Briefe".[202] Wenn nicht zu Anfang und Ende jedes dieser achtundzwanzig Abschnitte „Verehrter Freund" gestanden hätte, so würde selbst ihr Verfasser sie nicht haben „Briefe" nennen können. Auch sind diese zum Teil mit längeren Anmerkungen versehenen Aufsätze weniger eine eingehende und erschöpfende Darlegung der Lehre Schopenhauers als eine anpreisende Erörterung ihrer Beschaffenheiten und Vorzüge, wodurch sie den Eindruck einer fortlaufenden Reklame machen. Indessen pflegen die Deutschen, wie Börne gesagt hat, ein Buch über ein Buch oft lieber zu lesen als das Buch selbst. Und so haben manche Frauenstädts Briefe statt Schopenhauers Schriften gelesen, während andere durch jene zu diesen geführt worden sind.

Schopenhauer selbst, dem die Reklame stets willkommen war, erließ an Frauenstädt ein huldreiches Schreiben: „Hochwürdiger Erzevangelist! Da haben Sie mir wahrlich einen größtmöglichen

202 Briefe über die Schopenhauersche Philosophie, von Dr. Julius Frauenstädt, Leipzig, F. A. Brockhaus, 1854.

Gefallen erzeigt, und wenn irgend etwas es vermag, so muss Ihr Buch meiner Philosophie Bahn brechen." „Bravissimo! habe Ihr Buch zweimal mit unendlichem Pläsier gelesen, ist mir, als sähe ich in einem Konvexspiegel mein verkleinertes Bild. Ist eine vollkommen ähnliche Miniatur" usw.[203]

Der Deutsch-Katholizismus, der in den vierziger Jahren einen erstaunlichen Rumor verursacht hatte, war unserem Philosophen beinahe ebenso widerwärtig als der Hegelianismus und die Universitätsphilosophie. Und nun hatte das ironische Schicksal es wieder so gefügt, dass der Pfarrer einer deutsch-katholischen Gemeinde, G. Weigelt in Hamburg, der erste war, der in öffentlichen Vorträgen über die Geschichte der neuen Philosophie die Lehre Schopenhauers darstellte und vor allen übrigen anpries. Das Buch erschien gleichzeitig mit Frauenstädts Briefen und wurde dem gefeierten Philosophen mit einem Huldigungsschreiben übersandt, welches derselbe „huldreich" erwiderte und seinem Berliner Faktotum als „höchst lesenswert" mitteilte. Weigelt war durch die Lektüre der Parerga und Paralipomena zu dem Studium der übrigen Werke geführt worden. Jetzt verglich Schopenhauer den deutsch-katholischen Pfarrer in Hamburg mit Paulus in Athen, der den Heiden den unbekannten Gott verkündet habe; er verglich die Hamburger Deutsch-Katholiken mit den Thessalonichern und wünschte, dass der Erzevangelist ein Sendschreiben an sie erlassen möge.[204]

Dieser hatte inzwischen durch seine Briefe einen Proselyten in Breslau gewonnen, den Doktor G. W. Körber, Lehrer der Naturwissenschaft am Elisabethgymnasium und Privatdozenten an der Universität, der die erste akademische Vorlesung über Schopenhauer (vor etwa zwanzig aufmerksamen Zuhörern) gehalten und den Meister in einem „Huldigungsschreiben" als das Oberhaupt der Zukunftsphilosophie und ihrer Schule begrüßt hat (1857).[205]

Breslau war die erste Universität, an welcher die Lehre Schopenhauers als Gegenstand einer Vorlesung auftrat, Leipzig die erste, an welcher sie als Thema einer von der philosophischen Fakultät verkündeten Preisaufgabe erschien. Die Aufgabe, von dem Professor

203 Br. v. 28. Jan. 1854 (Grisebach, Briefe, S. 249, 250).
204 Br. v. 4. März 1854 (Grisebach, Briefe, S. 257).
205 „*De philosophia Schopenhaueriana eiusque vi in scientiam naturalem.*" Gleichzeitig Professor Knoodt in Bonn: „*De philosophia Schopenhaueriana*". Grisebach, A. Schopenhauers sämtl. Werke, VI, S. 210. Schemann, Schopenhauer-Briefe, S. 383, 384.

Christian Hermann Weiße gestellt und aus seiner philosophischen Gesellschaft hervorgegangen, hieß: „Darlegung und Kritik der Schopenhauerschen Philosophie“ (1856). Den ersten Preis erhielt R. Seydel, das Akzessit K. G. Bähr, ein junger Jurist, dessen vortreffliche Arbeit der Meister selbst durch sein Schreiben vom 1. März 1857 krönte. „Besonders freut es mich, dass Sie meine Philosophie in enger Verbindung mit der kantischen aufgefasst haben als ein Ganzes: so ist's Recht.“ „Das freut mich, einmal wieder ausführliche Diskussionen über das Ding an sich zu lesen, ganz wie in den neunziger Jahren. Habe ich doch die Sache wieder auf die Bahn gebracht. Kuno Fischer in Jena liest jetzt auch kantische Philosophie.“[206]

Auch der Vater des jungen Mannes, der Maler und Professor J. K. Bähr in Dresden, war ein begeisterter Verehrer des Philosophen, dessen Werke er studiert und dessen Freundschaft er bei einem Besuch im September 1855 gewonnen hatte. Er konnte ihm mitteilen, dass es in Dresden schon eine große Zahl Schopenhauer-Enthusiasten gebe, besonders unter den Frauen.

In demselben Jahre war aus Leipzig noch ein Verehrer erschienen, der sich um Schopenhauer die Verdienste des Apostels und Evangelisten erwerben sollte, da er der erste Verkündiger seiner originellen und tiefsinnigen Ideen über die Musik in deutschen Zeitschriften, der zweite Verkündiger seiner Bedeutung in einer englischen Zeitschrift wurde: David Asher, ein jüdischer Lehrer der englischen Sprache an der Handelsschule in Leipzig. Er hatte ein „Offenes Sendschreiben an den hochgelehrten Herrn Doktor Arthur Schopenhauer“ gerichtet (1855), worin er zwar seine Knie vor ihm beugte, aber als Gegner seiner Willenslehre kampfbereit auftrat, indem er ganz passend sich mit dem Zwerge, ihn mit dem Riesen, ganz unpassend sich mit „David“, ihn mit Goliath verglich.

Zu der Feier des 22. Februar 1859 widmete er dem 71jährigen Greise eine Festschrift: „*Arthur Schopenhauer als Interpret des Goethischen Faust.* Ein Erläuterungsversuch des ersten Teils dieser Tragödie.“ Die ersten Worte des Titels konnten und sollten wohl auch den Schein erwecken, dass Schopenhauer selbst das Goethe'sche Gedicht erklärt habe und hier als dieser Interpret dargestellt werde,

---

206 Gwinner, S. 586–587 (Grisebach, Briefe, S. 450, 451). Die Schrift Bährs erschien unter dem Titel: „Die Schopenhauersche Philosophie in ihren Grundzügen dargestellt und kritisch beleuchtet“, Dresden, Kunze, 1857.

daher auf die Ankündigung der Schrift sogleich 400 Bestellungen einliefen. Der frohlockenden Mitteilung des Verfassers setzte Schopenhauer mit vollem Recht den Dämpfer entgegen: „Das kann keinen anderen Grund haben, als dass *mein* Name den Titel eröffnet und die Leute in ihrer Flüchtigkeit meinen, es sei oder komme von mir" (9. März 1859).

Das Büchlein war nicht nur ein schwaches Produkt, wie Schopenhauer es nannte, sondern ein ganz unbrauchbares und nichtiges Machwerk. Von der Entstehung des Goethe'schen Faust hatte der Verfasser keine Ahnung: „Der erste Teil sei bekanntlich 1790 erschienen, dann mit Zusätzen 1808"! Mit Hilfe der Schopenhauer'schen Lehre wollte er die Dichtung in jener allegorischen Weise erklären, die schon damals ein veralteter und überwundener Standpunkt war: da sollte Gretchen den Willen, Faust den Intellekt verkörpern und Mephistopheles den dem Willen beigesellten Reiz und Trieb, d.h. die umgarnende Phantasie, und was dergleichen Absurditäten mehr sind. Er missverstand selbst den handgreiflichsten Wortsinn. Das kannibalische Wohlsein bedeutet ihm „Kerngesundheit an Geist und Körper". Lateinisch, wie es scheint, hatte er nie gelernt, denn er sagt *„das horror vacui"*, *die „fons vitae"* und dergleichen. Da er ein Anhänger des Judentums und ein Gegner des Tischrückens war, so muss man sich wundern, dass Schopenhauer ihn für einen seiner Apostel, ja sogar Evangelisten erklärt und als solchen noch in seinem Testamente bedacht hat.

Den besonderen Dank des Philosophen hatte er sich durch seine Aufsätze über dessen Lehre verdient: er hatte in „Brendels Anregungen für Kunst, Leben und Wissenschaft" Schopenhauers Ansicht über Musik (1856), in den Blättern für literarische Unterhaltung „Salomon Ibn-Gebirol in seinem Verhältnis zu Schopenhauer" dargestellt. Im Rückblick auf jenen Aufsatz schrieb ihm Schopenhauer den 12. November 1856: „So viele auch schon über meine Philosophie geschrieben haben, noch keiner hat das eigentliche Grundverdienst derselben so deutlich und bestimmt hervorgehoben, wie Sie in Ihrem Aufsatz über meine Musik".[207]

Die Scholastiker des 13. Jahrhunderts, durch die arabischen Philosophen mit dem Aristoteles bekannt geworden, hatten den *„fons*

207 Arthur Schopenhauer. Neues von ihm und über ihn, von Dr. David Asher (Berlin, Gart Duncker, 1871), S. 5. (Grisebach, Briefe, S. 411.)

vitae“ von „Avicebron“ häufig zitiert. Nun war von dem gelehrten Orientalisten Sal. Munk soeben die interessante Entdeckung gemacht und dadurch eine seiner früheren Vermutungen bestätigt worden: dass Sal. Ibn-Gebirol, ein jüdischer Philosoph und Dichter des elften Jahrhunderts in Spanien, dieser Avicebron gewesen sei. Munk hatte aus einer hebräischen Übersetzung des arabischen Originalwerks methodisch geordnete Auszüge in französischer Sprache mitgeteilt und analysiert (1857). Nach Gebirols Lehre sollte der schöpferische Wille der Urgrund der Welt, die Quelle des Lebens, der Entwicklung der Dinge und der menschlichen Erkenntnis sein, der Mensch aber auf dem Wege der Kontemplation und Askese den Zustand der Ekstase erreichen, Kraft deren er zu Gott zurückkehrt.

Da ließen sich denn zwischen ihm und Schopenhauer manche Vergleichungs- und Differenzpunkte hervorheben, auf welche Asher seinen oben erwähnten Artikel gründete. Es tat seinem jüdischen Pietätsgefühl wohl, einem Philosophen seiner Nation, der noch dazu Gesänge für die Synagoge gedichtet hatte, als den Vorgänger Schopenhauers erscheinen zu lassen; dieser aber, dem seine Originalität weit wichtiger war als seine Vorgänger, und der bei einem ähnlichen Anlass gesagt hatte: „*pereant, qui ante nos nostra dixerunt*“, ließ die Vergleichung in einem Bilde gelten, welches den Kontrast zwischen Gebirol und ihm ausmalte. „Allerdings“, so schrieb er, „kann er als mein Vorgänger angesehen werden, da er lehrt, dass der Wille Alles in Allem ist, tut und macht: damit ist aber auch seine ganze Weisheit zu Ende: denn er lehrt es nur so *in abstracto* und wiederholt es tausendmal. Zu mir verhält er sich, wie ein Nachts unter dickem Nebel leuchtender Glühwurm zur Sonne.“[208]

Zwei Vorläufer Schopenhauers, die nicht verschiedener sein konnten, wollte Asher verspürt haben: jenen spanischen Juden des dunkeln Mittelalters und die geistreichste Frau des modernen Frankreichs. In ihrem Buch über Deutschland hatte Frau von Staël gesagt, dass der Mensch auf dem Weg der Chemie und der Logik zu der höchsten Stufe der Analyse gelange, aber der chemischen Analyse entfliehe das Leben und der logischen das Gefühl. „*Quoiqu'il en soit*“, fährt sie fort, „*la volontè, qui est la vie, la vie, qui est aussi la volontè renferment tout le secret de l'univers et de nous-mêmes, et ce*

208 Br. v. 22. Oktober 1857 (Grisebach, Briefe, S. 419).

secret lá, comme on ne peut ni le nier ni l'expliquer, il faut y arriver necessairement par une espèce de divination."

Schopenhauer war selbst überrascht, als er in der Einleitung der ihm gewidmeten Schrift über Goethes Faust diesen Ausspruch las: „Mich hat am meisten die Stelle der Staël interessiert, die mir ganz unbekannt und neu war, obgleich ich das Buch 1814 gelesen habe. Sie ist außerordentlich! Das freut mich, dass sie mich darauf aufmerksam gemacht haben, da sie eine Bekräftigung meiner Grundlehre ist. Sie mir zum Plagiat auslegen, wäre lächerlich; da Systeme, wie meines, nicht aus einem fremden Einfall hervorgehen können."[209]

Bei weitem interessanter, als was an ähnlichen Gedanken *vor* ihm gesagt worden war, fand er, was man von ihm sagte. Er konnte nie genug darüber hören. „Mein Jammer ist, dass ich nicht die Hälfte erfahre von dem, was über mich geschrieben wird. Daher bitte ich Sie, mir stets mitzuteilen, was Ihnen vorkommt." So drängt er den neuen Apostel wie den alten. Noch wenige Monate vor seinem Tod schreibt er: „das Eine, was mir not tut, sind Notizen über mich!"[210]

Als aber Asher jene gekrönte Preisschrift, welche man der Arbeit Bährs vorgezogen hatte, in den Blättern für literarische Unterhaltung nicht abschätzig genug anzeigen wollte, erging sich Schopenhauer wider die Charakterschwäche seines Apostels in Rügen und scharfen Worten, wie er bei ähnlichen Anlässen es auch mit Frauenstädt zu halten gewohnt war: „Ich sehe, dass Sie voll Rücksicht, Vorsicht, Nachsicht, wohl auch Aussicht und Absicht sind!"[211]

Hatte ihn Asher in der Lehre vom Willen auf einen Vorgänger hingewiesen, der acht Jahrhunderte vor ihm gelebt und in der Grundanschauung vom Werte der Welt und des Lebens gar nichts mit ihm gemein hatte, vielmehr ein optimistisch gesinnter Jude war, so wurde er jetzt von seinem Münchener Apostel auf einen völlig gleichgesinnten Zeitgenossen aufmerksam gemacht, den italienischen Grafen *Giacomo Leopardi*, dessen Pessimismus die dichterische und philosophische Frucht seiner vaterländischen und persönlichen Schicksale war. Es ist zu verwundern, dass Schopenhauer bei seiner Kenntnis der italienischen Literatur diesen Mann, einen der interessantesten

209 Br. v. 9. März 1859 (ebendas. S. 437–438). Vgl. Arthur Schopenhauer als Interpret des Goetheschen Faust, S. 11 Anmerkung.
210 Br. v. 2. Juli 1858, 1. April 1860 (Grisebach, Briefe, S. 429, 445).
211 Br. v. 2. Juli 1858 (ebendas. S. 428).

Pessimisten, die je gelebt haben, erst zwanzig Jahre nach dessen Tod, erst kurz vor dem seinigen, erst durch Adam v. Doß kennen gelernt hat. Jetzt erquickte er sich an seinen Werken und erkannte in ihm den ebenbürtigen Geist.

In den Ergänzungen seines Hauptwerks handelt das sechsundvierzigste Kapitel „Von der Nichtigkeit und dem Leiden des Lebens". Dazu schrieb er in sein Handexemplar folgenden Zusatz: „Keiner jedoch hat diesen Gegenstand so gründlich und erschöpfend behandelt, wie in unseren Tagen *Leopardi*. Er ist von demselben ganz erfüllt und durchdrungen: überall ist der Spott und Jammer dieser Existenz sein Thema, auf jeder Seite seiner Werke stellt er ihn dar, jedoch in einer solchen Mannigfaltigkeit von Formen und Wendungen, mit solchem Reichtum an Bildern, dass er nie Überdruss erweckt, vielmehr durchweg unterhaltend und erregend wirkt."

Er war daher hocherfreut, als er durch Lindner im Februar 1859 das jüngste Dezemberheft der in Turin erscheinenden „*Rivista contemporanea*" mit einem 40 Seiten langen Gespräch „*Schopenhauer e Leopardi*" erhielt, worin er seine Lehre so treffend und gewandt, als er nur wünschen konnte, vorgetragen fand; der Verfasser hieß Francesco de Sanctis, ein vertriebener Neapolitaner, der später neapolitanischer, dann zu wiederholten Malen italienischer Unterrichtsminister werden sollte, zurzeit aber Professor am Polytechnikum in Zürich war, wo damals, von der europäischen Reaktion verfolgt, eine politische und internationale Emigration lebte.

4. Richard Wagner

Hier hatte sich eine Schopenhauer-Gemeinde gebildet, welche in ihm den Philosophen verehrte, der das Geheimnis dieser niederträchtigen Zeit ausgesprochen und an das volle Tageslicht gebracht habe; sie ahnten nicht, dass der „Volksdank für die preußischen Krieger", welche den Aufruhr niedergekämpft und der Reaktion zum Sieg verholfen hatten, sein Universalerbe war. Unter diesen Emigranten befand sich der wegen seiner Beteiligung an dem Dresdner Aufstand im Mai 1849 flüchtige Kapellmeister *Richard Wagner*, der Tondichter des Rienzi und des fliegenden Holländer, des Tannhäuser und Lohengrin, während seines Aufenthaltes in Zürich mit der Dichtung des Zyklus der Nibelungen beschäftigt, die „das Kunstwerk der Zukunft", das deutsche Kunstwerk, zur vollen Geltung bringen und den

Namen Wagners verewigen sollte. In dieser Zeit las er die Schriften Schopenhauers und fühlte sich davon hingerissen; namentlich die neue Lehre über die Musik ergriff ihn wie eine Offenbarung. Dies ist eine der größten und folgreichsten Wirkungen Schopenhauers gewesen, die er selbst nicht in der ganzen Bedeutung gewürdigt hat, welche sein Nachruhm derselben verdankt.

Als er im Dezember 1854 aus der Mitte jener Emigration eingeladen wurde, nach Zürich zu kommen, wo man ihn kennen lernen und feiern wollte, lehnte er diese schon wegen der Jahreszeit sonderbare Zumutung höflich und kurz ab, indem er erklärte, dass er überhaupt nicht mehr reise. Da erschien ein Buch, „bloß für Freunde gedruckt, auf superbem dicken Papier und sauber gebunden", von Richard Wagner: „Der Ring der Nibelungen", ohne Brief, mit der handschriftlichen Widmung: „Aus Verehrung und Dankbarkeit". „Es ist eine Folge von vier Opern, die er einst komponieren will, wohl das eigentliche Kunstwerk der Zukunft: scheint sehr phantastisch zu sein, habe erst das Vorspiel gelesen, werde weiter sehen." So schreibt er den 30. Dezember 1854 dem Jünger in Berlin.[212]

Aus Wagners Schülerkreis erschien im September des folgenden Jahres Robert von Hornstein in Frankfurt, um Schopenhauer kennen zu lernen und bezeugte ihm, wie der Gefeierte selbst sich ausdrückt, „übertriebene Ehrfurcht"; er hat später aus seinem fünfjährigen Verkehr mit Schopenhauer Erinnerungen an ihn veröffentlicht und darin berichtet, dass er „Richard Wagner nie mit solchem Enthusiasmus von einem Künstler oder Autor habe reden hören, als von Schopenhauer".[213]

In seiner zur ersten Säkularfeier Beethovens (16. Dezember 1870) verfassten Schrift über „*Beethoven*" erklärte sich Richard Wagner mit der musikalischen Lehre Schopenhauers völlig einverstanden, wodurch der Ruhm dieses an den Triumphen jenes, die seit einem Menschenalter die Welt erfüllen, seinen Anteil erhielt.

Es ist eine sehr bemerkenswerte Tatsache, dass zwei anerkannte und unwiderrufliche Größen aus dem letzten Drittel unseres Jahrhunderts die Sache Schopenhauers zu der ihrigen gemacht und

212 Grisebach, Briefe, S. 285.

213 Br. v. 7. Sept. 1855 (ebendas. S. 306). – Wiener Neue freie Presse, 21. u. 23. Nov. 1883. Vgl. Grisebach, Schopenhauers Gespräche und Selbstgespräche, 2. Aufl., 1902, S. 76 ff. – Vgl. Grisebach, A. Schopenhauers S. W., VI, S. 209.

unter dem Bann seiner Werke gestanden haben: der berühmteste Musiker des Zeitalters und der berühmteste Schriftsteller Russlands, der durch seine religiöse Gesinnungs- und Handlungsweise noch interessanter und merkwürdiger ist als durch seine Dichtungen. Graf Leo Tolstoi, nach der Vollendung seiner militärischen und in den Anfängen seiner literarischen Laufbahn, schrieb an seinen Freund Fet-Schenschin, den nachmaligen Übersetzer des Philosophen: „Ein unwandelbares Entzücken an Schopenhauer und eine Reihe geistiger Genüsse durch ihn haben mich erfasst, wie ich sie nie bisher empfunden. Ich weiß nicht, ob ich die Meinung je ändern werde, aber gegenwärtig finde ich, dass Schopenhauer der genialste der Menschen ist. Es ist eine ganze Welt in einem unglaublich kleinen und schönen Spiegelbilde.“ Noch im Jahre 1890 sei Schopenhauers Bildnis das einzige Porträt in seinem Studierzimmer gewesen.[214]

III. Der Philosoph des Jahrhunderts

1. Die neuen Auflagen

Bei dem plötzlichen und mächtigen Aufschwunge, den seit der Erscheinung seines jüngsten und letzten Werks der Name Schopenhauers und das Interesse an seiner Lehre genommen hatte, konnte nun auch die Verbreitung der früheren Schriften nicht länger gehemmt und im Rückstand bleiben. Es hat volle vierzig Jahre gedauert, bis der Zeitpunkt zu einer wirklich neuen Auflage des Hauptwerks eintrat: nach dem Beginn der neuen Ära sind im Laufe eines Jahrzehnts (1854 – 1864), welches er selbst nicht mehr vollständig erleben sollte, *alle* seine Schriften in neuen Auflagen erschienen.

Während der letzten sechs Lebensjahre (1854 – 1860), die man als seine Glanzzeit bezeichnen kann, erschienen in zweiten Auflagen: die Schrift „Über den Willen in der Natur“ (August 1854), die „Über das Sehn und die Farben“ (November 1854), „Die beiden Grundprobleme der Ethik“ (August 1860), in dritter Auflage das vollständige Hauptwerk (September 1859). Die angeführten Daten sind die der Vorreden. Ein Jahr nach seinem Tod erschien die neue Auflage der „Parerga und Paralipomena“, drei Jahre später die der ersten Schrift „Über die vierfache Wurzel des Satzes vom zureichenden Grunde“.

214 Vgl. ebendas. VI, S. 112 Anmerkung.

Dass ihm als „dem echten und wahren Thronerben Kants" im Reich der Philosophie die Alleinherrschaft gebühre, war seine Überzeugung und sein Anspruch von jeher; aber er herrschte *in partibus*, denn es gab niemand, der seine Prätendentschaft kannte, geschweige anerkannte. Als nun die Zahl seiner Bekenner zu wachsen und laut zu werden begann, schrieb Rosenkranz in Gödekes „Deutsche Wochenschrift" einen Beitrag „Zur Charakteristik Schopenhauers" und nannte ihn darin scherzhaft den neuerwählten Kaiser der Philosophie in Frankfurt am Main (1854). Schopenhauer ärgerte sich zuerst über diesen Aufsatz und nannte den Verfasser nach seiner beliebten Art einen „Schuft", bald aber ließ er sich den Spaß wohl behagen und setzte denselben in den Briefen an Frauenstädt fort. Nachdem er die neue Vorrede zum Willen in der Natur festgestellt hatte, schrieb er seinem Erzevangelisten in Berlin: „Habe soeben die Kaiserliche Thronrede (in Form einer Vorrede) corrigirt und ratificirt. Majestät sind halt ungnädig, weil man denselben auf höchst dero Nase spielen wollen."[215]

Diese Thronrede bekriegt den herrschenden Materialismus in seinen beiden Formen: den metaphysischen und den moralischen. In den Schriften von Karl Vogt, Moleschott, Büchner u.a. stand damals die Saat der materialistisch gesinnten Naturwissenschaft in vollen Halmen. Ludwig Feuerbach hatte schon längst den Sensualismus für „die Philosophie der Zukunft" erklärt und neuerdings der Nahrungsmittellehre Moleschotts seinen Stempel mit dem Satze aufgeprägt: „Der Mensch ist, was er *ißt*". Es galt in jenen Tagen für die ausgemachteste Sache, dass die echte und ehrliche Naturwissenschaft von Grund auf materialistisch gerichtet und gesinnt sein müsse, dass jede Abweichung von dieser Richtschnur Heuchelei oder Dummheit sei. Dem entgegen sagt Schopenhauer: „Der beispiellos eifrige Betrieb sämtlicher Zweige der Naturwissenschaft droht zu einem krassen und stupiden Materialismus zu führen, an welchem das *zunächst* Anstößige nicht die moralische Bestialität der letzten Resultate, sondern der unglaubliche Unverstand der ersten Prinzipien ist, da sogar die Lebenskraft abgeleugnet und die organische Natur zu einem zufälligen Spiel chemischer Kräfte erniedrigt wird".

215 Br. vom 11. September 1854 (Grisebach, Briefe, S. 277).

Der theoretische oder metaphysische Materialismus besteht in dem Glauben, dass die Materie das Ding an sich sei. Diesen habe die gegenwärtige Naturwissenschaft zu ihrer Grundlage und Folge, während der von der kritischen Zeitrichtung genährte Unglaube den praktischen oder moralischen Materialismus erzeuge, worunter wohl nichts anderes gemeint sein kann als die egoistische Liebe zum Welt- und Lebensgenuss.

Von diesen beiden Grundübeln die Zeit zu erlösen vermöge er allein durch seine Lehre; die Universitätsphilosophie sei dazu vollkommen unfähig, die Korybanten hätten durch Lärm und Tosen die Stimme des neugeborenen Zeus unvernehmbar machen wollen. Die Philosophieprofessoren sind diese Korybanten. Er ist der neugeborene Zeus. Es sei zu Ende mit den Rittern im Harnisch von Pappe, wenn der Ritter im Harnisch von Stahl plötzlich unter sie tritt: der Harnisch von Pappe ist die spekulative Theologie und rationale Psychologie, womit die Philosophieprofessoren Staat machen; der Harnisch von Stahl ist die Kritik der reinen Vernunft, von der jene nichts wissen und verstehen.

Der Hegelianer Michelet hatte sich eben damals einer Unkenntnis der kantischen Lehre schuldig gemacht, da er in zwei verschiedenen Werken den kategorischen Imperativ in der umgekehrten und dem wahren Sinn desselben widersprechenden Formel: „Du sollst, denn du kannst" angeführt hatte. Indessen hat Schopenhauer in seiner „Thronrede" bei Gelegenheit dieses Vorwurfs sich auch eine Blöße gegeben, da er spottend bemerkt, Michelet möge die kantische Philosophie wohl in den Epigrammen Schillers studiert haben. Dort aber steht das Richtige. Das Xenion, welches ihm unklar und darum unrichtig vorschwebte, heißt:

Auf theoretischem Feld ist weiter nichts mehr zu finden:
Aber der praktische Satz gilt doch: du kannst, denn du sollst.[216]

Zwischen der Entstehung der Schrift „Über das Sehn und die Farben" und ihrer zweiten Auflage lag ein Zeitraum von vierzig Jahren. Es gab hier mancherlei nachzubessern, in der Hauptsache nichts zu ändern. „Ich darf annehmen", sagt er in der Vorrede, „dass der Geist der

216 Schillers S. W., historisch-krit. Ausg., Bd. XI, S. 148 (Xenien, Nr. 383).

Wahrheit, der in größeren und wichtigeren Dingen auf mir ruhte, auch in dieser untergeordneten Angelegenheit mich nicht verlassen hat." Der dogmatische Realismus herrsche, als ob Kant nie gelebt habe; die Materialisten und Spiritualisten streiten über „Seelensubstanz" und „Seelenstoff", wie „die philosophierenden Schuster", ohne eine Ahnung der Transzendentalphilosophie, die gezeigt habe, wie die Erscheinungen entstehen und zustande kommen. Physiker und Physiologen hätten diese seine Schrift völlig unberücksichtigt gelassen, ausgenommen Professor Anton Rosas in Wien, welcher im ersten Band seines Handbuchs der Augenheilkunde (1830) sie benützt und stellenweise wörtlich abgeschrieben habe, ohne den Verfasser selbst auch nur zu nennen.

Auch die Anerkennung dieser Schrift ist nicht ausgeblieben. Schopenhauer hätte noch erleben können, dass Männer von Fach, wie der Physiologe Joh. Czermak, der Mathematiker Joh. K. Becker, der Physiker Fr. Zöllner in seinem Werke „Über die Natur der Kometen", ihr eine Bedeutung ersten Ranges zuerkannten; er wurde in seiner Farbenlehre mit Männern, wie Thomas Young (1802) und Hermann von Helmholtz (Physiologische Optik 1856), in seiner Lehre vom Sehen und von den unbewussten Schlüssen mit dem letzteren verglichen und zusammengestellt, und zwar als der Vorgänger.

Nach dem Jahre 1854 hatte er die Sicherheit, durchgedrungen zu sein. Als ihm die Verlagshandlung Brockhaus den 5. August 1858 die Mitteilung machte, dass nunmehr eine neue Auflage seines Hauptwerks erforderlich sei, antwortete er wohl erfreut, aber keineswegs überrascht, dass er diesen Erfolg längst erwartet habe. Doch erscheint bis zu diesem Zeitpunkt der buchhändlerische Erfolg überaus gering. Von dem ursprünglichen Hauptwerk, beide Ausgaben gerechnet, waren 1250 Exemplare gedruckt, davon ungefähr die eine Hälfte makuliert, die andere in dem Zeitraum voller vierzig Jahre (1818 – 1858) verkauft worden: also durchschnittlich 15 bis 16 Exemplare im Jahre! Und es handelte sich um ein Werk von unwiderruflicher Bedeutung für alle Zeiten. Im Widerspiele dazu sehen wir heutzutage Bücher, die in einem Jahre 15 bis 16 Auflagen und mehr erleben oder erkünsteln und doch sicher sein können, dass sie noch vor den Augen der Mitwelt ins Dunkel sinken. Alles währt seine Zeit, auch der Humbug!

Was er vor zwanzig Jahren der Akademie zu Drontheim von seinem Lebensabend gesagt hatte, wiederholte er jetzt in der Vorrede zu der neuen Auflage seines vollständigen Hauptwerks: er tröste sich mit den Worten Petrarcas: „*Si quis toto die currens pervenit ad vesperam, satis est*". „Bin ich zuletzt doch auch angelangt und habe die Befriedigung, am Ende meiner Laufbahn den Anfang meiner Wirksamkeit zu sehen, unter der Hoffnung, dass sie einer alten Regel gemäß in dem Verhältnis lange dauern wird, als sie spät angefangen hat."

Aber der dänischen Akademie konnte er es nicht vergessen, dass sie vor zwanzig Jahren seine Arbeit des Preises für nicht würdig befunden und ihm noch dazu wegen der „*summi philosophi*" einen Verweis erteilt habe. Jetzt verglich er sie mit König Midas, der als Preisrichter den Marsyas dem Apollo vorgezogen, dafür aber von diesem zur Strafe den fatalen Schmuck erhalten hatte. „Auf Midasurteil folgt Midasschicksal und bleibt nicht aus." „Jetzt kommen die Folgen: die Nemesis ist da! Schon rauscht das Schilfrohr! Ich bin dem vieljährigen vereinten Widerstande sämtlicher Philosophieprofessoren zum Trotz endlich durchgedrungen!" – diese Worte in der Vorrede zu der neuen Auflage seiner Schrift über „Die beiden Grundprobleme der Ethik" sind im August 1860 kurz vor seinem Tod geschrieben: es sind die letzten, welche er an die Welt gerichtet hat.

Der schönste Abschied, den er von der Welt nehmen konnte, steht in den „Senilia", wo er die neue Vorrede zu seinem Hauptwerk entwirft. Nachdem er jene Worte aus Petrarcas Buch von der Weisheit angeführt hat, sagt er von sich selbst: „Nun wohl, jetzt ist es ja überstanden, das Abendrot meines Lebens wird das Morgenrot meines Ruhmes, und ich sage in Shakespeares Worten:

Ihr Herren, guten Morgen, löscht die Fackeln aus!
Der Wölfe Raubzug ist gewesen; seht den milden Tag.
Vor Phöbus Wagen schreitet er einher,
Den noch schlaftrunkenen Ost mit Grau besprenkelnd."[217]

217 Worte Don Pedros in „Viel Lärm um Nichts", V, 3.

2. Die Popularität

Wenn Schopenhauer länger gelebt hätte, so würde er am Ende den Ruhm, der schon in die Breite der Popularität sich auszudehnen anfing, vielleicht noch als Plage empfunden haben. Nicht bloß die Huldigungsschreiben mehrten sich, sondern auch die Huldigungsbesuche, und diese letzteren häuften sich bisweilen so sehr, dass sie seine Behaglichkeit störten und der Frankfurter Einsiedler in das Gedränge der Bewunderer geriet. An der Wirtstafel im Englischen Hof, wo er zu Mittag aß, drängte man sich in seine Nähe; kam er nach Hause, um auszuruhen, so traf es sich wohl, dass in seinem Zimmer ein Bewunderer saß, der stundenlang seiner harrte.

Den oben erwähnten Besuch des Dichters Hebbel in Begleitung von W. Jordan empfing er am 4. Mai 1857. Als er sich von Hebbel gefeiert sah, scherzte er darüber, dass in der tragischen Weltposse nunmehr die Komödie seines Ruhmes aufgeführt werde, wobei er selbst, obwohl der Vorhang bereits aufgezogen sei, gleich dem verspäteten Lampenputzer noch auf den Brettern erscheine.[218]

Er wollte stets der Gesuchte sein und sogar eine ihm höchst interessante Bekanntschaft lieber nicht machen, als die geselligen

218 Vgl. W. Jordan, Episteln und Vorträge, S. 32 ff. S. oben 5. Kap., S. 114. – Vgl. Grisebach, Schopenhauers Gespräche und Selbstgespräche, 2. Aufl., 1902, S. 103. – Robert v. Hornstein, „Erinnerungen an Richard Wagner", Auszüge aus dem ungedruckten Nachlass des Komponisten, Freie Presse, 23. u. 24. Sept. 1904.

Es kamen nun auch Schopenhauer-Anekdoten in Umlauf. Man hatte eines Tages bemerkt, dass er an der Wirtstafel im Englischen Hof ein Goldstück vor sich hingelegt und am Ende immer wieder eingesteckt und mitgenommen hatte. In seiner Nähe saßen junge reiche Leute vom Sport. Gefragt, was das stumme Spiel mit dem Goldstück bedeute, gab er zur Antwort: „Ein Gelübde! An dem Tage, wo diese Herren über etwas anderes sprechen werden als über Hunde, Pferde und Frauenzimmer, sollen mein Goldstück die Armen haben. Sie sehen, dass ich es immer wieder mitnehme." In einem Aufsatze: „*Un Bouddhiste contemporain en Allemagne*" (*Revue des deux mondes*, März 1870) hat der jüngst verstorbene französische Staatsmann und Philosoph Challemel-Lacour Schopenhauer aus persönlicher Bekanntschaft geschildert und das obige Geschichtchen so erzählt, als ob er es als Augen- und Ohrenzeuge erlebt habe (vgl. Grisebach, Schopenhauers Gespräche u. s. f., S. 107 ff.). Challemel-Lacour gehörte im Jahr 1856 zur Emigration in Zürich, wo er Professor am Polytechnikum war; sein Besuch des Philosophen fällt in das Jahr 1859. (Frankfurter Zeitung, Feuilleton, den 29. Okt. 1896.) In den „Erinnerungen" des Dichters Matthisson (1816) wird ganz dieselbe Geschichte von einem Engländer an der Wirtstafel zu Innsbruck erzählt und dem Frankfurter Philosophen nunmehr die Originalität des Einfalls bestritten. (Frankf. Zeitung, Feuilleton, den 8. November 1896.)

Ein anderes Mal gefragt, ob sich die Quintessenz seiner Lehre in der Kürze aussprechen lasse, antwortete Schopenhauer, indem er auf sein Goldstück hinwies: „Jawohl! Ich befinde mich hier in ganz guter Gesellschaft, lasse mein Goldstück liegen, und wenn ich nach einiger Zeit zurückkehre, so ist es verschwunden." Ich weiß nicht, ob Challemel-Lacour auch dieses Geschichtchen miterlebt haben will.

Kosten aufwenden, um die ersten Schritte zu tun. Dazu war er zu überstolz, vielleicht auch zu ungewandt. Eines Tages kam der berühmte G. A. Rossini auf seiner Durchreise nach Frankfurt und sollte abends um 5 Uhr an der Wirtstafel im Englischen Hof erscheinen. Der Wirt hatte Schopenhauer davon benachrichtigt. Dieser, leidenschaftlicher Freund der Musik, origineller Musikphilosoph, begeisterter Verehrer Rossinis, den er unter den Tonkünstlern der Gegenwart am höchsten schätzte, schrieb sogleich an den Maler Lunteschütz, seinen Freund und Tischnachbar, ein französisches Billett, worin er ihm mitteilte, dass „Rossini, der große Rossini" im Englischen Hof dinieren werde, und dass er beim Wirt zwei Plätze für sich und den Freund unmittelbar neben dem Minister reserviert habe. Sollte Rossini nichts von dem großen Originalphilosophen in Frankfurt a. M. erfahren und zu seiner freudigen Überraschung von dem Wirt gehört haben, wer sein Tischnachbar sein werde? Alles ging nach Erwartung, aber der italienische Meister unterhielt sich mit seiner Frau und seinem Begleiter, ohne die anderen Tischgenossen zu beachten; Schopenhauer aber sprach mit seinem Begleiter, den er in einem französischen Billett auf den „großen Mann" eingeladen hatte, deutsch und ging nach Hause, ohne mit Rossini ein Wort gewechselt zu haben – „um eine Enttäuschung reicher", wie der Herausgeber jenes Billetts hinzufügt.[219]

Er war förmlich Mode geworden, da schon in der Frauenwelt und selbst in militärischen Kreisen für ihn geschwärmt wurde. Aus drei preußischen Festungen, Magdeburg, Spandau und Neisse, kamen ihm Anzeichen zu, dass es dort Offiziere gab, die seine Werke eifrig studierten. Noch im Jahre 1849 war Frauenstädt der einzige, der ihn zu seinem Geburtstag beglückwünschte; fünf Jahre später wollten zwanzig Offiziere der Magdeburger Garnison zum 22. Februar eine gemeinsame Gratulationsadresse an ihn richten, die aber nicht zustande kam. Ja, die Schopenhauermode hatte sich so weit fortgepflanzt, dass sogar in der österreichischen Militärerziehungsanstalt zu Weißkirchen in Mähren einige Kadetten heimlich und nächtlich seine Schriften lasen. Zwei dieser Zöglinge fühlten sich von dem Probleme beschwert: wie sie den Willen zum Leben, der doch in

219 Schemann, Schopenhauer-Briefe, S. 480. (Die Begegnung fällt in das Jahr 1856.)

jedem Individuum *ganz* enthalten sei, verneinen und zugleich die Welt, die doch die Objektivation des Willens sei, erhalten könnten? Sie wendeten sich mit ihren Skrupeln an den Meister selbst und baten ihn um heimliche Auskunft; er hat noch drei Wochen vor seinem Tod in einem freundlichen und eingehenden Schreiben ihnen auseinandergesetzt, dass ihre Frage und deren Lösung „transzendent“ wäre.[220]

Von Jahr zu Jahr wurde die Geburtstagsfeier immer ansehnlicher, die Glückwünsche zahlreicher, aus der Ferne kamen Blumenspenden und Ehrengeschenke, in den Frankfurter Zeitungen erschienen zu seiner Verherrlichung Gedichte, deren eines ihn mit dem König *Arthur* von der Tafelrunde verglich. Die Zeichen der persönlichen Verehrung nahmen oft den Charakter der Devotion an. Als ihm zum ersten Mal die Hand geküsst wurde, schrie er vor Schreck laut auf; bald aber, da sich der Handkuss noch einige Mal wiederholte, gewöhnte er sich an diese „seinem kaiserlichen Ansehen wohl gebührende Zeremonie“.

3. Porträts und Ähnlichkeiten

Es gibt von Schopenhauer zwei Porträts aus seiner Jugendzeit in Weimar und Dresden: das erste, ein Pastellbild, wahrscheinlich von Gerhard von Kügelgen, dem Freunde Fernows und seiner Mutter, stellt ihn dar, wie er in seinem ersten Studentenjahr aussah (1809), doch hatte er nicht rote, sondern blonde Haare, die sich schon in seinem 44ten Jahre grau färbten; das zweite, ein Ölbild von seinem Freunde, dem Maler Sigismund Ruhl, stammt aus der Dresdner Zeit (1814 - 1818). Als er das Jugendbild mit den roten Haaren einen Frankfurter Freund, der ihn zu seinem 69. Geburtstage (22. Februar 1857) besonders hoch gefeiert hatte, sehen ließ, verwahrte er sich fast mit Heftigkeit gegen die roten Haare. Er war bekümmert, dass in den kommenden Jahrhunderten die Kulturvölker Europas ihn rothaarig vorstellen möchten. „Das Bild wird auf die Nachwelt kommen; um nun dem Irrtum vorzubeugen, als hätte ich rote Haare gehabt, habe ich auf der Hinterseite des Bildes, wie Sie sehen, in lateinischer, deutscher, französischer, englischer und

220 Schemann, Schopenhauer-Briefe, S. 407–408 (Br. v. 1. Sept. 1860). – Die Adressaten heißen M. Sikié und L. Schramek. S. Grisebach, Schopenhauers Briefe, S. 456 f.

italienischer Sprache geschrieben: ‚Ich habe niemals rote Haare gehabt'."[221]

Fünf Porträts, sämtlich Ölbilder, stammen aus seinen letzten Lebensjahren (1855 – 1859). Drei davon hat der französische Maler Jules Lunteschütz aus Besançon gemalt, der als sein Tischnachbar die häufigste Gelegenheit hatte, den Gesichtsausdruck Schopenhauers zu beobachten: das erste mit dem „*faux air*" der Ähnlichkeit (1855) gelangte in den Besitz des Herrn Wiesike aus Plauerhof in der Mark und befindet sich jetzt im Germanischen Nationalmuseum zu Nürnberg; das zweite „sehr viel besser" gelungene war drei Jahre nach dem ersten fertig (Juni 1858); Lunteschütz hat es an Karl von Metzeler verkauft, der es 1886 dem Städel'schen Institut zu Frankfurt a. M. schenkte.[222] Schopenhauer hatte eine Reihe langweiliger Sitzungen zu bestehen, dafür aber den Trost, dass sich das Atelier des Malers in den heiligen Hallen des Deutsch-Herrenhauses befand. Das dritte Ölgemälde von Lunteschütz war im Juni 1859 „beinahe fertig"; der Maler hat es dem Besitzer des Englischen Hofes, Theodor Berthold, überlassen, der es beim Verkaufe seines Hotels mit in seine Privatwohnung nahm.[223] In der Zwischenzeit wurde im Auftrag eines Berliner Verehrers von dem Maler Julius Hamel ein Porträt Schopenhauers angefertigt (1856), welches dieser selbst für eine Karikatur erklärt hat. Das fünfte dieser Bilder nach dem Leben, im Februar 1859 vollendet, ist von dem Frankfurter Maler Angilbert Goebel gemalt und radiert worden. Schopenhauer selbst hat geäußert, dass dieses Bild „ähnlich und sehr gut, aber ohne alle Idealität" sei; es befindet sich (seit 1905) auf der Kgl. Gemäldegalerie zu Kassel.[224]

221 S. oben 3. Kap., S. 77-81. Vgl. Grisebach, Lebensgesch., S. 239 ff. – Grisebach, Schopenhauers Gespräche und Selbstgespräche, 2. Aufl., 1902, S. 101 u. 102.

222 Das zweite Bild von Lunteschütz ist als Photogravüre in Frankfurt a. M. erschienen. Vgl. Grisebach, Schopenhauers Briefe, S. 19. Ebenderselbe, Schopenhauers Lebensgeschichte, S. 250.

223 Vgl. Carl Töwe, „Die Schopenhauer-Portraits" in der Zeitschrift f. Philos. u. philos. Kritik, Bd. 124, S. 201 ff. Grisebach, Schopenhauer. Neue Beiträge zur Geschichte seines Lebens, S. 77. Kritische Zusätze am Schlusse dieses Buches.

224 Vgl. Grisebach, Neue Beiträge, S. 78. – „Goebel, unser bester Porträtmaler, von vielem Talent, hat soeben ein Porträt vollendet, gewiss sehr ähnlich und nicht geschmeichelt; aber ich sehe keine Spur von Geist und echtem Ausdruck: ein alter Drache ist's. Goebel ist superlativer *Realist*." „Es ist nicht das ‚Ideal des Individuums', sondern das Individuum." So schrieb Schopenhauer den 26. Februar 1859 an Karl Bähr. Und einige Monate später (1. Mai 1859): „Goebels Ölporträt ist gewiss ähnlich und sehr gut, aber ohne alle Idealität". Gespräche und Briefwechsel mit A. Schopenhauer. Aus dem Nachlass von Karl Bähr herausgegeben von Ludwig Schemann, S. 63 und 64. Das Hamel'sche Porträt glich nach Schopenhauer einem Dorfschulzen.

Von seinen Lichtbildern hat Schopenhauer ein Daguerreotyp aus dem August 1852 für vorzüglich erklärt und wegen der vollkommensten Ähnlichkeit von Stirn und Nase für „unschätzbar". Dagegen sagt er von der Photographie, nach welcher die Illustrierte Zeitung gegen Ende des Jahres 1858 einen Holzschnitt gebracht hatte: „Der Fratz ist schändlich und mir sehr unähnlich. Die dicke Nase ist Wirkung der zu großen Nähe der Maschine, die Augen schielig, das Maul infam." Die Schäfer'sche Photographie aus dem Jahre 1859, welche die letzte sein sollte, fand er „sehr gut"; sie ist gleichzeitig mit dem dritten Ölbild, welches Lunteschütz nach der Phantasie gemalt hat. Die Schäfer'sche Photographie im kleineren Format ist als Titelblatt in Grisebachs „Edita und Inedita Schopenhaueriana" reproduziert; jenes zweite Ölbild von Lunteschütz ist im Titelblatt der von Grisebach verfassten Lebensgeschichte Schopenhauers wiedergegeben.

Im Oktober 1859 erschien die junge Bildhauerin Elisabeth Ney, eine Großnichte des französischen Marschalls, in Frankfurt, um die Büste des Philosophen zu machen; sie hat ihn nicht bloß modelliert, sondern auch bezaubert, sie wohnte in demselben Haus, nahm in seinem Zimmer nachmittags den Kaffee, ging mit ihm spazieren und ließ sich von ihm, wie sein Biograph berichtet, den Hof machen. „Ich habe nicht geglaubt, dass es ein so liebenswürdiges Mädchen geben könnte", schrieb er den 21. November 1859 an Lindner. Und zwei Wochen später an Frauenstädt: „Die Ney ist das *liebenswürdigste* Mädchen, so mir je vorgekommen". Wo war der Misogyn geblieben? Der Verfasser des Kapitels „Über die Weiber" in den Paralipomena? Auch seine Büste fand er „höchst ähnlich und schön gearbeitet". Das Exemplar, welches Schopenhauer von dem Gipsabguss erhielt, steht jetzt in der Stadtbibliothek zu Frankfurt.[225]

Nach seinem Tod hat Franz Lenbach das Ölbild Schopenhauers für die Wagner-Villa in Bayreuth gemalt und der Bildhauer Friedrich Schierholz eine Büste mit Benutzung der Totenmaske gearbeitet.[226] In den „Schopenhauer-Briefen", welche Schemann herausgegeben hat, finden sich die beiden Porträts von Ruhl und Lenbach.

Man sagt, dass Schopenhauers Gesichtsausdruck dem Voltaires geglichen habe, wenn er sprach, und dem Beethovens, wenn er

225 Grisebach, Briefe, S. 406, 355. – Br. an Asher v. 10. November 1859, 18. August 1860. Vgl. Gwinner, S. 601 (Grisebach, Briefe, S. 442, 449).

226 Grisebach, Edita u. s. f., S. 46–50. Arthur Schopenhauer, S. 524.

schwieg. Er selbst wollte bei dem Anblick seiner Photographie eine ganz auffallende Ähnlichkeit mit Talleyrand gefunden haben, den er im Jahre 1808 zu Erfurt oft und bequem gesehen. Und bald darauf machte ein Engländer, der in seiner Jugend den französischen Staatsmann viel gesehen und gesprochen hatte, dieselbe Wahrnehmung, indem er mit Schopenhauer sprach und ihn aufmerksam anblickte. Es sei ihm öfter begegnet, erzählt Schopenhauer, dass Fremde ihn lange und verwundert betrachtet hätten, wie gebannt von dem Eindruck eines höheren Wesens. „Ich möchte wissen, was er von uns anderen denke", habe ein Franzose gesagt, „wir erscheinen gewiss recht klein in seinen Augen: *„c'est qu'il est un Âtre supérieur"*." Er selbst erkannte in seiner Gesichtsbildung den Ausdruck seiner „ungeheuren Geistesarbeit".

In Böhmen lebte ein Verehrer, der das Bild Schopenhauers, wie dieser noch kurz vor seinem Tod erfuhr, täglich bekränzte. Jenes erste von Lunteschütz gemalte Ölbild kaufte, wie erwähnt, der Gutsbesitzer Wiesike und wollte auf seinem Schloss eine Kapelle dafür bauen lassen. Der Anfang des Kultus! Welche Perspektive in die Zukunft! Von dieser Aussicht erfüllt, schrieb Schopenhauer den 17. August 1855: „Das Unerhörteste aber ist, dass er mir und dem Maler sehr ernsthaft gesagt hat, er wolle für dieses Bild ein eigenes Haus bauen, darin es hängen soll! Das wäre dann die erste mir errichtete Kapelle. Recitativo: ‚Ja, ja! Sarastro herrschet hier!' – Und anno 2100?" Indessen ging es mit der Kapelle wie mit der Gratulationsadresse der Magdeburger Offiziere, sie kam nicht zustande und das Bild blieb im Zimmer aufgehängt.[227]

4. Ziel und Ende

Er hatte so lange Zeit nach dem Ruhm gedürstet, dass er sich jetzt an ihm erlabte und diesen Genuss, der ihm während seiner letzten sechs Lebensjahre reichlich gewährt wurde, nicht satt bekam; er sah das Wachstum dieser immer weiter um sich greifenden, immer höher steigenden Anerkennung mit hellem Vergnügen, mit kindlichem Frohlocken und wusste nicht recht, ob er dasselbe besser mit der Gewalt einer Feuersbrunst oder mit der einer Wasserflut vergleichen sollte. Am liebsten verglich er seinen anschwellenden Ruhm mit dem

227 Lindner-Frauenstädt, Schopenhauer, S. 99, 658. – Vgl. Br. an A. v. Doß v. 27. Febr. 1856, Br. an Asher v. 18. Aug. 1860 (Grisebach, Briefe, S. 374, 448).

Nil, von dem ein abessinisches Sprichwort sagt: wenn er in Kairo angelangt ist, so ist er nicht mehr zu fesseln. In seinen Briefen begegnen wir öfter dem frohlockenden Ruf: „Der Nil ist bei Kairo angelangt!" Als er gehört hatte, dass ein Exemplar seiner sämtlichen Schriften in Batavia bestellt worden sei, jubelte er: „Endlich in Asien!"[228]

Ja, er ist am Ziele angelangt, an dem seines Strebens! Es lag eine schöne Bestätigung des Triumphs in den Zeilen, worin Ottilie von Goethe, die geliebteste Freundin seiner Schwester, jetzt dem zweiundsiebzigjährigen Mann dazu Glück wünschte, dass er das Ziel seiner Jugend erreicht habe und der Philosoph des neunzehnten Jahrhunderts geworden sei. Was die zweite Hälfte des Jahrhunderts betrifft, so hat und behält dieses Wort seine Geltung. Nun konnte er mit Goethe sagen, wenn auch in einem ganz anderen Sinn als dieser: „Was man sich in der Jugend wünscht, hat man im Alter die Fülle". Was er erstrebt, verdient und ein langes Menschenalter hindurch so inbrünstig ersehnt hatte, war dem Greise zuteil geworden. „Das Alter hat mir Rosen gebracht", sagte er, „aber weiße." Dass er die Jugendgeliebte erst im späten Alter heimführen konnte, war das Missgeschick, das er beklagte. Das Brot war da, aber das Kind vor Hunger gestorben. Es ging ihm nach eigener Aussage, wie dem Kinde im Volkslied, von dem es heißt: „Und als das Brot gebacken war, da lag das Kind auf der Totenbahr'!" –

Plato hatte die Scheinwerte der Welt doch tiefer durchschaut und gründlicher überwunden als er, der von der Ruhmbegierde sagte, dass sie die Leidenschaft des Greisenalters sei. Die Ruhmbegierde, soll Plato gesagt haben, ist das letzte Kleid, das man ablegt. Dieses Kleid hat Schopenhauer nie abgelegt; in und mit ihm ist er gestorben.

Das ruhige und regelmäßige Leben, welches er in Frankfurt zu führen gewohnt war, hatte seine Gesundheit so befestigt, dass er bis in sein siebzigstes Jahr, abgesehen von der völligen Taubheit des rechten Ohrs und der zunehmenden des linken, sich ungestörten Wohlbefindens erfreute und im Genuss dieser beiden höchsten Erdengüter, der Gesundheit und Geistesruhe, wozu sich als drittes nun auch der Ruhm gesellt hatte, noch gern länger gelebt hätte, als ihm beschieden war. Oft am Schluss seiner Briefe, wenn er die apostolischen Freunde zur Erhaltung und Pflege ihrer Gesundheit

228 Br. v. 16. Oktober 1855. — Br. an Asher v. 9. März 1859 (Grisebach, Briefe, S. 309, 439).

ermahnt, preist er die seinige. Noch den 25. Februar 1860 rühmt er sein Wohlbefinden: „Fast alle haben irgend ein wiederkehrendes oder chronisches Übel, ich sehe es täglich. Ich aber nicht." Drei Tage zuvor hatte er sein 72. Lebensjahr vollendet, ahnungslos, dass es sein letzter Geburtstag gewesen war. Seit dem 1. Juli 1859 hatte er eine neue Wohnung bezogen, unmittelbar neben seiner bisherigen gelegen, aber „sehr viel schöner und größer" als diese.

Wie es scheint, hatte sich allmählich ein Herzleiden ausgebildet, das schon im Frühjahr 1857 die Ursache einer plötzlichen Ohnmacht ohne weitere Folgen gewesen war, jetzt aber im April 1860 von neuem in Ohnmacht und Brustkrämpfen zutage trat. Er begann an Herzklopfen und Atemnot zu leiden und vermochte nicht mehr so schnell, wie er gewohnt war, zu gehen, weshalb er seine Spaziergänge abkürzen musste. Im August stellten sich Erstickungsanfälle ein, die in der ersten Woche des September wiederkehrten und am 9. den Ausbruch einer Lungenentzündung zur Folge hatten. Die gefährliche Krankheit schien außergewöhnlich schnell überwunden zu sein, und er war schon seit einigen Tagen wieder aufgestanden, als am Morgen des 21. September infolge eines Lungenschlags sein Leben schnell und schmerzlos endete. Er starb allein in seinem Studierzimmer, in die Ecke seines Sofas gelehnt, über ihm das Bildnis Goethes.

Noch am Abend des 18. September hatte ihn sein Freund und Testamentsvollstrecker Gwinner besucht und über Baaders Theosophie, die er nicht leiden mochte, mit ihm geredet. In seiner kaustischen Weise hatte Schopenhauer in diesem letzten Gespräch gesagt: „Es gibt mancherlei Philosophen, abstrakte und konkrete, theoretische und praktische, dieser Baader ist ein unausstehlicher".[229]

Die vier aktiven Apostel, die er in seinem Testament mit persönlichen Andenken bedacht hatte, waren Frauenstädt, Lindner, Asher und Bähr. Gwinner erbte die Bibliothek, Frauenstädt erhielt den Löwenanteil: die Werke, die Handexemplare und die Manuskripte.

Das bare Geld und die Wertpapiere hatte er an den verborgensten Orten, wo niemand solche Dinge sucht, versteckt und dieselben in lateinischer Sprache in seinem Testament bezeichnet.[230] Sogar

229 Gwinner, S. 614.

230 Er hatte sein ererbtes Barvermögen mehr als verdoppelt; das hinterlassene belief sich auf 70 000 rheinische Gulden, nachdem er bei drei Gesellschaften in Paris, London und Berlin sich Leibrenten gekauft hatte. Legate erhielten: eine Berliner Theaterdame (Fräulein Medon), mit welcher Schopenhauer in früheren Zeiten zarte Beziehungen

das Schreibpult sollte in alle seine Teile sorgfältig zerlegt werden, sodass kein Brett mehr mit einem andern zusammenhinge. „*Hoc igitur coram testibus idoneis fieri jubeo omnibusque injungo.*"

Als er gefragt wurde, wo er begraben sein wollte, antwortete er: „Es ist einerlei, sie werden mich finden". Seine Grabschrift heißt: „Arthur Schopenhauer".

Achtes Kapitel

Schopenhauers Charakter

I. Das Problem

Als Goethe in seinen Annalen den letzten Besuch Schopenhauers im August 1819 erwähnte, nannte er ihn einen „meist verkannten, aber auch schwer zu kennenden, verdienstvollen jungen Mann".[231] Einen schwer zu kennenden! Versuchen wir, dieses Problem etwas näher zu kennzeichnen und, wenn es möglich ist, zu lösen. Ob Schopenhauer selbst sich richtig gekannt hat? Als einmal irgendein Aufseher ihn fragte, wer er sei, habe er geantwortet: „Wenn *Sie* mir das sagen könnten!" In einer vorzüglichen Ausführung, die auch Goethes Aufmerksamkeit, wie es scheint, wohlgefällig erregt hat, hat Schopenhauer im letzten Buch seines Hauptwerks den „angeborenen" und den „erworbenen Charakter" unterschieden. Von jenem gilt das orphische Urwort: „Nach dem Gesetz, wonach du angetreten, so musst du sein, *dir* kannst du nicht entfliehn!" Dieser ist eben dasselbe Ur- und Grundgesetz im Lichte der Erfahrung und des Bewusstseins: unser erworbener Charakter ist der angeborene, nachdem wir denselben erlebt, kennen gelernt, unsern Lebenszwecken angepasst und nach den Regeln der Lebensklugheit geschliffen haben. Zufolge des angeborenen Charakters heißt es: „Ich *bin* so und nicht anders, darum handle ich so und nicht anders"; zufolge des erworbenen: „Ich *weiß*, dass ich so und nicht anders bin, darum handle ich meiner Selbstkenntnis gemäß so, wie es nötig ist, um meine Ziele zu er-

unterhalten hatte (s. oben S. 106), seine Haushälterin und der Pudel: dieser erhielt 300 Gulden jährlich. Grisebach, Lebensgeschichte Sch., S. 255 f.

231 Vgl. meine Charakteristik: Arthur Schopenhauer: ein Charakterproblem, Beil. z. Allg. Ztg., 1892, Nr. 193, 195. – S. oben 1. Kap., S. 54-58.

reichen". Beide Handlungsweisen verhalten sich wie der unkluge und kluge, der unwachsame und wachsame Verstand, sie fallen sehr verschieden aus, der Kern des Charakters bleibt sich gleich.

Aus der Lebensgeschichte und den Schicksalen des Individuums, denen der angeborene Charakter zugrunde liegt, resultiert der erworbene, d.i. der mit Bewusstsein ausgebildete und ausgeprägte. Welches Gepräge hat Schopenhauers angeborener Charakter in seinem zweiundsiebzigjährigen Lebenslaufe gewonnen? Die Früchte des letzteren sind seine Werke und Lehre, die er selbst so oft für die eigentliche Essenz seines Lebens erklärt hat. Wie also hat sich seine Lehre in seinem Leben, seine Philosophie in seinem Charakter dargestellt? Wie verhalten sich beide zueinander?

Soweit wir die Persönlichkeiten der großen Philosophen zu beurteilen vermögen, finden wir eine Zusammenstimmung ihrer Ideenrichtung mit ihrer Willens- und Lebensrichtung, sie ist nicht immer von bewunderungswürdiger Art. Ich selbst habe in meiner Geschichte der neuern Philosophie einen wesentlichen Teil meiner biographischen Betrachtungen dem Thema einer solchen Vergleichung gewidmet und die parallelen Züge zwischen Philosophie und Leben in Männern wie Bacon, Hobbes, Locke, Descartes, Malebranche, Spinoza, Leibniz, Kant, Fichte und Schelling hervorgehoben. Wir finden hier keinen Sokrates und vermissen ihn auch nicht. Aber es gibt auch hier Charaktere, in welchen sich die Lehre auf eine erhabene Art personifiziert hat, wie es in Spinoza und Fichte geschah.

Nachdem Schopenhauers „Parerga" erschienen waren (1851), sein letztes Werk, seine erste viel gelesene Schrift, so gelangte er schnell in den Ruf eines originellen philosophischen Schriftstellers, von dessen Leben damals kaum mehr öffentlich bekannt war, als dass er ein Weltverächter und einsiedlerischer Sonderling sei. Als aber die Gwinner'sche Biographie erschienen war (1862), fiel der Schleier von dem „geheimnisvollen Wesen in Frankfurt a. M.", wie ihn John Oxenford genannt hatte, und nun erhoben sich in den Tagesblättern laute Stimmen, die seinen Charakter beurteilten: er sei in der Theorie der ausgesprochenste Pessimist, im Leben ein raffinierter Epikureer gewesen, er habe in seiner Moral die Weltentsagung und Selbstverleugnung gelehrt, aber in seinem Leben dem rücksichtslosesten Hochmut und Egoismus gefrönt; nie sei die Diskrepanz zwischen

Lehre und Leben in einem Philosophen schreiender gewesen als in ihm.

So leicht aber ist der Knoten nicht zu lösen. Schopenhauer ist ein *Charakterproblem* ganz eigentümlicher und überraschender Art. Wir müssen den Gegenstand von zwei Gesichtspunkten aus betrachten: unter dem einen springt der Widerstreit zwischen ihm und seiner Lehre in die Augen, unter dem andern erscheinen beide in völligem Einklang.

II. Der Widerstreit zwischen Lehre und Charakter

1. Die Philosophie als Moral und Religion

Es ist wahr, dass die Beweisführungen jener Gegner, die an der Hand Gwinners den Philosophen zu Tisch und Bett begleitet und die Annehmlichkeiten seiner Diät von Stunde zu Stunde verfolgt haben, recht gering und kleinlich waren; aber ich kann nicht finden, dass es seinen Verteidigern, wie O. Lindner und J. Frauenstädt, im mindesten gelungen sei, die Hauptsache, nämlich den Widerstreit zwischen Schopenhauers Moralphilosophie und Charakter, fortzuschaffen.[232]

Es hilft nichts, wenn Frauenstädt eine Menge schöner und erhabener *Aussprüche* seines Meisters herzählt, denn es ist ja gerade der Widerstreit zwischen seinen Worten und Werken, auf den man uns hinweist. Ebensowenig wird ausgerichtet, wenn dieser Apologet den Apostel Paulus zu Hilfe ruft und den Gegnern vorpredigt, dass es nicht auf die Werke, sondern auf den Glauben und die Gesinnung ankomme, denn es ist ja gerade die seiner Lehre gemäße, im wirklichen Leben bewährte Gesinnung, welche man dem Philosophen abspricht. Was man, mit dem Apostel zu reden, an ihm vermisst, ist jene Liebe, ohne welche die Rede mit Menschen- und Engelzungen ein tönendes Erz ist oder, um ein Bild zu brauchen, welches Schopenhauer selbst, freilich in einem andern Sinne, gern auf sich angewendet, hat, „eine klingende Memnonssäule". Endlich hilft es zu gar nichts, wenn der literarische Erbe sich selbst ins Treffen führt und erklärt: „Für mich ist Schopenhauer trotz seiner Schwächen einer der edelsten Menschen, die je gewesen sind". Denn es handelt sich nicht um die Genialität des Mannes und seinen angeborenen

232 S. oben 1. Kap., S. 41 f.

Geistesadel, sondern lediglich darum, inwieweit seine Lehre seinen Charakter moralisch umgestaltet oder auch nur veredelt habe.[233]

Wer, wie Schopenhauer, eine Heils- und Erlösungslehre aufstellt und im Gegensatze zu der „jüdisch-christlichen Religion", die er verachtet und verwirft, die allein wahre nicht bloß lehren, sondern sogar *stiften* will, sich selbst gleichsam als den abendländischen Buddha betrachtet, als den künftigen Gegenstand eines Bilder- und Reliquienkultus, als das gegenwärtige Oberhaupt einer schon im Wachsen begriffenen Gemeinde, wer seine Schüler und Anhänger allen Ernstes als „Apostel und Evangelisten" bezeichnet und klassifiziert, – der muss, was er lehrt, in dem eigenen Leben verkörpern, einem Leben voller Weltentsagung und Entbehrung, voller Mitleid und Liebe, nicht weil die Pflicht es gebietet, sondern weil der eigene religiöse Genius dazu drängt. Er selbst hat gesagt und diesen seinen Ausspruch zum Motto einer Preisschrift genommen: „Moral predigen ist leicht, Moral begründen schwer". Weit schwerer als beides ist sie verkörpern! Daher sind die echten Werke der Religion, insbesondere Religionsstiftungen so selten, dass selbst die Werke des Genies dagegen häufig sind. Ohne seine Heilslehre in dem eigenen Leben und Leibe zu personifizieren und dadurch in der anschaulichsten Form zu offenbaren, ist alle Moral und Religion, die man lehrt, man mag sie nun predigen oder begründen, doch am Ende nur „Wortkram". Dies ist es, was heutzutage einen Mann, wie Leo Tolstoi, vermocht hat, aus der pessimistischen Heilslehre sich zum wirklichen Heiland zu flüchten und zu *tun*, was die Bergpredigt fordert.

2. Der moralische Charakter

Noch bevor Schopenhauer zu den Zeitgenossen geredet hatte, verglich er sich mit dem Heilsprediger, der die Welt vergeblich aus dem Schlafe ruft. Schon in seinen Dresdner Aufzeichnungen von 1816 steht zu lesen: „Mir ist unter den Menschen fast immer, wie dem Jesus von Nazareth war, als er die Jünger aufrief, die schliefen".[234] Vergleicht man aber die in seinen Werken enthaltene und als das höchste seiner Ergebnisse von ihm gepriesene Heilslehre mit seinem Leben, so ist von den Tugenden der Weltentsagung und Selbstverleugnung, der Demut und Gelassenheit nicht das mindeste darin

233 Frauenstädt und Lindner, Arthur Schopenhauer u. s. f., S. 267–291.
234 Ebendas., S. 277.

wahrzunehmen. Alle Antriebe, die seine Lehre auf die Umgestaltung seines Charakters hätte ausüben sollen, scheitern ohnmächtig an seiner angeborenen Willensart, seinem ungestümen und heftigen Wollen, seiner beständigen Angst vor den Gefahren der Welt und der ungeheueren Wertschätzung seiner selbst, die alles Gefühl für andere bis zur völligen Unempfindlichkeit verhärten konnte. Ich vergesse den Eindruck nicht, den mir eine gewisse Stelle in seinen Briefen gemacht hat. Mutter und Schwester waren seit Jahren tot, als ihm Frauenstädt berichtete, wie unglimpflich und abschätzig Anselm Feuerbach über beide in seinen Tagebuchnotizen gesprochen habe. In der Ausgabe seiner Nachlass-Stücke stand es nunmehr gedruckt. Was antwortet Arthur Schopenhauer? Er *dankt* für diese Mitteilung und fügt hinzu: „Die Charakteristik ist nur gar zu treffend. Habe, Gott verzeih mir's, lachen müssen!“[235]

Man wende uns nur nicht ein, dass Schopenhauer in seinem Leben sich oft sehr unglücklich gefühlt und, wie es scheint, unendlich viel gelitten habe, dass er nach seinem eigenen Bekenntnis schon mit 24 Jahren ein ausgemachter Pessimist gewesen sei.[236] Gerade seine Passionsgeschichte zeugt wider ihn. Er hat in hohem Maße die Fähigkeit des Leidens gehabt und darum auch erfahren, aber die Kraft und Freudigkeit des Leidens und Ertragens in gar keinem. Ein anderes sind die Leiden des Genies, ein anderes die des Märtyrers! Die Aufopferungsfreudigkeit und Hingebung für andere machen die Leiden des Märtyrers – es sind nicht alle Märtyrer, die so heißen –; die Feinfühligkeit und Phantasiestärke, die das Empfinden außerordentlich erhöht und die schmerzlichen Erregungen steigert, sind die Leiden des Genies, es sind die Werke, darum auch die Genüsse seines Selbstgefühls. Wo haben die Leiden Schopenhauers, deren Ausdruck meistens Klagen und Verwünschungen waren, je den Charakter der Aufopferung und Hingebung gehabt? Je verächtlicher und nichtswürdiger ihm die Welt erschien, um so größer erschienen

235 Ebendas., S. 209, 545.

236 Über diesen Punkt lauten seine Bekenntnisse sehr verschieden. In einem Gespräche mit Karl Bähr (April 1856) kam er auf einen französischen Schriftsteller zu sprechen, der ihn während seines Aufenthaltes in Italien als Menschenfeind und Frauenverächter geschildert habe. Er zitierte die Worte: „Als nun Schopenhauer diese Worte anführte, mußte er sich vor Lachen ins Kanapee zurückwerfen: 'Ich damals die Welt von mir stoßen', rief er aus, ‚denken Sie, in einem Alter von 30 Jahren, wo das Leben mich anlachte! Und was die Weiber betrifft, so war ich diesen sehr gewogen – hätten sie mich nur haben wollen.'“ Aus dem Nachlass von Karl Bähr, S. 19.

ihm seine Leiden, um so größer war sein Selbstgenuss, der Genuss seiner einsamen Erhabenheit, seine „*solitude of kings*".

3. Der schmerzlose Pessimismus und der glückliche Lebenslauf

Die Überzeugung, die den Pessimismus ausmacht, dass unser Weltelend nicht größer gedacht werden könne, als es in Wirklichkeit sei, war bei Schopenhauer eine völlig schmerzlose, durch die Stärke ihrer Klarheit und Lebhaftigkeit genussreiche Vorstellung: sie war *Bild*, nicht Schicksal. Weder hat das Mitleid mit der leidensvollen Welt ihn so durchdrungen, dass er wirklich darunter gelitten hat, noch ist er selbst eine Beute leidensvoller Schicksale gewesen. Er hat nie den Zustand erlebt, von dem es heißt: „Wenn der Menschheit Leiden euch umfangen!" Er war weder ein Büßer und Asket wie Buddha, noch ein Dulder wie Leopardi.

Obwohl eines Freitags geboren, was er beklagt hat, war er ein Sonntagskind, ein Liebling der Götter, dem die schönsten Güter des Lebens beschieden waren: eine hohe Geistesbegabung, eine völlige Unabhängigkeit des Daseins vom ersten Atemzuge bis zum letzten, alle Muße, um seinem Genius nachzuleben und sich seinen Anlagen gemäß auszubilden, die zweifellose Wahl der Lebensrichtung, die Erfüllung eines erhabenen Berufs in einer Reihe von Werken, deren Unsterblichkeit er mit untrüglicher Gewissheit empfand und voraussah, eine in den letzten Jahrzehnten unverwüstliche Gesundheit, ein stets erquickender Schlaf, ein hohes, von der Sonne des Ruhms glänzend erleuchtetes und erwärmtes Alter, ein vollendetes Tagewerk, das ihm nichts übrigließ als noch ein paar „Zusätze zu den Parerga", endlich ein schneller und sanfter Tod. Goethes letzte Augenblicke, wie ich sie aus dem Mund seiner Schwiegertochter, der Augenzeugin seines Todes, habe schildern hören, waren qualvoll. Niemand ist vor dem Tode glücklich. Nach einem solchen Leben und Lebensende wird man doch gestehen müssen, dass Schopenhauer einer der glücklichsten Menschen war, die je gelebt haben, und er war der Güter, welche er besaß, sich wohl bewusst. Wie oft hat er sich derselben erfreut und gerühmt: seines Genies, seiner Unabhängigkeit, seiner Gesundheit, seiner Werke, selbst seines Gesichts!

Trotz alledem meinen wir keineswegs mit den Gegnern, dass es mit seinem Pessimismus eitel Dunst und Schein gewesen sei. Nein, es war seine ernste und tragische Weltansicht, aber es war *Ansicht*,

Anschauung, Bild. Die Tragödie des Weltelends spielte im Theater, er saß im Zuschauerraum auf einem höchst bequemen Fauteuil mit seinem Opernglas, das ihm die Dienste eines Sonnenmikroskops verrichtete; viele der Zuschauer vergaßen das Weltelend am Büfett, keiner von allen folgte der Tragödie mit so gespannter Aufmerksamkeit, so tiefem Ernst, so durchdringendem Blick; dann ging er tieferschüttert und seelenvergnügt nach Hause und stellte dar, was er geschaut hatte.

Wenn man die pessimistische Rolle Schopenhauers nicht richtig erkennt, so wird man ihn falsch beurteilen, sei es als Lobredner oder als Tadler: er hat den Pessimismus gelehrt und dargestellt, nicht erlebt und erduldet; er ist der Zuschauer, meinethalben der Schauspieler und Dichter, nicht aber der Charakter und Held des Pessimismus gewesen, wie er denn überhaupt in seinem Leben alles andere eher war als ein *Held* in tragischem Sinn.

Der Zwiespalt zwischen seinem Charakter und seiner Lehre von dem Weltelend und der Weltentsagung, zwischen dem Leben, das er geführt, und der pessimistisch gesinnten Askese, die er gelehrt hat, liegt am Tage. Auch ist er sich dieses Zwiespalts wohl bewusst gewesen und hat denselben offen bekannt, wenn auch mit beträchtlicher Selbstschonung, da er nur einzuräumen pflegte, dass er kein Heiliger sei. Er war das völlige Gegenteil. Das Bekenntnis seiner Nichtheiligkeit hätte man nicht als Beweis „moralischer Demut" anführen sollen, die seinem Charakter ebenso abseits lag wie die heroische Tugend. Als er einst das Bild des Abbè Rancè, des Stifters der Trappisten, erblickte, habe er mit bewegter Stimme ausgerufen: das sei Sache der Gnade! Da er aber die Vorstellung des Gnadenspenders stets für „jüdische Mythologie" erklärt hat, so war wohl seine Meinung, dass sich die Gnade zur Religion verhalte wie das Genie zur Kunst.

III. Der Einklang zwischen Lehre und Charakter

1. Die Philosophie als Kunst

Alle Weisheit Schopenhauers hat nicht vermocht, den ihm angeborenen und in früher Jugend anerzogenen Charakter zu ändern, geschweige umzugestalten und seiner moralisch-religiösen Lebensanschauung zu konformieren. Er tat sich auf diesen festen

Kern seines Lebens etwas zugute und hörte es gern, dass einer der verhassten Philosophieprofessoren ihn eine „ungebrochene Individualität“ genannt hatte, wie er es auch treffend fand, dass sein Urapostel Dorguth ihm die Gabe einer „stechenden Deutlichkeit“ in seiner Darstellungsart zuschrieb. „Solche Bezeichnungen“, sagte er, „kommen mir heim.“[237]

Der persönliche Ursprung seiner Lehre war zunächst nicht der religiöse, sondern der künstlerische Wahrheitsdrang, den die Eindrücke der Welt durch ihre ungemeine Stärke und Helligkeit in ihm hervorriefen, vor allen seine eigenen Erlebnisse und Schicksale. Er war zugleich schwer belastet und höchst begabt. In dem Abgrund seines Willens herrschte Dunkel, in seinem Intellekt eine Quelle und Fülle von Licht. Was ihn bewegte und ergriff, erschien alsbald in fragewürdiger Gestalt, er stand davor wie Hamlet vor dem Geiste und ruhte nicht, bis ihm alles enthüllt war. Seine Empfänglichkeit war Empfängnis. Die unglaubliche Frische, womit er die Eindrücke in sich aufnahm, weckte den Keim einer genialen Konzeption, woraus im Lichte seiner Intelligenz sich schnell die Frucht entwickelte. Was er in seinen Dresdner Aufzeichnungen vom Philosophen gesagt hat, gilt von ihm selbst: „Der Philosoph steht wie Adam vor der neuen Schöpfung und gibt jedem Ding seinen Namen“.

Der tiefe Eindruck ist der Anfang des Philosophierens; die anschauliche Vorstellung von dem Wesen der Sache, „die Idee“, ist das unwiderstehlich lockende Ziel, das er zu verfolgen nicht ablässt, bis er es hat. In seinen Rudolstädter Bekenntnissen vom Jahre 1813 heißt es: „Wenn mir ein Gedanke nur undeutlich entsteht und als ein schwaches Bild vorschwebt, so ergreift mich eine unsägliche Begierde, ihn zu fassen, ich lasse alles stehen und verfolge ihn, wie ein Jäger das Wild, durch alle Krümmungen, stelle ihm von allen Seiten nach und verrenne ihm den Weg, bis ich ihn fasse, deutlich mache und als erlegt zu Papier bringe“. In seinen Briefen an Goethe schreibt er den 11. November 1815: „Ich kann nicht rasten, kann mich nicht zufrieden geben, solange irgendein Teil eines von mir betrachteten Gegenstandes nicht reine deutliche Kontur zeigt“. „Jedes Werk hat seinen Ursprung in einem einzigen glücklichen Einfall, und dieser

237 Als eine „ungebrochene Individualität“ hatte ihn der jüngere Fichte bezeichnet, dem Schopenhauer den Spitznamen „Simplicissimus“ gab. Aus dem Nachlasse von Karl Bähr, S. 44.

gibt die Wollust der Konzeption; die Geburt aber, die Ausführung ist wenigstens bei mir nicht ohne Pein. Denn alsdann stehe ich vor meinem eigenen Geist wie ein unerbittlicher Richter vor einem Gefangenen, der auf der Folter liegt, und lasse ihn antworten, bis nichts mehr zu fragen übrig ist."[238]

Wie auf diesem Wege die Werke seiner Philosophie zustande gekommen sind, hat er fünfzehn Jahre später in einigen Stellen seiner „*Cogitata*" beschrieben. „Mein Kniff ist, das lebhafteste Anschauen oder das tiefste Empfinden, wann die gute Stunde es herbeigeführt hat, plötzlich im selben Moment mit der kältesten abstrakten Reflexion zu übergießen und es dadurch erstarrt aufzubewahren; also ein hoher Grad von Besonnenheit." Und an einer anderen Stelle: „Alle Gedanken, welche ich aufgeschrieben, sind auf einen anschaulichen Eindruck entstanden und vom Objekte ausgehend niedergeschrieben, unbekümmert, wohin sie führen würden: alle die gleichen Radien, die, von der Peripherie ausgehend, auf *ein* Zentrum laufen".[239]

So redet er von seiner Produktion nach vollbrachtem Werk, aber er war über diesen Charakter, dieses unterscheidende Kennzeichen derselben schon im klaren, bevor er die Hand an die Ausführung seines Hauptwerks legte. „*Meine* Philosophie", schreibt er in den Dresdner Aufzeichnungen (1814), „soll von allen bisherigen (die platonische gewissermaßen ausgenommen) sich im innersten Wesen dadurch unterscheiden, dass sie nicht, wie jene alle, eine bloße Anwendung des Satzes vom Grund ist und an diesem als Leitfaden daherläuft, was alle Wissenschaften müssen. Daher sie auch keine solche sein soll, sondern eine *Kunst*. Sie wird sich nicht an das, was zufolge einer Demonstration *sein muss*, sondern einzig an *das*, was *ist*, halten."[240]

Wenn nun die Idee oder die anschauliche Vorstellung vom Wesen der Sache gewonnen, d. h. aus der beweglichen flüssigen Form der Konzeption in die ruhende, feste, ausdrucksvolle des Begriffs übergegangen und in dieser fixiert war, so nannte Schopenhauer die darauf gegründete Lehre ein „Dogma". So entstanden die Dogmen seiner Philosophie, sie reihten sich aneinander und erschienen als Glieder

238 S. oben 3. Kap., S. 84.
239 Frauenstädt und Lindner, Arthur Schopenhauer u. s. f., S. 247, 248, 284, 286, 292.
240 Vgl. oben 3. Kap., S. 86.

eines lebendigen Ganzen, welches der Ausdruck des Wesens der Welt war. Als er fühlte, dass dieses Gebilde in ihm zu reifen begann, rief er aus: „Ich bin mit Frucht gesegnet!"

2. Die geniale Geistesart

Was daher den Ursprung und die Ausbildung seiner Lehre betrifft, so will jener genial, diese künstlerisch sein und zunächst nichts mit den Zwecken der Moral und Religion zu schaffen haben. Nach ihrer ganzen Entstehungsart ist seine Philosophie nicht Religion, sondern *Kunst*, ihre Schriften sind Kunstwerke oder Genieprodukte, die als solche nichts mit *künstlichen* Machwerken gemein haben. So hat Schopenhauer selbst seine Werke betrachtet und von andern angesehen und beurteilt wissen wollen. Auch haben seine Verteidiger, wie Lindner und Frauenstädt, diesen künstlerischen Ursprung und Charakter seiner Lehre mit Recht denen entgegengehalten, welche den Widerstreit zwischen der Lehre und dem Leben des Philosophen zur Zielscheibe ihrer Angriffe gemacht hatten. Aber jene Apologeten haben Unrecht, wenn sie meinen, zwischen der Philosophie und dem Charakter ihres Meisters nunmehr eine Übereinstimmung nachgewiesen zu haben, welche nichts zu wünschen und zu vermissen übriglasse.

Ganz in denselben Irrtum, nur dass sie denselben noch vergröbern, geraten die jüngsten Apologeten, von schülerhafter Bewunderung dergestalt verblendet und befangen, dass sie gerade die schreiende Nichtübereinstimmung zwischen der Lehre und dem Leben ihres Meisters für die allerhöchste Übereinstimmung halten. Wäre Schopenhauer seiner Lehre gemäß ein weltentsagender Asket gewesen, so hätte er ja – sagen diese *laudatores minores* – seine herrlichen Werke nicht schreiben können. Freilich schreibt man solche Werke weit besser auf der „Schönen Aussicht" in Frankfurt am Main als im Kloster zu La Trappe, wo man sie weder schreiben kann noch darf. Vielleicht werden die Apologeten vom jüngsten Schlag uns auch nachweisen, dass ihr Schopenhauer doch ein ganz anderer Mann war, weit erhabener und vollkommener als Buddha, Sokrates und Christus, da diese ihre Lehre nicht geschrieben, sondern bloß gelebt und verkörpert haben. Natürlich hat Schopenhauer selbst sich besser gekannt als ihn seine blindesten Schüler: er hat die Übereinstimmung zwischen seiner Person und seiner Lehre da erblickt, wo sie war, und keineswegs da erklügeln wollen, wo sie nicht war, vielmehr der Widerstreit beider offen am Tage lag.

Unterscheiden wir Anfang und Ende, Ursprung und Ziel der Lehre, ihre Entstehungsart und ihre Resultate: jener entspricht, diesen widerspricht der Charakter des Philosophen. Vergleichen wir die Lehre Schopenhauers mit seiner *moralischen* Persönlichkeit, so ist der Widerspruch klaffend; vergleichen wir sie mit seiner *genialen* Geistesart, so finden wir Lehre und Leben im Einklang.

Er selbst hat das fragliche Verhältnis genau in diesem Sinne aufgefasst. Wenn er den moralischen Vorwürfen der Gegner Rede und Antwort stehen wollte, so würde er sagen: „Sie treffen mich nicht; ich erkläre, was die Dinge sind, nicht mehr und weniger, ich interpretiere die Welt und enthülle, worin ihr Wesen und die Erlösung von demselben besteht. Alle weiteren Fragen, alle tieferen Begründungen kümmern mich nicht, sie sind und bleiben für mich ‚transzendent'. Auch verpflichte ich zu einer bestimmten Lebens- und Willensrichtung weder mich noch irgendwen. Mein Thema ist das *Sein*, nicht das *Sollen*. Seit wann wirft man dem Ästhetiker und Kunstkenner vor, dass er kein Künstler ist, oder dem Bildhauer, dass er den schönen Menschentypus, den er uns im Marmor darstellt, nicht in seinem eigenen Leibe verkörpert?"

Demnach will Schopenhauer selbst sein Wesen genau so auffassen und von anderen aufgefasst wissen, als wir dasselbe hier erklären und darstellen. Nehmt mich als Genie und *Künstler*, und die Übereinstimmung zwischen mir und meinen Werken, zwischen der Art, wie ich denke, und der Art, wie ich bin, lebe, schreibe und lehre, zwischen der Art, wie ich meine Ideen empfange, und der, wie ich sie auspräge, kurz die Übereinstimmung zwischen meinem Leben und meiner Lehre liegt für jeden, der Augen hat zu sehen, klar am Tage. „Ich stecke in meinen Werken. Jedes dieser Werke, an dem die Welt vorübergeht, ohne es und mich darin zu erkennen, ist *ein Raphael in der Bedientenstube*!" Darum hat auch, wie K. Bähr aus seinen Gesprächen mit Schopenhauer berichtet, diesen unter den Dichtungen Goethes keine so tief ergriffen und gerührt wie des „*Künstlers Erdenwallen*". In diesem Künstler sah er sich.

Wir müssen zugestehen, dass seine Werke den künstlerischen Charakter bewähren. Ihre Ideen sind einleuchtend geordnet und mit einer so anschaulich machenden, die Aufmerksamkeit so lebhaft weckenden und fesselnden Kraft ausgeprägt, dass wir oft den Darstellenden über dem Dargestellten vergessen. Wir beurteilen hier nicht den endgültigen Wert und die Folgerichtigkeit seiner Lehre. Ob man mit ihr übereinstimme, ganz oder teilweise, oder ob man sie völlig verwerfe, so ist doch nicht zu bestreiten, dass ihre Themata stets bedeutend, ihre Darstellungsart höchst anschaulich, geistvoll und interessant ist. Philosophische Werke solcher Art sind sehr selten.

3. Der ästhetische Widerwille

Daher lässt sich auch der ästhetische Widerwille verstehen, den bei seinem eigenen Bedürfnis nach Klarheit, bei seiner unerbittlichen Forderung deutlicher und reiner Konturen, bei seiner Kraft plastischer Ideengestaltung Schopenhauer gegen die zeitgenössischen philosophischen Werke empfand, gegen viele derselben mit Recht. Er sah die eigene Lehre „wie eine schöne Landschaft aus dem Morgennebel" emporsteigen, während er die philosophischen Werke anderer, die wegen ihres Tiefsinns gerühmt wurden, in Nebel und Dunkelheit sich verlieren sah. Wenn er philosophische Bücher solcher Art las, wobei ihm Anschauen und Denken ausging, so geriet er in einen ihm unerträglichen Zustand und in Affekte des Unwillens, die sich in den lebhaftesten Ausdrücken der Wegwerfung Luft machten, oft so verächtlich, oft so komisch wie möglich. In Fichtes Schriften, namentlich in den späteren, finden sich der dunklen Sätze die Menge. Bei einem derselben schrieb Schopenhauer die Worte der verzweifelnden Lenore an den Rand: „Lisch aus, mein Licht, auf ewig aus! Stirb hin, stirb hin in Nacht und Graus!" – Von den „drei berufenen nachkantischen Sophisten" war Schelling, der selbst ein philosophischer Künstler war und sein wollte, ihm noch am ehesten sympathisch, weshalb er von ihm zwar keineswegs gut, aber mitunter weniger schlecht gesprochen hat. Ein Werk, wie Hegels Logik, war er eingestandenermaßen gar nicht imstande zu lesen, weshalb er es für baren Unsinn erklärte, worin ihm dann Leute ohne alles Genie und von dürftiger und steriler Geistesart scharenweise gefolgt sind.

Sowohl der Schein einer tiefsinnigen Theosophie als der einer sogenannten exakten Philosophie, beide ohne den Charakter anschaulicher Klarheit, ermüdeten seine Aufmerksamkeit, ohne sie zu befruchten, sie wurden ihm langweilig und dadurch unausstehlichlich. Als ein Beispiel der ersten Art galt ihm Baader, als eines der zweiten Herbart. „Meine Kenntnis seiner Philosophie", schrieb er in Ansehung des Letzteren, „ist bloß eine allgemeine, da mir bei seinen Schriften stets die Geduld ausgegangen ist, denn den Gedankengang eines solchen Querkopfs mitzumachen, ist für mich die größte Pönitenz. Eine Philosophie, die nicht von der Anschauung, sondern von fertigen Begriffen ausgeht, hielt er für „verkehrt" und wollte eine solche Verkehrtheit schon in der ersten Schrift Herbarts: „Die Hauptpunkte der Metaphysik" (1808) gefunden haben. Wiederholt nennt er sie „ein Gewebe von Verkehrtheiten" und Herbart selbst „einen Querkopf, der sich seinen Verstand verkehrt angezogen habe und zudem ein nüchterner, platter Geselle" sei. Ihm gegenüber weist er als das entgegengesetzte Beispiel auf sich und sein eigenes Werk hin: „Wo gibt es in der deutschen Literatur ein Buch, welches man aufschlagen kann, wo man will, und gleich mehr Gedanken empfängt, als man zu fassen vermag, wie mein zweiter Band der Welt als Wille und Vorstellung?"[241]

4. Der Glanz der Welt und deren Scheinwerte

Es ist oft gesagt und von Schopenhauer selbst bekräftigt worden, dass geniale Menschen wegen ihrer unbezwinglichen Natürlichkeit den Kindern gleichen und nie aufhören solche zu sein. Das Wort gilt auch von ihm. Den Kindern gleich, hat er sich durch den Glanz und die glänzenden Dinge der Welt blenden lassen, und zwar sein Leben lang. Wenn man den Philosophen und Pessimisten hörte, so sollte man meinen, dass niemand die Scheinwerte der Welt so vollkommen durchschaut, so von Grund auf verachtet habe wie er. Wenn man aber auf seine natürliche und gewohnte Sinnesart achtet, so überrascht und amüsiert es uns zu sehen, wie sehr ihm diese Dinge imponiert haben.

Er würde zu stolz gewesen sein, sich je um äußere Ehren zu bewerben; wenn man aber seine Verdienste durch Würden, Titel und Orden belohnt hätte, so würden ihm auch solche äußere Zeichen der Anerkennung höchst erfreulich gewesen sein. Als er von Drontheim die große Medaille mit dem Bildnis des Königs erhalten hatte, sagte er in dem Dankschreiben ganz ausdrücklich, dass ihm

241 Br. vom 30. Sept. 1850 und vom 22. Nov. 1852 (Grisebach, Briefe, S. 163 ff., 223 ff.). Vgl. die Abhandlung „Über die Universitätsphilosophie".

„celsissima regis effigies in nummo honorario pulcherrime expressa“ zu ganz besonderer Ergötzung gereiche. In seiner Phantasie und Bildersprache spielte der glänzende Schein der Welt, die Throne und Kronen, die Diamanten und Perlen eine hervorragende Rolle. Um es imposant auszudrücken, dass er Kants alleinberechtigter Nachfolger sei, ließ er dem Bildhauer Rauch sagen, die Büste Kants, die er bestellt hatte, sei für dessen „echten und wahren Thronerben“ bestimmt. Um Kants Lehre von Zeit und Raum und die vom intelligiblen und empirischen Charakter als dessen größte Leistungen zu bezeichnen, nannte er sie „die beiden großen Diamanten in der Krone des kantischen Ruhms“. Nie würden solche Bilder aus Kants Feder geflossen sein!

Es ist ja ganz natürlich, dass seine Genieprodukte mit ihrer anschaulichen Klarheit, ihrer eindringenden Kraft, ihrer „stechenden Deutlichkeit“ auch angeschaut sein, in den Geist der Menschen eindringen, dem Intellekt derselben in die Augen stechen wollten wie die Statuen und Bilder, die aus den Werkstätten der Bildhauer und Maler hervorgehen; es war ganz natürlich, dass Schopenhauer als der geniale Künstler, der er sein wollte und war, nach Ruhm und Unsterblichkeit trachtete. Aber dass dieser Pessimist, der nicht Menschenhasser, sondern „Menschenverächter“ sein und heißen wollte, nach der Anerkennung der Menschen lechzte und in brennendem Durste danach sich jahre- und jahrzehntelang förmlich verzehrt hat: das war und blieb ein schreiender Widerspruch.

Man sage nur nicht, dass er ein Pessimist wurde, weil er unbeachtet blieb, er war es ja nach seinem eigenen Bekenntnis schon völlig, als er in seinem vierundzwanzigsten Jahre noch keine Zeile für den Druck geschrieben hatte. Ein solcher Pessimist hätte das verachtete Geschlecht unbelehrt lassen und mit erhabener Gleichgültigkeit sehen sollen, dass die vergeblichen Versuche, die er gemacht hatte, in der Papiermühle verschwanden. Aber Schopenhauer geriet darüber außer sich. Dann versuchte er sein Glück von neuem und hegte immer wieder die zuversichtliche unversiegbare Hoffnung, es müsse gelingen, er werde durchbrechen. Und es gelang.

Die Genies sind eben keine Pessimisten, und wenn sie es tausendmal versichern; denn sie müssen *schaffen* und *hoffen*. Es bleibt bei dem Wort, welches ihm Goethe den 8. Mai 1814 in sein Stammbuch geschrieben hatte (sein Stammbuch bestand aus diesem einzigen

Blatt): „Willst du dich deines Wertes freuen, so musst der Welt du Wert verleihen".[242] Während Schopenhauer der größte Welt- und Menschenverächter war, ließ er sich durch die Scheinwerte der Welt blenden. Was sagt doch gleich der Kater in der Hexenküche von der Welt, jener großen Kugel, mit der die Meerkätzchen spielen? „Hier glänzt sie sehr und hier noch mehr!" Sollte man glauben, dass diese Stellen trotz der Warnungen des Katers nicht bloß den Affen, sondern auch dem Arthur Schopenhauer in die Augen gestochen haben? Die Stelle, wo sie für diesen am meisten glänzte, war der *Ruhm*.

Das Streben nach Anerkennung der Menschen eingeräumt, so hätte man meinen sollen, dass ein solcher Menschenverächter auch ein Kostverächter, ein Feinschmecker sein und nur das auserlesenste Lob sich aneignen würde. Er war es mitnichten. Wenn er seinen Instinkten gemäß handelte, was im gewöhnlichen Laufe des Lebens natürlich stets geschah, so war er auch hier allen Scheinwerten zugänglich: er liebte auch den *Scheinruhm*, die Schmeichelei, das Lob selbst elender Skribler. Ein Ausdruck der Bewunderung seines Genies konnte ihn für vieles entschädigen. Er wurde blind für die Schwächen seiner Bewunderer und dienstwilligen Werkzeuge. Nur durften diese dem Meister gegenüber nicht auch die Kritiker spielen wollen, was dem Frauenstädt mitunter einfiel; dann wurde ihnen heimgeleuchtet. Es gab in der Welt eigentlich nur einen Gegenstand, der unserem Pessimisten heilig war: seine Werke. „Meinen Fluch über jeden, der etwas daran wissentlich ändert, sei es eine Periode oder auch nur ein Wort, eine Silbe, ein Buchstabe, ein Interpunktionszeichen!" Alle Ausdrücke der Bewunderung konnten ein verstümmeltes Zitat nicht aufwiegen. „Beschneiden Sie Dukaten und Louisdore, nicht meine Sätze", herrschte er seinen „Urevangelisten" an, der allerdings die Sprache des Meisters nicht nach Gebühr zu würdigen verstand.

Wenn man den Philosophen in seinen Schriften hört, so tritt uns in ihm der heftigste Gegner alles Monotheismus und Theismus entgegen: er hasst die Religion des Alten Testaments wie die des Koran, er ist in dieser Rücksicht der ausgesprochenste Antisemit. Aber diese grundsätzlichen Antipathien verschwinden, sobald seinem Genie gehuldigt wird. Zwei seiner Apostel und Erben sind *Juden*:

242 S. oben 2. Kap., S. 71.

Frauenstädt und Asher, jener getauft, dieser ungetauft und dem jüdischen Glauben ergeben. Ist es nicht wunderlich, dass der Mann, an den Schopenhauer mehr als den vierten Teil aller seiner Briefe geschrieben hat, sein „Urapostel", seine „Posaune", sein literarischer Erbe, der Herausgeber seiner Werke und seines Nachlasses, der „Erzevangelist" dieses abendländischen Buddha, ein polnischer Jude war?

Wir wissen, wie gründlich zuwider die Hegelianer, die Deutschkatholiken, die Universitätslehrer, die abgesetzten und die nicht abgesetzten, ihm gewesen sind. Unter seinen Aposteln und Erben ist ein abgesetzter Dozent der Philosophie; unter den ersten Propagandisten seiner Lehre erscheinen zwei sonst unbekannte Hegelianer, Körber und Weigelt: jener ein akademischer Dozent, dieser ein deutschkatholischer Pfarrer! Während sich Schopenhauer in den tollsten Schmähungen wider Hegel und dessen Schule ergeht, schreibt er an K. Rosenkranz und Ed. Erdmann, zwei der angesehensten Hegelianer, um jenem für die Gesamtausgabe der Werke Kants aus freien Stücken seinen Rat zu erteilen und diesem gewünschtermaßen für sein Geschichtswerk den eigenen Lebensabriss zu schicken; es war wohl das erste Werk, in dem von Schopenhauers Leben und Lehre eingehend die Rede war.[243]

Baader gehörte für ihn zu den „unausstehlichen Philosophen", seine Schriften zu den völlig ungenießbaren. W. Gwinner, den er zu seinem Testamentsvollstrecker ernannt und in den Stand gesetzt hat, sein Biograph zu werden, war und ist ein unverhohlener Bekenner der Baader'schen Theosophie und hat diesen seinen Standpunkt in der Darstellung und Beurteilung der Lehre Schopenhauers, soweit der Spielraum beider in seinem biographischen Werke reicht, auch zur Anwendung gebracht. Dass er die Person des Philosophen nicht schöner gefärbt oder idealer dargestellt hat, als sie war; dass infolge seiner Lebensbeschreibung die moralische Wertschätzung Schopenhauers sank: daraus erwächst ihm von unserer Seite keinerlei Vorwurf. Doch was würde Schopenhauer selbst zu dieser Baader'schen Beleuchtung seiner Lehre, zu dieser der öffentlichen Sympathie so wenig förderlichen Schilderung seines Charakters gesagt haben, da er sich wohl eine ganz andere Würdigung von Seiten Gwinners versprach?

243 S. oben 5. Kap., S. 119-121, 124 f.

Was aber Frauenstädt als literarischer Erbe in der Herausgebung der Werke, die dem Meister das teuerste und heiligste aller Güter waren, geleistet hat, werden wir im nächsten Kapitel beurteilen. Könnte Schopenhauer seine Biographie von der Hand Gwinners lesen und die Gesamtsausgabe seiner Werke von der Hand Frauenstädts mustern – wir wollen die beiden Männer, die seine Testamentsvollstrecker waren, sonst nicht miteinander vergleichen –, so würde er aufrufen: wie sehr habe ich mich geirrt!

Solche Täuschungen begegnen wohl den Genies, aber die Pessimisten sollten dagegen geschützt sein.

IV. Der Rückgang des Pessimismus

Wenn man Schopenhauers Lebensgeschichte mit Teilnahme verfolgt und ihn von dem unbändigen Wunsch nach Ruhm so viele Jahre bedrängt und gequält sieht, so entsteht, wie bei Romanen, die man in der Jugend liest, die gespannte Erwartung, ob sie sich kriegen oder nicht: nämlich er und der Ruhm. Man ist erleichtert, wenn man ihn endlich mit Petrarcas Worten aufjauchzen hört: „Ich bin den ganzen Tag gelaufen, es ist Abend, ich bin da!" Wie oft hat er geklagt: „Ich sah des Ruhmes heil'ge Kränze auf der gemeinen Stirn entweiht!" Jetzt trägt er sie selbst. Er ist der Daphne, die vor ihm floh, nachgejagt, bis er sie ergriff und nun hatte, was er wollte: nicht die Daphne, sondern den Lorbeer!

Indessen war er heißhungrig geworden und konnte von der ambrosischen Kost nicht genug haben; er verschlang Weihrauch und Lorbeer wie Salat und seufzte täglich: „Ich erfahre nur die Hälfte, nur den vierten Teil meines Ruhmes". Da war kein literarischer Winkel verborgen, kein Skribler unbedeutend genug: die Lobsprüche, woher sie auch kamen, sollten fleißig ausgespäht und pünktlich bei Heller und Pfennig abgeliefert werden, damit er sie einkassiere. Man lese nur seine Briefe an die Apostel, denen er es zur wichtigsten Pflicht machte, was auch nur über ihn gedruckt wäre, auszukundschaften und in unfrankierten Briefen an die Zentralstelle einzusenden. Er war wirklich wie die Kinder: er konnte Gold und Katzengold nicht unterscheiden![244]

244 S. oben 6. Kap., S. 130 ff.

Der Philosoph Scheidler in Jena hatte in einem enzyklopädischen Artikel seiner erwähnt und, wie Napoleon den Marschall Ney „den Tapfersten der Tapferen", ihn „den scharfsinnigsten der Scharfsinnigen" genannt. Ohne Gefühl für den Wert dieses ungemeinen Lobes aus dem Munde eines grundehrlichen und wohlunterrichteten Mannes sagte Schopenhauer, als er es erfuhr: „Ich finde, dass der Mann sich passend auszudrücken weiß".

Der Dämon seines Pessimismus raunte ihm beständig ins Ohr: „Zugeknöpft! Ja keinen Verkehr mit dem gemeinen Volk der *bipedes*, die wie deinesgleichen aussehen!" So wollte er durch die Welt schreiten, unzugänglich, wohlverwahrt gegen alle Gefahren der Falschheit und Täuschung. Nach seiner Meinung glichen die Menschen den Rosskastanien, die wie edle Kastanien aussehen, wenn das verräterische Laub nicht wäre! Um die goldene Regel der Menschenverachtung stets vor Augen zu haben, wollte er auf dem Deckel seiner Tabaksdose das Bild zweier mit etwas Laub versehener Rosskastanien führen, um auch pessimistisch zu schnupfen. Aber es ging seinem Pessimismus wie dem Gewande der Penelope: er trennte immer wieder auf, was er gewebt hatte, er tat unfreiwillig, was diese freiwillig. Sein künstliches Gewebe löste sich von selbst auf, und zwar – hier muss ich mein Bild umkehren – sobald die Freier sich einstellten. Jetzt fühlte er sich in der verhassten Welt mit einem Mal heimisch und behaglich, er wurde aufgeräumt und gesprächig, heiter und wohlgelaunt: der Pessimismus hatte ihn zugeknöpft, die Freier knöpften ihn auf.

Zum Pessimismus gehört seit den Tagen des alten Simonides der Weiberhass. In seiner Schrift „Über die Weiber" hatte auch Schopenhauer eine Satire voller Spott und Hohn, voller Gift und Galle über Frauenreiz und Frauenverehrung ergossen. Indessen hat diese Theorie den praktischen Einwirkungen der weiblichen Reize auf ihn nie den mindesten Eintrag getan.[245] In seiner Jugend hatte ihn der Anblick der Schauspielerin Jagemann in Weimar so berauscht, dass er ausrief: „Ein solches Weib würde ich heimführen, und wenn ich sie Steine klopfend auf der Straße fände!" – Hätte seine Mutter sein Genie und seine Bedeutung bei Zeiten zu erkennen und zu würdigen gewusst, so würde vielleicht jenes naturwidrige Missver-

245 S. oben 4. Kap., S. 106, 8. Kap., S. 172.

hältnis nicht entstanden sein, das zum großen Teil seinen Weiberhass verursacht und sich in demselben maskiert hat. Und zu guter Letzt waren Weiberhass und Weibersatire wie weggeblasen, als eine junge, anmutige Bildhauerin erschien, um den siebzigjährigen Greis zu modellieren. Er trank mit ihr Kaffee, ging mit ihr spazieren und machte ihr den Hof. Noch kurz vor Torschluss des Lebens schrieb er seinen Aposteln, er habe nie geglaubt, dass es ein so liebenswürdiges Mädchen wie Elisabeth Ney geben könne.[246]

Die Lehre vom Elend der Welt und des Daseins paradierte am Ende nur noch in seinen Büchern; hier trug er die Uniform und den Staatsrock des Pessimismus. Aus seinem täglichen Leben und Ideengang waren sie in der Ära seines Ruhms wie verschwunden. Früher hieß es mit dem Chor im Ödipus: besser, nicht geboren sein, oder, wenn man es ist, so schnell als möglich sterben! Jetzt dagegen ließ er es sich zu wahrem Troste gereichen, dass der Upanischad und der französische Physiologe Flourens die menschliche Lebensdauer nicht mit dem Alten Testament auf siebzig bis achtzig, sondern auf *hundert* Jahre berechnet hatten. Seine pessimistische Lebensansicht hatte sich in den glücklichen Jahren des Ruhms abgestumpft und war außer Gebrauch gekommen. Zwar ist sein letztes Wort in den „Senilia" noch ein Ausdruck desselben, aber ein so matter und schwächlicher, dass man die Feder Schopenhauers darin nicht wiedererkennt: „Die Welt ist und ist, wie Figura zeigt: ich möchte nur wissen, wer etwas davon hat".[247]

Die Übereinstimmung zwischen Schopenhauers Philosophie und Leben leuchtet uns ein, sobald wir ihn als *Künstler* gelten lassen und betrachten. Das stolze, oft ungeheuerliche Selbstgefühl, welches er von seinen Werken als genialen und künstlerischen Kraftleistungen hegte, wird uns erklärlich; wir sehen ihn in seinem Atelier, bisweilen, bildlich zu reden, in Hemdärmeln, ungeniert, derb, immer superlativisch in seinen Ausdrücken, voller Eitelkeit und Ehrgeiz, mit allen Arten und Unarten einer Künstlernatur begabt, stets unter dem Eindruck der anschaulichen Gegenwart. Er kommt – vergessen wir es nicht – aus einem Zeitalter, in welchem die schöngeistige Literatur Deutschlands und der Welt, auch die philosophische, keinen höheren Kultus pflegte als den des Genies.

---

246 Ebendas., Kap. 7, S. 164 f.
247 Grisebach, Bd. VI, S. 213.

In seinen Büchern erscheint er auf der Weltbühne als der Held seiner Philosophie, die Stirn umwölkt, sein Auge blickt Einsamkeit, er spielt seine Kraftstücke, und zwar so ausgezeichnet, dass wir über seinen Bildern den Künstler vergessen; er ist von den Leiden der Welt, die er uns schildert, so erfüllt, dass er in diesem Augenblick selbst leidet; bisweilen unterbricht er sein Spiel durch eine Parabase, um Hegel, die Philosophieprofessoren und das Publikum herunterzumachen; dann kehrt er in die ernste Haltung und den tragischen Charakter seiner Rolle zurück.

Eines seiner interessantesten Bekenntnisse bestätigt unsere Auffassung: er habe die Kraft, sich selbst zu erschüttern, in hohem Maß besessen und wäre ein großer Schauspieler geworden, wenn er sich nicht für die Laufbahn des Philosophen entschieden hätte. Er war, wie man berichtet, ein vorzüglicher Erzähler und konnte, wenn ihn der Gegenstand ergriff, Tränen vergießen. Nun, er ist auch als Philosoph ein großer Schauspieler gewesen, ein solcher, der die tragischen und komischen Wirkungen in seiner Gewalt hatte. Er vergleicht öfter sein Ende mit dem theatralischen Abgang: „*Exit, plaudite!*"

Auch der Charakter und Inhalt seiner Lehre ist von dem Selbstgefühl des Genies inspiriert. Dieses ist um so erhabener und preiswürdiger, je seltener es ist, je weniger es mit dem blinden und wüsten Menschenhaufen gemein hat, der zu allen Zeiten derselbe ist und bleibt. Wenn dagegen die Weltgeschichte ihre Themata und Aufgaben hat, zu deren Lösung die Genies gebraucht und verbraucht werden, jedes zu seiner Zeit und an seinem Platz, dann hören sie auf, die alleinleuchtenden Gestirne zu sein; sie sind die tüchtigsten und edelsten Werkzeuge der Menschheit, aber sie sind keine Götter. In diesem Punkt gibt es keinen größeren Gegensatz der Weltansichten, als den zwischen Hegel und Schopenhauer. In den Werken Hegels kommt der Name Schopenhauer nie vor, dagegen in den Werken des letzteren der Name Hegel ungezählte Male, stets als Gegenstand maßloser Schmähungen. Die Vergötterung des Genies, die leicht zur Selbstvergötterung führt, wenn sie nicht aus ihr hervorgeht, bildet so sehr ein Grunddogma der Lehre Schopenhauers, dass man sie aus demselben herleiten könnte.

So erklärt sich, dass die Widersprüche zwischen ihm und seiner Lehre von Seiten der genialen Geistesart sich ausgleichen, während sie an seiner moralischen Persönlichkeit unvertilgbar haften. „Der *intellektuelle* Charakter", sagt Schopenhauer, „bestimmt die Physiognomie genialer Menschen, die ich die theoretische nennen möchte, und gibt ihr das ausgezeichnete Gepräge, am meisten in Auge und Stirn; bei gewöhnlichen Menschen ist von solcher theoretischer Physiognomie nur ein schwaches Analogon. Hingegen die praktische Physiognomie, den Ausdruck des Willens, des praktischen Charakters, der eigentlich moralischen Gesinnung, haben alle: es zeigt sich am meisten am Munde." Er selbst bekannte unverhohlen, dass, so sehr ihm seine *intellektuelle* Physiognomie gefalle, so wenig gefalle ihm doch seine *moralische*. Er hatte recht. Sie gefällt uns ebensowenig.[248]

Neuntes Kapitel

Die Ausgaben sämtlicher Werke

I. Die Ausgabe nach Schopenhauer

1. Der Grundtext

Die Werke, welche der Philosoph selbst herausgegeben hat, eingerechnet die lateinische Übersetzung der Farbenlehre, bestehen in sieben Einzelschriften, deren Entstehung und Zeitfolge wir aus der Lebensgeschichte kennen. Die Parerga und Paralipomena vom Jahre 1851, die zweiten Auflagen der Schriften über die vierfache Wurzel des Satzes vom zureichenden Grunde (1847), über das Sehn und die Farben, über den Willen in der Natur (1854) und über die beiden Grundprobleme der Ethik (1860), endlich die dritte Auflage des Hauptwerks (1859) sind die Einzelausgaben *letzter* Hand und bilden den Grundtext, welcher für neue Auflagen sorgfältig durchzusehen, vor jeder Verunstaltung zu bewahren und durch Zusätze zu vermehren war, welche letzteren der Philosoph teils in den Handexemplaren, teils in den handschriftlichen Büchern niedergeschrieben hatte mit der genauen Angabe des Orts, wo sie hingehörten.

Mit den Entwürfen zur Vorrede einer Gesamtausgabe seiner Werke beschäftigt, hatte Schopenhauer noch kurz vor seinem Tod in den „Senilia" die Forderung der genausten Wiedergabe des Grundtextes

248 Lindner u. Frauenstädt, Arthur Schopenhauer, S. 280.

in der schärfsten Weise ausgesprochen. „Erfüllt mit Indignation über die schändliche Verstümmelung der deutschen Sprache, welche durch die Hände mehrerer tausende schlechter Schriftsteller und urteilsloser Menschen seit einer Reihe von Jahren mit ebensoviel Eifer wie Unverstand methodisch und *con amore* betrieben wird, sehe ich mich zu folgender Erklärung genötigt: Meinen Fluch über jeden, der bei künftigen Drucken meiner Werke irgend etwas daran wissentlich ändert, sei es eine Periode oder auch nur ein Wort, eine Silbe, ein Buchstabe, ein Interpunktionszeichen."[249]

2. Der Plan der Gesamtausgabe

In jenen Entwürfen hat sich Schopenhauer auch über die Ausgabe seiner sämtlichen Werke ausgesprochen, die er so gern noch selbst besorgt hätte. „Sollte ich eine *Gesamtausgabe* meiner Werke erleben, so soll das Motto des Haupttitels sein: ‚*non multa*'." Sein „*Prooemium in opera omnia*" lautet: „Ich glaube auf den Ehrentitel eines *Oligographen* Anspruch zu haben, da diese fünf Bände alles enthalten, was ich je geschrieben habe und der ganze Ertrag meines 73jährigen Lebens sind. Die Ursache ist, dass ich der anhaltenden Aufmerksamkeit meiner Leser durchweg gewiss sein wollte und daher stets nur dann geschrieben habe, wenn ich etwas zu sagen hatte. Wenn dieser Grundsatz allgemein würde, dürften die Literaturen sehr zusammenschrumpfen."[250]

Was die Reihenfolge der Bände betrifft, so hat Schopenhauer die Ordnung der Lektüre und die der Herausgabe unterschieden. Zu lesen sind dieselben in folgender Reihe: die vierfache Wurzel des Satzes vom Grunde, die Welt als Wille und Vorstellung, der Wille in der Natur, die Ethik, die Parerga. „Die Farbenlehre geht für sich."

Dagegen soll die Gesamtausgabe so geordnet sein, dass die Welt als Wille und Vorstellung die beiden ersten, die Parerga und Paralipomena die beiden letzten Bände ausmachen, und der dritte die kleineren Schriften in sich vereinigt; die Farbenlehre könne beliebig gestellt werden, da sie mehr physiologischen als philosophischen Inhalts sei.

Schopenhauer starb zu früh, um diesem seinem Plan gemäß die Gesamausgabe zu besorgen.

249 Grisebach, VI, S. 280 ff.
250 Ebendas., VI, S. 281–283.

II. Die Gesamtausgaben

1. Frauenstädt

Als Frauenstädt seine literarische Erbschaft antrat, hatte er nach den Forderungen des Meisters drei Aufgaben zu erfüllen: 1. die Herstellung neuer Auflagen des unverdorbenen und vorschriftsmäßig zu vermehrenden Grundtextes, 2. die Gesamtausgabe der Werke, 3. ein dazu gehöriges genaues und vollständiges Register.

Aus Frauenstädts Händen sind folgende neue Auflagen hervorgegangen: die dritte „verbesserte und vermehrte" der Schriften über die vierfache Wurzel des Satzes vom Grunde (1864), über den Willen in der Natur (1867), über das Sehn und die Farben (1870); die zweite (dritte und vierte) „verbesserte und beträchtlich vermehrte" der Parerga und Paralipomena (1862, 1873, 1878), die vierte und fünfte „vermehrte und verbesserte" des Hauptwerks (1873, 1879). Dazu kommen zwei Auflagen der Gesamtausgabe in sechs Bänden (1873/74 und 1877). „Aus Schopenhauers handschriftlichem Nachlass" hat der literarische Erbe, „Abhandlungen, Anmerkungen, Aphorismen und Fragmente" herausgegeben (1864).

Als die fünfte Auflage des Hauptwerks erschienen war, starb der Herausgeber (1879) und hinterließ die handschriftlichen Bücher Schopenhauers der königlichen Bibliothek zu Berlin, während die Handexemplare von seinen Erben im Antiquariatswege verkauft und dadurch zerstreut wurden.

1. In der *Wiedergebung* des Grundtextes hat Frauenstädt die erste Pflicht der philologischen Sorgfalt verabsäumt und sich so viele Nachlässigkeiten zuschulden kommen lassen, dass der zweite und jüngste Herausgeber der Werke in Frauenstädts Gesamtausgabe letzter Hand (1877) über *sechzehnhundert* Verunstaltungen oder „korrumpierte Stellen" aufgefunden und davon über hundert Proben mitgeteilt hat.[251]

2. Was dann die *Veränderungen* und *Vermehrungen* des Grundtextes durch die vorgeschriebenen Zusätze betrifft, so hat Grisebach mit Hilfe jener zehn in der Berliner Bibliothek aufbewahrten Manuskript-Bücher und der Handexemplare, so weit er derselben habhaft

251 Ebendas., VI, S. 388–392 (1669 korrumpierte Stellen und 101 Proben).

werden konnte, eine sehr genaue Revision der Frauenstädtschen Gesamtausgabe angestellt und eine ungezählte Menge mangel- und schadhafter Stellen nachgewiesen: da sind Zusätze von der Hand des Meisters weggelassen, da sind aufgenommene zum Teil verstümmelt und interpoliert, lückenhaft und inkorrekt wiedergegeben; da sind Zusätze, welche unter den Text zu stellen waren, in denselben eingerückt, andere, die in den Text gehörten, unter ihn gesetzt worden. Auch gibt es Stellen, welche Schopenhauer aus einer Schrift in eine andere versetzt und nun in jener gelöscht wissen wollte, der Herausgeber aber so kopflos behandelt hat, dass sie nunmehr in beiden Schriften stehen.[252]

Ein Pröbchen aus der Gesamtausgabe vom Jahre 1877 möge diese Unachtsamkeit kennzeichnen. Die Vorrede zu der zweiten Auflage der Schrift „Über das Sehn und die Farben" hat Schopenhauer im November 1854 unterzeichnet, während in der Vorrede „der ganze, in den Jahren 1855–1856 so laut gewordene Streit zwischen Materialisten und Spiritualisten" erwähnt wird (Bd. I, S. VI-VII). Natürlich gehört diese Stelle einem späteren in das Handexemplar geschriebenen Zusatz an, der als ein solcher zu bezeichnen und als Anmerkung unter den Text zu setzen war. Statt dessen hat Frauenstädt den Zusatz mit der Jahreszahl 1855 – 1856 in die Vorrede vom November 1854 eingerückt, die nunmehr hier einen sinnlosen Text bietet. – Um den Leser für Weglassungen Schopenhauer'scher Zusätze zu entschädigen, hat der Herausgeber Anmerkungen eigener Erfindung und überflüssiger Art, mehr als hundert, dem Grundtexte hinzugefügt.

3. Die von dem Verfasser selbst vorgeschriebene *Zahl* und *Reihenfolge* der Teile hat der Herausgeber keineswegs befolgt: er hat mit Weglassung des Mottos die sämtlichen Werke nicht in fünf, sondern in sechs Bänden herausgegeben, er hat die kleineren Schriften nicht in einem Bande vereinigt, sondern in zwei verteilt; er hat diese nicht in die Mitte gestellt, sondern durch das Hauptwerk getrennt, sodass der erste Band seiner Gesamtausgabe die Schriften über die vierfache Wurzel, über das Sehn und die Farben, und die *theoria colorum physiologica* enthält, der vierte aber die Schrift über den Willen in der Natur und die beiden Grundprobleme der Ethik.

252 Ebendas., S. 292–385.

4. Was endlich das *Register* zu den Werken betrifft, welches anzufertigen Schopenhauer ihn einige Male brieflich und dringend ermahnt hat, so hat Frauenstädt diese Aufgabe gänzlich unerfüllt gelassen, obwohl der Meister selbst unter dem Titel „Register zu meinen Manuskripten“ und „Repertorium zu meinen Manuskript-Büchern“, in deren Besitz sich der literarische Testamentsvollstrecker befand, schon den Grundstock zu einem solchen Register geliefert hatte.[253]

Statt dessen hat Frauenstädt ein Geschäft ausgeführt, das für ihn selbst ebenso bequem und lukrativ als für die Werke Schopenhauers und deren Leser völlig unnütz und wertlos, zeitraubend und verlustbringend war. Er hat nämlich seine Exzerpte alphabetisch aneinandergereiht, um des Umfangs willen vermehrt und in zwei Bänden unter dem Titel „Schopenhauer-Lexikon“ noch vor der Gesamtausgabe erscheinen lassen (1871). Niemals ist der Name „Lexikon“ für ein Machwerk solcher Art und zu einer solchen *Täuschung* angewendet worden. Von diesem „Schopenhauer-Lexikon“ gilt: „suchet, so werdet ihr *nicht* finden!“

Statt vieler Beispiele eines. Man weiß, welchen tiefen und fortwirkenden Eindruck Calderons Tragödie „Der standhafte Prinz“ auf Schopenhauer gemacht hat. Gelegentlich wollte ich die Stellen seiner Werke nachlesen, die sich auf Calderon beziehen und nehme mein „Schopenhauer-Lexikon“ zur Hand. Umsonst! der Name „*Calderon*“ steht gar nicht darin.

Nicht einmal das von dem Philosophen selbst angefertigte Register und Repertorium hat sein „Lexikograph“ benützt und verwertet. Was Schelling dreißig Jahre früher von Frauenstädts Darstellung seiner damaligen Vorlesungen in Berlin gesagt hatte, genau derselbe Vorwurf „einer schlechten und bettelhaften Buchmacherei“ trifft auch das Schopenhauer-Lexikon. Auch die „Lichtstrahlen aus Schopenhauers Werken“, die er gleich nach dessen Tod herausgab (1861), müssen als Beispiel einer solchen elenden Buchmacherei bezeichnet werden, die sich in „Lichtstrahlsammlern“ bis heute fortgepflanzt hat.[254]

---

253 Br. v. 6. August 1852 und v. 31. Januar 1856 (Grisebach, Briefe, S. 203, 317 f.). – Grisebach, VI, S. 396.

254 Auch Labans „Schopenhauer-Literatur" (1880) ist ein wertloses Buch. Wenn solche Sammelschriften nicht das relative Verdienst sorgfältiger und vollständiger Arbeiten haben, so haben sie gar keines.

Unsere Leser wollen sich vergegenwärtigen, was wir im vorigen Kapitel von Schopenhauers blindem Vertrauen und Selbsttäuschungen gesagt haben. Dieser Frauenstädt war der vielgelobte „Erzevangelist", der „*apostolus activus, militans, strennus, acerrimus*", der die Werke seines Meisters weit besser auszumünzen als herauszugeben gewusst hat! Von seinen Huldigungen und nützlichen Diensten verblendet, hat Schopenhauer in dem Wert seiner intellektuellen Persönlichkeit sich gründlich getäuscht und die Verdienste, welche Frauenstädt sich um die Verbreitung und Anerkennung seiner Werke erworben hat, weit überschätzt; er hat die sonst von ihm so tief verachtete Vielschreiberei und Buchmacherei bei Frauenstädt sich gern gefallen lassen, da derselbe zur Beförderung seines Ruhmes nicht genug lesen, schreiben und drucken lassen konnte. Allerdings hat er ihn oft recht schlecht gemacht und sich über die Mängel seiner Urapostel nicht immer auf gleiche Weise getäuscht. „Sie sind", schrieb er einmal an Becker, „wie sie Gott gegeben hat." Warum aber hat er trotzdem das Testament bestehen lassen?

Grisebach hat das Werk seines Vorgängers verurteilt: die Ausgabe, in welcher sämtliche Werke Schopenhauers siebzehn Jahre lang existiert haben. Bei der Redaktion der Zusätze zu den *Parerga* handelte es sich um eine Textvermehrung von fünfzehn Druckbogen. Nachdem er so viele Proben der „redaktionellen Gewissenlosigkeit" des Herausgebers nachgewiesen hat, erklärt Grisebach, dass „Frauenstädts Parerga-Ausgabe durch seine unverantwortlich liederliche Textbehandlung der posthumen Zusätze ohne wissenschaftlichen Wert sei".

Nachdem er, wie schon gesagt, über sechzehnhundert „korrumpierte Stellen" in der Wiedergabe des *Grundtextes* aufgefunden hat, erklärt Grisebach, „dass die Frauenstädtsche Schopenhauer-Ausgabe unter allen Ausgaben unserer großen Schriftsteller wohl einzig dastehen dürfte". „Mit der Wiedergabe des Textes der Schopenhauer'schen Originalausgaben durch Frauenstädt verhält es sich somit hinsichtlich der Zuverlässigkeit genau so wie mit seiner Wiedergabe der Schopenhauer'schen posthumen Zusätze: in einem wie im anderen Fall ist er völlig unzuverlässig und hat daher dem von Schopenhauer in ihn gesetzten Vertrauen nicht entsprochen."[255]

---

255 Grisebach, VI, S. 366, 388, 389 und 382.

2. Grisebach

Einer jüngeren Generation angehörig, die mit dem Ruhm Schopenhauers gleichzeitig aufwuchs und nicht mehr in dessen Gesichtskreis fiel, hat Ed. Grisebach den Philosophen nur in seinen Werken kennen und bewundern gelernt. Er ist ein Jünger geworden, wie solche in der Nachwelt Schopenhauer zu finden gehofft hatte. In diesem Vertrauen sollte er sich nicht betrogen haben.

1. Zu der ersten Säkularfeier der Geburt Schopenhauers, den 22. Februar 1888, hat Grisebach ein Werk erscheinen lassen, welches nur aus der liebevollsten Verehrung seines „großen Meisters" hervorgehen konnte: „*Edita und Inedita Schopenhaueriana*, eine Schopenhauer-Bibliographie, sowie Randschriften und Briefe Arthur Schopenhauers, mit Porträt, Wappen und Faksimile der Handschrift des Meisters".[256]

Unter den „Edita" erfahren wir, dass Autographen Schopenhauers beträchtliche Preise eingetragen haben: die neunzehn auszugsweise gedruckten Briefe an Lindner sind für 511 Mark verkauft worden, der schon gedruckte Brief vom 29. Januar 1860 für 250.

Unter den „Inedita" steht ein Verzeichnis sämtlicher nachweisbaren Briefe, welche Schopenhauer seit dem Sommer 1803 bis zum September 1860 geschrieben hat: ihre Zahl beläuft sich auf 307.[257]

Neu und der fleißigen Nachforschung des Herausgebers zu danken ist die Mitteilung von „Randschriften" recht charakteristischer Art in Büchern aus Schopenhauers Bibliothek. Gwinner, der Erbe der letzteren, hat zu zwei verschiedenen Malen Bücher daraus versteigern lassen, deren Verzeichnis Grisebach gibt (S. 141–184); dieser selbst hat einen Teil der käuflich gewordenen Bücher erworben und daraus von Schopenhauer angestrichene Stellen oder hinzugefügte Randglossen abdrucken lassen, wie z.B. aus Herders „Metakritik", Schleiermachers Monographie „Herakleitos der Dunkle von Ephesus", Bohlen „Die Genesis historisch erläutert", Ringseis' und Ernst Lasaulx' Rektoratsreden usw. Die Goetheforscher werden zu ihrer Überraschung finden, dass zu den Versen des Faust „Ach, wenn in unsrer engen Zelle" usw. Schopenhauer eine Parallelstelle angemerkt hat aus – Petrus Damiani! Zu der „Braut von Korinth" hat er in sein Handexemplar der Gedichte einen kurzen Kommentar über

256 Leipzig, Brockhaus, 1888.
257 S. unten „Briefe", S. 197.

den Gegensatz griechischer Lebenslust und christlicher Askese geschrieben.

2. Mit dem 21. September 1890 war ein Menschenalter seit dem Tod Schopenhauers verflossen und das Recht, die Werke desselben drucken zu lassen, Gemeingut geworden. Die Aufgabe, nunmehr von diesen Werken eine billige, den Forderungen des Verfassers und der Wissenschaft entsprechende Gesamtausgabe zu besorgen, hat Grisebach ergriffen und mit höchst anerkennenswerter Sorgfalt gelöst. Das erste Vorwort ist am dreißigsten Todestag des Philosophen datiert, die folgenden an dessen Geburtstag.

Zur Eröffnung seines Werkes sagt der Herausgeber: „Die gegenwärtige Gesamtausgabe der Werke *Arthur Schopenhauers* wird ‚alles, was er je geschrieben', enthalten, in der von ihm selbst noch nicht lange vor seinem Tod entworfenen Anordnung". Nach dem Abschluss des Ganzen sagt er: „Die vorliegende Gesamtausgabe ist die *erste*, welche sich das Ziel gesteckt hat, den Forderungen des Meisters durchweg nachzukommen und alle seine Werke nach der von *ihm* festgesetzten Reihenfolge, ‚in genauem, unverkümmertem und unverfälschtem Abdruck' wiederzugeben, ‚ohne irgend etwas daran zu ändern, sei es eine Periode oder auch nur ein Wort, eine Silbe, ein Buchstabe, ein Interpunktionszeichen'".[258]

Er hat den fünf in der vorschriftsmäßigen Reihenfolge angeordneten Bänden der Werke einen sechsten hinzugefügt, der im ersten Teil die Farbenlehre und deren lateinische Übersetzung, im zweiten einen „biographisch-bibliographischen Anhang" und im dritten das „Namen- und Sachregister" zu allen sechs Bänden enthält. Der biographisch-bibliographische Anhang bringt die „Chronologische Übersicht von Schopenhauers Leben und Werken", dann in sieben Beilagen: Schopenhauers Wappen und Stammbaum, seine Briefe an Goethe, sein zur Habilitation in Berlin verfasstes „*Curriculum vitae*", die in das Intelligenzblatt der Jenaischen Allgemeinen Literaturzeitung eingerückte „Notwendige Rüge erlogener Zitate", die den Manen des Vaters geweihte Dedikation der zweiten Auflage des Hauptwerks, das Gutachten über das Goethe'sche Monument und den Brief über die Umarbeitung der Kritik der reinen Vernunft in der zweiten Auflage.

258 Grisebach, I, S. 5; VI, S. 394. (Leipzig, Phil. Reclam jun.)

Endlich hat Grisebach durch das „Namen- und Sachregister“ zu seiner Gesamtausgabe, mit deutlicher Hervorhebung des von Schopenhauer selbstgelieferten „Registers“ und „Repertorium“ seiner Manuskripte, sich um die Werke des Philosophen und deren Leser ein schätzenswertes Verdienst erworben und auf 55 kleinen Seiten geleistet, was Frauenstädt auf 889 großen nicht zu leisten vermocht hat. (Hier zum Beispiel findet man unter dem Namen „Calderon“ die Angabe von neun auf ihn bezüglichen Stellen.)

Das Verdienst der Herstellung eines eigenen lexikalischen Nachschlagebuchs in Beziehung auf die Schriften und Briefe Schopenhauers hat sich W. L. *Hertslett* erworben mit seinem „Schopenhauer-Register“ (Leipzig, F. A. Brockhaus, 1891, 261 Seiten).

Grisebach, unermüdlich beflissen, alles, was Schopenhauer geschrieben, zu sammeln und in geordneter Weise sorgfältig herauszugeben, hat es bei seiner Ausgabe der sämtlichen Schriften nicht bewenden lassen, sondern dieselbe nunmehr ausgedehnt auf den handschriftlichen Nachlass und die Briefe des Philosophen. Mit einer Vollständigkeit, die nur als eine *„vorläufige“* gelten will, hat er diese Aufgabe in fünf Bänden ausgeführt. Aus den auf der königlichen Bibliothek zu Berlin verwahrten Manuskript-Büchern hat er folgende vier Bände zutage gefördert. Der erste Band enthält: „Gracians Orakel der Weltklugheit“, der zweite: „Einleitung in die Philosophie nebst Abhandlungen zur Dialektik, Ästhetik und über die deutsche Sprachverhunzung“, der dritte: „Anmerkungen zu Locke und Kant sowie die nachkantischen Philosophen“, der vierte: „Neue Paralipomena: vereinzelte Gedanken über vielerlei Gegenstände“. Dazu kommen als „Appendix: Bruchstücke aus der Vorlesung über die gesamte Philosophie“. Die alten Paralipomena bestehen in 31 Kapiteln, die neuen in 22 (703 §§), welche mit drei Ausnahmen die alten Überschriften führen. Die Überschrift des letzten Kapitels (XXII) heißt: *„Εἰς ἑαυτόν“* (Selbstbetrachtungen).

III. Die Briefe

Wie aus unserer Lebensgeschichte des Philosophen hervorgeht, sind uns besonders diejenigen seiner Briefe bemerkenswert gewesen, welche mit der Entstehung, der Erläuterung, der Verbreitung und Verbreitungsart seiner Lehre zu tun haben. Hier lassen sich sieben Gruppen unterscheiden, deren erste eine Gruppe für sich bildet: es sind die neun Briefe an Goethe (Januar 1814 bis 23. Juni 1818).

Die übrigen sechs fallen in die letzten sechzehn Lebensjahre des Philosophen und bilden nach Zahl und Zeitordnung folgende Gruppen: 1. 28 Briefe an Joh. August *Becker* (vom 3. August 1844 bis 26. Juli 1860), 2. 83 Briefe an Julius *Frauenstädt* (vom 16. Dezember 1847 bis 31. Oktober 1856 und 6. Dezember 1859), 3. 13 Briefe an Adam von *Doß* (vom April 1849 bis 1. März 1860), 4. 17 Briefe an Otto *Lindner* (vom 5. Januar 1852 bis 21. November 1859), 5. 25 Briefe an David *Asher* (vom 16. Juni 1855 bis 18. August 1860), 6. 6 Briefe an Karl *Bähr* (vom 1. März 1857 bis 25. Februar 1860).

Die Summe dieser sieben Brief-Gruppen beträgt 181 Briefe. Die von ihm geschriebenen Familienbriefe sind verloren und, wie es scheint, beizeiten vernichtet worden. Andere Briefe verschiedenen Inhalts hat man aus der Zerstreuung gesammelt.

1. Schemann

Den ersten Versuch einer *Sammlung* von Schopenhauer-Briefen, so weit dieselbe ihm herstellbar erschien, hat Ludwig Schemann unternommen: „Schopenhauer-Briefe. Sammlung meist ungedruckter oder schwer zugänglicher Briefe von, an und über Schopenhauer. Mit Anmerkungen und biographischen Analekten." (Leipzig, F. A. Brockhaus, 1893.)

Von den 159 mitgeteilten Briefen sind 109 von Schopenhauer, darunter die Briefe an Goethe, A. v. Doß und K. Bähr, außerdem Briefe an Frommann, Fr. A. Wolf, Böttiger, Osann, Thiersch, Radius, Keil, Rosenkranz, Erdmann, J. Karl Becker (Sohn), Körber u.a.

2. Grisebach

Die folgende Sammlung, von Grisebach veranstaltet, enthält nur Briefe von Schopenhauer und nennt sich daher „*Schopenhauers Brie-*

fe an Becker, Frauenstädt, v. Doß, Lindner und Asher; sowie andere, bisher nicht gesammelte Briefe aus den Jahren 1813 bis 1860".

Von jenen 181 Briefen, die wir in Gruppen gesondert haben, finden sich hier 167; die Goethe-Briefe stehen in der Gesamtausgabe der Schriften Schopenhauers (Bd. VI, S. 217 ff.), die Briefe an K. Bähr mit Ausnahme des ersten in den „Edita und Inedita Schopenhaueriana". Der erste findet sich in der gegenwärtigen Sammlung.

Die Zahl der hier mitgeteilten Briefe beläuft sich auf 192. (Unter den 25, welche zu jenen 167 hinzukommen, sind 11 an den Verlagsbuchhändler F. A. Brockhaus [1818] und an die Verlagshandlung F. A. Brockhaus [1843 und 1844], ein Brief an K. L. Reinhold [1813], einer an J. Fr. Blumenbach und zwei an Lichtenstein [1819]).

Da nun Grisebach in seine Ausgaben teils der sämtlichen Schriften, teils des handschriftlichen Nachlasses, teils der „Edita und Inedita Schopenhaueriana" schon 22 Briefe aufgenommen hatte, so sind von ihm 214 Briefe Schopenhauers publiziert worden. Und da er am Schluss der gegenwärtigen Sammlung (S. 482–495) den ersten Druckort von 72 anderen, nicht darin befindlichen nachgewiesen hat (darunter 54 bei Schemann), so kennt man 286 gedruckte Briefe, welche Schopenhauer in dem Zeitraum von 1813 – 1860 geschrieben hat: davon beträgt die Korrespondenz mit den Schülern, Aposteln und Evangelisten während der letzten sechzehn Jahre 172 und während der letzten acht Jahre (1852 – 1860) des anwachsenden Ruhms 127. (Hinzu kommen noch 21 in dem Zeitraum von 1803 – 1860 geschriebener, aber ungedruckter, bisher verlorener Briefe. S. oben S. 194.)

Leider bleiben beide Briefsammlungen hinter der erreichbaren Vollständigkeit zurück, diese nicht philosophisch, sondern bloß epistolographisch geschätzt. Man muss vier Grisebach'sche Bände zur Hand haben, um die 214 von ihm herausgegebenen Briefe vor sich zu sehen. Bei Schemann aber vermisst man die vier wichtigen Gruppen: J. A. Becker, Frauenstädt, Lindner und Asher: nicht weniger als 153 Briefe Schopenhauers von philosophischer und biographischer Bedeutung, deren Aufnahme der Herausgeber grundsätzlich unterlassen hat.

IV. Die Verbreitung der Werke

Welche Bedeutung die Werke Schopenhauers in der Gegenwart erlangt haben, lässt sich aus ihrer Verbreitung erkennen. Von der Gesamtausgabe in sechs Bänden von der Hand Grisebachs, die dreißig Jahre nach dem Tod des Philosophen erschienen ist, sind (wie mir der Herausgeber im Juli 1893 mitzuteilen die Gefälligkeit gehabt) binnen zwei Jahren 25 000 Exemplare verkauft worden, sodass im Herbst 1892 bereits der Neudruck resp. zur gründlichen Berichtigung einer erheblichen Anzahl von Druckfehlern der Neuguss der Stereotypplatten begonnen werden musste. Ich lasse dahingestellt, ob diese Verbreitung gleichmäßig alle sechs Bände der Gesamtausgabe betrifft, oder nur die beiden ersten, die das Hauptwerk enthalten.

Die Steiner'sche Ausgabe in zwölf Bänden will ich erwähnt haben, ohne hier näher darauf einzugehen; desgleichen die vielen Spezialausgaben einzelner Werke und Schriften, worunter namentlich die bei F. A. *Brockhaus* erschienenen sieben Spezialausgaben in neun Bändchen wegen ihrer für Auge und Hand gefälligen und bequemen Ausstattung besonders hervorzuheben sind.

Als Schopenhauer eine Gesamtausgabe seiner Werke sich vorbereiten sah, schrieb er jenes uns bekannte *Prooemium in opera omnia.*[259] „Ich glaube auf den Ehrentitel eines *Oligographen* Anspruch zu haben, da diese fünf Bände alles enthalten, was ich je geschrieben habe und der ganze Ertrag meines 73jährigen Lebens sind. Die Ursache ist, dass ich der anhaltenden Aufmerksamkeit meiner Leser durchweg gewiss sein wollte und daher stets nur dann geschrieben habe, wenn ich etwas zu sagen hatte. Wenn dieser Grundsatz allgemein würde, dürften die Literaturen sehr zusammenschrumpfen."

Nun hat sich nach seinem Tod nicht bloß die Schopenhauer-Literatur ins Ungemessene ausgedehnt, sondern auch die Ausgaben seiner Werke haben gegen den urkundlichen Willen des Verfassers ihren Umfang mehr als verdoppelt. Er wollte nicht mehr als *fünf* Bände verfasst haben, die *alles* enthalten, was er je geschrieben: den *ganzen* Ertrag seines 73jährigen Lebens. Gegenwärtig zählt die inhaltlich beste und sorgfältigste Ausgabe der Werke seines Namens

---

259 S. oben S. 189.

elf Bände und eröffnet uns die hoffnungsreiche Perspektive in einen noch größeren Umfang. „Inzwischen sehe ich", so sagt der Herausgeber des handschriftlichen Nachlasses, „diese meine Publikation der Schopenhauer'schen Posthuma nur *vorläufig* für abgeschlossen an: ich hoffe, dass die vollständige Veröffentlichung der gesamten, auf der Berliner Universität verwahrten wissenschaftlichen Manuskripte, die ‚der große philosophische Genius unseres Jahrhunderts der Welt' hinterlassen hat, nicht allzulange auf sich warten lassen wird."

Dass nur die anhaltende Aufmerksamkeit der Leser nicht nachlässt, da doch Schopenhauer selbst einer solchen Aufmerksamkeit gewiss sein und bleiben wollte, weshalb er mit gutem Bedacht vieles ungedruckt ließ! Aber die Lehrlinge verhalten sich zum Meister wie die Ultraroyalisten zum König, sie sind *„plus royaliste, que le roi même"*, oder auch wie die Kärrner zu den Königen: „Wenn die Könige bau'n, haben die Kärrner zu tun!"

Es scheint mir nicht wohlgetan, die Skrinien und die Manuskriptbücher auszuleeren, um Nachträge zu Nachträgen zu liefern, welche selbst schon „Nachträge zu Nachträgen" sind. Dass nur die Lehrlinge nicht am Ende das Schicksal des „Zauberlehrlings" ernten! Wenn der Meister wiederkommen könnte und sehen, wie seine Besen laufen, so würde er, glaube ich, mit dem alten Hexenmeister rufen:

In die Ecke,
Besen, Besen!
Seid's gewesen!
Denn als Geister
Ruft euch nur zu seinem Zwecke
Erst hervor der alte Meister.

Zweites Buch

Darstellung und Kritik der Lehre

Erstes Kapitel

Propädeutik. Der Satz vom zureichenden Grunde

I. Die Wurzel des Satzes vom Grunde

1. Das Vorstellungsvermögen

Schopenhauer hat wiederholt erklärt, dass die Abhandlung über die vierfache Wurzel des Satzes vom Grunde den Unterbau seines Systems enthalte, und dass, um seine Lehre wirklich kennen zu lernen, alle seine Schriften gelesen werden sollen, diese aber zuerst: Sie dient daher in der didaktischen Ordnung und Darstellung der Lehre sowohl zur Begründung als auch zur Einleitung und erfüllt demgemäß die Zwecke einer Propädeutik.

Um das kantische Rätsel, die Frage nach dem Ding an sich, welches allen Erscheinungen zugrunde liege, aufzulösen oder zunächst nur den einzig möglichen Weg nach diesem Ziel zu finden, müssen wir uns über die Bedeutung, die Herkunft und die Arten des Satzes vom zureichenden Grunde orientieren; wir dürfen denselben nicht vervielfältigen, aber auch nicht einfacher nehmen, als er ist, wohl eingedenk, dass die Prinzipien weder unnötig zu vermehren noch unbesonnen zu vermindern sind. So lehrt „der erstaunliche Kant" in seiner Vernunftkritik, wo er die Gesetze der Homogeneität und der Spezifikation aufstellt; eben dasselbe lehrt „der göttliche Plato" in seinem Phädrus und Philebus, wo er von der Einteilung der Begriffe handelt.[260]

Alle Erscheinungen sind unsere Vorstellungen und als solche durch unser Vorstellungsvermögen bedingt oder begründet. Objekt sein heißt vorgestellt und begründet sein. Der Satz vom Grunde haftet demnach an unserem Vorstellungsvermögen und fällt mit

260 Über die vierfache Wurzel usw., 1. Kap., §1.

dessen Beschaffenheit und Tätigkeit zusammen. Unser Vorstellungsvermögen ist die Wurzel des Satzes vom Grunde: So vielfältig jenes, so vielfältig dieser. Nun ist das Vorstellungsvermögen, wie sich zeigen wird, vierfach: daher die vierfache Wurzel des Satzes vom Grunde; die Geltung des Letzteren reicht so weit als das Gebiet unseres Vorstellungsvermögens und erstreckt sich demnach auf *alle* Objekte, aber auch nur auf diese.

2. Die vierfache Wurzel

Wie die Art und Weise des Vorstellens, so die des Vorgestellten oder der Objekte; denn Objekt sein heißt für ein Subjekt sein, diese beiden stehen in durchgängiger Wechselbeziehung, und keines ist je ohne das andere. Nun spaltet sich unser Vorstellungsvermögen in die vier Arten des denkenden, des anschauenden, des sinnlich affizierten (Empfindung) und des selbstbewussten; demnach wird es vier Arten der Objekte geben: Begriffe, reine Anschauungen, sinnliche Anschauungen und das Subjekt als Gegenstand des Selbstbewusstseins. Diesen müssen vier Arten des Satzes vom Grunde (des Vorgestellt- oder Begründetseins) entsprechen: Darin besteht die Schopenhauer'sche „Tetraktys".

„Unser erkennendes Bewusstsein, als äußere und innere Sinnlichkeit (Rezeptivität), Verstand und Vernunft auftretend, zerfällt in Subjekt und Objekt und enthält nichts außerdem. Objekt für ein Subjekt sein und unsere Vorstellung sein ist dasselbe. Alle unsere Vorstellungen sind Objekte des Subjekts, und alle Objekte des Subjekts sind Vorstellungen. Nun aber findet sich, dass alle unsere Vorstellungen untereinander in einer gesetzmäßigen und der Form nach *a priori* bestimmbaren Verbindung stehen, vermöge welcher nichts „für sich Bestehendes und Unabhängiges, auch nichts Einzelnes und Abgerissenes Objekt für uns werden kann. Diese Verbindung ist es, welche der Satz vom zureichenden Grunde in seiner Allgemeinheit ausdrückt."[261]

3. Die Arten des Grundes und deren Ordnung

Zunächst unterscheiden wir zwei Arten des Grundes: warum wir so und nicht anders urteilen, und warum etwas so und nicht anders ist

261 Ebendas., 3. Kap., § 16.

oder geschieht; jenes ist der Erkenntnisgrund (*ratio cognoscendi*), dieses der Sachgrund (Ideal- oder Realgrund). Der Sachgrund spaltet sich wieder in den Grund des *Seins* und den des *Geschehens* (*ratio essendi* und *fiendi*). Da nun alles Geschehen teils in Veränderungen (der Materie), teils in Handlungen (tierisch-menschlichen Aktionen) besteht, so zerfällt der Grund des Geschehens oder Wirkens, die Ursache im weitesten Sinn (*causa*), in die physikalischen Gründe und die Beweggründe (Motive), welche Letztere im Menschen vermöge der ihm eigenen Vernunfterkenntnis den Charakter und Wert moralischer Willensbestimmungen annehmen.

Demnach haben wir folgende vier Arten des Grundes: 1. Erkenntnisgrund, 2. Seinsgrund, 3. Grund des materiellen Wirkens oder Ursache im engeren Sinn, 4. Grund des Handelns oder Beweggrund (Motiv). Die erste Art des Grundes ist *logisch*, die zweite, da es sich hier um die Verhältnisse in Zeit und Raum handelt, *mathematisch*, die dritte *physikalisch*, die vierte, sofern sie die menschlichen Handlungen betrifft, *ethisch*.

Die Reihenfolge dieser vier Arten hat Schopenhauer, von dem Bekannten zu dem weniger Bekannten fortschreitend, so geordnet, dass er an erster Stelle den physikalischen Grund oder die Kausalität im engeren Sinn, an zweiter den logischen, an dritter den mathematischen und an letzter den ethischen oder die Kausalität in der Gestalt der Motivation behandelt.[262]

Er hat von dieser didaktischen Anordnung die systematische, welche vom Allgemeinen zum Besonderen fortgeht, unterschieden und der Letzteren gemäß erst den mathematischen, dann den physikalischen, drittens den logischen und zuletzt den ethischen aufgeführt.[263]

In seiner historischen Einleitung hat Schopenhauer die Ansichten der früheren Philosophen in der Kürze berührt und etwas obenhin beurteilt, wie denn überhaupt die historische Forschung nie seine Sache und Stärke war.[264] Hätte er Kants Habilitationsschrift („*Nova dilucidatio*“) gelesen, so wäre er auf die Bedeutung des Philosophen Christian Aug. Crusius, Wolfs orthodox gesinnten Gegner, schon

262 Ebendas., 4. Kap., § 17 – 25; 5. Kap., § 26 – 34; 6. Kap., § 35 – 39; 7. Kap., § 40 – 45.
263 Ebendas., 8. Kap., § 46.
264 Ebendas., 2. Kap., § 6 – 14. Platon, Plutarch, Aristoteles, Cartesius, Spinoza, Leibniz, Wolf, Baumgarten, Reimarus, Lambert, Plattner, Hume, Kant und seine Schüler.

jetzt aufmerksam gemacht worden. Dieser hatte in seinem „Entwurf notwendiger Vernunftwahrheiten" (1754) sehr genau den Ideal- und Realgrund, die „*ratio quod*" und die „*ratio cur*", den Grund des Seins und den des Wirkens unterschieden, auch bereits den Prinzipat des Willens erkannt. Als Schopenhauer viele Jahre später diese Verdienste des Crusius entdeckt hatte, merkte er sie in seinem „Folianten" an und zwar mit den Worten des Donat: „*Pereant qui ante nos nostra dixerunt*".[265]

II. Der physikalische Grund oder die Kausalität

1. Die Sinnenwelt

Das Material unserer Sinnenwelt besteht in unseren Sinneseindrücken, ihre Form in Zeit, Raum und Kausalität: Jene sind Empfindungsarten oder Sensationen, diese dagegen notwendige Vorstellungsarten. Daher ist in unserer Sinnenwelt nichts enthalten, was nicht zu dem materialen und formalen Charakter unseres Vorstellens gehört: Sie ist durchaus vorgestellt, d.h. phänomenal oder ideal. Die Lehre von der durchgängigen Idealität unserer Sinnenwelt (Körperwelt) heißt „Idealismus", die Lehre von der Entstehung der Sinnenwelt aus der Organisation unserer Vernunft (unseres Empfindungs- und Erkenntnisvermögens) ist der „transzendentale Idealismus", welchen Kant begründet hat und Schopenhauer mit völliger Beistimmung bestätigt und durchführen will.

Ohne Raum gibt es nichts, das beharrt, ohne Zeit nichts, das wechselt. Was Raum und Zeit erfüllt, ist das Beharrliche im Wechsel, d.h. dasjenige, welches beharrt, während seine Zustände wechseln. Der Raum, für sich genommen, ist das bloße Nebeneinander, die Zeit, für sich genommen, das bloße Nacheinander: daher es nur in der Vereinigung von Zeit und Raum möglich ist, dass verschiedene Erscheinungen oder Zustände dem Beharrlichen *zugleich* zukommen oder in *derselben* Zeit sind.

265 S. meine Geschichte der neuern Philosph., Bd. VI (Imm. Kant, 4. Aufl., Jubiläumsausg.), S. 184 – 192. Die Stelle über Crusius ist in Berlin erst 1827 niedergeschrieben. S. Grisebach, A. Schopenhauers handschr. Nachlass, Bd. IV, S. 345 u. S. 482. S. oben Buch I, 7. Kap., S. 151.

2. Die Materie und deren Veränderung

Das Zeit und Raum erfüllende Dasein ist die *Materie* mit ihren wechselnden Zuständen, also die Veränderungen der Materie, die Reihenfolge ihrer Zustände, deren jeder durch den vorhergehenden bedingt wird, sodass er demselben nicht bloß folgt, sondern daraus *erfolgt*. So erfolgt die Anziehung der Flocken durch den Bernstein unter der Bedingung der Reibung und Annäherung des Letzteren; so erfolgt die Entzündung des Körpers unter der Bedingung seiner Verwandtschaft und Berührung mit dem Sauerstoff und eines bestimmten Temperaturgrades; so entsteht unter gewissen Bedingungen die ungleiche Dichtigkeit der Luft, woraus der Luftzug oder Wind erfolgt; nun wird im gegebenen Fall die Sonne entwolkt, der Brennspiegel erwärmt; der im Fokus befindliche Körper entzündet u. s. f.

Die Bedingungen insgesamt, woraus die Veränderung hervorgeht, bilden die *Ursache*, der Erfolg ist die *Wirkung*. So verknüpft der Kausalzusammenhang die wechselnden Zustände der Materie und erstreckt sich wie Zeit und Raum ins Endlose. Es gibt keine erste Ursache, keine causa prima, auf welchen erschlichenen und falschen Begriff sich der kosmologische Gottesbeweis gründet. Die Kausalität, wie Schopenhauer sagt, ist nicht wie ein Fiaker, den man zurückschickt, wenn man die Station erreicht hat, vielmehr kennt dieselbe keinen Stillstand und läuft fort und fort wie der Besen des Zauberlehrlings. Die Annahme der *causa sui* als des absoluten Wesens oder Gottes ist für Schopenhauer ein beständiges und beliebtes Thema des Spottes; in den späteren Auflagen seiner Promotionsschrift unterbricht er an dieser Stelle seine Erörterungen, um in weitläufigen und spaßhaften Parabasen mit der *causa sui*, dem Absolutum usw. Komödie zu spielen. Doch hätte er diesen Begriff richtiger auf die Rechnung Spinozas als auf die Hegels und der deutschen Philosophieprofessoren setzen sollen.[266]

Ursache und Erkenntnisgrund sind wohl zu unterscheiden: Jene ist ein *Zustand*, aus dem ein anderer erfolgt; dieser ist ein Satz, aus dem ein anderer gefolgert wird. Es ist daher falsch, beide zu verwechseln, wie Spinoza tut, wenn er so oft sagt: „*ratio vel causa*". Ein anderes ist die Ursache, woraus etwas erfolgt, ein anderes die *Kraft*, wodurch der Erfolg bewirkt wird. Es ist daher falsch, beide zu

266 Vierfache Wurzel, 4. Kap., § 20.

verwechseln, wie Maine de Biran tut, wenn er in seinen „*Nouvelles considérations des rapports du physique au moral*“ stets sagt: „*cause ou force*“.

Die Veränderung besteht in einer endlosen Reihe verschiedener Zustände, denen etwas zugrunde liegen muss, das sich nicht verändert: Dieses Etwas als der Träger oder das Substratum (*ὑποκείμενον*) der Veränderung heißt die *Substanz* und ist das Zeit und Raum erfüllende Wesen oder die *Materie*. Es gibt keine andere Substanz als diese. Der Bestand der Materie kann weder vermehrt noch vermindert werden: Darin besteht das Gesetz der *Beharrlichkeit*; jeder ihrer Zustände dauert so lange, bis er durch eine äußere Ursache verändert wird: Darin besteht das Gesetz der *Trägheit*.

Worin aber besteht die wirkende Kraft? Diese Frage bleibt offen und erhält zunächst nur die negative Antwort, dass die Kraft nicht Kausalität, nicht Ursache ist, aber, sobald sie in der Welt auftritt, an die Kausalkette gebunden erscheint, d. h. sie wirkt stets und nur unter bestimmten Bedingungen. Dieses Band oder die Norm ihrer Wirkungsart heißt das *Naturgesetz*. Das Naturgesetz erklärt, welches die Bedingungen sind, unter denen die Naturkraft in Wirksamkeit tritt.

3. Die Arten der Kausalität

Es gibt drei Arten der Veränderung: die unorganischen, die organischen Veränderungen und die tierisch-menschlichen Aktionen. Diesen Unterschieden entsprechen die drei Arten der Kausalität: die Ursachen im engsten Sinn, die Reize und die Motive.

Die unorganischen Ursachen sind die mechanischen, physikalischen und chemischen, für welche insgesamt das Gesetz gilt, dass Wirkung und Gegenwirkung einander gleich sind, dass der ursächliche Zustand eine ebenso große Veränderung erfährt, als der Erfolg ist, den er hervorruft; dass die Grade der Ursache denen der Wirkung proportional sind, so dass diese aus jener berechnet werden kann.

Darin unterscheiden sich die organischen Ursachen oder die Reize von den eben genannten, dass ihre Größe und Stärke keineswegs der Größe und Stärke der Wirkung gleich und angemessen ist, vielmehr die Verstärkung der Ursache die Vernichtung der Wirkung zur Folge haben kann.

Die Motive aber unterscheiden sich von den Ursachen wie von den Reizen dadurch, dass sie nur wahrgenommen zu werden brauchen, um sogleich, also momentan zu wirken, während jene zu ihrer Wirksamkeit stets den Kontakt und eine gewisse Dauer nötig haben.

III. Der Erkenntnisgrund

1. Die beiden Erkenntnisvermögen

Motive sind vorgestellte Wirkungen, d.h. Zwecke oder Absichten, die als solche erkennende Wesen voraussetzen. Schopenhauer unterscheidet, wie Kant, ein doppeltes Erkenntnisvermögen: das anschauende oder sinnliche und das denkende; aber im Unterschied von Kant, ja im Gegensatz zu demselben, bezeichnet er jenes als den Verstand, dieses als die Vernunft. Nach ihm fallen Verstand und sinnliche Wahrnehmung zusammen, die Letztere hat den Charakter der „Intellektualität", sodass in der Lehre Schopenhauers Verstand, intellektuelle Anschauung und sinnliche Wahrnehmung dasselbe bedeuten.

Es ist hier noch nicht der Ort, auf diese Differenzpunkte näher einzugehen, da sie zu Schopenhauers „Kritik der kantischen Philosophie" gehören, womit wir uns erst später beschäftigen werden. Er lehrt, dass der Verstand die Funktion des Gehirns sei und seine Formen Zeit, Raum und Kausalität, vermöge deren wir unsere sinnlichen Empfindungen in sittliche Objekte oder anschauliche Vorstellungen verwandeln, deren Inbegriff die Sinnenwelt ausmacht. Diese ist *zerebral*, während die Sinneseindrücke *sensual* sind. Die Intellektualität der Sinneswahrnehmung, die wir mit den Tieren gemein, nur in weit höherem Grade haben, ist von Schopenhauer sowohl in der Schrift über die vierfache Wurzel als in der über das Sehen und die Farben an der Gesichtswahrnehmung ausführlich nachgewiesen worden. Um aber denselben Gegenstand nicht zweimal zu behandeln, werden wir die Lehre von der intellektuellen Anschauung in dem nächsten Kapitel entwickeln.

Der menschliche Horizont umfasst mehr als die anschaulichen Objekte, die auf die gegenwärtigen Eindrücke beschränkt sind. Wir können unsere Vorstellungen vergleichen, ihre gemeinsamen Merkmale von den übrigen absondern, für sich vorstellen und dadurch abstrakte oder allgemeine Vorstellungen, d. h. *Begriffe* bilden, welche die Vorstellungen der Vorstellungen, Reflexe oder Abbilder der Anschauungen sind und immer mehr verblassen, je weiter die Abstraktion getrieben wird und sich von der Anschauung entfernt. Die Anschaulichkeit der Vorstellungen hört mit der Auflösung in abstrakte Begriffe auf wie die Sichtbarkeit des Wassers, wenn dasselbe in seine gasförmigen Bestandteile zerlegt wird.

Begriffe bilden und ordnen, indem man die sinnlichen Vorstellungen vergleicht und verallgemeinert, heißt reflektieren, urteilen, denken. Es wäre aber nicht möglich, Begriffe vorzustellen und zu brauchen, wenn man dieselben nicht festhalten und fixieren könnte. Dies geschieht durch *Worte*: daher die Begriffsbildung auf das Genaueste mit der Sprachbildung, das Denken mit dem Sprechen zusammenhängt; das sprechende Denken ist *„diskursiv*": Das Vermögen, Worte und durch dieselben Begriffe und Begriffsverhältnisse aufzufassen, ist die *Vernunft*. Der Verstand verhält sich wahrnehmend, die Vernunft denkend. Der Verstand versteht, indem er vermöge seiner kausalen Auffassung der Sinneseindrücke sich über den Zusammenhang der Sinnesobjekte verständigt, gleichviel wie weit der Umfang dieser Verständigung reicht. Die Vernunft vernimmt, indem sie vermöge der Begriffe und der Sprache eigene Urteile bildet und fremde erkennt.

Kein Tier hat Vernunft, keines denkt und spricht, es ist dazu unfähig aus Mangel nicht der körperlichen Organe, sondern der logischen Begriffe, des Vermögens der Reflexion und Abstraktion; daher bleiben auch die höchsten Tiere in den Eindrücken der Gegenwart und deren nächster Fortwirkung befangen; sie können aus dem Chaos der anschaulichen Objekte nicht zu klaren und deutlichen Vorstellungen gelangen; denn dies ist nur durch das klärende und ordnende Denken möglich; die abstrakten Vorstellungen sind der Auszug, gleichsam „die Quintessenz", der konzentrierte und kompendiose Gehalt der anschaulichen. Nur vermöge unserer Vernunfttätigkeit bewältigen wir die bunte, unübersehliche Masse der Anschauungen und verwandeln sie in die geordnete nach Gattungen und Arten abgestufte Welt der Begriffe; nur auf diesem Weg können wir unser Vorstellungsvermögen von den Eindrücken der Gegenwart losreißen und ihm die Perspektive in die Vergangenheit und Zukunft eröffnen. So gewinnen wir die Herrschaft über die Zeiten: sowohl die Erkenntnis der Vergangenheit und des Geschehenen, d. h. der Geschichte, als auch die Voraussicht der Zukunft und dessen, was geschehen soll, d.i. die Basis alles planmäßigen und erfinderischen Handelns, welches recht eigentlich den Charakter der *praktischen* Vernunft ausmacht. Die Vernunft ist der Janus, der in die Vergangenheit und die Zukunft blickt.

2. Die falsche Lehre

Der Verstand ist anschauend und wahrnehmend, die Vernunft reflektierend und urteilend; sie operiert mit Begriffen, deren alleinige Wurzeln unsere Anschauungen sind, die aus den Sinneseindrücken und den Formen des Intellekts stammen. Daher ist es durchaus verkehrt, wenn die Vernunft als ein von den sinnlichen Anschauungen völlig unabhängiges Vermögen der Erkenntnis des Übersinnlichen, des Vernehmens Gottes und göttlicher Dinge gelten soll. Kant habe durch seine Auffassung der praktischen Vernunft als der Gesetzgeberin des absoluten Sittengesetzes die falsche Richtung eingeschlagen; Jacobi habe dieselbe auf das theoretische Gebiet übertragen, wo sie in Fichte, Schelling und Hegel, insbesondere in dem Mystizismus Schellings, der von Baader und Jakob Böhme herkam, den Gipfel der Verkehrung erreicht habe.

Die Lehre vom Grunde enthält zwei Themata, die unserem Philosophen zur beständigen Zielscheibe der Satire und des Spottes gedient haben: erstens die *causa prima* als *causa sui* oder „das Absolutum", dann die Vernunft als übersinnliches Vermögen, als Erkenntnis göttlicher Dinge oder „theoretisches Orakel".[267]

3. Die Arten des logischen Grundes

Entweder gründen sich unsere Urteile auf Begriffsverhältnisse oder auf empirische Anschauungen: Im ersten Fall haben sie „logische", im zweiten „materiale oder empirische Wahrheit". Das Urteil hat logische Wahrheit, wenn es aus einem andern durch Konversion, Kontraposition usw. oder aus zwei Urteilen durch den Syllogismus unmittelbar folgt; es hat materiale Wahrheit, wenn es sich unmittelbar auf eine Wahrnehmung oder Erfahrung gründet.

Die formalen Bedingungen aller Anschauung müssen als solche auch die Bedingungen der Möglichkeit aller Erfahrung und aller empirischen Urteile sein: Diese Bedingungen sind Zeit, Raum und

267 Ebendas., 5. Kap., § 34.

Kausalität. Es gibt auch formale Bedingungen alles Denkens: die sogenannten Denkgesetze, denen unsere logische Vernunfttätigkeit nicht zuwiderlaufen kann. Wenn sich die Urteile auf die reinen Formen der Anschauung gründen, so ist ihre Wahrheit „transzendental"; wenn sie auf den reinen Formen oder den Gesetzen des Denkens beruhen, so ist ihre Wahrheit „metalogisch".

Demnach ist die Wahrheit des Erkenntnisgrundes vierfach: sie ist logisch, empirisch, transzendental und metalogisch; die Letztere aber gründet sich auf die vier Denkgesetze: der Identität, der Verschiedenheit, des ausgeschlossenen Dritten und des zureichenden Grundes.[268]

IV. Der mathematische Grund

1. Der Seinsgrund

Alle Erscheinungen insgesamt sind in der Zeit, alle äußeren im Raum. Wenn wir von der Materie, als dem Zeit und Raum erfüllenden Wesen, absehen, so sind die Erscheinungen ihrer Form nach bloße Zeit- und Raumgrößen, Zahlen und Figuren. Nun sind Zeit und Raum, für sich genommen, nicht wahrnehmbar, sondern werden es erst durch das sie erfüllende, in ihnen wirksame, in der Form der Kausalität erscheinende Wesen: Daher definiert Schopenhauer die Materie als die „Wahrnehmbarkeit von Zeit und Raum" oder als „die objektiv gewordene Kausalität".

Zeit und Raum bestehen aus lauter gleichartigen, miteinander verknüpften Teilen; die Teile des Raumes sind bestimmt durch ihre *Lage*, die der Zeit durch ihre *Folge*. In der Zeit ist jeder Moment durch alle Vorhergehenden bedingt, die abgelaufen sein müssen, bevor er eintritt; im Raum ist jede Figur durch ihre Lage und Grenzen bestimmt, wodurch sie mit einer anderen zusammenhängt, welche wieder durch eine andere begrenzt ist, mit der sie zusammenhängt, und so fort nach allen Richtungen ins Endlose.

Alle in dem Nexus der Lage und in dem der Folge enthaltenen Verhältnisse werden oder gestalten sich nicht erst mit der Zeit, sondern *sind* und bleiben, wie sie sind, für alle Zeit. Daher gilt von den mathematischen Wahrheiten, dass sie weder entstehen noch vergehen. Aus dieser Erwägung bezeichnet Schopenhauer die Ver-

268 Ebendas., 5. Kap., § 29 – 33.

hältnisse in Zeit und Raum, den Nexus der Folge und den der Lage, worin die mathematischen Wahrheiten ihren Bestand haben, als den „*Grund des Seins*".

2. Arithmetik und Geometrie

Die Folge der Zeitteile von Schritt zu Schritt wird vorgestellt, indem diese gezählt werden; alles Rechnen ist ein methodisch abgekürztes Zählen: Daraus gründet sich die *Arithmetik*. Die Wahrheiten der Geometrie, wenn sie aus dem Wesen des Raums und seiner Größen nicht unmittelbar einleuchten, d. h. Axiome sind, werden durch eine schlussgerechte Ordnung von Sätzen demonstriert, d. h. logisch bewiesen, während doch der Grund, aus dem sie folgen, nicht der des Erkennens, sondern der des Seins ist.

Daher fordert Schopenhauer die Anschaulichkeit der geometrischen Beweise und sucht dieser Forderung gemäß einige Sätze vom ebenen Dreieck *ad oculos* darzutun. Dahin gehört auch sein Versuch, die Wahrheit des pythagoreischen Lehrsatzes an einem rechtwinkligen Dreieck, welches den vierten Teil seines Hypotenusenquadrats und die Hälfte aus seiner beiden Kathetenquadrate ausmacht, so augenscheinlich in Figura darzustellen, dass auf den ersten Blick erhellt, wie das Quadrat der Hypotenuse gleich ist der Summe der Quadrate der beiden Katheten. Da aber der gegebene Fall uns nur das *gleichschenklige* rechtwinklige Dreieck zeigt, so wird die Geltung des pythagoreischen Satzes nur zum Teil, also *nicht* bewiesen.

Die logischen Beweise sind demonstrativ, die geometrischen sollen intuitiv sein: Jene geschehen durch Sätze, diese sollen durch Anschauung geschehen. Auf dem bloß logischen Weg gelangen wir im Gebiet der geometrischen Wahrheiten nur zur Überführung (*convictio*), nicht zur wirklichen Einsicht (*cognitio*).[269]

V. Die Motivation

1. Die Identität von Subjekt und Objekt. Der Weltknoten

Unser Vorstellungsvermögen zerfällt in Subjekt und Objekt, die untrennbar zusammengehören, sodass folgende Gleichungen gelten: Objekt sein = vorgestellt sein = von einem Subjekt erkannt werden;

269 Ebendas., 6. Kap., § 35 – 39. Es war § 39, der Goethes Aufmerksamkeit erregt hat.

Subjekt sein = Objekte haben. Dem Objekt gehören eigentümliche Beschaffenheiten, dem Subjekt eigentümliche Erkenntniskräfte. Nun aber hat das Subjekt zu seinem Gegenstand nicht bloß Körper und deren Zustände, nicht bloß Begriffe und Urteile, nicht bloß Figuren und Zahlen, sondern auch *sich selbst.*

Subjekt und Objekt sind Korrelata. Der Körperwelt entspricht von Seiten des Subjekts der Verstand, den Begriffen und Urteilen die Vernunft, den Zeit- und Raumgrößen die reine Sinnlichkeit, der Vorstellung des eigenen Wesens das Selbstbewusstsein. Hier ist das Subjekt beides zugleich: sowohl das erkennende als auch das erkannte Wesen. Was ist das *erkannte* Subjekt?

Unmöglich kann dieses wiederum das erkennende Subjekt selbst sein; denn es gibt kein Erkennen des Erkennens, weil dieses dann sich selbst zur Voraussetzung haben müsste und darum nie zustande kommen könnte. Der Gegenstand unseres Selbstbewusstseins ist nicht das erkennende, sondern das *wollende* Subjekt: Wir finden oder erkennen uns selbst ganz unmittelbar als wollende, in allen möglichen Graden des Wollens vom leisesten Wunsch bis zur stärksten Leidenschaft begehrende Wesen. Alle Bewegungen unseres Innern sind *Willenszustände.*

Mit dem Wort „Ich" bezeichnen wir das Selbstbewusstsein, die Identität von Subjekt und Objekt, d. h. die Identität des erkennenden und wollenden Subjekts, die als solche grundverschieden sind. Wie beide, so grundverschieden sie sind, dennoch identisch sein können: Diese Frage enthält den „Weltknoten", welchen die Philosophie auflösen soll. Die Tatsache dieser Identität ist „das Wunder katexochen".[270]

2. Die Enthüllung der Kraft. Der Grundstein der Metaphysik

Auch in der Körperwelt wirken Kräfte, die uns aber verborgen bleiben müssen, solange wir dieselbe von *außen* betrachten oder anschauen: daher für die Betrachtungsart des Verstandes, d. h. für unseren Intellekt die Naturkräfte „*qualitates occultae*" sind und bleiben. Wir erkennen, wo und wie sie erscheinen, unter welchen Bedingungen sie eintreten, worin ihre Wirkungsart besteht, wir erkennen ihre Ursachen, Wirkungen und Gesetze, aber nicht sie selbst. Dagegen

270 Ebendas., 7. Kap., § 40 – 42.

die Kraft, die in uns selbst wirkt, erkennen wir ganz unmittelbar, da wir sie nicht von außen, sondern von innen betrachten und gar nicht anders betrachten können. Diese Kraft ist unser eigenes Wesen. Diese Kraft sind *wir selbst*. Hier ist zwischen dem erkennenden Subjekt und dem erkannten Objekt nichts, wodurch, wie in der Anschauung der Körper, uns verhüllt bleibt, was im Innern des Gegenstandes vorgeht. Die Materie ist gleichsam der Schleier, der uns das Bild von Sais verhüllt.

In unseren Handlungen herrscht die Kausalität mit derselben unausbleiblichen Notwendigkeit wie im Stoß der Körper, aber es sind nicht äußere, sondern innere Ursachen, d. h. Beweggründe oder Motive, die den Willen zwingen, so und nicht anders zu handeln. Die Verursachung des Wollens heißt „Motivation“. Hier treten wir hinter die Kulissen und erkennen nicht bloß die Ursache, sondern auch die Kraft: „die Motivation ist die Kausalität, von innen gesehen. Das in der Materie verschleierte Bild enthüllt sich im Selbstbewusstsein.

Wie alle Veränderungen ihre Ursachen haben, so auch unsere Handlungen: Der Satz vom zureichenden Grunde in dieser Gestalt ist „das Gesetz der Motivation“. Wie sich das Gesetz der Motivation zu dem der Kausalität verhält, so verhält sich die in uns wirkende Kraft zu der in der Materie wirksamen. Die Motivation ist ebenfalls Kausalität: Also ist die in uns wirkende Kraft dieselbe als die in der Materie wirkende und umgekehrt, d. h. *die Naturkraft ist Wille*. „Diese Einsicht“, sagt Schopenhauer, „ist der Grundstein meiner ganzen Metaphysik.“[271]

3. Wollen und Erkennen

Die Motive unterscheiden sich von den anderen Arten der Kausalität, den Ursachen und Reizen, dadurch, dass sie die durch die Erkenntnis [beim Menschen durch Verstand und Vernunft] hindurchgegangene Kausalität sind. Aus der Identität des wollenden und erkennenden Subjekts erklärt sich, dass der Wille, da er unser innerstes Wesen ausmacht, das Erkennen beherrscht und lenkt, dass ihm das Vorstellungsvermögen gehorcht und die Vorstellungen, welche der Wille braucht und für die sich derselbe interessiert, in seinen Dienst stellt, indem es sie wiederholt und einübt, sich ein-

271 Ebendas., § 43.

prägt und im Gedächtnis aufbewahrt. Wir lernen am leichtesten und behalten am nachhaltigsten, was uns am meisten interessiert; das Interesse aber entspringt aus dem Willen: daher der Einfluss des Letzteren auf unsere Aufmerksamkeit und unser Gedächtnis. Hier sind einige Punkte bezeichnet und angedeutet, welche Schopenhauer später in einem der vorzüglichsten und wichtigsten Abschnitte, der vom „Primat des Willens im Selbstbewusstsein" handelt, im zweiten Band des Hauptwerks ausgeführt hat.[272]

VI. Die vierfache Notwendigkeit

Der Satz des Grundes begreift alle Notwendigkeit in sich und ist deren Träger: Die Arten des Grundes sind daher auch die der Notwendigkeit. Notwendig sein heißt nichts anderes, als aus einem gegebenen Grund folgen: Daher gibt es keine unbedingte oder absolute Notwendigkeit, sondern nur eine bedingte oder hypothetische. Absolute Notwendigkeit ist soviel als absolute Ursache, als *causa prima, causa sui*, d. h. sie ist nichts.

Wie der Grund, so ist auch die Notwendigkeit vierfach: logisch, physisch, mathematisch und moralisch. Die moralische Notwendigkeit ist die Folge aus einem Grunde, der sich aus zwei Faktoren zusammensetzt: dem individuellen Charakter und der ihm zugehörigen Erkenntnissphäre, d. h. aus der bestimmten Willensrichtung und dem durch den Grad der Erfahrung und Lebensklugheit bestimmten Motiv.[273]

Die vierfache Wurzel des Satzes vom Grunde weist auf einen gemeinsamen Ursprung in der Urbeschaffenheit unseres ganzen Erkenntnisvermögens hin als auf den innersten Keim aller Dependenz und Relativität der Objekte unseres in Sinnlichkeit, Verstand und Vernunft, Subjekt und Objekt befangenen Bewusstseins und der ihm entsprechenden Sinnenwelt, von der Plato gesagt hat, dass sie nie ist, sondern beständig entsteht und vergeht. Unsere Sinnlichkeit heißt darum nach dem treffenden Ausdruck der christlichen Anschauungsweise „*unsere Zeitlichkeit*"; denn die Zeitlichkeit ist der Urtypus alles Endlichen.

---

272 Ebendas., § 44 – 45. Vgl. die Welt als Wille und Vorstellung, Bd. II, 19. Kap.
273 Vierf. Wurzel, 8. Kap., § 46 – 50.

Jener gemeinsame Ursprung der vier Arten des Satzes vom Grunde darf aber keineswegs so aufgefasst werden, als ob er der Urgrund der Gründe, „der Grund schlechthin“ wäre, der sich zu den vier Arten verhalte wie das Allgemeine zum Besonderen. Eine solche Auffassung erklärt Schopenhauer ausdrücklich für ungültig und falsch. „Obgleich die vier Gesetze unseres Erkenntnisvermögens, deren gemeinschaftlicher Ausdruck der Satz vom zureichenden Grunde ist, durch ihren gemeinsamen Charakter und dadurch, dass alle Objekte des Subjekts unter sie verteilt sind, sich ankündigen als durch eine und dieselbe Urbeschaffenheit und innere Eigentümlichkeit des als Sinnlichkeit, Verstand und Vernunft erscheinenden Erkenntnisvermögens gesetzt; – so dürfen wir dennoch nicht von einem *Grunde schlechthin* sprechen, und es gibt so wenig einen *Grund überhaupt*, wie einen *Triangel überhaupt*, anders als in einem abstrakten, durch diskursives Denken gewonnenen Begriff, der als Vorstellung aus Vorstellungen nichts weiter ist, als ein Mittel, Vieles durch Eines zu denken.“ „Sollte dennoch jemand hierüber anders denken und meinen, Grund überhaupt sei etwas anderes, als der aus den vier Arten der Gründe abgezogene, ihr Gemeinschaftliches ausdrückende Begriff: So könnten wir den Streit der Realisten und Nominalisten erneuern, wobei ich in gegenwärtigem Fall auf der Seite der Letzteren stehen müsste.“[274]

Wir hören den Philosophen Berkeley reden, der seinen Nominalismus ebenfalls an der Unmöglichkeit und Unvorstellbarkeit eines Triangels schlechthin demonstriert hat.[275]

Worin aber besteht das von aller Zeitlichkeit unabhängige und ewige Wesen? Dies ist die metaphysische Frage, und der Drang, sie zu lösen, „*das metaphysische Bedürfnis*“, dessen Begründung und Darlegung im zweiten Band des Hauptwerks einen der tiefsinnigsten und schönsten Abschnitte bildet.

---

274 Ebendas., 8. Kap., § 52 (Schluss). – Ich zitiere die Seitenzahlen nach Grisebachs Gesamtausgabe, womit man Frauenstädts Gesamtausgabe (1879) nach der von Grisebach gegebenen Anweisung (Bd. VI, S. 386) vergleichen möge.

275 Vgl. mein Werk: Francis Bacon und seine Schule. Entwicklungsgeschichte der Erfahrungsphilosophie. Dritte Aufl. (Heidelberg, C. Winter, 1904), Buch III, 11. Kap., S. 462 – 463.

Zweites Kapitel

Die Sinne und die sinnliche Anschauung

I. Empfindung und Wahrnehmung

Eines der hartnäckigsten und irrigsten Vorurteile, worin das gewöhnliche Bewusstsein und die Philosophie, ausgenommen die kantische, übereinstimmen, ist die Nichtunterscheidung zwischen Empfindung und Wahrnehmung oder der Glaube, dass unsere Sinneseindrücke und unsere Wahrnehmung sinnlicher Objekte eine und dieselbe Sache sind, dass die anschauliche Welt zweimal vorhanden sei: einmal außer unserem Bewusstsein, dann in unseren Sinnesorganen, welche sie abspiegeln; einmal als Original außer uns, dann als dessen Abbild in uns. Man muss, wie Schopenhauer sagt, von allen Göttern verlassen sein, um einen solchen Glauben festhalten und sich dabei beruhigen zu können.[276]

Die Sinneseindrücke sind Affektionen unseres sensiblen Leibes, insbesondere derjenigen Stellen, welche durch den Zusammenfluss, die Ausbreitung und die dünne Bedeckung der Nervenenden leicht von außen erregbar sind und besonderen Einflüssen, wie Licht, Schall, Duft u.a., zugänglich. Diese Erregungen sind insgesamt lokale Vorgänge innerhalb des Organismus, sie sind durchaus subjektiv und enthalten nichts von Dingen außer uns oder von Beschaffenheiten, die denselben ähnlich wären.

Doch sind die Sinneseindrücke der alleinige Stoff, aus dem unsere Sinnenwelt besteht und sich aufbaut. Dieser Aufbau geschieht durch den Verstand, der die Funktion des Zentralorgans ausmacht, und dessen uns bekannte Formen Zeit, Raum und Kausalität sind. In der Zeit sind alle Teile unterschieden und verknüpft durch die Folge, im Raum durch die Lage: Dieser Nexus ist auch Zusammenhang oder Kausalität; daher lässt sich in Kürze sagen, dass die *Kausalität* die einzige und alleinige Form des Verstandes ausmacht.

Das *unmittelbare* Objekt ihrer Anwendung ist der eigene Leib und dessen Eindrücke. Die Tätigkeit des Verstandes besteht demnach

276 Vgl. Vierfache Wurzel, 4. Kap., § 21. Vom Sehn und den Farben, 1. Kap., § 1.

in der kausalen Auffassung der leiblichen Affektionen, d. h. darin, dass er die Eindrücke als Wirkungen auffasst, mithin auf Ursachen bezieht, welche als äußere oder außerhalb des Organismus gelegene, mithin als räumliche oder raumerfüllende Größen, d. h. als *Körper* vorgestellt werden müssen. So entsteht aus dem Rohstoff unserer Sinneseindrücke die objektive, den Raum in drei Dimensionen, die Zeit in der Reihenfolge ihrer verschiedenen Zustände erfüllende Körperwelt.

Nichts ist ungereimter als die Meinung, dass die Sinnenwelt fix und fertig durch die Tore der Sinne in das Gehirn und von da in die Seele und den Verstand hineinspaziere; vielmehr ist es der Verstand, der durch seine kausale Auffassung aus dem Material der Eindrücke die Sinnenwelt schafft. Der Akt, welcher diese Umwandlung vollzieht, geschieht ganz unmittelbar, unwillkürlich und reflexionslos: Er ist durchaus *intuitiv*; die Anschauung geschieht nicht durch die Sinne, sondern durch den Verstand: Sie ist nicht sensual, sondern *intellektual*, und zwar gilt diese Bestimmung von jeder empirischen Anschauung, von jeder sinnlichen Wahrnehmung, nicht bloß von der menschlichen, sondern auch von der tierischen. Auch diese ist nicht bloß sinnlich, sondern zugleich verständig. Daher erklärt Schopenhauer zu wiederholten Malen, dass im Erkennen der eigentliche Charakter der Tierheit bestehe, vom Polyp bis zum Menschen, in unendlichen Abstufungen sowohl der Schärfe und Feinheit als auch der Ausdehnung und des Umfanges der Erkenntnis.

Ich lasse hier den Philosophen selbst reden. „Da nun keine Anschauung ohne Verstand ist, so haben unstreitig alle Tiere Verstand: Ja, er unterscheidet Tiere von Pflanzen, wie die Vernunft Menschen von Tieren. Denn der eigentlich auszeichnende *Charakter der Tierheit ist das Erkennen*, und dieses erfordert durchaus Verstand. Man hat auf vielerlei Weise versucht, ein Unterscheidungszeichen zwischen Tieren und Pflanzen festzusetzen, und nie etwas ganz Genügendes gefunden. Das Treffendste blieb noch immer *motus spontaneus in victu sumendo*. Aber dies ist nur ein durch das Erkennen begründetes Phänomen, also diesem unterzuordnen. Denn eine wahrhaft willkürliche, nicht aus mechanischen, chemischen oder physiologischen Ursachen erfolgende Bewegung geschieht durchaus nach einem *erkannten Objekt*, welches das *Motiv* jener Bewegung wird. Sogar das Tier, welches der Pflanze am nächsten steht, der

Polyp, wenn er mit seinen Armen seinen Raub ergreift und ihn zum Munde führt, hat ihn (wiewohl noch ohne gesonderte Augen) gesehen, wahrgenommen, und selbst zu dieser Anschauung wäre es nimmermehr ohne Verstand gekommen: Das angeschaute Objekt ist das Motiv der Bewegung des Polypen. – Ich würde den Unterschied zwischen unorganischem Körper, Pflanze und Tier also festsetzen: *Unorganischer Körper* ist dasjenige, dessen sämtliche Bewegungen aus einer äußeren Ursache geschehen, die, dem Grade nach, der Wirkung gleich ist, sodass aus der Ursache die Wirkung sich messen und berechnen lässt, und auch die Wirkung eine völlig gleiche Gegenwirkung in der Ursache hervorbringt. *Pflanze* ist, was Bewegungen hat, deren Ursachen durchaus nicht dem Grade nach den Wirkungen gleich sind und folglich nicht den Maßstab für Letztere geben, auch nicht eine gleiche Gegenwirkung erleiden: Solche Ursachen heißen *Reize*. Nicht bloß die Bewegungen der sensitiven Pflanzen und des *hedysarum gyrans*, sondern alle Assimilation, Wachstum, Neigung zum Licht usw. der Pflanzen ist Bewegung auf Reize. *Tier* endlich ist das, dessen Bewegungen nicht direkt und einfach nach dem Gesetz der Kausalität, sondern nach dem der Motivation erfolgen, welche die durch das Erkennen hindurchgegangene und durch dasselbe vermittelte Kausalität ist: Nur das ist folglich Tier, was erkennt, und *das Erkennen ist der eigentliche Charakter der Tierheit.*"[277]

II. Die Sinnesempfindungen

1. Die Sinnesarten

Die Sinne sind die gesteigerten Sitze der Sensibilität, sie sind Modifikationen der über den ganzen Leib verbreiteten Fähigkeit zu fühlen und als solche gleichsam mannigfaltige Arten des Tastsinnes. Die Verschiedenheit der Sinnesempfindungen liegt nicht in den Nerven, deren Beschaffenheit und Struktur völlig gleichartig ist, auch nicht in der Leitung und Fortpflanzung ihrer Erregungszustände, sondern in den Einwirkungen von außen und der ihnen entsprechenden Einrichtung der Sinnesorgane.[278]

---

277 Vom Sehn, § 1 (Bd. VI, S. 32 – 33). Die Welt als Wille und Vorstellung, Bd. I, § 6. Vgl. oben Buch II, 1. Kap., S. 201 ff.

278 Die Welt als Wille und Vorstellung, Bd. II, 3. Kap.: Über die Sinne.

Der Verschiedenheit der äußeren Eindrücke gemäß spaltet sich der äußere Sinn in die fünf Sinnesarten. Den vier Aggregatzuständen der wägbaren Materie, nämlich dem festen (Erde), dem flüssigen (Wasser), dem dunstförmigen (Dampf) und permanent elastischen (Luft), entsprechen die vier Sinne, nämlich der Tastsinn, der Geschmack, der Geruch und das Gehör; dem unwägbaren Stoff des Äthers (Licht und Wärme) das Gesicht und das Gemeingefühl.

Obgleich nun alle unsere Sinnesempfindungen durchaus subjektiv sind, so sind doch die Data, die sie uns liefern, mehr oder weniger geeignet, der Anschauung und Erkenntnis zu dienen; sie sind es um so weniger, je mehr sie den bloßen Lebensinteressen (dem Willen zum Leben) dienen: Daher sind Geschmack, Geruch und Gemeingefühl die niederen, Getast, Gehör und Gesicht die höheren Sinne.

Was den Willen unmittelbar affiziert oder erregt, wirkt angenehm oder unangenehm und wird daher als Lust oder Unlust empfunden: Dies gilt von den Empfindungen des Geschmacks, des Geruchs und des Gemeingefühls (Temperaturgefühls). Dagegen ist der Tastsinn in seiner Verbindung mit dem Gemeingefühl und der Muskelkraft ein sehr gründlicher, vielseitiger, zuverlässiger, weil von Täuschungen am wenigsten heimgesuchter Sinn, durch den wir über Form und Gestalt, Härte und Glätte, Trockenheit und Nässe, Textur und Festigkeit, Schwere und Temperatur belehrt werden.

2. Die theoretischen Sinne

Gesicht und Gehör sind allen andern Sinnen aber dadurch überlegen, dass sie im Dienst der Betrachtung und Erkenntnis stehen: das Auge vermöge der Licht-, Farben- und Raumempfindung ist der anschauende, das Ohr vermöge der Schall-, Laut- und Tonempfindung der vernehmende Sinn, weil die Anschauung die Tätigkeit des Verstandes, Worte und Sprache dagegen als Bezeichnung der Begriffe das Werk der Vernunft sind: Deshalb nennt Schopenhauer das Auge den Sinn des Verstandes, das Ohr den der Vernunft, und den Geruch, da die Erregungen desselben unmittelbar die Erinnerung an Orte wecken, wo wir ähnliche Eindrücke erlebt haben, den Sinn des Gedächtnisses.

Als theoretische, der anschauenden und vernehmenden Betrachtung dienende Sinnesorgane sind Auge und Ohr die beiden *ästhetischen* Sinne: das Ohr der musikalische, das Auge der plastische (dieses Wort so verstanden, dass es für alle sichtbaren Gestaltungen gilt). Während die Geschmacks- und Geruchsempfindungen uns entweder angenehm oder unangenehm affizieren und dadurch den Willen erregen, bleibt dieser unter den Eindrücken des Lichts und der Farben, der Laute und Töne unberührt und ruhig. Der optische und der akustische Nerv sind den angenehmen wie den schmerzhaften Empfindungen so unzugänglich, dass ihre Erregungszustände den Willen außer dem Spiel lassen, weshalb Licht- und Farbeneffekte, wie Abendrot, farbige Fenster u. a., uns in den rein ästhetischen Zustand willen- und begierdeloser Anschauung versetzen. Dasselbe gilt von den Tönen.

3. Gesicht und Gehör

Im Übrigen aber sind die Empfindungsarten beider Sinne und ihre Einwirkungen auf die denkende Geistestätigkeit einander entgegengesetzt. Die Geistesempfindungen nehmen die Tätigkeit der Netzhaut in Anspruch, die Gesichtswahrnehmungen erstrecken sich in die weitesten Fernen und unterscheiden die feinsten Raumverhältnisse, wogegen die Gehörnerven durch die eindringenden Luftwellen erschüttert und diese mechanischen Erschütterungen bis in die Tiefe des Gehirns fortgepflanzt werden, um die Gehörsempfindung hervorzurufen; die ihr entsprechende Wahrnehmung umfasst ein Gebiet, das sich an Umfang mit der Gesichtsweite nicht vergleicht; sie unterscheidet bloß Zeitverhältnisse und Zeitmaße, die Qualität oder Höhe der Töne durch die Schwingungszahlen, die Quantität oder Dauer derselben durch den Takt.

Weil im Sehen die Empfindung durch die Tätigkeit der Netzhaut bewirkt, im Hören dagegen durch die mechanischen Nervenerschütterungen hervorgerufen wird: Darum nennt Schopenhauer jenes „den *aktiven* Sinn“, dieses „den *passiven*“, weil im Sehen die Empfindung auf der Netzhaut stattfindet und die Gehirntätigkeit frei lässt, im Hören dagegen in der Tiefe des Gehirns geschieht und deshalb alle unsere Gehirntätigkeit unterbricht, stört und verdrängt: Darum sind die Wirkungen der beiden Sinnesarten auf das beschauliche und meditative Verhalten des Geistes so grundverschieden und einander entgegengesetzt: die stille sanfte Wirkung des Lichts und die Alarmtrommel des Gehörs! Mitten unter den mannigfaltigen Eindrücken der sichtbaren Außenwelt können wir, wie jeder Spaziergang beweist, ungehindert denken und sinnen, während unter Lärm und Geräusch die Ausübung dieser Tätigkeit gehemmt wird. „Der denkende Geist lebt mit dem Auge in ewigem Frieden, mit dem Ohr in ewigem Krieg." Der Blindgeborene nach der gelungenen Operation fühlt sich vom ersten Eindruck des Lichts entzückt, während der Taubstumme, wenn er zum Hören gelangt, über den ersten Laut, den er vernimmt, heftig erschrickt. Jeder plötzliche Knall macht uns zusammenfahren, nicht ebenso eine plötzliche Erleuchtung.

Geistvolle und tiefsinnige Menschen lieben die Stille und sind allem Lärm und Geräusch von Grund auf abgeneigt, während die gewöhnlichen Köpfe, deren Gehirn Lichtenberg mit einem groben Sieb verglichen hat, sich dadurch keineswegs gehemmt, vielmehr ergötzt fühlen. Mit Recht gilt bei den Engländern das Wort „*sensible*" auch in der Bedeutung „verständig". „Ich hege längst die Meinung", sagt Schopenhauer, „dass die Quantität Lärm, die jeder unbeschwert ertragen kann, in umgekehrtem Verhältnis zu seinen Geisteskräften steht und daher als das ungefähre Maß derselben betrachtet werden kann." „Ganz zivilisiert werden wir erst sein, wenn auch die Ohren nicht mehr vogelfrei sein werden und nicht mehr jedem das Recht zustehen wird, das Bewusstsein jedes denkenden Wesens auf tausend Schritte in der Runde zu durchschneiden mittels Pfeifen, Heulen, Brüllen, Hämmern, Peitschenknallen, Bellenlassen u. dgl."

Noch seine letzte philosophische Abhandlung schildert die Leiden, welche das Ohr durch den Eindruck von „Lärm und Geräusch" dem denkenden Geist zufügt. In der volkreichen Stadt, die er bewohnte, hat er die Drangsale solcher Störungen, von denen das Peitschenknallen ihm besonders verhasst war, oft und vielfach erdulden müssen. Er vergleicht das in tiefem und gespanntem Nachdenken begriffene und plötzlich durch Lärm unterbrochene Gehirn des genialen Denkers mit einem großen Diamant, der in kleine Stücke zerschlagen wird, mit einem mächtigen Heer, das man zersprengt und in kleine Häufchen zerstreut hat. Mit Recht heiße bei den Engländern, „der verständigsten und geistreichsten aller europäischen Nationen", die Regel „*never interrupt*" das elfte Gebot: „Du sollst niemals unterbrechen."[279]

Natürlich stehen Auge und Ohr auch im Dienst des Willens und der niederen Lebensinteressen. Die nach Beute spähenden und ver-

279 Parerga und Paralipomena, Bd. II, 30. Kap.

folgenden Raubtiere sind durch die Schärfe des Gesichts, dagegen ihre Beute, die verfolgten und furchtsamen Tiere, durch die Schärfe des Gehörs ausgezeichnet.

Weil die Eindrücke des Gehörs in der Tiefe des Gehirns empfunden werden, darum sind nicht bloß Lärm und Geräusch so widerwärtig und peinlich, sondern auch die wohlgeordneten, ästhetischen Eindrücke, nämlich die *musikalischen* Tonempfindungen so tief und gewaltig. Die Qualen des Lärms und die Entzückungen der Musik hat Schopenhauer durchempfunden und durchdacht. Aus der Ergründung der Letzteren ist seine neue Lehre von der Musik hervorgegangen.

4. Der Tast- und Gesichtssinn

Zur objektiven Wahrnehmung sind von unseren Sinnen nur diejenigen geschickt, welche räumliche Eindrücke und dadurch den Stoff zu räumlichen Vorstellungen liefern: Diese beiden sind das Getast und das Gesicht. Unsere Tastorgane, Arme, Hände und Finger, liefern durch ihre Beweglichkeit und Gestalt eine Reihe mannigfaltiger Data zu räumlichen Konstruktionen, während unsere Muskelkraft durch den Druck und Widerstand, den sie erfährt, uns die Schwere, Festigkeit, Zähigkeit und Spröde der Körper empfinden lässt.

In den Eindrücken des Tastsinnes ist nichts von einem kubischen, sphärischen oder zylindrischen Körper enthalten, wohl aber können wir aus den dadurch gegebenen Daten solche Raumgebilde konstruieren, zum deutlichen Beweis, dass wir dieselben nicht schon in den Eindrücken haben, sondern diesen hinzufügen, dass also der Raum „eine uns *a priori* bewusste Form unseres Verstandes“ ist. Sonst hätte auch der blindgeborene Saunderson in Cambridge mit Hilfe nur des Tastsinns sich der räumlichen Vorstellungen nicht dergestalt bemeistern können, dass er Mathematik, Astronomie und Optik zu lehren vermocht hat, während die ohne Tastorgane geborene Eva Lauk in Estland (1838) durch das Gesicht allein eine richtige Anschauung der Außenwelt erlangte.[280]

Was nun die Gesichtseindrücke näher angeht, so beschränken sich dieselben auf die Lichtempfindungen unserer Netzhaut (Retina)

280 Vgl. Welt als Wille und Vorstellung, Bd. II, 4. Kap.

und die Mitempfindung der Richtung des Lichtstrahls; jene Empfindungen aber bestehen in dem Unterschied des Hellen und Dunklen, ihren Zwischenstufen und den Farben. Aus diesem dürftigen Material, den Farbenstecken aus der Palette des Malers vergleichbar, konstruiert sich der Verstand mit Hilfe seiner Raumanschauung die sichtbare Welt in ihrer ganzen Pracht und Herrlichkeit. Wenn, im Anblick einer Landschaft begriffen, unser Verstand infolge einer Gehirnlähmung sich plötzlich in seiner Tätigkeit gehemmt sähe, so würden wir nicht mehr eine Gegend sehen, sondern nur noch ein Farbengemisch empfinden.

III. Die Gesichtswahrnehmung

1. Die Gesetze des Sehens. Unbewusste Schlüsse

Welche Differenz zwischen Empfinden und Wahrnehmen, zwischen Eindrücken und Objekten besteht, lässt sich nirgends so einleuchtend dartun, wie an der Gesichtswahrnehmung, wenn wir dieselbe mit der Gesichtsempfindung vergleichen. Wir empfinden den Gegenstand verkehrt und sehen ihn *aufrecht*; wir empfinden den Gegenstand mit beiden Augen, also doppelt, und sehen ihn *einfach*; wir empfinden Flächen (planimetrisch) und sehen *Körper* (stereometrisch); wir empfinden die Eindrücke in unserer Netzhaut und sehen die Gegenstände in der *Ferne* (perspektivisch).

1. Da von allen Punkten des sichtbaren Gegenstandes geradlinige Strahlen ausgehen, die bei ihrem Durchgang durch die enge Öffnung unserer Pupille sich kreuzen, so muss der Gegenstand auf unserer Netzhaut in umgekehrter Lage erscheinen: Wir empfinden die Linie *a b* in der Lage *b a*. Der Verstand aber vermöge seiner kausalen Auffassung bezieht die Affektionen der Netzhaut auf die ihnen korrespondierenden Ursachen, er legt, da der Eindruck auch das Datum der Richtung liefert, den Weg nach rückwärts zurück und erblickt demgemäß den Punkt *b* der Netzhaut im Punkt *a* des Gegenstandes, d. h. er *sieht* die Linie *a b*. Die Affektion der Netzhaut kausal auffassen heißt die umgekehrte Lage des Gegenstandes umkehren, also denselben *aufrecht* sehen.

2. Von jedem Punkt des sichtbaren Gegenstandes gehen Strahlen in *beide* Augen: Dadurch entsteht der sogenannte *optische Winkel*, dessen Scheitelpunkt das fixierte Objekt (Fixationspunkt) ist, und

dessen Schenkel die Augenachsen bilden. Wenn die aus der Netzhaut gelegenen Endpunkte der Letzteren einander korrespondieren, d.h. gleichnamige oder identische Stellen sind, so sehen wir den Gegenstand *einfach*, obwohl wir ihn doppelt empfinden. Gleichnamige oder identische Stellen sind die in gleichen Abständen, rechts oder links, oben oder unten von der Mitte der Netzhäute gelegenen Punkte. Die Korrespondenz ist also *geometrisch*, nicht organisch oder physiologisch zu verstehen; denn in letzterem Sinne würden die einander entsprechenden Seiten die beiden äußeren und die beiden inneren sein.

Wenn wir einen Gegenstand mustern oder perlustrieren, so wird jeder Punkt desselben sukzessive fixiert, d.h. in die Stellen des deutlichsten Sehens, die Mittelpunkte der Netzhäute, gerückt. Indem nun der Verstand die Affektionen der gleichnamigen oder identischen Stellen kausal auffasst, so bezieht er sie auf die ihm korrespondierenden Ursachen und sieht daher den Gegenstand einfach. Das einfache Sehen besteht demnach in einem Schluss, der sich in folgender syllogistischer Form aussprechen lässt:

Obersatz: Was die gleichnamigen oder identischen Stellen beider Retinen affiziert, geht von demselben Gegenstand aus.

Untersatz: So verhält es sich in dem gegebenen Fall.

Schlusssatz: Also ist der wahrgenommene Gegenstand nicht doppelt, sondern einfach.

Der Schluss aber, den der wahrnehmende Verstand vollzieht, geschieht so unmittelbar und schnell, dass nur das Resultat, nicht er selbst ins Bewusstsein eintritt. Was vom Einfach-Sehen gilt, gilt auch vom Aufrecht-Sehen: Alles Sehen besteht in unbewussten Schlüssen. Was vom Sehen gilt, gilt von aller sinnlichen Wahrnehmung.

3. Wir empfinden Flächen und sehen *Körper*, indem wir den Eindrücken auf der Netzhaut die dritte Dimension, die sich hier unmöglich darstellen kann, durch den Verstand und seine kausale Auffassung, d.h. seine unbewussten Schlüsse, hinzufügen. Gegeben sind gewisse Raumempfindungen und Abstufungen des Hellen und Dunkeln. Aus diesen Daten erzeugt der Verstand die Anschauung des Körpers und erkennt unmittelbar, ob er z.B. eine Scheibe sieht oder eine Kugel. Der Zeichenkünstler hat die Aufgabe, die sichtbaren Objekte auf eine Ebene dergestalt zu projizieren, wie sich ihre Eindrücke

auf der Netzhaut darstellen: Daher ist die Projektionszeichnung eine Schrift, die man sehr leicht zu lesen, aber nicht eben so leicht zu schreiben versteht.

4. Nun aber sind die beiden Netzhautbilder, die wir von demselben Gegenstand empfangen, einander nicht völlig gleich, sondern nach der örtlichen Lage beider Augen und ihrer Gesichtspunkte etwas perspektivisch verschieden. Etwas von dem, was das linke Auge sieht, bleibt dem rechten verborgen und umgekehrt; daher kommt erst durch die Zusammenfügung oder Vereinigung der beiden Netzhautbilder die vollständige Anschauung des körperlichen Objekts zustande. Kein Gemälde vermag diese Anschauung zu geben; auch das vollkommenste lässt seine Gegenstände so erscheinen, als ob sie völlig gleiche Netzhautbilder liefern oder, was dasselbe heißt, als ob sie nicht mit zwei Augen gesehen werden, sondern bloß mit einem. Leonardo da Vinci war der Erste, der diese Einsicht gewonnen und in seiner Abhandlung von der Malerei ausgesprochen hat. Erst der optischen Kunst in der Erfindung des *Stereoskops* durch Wheatstone (1838) ist es gelungen, den zweiäugigen Anblick der Dinge technisch herzustellen und uns die Gegenstände zu zeigen, wie wir sie wirklich sehen.[281]

Als Schopenhauer in seinen ersten Schriften von der Gesichtswahrnehmung handelte, konnte hier von der so viel späteren Erfindung des Stereoskops nicht die Rede sein; er hat in der zweiten Auflage seiner Schrift „Vom Sehn und den Farben" (1854) dieselbe in der Kürze erwähnt, aber die neuen und interessanten Tatsachen, womit die stereoskopischen Beobachtungen die Lehre von der Intellektualität der Gesichtswahrnehmung und ihren unbewussten Schlüssen bewährt und bereichert haben, nicht zu benutzen und auszubeuten gewusst.

Helmholtz hat nachgewiesen, dass die Verschmelzung der beiden perspektivisch verschiedenen Netzhautbilder nicht auf physiologischem Weg in der Empfindung, sondern nur auf psychischem durch einen „Akt des Bewusstseins" zustande kommt. Zum augenscheinlichen Beweis dafür dienen namentlich zwei Tatsachen: der „Wettstreit beider Sehfelder" und der von Dove entdeckte „stereoskopische Glanz".

281 H. Helmholtz, Die neueren Fortschritte in der Theorie des Sehens. Popul.-wissensch. Vorträge, 4. Heft (Braunschweig 1871), S. 72 ff.

Wenn uns zwei verschiedene Objekte gegeben sind, in dem einen Sehfeld z.B. ein gedrucktes Blatt, in dem andern ein Kupferstich, so schwankt die Empfindung zwischen beiden, zuletzt aber siegt derjenige Anblick, welchem wir unsere *Aufmerksamkeit* zuwenden: Wir sehen, was wir sehen oder betrachten wollen, es seien in dem gegebenen Falle die Buchstaben oder die Umrisse.

Wenn Weiß und Schwarz mechanisch verschmolzen werden, so ist das Resultat *Grau*; wenn aber die Verschmelzung stereoskopisch geschieht, so ist das Resultat, wie beim Anblick des Graphits, des Wassers, der Pflanzen u.a., nicht Grau, sondern *Glänzend*. Diese Tatsache lässt sich nicht mechanisch oder physiologisch, sondern nur psychologisch erklären: Sie geschieht durch einen Akt nicht der Empfindung, sondern eines unwillkürlichen oder bewussten Schlusses. Dass nämlich eine Fläche, die das Licht nicht nur gleichmäßig nach allen Richtungen zerstreut, sondern auch nach gewissen Richtungen reflektiert, dem einen Auge viel heller erscheint als dem andern, diese Tatsache kann nur bei glänzenden Körpern vorkommen. „Daher", so erklärt Helmholtz, „glauben wir im stereoskopischen Bild Glanz zu sehen, wenn wir diesen Eindruck nachahmen."[282]

5. Was unser Gesicht empfindet, ist im Auge; was wir sehen, ist außerhalb desselben in der Ferne: Wir empfinden in der Netzhaut, wir sehen in der *Perspektive*. Die Vorstellung und Schätzung der Abstände, in welchen die Gegenstände vor unserem Auge erscheinen, ist nicht Empfindung, sondern Anschauung: Sie ist nicht sensual, sondern intellektual und besteht in einem unbewussten Schluss, dessen Datum oder Prämisse der Sehwinkel bildet.

Die Größe des Sehwinkels und die der Entfernung stehen in umgekehrtem Verhältnis: Je mehr diese zunimmt, umso mehr nimmt jener ab; je weiter der Gegenstand von unserem Gesichtspunkt, dem Scheitelpunkt des Sehwinkels, abliegt, umso kleiner wird dieser und mit ihm das Objekt, umso mehr rücken die Grenzen des Letzteren zusammen, bis sie und mit ihnen der Gegenstand selbst gänzlich verschwinden. Das Verhältnis zwischen den beiden Größen des Sehwinkels und der Entfernung bildet die Grundregel aller Perspektive. Die Entfernung in gerader Linie heißt die *Linearperspektive*.

282 Ebendas., S. 80 – 82.

Da die Schenkel des Sehwinkels umso mehr divergieren müssen, je weiter ihre Endpunkte vom Augenpunkt entfernt oder je größer die Durchschnittskreise sind, so muss, wenn derselbe Gegenstand unter demselben Sehwinkel betrachtet wird, der *Schein* der Größe mit dem Schein der Entfernung zunehmen. Zwischen uns und den Gegenständen außer und über uns ist der Luftkreis, dessen größere oder geringere Durchsichtigkeit modifizierend auf die Perspektive einwirkt. Je durchsichtiger die Luft, umso näher scheinen die Objekte zu sein, je undurchsichtiger, umso ferner. Daher vermehrt der Nebel die Scheingröße der Entfernung, also auch die der Objekte. In dem Einfluss der Luft auf die Scheingröße sowohl der Entfernung als auch der Objekte besteht die *Luftperspektive.*

Nicht bloß die Trübung der Luft durch Dünste, auch die Menge der in unserem horizontalen Gesichtskreis zwischen uns und dem Augenziel befindlichen Objekte, wie Felder, Wiesen, Ströme, Wälder u. s. f. vermehren die Scheingröße der Entfernung und damit die des Gegenstandes: daher eine Kugel vor uns auf ebener Erde größer erscheint, als in derselben Entfernung auf der Spitze des Turmes, der Mond im Aufgang größer als in der Höhe des Himmels, die Himmelskugel selbst abgeplattet u. s. f.

2. Schein und Realität

Wir wissen, dass in Wirklichkeit der Mond im Aufgang nicht größer ist als im Zenit, aber wir können nicht umhin, ihn größer zu sehen, und bleiben trotz allem Besserwissen in dieser Anschauung befangen. Eine solche falsche Wahrnehmung, die sich auf eine unrichtige Prämisse gründet und darum einem unbewussten Trugschluss gleichkommt, nennt Schopenhauer „*Schein*" im Gegensatz zur Wirklichkeit oder „*Realität*". Wie sich im Gebiet des Verstandes oder der sinnlichen Wahrnehmung Schein und Realität verhalten, so verhalten sich im Gebiet der Vernunft oder der begrifflichen Erkenntnis „Irrtum und Wahrheit".

Wenn unsere Sinneswerkzeuge nicht in ihrer normalen Lage und Stellung sind, so funktionieren sie verkehrt und liefern dem Verstand unrichtige Data, wodurch dieser sich zu falschen Schlüssen oder Anschauungen verleiten lässt wie das durch Doppelttasten mit verschränkten Fingern und durch das Doppeltsehen mit schielenden Augen. Nichts beweist, wie Schopenhauer hervorhebt, so handgreiflich den intellektuellen Charakter der Wahrnehmung, als dass aus falschen Sinneseindrücken falsche Schlüsse und Anschauungen gebildet werden, wie aus unrichtigen Tatsachen unrichtige Induktionen.

Wenn wir mit verschränkten Fingern statt eines Kornes zwei fühlen, so ist diese Empfindung und Wahrnehmung Sinnestäuschung oder Schein. Wenn wir urteilen: „Hier sind zwei Körner", so ist das Urteil falsch; wenn wir aber sagen: „Wir fühlen eine Einwirkung wie die von zwei Körnern", so ist dieses Urteil zutreffend und wahr. „Es sind dies offenbar Vorgänge", sagt Helmholtz, „die man als falsche Induktionsschlüsse bezeichnen könnte. Freilich sind es aber Schlüsse, bei denen man nicht in bewusster Weise die früheren Beobachtungen ähnlicher Art sich aufzählt und zusammen auf ihre Berechtigung, den Schluss zu begründen, prüft. Ich habe sie deshalb schon früher als *unbewusste Schlüsse* bezeichnet." „Man muss von den gewöhnlich betretenen Pfaden der psychologischen Analyse etwas seitab gehen, um sich zu überzeugen, dass man es hier mit derselben Art von geistiger Tätigkeit zu tun hat, die in den gewöhnlich sogenannten Schlüssen wirksam ist."[283]

3. Die nativistische und empiristische Theorie

Alle Wahrnehmung ist intellektueller Natur und hat den Verstand mit seinen Formen (Zeit, Raum und Kausalität) zu ihrer Voraussetzung und ihrem Subjekt: Es ist daher falsch zu meinen, dass diese Formen erst durch die Wahrnehmung erlernt werden müssen, da ohne sie keinerlei Wahrnehmung, auch nicht die tierische, stattfindet. Will man die Verstandesformen wegen ihrer Ursprünglichkeit als angeborene bezeichnen, so mag die von Johannes Müller aufgestellte Lehre von der angeborenen Raumanschauung die nativistische Theorie heißen, wie Helmholtz sie nennt. Da aber die Anschauung nicht in dem Verstandesvermögen, sondern in der *Verstandestätigkeit*, d.h. in der Ausübung und Anwendung jener ursprünglichen Verstandesformen besteht; da ferner alle Ausübung der Übung, alle Anwendung der fortgesetzten Erfahrung und Berichtigung bedarf, so lässt sich, genau genommen, nicht von einer angeborenen Anschauung reden: Vielmehr sind Anschauung und Wahrnehmung

283 Ebendas., S. 91 – 92.

erst durch Übung und Erfahrung zu erlernen. In diesem Sinne gilt „die empiristische Theorie", welche Helmholtz als die seinige der nativistischen entgegengestellt hat.[284]

Indessen brauchen diese beiden Lehrarten einander nicht zu bekämpfen, da sie sich sehr gut miteinander vertragen können, nur muss man das Verstandesvermögen und dessen Tätigkeit, die Verstandesformen und deren Anwendung wohl unterscheiden. Alles Vorstellen ist kausal; daher die Kausalität so wenig erlernt werden kann als das Vorstellen selbst: So weit gilt die erstgenannte nativistische Theorie. Dagegen die richtige Anwendung der Kausalität, die richtige Vorstellung der Dinge muss durch Übung und Erfahrung erlernt werden, wie die empiristische Theorie mit vollem Recht behauptet. Kant und der mit ihm einverstandene Schopenhauer haben in ihrer Lehre beide Theorien vereinigt, wie es der intellektuellen Natur und Entwicklung des Menschen in Wahrheit entspricht.

Es verhält sich mit dem Verstandesvermögen und seiner Tätigkeit wie mit dem Sehvermögen und dem wirklichen Sehen. Die seltenen Beispiele Blindgeborener, die durch eine Operation zum Sehen gelangt sind und mit vollem Bewusstsein das Sehenlernen erlebt haben, geben darüber die lehrreichsten Aufschlüsse. Das weltkundigste dieser Beispiele ist „Chesseldenz Blindgeborener". Aus seinen Mitteilungen und den Berichten darüber lässt sich der allmähliche Fortschritt von der Gesichtsempfindung zur Gesichtswahrnehmung erkennen. Er hatte zunächst nur die Eindrücke von Licht, Farben und Umrissen, keine objektiven Anschauungen; dann sah er die Gegenstände so dicht vor sich, dass er nach ihnen griff; dann erschienen sie ihm so ungesondert und zusammengereiht, dass er sein Zimmer mit den darin befindlichen Dingen für eine buntgefärbte Oberfläche hielt, bis er zuletzt durch Übung und Erfahrung dazu gelangte, die Gegenstände zu sondern, ihre Abstände zu erkennen, ihre Größen zu vergleichen, mit einem Worte perspektivisch zu sehen.

In seinen „Briefen an eine deutsche Prinzessin" sagt der Mathematiker Leonhard Euler (1761): „Ich glaube, dass die Empfindungen (der Sinne) noch etwas mehr enthalten, als die Philosophen sich einbilden. Sie sind nicht bloß leere Wahrnehmung von gewissen im Gehirn gemachten Eindrücken: Sie geben der Seele nicht bloß

284 Ebendas., S. 65 – 66.

Ideen von Dingen, sondern sie *stellen ihr auch wirklich Gegenstände vor*, die außer ihr existieren, ob man gleich nicht begreifen kann, wie dies eigentlich zugehe." Zwanzig Jahre später hat Kant in seiner Vernunftkritik dieses Rätsel gelöst und zum ersten Mal erklärt, wie es zugeht, dass wir nicht bloße, durch Sinnesempfindung erregte *Vorstellungen* von den Dingen haben, sondern unmittelbar *die Dinge selbst* wahrnehmen, obwohl sie außer uns liegen.[285]

Drittes Kapitel

Die Farbenlehre

I. Die Aufgabe der Farbenlehre

1. Stellung zur Philosophie

Ich setze voraus, dass alle die Stellen des vorigen Buchs, welche die Entstehung der Schrift von den Farben, ihren Ursprung aus Goethes persönlichen Unterweisungen, ihr Verhältnis zu Goethes Farbenlehre und zu Schopenhauers Philosophie betreffen, meinen Lesern gegenwärtig sind. Was das Verhältnis seiner Farbenlehre zu seinem System angeht, so stehen seine eigenen Äußerungen darüber, die ersten und die letzten, nicht im Einklang. In der Vorrede zu dem Hauptwerk hatte er seine Farbenlehre als einen dem ersten Kapitel des ersten Buchs zugehörigen Bestandteil bezeichnet, aber nach Vollendung aller seiner Werke wollte er sie nur noch als ein Parergon angesehen wissen, welches mehr physiologischen als philosophischen Inhalts sei und „für sich gehe". Obgleich er nie aufgehört hat, auf diese seine Theorie das größte Gewicht zu legen und sie für die endgültige Lösung des Farbenproblems zu halten, so wollte er vielleicht das Schicksal seiner Philosophie von dem seiner Farbenlehre trennen, die, obwohl ins Lateinische übersetzt, von der Welt unbeachtet blieb, während die Goethe'sche von den Männern des Fachs verurteilt wurde. Nur die Münchener Akademie hatte in ihrem Bericht über die Fortschritte der Physiologie während des laufenden Jahrhunderts diese seine Schrift nicht unbemerkt gelassen (1824).[286]

285 Die Welt als Wille u. s. f., Bd. II, Kap. 2, S. 30 ff.
286 Vgl. Buch I, 2. Kap., S. 31 f.; 3. Kap., S. 42 – 47, 53; 4. Kap., S. 65, 69 – 70; 6. Kap., S. 114, 117 – 118; 9. Kap., S. 148.

2. Stellung zu Goethe und Newton

In den Jahren 1791 und 1792 hatte Goethe seine „Beiträge zur Optik“ herausgegeben, unmittelbar nach dem Aufsatz über „Die Metamorphose der Pflanzen“, der in demselben Jahr erschien wie das Fragment des Faust. Von diesem Fragment bis zur Erscheinung des ersten Teils hatte es achtzehn Jahre gedauert; ein ebenso großer Zeitraum verging von den Beiträgen zur Optik bis zur Erscheinung der „Farbenlehre“ im Jahr 1810. Das Werk zerfiel in den didaktischen, polemischen und historischen Teil: Der didaktische handelte in seinen ersten drei Hauptabschnitten von den physiologischen, physischen und chemischen Farben.

Ein angesehener, nachmals durch seine Entdeckung der entoptischen Farben und der Thermoelektrizität berühmter Physiker, Thomas Seebeck, seit 1806 mit Goethe in wissenschaftlich vertrautem und persönlich befreundetem Verkehr, stimmte in seinen Grundzügen der Farbenlehre vom Jahr 1811 im Wesentlichen mit jenem überein. Einer der größten Physiologen unseres Jahrhunderts, Johannes Müller, erklärte in einer seiner ersten Schriften „Zur vergleichenden Physiologie des Gesichtssinnes“ (1826): „Ich meines Teils trage kein Bedenken zu bekennen, wie sehr viel ich den Anregungen durch die Goethe'sche Farbenlehre verdanke, und kann wohl sagen, dass ohne mehrjährige Studien derselben in Verbindung mit der Anschauung der Phänomene selbst die gegenwärtigen Untersuchungen wohl nicht entstanden wären. Insbesondere scheue ich mich nicht zu bekennen, dass ich der Goethe'schen Farbenlehre überall dort vertraue, wo sie einfach die Phänomene darlegt und in keine Erklärungen sich einlässt, wo es auf die Beurteilung der Hauptkontroverse ankommt.“[287]

Als Müller sein Werk dem Verfasser der Farbenlehre überreichte, schrieb er: „Ich muss es Ihrer Güte und Nachsicht anheimstellen, ob Ihnen die Lust bleiben wird, diese Weihegeschenke eines bisher schweigsamen und unbekannten Schülers in der Nähe zu betrachten und zu prüfen, wie Sie mit dieser Erscheinung zufrieden sein werden, im Falle Sie diese Erläuterungen auf einer von Ihnen selbst gebrochenen Bahn Ihrer Durchsicht und Prüfung würdigen sollten.“ „Ich finde einen so engen Zusammenhang zwischen dem, was Sie

287 Joh. Müller, Zur vergleichenden Physiologie des Gesichtssinnes. VIII. Fragmente zur Farbenlehre, insbesondere zur Goethe'schen Farbenlehre, S. 395 ff.

uns gegeben, und dem, was ich daraus habe weiter bilden können, dass ich so kühn sein könnte, für alle Folgen Sie selbst verantwortlich zu machen."[288]

Die Schrift Müllers war epochemachend. Sie enthielt die Lehre von den *„spezifischen Sinnesenergieen"*, worauf die gesamte moderne Physiologie der Sinne sich gründet. Es war in dem Goethe'schen Werk der Abschnitt von den physiologischen Farben, der den jungen Dozenten der Medizin in Bonn vorzüglich angeregt hatte. Hier fand er, „dass die subjektiven Gesichtsphänomene, die man seit Darwin, Scherffer und Buffon Gesichtstäuschungen und zufällige Farben zu nennen gewohnt war, zum endlichen Heil der Physiologie als Gesichtswahrheiten anerkannt wurden und zu den wesentlichen, dem Sinne selbst einwohnenden Energien führten". Er unterschied die Geschichte der Physiologie in drei Perioden oder Erkenntnisse: *„die dogmatische* ohne empirische Gewähr, *die empirische* ohne philosophische Grundlage und *die theoretische*, die beides zugleich ist". Diese letzte Periode habe in der Farbenlehre begonnen. Als einen ihrer Bahnbrecher nannte er Goethe.[289]

Gleich in den ersten Worten jenes Abschnittes von den physiologischen Farben hatte Goethe gesagt, dass er „diese Farben obenan setze, weil sie dem Subjekt, weil sie dem Auge teils völlig, teils größtens zugehören und das Fundament der ganzen Lehre ausmachen". Demgemäß wollte Schopenhauer, der mit seiner Schrift „Über das Sehn und die Farben" zehn Jahre vor Müller aufgetreten, diesem aber unbekannt geblieben war, die gesamte Goethe'sche Farbenlehre *physiologisch* begründen; die chemischen Farben sollten auf die physischen und diese auf die physiologischen zurückgeführt werden. Goethe wollte die physischen Farben, vor allen die atmosphärischen, die er unter dem Himmel Italiens und in dem Kolorit der Maler beobachtet und studiert hatte, auf ihre einfachste, nicht weiter abzuleitende Erscheinung zurückgeführt haben, die er *„das Urphänomen"* nannte. Dieses Urphänomen zu deduzieren machte nun Schopenhauer zu seiner Aufgabe.

Nach Goethe sollten die Farben nicht Modifikationen oder Arten des Lichts, homogene Lichter sein, die aus der Teilung und Brechung des Lichtstrahls hervorgehen, wie Newton und seine Schule lehrten,

288 Goethes Werke (Hempel), T. XXXV, Einl. S. L ff.
289 Joh. Müller, Zur vergleichenden Physiologie des Gesichtssinnes. Vorwort, S. XV – XIX.

sondern, wie es im Vorwort der Farbenlehre heißt, „die Taten und Leiden des Lichts“ sein, die Produkte des Lichts und der Finsternis, hervorgerufen und bedingt durch ein „trübes Medium“, wodurch das Licht vor ihm verdunkelt (getrübt) und durch dessen Erleuchtung das Dunkel hinter ihm erhellt wird. Von den Graden der Durchsichtigkeit und Dichtigkeit des Mediums sind die Grade der Trübung des Lichts und der Erhellung des Dunkels abhängig: Darin bestehen die *Farben*. Das durch ein durchsichtiges und dünnes Medium getrübte Licht ist *gelb*, das durch ein solches Medium erleuchtete Dunkel ist *blau*; darin besteht das *Urphänomen* der Farben. „Ein solches Urphänomen“, sagt Goethe, „ist dasjenige, das wir bisher dargestellt haben. Wir sehen auf der einen Seite das Licht, das Helle, auf der anderen die Finsternis, das Dunkle; wir bringen die Trübe zwischen beide, und aus diesen Gegensätzen mit Hilfe gedachter Vermittlung entwickeln sich, gleichfalls in einem Gegensatz, die Farben, deuten aber alsobald, durch einen Wechselbezug, unmittelbar auf ein Gemeinsames wieder zurück.“[290]

Diese Anschauung, wonach die Farben die Produkte des Lichts und der Finsternis sind und ohne materielle Mittel nicht zur Erscheinung gelangen, steht im ausgesprochensten Gegensatz zu Newtons Lehre, nach welcher die Farben homogene Lichtarten sind, die durch Teilung oder Brechung aus dem reinen, weißen Lichte hervorgehen und durch ihre Vereinigung dieses wieder aus sich hervorgehen lassen. Daher Goethes heftiger, auch epigrammatisch ausgesprochener Widerwille gegen das „Newtonische Weiß“.

Goethe versteht unter dem „Urphänomen“ die Erscheinung des Objekts in seiner einfachsten Form, in der es von selbst einleuchtet und einer weiteren oder höheren Erklärung weder bedarf noch eine solche zulässt. Hier ist das Faktum zugleich seine Theorie. In seinen Prosasprüchen heißt es: „Das Höchste wäre zu begreifen, dass alles Faktische schon Theorie ist. Die Bläue des Himmels offenbart uns das Grundgesetz der Chromatik. Man suche nur nichts hinter den Phänomenen, sie selbst sind die Lehre.“[291]

290 Goethes Farbenlehre, II. Abt., Physische Farben, § 175 (Weimarer Ausgabe, S. 72).
291 Sprüche in Prosa, Nr. 916.

3. Schopenhauers Standpunkt

Goethes Urphänomen liegt außerhalb des Auges und soll unabhängig von demselben gelten. Um die Erscheinung zu begründen, geht Schopenhauer seinem Standpunkt gemäß von dem beobachteten Gegenstand zu dem wahrnehmenden Subjekt. Wie zur Erklärung der Planetenwelt Kopernikus sich auf den Standpunkt der heliozentrischen Betrachtung erhoben, wie zur Erklärung der Sinnenwelt Kant die Beschaffenheit und Organisation der menschlichen Vernunft untersucht hat, so nimmt Schopenhauer das Farbenphänomen als *Gesichtsempfindung* und sucht dieselbe aus der Beschaffenheit und Organisation des menschlichen Auges zu erklären. Schon Locke in seinem Versuch über den menschlichen Verstand hatte die Farben zu den „sekundären Qualitäten" gerechnet, die unseren Sinnen und Sinnesorganen zukommen, nicht den Körpern als solchen.[292]

II. Das System der Farbenlehre

1. Die Tätigkeit der Netzhaut

Die Gesichtsempfindung besteht in dem Eindruck des Lichts und seiner Modifikationen. Der Eindruck ist noch nicht die Empfindung. Diese kommt erst dadurch zustande, dass auf die äußere Einwirkung und den empfangenen Reiz unser Sinnesorgan reagiert. Es ist daher die *Aktion* des Auges, es ist näher die Tätigkeit der lichtempfindlichen, im Hintergrund des Auges ausgebreiteten Fläche der Netzhaut, wodurch der Gesichtseindruck in Gesichtsempfindung, der Eindruck des Lichts in Licht- und Farbenempfindung verwandelt wird. Nicht in der Teilung des Lichtstrahls, wie Newton gelehrt hat, besteht die Farbe, sondern in der geteilten Tätigkeit unserer Netzhaut; nicht in dem durch ein körperliches Medium getrübten Licht und erhellten Dunkel besteht das Urphänomen der Farbe, wie Goethe gelehrt hat, sondern „allein in der organischen Fähigkeit der Retina", ihre Tätigkeit auf eine gewisse Art, die sogleich näher bestimmt werden soll, zu teilen.[293]

292 Schopenhauer, Über das Sehn und die Farben, 1. Kap., § 1, Schluss, 2. Kap., § 8, Anmerkung. Mit dieser Schrift über die Farben ist zu vgl. Parerga II, 7. Kap.: Zur Farbenlehre, § 103 – 107.

293 Über das Sehn und die Farben, 2. Kap., § 13. Vgl. Parerga II, 7. Kap., § 103, S. 198.

Diese Tätigkeit nämlich ist teilbar in Ansehung sowohl ihrer Größe als ihrer Beschaffenheit: Daher unterscheidet Schopenhauer „die quantitativ und qualitativ geteilte Tätigkeit der Retina". Und da die Größe sowohl intensiv als extensiv ist, so gibt es drei Arten der Netzhauttätigkeit: „Die intensiv geteilte, die extensiv geteilte und die qualitativ geteilte." Von der Tätigkeit ist die Untätigkeit, von der geteilten Tätigkeit die ungeteilte zu unterscheiden.

1. Was nun zuerst die Intensität der Tätigkeit betrifft, so ist die ungeteilte gleich der vollen Lichtempfindung, die Untätigkeit gleich der Empfindung des völligen Dunkels (Finsternis), während die geteilte Tätigkeit den aus Licht und Finsternis gemischten Eindruck (Halbschatten) empfinden lässt. Wenn der volle Lichteindruck von einem Körper ausgeht, dessen Fläche das Licht gleichmäßig nach allen Richtungen zerstreut, so ist die dadurch erregte ungeteilte Tätigkeit der Retina gleich der Empfindung *weiß*, das völlige Gegenteil davon ist *schwarz*, der aus beiden gemischte Eindruck *grau*.[294]

2. Was die Extension der Tätigkeit betrifft, so kann ein Teil der Netzhaut in voller Aktion sein, während sich der andere im Zustand der Untätigkeit befindet; jener hat die Empfindung Licht oder (unter dem entsprechenden Eindruck des Körpers) Weiß, dieser dagegen empfindet Dunkel oder Schwarz. Wenn das Auge eine Scheibe mit schwarzem Kreuz auf weißem Grund zwanzig bis dreißig Sekunden lang fixiert hat und dann eine graue Fläche anblickt, so kehrt sich das Bild um, und es erscheint ein weißes Kreuz auf schwarzem Grund. Der in voller Tätigkeit gewesene Teil der Netzhaut ist erschöpft, ruht und empfindet Dunkel (Schwarz), während der andere untätig gewesene nunmehr zu voller Tätigkeit erregt wird und Weiß empfindet: daher die Umkehrung des Anblicks, welche Goethe beschrieben, auch Franklins Bericht darüber mitgeteilt hat. Schopenhauer erklärt die Erscheinung nicht als eigentliches Spektrum und spontane Wirkung der Netzhaut, sondern aus dem Eindruck der grauen Fläche, die den erschöpften und ruhebedürftigen Teil der Netzhaut nicht zu erregen vermag, sondern in Untätigkeit versetzt, den untätigen dagegen zu voller Aktion anregt: Daher empfindet jener Schwarz, dieser dagegen

294 Vom Sehn, 2. Kap., § 2 u. 3.

Weiß. (Goethe nahm zum Gegenstand dieses Versuchs das Fensterkreuz.)[295]

3. Licht, Finsternis und Schatten, oder weiß, schwarz und grau sind keine Farben. Diese bestehen in solchen Lichtempfindungen, die dunkler als weiß und heller als schwarz, also insgesamt *helldunkel* sind. In den helldunkeln Empfindungen äußert sich die eigentümliche Wirkungsart der Netzhaut: ihre *qualitative* Tätigkeit. Da die volle Helle der Ausdruck ihrer ungeteilten Tätigkeit, die Finsternis dagegen der ihrer Untätigkeit ist, so sind die helldunkeln Empfindungen die ihrer *qualitativ* geteilten. Deshalb definiert Schopenhauer die Farbe als *„die qualitativ geteilte Tätigkeit der Retina"*.[296]

Die Gradation des Hellen und des Dunkeln geht ins Endlose, daher es der helldunkeln Empfindungen oder der Farben *zahllose* gibt: Darunter sind einige von jeher als Haupt- oder Grundfarben hervorgehoben und in Begriffen und Worten fixiert worden, nämlich diese sechs: gelb, orange, rot, grün, blau, violett. Obwohl jede Farbe helldunkel ist, so sind doch die einen heller, die anderen dunkler; daher lassen sich die genannten sechs Grundfarben in zwei Klassen unterscheiden: die hellen oder positiven und die dunkeln oder negativen. Jene sind gelb, orange, rot; diese grün, blau, violett.

Jede Farbe ist dunkel, jede ist hell: Ihre Helligkeit kommt von der Tätigkeit der Retina, ihre Dunkelheit oder schattige Natur (*σκιερόν*), wie Goethe diese Eigenschaft genannt hat, von deren Untätigkeit. Diese Letztere ist eine notwendige Bedingung jeder Farbe, weil jede in der qualitativ geteilten Tätigkeit der Retina besteht. Während der eine Teil derselben tätig ist, ist der andere untätig; jede Farbe ist der Ausdruck einer qualitativen Zweiteilung der Retina. Daher sagt Schopenhauer: „Die Farbe erscheint immer als *Dualität*, da sie die qualitative Bipartition der Tätigkeit der Retina ist."[297]

2. Farbenpaare und Farbenpolarität

Die volle, ungeteilte Tätigkeit der Retina ist gleich Eins, ihr Gegenteil gleich Null; die Empfindung der ersten ist Licht (weiß), die der anderen Finsternis (schwarz): Mithin ist die qualitativ geteilte Tätigkeit, deren

295 Ebendas., § 4. Goethes Farbenlehre: Physiol. Farben, 20, 31. Zur Geschichte der Farbenlehre. V. Abt., XVIII. Jahrh., 1. Epoche. Benj. Franklin.
296 Vom Sehn, 2. Kap., § 5.
297 Ebendas., § 7. Parerga II, 7, Kap., S. 198. Vgl. Goethes Farbenlehre: Physiol. Farben, S. 69.

Empfindung in den Farben (helldunkel) besteht, gleich gewissen Brüchen zwischen 1 und 0, die umso kleiner sein müssen, je geringer die Tätigkeit oder dunkler die Farbe, und umso größer, je ausgedehnter die Tätigkeit und heller die Farbe ist. Aus Gründen, die sogleich erklärt werden sollen, hat Schopenhauer die sechs Grundfarben folgenden rationalen Brüchen gleichgesetzt: gelb = 3/4, orange = 2/3, rot = 1/2, grün = 1/2, blau = 1/3, violett = 1/4. Er hat die Farbenzahlen mit den Schwingungszahlen verglichen. „Wie die sieben Töne der Skala sich von den unzähligen anderen der Möglichkeit nach zwischen ihnen liegenden durch die Rationalität ihrer Vibrationszahlen auszeichnen, so auch die sechs mit eigenen Namen belegten Farben von den unzähligen, zwischen ihnen liegenden nur durch die Rationalität und Simplizität des in ihnen sich darstellenden Bruches der Retina.“[298]

Aus diesen Zahlen (die der Ophthalmologe Anton Rosas in Wien, ohne den Autor zu nennen, entlehnt hat) erhellt sogleich, dass von den sechs Grundfarben je zwei sich zu voller Tätigkeit der Retina ergänzen, dass jede der hellen (positiven) Farben eine der dunkeln (negativen) zu ihrem „Komplementum“ hat, und umgekehrt. Es gibt demnach *drei Farbenpaare*: gelb und violett, orange und blau, rot und grün.

In jedem dieser Farbenpaare erscheint die Wirkungsart oder Funktion der Retina in zwei Hälften geteilt, die sich verhalten, wie 3/4 zu 1/4 (gelb und violett), 2/3 zu 1/3 (orange und blau), 1/2 zu 1/2 (rot und grün). Diese Hälften sind *in genere* identisch, *in specie* einander entgegengesetzt und zwar so, dass sie sich wechselseitig ergänzen und indifferenzieren. Deshalb vergleicht Schopenhauer das Verhältnis der Ergänzungsarbeit mit dem Gegensatz der magnetischen Pole und der elektrischen Tätigkeiten und wendet nun dieser Analogie gemäß die Bezeichnung *„Polarität“* auf das genannte Verhältnis an. Unter der „Farbenpolarität“ ist demnach jene qualitativ geteilte Tätigkeit der Retina zu verstehen, die in zwei Hälften zerfällt, welche einander suchen und ihre Wiedervereinigung erstreben. Er gedenkt des Mythus, in welchem *Aristophanes* im platonischen Gastmahl die Entstehung, Entgegensetzung und Vereinigung der Geschlechter als der beiden Hälften der menschlichen Natur, die ursprünglich beisammen waren und ein Ganzes ausmachten, geschildert hat.[299]

298 Über das Sehn und die Farben, 2. Kap., § 5, S. 48.
299 Über das Sehn und die Farben, 2. Kap., § 6.

Jede Farbe ist eine intensive Größe und als solche einer unendlichen Gradation sowohl nach der positiven als auch nach der negativen Seite fähig, d. h. sie kann in zahllosen Graden sowohl verblassen als sich verdunkeln. Die äußerste Grenze der Verfassung ist weiß, die der Verdunkelung schwarz. In der Mitte zwischen beiden Extremen liegt der Höhepunkt voller und satter Energie, in welchem Zustand der Intensität sich die Ergänzungsfarben befinden.

Um diese beiden Arten der geteilten Tätigkeit der Retina, die intensive und qualitative, in einem anschaulichen Bild darzustellen, hat Schopenhauer die Runge'sche *Farbenkugel* gebraucht, deren Pole weiß und schwarz sind und deren Äquator die sechs Grundfarben bilden, jede in ihrer vollen Energie; jede dieser Farben hat ihren Meridian, in welchem die Grade der Verblassung sich bis zum Pole weiß, die der Verdunkelung bis zum Pole schwarz erstrecken. Die Farbenskala im Äquator beschreibt einen Kreislauf, der von rot durch orange, gelb, grün, blau, violett wiederum zu rot in stetigen Übergängen fortschreitet.

3. Die Farbenspektra

Die oben angeführten Zahlenbrüche sind mathematisch weder bewiesen noch beweisbar; ihre Annahme stützt sich auf die experimentelle Nachweisung der Farbenpaare oder Komplementärfarben. Wir haben bei der quantitativ (extensiv) geteilten Tätigkeit der Retina von jener Umkehrung des schwarzen Kreuzes auf weißer Scheibe gesprochen. Lassen wir nun das Auge statt der weißen Scheibe eine *gelbe* erblicken, einige Momente hindurch fixieren und dann die graue Fläche ansehen, so erscheint ihm hier statt der schwarzen Scheibe eine *violette*; ist die erste Scheibe *orange*, so erscheint die nachfolgende *blau*; ist jene *rot*, so erscheint diese *grün*. Der violetten folgt die gelbe, der blauen die orangefarbene, der grünen die rote, und so wird der Kreis der Grundfarben durchwandert.

Die zweiten, nachfolgenden Farbenphänomene, gleichsam die gegenstandslosen Nachbilder der ersten, hat Goethe „*physiologische Farbenspektren*" genannt und die hierher gehörigen Tatsachen genau beschrieben. Die dunkeln Farben (violett, blau, grün) sind die Spektra der hellen (gelb, orange, rot). Da nun die volle Tätigkeit der Retina gleich weiß, die volle Untätigkeit gleich schwarz ist, so erscheint die qualitativ geteilte Tätigkeit in den Farben als den helldunkeln Empfindungen.

Gelb, die hellste der hellen Farben (darum auch von allen die heiterste), ist um etwas dunkler als weiß; violett, die dunkelste der dunkeln Farben, um etwas heller als schwarz, und zwar ist violett um ebenso viel heller als schwarz, wie gelb dunkler ist als weiß. So viel gelb sich von weiß entfernt, um ebenso viel entfernt sich violett von schwarz oder nähert sich dem Weiß. Setzen wir, dass zur vollen Tätigkeit der Retina der *vierte* Teil dem Gelben fehlt und dem Violetten zukommt, so verhält sich gelb zu violett, wie 3/4 zu 1/4: beide ergänzen sich zur vollen Tätigkeit, jede ist das Komplementum der anderen, sie bilden ein Farbenpaar oder die beiden ungleichen Hälften der qualitativ geteilten Tätigkeit der Netzhaut.

Orange, dunkler als gelb, daher noch weiter als dieses vom Weißen entfernt, ermangelt eines noch größeren Teils der vollen Tätigkeit. So viel orange dunkler ist als weiß, um ebenso viel ist blau heller als schwarz. Schopenhauer setzt dieses Quantum gleich dem *dritten* Teil und lässt daher orange zu blau sich verhalten, wie 2/3 zu 1/3. Beide bilden ein Farbenpaar und zwei ungleiche Hälften der ganzen Tätigkeit.

Rot (Purpur) ist die dunkelste der hellen, grün die hellste der dunkeln Farben. So viel rot dunkler ist als weiß, um ebenso viel ist grün heller als schwarz. So viel rot von weiß absteht, um ebenso viel ist grün von schwarz entfernt und dem Weißen genähert. Hier also sind die beiden Hälften der qualitativ geteilten Tätigkeit der Retina einander vollkommen *gleich* und verhalten sich wie 1/2 zu 1/2. Mit diesem Farbenpaar ist der polare Gegensatz der Farben am reinsten und schärfsten ausgesprochen: daher die Harmonie, Stärke und Schönheit, wodurch diese beiden Farben alle die anderen übertreffen, daher ist auch die Helligkeit des Roten für das Auge so angreifend und die Dunkelheit des Grünen so wohltuend.[300]

4. Die Herstellung des Weißen aus Farben

Die Existenz der Farbenpaare ist die durch Beobachtung und Versuch festgestellte Tatsache, welche dem Ausdruck dieser Farbenverhältnisse durch die angeführten rationalen Brüche zur Begründung

300 Ebendas., 2. Kap., § 6.

gedient hat. In jedem Farbenpaar stellt sich die in zwei Hälften geteilte qualitative Tätigkeit der Retina dar, also zusammengenommen die ganze Aktion. Wenn die Ergänzungsfarben nicht als Spektra erscheinen und als solche einander folgen, sondern zusammenwirken und *zugleich dieselben* Stellen der Netzhaut treffen, so müssen sie sich wechselseitig ergänzen, also die volle ungeteilte Tätigkeit der Retina und damit die Empfindung des Weißen herstellen. Dass es sich so verhält, lässt sich durch Experimente mit prismatischen Farben dartun.[301]

Goethe dagegen, der in der Farbe die Vermählung des Lichts mit der Finsternis und in ihrer schattigen Natur, dem *σκιερόν*, eine Wesenseigentümlichkeit sah, gleichsam einen angestammten Charakterzug jeder Farbe, hielt eben deshalb die Herstellung des Weißen aus Farben für eine Absurdität. Den Widerspruch Schopenhauers gerade in diesem Punkt nahm er sehr übel auf und machte seinem Unmut über die Afterweisheit seines Schülers, wie ihm dessen Gegenansicht erschien, in einigen bitteren Epigrammen Luft: „Dein Gutgedachtes in fremden Adern wird sogleich mit dir selber hadern." „Trüge gern noch länger des Lehrers Bürden, wenn Schüler nur nicht gleich Lehrer würden."[302]

Indessen bedeutet seine Abweichung von Goethe in der angeführten Lehre keineswegs eine Übereinstimmung mit Newton. Wenn jener die Herstellung des Weißen aus Farben mit Unrecht verneint habe, so habe sie dieser aus falschem Grunde und in falscher Weise

301 Ebendas., § 10, S. 61 ff.

302 Ebendas., Einl. S. 19. In einem undatierten, nach Grisebachs begründeter Vermutung wahrscheinlich am 13. Januar 1814 geschriebenen Billet fragt Schopenhauer, ob er Goethe wohl „diesen Abend aufwarten dürfte", um zu sagen, „wie es ihm mit der wieder vorgenommenen Farbenlehre gehe". Es ist anzunehmen, dass er damals schon seine eigene Art der Auffassung und Begründung der Farbenlehre dem Meister vorgetragen und diesen dadurch verstimmt habe. Gleich am anderen Tage, wie seine eigenhändige Niederschrift bezeugt, „Weimar, den 14. Januar 1814", schrieb Goethe das kleine (im Besitz von Alwine Frommann befundene) Epigramm „Lähmung":

Was Gutes zu denken, wäre gut,
Fänd' sich nur immer das gleiche Blut;
Dein Gutgedachtes in fremden Adern
Wird sogleich mit dir selber hadern.

Und zu derselben Stimmung wie zu derselben Überschrift gehört das dritte zweizeilige Epigramm:

Trüge gern noch länger des Lehrers Bürden,
Wenn Schüler nur nicht gleich Lehrer würden.

Vgl. Goethes Werke, herausg. im Auftrage der Großherzogin Sophie von Sachsen. Weimar 1888 u. f. (sogen. Weimarer Ausgabe), Bd. II, S. 278 u. S. 355. – Vgl. Grisebach, Sch. Lebensgeschichte, S. 79.

behauptet. Weil die Farben aus der Teilung des Lichtstrahls hervorgehen, so müsse ihre Vereinigung oder Zusammenhäufung wieder die Herstellung des reinen Lichts zur Folge haben. Diese Ansicht sei von Grund auf falsch. Aus der Vereinigung nicht aller Farben, sondern der polar entgegengesetzten oder komplementären entstehe das Weiße. Hätte Newton mit seiner Lehre von der Herstellung des Weißen recht, so müsste jede Farbenvereinigung schon eine Rückkehr zum Ursprung, also ein Rückschritt zum Weißen sein, jede Farbenmischung demnach heller als ihre Bestandteile. In Wahrheit aber verhält es sich umgekehrt. Die einfachen Grundfarben, die sogenannten *chemischen*, sind gelb, rot, blau; die gemischten orange, grün, violett. Nun sind orange (gelbrot) und grün (gelbblau) beide dunkler als gelb, welches einer ihrer Bestandteile ist; und violett (blaurot) dunkler als jeder seiner beiden Bestandteile.[303]

Es sind hauptsächlich folgende Punkte, in denen Schopenhauer seine Farbenlehre der Newton'schen schroff entgegenstellt:

1. Der Ursprung der Farben liegt in der Teilung nicht des Lichtstrahls, sondern der Tätigkeit der Retina; die Farben sind nicht außerhalb des Auges, sondern die Aktionen des Letzteren, die Funktionen und Empfindungszustände unserer Netzhaut: daher nicht physikalischen, sondern *physiologischen* Ursprungs.

2. Da die qualitative Tätigkeit der Netzhaut sich auf dreifache Art halbiert, d. h. in zwei (ungleiche und gleiche) Hälften teilt, die einander ergänzen, so gibt es *sechs* Grundfarben und *drei* Farbenpaare. Da die Ergänzungsfarben notwendig zueinander gehören und sich wechselseitig hervorrufen – die Beschaffenheit der einen bedingt die der anderen und ist gleichsam deren Prüfstein und Kriterium –, so sollte man überhaupt nicht von einzelnen Farben, sondern nur von Farbenpaaren, am wenigsten aber mit Newton und seiner Schule von *sieben* Urfarben reden.[304]

Wollte man zwischen diesen beiden Farbenlehren noch eine Übereinstimmung zuwege bringen, so müsste man annehmen, dass vermöge der allerwunderlichsten prästabilierten Harmonie dieselben Farben, die in unserer Netzhaut erzeugt werden, auch im Licht als dessen Bestandteile enthalten sind und bereit liegen.[305]

303 Über das Sehn, § 10, S. 68 ff.
304 Ebendas., § 13, S. 83 ff.
305 Ebendas., § 13.

5. Lichtbilder und Farbenblindheit

Wären die Farben Eigenschaften der Körper als solche, so müssten sie auch in den Lichtbildern zum Vorschein kommen, aber ein Daguerreotyp macht vom Körper alles sichtbar, nur nicht die Farbe.

Wären die Farben fertige Beschaffenheiten, die uns von außen eingedrückt werden, so ließe sich nicht erklären, wie es Augen geben kann, die nicht imstande sind, solche Eindrücke zu empfangen und aufzunehmen. Da aber die Farben in der Aktion des Auges bestehen, so kann der abnorme und seltene Fall eintreten, dass einer Netzhaut die Fähigkeit, ihre qualitative Tätigkeit zu halbieren, gebricht. Ein solches Auge ist farbenblind. Die Welt erscheint ihm wie ein getuschtes Bild, wie ein Kupferstich; es empfindet nur die Gradationen des Hellen und Dunkeln und kann z.B. die gelben und roten Billardkugeln nur als mehr oder weniger helle unterscheiden, rot und grün aber gar nicht, wie denn von einem solchen Farbenblinden berichtet wird, dass er seine rote Uniform mit einer grünen gleichen Schnitts verwechselt habe.[306]

III. Die äußeren Ursachen der Farben

1. Physische und chemische Farben

Keine Wirkung ohne Ursache. Die Farben sind Wirkungen, die in unserer Netzhaut erzeugt werden und stattfinden; die Ursachen aber der organischen Veränderungen, zu denen die Funktion der Netzhaut gehört, sind die *Reize*, die in uns hervorgerufen oder erregt werden. Indem nun der Verstand von der Wirkung unmittelbar zur Ursache, von der Empfindung sogleich zur Anschauung fortgeht, fasst er auch die Farbenempfindung als Wirkung auf und bezieht dieselbe unmittelbar auf äußere farbenerregende Ursachen. So entsteht die Anschauung der Farben als Wirkungsarten oder Eigenschaften der Körper.[307]

Die Farben der Körper unterscheidet Schopenhauer nach dem Vorgang Goethes in „physische“ und „chemische“: Jene sind die temporären, diese die bleibenden oder inhärenten; die Entstehung der Ersten ist uns einleuchtend, da wir die Bedingungen eintreten sehen, woraus sie hervorgehen, die der anderen dagegen ist und

306 Ebendas., § 12, S. 80 – 81.
307 Ebendas., 1. Kap. (Schluss), S. 33 – 34.

bleibt verborgen, weshalb Schopenhauer die physischen Farben auch „die verständlichen", die chemischen dagegen „die unverständlichen" nennt. Er vergleicht jene dem Magnetismus, den der elektrische Strom hervorruft, diese dagegen dem Magnetismus, der im Eisen steckt wie ein verzauberter Prinz.[308]

2. Der physische und physiologische Farbenursprung

Die äußere Ursache oder der Reiz, der die Netzhaut erregt und zur Halbierung ihrer qualitativen Tätigkeit veranlasst, kann nur ein *vermindertes* Licht sein. Zahllos, wie die Arten des verminderten Lichts, sind die Arten (Hälften) jener Tätigkeit. Aber durch die bloße Verminderung des Lichts oder die Mischung von Licht und Dunkel entsteht nur grau, nicht Farbe im physischen Sinn. Diese kommt erst dadurch zustande, dass zwischen Licht und Finsternis eine Scheidewand, ein körperliches Medium tritt, vermöge dessen von der einen Seite das Licht gehemmt oder getrübt, von der andern die Finsternis erhellt oder erleuchtet wird. So entstehen zwei Arten von Helldunkel, die einander ergänzen, da in der einen das Licht in demselben Maße getrübt, als in der andern das Dunkel erhellt wird. So viel Licht in jener, so viel Finsternis in dieser. Von jener äußeren Ursache sagt Schopenhauer in dem uns schon bekannten Kapitel der Parerga: „Sie muss das Eigentümliche haben, dass sie jeder Farbe gerade so viel Licht zuteilt, als dem physiologischen Gegensatz und Komplement derselben Finsternis (*σκιερόν*). Dies aber kann auf einem sicheren und allen Fällen genügenden Weg nur dadurch geschehen, dass die Ursache der *Helle* in einer gegebenen Farbe gerade die Ursache des schattigen oder *Dunkeln* im Komplement derselben sei."[309]

In dieser Trübung des Hellen und Erleuchtung des Dunkeln durch ein dazwischenliegendes Medium besteht Goethes *Urphänomen*. Wir sind zu dem Punkt zurückgekehrt, von dem Schopenhauer in seiner Farbenlehre ausging, indem er sich die Begründung des Goethe'schen Urphänomens zum Ziel setzte. Der physische Farbenursprung und Farbengegensatz, bei dem Goethe stehen blieb, soll aus dem physiologischen erklärt werden, den Schopenhauer in der Funktion der Netzhaut und deren Fähigkeit, ihre qualitative Tätig-

308 Ebendas., § 13, S. 82 ff.
309 Parerga II, 7. Kap., § 103, S. 196 ff. Über das Sehn usw., § 13, S. 87 ff. Vgl. die lateinische Bearbeitung der Farbenlehre, § 11.

keit zu halbieren, nachweist. Er stützt diese seine Lehre als auf ihren unumstößlichen und zwingenden Beweisgrund auf die Tatsache der Komplementärfarben (physiologische Farbenspektra), welche *Buffon* entdeckt und Pater *Scherffer*, der sie nach Newton'schen Prinzipien erklären wollte, eben darum falsch erklärt hat (1765). Die erste wahre, der Goethe'schen Farbenlehre gemäße Erklärung nimmt Schopenhauer als sein Verdienst in Anspruch.[310]

Goethe hatte auf die Naturerscheinung der Farben in der einfachsten Form hingewiesen und gesagt: „So ist es, die Sache erklärt sich selbst, alle weiteren Begründungen sind überflüssig." Schopenhauer fragt: *Warum* ist es so? Er geht von der objektiven Tatsache zurück in das sensible Subjekt, in die Einrichtung und Aktion des Auges. „Der Philosoph, der tritt herein und beweist euch, es müsst' so sein." Dieser Philosoph, den Goethe verspottet, war und wollte in Ansehung der Goethe'schen Farbenlehre Schopenhauer sein.[311]

Viertes Kapitel

Die Zeit als Vorstellung unter der Herrschaft des Satzes vom Grunde. Die idealistische Grundansicht

I. Die Geltung des Satzes vom Grunde

1. Dogmatismus und Skeptizismus

Die Lehre von der vierfachen Wurzel des Satzes vom Grunde wird uns in dem ersten Buch des Hauptwerks wieder vor Augen geführt und bildet einen großen Teil seines Inhalts. Nachdem wir dieselbe Lehre ausführlich dargelegt haben, eröffnen wir das System Schopenhauers mit der schon festgestellten Erklärung: dass alle Objekte Vorstellungen, also vorgestellt und von unseren Vorstellungsarten abhängig sind; dass es widersinnig ist, von Objekten zu reden, als ob sie an sich gegeben wären, unabhängig von dem sie vorstellenden

310 Vom Sehn, 2. Kap., § 10, S. 63. Vgl. Parerga II, 7. Kap., § 105, S. 199 – 200.

311 Ebendas., § 103, S. 198. – „Gerade die erstaunliche *Objektivität* seines Geistes", sagt Schopenhauer von Goethe, „welche seinen Dichtungen überall den Stempel des Genies aufdrückt, stand ihm im Wege, wo es galt, auf das *Subjekt*, hier das sehende Auge selbst zurückzugehn, um daselbst die letzten Fäden, an denen die ganze Erscheinung der Farbenwelt hängt, zu erfassen; während ich hingegen aus *Kants* Schule kommend, dieser Anforderung zu genügen aufs Beste vorbereitet war, die wahre, fundamentale und unumstößliche Theorie der Farben herauszufinden."

Subjekt. Die Grundformen alles Vorstellens sind Zeit, Raum, Kausalität, deren gemeinschaftlicher Ausdruck der Satz vom zureichenden Grunde ist. Dieser aber spaltet sich in die uns bekannten vier Arten, welche sind der Grund des Seins, der des Geschehens (materiellen Wirkens), der des Handelns und der des Erkennens. Demnach gelten folgende Bestimmungen für gleichwertig: Objekt sein = vorgestellt sein = begründet sein = unter der Herrschaft des Satzes vom Grunde stehen. Unter dieser Herrschaft steht die objektive Welt und nur diese.[312]

Da das erkennende oder vorstellende Subjekt den Träger der objektiven Welt ausmacht, so ist diese bedingt, relativ, durchgängig zeitlich, ohne Bestand in sich selbst. Da der Satz vom Grunde seine Herrschaft nicht weiter oder tiefer erstreckt, als das Gebiet der objektiven Welt reicht, so kann derselbe auch keine unbedingte Geltung in Anspruch nehmen. Er ist keine ewige Wahrheit. Es ist grundfalsch, ihn als „*veritas aeterna*" zu nehmen und als solche nicht bloß auf Objekte, sondern auch auf das Verhältnis von Subjekt und Objekt auszudehnen und anzuwenden. Eben darin bestand der Haupt- und Grundfehler des Dogmatismus, dass derselbe den Satz vom Grunde für eine ewige Wahrheit ansah und ihm unbedingte Gültigkeit zuschrieb. Einer solchen Auffassung trat der Skeptizismus mit Recht entgegen, indem er die *unbedingte* Geltung der Kausalität bestritt und verneinte; aber er schüttete sozusagen das Kind mit dem Bade aus, indem er dem Satz vom Grunde auch die *objektive* Geltung absprach.[313]

2. Realismus und Idealismus. Identitätsphilosophie

Hier ist der Punkt, worin Schopenhauer in Übereinstimmung mit Kant allem Dogmatismus und Skeptizismus widerstreitet und diejenigen Folgerungen zieht, welche sich aus der richtigen Bejahung und Einschränkung der Geltung des Satzes vom Grunde ergeben. Da derselbe auf das Verhältnis von Subjekt und Objekt nicht anzuwenden ist, so ist es ebenso falsch und in Wahrheit unmöglich, das Subjekt aus dem Objekt als das Objekt aus dem Subjekt herleiten und begründen zu wollen. Die Ausführung des ersten dieser beiden Grundirrtümer ist der dogmatische Realismus in einer Menge von

312 Welt als Wille und Vorstellung, I. Buch, § 1 – 4.
313 Ebendas., § 5, S. 45 ff. Vgl. § 7, S. 68 – 69.

Beispielen und Arten, die des zweiten ist der dogmatische *Idealismus*, als dessen eigentlicher und einziger Repräsentant *Fichte* gelten soll. Dieser habe das Subjekt als den Grund der objektiven Welt, das Ich als den Grund des Nicht-Ich dartun wollen, er habe den Satz des Grundes überspannt als ewige Wahrheit genommen und auf ein Verhältnis ausgedehnt, das völlig außerhalb des Gebietes seiner Gültigkeit liegt. In ihrem Ausgangspunkt verkehrt, sei diese Lehre in ihrer Ausbildung zur „Scheinphilosophie, Spiegelfechterei und Windbeutelei" entartet; ihr Problem sei nicht aus der Anschauung der Welt und der Dinge hervorgegangen, sondern aus dem Studium und Missverständnis eines Buches, nämlich der kantischen Vernunftkritik; Fichte habe geglaubt, dass er den großen Kant übertreffe, wenn er ihn überbiete.[314]

Der dogmatische Realismus, indem er von dem Objekt als dem Urgrund aller Dinge ausgeht, sucht dieses sein Prinzip in jeder der vier Gestaltungen des Satzes vom Grunde zu fassen und darzustellen: 1. als Materie, und zwar als Element, wie in der altionischen Philosophie (Thales), oder als Atom, wie bei Demokrit, Epikur, Bruno; 2. als Grund des Seins in der Zeit, d. h. als Zahl wie die pythagoreische und die chinesische Philosophie im Y-king gewollt; 3. als den Begriff des beharrlichen Seins oder der Substanz, wie die Eleaten und Spinoza behaupten; 4. als Weltmotiv oder Weltzweck, den der göttliche Wille selbst setzt und in seiner Schöpfung aus Nichts ausführt, wie die Scholastiker lehren.[315]

Nun werden die Grundfehler dieser beiden Richtungen nicht etwa dadurch vermieden, dass man sie vereinigt und die Einheit oder *Identität* von Subjekt und Objekt, „das Absolute", wie es heißt, zum Prinzip der Philosophie und zum Urgrund aller Dinge macht, wie die sogenannte *Identitätsphilosophie* in Schelling versucht hat: dieselbe zerfällt in den „transzendentalen Idealismus" und „die Naturphilosophie": Jene will nach Fichte'schem Vorbild dartun, wie aus dem Subjekt das Objekt, diese dagegen, wie aus dem Objekt das Subjekt hervorgeht; und so vereinigt das Identitätssystem den Grundfehler des Idealismus mit dem des Realismus.[316]

314 Ebendas., § 7, S. 68 – 71.
315 Ebendas., § 7, S. 61 – 62.
316 Ebendas., § 7, S. 60 – 61.

3. Der Materialismus

Wie verschieden die Richtungen und Arten des dogmatischen Realismus sind und sein mögen, so besteht seine einfachste und folgerichtigste Ausführung in einem System, welches seinen Ausgangspunkt in der Vorstellung der Außenwelt, der äußeren Objekte, d.h. der Körper oder der *Materie* nimmt und den Stufengang derselben bis zum erkennenden Subjekt verfolgt: Sein Thema ist der Entwicklungsgang der Natur von der Materie in der Gestalt des Grundstoffs oder der Grundstoffe durch die Bildungsformen der unorganischen und organischen Welt bis hinauf zum menschlichen Organismus und der aus ihm erzeugten Vorstellung der Welt. Demnach erscheint das vorstellende Subjekt als das Resultat und die Modifikation der Materie. In dieser Weltansicht besteht der *Materialismus*, der unter der dogmatischen Voraussetzung der unbedingten Gültigkeit des Satzes vom Grunde den Realismus ebenso konsequent durchführt wie Fichte den Idealismus.[317]

Dass aber der materialistischen Weltansicht zufolge die Materie als Ding an sich gilt, während sie doch nichts anderes ist als Objekt oder Vorstellung und als solche das erkennende Subjekt mit seinen Vorstellungsarten nicht zum Resultat, sondern zur Voraussetzung hat: Darin besteht, wie Schopenhauer treffend sagt, „die enorme *petitio principii* und Grundabsurdität alles Materialismus“. „Wären wir nun dem Materialismus mit anschaulichen Vorstellungen bis dahin gefolgt, so würden wir, auf seinem Gipfel mit ihm angelangt, eine plötzliche Anwandlung des unauslöschlichen Lachens der Olympier spüren, indem wir, wie aus einem Traum erwachend, mit einem Male inne würden, dass sein letztes, so mühsam herbeigeführtes Resultat, das Erkennen, schon beim allerersten Ausgangspunkt, der bloßen Materie, als unumgängliche Bedingung vorausgesetzt war, und wir mit ihm zwar die Materie zu denken uns eingebildet, in der Tat aber nichts anderes, als das die Materie vorstellende Subjekt, das sie sehende Auge, die sie fühlende Hand, den sie erkennenden Verstand gedacht hätten. So enthüllt sich unerwartet die enorme *petitio principii*, denn plötzlich zeigte sich das letzte Glied als der Anhaltspunkt, an welchem schon das erste hing, die Kette als Kreis, und der Materialist gliche dem Freiherrn von Münchhausen, der,

317 Ebendas., § 7, S. 62 ff.

zu Pferde im Wasser schwimmend, mit den Beinen das Pferd, sich selbst aber an seinem nach vorn übergeschlagenen Kopf in die Höhe zieht. Demnach besteht die Grundabsurdität des Materialismus darin, dass er vom *Objektiven* ausgeht, ein *Objektives* zum letzten Erklärungsgrund nimmt, sei nun dieses die Materie *in abstracto*, wie sie nur gedacht wird, oder die schon in die Form eingegangene, empirisch gegebene, also der *Stoff*, etwa die chemischen Grundstoffe nebst ihren nächsten Verbindungen." „Der Materialismus ist also der Versuch, das uns unmittelbar Gegebene aus dem mittelbar Gegebenen zu erklären." „Kein Objekt ohne Subjekt. Dieser Satz macht auf immer allen Materialismus unmöglich." Die Materie als Ding an sich, als Prinzip oder Grundsatz ist, wie die Logiker sagen, eine *contradictio in adjecto*, ein eisernes Holz oder ein hölzernes Eisen.[318]

Die Naturwissenschaft teilt die Grundvoraussetzung des Materialismus. Auch sie hält die Materie für ein Ding an sich, auch sie schreibt der Körperwelt einen von aller Vorstellung und Erkenntnis unabhängigen Bestand zu: Daher muss ein völlig durchgeführter Materialismus auch „das Ziel und Ideal aller Naturwissenschaft" sein. Hier erhebt sich ein gewichtiges Problem, welches Schopenhauer als eine „Antinomie in unserem Erkenntnisvermögen" fasst und ausspricht. Die Thesis erklärt: Unser Erkennen ist ein organisches Produkt und hat als solches den menschlichen Organismus zu seiner Voraussetzung, dieser aber setzt zu seiner Entstehung den Entwicklungsgang der organischen und unorganischen Welt, unermessliche Zeiträume der Geschichte des Weltalls und der Erde voraus. Die Antithesis sagt: Das gesamte Weltall, durchaus objektiv und vorgestellt, wie es ist, hat das vorstellende und erkennende Subjekt zu seinem Träger. Scheint nicht, dass es mit der Welt und dem erkennenden Subjekt sich verhält, wie nach der Vorstellung indischer Mythologie mit der Erde und dem großen Elefanten? Die Erde ruht auf dem großen Elefanten und der große Elefant auf der Erde! Wir wollen diese Antinomie unseres Erkenntnisvermögens im Auge behalten und später darauf zurückkommen.

318 Ebendas., § 7, S. 62 – 64.

II. Schopenhauers Standpunkt

1. Parallele mit Reinhold

Die Gründe sind dargetan, aus denen Schopenhauer weder mit dem Dogmatismus noch mit dem Skeptizismus, weder mit dem Realismus noch mit dem Idealismus noch auch mit der Identitätsphilosophie gemeinsame Sache macht, sondern allen diesen Standpunkten widerstreitet. Er hat sowohl die unbedingte Gültigkeit des Satzes vom Grunde als auch dessen Ungültigkeit widerlegt: An der ersten Widerlegung lässt er den Dogmatismus, an der zweiten den Skeptizismus scheitern. Mit dem Dogmatismus fallen auch die beiden Richtungen des in ihm enthaltenen Widerstreites zwischen Realismus und Idealismus, mit diesem fällt auch ihre Vereinigung in der Identitätsphilosophie. Daher nimmt Schopenhauer weder im Objekt noch im Subjekt noch in der Einheit beider den Ausgangspunkt seiner Lehre, sondern in *„der Vorstellung als erster Tatsache des Bewusstseins"*. Er analysiert die Vorstellung und findet, dass die verschiedenen Arten des Vorstellens zugleich die verschiedenen Arten des Begründens sind, die Vorstellung selbst die vierfache Wurzel des Satzes vom Grunde, diese daher so weit reicht, als das Vorstellen, und so weit gilt, als sich die vorgestellten Dinge oder Objekte erstrecken.

Da nun alles Vorstellen und Begründen von dem vorstellenden Subjekte ausgeht, so kann dieses nicht selbst unter den Satz vom Grunde fallen, es kann nicht begründet, also auch nicht vorgestellt und erkannt werden, sondern muss von allem, was vorgestellt wird und erscheint, von der gesamten objektiven Welt *gänzlich verschieden* sein. Dies ist die erste negative Antwort auf die Frage: Worin besteht das innere Wesen der Welt oder das Ding an sich?[319]

Ein Menschenalter vor dem Hauptwerke Schopenhauers hatte K. L. Reinhold seine „Neue Theorie des Vorstellungsvermögens", später Elementarphilosophie genannt, erscheinen lassen (1789) und damit den ersten Schritt zu einer Fortbildung der kantischen Lehre getan. Auch er hatte die Vorstellung als die unmittelbare Tatsache des Bewusstseins bezeichnet, auch er hatte diese Tatsache analysiert und in dem Vorstellungsvermögen die Wurzel der von

319 Ebendas., § 7, S. 71.

der kantischen Vernunftkritik unterschiedenen Erkenntnisvermögen nachzuweisen gesucht. Was also den Ausgangspunkt und die Anfänge der Lehre Schopenhauers betrifft, so ist zwischen ihm und Reinhold eine gewisse Parallele augenscheinlich; und da G. E. Schulze, der Lehrer unseres Philosophen, seinen „Aenesidemus" auch gegen Reinholds Elementarphilosophie gerichtet hatte, so dürfen wir annehmen, dass Schopenhauer mit der Letzteren wohl bekannt war.[320]

2. Der Idealismus. Berkeley und Kant

Descartes und Locke hatten alle Arten unserer Perzeption, die Vorstellung der Farbe so gut wie den Begriff Gottes, mit dem Wort *Ideen* bezeichnet. Als nun, in Lockes Richtung fortschreitend, Berkeley zu der Einsicht gelangt war, dass *alle* unsere Objekte aus lauter sinnlichen Eindrücken und Wahrnehmungen, d.h. aus Ideen bestehen, dass jedes Ding ein Inbegriff oder Komplex solcher Ideen sei und nichts weiter, dass demnach in der Welt nur wahrnehmende und wahrgenommene Wesen, d.h. Geister und Ideen existieren, so nannte er diesen seinen Standpunkt *„Idealismus"*. Der Ausdruck bezeichnet die Lehre von der Idealität aller Objekte oder Erscheinungen. Unter der Idealität der Dinge sind nicht etwa Ideale zu verstehen, weder ästhetische noch moralische oder gar utopistische und chimärische, wie die törichten Gegner des Idealismus noch immer meinen, sondern ideal sein heißt hier soviel als wahrgenommen oder vorgestellt sein, was von allen Erscheinungen, von allen Dingen, sofern sie Erscheinungen sind, gilt und gelten muss: daher die Ausdrücke „phänomenal" oder „ideal sein" dasselbe bedeuten, wie „erscheinen" und „wahrgenommen werden". In diesem Sinn teilt und bestätigt Schopenhauer die Lehre Berkeleys von der Idealität aller Dinge (Objekte).[321]

Indessen ist dieser einfache und empirische Idealismus, den man auch den dogmatischen nennen kann, noch nicht der wahre; denn er bleibt einfach dabei stehen, dass alle Objekte ohne Rest vorgestellt sind, er unterscheidet nicht die Art und Weise, wie sie vorgestellt werden, nicht den Stoff und die Form der Vorstellung, nicht das Vor-

320 Vgl. meine Geschichte der neuern Philos., 6. Bd. (3. Aufl.), I. Buch, 2. u. 3. Kap., S. 23 – 37.
321 Die Welt als Wille und Vorstellung, I. Buch, § 1 – 7 und II. Bd. (Ergänzungen), 1. Kap.: Zur idealistischen Grundansicht, S. 9 – 15.

gestelltsein und die Gesetze des Vorstellens, nicht die Eindrücke und die Ordnung der Eindrücke, nicht Empfindung und Anschauung. Farben und Töne sind Vorstellungen oder Ideen, Raum und Zeit sind auch Vorstellungen oder Ideen, der Unterschied zwischen diesen beiden Arten der Vorstellungen bleibt dem berkeleyschen Idealismus verborgen: Daher vermag derselbe nicht zu erklären, wie aus den sinnlichen Eindrücken die *Sinnenwelt* entsteht, die Ordnung und der Zusammenhang der Dinge, mit einem Wort die anschauliche und erkennbare Welt.

Diese epochemachende Einsicht hat erst Kant gewonnen und dadurch jenen wahren und tiefsinnigen Idealismus begründet, den er selbst im Unterschied von dem dogmatischen und empirischen (berkeleyschen) den kritischen oder transzendentalen genannt hat. „Er hat zu beweisen versucht, dass jene objektive Ordnung in Zeit, Raum, Kausalität, Materie, u. s. f., auf welcher alle Vorgänge der realen Welt zuletzt beruhen, sich als eine für sich bestehende, d. h. als Ordnung der Dinge an sich selbst oder als etwas absolut Objektives und schlechthin Vorhandenes, genau betrachtet, nicht einmal *denken* lässt, indem sie, wenn man versucht, sie zu Ende zu denken, auf Widersprüche leitete. Dies darzutun war die Absicht der Antinomien."[322]

In der Lehre von der durchgängigen Idealität der Sinnenwelt und ihrer Entstehung aus der Sensibilität und dem Erkenntnisvermögen des Subjekts ist Schopenhauer völlig einverstanden mit Kant; seine „idealistische Grundansicht" wurzelt in der Vernunftkritik, welches im Besonderen auch die Einwürfe sein mögen, die er gegen die Letztere gerichtet hat.

Wo bleibt dieser idealistischen Grundansicht zufolge die Realität der Außenwelt, der Körper, der Materie? In diesem Punkt standen die Lehren Lockes und Berkeleys einander entgegen: Jener hat die Realität der Materie (die Materie als Ding an sich) behauptet, dieser hat sie verneint. Unter dem Gesichtspunkt der Transzendentalphilosophie erscheint die Materie als der notwendige Gegenstand unserer Anschauung und Erfahrung, daher hat sie „empirische Realität", wodurch jedoch der Charakter ihrer Idealität (ihres Vorgestelltseins) nicht den mindesten Eintrag erleidet: Sie ist eine notwendige Vor-

322 Ebendas., 1. Kap., S. 15 – 16.

stellung, darum nicht weniger Vorstellung; sie ist ein notwendiges Erfahrungsobjekt, darum nicht weniger Objekt oder bloß vorgestelltes Wesen.[323]

Da die äußere oder objektive Welt in der Körperwelt und die Substanz der Letzteren in der Materie besteht, so lässt sich für „Objekt" auch schlechthin „Materie" sagen und das Verhältnis von „Subjekt und Objekt" gleichsetzen dem von „Subjekt und Materie" oder von „Intellekt und Materie". Beide sind unzertrennlich, beide sind Korrelata. Verkennen, dass sie es sind: Darin besteht nach Schopenhauer der Grundfehler aller bisherigen Systeme. Das Verhältnis wird verkannt, wenn man das Objekt oder die Materie als Ding an sich betrachtet und das Subjekt daraus ableitet: So entsteht der *Materialismus*. Das Verhältnis wird verkannt, wenn man das Subjekt vom Objekt oder der Materie losreißt und als Ding an sich betrachtet, um daraus das Objekt herzuleiten: So entsteht der *Spiritualismus*. Das Verhältnis wird verkannt, wenn man beide als Dinge an sich betrachtet und einander entgegensetzt, da sie doch notwendig zusammen gehören und unzertrennlich sind: So entsteht der *Dualismus*. Das Verhältnis wird verkannt, wenn man diesen Dualismus dergestalt verneint, dass Intellekt und Materie (Subjekt und Objekt) identifiziert werden und für die entgegengesetzten Attribute einer und derselben Sache gelten sollen, da sie doch nicht eines sind, sondern Korrelata: So entsteht der *Spinozismus*.

Um das Verhältnis deutlich auseinanderzusetzen, lässt Schopenhauer „das Subjekt" und „die Materie" einen Dialog führen, worin zuerst zwar jedes von beiden seine alleinige Geltung behauptet, zum Schluss aber die wechselseitige Verständigung eintritt: „So sind wir denn unzertrennlich verknüpft als notwendige Teile eines Ganzen, das uns beide umfasst und durch uns besteht. Nur ein Missverständnis kann uns beide einander feindlich gegenüberstellen und dahin verleiten, dass eines des andern Dasein bekämpft, mit welchem sein eigenes steht und fällt. Dieses beide umfassende Ganze ist die Welt als Vorstellung oder die Erscheinung."[324]

323 Vgl. meine Kritik der kantischen Philos., (2. Aufl.), IV. Kap., S. 83 (Philos. Schriften II, S. 237).
324 Ebendas., II, 1. Kap., S. 26 – 28.

3. Die Welt als Traum

Wenn aber die Sinnenwelt nur in dem vorstellenden Subjekt existiert, von diesem getragen wird und eine davon unabhängige, für sich bestehende Realität nicht hat, sondern bloß zu haben *scheint*, dann ist unser Weltphänomen im Grunde nur unser Gehirnphänomen; wir sind, indem wir die Dinge außer uns vorstellen, von dem Schein einer Wirklichkeit befangen, hinter dem nichts ist und von dem wir getäuscht werden, wie der durstige Wanderer in der Wüste, der in der Ferne Wasser zu sehen glaubt und nur den Sand sieht, auf dem der Sonnenschein spielt. Wir sind als vorstellende Wesen genötigt, eine Scheinwelt vorzustellen, die uns zugesellt ist, wie dem schaffenden Gott in der indischen Mythologie die Maja.[325]

So wird die Welt als Vorstellung von uns nicht eigentlich erlebt, sondern imaginiert und geträumt. Die Dinge, die uns als Wesen außer unserer Vorstellung und unabhängig von derselben erscheinen, gleichen Traumbildern; darunter sind wir selbst, unser eigenes Dasein und Leben. Wir sind Schatten, die von Schatten träumen. „Der Mensch ist der Traum eines Schatten", sagt Pindar. Und Sophokles im Ajas: „Jetzt sehe ich, dass wir alle, so viele da leben, nichts weiter sind, als wesenlose Bilder und flüchtige Schatten." Und Shakespeare im Sturm: „Wir sind aus solchem Stoffe, woraus die Träume gemacht sind; unser kurzes Leben ist von einem Schlaf umschlossen." Eine der tiefsinnigsten Dichtungen der Welt, „gewissermaßen ein metaphysisches Drama", ist Calderons Schauspiel: „Das Leben ein Traum". „In dieser Wunderwelt ist eben nur ein Traum das ganze Leben, und der Mensch, das seh' ich nun, träumt sein ganzes Sein und Tun, kurz auf diesem Erdenballe *träumen*, was sie leben, alle!"

Unsere Lebenszustände wechseln zwischen Schlafen und Wachen, zwischen Traumbildern und wachen Vorstellungen. Wie unterscheiden sich beide? An welchem Merkmal lässt sich mit völliger Gewissheit erkennen, dass ich jetzt nicht träume, sondern wache? In der ersten seiner Meditationen sagt Descartes: „Wenn ich mir die Sache sorgfältig überlege, so finde ich nicht ein einziges Merkmal, um den wachen Zustand vom Traume sicher zu unterscheiden. So sehr gleichen sich beide, dass ich ganz und gar stutzig werde und nicht weiß, ob ich nicht in diesem Augenblick träume."[326]

325 Ebendas., I. Bd., 1. Buch, § 5, S. 49.
326 Vgl. meine Geschichte der neuern Philos., (4. Aufl.), I. Bd., I. Teil, S. 295.

Schopenhauer stimmt mit den angeführten Dichteraussprüchen überein. Es gibt nach ihm keine feste Grenze, die den Zustand des Wachens von dem des Träumens scheidet, es müsste denn der Moment des *Erwachens* sein, der den Traumzustand auf fühlbare Weise abbricht. Solange wir uns nur vorstellend verhalten, sind wir in einer Schein- und Traumwelt befangen. Das wache Leben ist ein langer Traum, der Schlaf ein kurzer. Dass unsere Vorstellungen im wachen Zustand geordnet und zusammenhängend, im Traum dagegen ungeordnet und zusammenhanglos sein sollen, lässt er nicht gelten. Es fehle auch den Traumbildern nicht an Zusammenhang und Ordnung, die in den Text unseres Lebens gehören und demselben entnommen sind, aber abgegriffen und stückweise. Unser Leben gleicht einem Buch, das wir durchlesen von Anfang bis Ende, Zeile für Zeile und Blatt für Blatt. Das Lesen ermüdet. Wir bedürfen zeitweise der Erholung und Ruhe, es tritt eine Pause ein, worin wir im Buch des Lebens nicht lesen, sondern *blättern*; jetzt kommen uns Stücke von gelesenen Seiten vor die Augen, jetzt etwas von einem noch unbekannten und ungelesenen Blatt. Wir führen das Gleichnis an dieser Stelle nicht weiter aus, als Schopenhauer selbst getan. Aber wir sehen, wie schon in der Grundlegung seiner Lehre der *Traum* als ein sehr wichtiges und interessantes Problem auftritt, das einer tiefer eindringenden Erforschung und Lösung bedarf. Dreißig Jahre später hat er in seinem Aufsatz „Über das Geistersehen und was damit zusammenhängt“ diese Lösung in seinem letzten Werk zu geben versucht.

Soweit die Welt als Vorstellung reicht und unser Gesichtskreis innerhalb derselben, finden wir uns von dem Schein einer Wirklichkeit befangen, hinter dem immer wieder Schein ist und sonst nichts. Ob noch etwas ganz Anderes, von allem Schein und aller Erscheinung gänzlich Verschiedenes dahinter sei, ein wahrhaft Seiendes, Wirkliches und Wirkendes: Diese metaphysische, auf das Ding an sich gerichtete Frage nötigt uns, das Gebiet der Erscheinungen überhaupt zu verlassen. Doch können wir dieselbe erst stellen, nachdem wir die Welt als Vorstellung vollständig durchmessen haben.

Fünftes Kapitel

Der doppelte Intellekt. Die Vernunfterkenntnis. Anschauungen und Begriffe

I. Der einfache Intellekt

Es gibt nur *eine* uns einleuchtende und erkennbare Welt, aber wir haben zwei (schon in der propädeutischen Schrift unterschiedene) Erkenntnisvermögen: den Verstand und die Vernunft; Jener erzeugt die sinnliche oder aufbauende, dieser die reflektierende oder denkende Erkenntnis; das Werk des Verstandes sind die Objekte, d.h. die Anschauungen oder die Vorstellungen der Dinge, das Werk der Vernunft sind die Vorstellungen der Vorstellungen oder die Begriffe.

Zur Erkennbarkeit und Anschaulichkeit der Welt (Sinnenwelt) gehören zwei Bedingungen: erstens die Fähigkeit der Körper, aufeinander zu wirken, zweitens die Fähigkeit gewisser Körper, die Wirkungen nicht bloß zu empfangen, sondern auch zu empfinden: Diese sensiblen Körper sind die tierischen Leiber, darunter der unsrige. Die Empfindung besteht in dem *unmittelbaren* Bewusstsein der äußeren Einwirkungen oder der Veränderungen, welche der Leib erfährt. Blieben dieselben unempfunden, so bliebe die Welt unvorstellbar und unerkennbar: Daher sind die sinnlichen Empfindungen die *Ausgangspunkte* der Welt als Vorstellung; daher ist das erste und unmittelbare Objekt unserer Anschauung der eigene Leib, alle anderen Körper sind *mittelbare* Objekte, er allein ist das unmittelbare.[327]

Die sinnlichen Empfindungen sind nur die Ausgangspunkte unserer Anschauung und Wahrnehmung, nicht diese selbst. Der Unterschied beider ist schon ausführlich erörtert und dargelegt worden. Ohne die *kausale* Auffassung unserer Sinneseindrücke würden wir in unseren Leibeszuständen und körperlichen Affektionen befangen bleiben und nie zu der Vorstellung der Sinnesobjekte und Sinnenwelt gelangen. Die kausale Vorstellungsart, d.i. die Anwendung von Zeit, Raum und Kausalität auf die Sinneseindrücke ist die Funktion des tierisch-menschlichen Intellekts in seiner unendlichen Abstufung

327 Die Welt als Wille usw., I. Bd., § 6.

vom niedrigsten Grad bis zum höchsten. Die Fähigkeit, zu der gegebenen (empfundenen) Wirkung die Ursache aufzufinden, ist der *Scharfsinn* (Sagazität), dessen Gegenteil die *Dummheit* ist.

Diese kausale Vorstellungsart ist der einfache Intellekt. Derselbe erzeugt die Wahrnehmung, daher kann der Begriff der Ursache nicht erst durch die Letztere ausgemacht werden und aus ihr hervorgehen. Die Kausalität ist die Form unseres Erkenntnisvermögens, also *a priori*, wie dieses selbst: Daher sind alle Versuche verfehlt und falsch, welche den Begriff der Ursache empirisch begründen wollen. Ebenso steht *a priori* fest, dass Ursache und Wirkung eine *Zeitfolge* bilden: Es ist absurd, beide für gleichzeitig zu halten; dann müssten die Weltveränderungen zugleich sein und der Weltlauf in einem einzigen Moment vollendet. Alle Kausalität ist Zeitfolge, nicht umgekehrt: Weder macht die Zeitfolge den Schein der Kausalität, wie Hume gemeint, noch macht die Kausalität die objektive Zeitfolge, wie Kant gewollt hat. Tag und Nacht sind von jeher einander gefolgt, keine Sukzession ist so alltäglich wie diese, doch ist der Tag nicht die Ursache der Nacht, noch gilt er dafür.[328]

II. Der doppelte Intellekt

1. Die Geltung der Universalien

Wir haben den ersten und einfachen Intellekt, der sich nur wahrnehmend oder sinnlich vorstellend verhält, mit den Tieren gemein, obwohl wir denselben in weit höherem Grad wie Umfang besitzen und ausüben; wir unterscheiden uns von allen Tieren durch das Vermögen der Reflexion, diesen zweiten Intellekt, der sich zu den Vorstellungen vorstellend verhält, d. h. er verhält sich denkend. Die anschaulichen Vorstellungen sind die Urbilder, die reflektierten sind deren Reflexe, Widerschein oder Nachbilder, die, je weiter die Reflexion fortschreitet, umso weniger anschaulich, umso allgemeiner oder abstrakter werden. Mit der Reflexion geht die Abstraktion Hand in Hand. Die abstrakten Vorstellungen, weil sie die gemeinsamen Merkmale vieler Vorstellungen zusammenfassen und in sich vereinigen, heißen *Begriffe*. Je anschaulicher die Begriffe sind, umso konkreter; je allgemeiner, umso abstrakter. Die konkreten Begriffe

328 Ebendas., II. Bd., 4. Kap., S. 51 ff.

nennt Schopenhauer bildlich das untere Erdgeschoss in dem Gebäude der Reflexion, die abstrakten die oberen Stockwerke. Jeder Begriff nimmt eine gewisse universelle Geltung in Anspruch, daher dürfen alle im Unterschied von den Anschauungen oder Einzelvorstellungen als „*Universalien*" bezeichnet werden.

Die gesamte Begriffswelt bildet ein Stufenreich, das von der untersten oder speziellsten durch die Arten und Gattungen zu den abstraktesten oder allgemeinsten emporsteigt. Je spezieller und anschaulicher die Begriffe sind, umso realer ist ihre Geltung; je allgemeiner und abstrakter sie sind, umso nominaler, da sie nicht durch sinnliche Objekte, sondern nur durch Zeichen, Worte, Namen dargestellt werden können. Im Hinblick auf diese Stufenordnung oder „Hierarchie der Begriffe" lässt sich der Streit über die Geltung der Universalien, den im Zeitalter der kirchlichen Hierarchie die Realisten und Nominalisten geführt haben, gewissermaßen ausgleichen und entscheiden. Wenn es sich um die speziellsten Begriffe handelt, so haben die Realisten „beinahe Recht"; in Ansehung der allgemeinen dagegen die Nominalisten: Jene dürfen das untere Ende der Pyramide für sich in Anspruch nehmen, diese das obere. Wenn man aber die Streitfrage im Sinne der Scholastik fasst und beurteilt, so ist Schopenhauer der ausgesprochenste Nominalist, wie es die Väter der neueren Philosophie waren: Bacon und Hobbes so gut wie Descartes und Spinoza.[329]

2. Das Gedächtnis

Nur kraft der Reflexion und der Begriffe sind wir imstande, vieles in Einem zu denken, unsere anschaulichen Vorstellungen zu generalisieren und zu gruppieren, ihre unabsehliche, verworrene Masse einzuteilen und zu ordnen, in Begriffen aufzubewahren und zu behalten. Unsere Begriffswelt ist unsere Sinnenwelt im Kompendium, gleichsam in Taschenformat.

Die Anschauungen sind an die gegenwärtigen Eindrücke gebunden, mit denen sie kommen und gehen. In den Begriffen bleiben sie fixiert. Daher ermöglicht erst die Reflexion die Rückerinnerung und das Gedächtnis: Sie macht uns frei von den Eindrücken der Gegenwart und eröffnet uns eben dadurch den Ausblick in die Vergan-

329 Ebendas., I. Bd., I. Buch, § 8, 9 u. 16, S. 132 – 133. – Vgl. II. Bd., Kap. 5 – 7.

genheit und Zukunft; der menschliche Geist bedenkt und überlegt sowohl das Vergangene als auch das Künftige: Er ist nachbedacht, wie Epimetheus, und vorbedacht, wie Prometheus.

Einen solchen Rück- und Vorblick in das eigene Leben hat kein Tier, auch die verständigsten sind mit Ausnahme weniger schwacher Spuren reflexionslos, darum vernunft- und gedächtnislos. Was man bei den Tieren Gedächtnis nennt, ist ein anschaltendes, stets durch die Gegenwart veranlasstes Erinnerungsvermögen, ihr Leben ist fortgesetzte Gegenwart, ihr Bewusstsein „eine bloße Sukzession von Gegenwarten" und in beständigem Zusammenhang mit ihrer jeweiligen Umgebung. Was in ihnen vorgeht, erhellt aus dem, was um sie vorgeht. Sie haben nur Eindrücke und Anschauungen, aber keine Begriffe, keine Vorsätze, keine versteckten und zu versteckenden Absichten; sie sind darum unfähig des Hinterhaltes, der Verstellung und Heuchelei, ihr Tun ist ganz offen und naiv, sie verhalten sich zu Menschen, wie das durchsichtige Gefäß zum undurchsichtigen, wie der Becher von Glas zu dem von Metall. Sie leben buchstäblich in den Tag hinein und haben nur die gegenwärtigen und momentanen Übel zu leiden, welche physischer Art sind; dagegen von den Gemüts- und Phantasieleiden, die unter allen Übeln bei Weitem die größten und schmerzlichsten sind, werden sie nicht betroffen. Da ihnen die Vorstellung der Vergangenheit und Zukunft abgeht, so können sie auch nicht von der Erinnerung an vergangene und der Furcht vor künftigen Leiden gequält werden, und so bleiben sie unberührt von der ganzen Last trauriger und kummervoller Affekte, die das Bewusstsein der Vergangenheit und Zukunft auf den Menschen häuft: darunter die Gewissensqualen und die Todesfurcht.[330]

3. Sprache, Zivilisation, Wissenschaft

Die einzige Funktion des Verstandes ist die Bildung der Anschauungen, die einzige Funktion der Vernunft ist die Bildung der Begriffe. Nun wollen auch diese fixiert veranschaulicht und mitgeteilt werden, was am leichtesten und zweckmäßigsten durch die vernehmbare Bezeichnung, d. h. durch den *sprachlichen* Ausdruck geschieht. Die Sprache entsteht aus den Begriffen, als welche der Mitteilung fähig und bedürftig sind. Die Tiere haben keine Begriffe, darum auch keine

330 Ebendas., II. Bd., 5. Kap., S. 67 – 72.

Sprache; es fehlt den Stimmbegabten nicht an den Werkzeugen, wohl aber fehlt allen das Bedürfnis und Thema zur Sprache und damit die Fähigkeit zu sprechen.

Die Reflexion erweitert unser Bewusstsein und lässt in seinem Gesichtskreise die ganze *Lebenszeit* erscheinen, wodurch die Sorge für die Zukunft geweckt, die Erwägung und Anordnung der *Lebenszwecke* hervorgerufen und eine solche Überlegung und Prüfung der Beweggründe zur Reife gebracht wird, dass daraus die besonnene und planmäßige Handlungsweise resultiert; aus der wechselseitigen, durch Begriffe und Sprache bewirkten Mitteilung gemeinnütziger Lebenszwecke folgt das übereinstimmende, vereinigte, gesellige Handeln: die sozialen Einrichtungen, die *Zivilisation* und der Staat.

Aus der Vergleichung der Begriffe gehen die Urteile hervor, aus deren Begründung und Verknüpfung die *Wissenschaft*; die schon gewonnenen früheren und gemeinsamen Erkenntnisse werden im Gedächtnis, in Sprache und Schrift aufbewahrt und bilden die Ausgangspunkte neuer, fortzubildender Einsichten. So entwickelt sich das menschliche Wissen. So vollendet sich der dreifache unermessliche Nutzen, den die Begriffe stiften: Sie bewirken die Sprache, die Zivilisation (das besonnene Handeln) und die Wissenschaft; sie unterscheiden die menschliche Intelligenz von der tierischen und machen die Menschheit.[331]

4. Der Gedankenlauf. Die Assoziation

Das Bewusstsein erträgt keine Leere, es will mit Vorstellungen und Gedanken beschäftigt sein. Nichts geschieht ohne Ursache. Keine Vorstellung kann in unserem Bewusstsein gegenwärtig sein, keine neue kann in dasselbe eintreten ohne Anlass. Dieser kann entweder von außen durch einen sinnlichen Eindruck oder von innen aus dem Gedankenvorrat kommen, den wir besitzen: Der gegenwärtige Gedanke weckt einen andern, dieser zieht wiederum einen andern herbei, so gesellen sich die Vorstellungen zueinander und bilden eine unwillkürliche Gedankenverkettung oder „Assoziation“.

Die Leichtigkeit, womit ein solcher Gedankenlauf vonstatten geht, nennt man die Regsamkeit des Geistes, das Band oder die Art der Verknüpfung, wodurch sich Glied an Glied reiht, das Gesetz der

331 Ebendas., I. Bd., I. Buch, § 9, S. 77 – 78.

Assoziation. Die drei Gesetze, welche Schopenhauer anführt, sind das des Grundes und der Folge, das der Ähnlichkeit oder Analogie, das der Gleichzeitigkeit und räumlichen Benachbarung: Der Ideenlauf nach dem ersten charakterisiert die denkenden Köpfe, der nach dem zweiten die witzigen, der nach dem dritten die beschränkten. In den letzten beiden Arten ist die Verknüpfung nicht eigentlich gesetzmäßig, sondern gelegentlich: Bei der einen Vorstellung fällt uns unwillkürlich die andere ein, sei es wegen ihrer Ähnlichkeit oder ihrer Kontiguität: Es ist diejenige Art der Einfälle, welche man als ein „*à propos*" zu bezeichnen pflegt.

Die Ausübung der Sprache und des Sprechens beruht auf dem *Wortgedächtnis* und dieses auf der Assoziation zwischen Wort und Begriff, welche entweder eine doppelte oder einseitige Verkettung ist. Sie ist doppelt, wenn man eine Sprache dergestalt kennt und versteht, dass man sie spricht: Dann ist das Wort mit dem Begriff und der Begriff mit dem Wort unauflöslich verknüpft. Wenn man dagegen eine Sprache nur schulmäßig erlernt hat ohne praktische Ausübung, so ist die Verkettung einseitig: Sie besteht zwischen Wort und Begriff, nicht aber umgekehrt zwischen Begriff und Wort; wir wissen, was die Worte bedeuten, wenn wir die Sprache lesen, aber sobald wir sie sprechen wollen, fehlen uns die Worte. Die Übung und Gewohnheit des Sprechens stiftet zwischen Wort und Begriff eine solche wechselseitige Verknüpfung und Anhänglichkeit, dass beide unauflöslich aneinander gekettet sind und auf Anlass des einen sogleich das andere hervortritt.

Ohne Anlass keine Anknüpfung, keine Vorstellung. So kommt es, dass wir uns oft auf die bekanntesten Dinge nicht besinnen können, dass uns von dem, was wir eben gelesen oder gehört haben und mitteilen möchten, im Augenblick gar nichts einfallen will, weil der Anlass fehlt, der die Vorstellungen weckt und in Fluss bringt.

Es sind nicht bloß die verschiedenen Arten der Assoziation, die unsern Gedankengang richten und ändern, sondern derselbe wird durch die mannigfaltigen Eindrücke der Außenwelt auch häufig unterbrochen: daher die Zerstückelung und *Zerstreutheit*, worin sich unsere gewöhnlichen Vorstellungszustände befinden. Und da unterbrochene Vorstellungen nur auf bestimmten Anlass erneuert werden können, so werden sie, wenn der Anlass ausbleibt, nicht wieder aufgenommen, d. h. sie werden *vergessen*. Diese unausbleibliche Zerstreutheit und Vergesslichkeit gehört zu den wesentlichen Unvollkommenheiten unseres Intellekts.[332]

III. Die Lehre von der Vernunfterkenntnis

1. Logik

Den beiden Erkenntnisvermögen gemäß teilt Schopenhauer auch seine Erkenntnislehre in zwei Gebiete: nämlich die Lehre von der Verstandestätigkeit (*διάνοια*) und die von der Vernunft- oder Denktätigkeit: Jene nennt er Dianoiologie, diese in herkömmlicher Weise Logik. Gemäß der genauen Zusammengehörigkeit zwischen Vernunft und Sprache, wie man ja auch im Griechischen und Italienischen beide durch dasselbe Wort (*ὁ λόγος*, *il discorso*) bezeichnet, hat die Lehre von der Vernunfterkenntnis die kunstmäßige Ausübung oder Technik des Denkens, der wissenschaftlichen Unterredung (*διαλέγεσθαι*) und der darstellenden Rede zu behandeln: Sie zerfällt daher in die drei Fächer der Logik, Dialektik und Rhetorik. Zu der logischen Denktätigkeit genügt eine Person, zur Unterredung gehören zwei, die Rede richtet sich an viele: Daher Schopenhauer die drei genannten Disziplinen mit den drei Numeri vergleicht: dem Singularis, Dualis und Pluralis; das Thema der Logik ist monologisch, das der Dialektik dialogisch, das der Rhetorik panegyrisch.[333]

Was die Logik betrifft, so hat Schopenhauer derselben wiederholte Betrachtungen gewidmet; er kennt und beurteilt sie nur in der Gestalt der Schullogik, die keiner anderen Reform als der Vereinfachung bedürfe und keine anderen Regeln enthalte, als welche wir in unserem Denken von selbst befolgen. Diese Regeln sind ohne allen theoretischen Nutzen, ihre Formel heißt: „Du sollst tun, was du tust."

Die bekannten vier Denkgesetze oder „metalogischen Wahrheiten" lassen sich auf die beiden Sätze vom ausgeschlossenen Dritten und vom zureichenden Grunde zurückführen: Auf dem ersten, welcher den Satz der Identität und des Widerspruchs in sich schließt, beruht die *Denkbarkeit*, auf dem zweiten die *Wahrheit* unserer Urteile.[334]

332 Ebendas. II, 14. Kap., S. 153 – 157. Vgl. 15. Kap.
333 Ebendas. I, § 9. Vgl. II, 9. Kap.: Zur Logik überhaupt, S. 119 ff.
334 S. oben, II. Buch, I. Kap., S. 209 ff.

Aus der Vergleichung der Vorstellung resultieren die *Begriffe*, deren Inhalt (Merkmale) und Umfang (Sphäre) in umgekehrtem Verhältnis zueinander stehen. Die Begriffssphären, figürlich in Kreisen darstellbar, sind entweder identisch (Wechselbegriffe) oder nicht identisch; in letzterem Fall schließen sie einander entweder ganz oder teilweise aus, oder die eine wird ihrem vollen Umfang nach von der andern umschlossen. Hier sind drei Möglichkeiten zu unterscheiden: 1. die umschlossene Sphäre ist *eine einzige*, welche die umschließende nur zum Teil ausfüllt, 2. der umschlossenen Sphären sind *mehrere*, welche die umschließende nur zum Teil ausfüllen, 3. der umschlossenen Sphären sind mehrere, welche die umschließende *ganz* ausfüllen. Das Verhältnis der Begriffe Pferd und Tier exemplifiziert den ersten Fall, das Verhältnis der Begriffe Wasser und Erde zum Begriff der Materie exemplifiziert den zweiten, das Verhältnis der drei Arten des Dreiecks zum Begriff Dreieck den dritten.

Aus der Vergleichung der Begriffe resultieren die *Urteile*, deren Lehre Schopenhauer dergestalt zu vereinfachen gesucht hat, dass es im Grunde keine anderen Arten des Urteils geben soll, als das einfache kategorische, welches entweder allgemein bejahend oder allgemein verneinend ausfällt. Das singulare Urteil sei, logisch genommen, ein allgemeines, das partikulare ebenfalls, sobald die Sprache es gestattet, „einige" durch „alle" auszudrücken: Einige Bäume tragen Galläpfel, d. h. alle Eichen; einige Menschen sind schwarz, d. h. alle Neger, u. s. f. Die hypothetischen und disjunktiven Urteile aber sind nicht einfache, sondern zusammensetzte Urteile, d. h. logische Urteilsverhältnisse.

Aus der Vergleichung der Urteile, deren zwei einen ihrer Begriffe gemein haben, folgen die *Schlüsse*. Der Schlusssatz ist in den Prämissen latent und wird in der Konklusion frei. Die Vergleichung der Urteile betrifft entweder das Subjekt der einen und das Prädikat der andern, oder die Subjekte beider, oder die Prädikate beider: So entstehen die bekannten drei Schlussfiguren.

Begriffsverhältnisse vorstellen heißt urteilen, Urteilsverhältnisse vorstellen heißt schließen. Die Begründung des Urteils geschieht durch ein anderes Urteil, d. h. durch einen Erkenntnisgrund begrifflicher Art: Darin besteht die formale oder logische Wahrheit. Die Begriffe aber wurzeln in den Anschauungen, weshalb alle Urteile endgültig durch Anschauungen zu begründen sind: Darin besteht ihre materiale, anschauliche, unwidersprechliche Wahrheit, denn Anschauungen können einander nicht widersprechen.

Der Zusammenhang solcher Wahrheiten macht die *Wissenschaft*. Anschauungen sind keine Begriffe, aber sie werden in Begriffen fixiert und bleiben als solche in unserem denkenden oder abstrakten Bewusstsein gegenwärtig. Daher besteht die Wissenschaft nicht, wie Kant gesagt hat, *aus* Begriffen, sondern *in* Begriffen: ein Satz, den Schopenhauer nicht nachdrücklich genug einschärfen kann.[335]

2. Dialektik und Eristik

Der einzige praktische Nutzen, den die Logik gewährt, kommt in der Dialektik zur Geltung. Aus der Unterredung entspringt die Kontroverse, der Streit der Ansichten, woraus die Disputation oder Streitrede hervorgeht, deren kunstmäßige Ausübung in der Eristik gelehrt wird. Nun besteht dieser praktische Nutzen der Logik wesentlich darin, dass sie die Fehl- und Trugschlüsse, die Schliche und Kniffe, die Blendungen und Scheingründe kennen lehrt, mit welchen in den Disputationen gekämpft und häufig gesiegt wird. In der Absicht, diese Schleichwege zu erleuchten und darzulegen, wollte Schopenhauer die Beweggründe auffinden, welche die Logik ins Leben gerufen haben; er hielt sie für eine Tochter der Eristik, die namentlich in der megarischen Schule ausgeübt wurde.

Einen sehr wesentlichen Teil der Scheinwerte, welche die Welt verblenden, bilden die *Scheingründe*, insbesondere die absichtlichen, die gemacht sind, um andere in die Irre zu führen. Daher das lebhafte Interesse, welches Schopenhauer schon als Pessimist an der Eristik nehmen musste, und das ihn vermocht hat, eine ausführliche Abhandlung darüber zu schreiben und in verkürzter Fassung noch in dem letzten seiner Werke zu veröffentlichen.[336]

Die Waffengleichheit vorausgesetzt, welcher gemäß Ungelehrte und Dummköpfe von aller Disputation auszuschließen sind, wie Unebenbürtige vom Turnier, gibt es zur Bekämpfung einer These zwei Modi und zwei Wege. Die beiden Modi sind der Kampf durch *sachliche* und der durch *persönliche* Gegengründe (*argumenta ad rem* und *ad hominem*), welche Letztere den Gegner bedenklich machen, in Verlegenheit setzen und verdutzen sollen, wenn z.B.

335 Die Welt als Wille usw. I, I. Buch, § 9 u. 10. Vgl. II, 9. u. 10. Kap.
336 Parerga II, 2. Kap.: Zur Logik und Dialektik. Vgl. Nachlass, IV. Bd., S. 89 – 95.

gegen naturwissenschaftliche Sätze biblische Argumente ins Feld geführt werden. Die beiden Wege sind der *direkte* und *indirekte*: auf dem ersten werden die Gründe des Gegners, die Richtigkeit entweder seiner Prämissen oder seines Schlusssatzes bestritten; auf dem zweiten werden die Folgen angegriffen, sei es, dass man diesen eine widersprechende Tatsache (Instanz) oder andere vom Gegner unbestrittene Sätze, oder endlich eine unbestreitbare, unwidersprechliche Wahrheit entgegenstellt (Apagoge). Im letzteren Fall wird der Gegner *„ad absurdum"* geführt.

Schopenhauer vergleicht die Disputierkunst gern mit der Fechtkunst, das objektive Verfahren jener mit den regelmäßigen Stößen und Hieben dieser, die Scheingründe mit den Finten, die persönlichen Ausfälle mit den Sauhieben. Die Finten der Disputierkunst sind jene auf Täuschung und Verdutzung berechneten Schliche und Kniffe, die sogenannten „Kunstgriffe" oder „Stratagemata", deren in dem ungedruckten, nunmehr im Nachlass veröffentlichten Aufsatz 36 aufgezählt werden,[337] während in dem angeführten Kapitel der Parerga nur drei hervorgehoben sind: die Erweiterung, die Konsequenzmacherei und die Diversion. Wenn man den Satz des Gegners verallgemeinert und in einem Umfang nimmt, der seine Geltung aufhebt, so besteht darin „die Erweiterung". Wenn man aus dem Satz des Gegners unberechtigte, den Ansichten und Gesinnungen desselben zuwiderlaufende Folgerungen zieht, so besteht darin „die Konsequenzmacherei". Endlich, wenn einem die Gründe ausgehen, auch die Scheingründe, so lässt man die Sache fallen, ändert den *status controversiae* und springt auf andere Gegenstände über, wozu sich der Anlass alle Augenblicke finden lässt. Darin besteht „die Diversion".

Unter den Mitteln der Überredungskunst ist jene ungebührliche Erweiterung oder falsche Verallgemeinerung der Sätze das häufigste und populärste. Was nur von *einigen* gilt, lässt man von *allen* gelten. Die Antoninsrede in Shakespeares Cäsar wimmelt von solchen Sophismen. Wenn alle guten Freunde, alle mitleidigen und freigebigen Menschen uneigennützig und ohne Herrschsucht sind, so war es auch Cäsar!

Aus partikularen Prämissen folgt nichts. Wenn man aber den Prämissen den Schein der allgemeinen Geltung leiht, so gehen die

---

337 Nachlass, II. Bd. Eristische Dialektik, S. 71 – 107.

Schlusssätze ungehindert vonstatten, und es lässt sich von derselben Sache sowohl A als auch Nicht-A beweisen. So hat Schopenhauer, indem er das Ineinandergreifen der Begriffssphären und die darauf gebauten falschen Schlüsse auf einer Tafel figürlich darstellt, vom *Reisen* (*peregrinari*) dargetan, dass es sowohl ein vielfaches Gut als auch ein vielfaches Übel sei.

3. Rhetorik. Die alten Sprachen, die deutsche Sprache

Noch ein anderes, sehr wirksames Mittel der Überredungskunst, welches Schopenhauer erst in den „Ergänzungen" hervorhebt und durch die Hinweisung auf die berühmte Antoninsrede exemplifiziert, besteht darin, dass man die Schlüsse gleichsam verdeckt vorbringt und erst enthüllt, wenn die Gemüter genugsam vorbereitet sind, um entzündet zu werden. Die Sache des Antonins war verloren, wenn er sogleich erklärt hätte, er wolle beweisen, dass Brutus Unrecht habe, und Cäsar nicht herrschsüchtig war. In Aussprüchen, denen niemand anhört, was für gewichtige, unheildrohende *Prämissen* diese scheinbar harmlosen Sätze sind, beginnt er den Cäsar zu schildern, wie treu und gerecht er in der Freundschaft gewesen, ohne Habsucht als Staatsmann, voller Mitleid mit den Armen u. s. f. Nachdem er durch solche Schilderung die Menge gerührt hat, mag sie sich selbst den Schluss ziehen und die Frage beantworten: „Sah das der Herrschsucht wohl am Cäsar gleich?"[338]

In der Ausübung der echten Redekunst, insbesondere der wissenschaftlichen, in der Behandlung der Sprache, der Deutlichkeit, Einfachheit und Kürze des Ausdrucks preist Schopenhauer das Vorbild und die Schule der *Alten;* er beklagt, dass die lateinische Sprache aufgehört habe, die Weltsprache zu sein, und die Nationalliteraturen an die Stelle der Weltliteratur getreten sind. Die Erlernung der alten Sprachen, die gründliche Beschäftigung mit ihren Werken sei die alleinige Grundlage aller echten, wahren Erziehung und Bildung, nicht bloß der gelehrten, sondern auch der rein menschlichen. Unsere historische Vergangenheit wurzele in den rohen, vom Pfaffen- und Ritterwesen beherrschten Bildungszuständen des Mittelalters, von denen uns erst die Renaissance befreit und wieder zu *Menschen* gemacht habe.

338 Die Welt als Wille usw., II. Bd., 11. Kap.: Zur Rhetorik, S. 137 f.

„Sehr passend nennt man die Beschäftigung mit den Schriftstellern des Altertums *Humanitätsstudien*: Denn durch sie wird der Schüler zuvörderst wieder ein Mensch, indem er eintritt in die Welt, die noch rein war von allen Fratzen des Mittelalters und der Romantik, welche nachher in die europäische Menschheit so tief eindrangen, dass auch noch jetzt jeder damit betüncht zur Welt kommt und sie erst abzustreifen hat, um nur zuvörderst wieder ein *Mensch* zu werden." „Ohne die Schule der Alten wird eure Literatur in gemeines Geschwätz und platte Philisterei entarten!"

Auch in dem Gebrauch unserer eigenen Sprache, namentlich in ihrer schriftlichen und schriftstellerischen Ausübung sollen die Alten unsere Vorbilder sein. Die deutsche Sprache steht durch ihre Herkunft (gleich den skandinavischen Sprachen) aus dem Gotischen dem Sanskrit so nahe, wie das Griechische und Lateinische, sie ist für eine relative Ursprache zu achten und durch ihren Wort- und Formenreichtum, durch ihre lexikalische und grammatische Ausbildung dem Griechischen beinahe ebenbürtig. „Die Sprache", sagt Schopenhauer, „ist der *einzige* entschiedene Vorzug, den die Deutschen vor anderen Nationen haben, denn sie ist viel höherer Art, als die übrigen europäischen Sprachen, welche, mit ihr verglichen, bloße *patois* sind."[339]

Dieses bewunderungswürdige Kunstwerk nun, das die Gedanken in ihren feinsten Gliederungen auszuprägen und darzustellen vermag, wird unter den Händen gemeiner und sprachunkundiger Skribler verunstaltet. Der Sprachgebrauch wimmelt von Fehlern, von Versündigungen an Lexikon und Grammatik, an der Wortbedeutung, den Formwörtern und Flexionen. Da man das Vorbild der Alten in Ansehung der echten Kürze und Prägnanz des Ausdrucks nicht zu würdigen und zu befolgen versteht, so schreibt man weitschweifig auf Kosten der Deutlichkeit und Genauigkeit des Sinns; zugleich erlaubt man sich allerhand Wort- und Sprachverkürzungen auf Kosten der Bedeutung, der Grammatik und des Wohlklangs, um sich den Schein bündiger Redeweise zu geben.

So erspart man sich z.B. die Hilfszeitwörter und braucht zur Bezeichnung vergangener Handlungen, auch wenn diese vollendet und längst vergangen sind, immer das Imperfektum; dazu kommt die

339 Ebendas. II, 12. Kap.: Zur Wissenschaftslehre, S. 141 ff. Vgl. Nachlass, II. Bd., S. 122.

sinnwidrige Wortbeschneidung und Silbenknickerei: Man sagt „Vergleich" statt „Vergleichung" (ein Fehler, den Schopenhauer treffend gerügt, aber selbst mehr als einmal begangen hat), ebenso „Hinweis", „Nachweis", „Bezug" statt „Hinweisung", „Nachweisung", „Beziehung" u. s. f. So wenig man „Versuch" statt „Versuchung" sagen kann, so wenig lässt sich „Vergleich" statt „Vergleichung" u. s. f. sagen.[340]

Aus Wohlgefallen an der Scheinkürze erfindet man mit förmlich gesuchtem Ungeschmack und Ungeschick eine Menge sprachwidriger, misstönender, monströser Wörter, die alsbald in Kurs kommen und in den Gebrauch der öffentlichen Blätter und sogar der amtlichen Erlasse übergehen, wenn sie nicht daraus hervorgehen. Schopenhauer hat nicht genug darüber spotten können, dass man „die Jetztzeit" sagt statt „die gegenwärtige Zeit". Wie hätte er erst über die heutigen Missbildungen gespottet! Was sich von selbst versteht, heißt „selbstverständlich", was in einem gegebenen Fall gilt, „desfallsig", und der Gipfel des Ungeschmacks und Unsinns: Was sich auf eine bestimmte Sache bezieht, nennt man „*diesbezüglich*"! Diese Erfindungen gehören zur allerjüngsten Mode, die Leute sprechen und schreiben „selbstverständlich" und gelten sich nun als helle Köpfe; sie erscheinen sich als Meister der Kürze, wenn sie „diesbezüglich" sagen. Und das redet von deutschem Sprachunterricht, der an die Stelle des lateinischen und griechischen treten soll!

4. Das Lächerliche. Witz und Narrheit. Ironie und Humor

Aus unserem zweifachen Intellekt erklärt Schopenhauer das spezifisch menschliche Phänomen des Lächerlichen und des Lachens. Vergleichen wir nämlich die Anschauungen mit den Begriffen, so zeigt sich ein merkwürdiges Doppelverhältnis; diese sind jenen ähnlich, denn sie sind aus ihnen hervorgegangen und deren Reflexe oder Abbilder; zugleich sind sie denselben unähnlich, ja entgegengesetzt, denn sie sind abstrakt, während jene konkret sind: daher beide mit-

340 Die Sprachverhunzung ist heute schon so weit gediehen, dass man nicht bloß „Vergleich" sagt und schreibt, wo nicht von Vergleich (Ausgleichung), sondern von „*Vergleichung*" die Rede ist, sondern eine Sache „*in Vergleich zu*" einer anderen setzt, also in zwei Worten zwei große Sprachschnitzer macht, indem man ein sinnwidriges Wort braucht und dasselbe sprachwidrig konstruiert. Man vergleicht etwas nicht „*zu*", sondern mit etwas anderem. Man meint „*das Verhältnis*" einer Sache zu einer anderen und nennt das Verhältnis einen „*Vergleich*"! Einer solchen Sprachverhunzung begegnet man überall, in Zeitungen und Büchern, bei den *allergelesensten* Schriftstellern nicht bloß der belletristischen, sondern auch der wissenschaftlichen Klasse.

einander sowohl übereinstimmen als auch kontrahieren können. Und dasselbe Doppelverhältnis besteht zwischen der anschaulichen und abstrakten Erkenntnis überhaupt.

Auf die Übereinstimmung beider gründet sich die *Wahrheit* unserer Erkenntnis und der *Ernst* unserer Lebensanschauung, auf ihren Kontrast oder ihre Inkongruität dagegen die komische Vorstellungsart, das *Lächerliche* in allen seinen Arten. Diesen Ursprung des Lächerlichen aufgehellt und die Theorie desselben begründet zu haben, nimmt Schopenhauer als sein Verdienst in Anspruch, wir lassen hier dahin gestellt, mit wie vielem Recht.[341]

Dass wir unsere Anschauungen durch Begriffe vorstellen oder diesen unterordnen: Darin besteht die Form unserer Urteile. Unsere gewohnten Urteile sind der Ausdruck der Übereinstimmung zwischen Begriff und Anschauung. Wenn nun das Verhältnis beider nicht die Übereinstimmung, sondern der *Kontrast* ist, so ist das Urteil ungewohnt, unerwartet, paradox: Wir werden von dieser Vorstellungsart überrascht; die plötzliche Wahrnehmung derselben macht den Eindruck des Lächerlichen und erzeugt die Äußerung des Lachens.

Die Grundform alles Lächerlichen besteht in dieser „paradoxen Subsumtion", in dieser Inkongruität zwischen Anschauung und Begriff. Daher kann, wo keine Begriffe sind, auch kein solcher Kontrast stattfinden, also auch nicht der Vorgang des Lächerlichen und des Lachens: Die Tiere, ohne Reflexion, Begriffe und Sprache, wie sie sind, lachen so wenig, als sie sprechen.

Der Vorgang des Lächerlichen lässt sich demnach als ein Schluss auffassen: Der Obersatz ist ein allgemeines Urteil von unanfechtbarer Gültigkeit, der Untersatz ein einzelnes, anschauliches Urteil, das mit jenem scheinbar zusammenhängt, in Wahrheit aber kontrastiert; der Schlusssatz vollzieht die lächerliche Vorstellung. Da nun der Untersatz entweder in einem bloßen Urteil oder in einer Handlung bestehen kann, so teilt sich das Lächerliche in die beiden Arten des Einfalls und der Ausführung: Der lächerliche Einfall ist der *Witz*, die lächerliche Handlung die *Narrheit*.

Es mag sein, dass z.B. in Grabschriften die Kinder nach gewohnter Art „liebliche, frühgebrochene *Lilien*" genannt werden; wenn aber eine solche Lilie ein kleiner Neger ist, so empfangen wir einen lächer-

341 Die Welt als Wille, I. Bd., § 13. Vgl. II. Bd., 8. Kap. Parerga II, 4. Kap., § 96.

lichen Eindruck. Ein Krieger, der im Kampf fällt, nachdem er viele Feinde getötet hat, verdient die Grabschrift: „Hier liegt er, wie ein Held, und die Erschlagenen liegen um ihn her." Wenn aber unter diesem Helden ein *Arzt* mitten unter seinen verstorbenen Patienten vorzustellen ist, so springt der satirische und lächerliche Kontrast in die Augen. Der treue Hirt ist zu loben, der seine schlafende Herde bewacht; wenn aber nach dem bekannten Epigramm dieser gute Hirte der Prediger ist, dessen Gemeinde schläft, während er peroriert, so finden wir den Einfall lächerlich und witzig. Alte gute Bekannte anzutreffen ist erfreulich; wenn aber unter den guten alten Bekannten die Arien einer neuen Oper gemeint sind, wie in dem Saphirschen Witzwort, so müssen wir lachen.

Worte sind vieldeutig: In ihrer sinnlichen und abstrakten (eigentlichen und uneigentlichen) Bedeutung liefern sie einen sehr ergiebigen Stoff zu den Witzen, welche man *Wortspiele* nennt, und die von den bloßen Klangwitzen, den sogenannten Calembourgs (Kalauer), wohl zu unterscheiden sind, was Schopenhauer nicht genug beachtet hat. Ein fruchtbarer Zweig des Wortspiels ist die *Zweideutigkeit* (Äquivok), die sich mit Vorliebe in obszönen Redensarten (Zoten) ergeht.[342]

Wenn man nach abstrakten Begriffen handelt und diese den wirklichen, anschaulichen Lebensverhältnissen nicht anzupassen versteht, so resultiert daraus eine ungereimte und *närrische* Handlungsweise, die uns lachen macht. Das größte Beispiel solcher Narrheiten liefern *Don Quixotes* Heldentaten. Die abstrakte Ritterpflicht gebietet den Kampf mit den Unholden der Welt, zu denen die Riesen gehören; wenn man aber die Windmühlen für Riesen hält, so wird der Kampf zu einer Narrheit, die sich in folgenden Schluss auflösen lässt: Im Obersatz steht die Ritterpflicht gegen die Riesen, im Untersatz figurieren die Windmühlen als Riesen, im Schlusssatz erscheint Don Quixotes närrischer Kampf. Dass man der unterdrückten Unschuld helfen soll, ist sehr edel und ritterlich gedacht; wenn man aber gefangene Verbrecher für unterdrückte Unschuld hält und befreien will, so wird der Held zum Narren.

Ähnlich verhält es sich mit den *Münchhausiaden,* nur dass hier die paradoxen Begebenheiten erzählt und als höchst gelungene dargestellt werden. Es ist ganz richtig, dass die Kälte erstarrend und

342 Vgl. meine Schrift: Über den Witz, 2. Aufl., (Heidelberg 1889), S. 79 – 87.

die Wärme auflösend wirkt; wenn es aber Töne und Melodien sein sollen, die im Posthorn einfrieren und in der Wirtsstube auftauen und plötzlich losschmettern, so ist eine solche Subsumtion höchst lächerlich und närrisch.

Zu den Narrheiten, die sich lächerlich machen, rechnet Schopenhauer mit gutem Grund auch die *Pedanterie*, wie sie in gewissen Schulgelehrten, in den Doktrinären aller Art, in den Maximen- und Prinzipienreitern zutage tritt, die ihren abstrakten Schablonen gemäß das praktische Leben behandeln und darüber in allerhand Ungereimtheiten und lächerliche Absurditäten geraten.

Witz und Narrheit erscheinen vereinigt, wenn sich jener in diese maskiert und die Gestalt einer närrischen Handlung annimmt, um recht anschaulich und belustigend zu wirken. Beispiele solcher witziger Narrheiten und närrischer Witze sind die Volksspäße, wie die Eulenspiegeleien u. s. f. Der Spaßmacher im Volksschauspiel ist der *Hanswurst*, der Spaßmacher am Hofe der *Hofnarr*. Wenn der Narr Lear dem König, nachdem dieser die Krone verschenkt hat, seine Kappe anbietet, so ist diese Handlung der Ausdruck eines sehr treffenden, witzigen und satirischen Einfalls.

Das absichtlich Lächerliche ist der *Scherz* und dessen Gegenteil der Ernst. Der Scherz in der Maske des Ernstes ist die *Ironie*, der Ernst in der Maske des Scherzes der *Humor*. Die Menschen haben gewöhnlich eine sehr hohe Meinung von der eigenen Person, jeder Tor hält sich für klug und weise, wie der Bürgermeister von Sardam und die Bürger von Schilda. Zwischen dem Begriff, den ein solcher Tor von sich selbst hat, und dem, was er in Wirklichkeit oder als Gegenstand unserer Anschauung ist, liegt eine weite Kluft; eben diese Kluft liegt zwischen seinen Begriffen von sich und unseren Begriffen von ihm. Eine Person dieser Art ist daher nicht ernsthaft, sondern scherzhaft zu nehmen und als die lächerliche Figur, die sie in Wahrheit ist, zu erleuchten und zu entblößen. Dies geschieht auf dem Weg der *Ironie*, wie *Sokrates* dieselbe ausgeübt hat. Denn sobald man der Torheit den Schein der Weisheit, dem beschränkten Kopf den Schein des gründlichen Denkers leiht, springt die Karikatur hervor und auf das Deutlichste in die Augen.

Nun gibt es eine Höhe der Weltanschauung, auf der wir die Torheiten nicht bloß der Abderiten, sondern der gesamten Menschheit, die von Einbildungen und Scheinwerten beherrscht ist, erkennen und zuletzt die Nichtigkeit der Welt überhaupt durchschauen: Dann hört sie auf, uns zu imponieren, wir hören auf, sie ernsthaft zu nehmen, und lassen das Weltgetümmel und den Weltlauf nur noch komisch auf uns wirken. Diese erhabene Anschauungsweise und Gemütsstimmung, die sich auf tiefe Erkenntnis gründet, ist der *Humor*: der Ernst im Gewand des Scherzes, „das Kind des Erhabenen und Lächerlichen", wie Schopenhauer sagt. Man muss auf dem höchsten Standpunkt der Weltbetrachtung stehen, um auf die Welt herabsehen und die Niedrigkeit ihrer Zustände und Gesinnungen erblicken zu können; man bedarf selbst der vollsten Gemütsfreiheit und der eigensten Gemütstiefe, um mit Hamlet zu erkennen, wie eng und schal, wie flach und unersprießlich das ganze Treiben dieser Welt ist. Mit Recht hat Schopenhauer in seiner Erörterung des Humors auf den subjektiven Charakter dieser Betrachtungsart und auf das Beispiel Hamlets hingewiesen.

Es gibt zwei Seiten des Humors und der humoristischen Weltansicht. Das Thema beider ist der *Kontrast*, der die Grundform des Lächerlichen ausmacht und zwischen der anschaulichen und abstrakten Erkenntnis, zwischen der Wirklichkeit und den Begriffen besteht. In diesem Kontrast nun siegt entweder die anschauliche wirkliche Welt, sodass die abstrakten Begriffe und Ideen an ihr zuschanden und lächerlich werden, wie die Narrheiten des Don Quixote, oder es siegt die wahre, das Weltgetriebe durchschauende Erkenntnis und lässt dieses Getriebe tief unter sich im Lichte des Lächerlichen erscheinen: so der pessimistische Tiefsinn Hamlets. Von dieser Gattung des Humors haben wir geredet.

Die abstrakten Vorstellungen mit ihrer weiten Aussicht in die Vergangenheit und Zukunft schließen das ganze Reich der Sorgen und Furcht, der bekümmerten und traurigen Affekte in sich. Wenn nun die anschaulichen Vorstellungen über die abstrakten siegen und diese die Niederlage des Lächerlichen erleiden, so lacht man gern und aus vollem Herzen: Der unbefangene Genuss der Gegenwart hat über Vergangenheit und Zukunft mit allen ihren Ängsten und Sorgen den Sieg davongetragen. Dies ist der Humor der *Lebensheiterkeit*, der fröhliche Sinn, der gute Humor, den man auch die gute Laune nennt, der sich den Augenblick nicht verkümmern und Verleiden lässt und alle drückenden Vorstellungen wegscherzt: „Sorgen, Sorgen nur auf morgen, Sorgen sind für morgen gut!"

Der Effekt des Lächerlichen setzt allemal eine überraschende Wahrnehmung voraus. Je seltener nun mit der fortschreitenden Lebenserfahrung und Geistesbildung die Überraschungen werden, desto seltener werden auch die Lachen erregenden Anlässe, desto feiner müssen sie sein, desto mehr Geist und Witz wird erfordert, um sie hervorzurufen; wogegen Kinder und rohe Menschen, die durch alles Mögliche überrascht werden, auch alle Augenblicke zum Lachen geneigt sind. Es gibt auch gedankenlose Menschen, die nie aufhören, überrascht zu werden, da sie nie lernen, den Zusammenhang der Dinge zu verstehen. Will man diese unverständigen Leute als Narren bezeichnen, so hat das Sprichwort schon recht, wenn es sagt: „An vielem Lachen erkennt man einen Narren."

Dem heiteren *Lebenshumor* steht der erhabene *Welthumor* gegenüber, wie er sich in den Worten eines persischen Gedichtes kund gibt:

„Ist einer Welt Besitz für dich zerronnen,
Sei nicht in Leid darüber, es ist nichts;
Und hast du einer Welt Besitz gewonnen,
Sei nicht erfreut darüber, es ist nichts,
Vorüber gehn die Schmerzen und die Wonnen,
Geh an der Welt vorüber, es ist nichts."

Sechstes Kapitel

Von der Erkenntnislehre zur Metaphysik

I. Wissen und Fühlen

Wir haben der Tierheit das Erkennen, der Menschheit das Wissen und die Wissenschaft zugeschrieben, als welche in Begriffen fixiert, in Gedächtnis und Sprache aufbewahrt, darum geordnete und zusammenhängende Erkenntnis ist. Die Begriffe sind abstrakte Vorstellungen, das Werk der Reflexion und Vernunft. Daher können wir das Wissen auch als den vernünftigen Erkenntniszustand oder das abstrakte Bewusstsein bezeichnen. Nun ist in dem menschlichen Bewusstsein viel mehr enthalten als in dem abstrakten, welches nur einen Teil desselben ausmacht. Dieses Mehr, von sehr weitem Umfang und sehr verschiedenartigem Inhalt, wird nicht gewusst, gleich den erkannten Objekten, sondern *gefühlt*.

Demnach teilt Schopenhauer unser gesamtes Bewusstsein in die beiden Gebiete des Wissens und des Fühlens oder der Vernunfterkenntnis und der Gefühle. Was in unserem Bewusstsein nicht in der Gestalt der Begriffe und des Wissens gegenwärtig ist, das ist in der Form der Gefühle in ihm gegenwärtig. Was nicht in das Gebiet der Vernunfterkenntnis fällt, fällt in das der Gefühle. Schopenhauer definiert uns das Gefühl durch einen negativen Begriff (wie der *οὐκ ἄνθρωπος* des Aristoteles), durch ein Urteil der Art, welche die Logiker das unendliche Urteil genannt haben. Gefühl ist innerhalb des Bewusstseins alles dasjenige, was den Charakter des Wissens oder der Vernunfterkenntnis *nicht* hat.

Es gibt Gefühle von allerlei Art, als da sind die körperlichen Gefühle, welche insgesamt den Empfindungen gleichzusetzen sind, die Skala der Selbstgefühle oder der Affekte: die intellektuellen, ästhetischen, moralischen, religiösen Gefühle u. s. f. Diese Gefühlsarten haben wiederum ihre Unterarten, als da sind die besonderen Empfindungen und Affekte, die Wahrheitsgefühle, Schönheitsgefühle, Rechts- und Billigkeitsgefühle u. s. f.

Wie Schopenhauer das Wesen und den Charakter der Gefühle nur negativ zu bestimmen gewusst hat, so erklärt er uns auch deren Ursprung. Der Gesichtskreis der Vernunft und ihrer Begriffe hat seine Grenzen. Wo derselbe aufhört hell zu sein, und die Objekte nicht mehr klar und deutlich erkannt werden, da verdunkeln sie sich, und es beginnt das Bewusstsein dunkel oder nicht erkannter Objekte, d.i. derjenige Bewusstseinszustand, welcher sich als Gefühl kundgibt. Im Geiste der Hellenen reichte der Volkshorizont so weit als die griechische Sprache, dagegen wurden die Völker nicht griechischer Zunge nicht mehr klar und deutlich unterschieden, sie flossen vor den Augen des hellenischen Bewusstseins in eine dunkel vorgestellte Völkermasse zusammen, die als *barbarisch* empfunden und bezeichnet wurde. Ähnlich verhält sich das religiöse Bewusstsein der Gläubigen zu allen, die ihres Glaubens nicht sind und als unterschiedslose Masse vorgestellt, als Ungläubige, Ketzer u. s. f. empfunden und bezeichnet werden.[343] Nach dieser Auffassung

343 Die Welt als Wille und Vorstellung, I. Bd., I. Buch, § 11.

deckt sich das Gefühl mit dem unklaren Bewusstsein. Je mehr sich die Objekte aus dem Erleuchtungskreis des Bewusstseins entfernen, je weiter sie davon abliegen, je ferner, fremder und unheimlicher sie erscheinen, umso mehr gehören sie in die Schattenregion der Gefühle.

Eine höchst sonderbare Theorie der Gefühle, die der Natur der Letzteren ebenso sehr widerstreitet wie der herrschenden Ansicht darüber! Gerade diejenigen Objekte, welche uns innig und heimlich zugehören, die wir von unserem eigenen Dasein am wenigsten zu unterscheiden und zu trennen vermögen, sind und gelten uns als der Gegenstand unserer Gefühle. Natürlich hat jedes Gefühl seine Kehrseite: Gerade weil wir etwas heimlich empfinden, empfinden wir das Gegenteil unheimlich. Nun ist es recht charakteristisch, dass Schopenhauer nur die Kehrseiten der Gefühle zu erklären versucht und eine Theorie aufgestellt hat, die bloß auf die unheimlichen und feindselig gestimmten Gefühle passt, als ob diese die einzigen wären, die es gibt. Auch hätte die Begründung dieser Gefühle nicht aus der abnehmenden Klarheit der Begriffe, sondern aus der Natur der positiven Gefühle geschehen sollen, deren Kehrseiten oder Antipathien sie sind.

II. Die Mängel des Intellekts

1. Die wesentlichen Unvollkommenheiten

Dass die Menschheit im Laufe ihrer Geschichte, die nach Schopenhauer sechs Jahrtausende zählt, noch nicht weitergekommen ist, als wir sind, mit so vielen ungelösten Aufgaben und Rätseln, erklärt sich aus den Mängeln unseres Erkenntnisvermögens, die zum Teil aus dem Wesen desselben hervorgehen, zum Teil durch Ursachen anderer Art bedingt sind: Jene nennt Schopenhauer die wesentlichen Unvollkommenheiten des Intellekts, diese die unwesentlichen.

Die erste und größte aller wesentlichen Unvollkommenheiten besteht darin, dass unser Selbstbewusstsein die *Zeit* zu seiner einzigen Dimension hat: Daher muss alles, was in ihm vorgeht, also auch unser Denken und Erkennen, *sukzessiv* geschehen; unser Bewusstsein ist in einem beständigen Fluss, immer genötigt, seine Objekte zu wechseln und sich von den Eindrücken der Außenwelt unterbrechen zu lassen. Hieraus folgt der rhapsodische und fragmentarische, aus

Stückwerken zusammengesetzte Charakter unseres Denkens, womit jene unvermeidliche Zerstreuung und Vergesslichkeit zusammenhängt, deren wir oben gedacht haben.[344]

Der Horizont unseres bewussten, aufmerksam beschäftigten Denkens gleicht dem engen Gesichtsfeld eines Teleskops, in welchem nur *ein* Gegenstand in hellem Lichte erscheint; er gleicht dem Fokus einer Zauberlaterne, in welchem die Bilder auftreten und verschwinden, eines nach dem andern, jedes nur kurze Zeit weilend.

Unser vorhandenes Wissen reicht, streng genommen, nur so weit, als das jedesmalige in der tätigen Betrachtung eines Gegenstandes begriffene Denken: Daher unterscheidet Schopenhauer „das aktuelle und potenzielle Wissen", welches Letztere wir von Neuem hervorbringen und uns vergegenwärtigen müssen. Dies aber geschieht umso leichter, je geübter das Gedächtnis, je geordneter und zusammenhängender, je klarer und deutlicher die Begriffe sind. Der Grad dieser Klarheit macht „das intensive Wissen", wogegen in der bloßen Summe und Ausdehnung der Kenntnisse „das extensive" besteht, die aggregierte, ins Breite gehende Gelehrsamkeit. Da nun von der Klarheit unseres Denkens auch die unserer Rede, unserer sprachlichen und stilistischen Ausdrucksweise abhängt, worin sich der intellektuelle Charakter des Menschen, die Physiognomie unseres Geistes ausspricht, so erhellt, wie viel wichtiger und fruchtbarer das intensive Wissen ist als das extensive, die Qualität des Wissens besser als die Quantität.

Das Band, welches unsere Gedanken trotz ihrer Zerstückelung zusammenhält und vereinigt, der Einheitspunkt aller unserer Vorstellungen ist *das Ich*: nicht, was man gewöhnlich darunter versteht, das intellektuelle oder denkende Ich, nicht, wie Kant gemeint hat, jenes „Ich denke, welches alle unsere Vorstellungen muss begleiten können" und gar kein für sich bestehendes Wesen ausmacht, sondern der *Wille*. Dieser ist der wahre letzte Einheitspunkt des Bewusstseins, die Wurzel, der Ursprung und Beherrscher des Intellekts, gleichsam der Grundbass, der durch alle unsere Vorstellungen und Gedanken hindurchgeht und sie begleitet. Wir müssen hier, wie in früheren Stellen, diese Einsicht, die der Metaphysik angehört und erst in ihr festgestellt werden soll, antizipieren.

---

344 S. oben II. Buch, 5. Kap., S. 259-261.

Weil unser Erkenntnisvermögen vom Willen abhängt und getrieben wird, unterliegt es auch den Einflüssen desselben und erleidet dadurch eine Menge unvermeidlicher Störungen, die, obwohl sie nicht aus dem Wesen des Intellekts selbst herrühren, doch zu seinen wesentlichen Unvollkommenheiten zu rechnen sind. Die Früchte der Erkenntnis schmecken gleichsam nach dem Willen und dessen Erregungen als nach der Quelle, von der sie genährt werden. Wir stellen die Dinge nicht vor, wie sie sind, sondern wie wir wünschen, hoffen und fürchten, dass sie sein möchten. Und so wird unser Erkennen durch den Willen nicht bloß bedingt, sondern auch verfälscht. Wir sehen täglich, was für Korruptionen die *Parteileidenschaften* und Interessen im Reiche der Meinungen anrichten, und bis zu welchem Grad sie die eigenen Urteile und die der Menge verfälschen.

Es ist auch natürlich, dass alle diese Unvollkommenheiten unserem Intellekt unausbleiblich anhaften, denn sie kommen von seiner Abstammung; er ist tierischen Ursprungs und zunächst nur bestimmt, der Erhaltung des Individuums zu dienen; der menschliche Verstand ist nach Maßgabe seiner vermehrten und verfeinerten Lebensbedürfnisse eine höhere Steigerung des tierischen: daher von Natur der geringe Umfang und die spärliche Erleuchtung seines Bewusstseins, die beschränkte und mangelhafte Rückerinnerung, die immer erneute Notwendigkeit des Schlafs als der Rückkehr in den bewusstlosen Lebenszustand, der den ursprünglichen Charakter und die Basis alles Lebens ausmacht, auch des bewussten, denn von diesem gilt, was Prospero sagt: „Unser kleines Leben ist rings von einem Schlaf umflossen.“[345]

2. Die unwesentlichen Unvollkommenheiten

Die wesentlichen Unvollkommenheiten des Intellekts sind generell und gelten ohne Ausnahme: Sie beruhen darauf, dass die Zeit seine Dimension, das Gehirn sein Organ und der Wille sein Urheber ist; die unwesentlichen dagegen sind individuell und gründen sich auf die Verschiedenheit der Einzelnen in Ansehung sowohl ihrer Mängel als auch ihrer Vorzüge.

Dass in derselben Person die höchsten Vollkommenheiten einander ausschließen, die Unvollkommenheiten dagegen sich ganz wohl

345 Die Welt als Wille u. s. f. II, 14. und 15. Kap.

miteinander vertragen, kommt auf die Rechnung der beschränkten Menschennatur, die kein Inbegriff aller Realitäten ist. Niemand kann *zugleich* Kant und Goethe, Plato und Aristoteles sein. Und innerhalb der gemeinsamen Schranken wie verschieden sind die Begabungen: der schnelle Kopf, der im Flug vorwärts schreitet, und dagegen der stumpfe mit seinem Krötengang; die beschränkten Köpfe mit ihren verworrenen und dunklen Vorstellungen gegen die klaren, deren Denken den Eindruck der Tageshelle macht, wie Goethe einmal bemerkt hat, dass in der Lektüre eines kantischen Buchs ihm zumute sei, als ob er sich in einem hellen Zimmer befände.

Nun aber sind die bornierten Köpfe die ungeheure Mehrheit, die guten die Ausnahmen, die eminenten höchst selten und das Genie ein „*portentum*". Dass es sich so verhält, erklärt sich aus dem schon angeführten Grund der tierischen Herkunft des Intellekts. Er ist zum Sklaven des Willens geboren, zur Besorgung und Befriedigung der animalischen Lebensbedürfnisse. Dazu sind die beschränkten Köpfe weit geschickter als die genialen, ihr Verstand reicht nicht weiter als die gemeinen und niederen Lebensinteressen, in deren Gebiet sie ganz einheimisch sind, gleich dem Insekt, das auf seinem Blättchen herumkriecht und alles hier befindliche und ihm dienliche wahrnimmt, aber den Menschen nicht sieht, der daneben steht. Der beschränkte Kopf sieht vielerlei, was das Genie nicht sieht, d. h. übersieht. Ein treffendes französisches Witzwort sagt: „Es steckt ein Geheimnis in dem Geist der Leute, die keinen haben."

Die Denkkraft der eminenten Köpfe hat eine so eigentümliche Klarheit von morgenheller Frische, dass in ihrem Lichte selbst die bekanntesten Wahrheiten neu und originell erscheinen, weshalb Diderot in seinem Gespräch „Rameaus Neffe" sehr richtig bemerkt hat, dass nur die *Meister* einer Wissenschaft imstande sind, die Elemente derselben Wahrhaft einleuchtend zu lehren. In dem gewöhnlichen Kopf erscheinen die Umrisse der Dinge stumpf, verworren und getrübt, in dem vorzüglichen dagegen scharf, deutlich und hell: Jener verhält sich zu diesem wie ein schlechtes Fernglas zu einem guten.

Da die Natur auf die Erhaltung der Individuen und die Befriedigung ihrer Lebensbedürfnisse bedacht sein muss, so braucht sie eine ungeheure Menge gewöhnlicher Köpfe, als welche zur Besorgung der individuellen und egoistischen Lebenszwecke die tauglichsten sind: Daher muss sie mit ihren höchsten zur freien Erkenntnis der Dinge verwendbaren Gaben sehr sparsam umgehen und kann dieselben nur in seltenen Fällen verleihen. Nichts ist verkehrter als die Meinung, dass die Menschen von Natur gleich sind; vielmehr herrscht in der Verteilung der intellektuellen Kräfte die größte Ungleichheit, wie es auch der Ordnung der Dinge entspricht. Die Natur ist weit *aristokratischer* als die Gesellschaft; ihre Rangliste ist viel ausschließender als die soziale oder konventionelle, denn es ist bei Weitem leichter, Diplome aller Art zu machen und zu vervielfältigen, als Köpfe und Gehirne, deren eines in einer gewissen Vollkommenheit herzustellen, so viele und schwierige Hemmungsursachen zu überwinden sind. Die Rangliste der Natur und die der Konvention gehen nicht Hand in Hand, sondern stehen oft in schreiendem Kontrast, so dass dieselbe Person in der ersten sehr niedrig, in der zweiten sehr hoch gestellt sein kann und ebenso umgekehrt. Indessen sind die Köpfe der Menschen noch weit ungleicher als ihre Titel und Besitztümer. Will man mit der natürlichen Gleichheit der Menschen Ernst machen, so muss man die Köpfe egalisieren, d. h. abschlagen, welche Konsequenz die Französische Revolution aus ihrer verrückten Forderung der natürlichen Gleichheit auch wirklich gezogen hat.

Die intellektuelle Aristokratie der Natur erkennen und diese Einsicht zur öffentlichen Geltung bringen heißt einen der unsinnigsten und verderblichsten Irrtümer, den von der natürlichen Gleichheit der Menschen, zerstören. Alle Entwicklung geschieht durch Differenzierung und Trennung. Der Intellekt trennt die Menschen; ihre Vereinigung und Gleichung kann nur durch die moralischen Tugenden der Selbstverleugnung und Menschenliebe erreicht werden. Der Intellekt wirkt differenzierend, sagt Schopenhauer, die Herzensgüte unifizierend. Doch ist von der Letzteren und dem endgültigen Wert beider jetzt noch nicht die Rede.

Die höchste geistige Begabung, der *geniale* Intellekt, wirkt nicht bloß differenzierend, sondern *isolierend*; das Genie steht auf einsamer Höhe, gleich den Königen, wie Byron in seinem erhabenen Gesang „Dantes Weissagung“ den verbannten Dichter klagen lässt: „Die Einsamkeit der Könige zu fühlen, die Last der Krone ohne ihre Macht!“[346]

346 Die Welt u. s. f. II, 15. Kap., S. 164 – 171.

III. Das Endziel der Erkenntnis

1. Die praktische Vernunft

Der wesentliche Unterschied zwischen dem tierischen und menschlichen Intellekt besteht in der Reflexion oder Vernunft, kraft deren wir die *ganze* Lebenszeit zu überschauen, den Weltlauf zu erkennen und dieser Kenntnis gemäß unsere Zwecke und Handlungen einzurichten vermögen. Die unserer Vernunfterkenntnis entsprechende und durch dieselbe bestimmte Handlungsweise ist die *praktische Vernunft*, deren Gesinnung auf die diesseitigen Lebenszwecke gerichtet ist und bleibt, also keineswegs von dem Leben und der Welt überhaupt sich abwendet, über beide hinausgeht und den Charakter derjenigen Erhabenheit gewinnt, welche den Willen zum Leben und dessen Bejahung aufhebt und entwurzelt.

Die praktische Vernunft im Sinne Schopenhauers ist nicht „transzendent" sondern durchaus „immanent", d. h. *weltlich*, sie ist den natürlichen und weltlichen Lebenszwecken zugewendet, also nicht, wie bei Kant geschieht, mit der moralischen Gesinnungs- und Handlungsweise zu identifizieren. Praktische Vernunft und moralische Gesinnung sind grundverschieden. Man kann sehr vernünftig und klug, aber keineswegs tugendhaft handeln, und andererseits kann eine völlig uneigennützige Handlung sehr unklug sein und den Grundsätzen der praktischen Vernunft zuwiderlaufen. Und so verhält es sich in der Regel.

Die der praktischen Vernunft gemäße Ordnung unserer Lebenszwecke ist deren Unterordnung unter einen Gesamtzweck, der sich auf das *ganze* Leben bezieht und alle übrigen Zwecke beherrscht, so dass diese zur Erreichung jenes als wohl überlegte Mittel dienen. Der höchste Zweck der praktischen Vernunft ist das menschliche Wohl in seinem ausgedehntesten Umfang und seinem sichersten Bestand: *das* Wohl, welches man Glückseligkeit nennt. Die praktische Vernunft ist von Grund auf *eudämonistisch* gesinnt. Dies gilt von allen Moralsystemen des Altertums, ausgenommen nur das platonische. Die Weltverachtung, die in einigen dieser Systeme einen wesentlichen Bestandteil ausmacht, hat keineswegs den Charakter der Weltüberwindung oder der echten Weltentsagung, sondern gilt als ein notwendiges Mittel zur Glückseligkeit. Dieselbe Bewandtnis hat es mit der Tugend.

Die beiden hierher gehörigen Moralsysteme der praktischen Lebensweisheit sind der *Kynismus* und *Stoizismus*, darin einverstanden, dass die erste Bedingung zur Glückseligkeit in der Unabhängigkeit von den Eindrücken der Gegenwart, in der Beherrschung der Affekte, in der *Gelassenheit* oder dem Gleichmut bestehen soll, welchen die Stürme des Weltlaufs nicht zu erschüttern vermögen. Unsere Affekte unterwerfen uns dem Weltlauf, da von ihm die Erfüllung unserer Wünsche und Erwartungen abhängt. Das Missverhältnis zwischen dem, was wir erwarten, und dem, was wir erleben, zwischen unseren Wünschen und unseren Schicksalen ist die beständige Quelle unserer Leiden. Da wird ein Gut vergeblich von uns erstrebt, das erreichte fürchten wir zu verlieren, es geht uns wirklich verloren: Diese Erfolglosigkeit unserer Bestrebungen, diese Unsicherheit unserer Erwerbungen, dieser Verlust unserer Güter gereichen uns zur beständigen Qual und machen unser Dasein zum völligen Gegenteil eines glückseligen Lebens.

Nun gibt es ein unfehlbares Mittel, von diesen Leiden erlöst zu werden und zur Glückseligkeit zu gelangen. Der Grund der Leiden besteht im „Habenwollen", das Wort der Erlösung heißt „Nichthabenwollen". Es ist weit leichter und schmerzloser zu entbehren, als haben wollen und nicht erreichen können, als Verluste befürchten und erdulden. Es gibt zwei Arten der Glückseligkeit: Die eine besteht in dem Minimum der Wünsche, die andere in dem Maximum der Befriedigungen; jene liegt völlig in unserer Macht, diese völlig außerhalb derselben in den Schicksalen, die der Weltlauf mit sich bringt; die erste ist erreichbar und nicht zu zerstören, die zweite dagegen bleibt unerreicht und wird sicherlich zerstört.

Es ist klar, dass die völlig in unserer Macht, d. h. in unserem Willen gelegene Art der Glückseligkeit die einzig mögliche, vernunftgemäße und praktische ist; man möge dieselbe mit Chrysippus als „das vernunftgemäße" oder mit Kleanthes als „das naturgemäße Leben" bezeichnen. Beides heißt, nur dem eigenen Willen gemäß oder in Übereinstimmung mit sich selbst leben. Da wir den Weltlauf nicht unseren Wünschen anpassen können, so ziehen wir es vor, unsere Wünsche dem Weltlauf anzupassen, oder anders ausgedrückt: Da wir die Freiheit von den Übeln der Welt nicht durch die Erfüllung unserer Wünsche erreichen können, so erreichen wir sie durch die Aufhebung unserer Begierden.

Die Herstellung dieser Freiheit in der ganzen Bedürfnislosigkeit, die ihr zugrunde liegt, wie in der sorglosen und heiteren Gemütsverfassung, die daraus folgt, war das Ziel und Werk der *Kyniker*. Das Ideal des Weisen wurde gelebt und verkörpert, aller Luxus abgetan und die Rückkehr zum rohen Naturzustand schon in einer Weise gezeigt und ergriffen, die an Rousseau und seine Schrift über den Ursprung der menschlichen Ungleichheit erinnert.

Die Stoiker haben den Kleanthes, der seine Lebensweisheit praktisch ausführte, *theoretisch* gemacht und das Hauptgewicht in die Überzeugung von der Nichtigkeit und Entbehrlichkeit der Güter der Welt gelegt, so dass man dieselben in aller Ruhe genießen dürfe, wenn man nur von ihrer Wertlosigkeit gründlich überzeugt sei; man brauche die Güter und Genüsse der Welt nicht wirklich zu entbehren, wenn man sie nur aus voller Einsicht für entbehrlich halte; man dürfe an einer üppigen Tafel schwelgen, wenn man nur zugleich die genugtuende Überzeugung hege, dass man sich im Grunde aus allen diesen Genüssen nichts mache.

Indessen würde man die Welt- und Lebensverachtung, die bei den Stoikern bis zur Empfehlung des Selbstmordes fortging, ganz verkennen, wollte man darin schon einen Ausdruck echter Weltüberwindung erblicken. Ihre Weltentsagung ist stolz, die Wurzel ihrer Weltverachtung ist das erhabene Selbstgefühl und der ihm gemäße Selbstgenuss. Ihre Abhärtungen und Entbehrungen haben nichts mit der Askese, ihre Selbstgefühle nichts mit der Selbstverleugnung und Demut gemein, die zur Askese gehört. Die Moral der Kyniker und Stoiker ist immanent, sie ist weltlich gesinnt, ihrem Ziel nach eudämonistisch, in ihrer Wurzel daher egoistisch, gegründet in der Bejahung des Willens zum Leben.[347]

2. Das metaphysische Bedürfnis

Da unsere Vernunft in Vergangenheit und Zukunft blickt, so hat sie auch die Vorstellung und Gewissheit des *Todes*; da sie den Gang der Dinge überschaut, so kennt sie auch die Not und Leiden des Lebens. Hieraus aber entspringen eine Verwunderung und ein Erstaunen über die eigene Existenz: Was will und soll dieses Dasein, das unter Not und Leiden den Weg des Todes geht? Das Leben, welches wir

347 Die Welt als Wille und Vorstellung, I. Bd., § 16, S. 131 – 141 und II. Bd., 16. Kap., S. 171 – 184.

führen, wird zum Rätsel, die Welt, die wir vorstellen, zum Problem, über dessen Lösung nachzusinnen wir uns gedrängt fühlen.

1. Aus der Verwunderung *(θαυμάζειν)*, wie schon Plato und Aristoteles erklärt haben, geht das Philosophieren hervor. Was ist der *Sinn* des Lebens und der Welt: das Wesen, das sich zu den Erscheinungen verhält, wie der Gedanke zu den Worten, worin derselbe sich ausspricht? Es besteht nicht aus den Erscheinungen, sondern liegt in ihrem Kern; es steckt nicht in, sondern *hinter* ihnen. Was steckt dahinter? Diese Frage treibt schon die Kinder, ihr Spielzeug zu zerstören, um sein Geheimnis zu finden. Was hinter der natürlichen Ordnung der Dinge oder dem Physischen als dem Inbegriff der Erscheinungen steckt, nennt Schopenhauer das *Metaphysische*, indem er das Wort nicht in seiner ursprünglichen Bedeutung nimmt, sondern in der Weise, wie man es später gebraucht und verstanden hat. Daher nennt er das Welträtsel die metaphysische Frage und den Drang, dasselbe zu lösen, das metaphysische Bedürfnis. Wie jene Frage nur aus der Vernunft hervorgehen kann, so kann dieses Bedürfnis auch nur im Menschen erwachen, den man deshalb, um diesen charakteristischen Zug seines intellektuellen Wesens hervorzuheben, als ein „*animal metaphysicum*" definieren könnte. Ein Abschnitt in den Ergänzungen des Hauptwerks, den Schopenhauer noch in seinen alten Tagen mit Bewunderung des eigenen Tiefsinns gelesen hat, handelt von dem metaphysischen Bedürfnis.[348]

2. Es gibt eine gewisse Art, die metaphysische Frage zwar nicht zu lösen, aber dadurch loszuwerden, dass man sie in Abrede stellt und gänzlich verwirft, indem man keine andere Ordnung der Dinge als die *physische* gelten lässt, die alles in allem sei; die physikalische Erklärung der Erscheinungen befriedige *alle* Erkenntnisbedürfnisse, alles Metaphysische sei eitel Träumerei. Dieses Räsonnement kennzeichnet den Standpunkt der „absoluten Physik oder des Naturalismus", der, wie schon früher gezeigt worden ist, auf den Materialismus hinausläuft, nämlich die Lehre, nach welcher die Materie das Ding an sich ist.[349]

Wir müssen wohl unterscheiden, in welchem Sinne Schopenhauer mit dem Materialismus einverstanden ist und dessen Erklärungsweise teilt, in welchem anderen dagegen er denselben völlig verwirft und

348 Ebendas. II. Bd., 17. Kap., S. 184 – 218. Vgl. oben II. Buch, 1. Kap., S. 211 – 214.
349 Ebendas., II. Buch, 4. Kap., S. 244 ff.

mit der betontesten Geringschätzung behandelt. Dass der Intellekt ein organisches Produkt, die intellektuelle Tätigkeit eine Funktion des Gehirns sei, die sich zu dem Letzteren wie die Galle zur Leber, der Urin zu den Nieren u. s. f. verhalte, darin denkt und redet Schopenhauer wie ein Materialist, *comme il faut*. Er lässt die materialistische Erklärungsweise innerhalb der Physik und Physiologie gelten, aber sobald sie diese Grenze überschreitet und nun die Physik als die absolute Erkenntnis verkündet, sobald sie die Metaphysik nicht bloß zu verdrängen, sondern zu usurpieren und selbst deren Rolle zu spielen sucht, die Materie für das Ding an sich, die mechanischen, physikalischen und chemischen Ursachen für die Prinzipien des Lebens und der Welt erklärt, ist sie in den Augen Schopenhauers völliger Unsinn. Von dieser Art des dogmatischen, metaphysischen und landläufigen Materialismus kann er nicht verächtlich genug reden und nennt ihn am liebsten eine „rechte Barbiergesellen- und Apothekerlehrlingsphilosophie“.[350]

Die Materie für das Ding an sich ansehen heißt voraussetzen, dass ein Objekt ohne Subjekt, ein vorgestelltes Wesen ohne ein vorstellendes existieren und an sich vorhanden sein könne. Eben darin besteht nach Schopenhauer „die enorme *petitio principii* und Grundabsurdität des Materialismus“. Die Materie, die ja die Substanz der Sinnen- und Körperwelt ausmacht, soll ein Ding an sich sein! Die Sinnenwelt soll ohne Sinnlichkeit, ohne ein Subjekt mit Sinnen und sinnlicher Wahrnehmung bestehen! Das Subjekt soll sich aus der Welt, die es vorstellt, herausziehen und nun die Materie als Ding an sich zurücklassen, gleich dem Freiherrn von Münchhausen, der sich am eigenen Zopf aus dem Strom herauszieht, in dem er schwimmt![351]

Die Physik ist außerstande, das Welträtsel zu lösen; sie hat es mit den Zuständen und Veränderungen der Materie zu tun, diese sind Wirkungen, deren Ursachen die Wirkungen anderer vorhergehender Ursachen sind, und so fort ins Endlose. Die physikalischen Kausalreihen, ohne Anfang und Ende, wie sie sind, führen zu keinem Ziel; die Beschaffenheiten der Körper sind Wirkungsarten, die auf Gesetze zurückgeführt werden, diese auf Kräfte, diese auf Grundkräfte, womit die Physik zu Ende ist und vor ihrer unüberschreitbaren Grenze steht. Ihre Kräfte, Wirkungsarten, Beschaffenheiten u.

350 Die Welt u. s. f. II. Bd., 17. Kap., S. 200 – 205.
351 S. oben II. Buch, 4. Kap., S. 247 f.

s. w. sind unerklärte, unerklärliche, geheime Dinge, lauter *qualitates occultae*! Die Kraft, vermöge derer ein Stein stößt, drückt und fällt, ist ebenso geheimnisvoll und unerklärlich, wie die Kraft, vermöge derer der Magen verdaut und das Gehirn denkt. Will man die Letztere hypostasieren und eine Seele fingieren, die sie besitzt und ausübt, so schreibe man auch dem Magen eine Seele zu, welche verdaut, und dem Stein eine, welche drückt und stößt, u. s. f.

Übrigens ist es sehr begreiflich, dass unser Intellekt die physischen Erscheinungen für die alleinige und absolute Ordnung der Dinge ansieht, denn er ist von Natur bestimmt, Nahrung zu suchen, Lebensmittel aufzufinden und wahrzunehmen, mit einem Wort die physischen Bedürfnisse des Daseins zu befriedigen; keineswegs aber ist er gemacht, die Rätsel des Daseins zu lösen. Er ist ein geborener Naturalist und Materialist: Deshalb haben ihn auch die Mystiker „das Licht der Natur" genannt, als in welchem keine andere Ordnung der Dinge erscheinen und einleuchten kann als die physische und materielle.

3. Wäre diese wirklich die alleinige Ordnung der Dinge, so könnte von einer *Moral* und deren Begründung nicht die Rede sein: daher der genaue Zusammenhang der Ethik mit der Metaphysik, in der sie wurzelt, und mit ihr alle Sitten und Religionslehre. Um den Glauben an eine höhere Ordnung der Dinge als die physische und materielle in der kürzesten und umfassendsten Formel auszusprechen, könnte man sagen: „Ich glaube an eine Metaphysik."

Die beiden Arten dieses Glaubens sind die *Religion* und die *Philosophie*: Jene gründet sich auf den Glauben an übernatürliche Offenbarungen, diese dagegen auf die menschliche Selbsterkenntnis; die religiöse Metaphysik ist „Glaubenslehre", die philosophische dagegen „Überzeugungslehre", woraus schon erhellt, dass die erste, da sie leicht und ohne Mühe zu haben ist, die großen Massen der Menschheit beherrscht, während die zweite, da sie in unerforschte Tiefen dringt, nur die Sache weniger Personen und ihrer Anhänger sein kann.

Die Volksreligion ist „Volksmetaphysik": Sie ist die Weise, wie in den Völkern und Völkerfamilien das metaphysische Bedürfnis echt menschlichen Ursprungs zur Befriedigung gelangt. Wie mächtig in der Menschheit dieses Bedürfnis sich regt und befriedigt zu werden verlangt, bezeugen uns die Pagoden und Moscheen, die Tempel und

Kirchen aller Art, die sich über den Erdkreis verbreiten. Die Priester sind die Verwalter, gleichsam die Generalpächter und Monopolisten des metaphysischen Bedürfnisses, welches ohne alles eigene Nachdenken durch *andere* befriedigen zu lassen, die bequemste und populärste Sache von der Welt ist.

Wenn man glaubt, was die Priester lehren, und tut, was sie vorschreiben, so darf man gewiss sein, dass unser Leben nicht mit dem Tod erlöschen, sondern nach ihm fortbestehen wird, unter den günstigsten Bedingungen. An diesem Punkt, die Unsterblichkeit der Seele genannt, hängen die übernatürliche Ordnung der Dinge und das metaphysische Bedürfnis der Massen. Um aber die Gewissheit einer solchen Fortdauer zu hegen, muss man mit unerschütterlicher Festigkeit an die Dogmen der Priesterreligion glauben, und es gibt einen sicheren und unfehlbaren Weg, einen solchen Glauben herzustellen: wenn der Unterricht der *Kinder* von den Priestern ausgeht und abhängt, wenn die Glaubenslehre als *Kinderlehre* wirkt, wenn in früher Jugend dem zarten, zu eigener Gedankenarbeit noch unreifen Gehirn die Dogmen eingeprägt werden. Dann gestalten sich dieselben fast zu angeborenen Ideen und der Glaube daraus zu einem zweiten Intellekt. Der Unterricht der Kinder in der Hand der Priester ist deshalb eines der größten und gewaltigsten Privilegien, von dessen Besitz und Ausübung der Bestand aller Volksreligion und Volksmetaphysik abhängt. Da nun auf den Glauben an die Unsterblichkeit der Seele auch der an die ewige Vergeltung sich gründet, und dieser die einzige Form ist, in welcher die Volksmetaphysik sich die *moralische* Ordnung der Dinge vorstellt, so dient dieselbe zum Leitstern des Handelns, zur öffentlichen Standarte der Rechtlichkeit, zum Trost im Leben und Sterben. Aus diesem Grund sind die Religionen für notwendige und unschätzbare Wohltaten zu achten. Was aber näher ihren Wert und Wahrheitsgehalt betrifft, so ist derselbe nicht nach der Ansicht, die sie von Gott, sondern vielmehr nach der Ansicht, die sie von der Welt haben, zu schätzen: Der Fundamentalunterschied besteht nicht darin, ob sie monotheistisch oder polytheistisch, pantheistisch oder atheistisch, sondern ob sie *optimistisch* oder *pessimistisch* gerichtet sind.

4. Eben derselbe fundamentale Unterschied trifft auch die Systeme der *Philosophie*. Wäre die Welt in sich notwendig und gerechtfertigt, so wie Spinoza dieselbe in seiner Lehre auffasst und

darstellt, so müsste sie, wie eine Sache, die sich von selbst versteht, ohne alles Befremden, uns einleuchten: dann wäre jene Verwunderung unmöglich, die Plato das philosophische Pathos genannt hat, jenes schmerzliche und betrübte Erstaunen, womit die Philosophie beginnt, wie die Ouvertüre zum Don Juan mit einem Mollakkord. Wäre die Welt durch sich selbst klar und verständlich, so gäbe es kein metaphysisches Bedürfnis und kein Weltproblem. Schon die Tatsache des Letzteren hat die Möglichkeit, dass die Welt auch *nicht* sein könnte und vielleicht besser nicht wäre, zu ihrer Voraussetzung. Die Möglichkeit ihres Nichtseins schließt aber in sich, dass sie nicht das Werk einer schöpferischen Weisheit, sondern einer blinden, nicht sein sollenden Tat ist, oder, dasselbe anders ausgedrückt, dass ihr Ursprung den Charakter der *Fatalität* und der *Schuld* hat.

Mit einer solchen Auffassung verträgt sich keinerlei optimistische und theistische Denkart, vielmehr eröffnet sie den Weg zu der pessimistischen und atheistischen Weltansicht. Ist die wirkliche Welt, wie Leibniz gelehrt hat, unter allen möglichen Welten die beste, so gibt es keinen Grund, eine Erlösung von der Welt zu bedürfen und zu begehren, auch keinen Grund zur metaphysischen Frage. Denn das Erlösungsbedürfnis geht Hand in Hand mit dem metaphysischen Bedürfnis.

Unter den Systemen der abendländischen Philosophie ist die Lehre Schopenhauers die einzige, die das metaphysische Bedürfnis aus dem Weltschmerz begründet und mit dem Erlösungsbedürfnis identifiziert hat. Unter den Religionen der Welt ist der *Buddhismus* die einzige, die, von einer völlig pessimistischen und atheistischen Weltansicht erfüllt, der Menschheit die Erlösung von der Welt verkündet und den Weg zu diesem Ziel gezeigt hat, daher Schopenhauer seine Lehre in Übereinstimmung erblickt mit dieser Religion, die er genauer erst nach der Vollendung seines Hauptwerkes (1818) kennen gelernt hat. „Jedenfalls muss es mich freuen", schreibt er, „meine Lehre in so großer Übereinstimmung mit einer Religion zu sehen, welche die Majorität auf Erden für sich hat, da sie viel mehr Bekenner zählt, als irgendeine andere."[352]

5. Der Weg, der ihn zunächst zu seiner Lehre geführt hat, kam nicht von Buddha, sondern von Kant. Um die metaphysische Frage

352 Die Welt als Wille u. s. f. II, 17. Kap., S. 195.

zu lösen und das Wesen zu erkennen, das in der Erscheinungswelt sich manifestiert und darstellt, muss man die Erscheinungen kennen gelernt, in der unmittelbaren Anschauung der Dinge gelebt und in dem Gesamtgebiet der Naturwissenschaften eine wohl orientierte Einsicht erlangt haben, die sich nicht in die Detailuntersuchungen und Mikrologien der Naturforschung zu erstrecken braucht. Obwohl die Naturwissenschaft selbst innerhalb ihres Gesichtskreises die metaphysische Frage nicht zu lösen vermag, so enthält sie doch den Weg zu diesem Ziel und die unerlässliche Vorbereitung.

Obwohl die Erfahrung im Einzelnen unaufhörlich wächst und fortschreitet so bleibt doch ihr Charakter im Allgemeinen, so wie Kant denselben ergründet und festgestellt hat, unverändert: Er hat die Tatsache der Erfahrung, *aller* Erfahrung in ihre Bestandteile zerlegt und deren Verknüpfung dargetan, er hat den Ursprung und die Entstehung der Erfahrung nachgewiesen, ihre Erkenntnis auf die Sinnen- oder Erscheinungswelt beschränkt und von der Erscheinung das Ding an sich gänzlich geschieden; er hat das Letztere für völlig unerkennbar und die Frage danach, welche die metaphysische ist, für unlösbar erklärt.

In diesem Punkt über Kant hinaus fortgeschritten zu sein und die Lehre des Königsberger Philosophen zu Ende gedacht zu haben ist das Verdienst, welches Schopenhauer für sich in Anspruch nimmt. Er will die metaphysische Frage, soweit es überhaupt möglich ist, gelöst haben und unter den nachkantischen Philosophen der einzige sein, der erkannt und in Begriffen dargestellt hat, was die Dinge in Wahrheit und ihrem Wesen nach sind. Dieses *Was*, diese Auslegung des Wesens der Welt, war sein Thema. Die Art seiner Erkenntnis will das Werk des Genies, die Art seiner Darstellung das des Künstlers sein.

Daher ist die Philosophie ihrem Grundcharakter nach *Weltweisheit*, denn ihre ganze Aufgabe besteht darin, den Sinn der Welt zu erkennen und auszulegen, das Buch der Welt, das in einem unbekannten Alphabet geschrieben ist, zu entziffern: erst die Laute, dann die Wörter, dann den Zusammenhang erst der Worte, dann der Sätze und Perioden. Und da der Text dieses Buches in den Erfahrungen besteht, die wir machen, und welche selbst auf dem Fundament unserer empirischen Anschauungen beruhen, so konnte Schopenhauer auch sagen, dass die alleinige Aufgabe der Philosophie das richtige und universelle Verständnis der Erfahrung selbst sei: Es ist die Erfahrung nicht im Einzelnen, sondern im Großen und Ganzen, worauf Schopenhauer seine Metaphysik gründet; es ist nicht die äußere Erfahrung, sondern die *innere*, der Blick in die Tiefe unseres eigenen Wesens, der uns das Grundgeheimnis der Dinge enthüllt: Jene zeigt uns den Weg, diese gibt uns den Schlüssel zur Lösung der metaphysischen Frage. Es ist derselbe Weg, den auch Faust, um zu erkennen, „was die Welt im Innersten zusammenhält", glücklich gefunden hat, dank dem „erhabenen Geist", der ihn geleitet:

Du führst die Reihe der Lebendigen
Vor mir vorbei und lehrst mich meine Brüder
Im stillen Busch, in Luft und Wasser kennen.

Dann führst du mich zur sicheren Höhle, zeigst
Mich dann mir selbst, und meiner eignen Brust
Geheime tiefe Wunder öffnen sich.

Siebentes Kapitel

Die Lehre von der menschlichen Glückseligkeit

I. Die Eudämonologie

Dass wir geboren sind, um glücklich zu sein, ist der unserem Dasein eingepflanzte, uns angeborene Grundtrieb und Grundirrtum, woraus die sehr natürliche Frage hervorgeht: Was sollen wir tun, um unser Leben auf die angenehmste und glücklichste Art einzurichten? Das Thema dieser Frage ist unsere Glückseligkeit oder Eudämonie, die Beantwortung derselben, nämlich die Anleitung zum möglichst angenehmen und glücklichen Leben, gleichsam die Methodenlehre der Eudämonie ist die „*Eudämonologie*", welche Schopenhauer gemäß seiner Lehre von der praktischen Vernunft in den „Aphorismen zur Lebensweisheit", dem populärsten und umfangreichsten seiner Parerga, ausgeführt hat.[353]

353 Parerga und Paralipomena, I. Bd., S. 351 – 554.

Die Aufgabe ist nicht leicht. Nach dem Wort Chamforts, welches Schopenhauer zum Motto seiner Schrift genommen hat, ist das Glück sehr schwer in uns selbst, ganz unmöglich aber außer uns zu finden. Jenen uns eingewurzelten Irrtum eingeräumt und demgemäß das falsche Ziel der Glückseligkeit gestellt, soll der Weg beschrieben werden, der uns diesem Ziele zuführt. Wie die ptolemäische Astronomie die Planeten ihre Epizykloide beschreiben lässt unter der von ihr bejahten falschen Voraussetzung des geozentrischen Weltsystems, so beschreibt Schopenhauer in seinen „Aphorismen zur Lebensweisheit" gleichsam die Epizykloide des menschlichen Lebens unter der von ihm verneinten falschen Voraussetzung der eudämonistischen Lebensansicht.

Daher würde es sich von selbst verstehen, wenn es auch der Philosoph selbst nicht so ausdrücklich und nachdrücklich erklärt hätte, dass seine „Eudämonologie" mit seiner „Moral" gar nichts zu tun hat; diese ist vielmehr das Gegenteil jener, denn sie verhält sich zu ihr wie die Verneinung des Willens zum Leben zu dessen Bejahung.

Ich habe gezeigt, dass und warum das Leben Schopenhauers mit seiner Moral keineswegs in Übereinstimmung war. Zu meiner Widerlegung hat man darauf hingewiesen, wie sehr das Leben Schopenhauers mit seiner Eudämonologie übereingestimmt habe: eine schlagende Art, um die Richtigkeit meiner Ansicht zu erproben und die Gegenansicht zu entkräften. Oder glauben die Anhänger wirklich, dass zwischen der Glückseligkeitslehre Schopenhauers und seiner Sittenlehre, zwischen seiner Eudämonologie und seiner Moral keine Differenz besteht, die doch der Meister selbst auf das Schärfste erklärt hat?[354]

II. Die Güter des Lebens

1. Die Grundeinteilung

Alle Lebensweisheit besteht darin, dass wir die Güter des Lebens wohl zu erkennen, zu schätzen und zu gebrauchen wissen, daher müssen ihre Betrachtungen sich auf folgende Hauptpunkte rich-

354 Grisebach in seiner Lebensgeschichte Schopenhauers sagt im Hinblick auf die Aphorismen: „So wenig aber ein Widerspruch zwischen diesem eudämonologischen Werke und seinem Hauptwerke besteht, so wenig gibt es einen Widerspruch zwischen seinem Leben und seiner Lehre", S. 271.

ten: die Einteilung der Arten und Werte der Güter, die Regeln und Ratschläge zu ihrem richtigen Gebrauch und der Unterschied der Lebensalter, da nach der Beschaffenheit der Letzteren sich die Lebensgenüsse abstufen und ordnen.

Die Einteilung der Güter beruht auf unserem *Sein* und *Haben*, und hier sind wiederum drei Grundbestimmungen zu unterscheiden: Diese betreffen erstens, was wir sind oder was jeder *an sich selbst* hat, zweitens, was wir von äußeren Gütern haben oder was wir besitzen, drittens, was wir in der Meinung haben, welche *andere* von uns hegen, d. h. was wir in der Meinung anderer sind oder was wir vorstellen. Es handelt sich also in erster Linie um das Gut und den Wert der eigenen Persönlichkeit, in zweiter um die sachlichen, in dritter um die eingebildeten Güter. Die beiden ersten Arten der Güter sind real, die letzte ist imaginär.

Demnach zerfallen unsere „Aphorismen zur Lebensweisheit" in sechs Abschnitte: Der erste handelt von der „Grundeinteilung", der zweite „von dem, was einer ist", der dritte „von dem, was einer hat", der vierte „von dem, was einer vorstellt", der fünfte von den „Paränesen und Maximen" (Ratschlägen und Regeln), der sechste „vom Unterschied der Lebensalter".[355]

2. Die Persönlichkeit

Die persönlichen Lebensgüter, zugleich die wertvollsten und die genussreichsten, lassen sich mit dem Worte Juvenals in die Formel fassen: „*mens sana in corpore sano*". Zu der Gesundheit und Sinnesheiterkeit, zu den Anlagen und deren Ausbildung (d. h. *mens sana in corpore sano*) kommt der moralische Charakter, d.i. die Willens- und Gesinnungsart in ihrer angeborenen unvertilgbaren Beschaffenheit.

Da der heitere Sinn oder das glückliche Temperament (*εὐκολία*) die Blüte der Gesundheit ist und diese zu jenem sich verhält als dessen Grundbedingung und Wurzel, so gilt die *Gesundheit* als das erste und oberste aller Güter. Freilich ist sie nicht genug, um das Leben genussreich und glücklich zu gestalten. Wenn wir innerlich leer sind, so ist unser Dasein öde, langweilig und dadurch qualvoll; die innere Erfüllung aber besteht in der Entwicklung und Ausbildung der Geistesanlagen, in der geistigen Arbeit und dem Gedeihen ihrer

355 Aphorismen: Einleitung und Kapitel I, S. 353 – 362. II, S. 363 – 387. III, S. 388 – 395. IV, S. 396 – 452. V, S. 453 – 531. VI, S. 532 – 554.

Früchte. Dazu dient als das Element, worin die Geistesfrüchte entstehen und reifen, die volle, unangefochtene, durch keinerlei Sorgen bedrohte Muße.

Gesundheit und Seelenruhe sind daher die beiden wertvollsten irdischen Güter, die auch als solche Schopenhauer unaufhörlich gepriesen hat, vornehmlich hier in seinen Aphorismen. Aus dem Zustand des körperlichen und geistigen Wohlbefindens resultiert jenes Doppelgefühl der Kraft, worin die Person sich selbst genug ist und der Welt nicht bedarf: die *Autarkie* (αὐτάρκεια), die schon Aristoteles als das Wesen der Eudämonie richtig erkannt hat. Der gesunde und geistig erfüllte Mensch gleicht dem glücklichen Land, das keiner Einfuhr bedarf; die zufriedene Stille und Behaglichkeit seines Innern gleicht der hellen warmen Weihnachtsstube mitten im Schnee und Eis der Dezembernacht. Ein solches gedankenvolles, lediglich dem eigenen Genius und seiner Mission gewidmetes Leben hatte Descartes gesucht und erreicht. Als die Königin Christine von Schweden seinen Brief über die Liebe gelesen hatte, sagte sie zu dem französischen Gesandten: „Descartes ist der glücklichste aller Menschen; sagen Sie ihm, dass ich sein Leben beneidenswert finde.“[356]

Wie man bei innerer Geistesfülle mit keinem lieber verkehrt als ungestört mit sich selbst, darum die Geselligkeit meidet und die Einsamkeit sucht, so muss man bei innerer Leere sich anwidern und aus Überdruss an sich selbst (*fastidio sui*, wie Seneca sagt) die Einsamkeit mehr als alles fliehen und den Tumult der Geselligkeit begehren, weshalb auch die Neger die geselligsten Menschen sind und am liebsten mit recht viel Negern zusammen sind und lärmen.

Die Menschen haben mit zwei Todfeinden zu kämpfen: mit der äußeren und inneren Not, mit der physischen und geistigen: Jene wird verursacht durch das Weltelend, die unwirtlichen Gegenden, die schlechten Wohnplätze u. s. f., diese wird verursacht durch das Geisteselend, die Einöde im eigenen Innern, die Qualen der Langeweile. Auf der Flucht vor diesen beiden Arten der Lebensnot finden wir zwei Arten von Nomaden: die uralten, wandernden Völker und Stämme und die der allerneuesten Zeit, nämlich die modernen Touristen, Haufen von Individuen, die mit sich selbst gar nichts an-

356 Aphorismen, S. 274 f. Vgl.: Meine Gesch. der neuern Philosophie. I. Bd., I. Teil, (4. Aufl. 1897), 8. Kap., S. 257 f.

zufangen wissen und deshalb so oft als möglich ihren Aufenthalt wechseln.

Die echtesten und besten aller Lebensgüter sind die *persönlichen*, welche man in sich selbst trägt und überall mit sich nimmt, d.i. die eigene, gesunde, heitere, begabte, erfüllte Individualität, mit einem Worte die *Persönlichkeit*. Von ihr gilt das Wort der alten Weisen „*omnia mea mecum porto*", und ebenso das Goethe'sche Wort im Westöstlichen Divan: „Höchstes Glück der Erdenkinder ist doch die Persönlichkeit." Als dieses höchste Glück sind die persönlichen Vorzüge, wie es die Menschenart mit sich bringt, stets der Gegenstand des unversöhnlichsten und sorgfältig verhehltesten Neides.[357]

3. Der Besitz

Um seinen Anlagen gemäß leben und seine hervorstechende Fähigkeit ausüben zu können, dazu gehört jene Freiheit von den Nöten und Plagen des Daseins, die der Besitz eines *Vermögens* gewährt, groß genug, um darauf die ökonomische Selbstständigkeit und mit ihr die persönliche Unabhängigkeit zu gründen. Es ist gut, wenn man ein solches Vermögen nicht erst zu erwerben braucht, sondern von Haus aus besitzt, denn in dem Haben liegt auch der Trieb des Erhaltens, während das Erwerben, je leichter es vonstatten geht, umso eher dazu treibt, das gewonnene Gut zu verschleudern. „Weisheit sei gut mit einem Erbgut", lässt Schopenhauer den Kohelet sagen, obwohl dieser an der angeführten Stelle (Prediger Salomo VII, 11 u. 12) Weisheit und Erbgut, inneres und äußeres Vermögen nicht in der gedachten Weise verbunden, sondern nur miteinander verglichen hat.

Von den intellektuellen Fähigkeiten sind die *philosophischen* am wenigsten zum Gelderwerb geschickt, weshalb das Erbgut dem philosophischen Kopf, vor allen dem eminenten, ganz besonders not- und wohltut. Ganz besonders ungeeignet aber zu der Erhaltung des Vermögens, welches der Mann erworben hat und besitzt, erscheint eine Frau, die vor ihrer Verheiratung ein armes Mädchen war und nach dem Tod des Mannes eine reiche Witwe wird und das Erbgut verschwendet. Die Emporkömmlinge des Besitzes sind leicht zur Verschwendung geneigt. „Aus dieser menschlichen Eigentüm-

357 Parerga, I, Aph. 2. Kap., S. 362.

lichkeit ist es auch zu erklären, dass Frauen, welche arme Mädchen waren, sehr oft anspruchsvoller und verschwenderischer sind als die, welche eine reiche Aussteuer zubrachten, indem meistenteils die reichen Mädchen nicht bloß Vermögen mitbringen, sondern auch mehr Eifer, ja angeerbten Trieb zur Erhaltung desselben als arme." „Jedenfalls aber möchte ich dem, der ein armes Mädchen heiratet, raten, sie nicht das Kapital, sondern eine bloße Rente erben zu lassen, besonders aber dafür zu sorgen, dass das Vermögen der Kinder nicht in ihre Hände gerät." An einer andern Stelle in seiner Satire „Über die Weiber" kommt der Verfasser der Aphorismen auf dieselbe Sache zurück, indem er von der Enge des weiblichen Gesichtskreises handelt, der mehr auf das Nächste und Gegenwärtige als auf das Entfernte, Vergangene und Künftige gerichtet sei. „Daher alles Abwesende, Vergangene, Künftige viel schwächer auf die Weiber wirke als auf uns, woraus denn auch der bei ihnen viel häufigere und bisweilen an Verrücktheit grenzende Hang zur Verschwendung entspringt. Die Weiber denken in ihrem Herzen, die Bestimmung des Mannes sei Geld zu verdienen, die ihrige dagegen es durchzubringen, womöglich schon bei Lebzeiten des Mannes, wenigstens aber nach seinem Tod."[358]

Niemand zweifelt, *wer* an diesen Stellen als das philosophische Genie mit dem wohl benutzten und erhaltenen Erbgut, *wer* als die reich gewordene Witwe, die das Erbgut verschwendet und den Wohlstand der Familie verdirbt, dem Verfasser vor Augen gestanden hat. Er spricht von sich und seiner Mutter. Er hat gegen die weiblichen Emporkömmlinge auch das Sprichwort angeführt, welches Shakespeare den sterbenden York der Königin Margareta zuschleudern lässt: „Wenn der Bettler Ritter geworden ist, so jagt er das Pferd zu Tode."[359]

Die Worte Schopenhauers sind seinen persönlichen Lebenserfahrungen so genau angepasst, dass sie eigentlich ein Stückchen Biographie sind. Wenn seine Eudämonologie sich so genau nach ihm und seinem Leben gerichtet hat, so darf man sich nicht allzu sehr wundern und noch weniger mit seinen Anhängern ihn preisen, dass auch sein Leben mit dieser Eudämonologie übereinstimmt.

358 Parerga I, Aphorismen, S. 392. Vgl. Parerga II, 27. Kap., § 362 ff., S. 648 ff. Vgl. besonders § 371, S. 659 ff.
359 Heinrich VI. Dritter Teil, I, 4.

4. Das Ansehen: Ehre, Rang, Ruhm

Das Ansehen, welches ein Individuum genießt, besteht nicht im Sein und Haben, sondern im *Gelten*, d. h. darin, was einer in der Meinung anderer ist oder was er vorstellt. Der Ort, wo das Ansehen seinen Sitz hat, ist nicht das eigene, sondern ein fremdes Bewusstsein, das als solches gar nicht *unmittelbar* in unsere Gefühlssphäre fällt, daher unmittelbar auch gar nichts zu unsrem Wohlgefühl oder Glück beiträgt, also uns eigentlich gleichgültig ist oder sein kann. Denn was ich nicht weiß, macht mich nicht heiß.

Es gibt drei Arten des Ansehens: *Ehre*, *Rang* und *Ruhm*. Die Ehre macht die Gesellschaft, den Rang der Staat, den Ruhm die Menschheit oder die Welt. Der wahre und dauerhafte Ruhm, der end- und alleingültige, ist der Nachruhm: Diesen macht die Nachwelt. Das Gegenteil der Ehre ist die Schande, das des Ruhms ist die Obskurität; die Ehre kann verloren gehen, der Ruhm, wenn er echt ist, nie. Die Ehre gebührt jedem, der sie nicht durch eine unehrenhafte oder schändliche Handlung verloren hat; der Ruhm dagegen will erworben und verdient werden, was nur durch große Taten oder große Werke möglich, daher nur den allerseltensten Individuen, den auserwählten Menschen vergönnt ist.

Diesen drei Arten des Ansehens entsprießen drei Abkömmlinge, die aus ihnen hervor- und in das subjektive Bewusstsein übergehen, nämlich der Ehrgeiz, die Eitelkeit und der Stolz. Der Stolz ruht auf der Überzeugung von dem eigenen Wert und dem durch außerordentliche Leistungen erworbenen oder verdienten Ruhm. Die Nichtanerkennung solcher Verdienste von Seiten der Mitwelt hindert den Stolz nicht. Vielmehr erhöht sie denselben, da sie ihm das Gefühl der Weltverachtung hinzufügt. Die Überzeugung, die das Fundament des stolzen Selbstgefühls ausmacht, gehört nicht in das Gebiet der willkürlich bewegten und beweglichen Gefühle, sondern ruht in dem Wesen der Persönlichkeit selbst. So tief wurzelt der Stolz, so unmittelbar und direkt ist die Hochschätzung der eigenen Person und ihres Werts.

Die Eitelkeit dagegen, ohne das Gefühl eigener Kraft und Leistung, ist die Sucht, in den Augen und Meinungen anderer zu glänzen, Ansehen durch Aufsehen zu gewinnen und Aufsehen durch allerhand kleine und nichtige Dinge, die schlechten Surrogate der Taten und Werke, zu erregen. Die Eitelkeit kommt aus der inneren

Leerheit und Nichtigkeit, weshalb auch in der Bezeichnung diese beiden Begriffe sich decken: Eitelkeit und Vanität (*vanitas*); sie gründet sich auf das äußere Gelten und Geschätztwerden und besteht daher in der mittelbaren und indirekten Hochschätzung der eigenen Person, sehr im Unterschied vom und im Gegenteile zum Stolz, diesem unmittelbaren und direkten Hochgefühl der Selbstschätzung.

Nichts in der Welt ist alltäglicher, gemeiner und vulgärer als das bloße Wollen, sobald dieses die überwiegende Herrschaft hat, weil die intellektuellen Kräfte zu gering und schwach sind, um den Gemütszustand einigermaßen zu erhöhen. Da ist der Letztere von der Art, welche man mit dem Wort „*Vulgarität*" treffend bezeichnet. Wie die Unfähigkeit zu allem geistigen Schaffen den vulgären Menschen, so charakterisiert die Unempfänglichkeit für alle geistigen Genüsse und Freuden den *ἀνὴρ ἄμουσος*, d.i. der *Philister*, wie der deutsche Studentenausdruck diese Menschenart bezeichnet, die im dumpfen, mit den sogenannten Realitäten des Lebens ängstlich beschäftigten Getriebe an den Musen der Welt vorübereilt, ohne je von ihrem Anblick gefesselt oder erquickt zu werden.

Die drei Arten der Ehre sind die bürgerliche oder soziale, die amtliche und die sexuale (Geschlechtsehre). Die bürgerliche Ehre (*bona fama*) ist der gute Ruf oder Name der Person, gegründet auf das öffentliche Vertrauen, dass dieselbe nicht imstande sei, etwas dem Wohle, Eigentum und Leben ihrer Mitmenschen Verderbliches zu planen und auszuführen. Dieses Vertrauen macht den *Ehrenmann*. Eine einzige Handlung, die das Gegenteil dartut, macht dieses Vertrauen zunichte und hat den unwiderleglichen Verlust der bürgerlichen Ehre zur Folge, da sie eine Gesinnungsart enthüllt hat, so unveränderlich wie der Charakter, aus dem sie hervorgeht, weshalb die englische Sprache den Ruf oder die Reputation auch mit dem Wort „*character*" bezeichnet.

Wie die bürgerliche Ehre darin besteht, dass man „Treu und Glauben" hält und verdient, so besteht die amtliche Ehre in dem Kredit treuer Pflichterfüllung. Je höher das Amt und je schwieriger die Erfüllung seiner Pflichten, umso höher die Amtsehre, d.i. die öffentliche Meinung von der Bedeutung und den Fähigkeiten des Mannes, der ein solches Amt bekleidet. Der öffentliche Respekt, den das Amt durch seine Wichtigkeit in Anspruch nimmt und einflößt, ist die Amtswürde, welche aufrechtzuhalten auch zu den Amtspflichten gehört.[360]

Die Geschlechtsehre ist *weiblicher* Art in Ansehung sowohl der Personen, denen sie zukommt, als auch des Kredits, auf dem sie beruht. Was nun die Wohlfahrt des ganzen weiblichen Geschlechts betrifft, so ist und gilt demselben als die nützlichste Sache die *Eheschließung*, deren Pflichten ein Mann nur in dem Vertrauen und unter der Bedingung auf sich nimmt, dass das Weib *ihm allein* gehört. Daher muss jeder uneheliche Beischlaf, den ein Mädchen oder eine Frau gewährt, als eine den Interessen des gesamten weiblichen Geschlechts zuwiderlaufende, gemeinschädliche und schändliche Handlung angesehen werden. So verlangt es aus Motiven, welche instinktmäßig wirken, das weibliche Ehrgefühl, der weibliche *esprit de corps*.

Die Untreue der Frau, die zugleich die Wortbrüchigkeit und den Verrat in sich schließt, ist der einzige Fall, in welchem die Preisgebung der weiblichen Ehre auch die männliche affiziert und zu deren Wiederherstellung die Rache des beleidigten Mannes herausfordert. Shakespeare und Calderon haben jeder diesen Fall in zwei Dichtungen behandelt: jener im „Othello" und im „Wintermärchen", dieser im „Arzt seiner Ehre" und „Für geheime Schmach geheime Rache".

Die Bedeutung der Ehre überhaupt liegt in dem Nutzen, welchen sie zur Erreichung und Beförderung unserer Lebenszwecke, d. h. zu unserem Glück und unserer Wohlfahrt gewährt. Nun ist es offenbar töricht, über dem Mittel den Zweck zu vergessen und jenes höher anzuschlagen als diesen. Das Leben ist unter allen Umständen mehr wert als die Ehre; daher muss es als eine Überschätzung der Letzteren und als eine Überspannung des Ehrgefühls angesehen werden, wenn man das Leben der Ehre opfert, wie es in den Taten der Lucretia, des Virginius, der Emilia Galotti geschieht: lauter Handlungen, die nach dem Verfasser der Aphorismen uns nicht tragisch rühren, son-

360 Um die durch Verdienste erworbene Geltung zu kennzeichnen, findet es Schopenhauer „ganz passend, durch Kreuz oder Stern der Menge jederzeit und überall zuzurufen: ‚der Mann ist nicht eures Gleichen, er hat Verdienste!' Durch ungerechte oder urteilslose oder übermäßige Verteilung verlieren aber die Orden diesen Wert; daher ein Fürst mit ihrer Erteilung so vorsichtig sein sollte, wie ein Kaufmann mit dem Unterschreiben der Wechsel. Die Inschrift *pour le mérite* auf einem Kreuz ist ein Pleonasmus; jeder Orden sollte *pour le mérite* sein – *ça va sans dire*." (Parerga I, Aphor., S. 405 – 406.) Ich habe diesen Satz wörtlich angeführt, damit der Leser denselben mit einer Stelle in meiner Charakteristik Schopenhauers vergleiche: S. oben I. Buch, 8. Kap., S.180.

dern menschlicher- und vernünftigerweise nur empören können. Auch zur Wiederherstellung der männlichen, durch den weiblichen Ehebruch geschädigten Geschlechtsehre genügt vollkommen die Bestrafung der Frau durch die Scheidung der Ehe.

Die Fragen der Ehre sind der öffentlichen Wohlfahrt untergeordnet. Daher sollte es regierenden Fürsten weit eher gestattet sein, Mätressen zu halten als morganatische Ehen zu schließen, woraus von Seiten der Nachkommen Thronansprüche und Streitigkeiten erwachsen können, welche die Ruhe und das Wohl des Landes gefährden. Um der weiblichen Ehre und der kirchlichen Sanktion willen sollte das öffentliche Wohl nie auf das Spiel gesetzt werden. „Überdies ist eine solche morganatische, d. h. eigentlich allen äußeren Verhältnissen zum Trotz geschlossene Ehe in letztem Grund eine den Weibern und den Pfaffen gemachte Konzession, zweien Klassen, denen man etwas einzuräumen sich möglichst hüten sollte."[361]

Der gute Ruf, der fleckenlose Name, die rein erhaltene und bewährte Ehre üben ein Gewicht aus, das durch seine Fortdauer verstärkt wird, mit den Jahren zunimmt und das Ansehen der Person in den Augen der Welt vermehrt. Hierauf gründet sich die Ehrwürdigkeit des Alters, der Respekt, welchen die weißen Haare unwillkürlich gebieten und einflößen, wobei unser Philosoph die Frage aufwirft, aber nicht beantwortet, warum man als Zeichen des Ehrfurcht heischenden und genießenden Alters immer nur die weißen Haare hervorhebt und niemals die Runzeln. Von den ehrwürdigen weißen Haaren spricht alle Welt, von ehrwürdigen Runzeln niemand. Die Frage löst sich von selbst: weil die erhabene Vorstellung die hässliche zurückdrängt und ausschließt! Wir wollen bei der Vorstellung des erhabenen Alters nicht an seine Schwächen, Gebrechen und Hässlichkeiten erinnert sein, nicht an den gebückten, schleichenden Gang, den krummen Rücken, die zusammengeschrumpfte Haut u. s. f.

Da die Ehre zu unserer sozialen Wohlfahrt dient, so ist dieselbe gegen Angriffe und Beschimpfungen, gegen üble und verleumderische Nachreden durch deren gerichtliche Verfolgung zu schützen. „Demgemäß gibt es Gesetze gegen Verleumdung, Pasquille, auch Injurien: Denn die Injurie, das bloße Schimpfen ist eine summarische

361 Parerga I, Aphorismen, 4. Kap., S. 413 f.

Verleumdung." Das bürgerliche Ehrgefühl schützt sich durch die Verleumdungsklage, das ritterliche rächt sich durch den Zweikampf.

Wenn es aber dem bürgerlichen Ehrgefühl zuwiderläuft, beschimpft zu werden, so sollte man meinen, dass auch das Schimpfen sich mit diesem Ehrgefühl nicht vertrage. Ganz anders verhält es sich mit dem ritterlichen Ehrgefühl, welches Schopenhauer, wie wir bald hören werden, nicht scharf genug geißeln kann. Von diesem in seinen Augen höchst lächerlichen und abscheulichen Ehrenprinzip hat er wörtlich gesagt: „Wie Geschimpftwerden eine Schande, so ist Schimpfen eine Ehre."[362]

Die Genies sind wohl auch Ritter: Sie sind „Ritter von Geist", wie sie Gutzkow genannt hat. Als ein solches ritterliches Genie hat Schopenhauer das *Schimpfen*, dieses summarische Verleumden, wie er selbst es treffend nennt, sich angeeignet und zur virtuosen Fertigkeit ausgebildet. Er hat dabei auch dem *bürgerlichen* Ehrgefühl insofern gefrönt, als er sich vor Verleumdungsklagen möglichst gehütet hat, sowohl durch vorhergehende Beratung mit juristischen Freunden, als ganz besonders dadurch, dass die beschimpften Personen nicht mehr unter den Lebenden waren.

Ein solches Genie wie Schopenhauer hat, wie die Ritter, auch seine Hörigen, die sich ihrer geistigen Leibeigenschaft rühmen. Wenn das ritterliche Genie Katzenmusik macht, so pfeifen die Hörigen diese wundervolle Musik; und wenn es eine wüste Schimpfrede hält, so pfeifen die Hörigen diese meisterhafte Philippika.

Außer den dargelegten, in der Natur der menschlichen Dinge begründeten Arten der Ehre findet sich noch ein ganz apartes, einer besonderen Klasse der europäischen Gesellschaft ausschließlich angehöriges, aus den feudalen Zuständen des christlichen Mittelalters erwachsenes Ehrenprinzip, von dem die klassischen Völker des Altertums und die hochgebildeten asiatischen Völker nichts gewusst haben und nichts wissen: Die sogenannte *ritterliche* Ehre, das *„point d'honneur"*, welches nicht den Ehrenmann macht, sondern den *„Mann von Ehre"*.

Diese Ehre besteht nicht in dem, was einer vorstellt, d. h. nicht in dem, was man von ihm denkt, sondern in dem, was man von ihm sagt oder ihm antut, also nicht in dem, was er selbst sagt und tut,

362 Vgl. ebendas., I. Bd., S. 407 und S. 419.

sondern in dem, was er von andern leidet oder was ihm widerfährt. Der Ursprung dieser Art von Ehre ist in jenen mittelalterlichen Zeiten zu suchen, wo man den lieben Gott nicht bloß für sich sorgen, sondern auch für sich urteilen ließ, und der Kläger nicht die Schuld, sondern der Angeklagte seine Unschuld durch einen Reinigungseid zu beweisen hatte, der dann durch den Ausgang des Zweikampfs bestätigt oder entkräftet wurde.

So entstand das *Duell*, womit weder die göttliche Gerechtigkeit noch die menschliche Vernunft das Allermindeste gemein hatte, sondern lediglich die größere körperliche Stärke und Geschicklichkeit den Ausschlag gab. So sei statt der menschlichen Vernunft die tierische Natur auf den Richterstuhl gesetzt worden, welchen ein „boshafter und dummer Aberglaube" errichtet habe, und dessen „seltsamer und barbarisch lächerlicher Kodex" die ritterliche Ehre abspiegle.

Der Mann von Ehre habe diesen Kodex anzuerkennen und pünktlich zu erfüllen, daher nichts so sehr zu fürchten und zu rächen als eine ihm nach dem Dafürhalten jenes Kodex widerfahrene Ehrenkränkung. Die siegreich vollzogene Rache bewirkt, dass man ihn fürchtet: Daher besteht die Ehre des Mannes von Ehre wesentlich darin, dass er als Ehrenrächer zu fürchten ist und gefürchtet wird.

Größere Klugheit ist auch größere Stärke. Gilt einmal das Recht des Stärkeren, so darf auch das „Kopfrecht" gegen das „Faustrecht" zur Geltung kommen und der Beleidigte durch Hinterlist und Meuchelmord sich vor dem Zweikampf schützen, welcher Letztere von Seiten der stärkeren und geschickteren Faust im Grunde doch nichts anderes ist als ein plausibler Vorwand für den Mord. Schopenhauer hat an dieser Stelle auf eine dunkle Bemerkung Rousseaus im Emile hingewiesen, während es sehr nahe lag, an das spanisch-französische und italienische *point d'honneur* zu erinnern, welches den neueren Zeiten angehört und die Rache der beleidigten Ehre durch den Meuchelmord häufig zur Folge gehabt hat.[363]

Da nach dem Kodex der ritterlichen Ehre nichts schimpflicher ist als dulden und leiden, d. h. sich ungerächt kränken und beleidigen oder, wie der technische Ausdruck lautet, „etwas auf sich sitzen" zu

363 Ebendas., Aphorismen, S. 434 ff. – *Une princesse Romaine au* XVII. *siècle Marie Mancini Colonna d'aprés des documents inédits par Lucien Perey.* III. Éditions (Paris 1896.) pg. 50 etc.

lassen, so ist es nach eben diesem Kodex weit ehrenvoller, wörtliche und tätliche Beleidigungen auszuüben als zu erfahren, während nach den Anschauungen der bürgerlichen Ehre und des gesunden Menschenverstandes solche Untaten auf den zurückfallen, der sie verübt. „Die Injurien", wie der italienische Dichter Vincenzo Monti sehr gut gesagt hat, „sind und sollen sein wie die Kirchenprozessionen, die immer dahin zurückkehren, von wo sie ausgegangen sind."[364]

Wie die ritterliche Ehre von ganz besonderer Art ist und nur den Auserwählten, d. h. den Satisfaktionsfähigen zukommt, so sind auch die Aussagen und Verpflichtungen der Letzteren von ganz besonderer Kraft und Wirkung, wenn sie mit dem Wahrzeichen dieser Ehre versehen werden. Man darf unaufhörlich flunkern und lügen, aber sobald es heißt: „auf Ehrenwort!" hat die falsche Aussage den unwiederbringlichen Ehrverlust zur Folge. Jedes andere Wort darf gebrochen werden, nur dieses nicht: „das Ehrenwort". Ebenso darf man allerhand leichtsinnige Schulden machen und unbezahlt lassen, aber eine sogenannte „Ehrenschuld" muss sofort getilgt werden oder es ist aus mit der Ehre, und die niedrigste und verruchteste aller Schulden, nämlich die *Spielschuld*, gilt als Ehrenschuld.

Ruhm und Ehre sind Dioskuren: Jener ist der unsterbliche Bruder dieser, die mit dem Leben endet, zu dessen Wohlfahrt sie gehört und der sie dient. Der echte Ruhm ist, wie gesagt, der Nachruhm im Unterschied vom Tagesruhm, der mit dem Tag schwindet, und von dem flüchtigeren Ruhm, welchen die Mitwelt ihren Tagesgrößen verleiht, während sie über die außerordentlichen Verdienste der größten Zeitgenossen aus Neid ein tiefes und beharrliches Schweigen verbreitet.

Der echte Ruhm ist das ausschließende Eigentum der seltenen und eminenten Menschen, die ihn durch ihre Taten und Werke verdient haben: Daher ist derselbe durchaus persönlicher, unübertragbarer, unteilbarer Art, woraus von selbst erhellt, dass der sogenannte „*Nationalruhm*" ein ungereimter und widersinniger Begriff ist.

Es gibt berühmte Männer, aber nicht berühmte Völker; es gibt Nationaleitelkeit, aber nicht Nationalruhm, als ob die obskure und verdienstlose Masse den Ruhm ihrer großen Männer unter sich teilen könnte, wie die Sünder in der Kirche die Werke und Verdienste

364 Schopenhauer, Parerga I, S. 429.

der Heiligen: daher auch die eitelste aller Nationen, als welche Schopenhauer die französische betrachtet, sich den Titel und Rang der großen Nation beigelegt habe.

Man wird sich von dem Verfasser der „Aphorismen" nicht wegreden lassen, dass die Griechen und Römer große und berühmte Völker waren, von den Völkern der neueren Zeit zu schweigen. Um aber den Begriff der *nationalen Größen* zu verifizieren, dazu gehört freilich ein Verständnis der Weltgeschichte und ihrer fortschreitenden Entwicklung, dessen die Person wie die Lehre Schopenhauers völlig ermangelt. Dieser Punkt soll in der Beurteilung der Letzteren näher zur Sprache kommen.

III. Paränesen und Maximen

1. Die eigene Person

Nach dem Vorbild der „Salomonischen Sprüche" und des „Salomonischen Predigers (Kohelet)" hat Schopenhauer seine Lebensweisheit in Ratschläge und Regeln gefasst, die unser Verhalten gegen uns selbst, gegen andere, gegen den Weltlauf und das Schicksal betreffen und eine Reihenfolge von dreiundfünfzig Nummern bilden. Wenn es doch feststeht, dass die sogenannten Herrlichkeiten und Freuden des Lebens chimärisch und nichtig, dagegen die Übel und Leiden positiv und reell sind: Welche Art der Lebensführung ist dann die zweckmäßigste und die beste? Dies ist die Frage, welche die „Paränesen und Maximen" in den genannten drei Beziehungen beantworten.[365]

Nicht das falsche und unmögliche Ziel der Glückseligkeit, sondern das nach Möglichkeit erreichbare der Schmerzlosigkeit (*τὸ ἄλυπον*) ist zu erstreben; unser Leben ist nicht gemacht, um genossen, sondern um erfahren, erkannt und überstanden zu werden. Wir müssen Täuschungen erleben, um sie zu durchschauen, und durch die Enttäuschungen uns zu klären und zu läutern. Eben darin besteht der Sinn des Lebens. Es gelangt durch Täuschungen und Enttäuschungen in den Tempel der Weisheit, wie es die Zauberflöte symbolisch darstellt.

365 Parerga I, Aphorismen, 5. Kap. Paränesen und Maximen, S. 453 – 531. A. Allgemeine, Nr. 1 – 3, (S. 453 – 463). B. Unser Verhalten gegen uns selbst betreffend, Nr. 4 – 20, (S. 463 – 496). C. Unser Verhalten gegen andere betreffend, Nr. 21 – 46, (S. 496 – 521). D. Unser Verhalten gegen den Weltlauf und das Schicksal betreffend, Nr. 47 – 53, (S. 521 – 531).

Von arkadischen Vorstellungen erfüllt, suchen wir Freude und Glück und finden Belehrung und Erkenntnis; wir tauschen Hoffnungen gegen Einsichten, vergängliches Gut gegen bleibendes. Darin gleichen wir den Alchimisten, die Gold gesucht und Pulver, Arzneien und Naturgesetze gefunden haben. Wenn uns ein Dichter in einer interessanten und spannenden Erzählung darzustellen wüsste, wie die Erlebnisse seines Helden ganz ungesucht ihren Weg zu immer tieferer Welt- und Selbstkenntnis genommen haben, so würde sein Werk ein „intellektueller Roman" sein. Es gibt einen solchen Roman, es ist der einzige dieser Art: „*Wilhelm Meisters Lehrjahre*".[366]

Um so glücklich, d. h. so schmerzlos und leidensfrei wie möglich zu leben, ist die Einfachheit der Lebensart und die Einschränkung der Bedürfnisse das beste Mittel. Je breiter das Fundament gelegt, je weitläufiger die Anstalten zur Einrichtung des Lebens getroffen werden, umso ausgesetzter den Übeln und Gefahren der Welt, umso anfälliger und sorgenerregender ist unser Dasein. Zu dieser Einfachheit der Lebensform, die aus Liebe zur eigenen Sicherheit den Angriffen der feindlichen Mächte die schmalste Front bietet, rechnet Schopenhauer natürlich auch die ehe- und familienlose Existenz, da man Weib und Kinder weniger hat, als von ihnen gehabt wird.[367]

Daher der Philosoph immer von Neuem einschärft, dass die Autarkie als derjenige Zustand, in welchem jeder sich selbst genug ist, der bestmögliche, weil leidenloseste sei, während das äußerste Gegenteil desselben, in den Augen vieler der Gipfel aller Lebensgenüsse, nämlich das sogenannte high life, das Leben in Saus und Braus, im Strudel der großen und glänzenden Welt, die allerverkehrteste Lebensart ist, die sich denken lässt. Nirgends so sehr als hier, auf den Höhen und in der Fülle des geselligen Treibens herrsche der *Schein* in der schlimmsten Bedeutung des Worts: in der wechselseitigen Täuschung, in „dem gegenseitigen einander Belügen". „Wie unser Leib in Gewänder, so ist unser Geist in Lügen verhüllt. Unser Reden, Tun, unser ganzes Wesen ist lügenhaft, und erst durch diese Hülle hindurch kann man bisweilen unsere wahre Gesinnung erraten, wie durch die Gewänder hindurch die Gestalt des Leibes."[368]

---

366 Ebendas., S. 462 – 463.
367 Parerga, I. Aphorismen, III. Kap. Von Dem, was Einer hat, S. 395. 5. Kap. Paränesen und Maximen, S. 460 ff., S. 466 ff.
368 Ebendas., S. 469, Anmerkung.

In diesen Worten Schopenhauers lässt sich das Thema erkennen, welches *M. Nordau* in seinem viel gelesenen Buch über „die konventionellen Lügen der Kulturmenschen" ausgeführt hat. Noch bemerkenswerter ist die Parallele zwischen der Art und Weise, wie Schopenhauer in seinen „Aphorismen" die Absurditäten der ritterlichen Ehre erleuchtet, und wie *H. Sudermann* in seinem renommierten Schauspiel „Die Ehre" dasselbe Thema behandelt hat.

Damit die Autarkie, dieser wünschenswerteste Lebenszustand, nicht gestört werde, ist vor allem die Gesundheit, immer das erste und wertvollste der Güter, zu bewahren, was durch die Erfüllung diätetischer Regeln geschieht, unter welchen die zweckmäßige körperliche Bewegung, entsprechend der beständigen Bewegung, die im Innern des Organismus herrscht, eine Hauptrolle spielt. Auch in unserer leiblichen Organisation waltet die Teilung der Arbeit. Daher soll man das Gehirn nicht zur Unzeit arbeiten lassen, niemals überanstrengen, nie das schon ermüdete zur Arbeit zwingen, wodurch es schneller verbraucht wird und am Ende erkrankt. Noch in einem anderen und tiefer gelegenen Sinn, als welchen Schiller in seinem gleichnamigen Gedicht gemeint hat, soll man den Pegasus nicht ins Joch spannen und die Muse nicht mit der Peitsche antreiben.[369]

Zur Stärkung des Gehirns und zur Erhaltung der Geistesgesundheit dient der *Schlaf*. Wir sind, wie Shakespeare seinen Prinzen sagen lässt, der Natur einen Tod schuldig. Unser Leben ist ein Kapital, das wir von Tag zu Tag verzinsen und zuletzt abzahlen. Die Zinszahlung geschieht durch den Schlaf, die Abzahlung durch den *Tod*. Je reichlicher und je regelmäßiger die Zinsen gezahlt werden, umso später wird das Kapital eingefordert.[370]

In ihrer Autarkie gleicht die Persönlichkeit einem *Reich*, das nicht bloß gegen äußere Feinde zu schützen, sondern auch vor *inneren* Unruhen zu bewahren ist. Dieses Reich soll eine wohlgeordnete Monarchie sein. In jeder Persönlichkeit wohnt auch ein Volk niederer Leidenschaften, ein Pöbel gemeiner Affekte, der aufgeregt und zu gewaltsamen Ausbrüchen gereizt werden kann. Wenn der Pöbel den Alleinherrscher überwältigt, so ist die Autarkie verloren und unsere Monarchie geht in unserer eigenen Ochlokratie unter.[371]

369 Ebendas., S. 490 ff.
370 Ebendas., S. 494 ff., S. 491, Anmerkung.
371 Ebendas., S. 487 – 488.

Daher ist zur Erhaltung der Autarkie die fortwährende Disziplin der *Besonnenheit* und Selbstzügelung nötig. Nicht bloß die furchtbaren und gefährlichen Affekte wollen streng überwacht und niedergehalten sein, sondern auch die furchtsamen und ängstlichen, welche die Einbildungskraft verdüstern und Gefahren wittern, wo keine sind. Die Phantasie, je nachdem sie von ungezügelten Affekten bewegt wird, baut Luftschlösser und ficht Schreckbilder, wodurch sie die Seelenruhe stört und die Autarkie gefährdet. Die beste Disziplin über das unruhige Volk der Affekte übt die Schule unserer eigenen zusammenhängenden Lebenserfahrung. Wir müssen das Privatissimum, welches uns die Erfahrung täglich liest, wohl beherzigen und repetieren: Diese Erfahrung sei der Text, den wir durch unser Nachdenken und unsere Kenntnisse kommentieren; der Text kann sehr kurz, der Kommentar sehr lang sein, wie es ja auch in den Ausgaben klassischer Schriftsteller häufig vorkommt.[372]

Die reellste aller Erfahrungen ist die *gegenwärtige*, der Augenblick, den wir erleben und mit voller Besonnenheit, mit voller Hingebung erleben sollen, ohne uns die Gegenwart durch falsche Imaginationen verkümmern, aber auch ohne uns durch die Macht ihrer anschaulichen Eindrücke dergestalt beherrschen zu lassen, dass wir die Zukunft darüber vergessen. „Jede erträgliche Gegenwart, auch die alltägliche, welche wir jetzt so gleichgültig vorüberziehen lassen und wohl gar noch ungeduldig nachschieben, sollten wir in Ehren halten, stets eingedenk, dass sie eben jetzt hinüberwallt in jene Apotheose der Vergangenheit, woselbst sie fortan, vom Licht der Unvergänglichkeit umstrahlt, vom Gedächtnis aufbewahrt wird, um, wann dieses einst, besonders zur schlimmen Stunde, den Vorhang lüftet, als ein Gegenstand unserer innigen Sehnsucht sich darzustellen."[373]

2. Die Geselligkeit

In unserem Verhalten gegen andere bedürfen wir eines großen Vorrats von *Vorsicht* und *Nachsicht*, um durch jene den Fallen, die uns überall auflauern, durch diese den Händeln und Streitigkeiten zu entgehen, die leicht erregt und stets zum Ausbruch bereit sind. Denn die Menschen sind von Natur Feinde. „Die Wilden fressen

372 Ebendas., S. 468 – 469. Vgl. S. 485 ff.
373 Ebendas., V. Paränesen und Maximen, S. 466.

einander, die Zahmen betrügen einander: Das nennt man den Weltlauf." Daher ist es geraten, im Verhalten gegen andere auf der äußersten Hut zu sein und sich in den geselligen Verkehr so wenig wie möglich einzulassen. Weder lieben noch hassen ist die eine Hälfte der Weltklugheit; nichts sagen und nichts glauben, ist die andere.[374]

Schweigen ist Gold. Und es ist eine goldene Regel der Lebensweisheit, die in unserem Verhalten gegen andere die *Schweigsamkeit* empfiehlt. „Was dein Feind nicht wissen soll, das sage deinem Freunde nicht." „Am Baum des Schweigens hängt die Frucht: Friede." So lauten arabische Sprichwörter. Schweigsamkeit und Höflichkeit sind in unserem Verkehr mit andern sehr empfehlenswerte Eigenschaften, da jene zu unserer Verborgenheit dient, und diese in Rechenpfennigen besteht, mit denen man nicht sparsam umzugehen braucht.[375]

Gleiches wird durch Gleiches erkannt. Wenn ein Mann wie Schopenhauer gesellig verkehrt, so kann er von den andern nur gewürdigt werden, soweit er ihnen gleicht, d. h. er wird als Mitmensch gewürdigt, als ein Mensch ihrer Art, als ein *gemeiner* Mensch. Er aber ist ein Genie ohnegleichen. Wenn ein solcher Mann mit andern redet, so macht er sich in buchstäblichem Sinn des Wortes gemein und entdeckt nun erst, was die Redensart „sich gemein machen" bedeutet.[376] Ich hatte immer gedacht, wenn jemand sich gemein mache, so liege die Schuld nicht an dem andern, sondern an ihm. Wenn aber jemand ein Genie ist, so verhält es sich anders.

Der wechselseitige Verkehr der Menschen ist auf wechselseitige Täuschungen angelegt und berechnet. Im Umgang machen es die Leute wie der Mond und die Buckeligen, nämlich stets nur eine Seite zu zeigen. (Das Gleichnis klingt witziger, als es ist. Da der Mond nicht bucklig ist, d. h. keine uns bekannte hässliche Rückseite hat, die er besser nicht zeigt, so ist gar kein Vergleichungspunkt vorhanden.) Freilich pflegen die Leute die schlechten Eigenschaften, welche sie haben, so viel wie möglich zu verhehlen und gute Eigenschaften, welche sie nicht haben, so viel wie möglich zu erheucheln: In der ersten Absicht brauchen sie die verzeihlichen Künste der Dissimula-

374 Ebendas., C., S. 496 f. Vgl. ebendas., S. 508 u. 521.
375 Ebendas., S. 516 – 517 u. 520.
376 Ebendas., S. 500 f.

tion, in der zweiten die verwerflichen der Simulation.[377] Da man aber durch die geflissentliche Verhehlung seiner schlechten Eigenschaften sich auch besser stellt, als man ist, so ist die Dissimulation eine Art Simulation und sollte für ebenso unwahr und darum für ebenso verwerflich gelten als diese.

Unter allen Arten menschlicher Verstellung ist die *Affektation* die schlechteste, weil die zweckwidrigste. Denn sie täuscht niemanden und verrät jedem folglich die verächtlichen Charaktereigenschaften, die ihr zugrunde liegen: Sie wurzelt, wie jeder Betrug, in der Furcht und Feigheit; sie zeigt, wie sehr das affektierte Subjekt sich selbst verachtet, da ihm ja das angenommene falsche Wesen und Getue weit besser und gefälliger erscheint als die eigene natürliche Art und Weise. Das Hufeisen klappert, weil ihm ein Nagel fehlt.[378]

Die den Menschen eingewurzelte Selbstsucht und feindselige Gesinnung ist so mächtig und penetrant, dass, wie Larochefoucauld gesagt hat, in dem Unglück selbst unserer besten Freunde etwas sei, das uns nicht ganz missfalle: ein erschreckender Ausspruch, dem Kant (ohne den Vorgänger zu nennen) in seiner Religionsphilosophie, wo er von dem radikalen Bösen in der menschlichen Natur handelt, beigestimmt hat. Zu meinem Befremden hat Schopenhauer an dieser Stelle, wo über die menschliche Charakterart eines der schärfsten Verdammungsurteile gefällt wird, die Autorität Kants nicht erwähnt, wie ich mich überhaupt nicht erinnere, unter den Werken Kants, die er doch so häufig anführt, die „Religion innerhalb der Grenzen der bloßen Vernunft" bei ihm angetroffen zu haben.[379]

Der Anblick der menschlichen Gesellschaft zeigt das seltsame und beständige Spiel der ihr inwohnenden Anziehungs- und Zurückstoßungskräfte. Der Geselligkeitstrieb macht, dass die Menschen sich gegenseitig einander annähern; ihre widerwärtigen Eigenschaften, die, je mehr die Individuen einander kennen, um so stärker und wirksamer hervortreten, haben alsbald die wechselseitige Abstoßung und Entfernung zur Folge. Darum hat Schopenhauer die menschliche Gesellschaft mit einer Herde *Stachelschweine* verglichen, die

377 Ebendas., S. 510.
378 Ebendas., S. 510.
379 Ebendas., S. 513. In Frauenstädts sogenanntem „Schopenhauer-Lexikon" fehlt der Artikel „Kant" gänzlich! In Hertslets „Schopenhauer-Register" füllt derselbe 9 eingedruckte Seiten, enthält aber keine einzige Hinweisung auf die „Religion innerhalb der Grenzen der bloßen Vernunft".

immer mehr zusammenrücken, um sich wechselseitig zu erwärmen, alsbald aber von ihren Stacheln wieder zurück- und auseinandergetrieben werden. Mit dieser seiner Lieblingsparabel hat er gern Staat gemacht.[380]

3. Der Weltlauf und das Schicksal

Drei Mächte sind es, die den Weltlauf beherrschen: Stärke, Klugheit und Glück. Und da die Klugheit zur Stärke gehört, so lassen sich die drei Mächte wohl auf diese beiden zurückführen: Kraft und Glück. Die Kraft müssen wir selbst haben, das Glück ist der Wind, mit dem wir segeln. Das Sprichwort sagt: „Gib deinem Sohn Glück und wirf ihn ins Meer!"

In der Welt ist nichts beständig als der Wechsel der Dinge. Darum möge man sich hüten, den vorhandenen Zustand und die Hemmungen, welche derselbe etwa unserem Lebensgang entgegenstellt, für stabil zu halten. Die scheinbare Stabilität der gegenwärtigen Lage, die uns beengt, soll uns nicht täuschen und beunruhigen. Was im Lauf eines Jahres nicht geschehen ist, kann in dem eines Tages geschehen.

Man muss sich gedulden und warten: Darin bestehen die Zinsen, welche man der Zeit schuldig ist und zahlen muss. Wenn man sie nicht zahlt, sondern sich von der Zeit Vorschüsse machen lässt, d. h. (um bildlich zu reden) wenn man ungeduldig wird und seine Sache *vorzeitig* betreibt, so kann man dieselbe leicht verlieren und ins Unglück geraten. Wie die Geduld und das Zuwarten die Zinsen sind, die man der Zeit schuldet, so sind die Ungeduld, das Unglück und die Unfälle, die daraus entspringen, die *Wucherzinsen*, welche die Zeit fordert, denn sie ist ein unerbittlicher Wucherer.[381]

Die Besonnenheit und kluge Überlegung (*μῆτις*) ist der beste und einzige Weg, um die Glücksumstände zu erwarten, zu erkennen und zu benutzen. „Nicht wer grimmig ist, sondern wer klug dareinschaut, sieht furchtbar und gefährlich aus. Das Gehirn des Menschen ist eine furchtbarere Waffe als die Klaue des Löwen."[382]

Um mit der Welt gut auszukommen, braucht man zwei durch Klugheit regulierte Affekte: *Mut* und *Furcht*. Ein gewisses Maß von

380 Parerga und Paralipomena, II. Bd., 31. Kap. Gleichnisse, Parabeln und Fabeln, (§ 379 – 400), § 400, S. 689.
381 Ebendas., S. 524 – 527.
382 Ebendas., S. 530.

Furchtsamkeit ist zu unserm Besten in der Welt durchaus nötig, denn der Weltlauf ist schrecklich und dazu angetan, Furcht einzuflößen, gerade diejenige Furcht, welche Bacon in seiner „Weisheit der Alten", wo er den Gott Pan als das Sinnbild der Natur nahm und auslegte, den *panischen Schrecken* (*terror Panicus*) genannt hat. Wenn ich mir die Gemütsart und den Lebenslauf unseres Philosophen vergegenwärtige, so scheint mir, dass unter allen Affekten keine eine größere Macht auf ihn ausgeübt hat, als diese panische Furcht.[383]

IV. Die Lebensalter

1. Der Gegensatz der Lebensalter

Nach dem Gang und Unterschied der Lebensalter modifiziert sich auch die Lebensanschauung und das Lebensglück. Die größte Verschiedenheit besteht zwischen Jugend und Alter. In der frühen Jugend erscheint die Zukunft in weiter Ferne und darum das Leben sehr lang, wogegen im späten Alter das Leben sehr kurz erscheint, da die Vergangenheit zwar nach der Zahl der erlebten Jahre sich weit ausdehnt, aber in der Erinnerung, die vieles ausgelöscht und nur das Wichtigste bewahrt hat, sich außerordentlich verkürzt. Die jedesmalige Gegenwart färbt sich verschieden nach der Art sowohl der Temperamente als auch der Charaktere, denn der Charakter eines jeden Menschen ist einem Lebensalter vorzugsweise angemessen; es gibt kindliche, jugendliche, männliche, greisenhafte Charaktere, die es von Geburt sind und diese ihre Art durch das ganze Leben behalten.

Das Leben mit einem *Schauspiel* verglichen: So erscheint in der Jugend die Welt wie eine Theaterdekoration, von Weitem gesehen; im Alter dagegen kennt man die Dinge in der Nähe, die Dekorationen, wie sie hinter den Kulissen aussehen, und die Teppiche von der Kehrseite. Die Lebensanschauung mit einem *Fernglas* verglichen: So sieht man in der Jugend die Welt durch das Objektivglas, im Alter dagegen durch das Okularglas.

Die Kindheit, ihre normale Entwicklung vorausgesetzt, ist von allen Lebensaltern das glücklichste. Ein normales Kind wird von den Begierden noch nicht gequält und von dem Anblick der Din-

383 Ebendas., S. 530 – 531.

ge, die sich wie *Bilder* vor ihm auftun und entfalten, immer von Neuem entzückt. Die Erzengel im Prolog des Goethe'schen Faust preisen die Herrlichkeit der ewig jungen, wie im frischen Morgentau leuchtenden und strahlenden Schöpfung: „Die unbegreiflich hohen Werke sind herrlich wie am ersten Tag!" So herrlich steht die Welt vor jedem Menschen in seiner frühen Jugend. Die Dinge erscheinen in der Seele des Kindes wie in der des Künstlers als *Gattungen*, als *Typen*; jedes, das zum ersten Mal mit Bewusstsein angeschaut wird, erscheint als seine Gattung, als sein Typus, und diese Züge wirken mit unauslöschlicher Kraft fort durch das ganze folgende Leben. Wie die Welt vor dem schauenden Blick des Kindes gleich einem Paradies sich auftut, so ist die Kindheit selbst das Paradies des menschlichen Daseins: Sie ist in Wahrheit das *Arkadien* worin wir alle geboren sind.[384]

In dem Jünglingsalter herrschen die Gefühle der entwickelten Pubertät, die dadurch inspirierte Einbildungskraft, eine durch subjektive Phantasien gefärbte, wohl auch getrübte Lebens- und Weltansicht. Der Jüngling sieht die Welt auch noch als *Bild*, aber er sieht in diesem Bild auch sich; ihn beschäftigt und erfüllt, ihn vergnügt und quält die Vorstellung, wie *seine Person* sich darin ausnimmt, was für eine Figur und Rolle *er* darin spielt und zu spielen berufen ist und wünscht, welche Eindrücke *er* auf andere ausübt u. s. f. Die lächerlichen Dämonen der Eitelkeit scharen sich um ihn und bieten ihm zu Glanz und Putz ihren Flitterstaat. Er hofft, die Welt in Gestalt eines interessanten Romans zu erleben, und erlebt Täuschungen, denen die Enttäuschungen folgen.

2. Der Gegensatz der Lebensanschauungen

In den jugendlichen Lebensaltern steigen wir von Stufe zu Stufe empor, es geht bergauf mit immer frischer Kraft, den leuchtenden Gipfel vor und über uns, weite und lachende, erhabene und imposante Aussichten um uns her. Endlich ist der Gipfel erreicht, er wird überstiegen, wir lenken die Schritte abwärts und erblicken alsbald am Fuß des Berges – den Tod, dieses sichere, unvermeidliche, unabwendbare Endziel des Lebens. Jeder verlebte Tag ist ein Schritt näher zu diesem Ziel.

384 Ebendas., S. 532 – 535.

In der Jugend hat man das Leben im Prospekt, im Alter den Tod; in der Jugend herrscht die Hoffnung auf Glück, im Alter die Besorgnis vor Unglück; in früheren Jahren überwältigt uns oft das traurige Gefühl, von der Welt *verlassen* zu sein, in späteren Jahren ist man froh, ihr *entronnen* zu sein. Man weiß nun, „dass alles Glück chimärisch, hingegen das Leiden real sei". „Wenn in meinen Jünglingsjahren es an meiner Tür schellte, wurde ich vergnügt: Denn ich dachte, nun käme es. Aber in späteren Jahren hatte meine Empfindung, bei demselben Anlass, vielmehr etwas dem Schrecken Verwandtes: Ich dachte: ‚Da kommt's.'"[385]

3. Die Euthanasie

Obwohl Schopenhauer mit dem Kohelet sagt, dass der Tag des Todes besser sei als der Tag der Geburt (Prediger Salomo VII, 1 [2]), so hat er doch nichts so sehr gefürchtet als den Tod und aus keinem anderen Grunde das Leben namentlich in seiner zweiten Hälfte so schrecklich gefunden, als weil es sich mit jedem Schritt mehr dem Tod nähert, gleich dem Verbrecher auf seinem Weg zum Hochgericht. Nichts charakterisiert deutlicher eines der Grundmotive seines Pessimismus als diese Vergleichung.

Da es keine Rettung vom Tod gibt, so ist das einzig wünschenswerte Ziel ein sanftes und schmerzloses Ende: das von keiner Krankheit eingeleitete, von keiner Zuckung begleitete Sterben, der Tod ohne Krankheit, ohne Todeskampf, ohne Röcheln, ohne Zuckung, selbst ohne Erblassen. Darin besteht die *Euthanasie*, der Tod vor Alter, darum nur im höchsten Alter erreichbar, nicht zwischen siebzig und achtzig, sondern zwischen neunzig und hundert, wie es auch die höchste Lebensweisheit im Upanishad lehrt und fordert.[386]

Ein eigentümlicher Pessimismus, der aus demselben Motiv, aus welchem er das Leben *verwünscht*, sich zugleich gedrungen fühlt, in weitestem Maße die *Verlängerung* des Lebens zu wünschen! Er nennt diesen Wunsch zwar einen „sehr verwegenen", aber das hindert nicht, dass er ihn hegt! Im Gegenteil!

385 Ebendas., 6. Kap., S. 551 – 552, Anmerkung.
386 Ebendas., S. 551 – 552.

4. Die Lebensalter und die Planeten

Es ist eine scherzhafte Astrologie, womit Schopenhauer seine „Aphorismen zur Lebensweisheit“ beschließt. Das Leben des Menschen steht in den Planeten geschrieben, nicht in ihren Stellungen und Orten, wie die Astrologen gemeint haben, sondern in ihren Namen und deren mythologischen Eigenschaften. Er spricht vom männlichen Alter: im zehnten Lebensjahr herrscht Merkur, im zwanzigsten Venus, im dreißigsten Mars, im vierzigsten die Asteroiden, man hat seinen eigenen Herd (Vesta), seine fruchtbringende, broterwerbende Tätigkeit (Ceres), die zum Leben gehörige Klugheit (Pallas), die zum Haus gehörige Genossin und Herrin (Juno): Im fünfzigsten regiert Jupiter, im sechzigsten Saturn, das Leben wird schwer, langsam und zäh wie Blei, zuletzt kommt Uranus, „da geht man, wie es heißt, in den Himmel“.

Der Neptun, wie man den letzten der Planeten gedankenloserweise genannt habe, sollte *Eros* heißen, dann ließe sich die Symbolik des Lebens in den Namen der Planeten vollenden. Die Erde und der Eros! Der Orkus, aus dem alles hervorgeht und in den alles zurückkehrt, der Anfang und das Ende alles irdischen Lebens; das Mysterium der Geburten und Wiedergeburten. „Sonst wollte ich zeigen, wie sich an das Ende der Anfang knüpft. Wie nämlich der Eros mit dem Tod in einem geheimen Zusammenhang steht, vermöge dessen der Orkus oder Amanthes der Ägypter nicht nur der Nehmende, sondern auch der Gebende und der Tod das große *réservoir* des Lebens ist, daher also, daher, aus dem Orkus kommt alles, und dort ist schon jedes gewesen, das jetzt Leben hat: – wären wir nur fähig, den Taschenspielerstreich zu begreifen, vermöge dessen das geschieht: Dann wäre alles klar.“[387]

387 Ebendas., S. 553 – 554.

Achtes Kapitel

Die Welt als Wille. Die Metaphysik der Natur

I. Die Realität der Außenwelt

1. Der Leib als Wille

In der Außenwelt erscheint uns die Materie in zahllosen Gestalten und Zuständen, beide in unaufhörlichem Wechsel. Die Gestalten, wie wir sie auf der Erde in der Bildung der Minerale, Pflanzen und Tiere vor uns sehen, sind die Formen, die Reihe ihrer verschiedenen Zustände die Veränderungen der Körper. Demgemäß zerfällt alle Naturwissenschaft in die *Morphologie*, d.i. die Lehre von den Formen, die man auch Naturbeschreibung oder Naturgeschichte zu nennen pflegt, und die *Ätiologie*, d.i. die Lehre von den Ursachen: Die Gebiete der ersten sind Mineralogie, Botanik, Zoologie und Anthropologie, die der zweiten Mechanik, Physik, Chemie und Physiologie. Die organischen Formen pflanzen sich auf dem Weg der Abstammung und Zeugung fort; die mechanischen Ursachen wirken durch Kräfte, deren konstante, von gewissen Bedingungen abhängige Erscheinungsformen Naturgesetze genannt werden, deren Wesen aber der äußeren Betrachtung unzugänglich und darum unbekannt ist und bleibt. Die Naturlehre wimmelt von einem Heer solcher Kräfte: lauter *qualitates occultae*.[388]

Daher ist alle Naturerklärung (wie ein berühmter Physiker unserer Tage auch gesagt hat) im Grunde nichts anderes als Naturbeschreibung. Die Außenwelt, um mit Schopenhauer zu reden, gleicht einem Schloss, das der forschende Wanderer von allen Seiten sehr genau in Augenschein nimmt, und dessen Fassaden er skizziert, dessen Inneres aber ihm ewig verborgen bleibt. So verhalten sich die Naturforscher zur Sinnenwelt. Auch von den Philosophen vor ihm, wie Schopenhauer findet, sei keiner weiter gekommen, keiner sei in das Innere des Schlosses gedrungen, Kant habe dasselbe für unerkennbar erklärt.[389]

388 S. oben II. Buch, 6. Kap., S. 283.
389 Ebendas., II, 5. Kap., S. 255 ff.

Die Außenwelt ist die Welt als Vorstellung, sie ist der Gegenstand des erkennenden Subjekts und als solcher zunächst nichts anderes als eine bloße Vorstellung, ein Gehirnphänomen. Wäre dieses Subjekt bloß erkennend oder weltvorstellend, gleich einem geflügelten Engelskopf, so wäre sein Gegenstand eine bloße Vorstellung, ein bloßes Gehirnphänomen, und das Schloss, von dem wir bildlich geredet haben, gleich einem Luftschloss, einem Phantasiegebilde. Nun aber ist das erkennende Subjekt kein Engelskopf, kein Kopf ohne Leib, vielmehr gründen sich seine Anschauungen und Vorstellungen auf seine Empfindungen, auf die Eindrücke seines sensiblen Leibes: Diese sind die Ausgangspunkte aller seiner Vorstellungen und Erkenntnisse. Sein Erkennen ist daher durch leibliche Affektionen vermittelt und ohne dieselben unmöglich.[390]

Das erkennende Subjekt ist demnach ein individueller, sensibler Leib. Die Veränderungen dieses Leibes, zunächst die willkürlichen Bewegungen, die man Handlungen nennt, sind *Willensakte*. In den willkürlichen Leibesaktionen erkennen wir nicht bloß eine Veränderung oder Wirkung, die aus einer gewissen Ursache erfolgt, sondern wir erkennen hier unmittelbar und in vollster Gewissheit die *Kraft*, wodurch sie geschieht oder bewirkt wird. Diese Kraft ist der *Wille*. Dieser Wille ist unser eigenes innerstes Wesen. Nehmen wir vorläufig an, was noch zu beweisen ist: dass auch die unwillkürlichen Veränderungen und Bewegungen unseres Leibes, also unsere leiblichen Zustände insgesamt, dass auch die Organe und die Gestalt unseres Leibes, also der ganze Leib und sein Getriebe, Ausdruck und Erscheinung des Willens sind, so ist unser Leib uns auf zwei verschiedene Weisen gegeben: als Vorstellung und als Wille. Er ist als Vorstellung unser anschaulicher Gegenstand, Objekt unter Objekten, Körper unter Körpern, und zwar ist dieser sensible Leib, von dessen Eindrücken und Affektionen alle unsere Erkenntnis ausgeht, das erste und unmittelbarste aller Objekte.

Wie verhält sich der Wille zum Leib, zu seinem Leib? Um die Frage zunächst auf die willkürlichen Bewegungen oder Handlungen zu konzentrieren: Wie verhält sich der Willensakt zum Leibesakt? Es liegt nahe zu meinen, dass es der Wille ist, der die willkürliche Bewegung des Leibes verursacht, dass also der Willensakt und der

390 Die Welt als Wille und Vorstellung, I. Band, II. Buch, § 17.

ihm entsprechende Leibesakt zwei verschiedene Zustände seien, die sich wie Ursache und Wirkung zueinander verhalten.

Diese Meinung ist falsch, denn der Satz vom Grunde gilt nur für das Gebiet der Objekte oder anschaulichen Vorstellungen, in welches der Wille nicht gehört, von welchen vielmehr derselbe völlig unabhängig ist: Daher ist auch der Satz vom Grunde auf den Willen und sein Verhältnis zum Leib nicht anwendbar. Oder dasselbe anders ausgedrückt: Die Beziehung der Kausalität besteht nur zwischen Objekten oder Vorstellungen; der Leib ist ein Objekt, der Wille ist keines; der Leib ist eine Vorstellung, der Wille ist keine: Mithin kann die Beziehung beider nicht die Kausalität sein; sie verhalten sich nicht wie Ursache und Wirkung, sondern wie Kraft und Äußerung, sie sind nicht zwei verschiedene Wesen, sondern eines und dasselbe; so sind auch die Erregungen beider nicht zwei verschiedene Zustände, sondern einer und derselbe. Kurz gesagt: Ihr Verhältnis ist nicht Kausalität, sondern *Identität*: Der Leib ist der manifestierte, in die Erscheinung getretene, Objekt gewordene Wille. Darum nennt ihn Schopenhauer „die Objektivität des Willens“.[391]

Wollen und Tun, Willensakt und Leibesakt sind *eines*; nur verstehe man unter Wollen das wirkliche, entschlossene, tätige Wollen, nicht allerhand veränderliche Vorsätze und Velleitäten. Diese Identität aber erstreckt sich nicht bloß auf die willkürlichen Leibesaktionen, sondern, wie näher zu zeigen ist, auf die leiblichen Zustände und Veränderungen insgesamt, darum auch auf die Gliederung und Gestaltung des Leibes, mit einem Wort auf den ganzen Leib, der durchaus nichts anderes ist als die unmittelbarste Erscheinung des Willens.

Hieraus aber erklärt es sich, dass die äußeren Einwirkungen auf den Leib unmittelbar als angenehm oder als unangenehm, als Lust oder als Unlust, noch stärker als Schmerz oder als Wohlbehagen empfunden werden, welche Empfindungen keinerlei Vorstellungen sind, sondern Willenserregungen und Affekte. Denn was sind Lust und Unlust anderes als ein erzwungenes augenblickliches Wollen oder Nichtwollen des Eindrucks? Ausgenommen sind die Einwirkungen auf die höheren theoretischen Sinne, wie Gehör und Gesicht, deren Erregungen erst dann schmerzhaft wirken, wenn entweder die

391 Ebendas., I, II. Buch, § 18.

Reize übermäßig stark sind oder der Organismus sich im Zustand der Nervenschwäche befindet. Und andererseits sind die heftigen Willenserregungen und Affekte, wie Furcht, Angst, Gram, Schreck, Entsetzen u. s. f., unmittelbar Veränderungen leiblicher Zustände und Störungen vitaler Funktionen.

Diese Erfahrungen des täglichen Lebens bezeugen in der deutlichsten und augenscheinlichsten Weise, dass Wille und Leib *identisch* sind und der Leib die unmittelbarste Erscheinung des Willens. Diese Identität nennt Schopenhauer „die philosophische Wahrheit katexochen" und darf sich mit vollem Recht das Verdienst zuschreiben, dieselbe in ihrer fundamentalen Bedeutung erkannt und auf das Hellste erleuchtet zu haben.

2. Die Welt als Wille

Das erkennende Subjekt ist Wille und Leib, verkörperter Wille, wirkliches Individuum. Unter allen seinen anschaulichen Vorstellungen ist eine *einzige*, die mehr und etwas ganz anderes ist als eine bloße Vorstellung: Diese eine ist sein Leib, das Werk einer Kraft, die ihm in der intimsten Weise bekannt ist und einleuchtet, da sie sein eigenstes innerstes Wesen ausmacht. Sein Leib ist die Erscheinung seines Willens. Die Realität des erkennenden Subjekts ist diesem selbst völlig gewiss. Nun entsteht die Frage, ob die anderen Objekte auch Willenserscheinungen sind oder bloße Phantome. Dies ist die Frage nach der Realität der Außenwelt.

Der praktische Egoismus ist nach seiner Gesinnungsart sehr geneigt, im Glauben an die alleinige Realität des eigenen Ichs alle anderen Menschen so zu behandeln, als ob sie Phantome wären. Indessen macht er die Erfahrung vom Gegenteil. Der theoretische Egoismus, wenn er ernstlich wähnt, dass alle Objekte außer dem eigenen Leib Phantome sind, gehört ins Tollhaus; wenn er aber die Realität der Dinge bloß bestreitet und seine Ansicht skeptisch und sophistisch zu verschanzen sucht, so spielt er die Rolle einer kleinen, zwar unbezwinglichen, aber völlig unschädlichen und bedeutungslosen Grenzsetzung, die man liegen lässt.[392]

Die Analogie des eigenen Leibes und der anderen *menschlichen* Leiber ist so einleuchtend, dass sich darauf der Schluss gründet:

392 Ebendas., I, II. Buch, §19.

Was von jenem gilt, gilt auch von diesen. Kein menschlicher Leib ist bloße Vorstellung, jeder ist zugleich Vorstellung und Wille. Was von allen menschlichen Leibern gilt, muss aufgrund der Analogie beider auch von den *tierischen* gelten. Und was von allen tierisch-menschlichen Leibern, diesen organischen Körpern, gilt, das gilt von *allen organischen* Körpern überhaupt, also auch von den Pflanzen. Was endlich von allen organischen Körpern gilt, muss auch von den unorganischen gelten: also von *allen Körpern* ohne Ausnahme. Nur beachte man wohl, worin diese so weit sich erstreckende Analogie besteht und auf welchem Punkt sie ruht: Sie betrifft lediglich die in dem Körper wirksame Kraft; alle Körper sind Krafterscheinungen, darum Willenserscheinungen. Hieraus erhellt die Realität der Außenwelt und damit der Satz: *Die Welt ist Wille.*[393]

Nun wende man uns nicht ein, dass die ganze Sache auf einen Streit über oder um Worte hinauslaufe. Früher habe man gesagt: Der Wille ist Kraft; jetzt soll es heißen: Die Kraft ist Wille. Früher wurde der Wille dem Begriff der Kraft subsumiert, jetzt umgekehrt die Kraft dem Begriff des Willens. Früher galt die Kraft als das Genus und der Wille als Spezies: Jetzt gilt der Wille als Genus und die Kraft oder die Kräfte als seine Spezies. Was sind wir gebessert?

Die Antwort ist so leicht wie überzeugend. Die Naturkräfte, wie sie auch heißen, sind x, y, z, lauter unbekannte Größen, lauter *qualitates occultae*; dagegen der Wille ist unserem Selbstbewusstsein unmittelbar einleuchtend und in der allerintimsten Weise bekannt: Er ist unser eigenstes, innerstes Wesen, wir sind es selbst. An die Stelle der unbekannten Größen tritt die bekannte; die Aufgabe der Gleichung ist gelöst: Darin besteht der nicht groß genug zu schätzende Unterschied zwischen der früheren Auffassung und der gegenwärtigen.

Freilich ist etwas anderes der als blinde und erkenntnislose Naturkraft in Stoß und Fall, in den magnetischen und elektrischen Tätigkeiten, in den chemischen Wahlverwandtschaften, in der Kristallisation und Vegetation wirksame Wille, etwas anderes der von der Wahrnehmung, Anschauung und Erkenntnis begleitete und geleitete Wille. Indessen trifft dieser Unterschied nur die Erscheinungsarten des Willens, nicht ihn selbst, nur die Gradationen seiner Erscheinung, nicht sein Wesen, nur die Tiefe und Höhe, d.h.

393 Ebendas., § 20 – 21.

die Stufenleiter seiner Objektivierungen, nicht seinen davon freien und unabhängigen Grundcharakter. In der Stufenleiter der Willenserscheinungen besteht „die Welt als Objektivation des Willens".

3. Das Ding an sich als Wille

Da der Satz vom Grunde *alle* Erscheinungen beherrscht, aber auch nur sie, so ist der von allen Erscheinungen unabhängige Wille *grundlos*, er besteht lediglich von und durch sich selbst: daher seinem Wesen die Grundlosigkeit und Aseität zukommen, ihm allein. Da die Vielheit nur in Zeit und Raum möglich ist, diese aber als die Formen des Intellekts die Erscheinungswelt bedingen und machen, so ist der Wille von aller Vielheit frei, ganz außerhalb ihrer Möglichkeit und darum in allen Erscheinungen eines und dasselbe Wesen.

Kant hatte die Idealität aller Erscheinungen dargetan und das Ding an sich als das Reale, welches sowohl den Erscheinungen als auch der Einrichtung unserer Erkenntnisvermögen zugrunde liegt, völlig davon geschieden; er hatte, wie Schopenhauer sagt, indem er diese Einsicht als eines der größten Verdienste Kants stets hervorhebt und rühmt, „die gänzliche Diversität des Realen und Idealen" erkannt und festgestellt. Nach Kant ist das einzige von Zeit, Raum und Kausalität völlig unabhängige Wesen das Ding an sich, nach Schopenhauer ist dieses einzige Wesen der Wille. Hieraus erhellt die *Identität* beider: Das Ding an sich ist Wille, der *Wille* ist das Ding an sich.[394]

Dass Ding an sich und Wille identisch und als Wechselbegriffe zu nehmen sind, steht im zweiten Buch des Hauptwerks ungezählte Male zu lesen und gilt hier ohne alle Abminderung und Einschränkung. In den 25 Jahre später erschienenen Ergänzungen wird diese Gleichung abgeschwächt und verklausuliert, um den Einwand abzuwehren, dass sie anderen Grundlehren Schopenhauers widerstreite. Ich nenne besonders die beiden Kapitel „Von der Erkennbarkeit des Dinges an sich" (Kap. 18) und „Transzendente Betrachtungen über den Willen als Ding an sich" (Kap. 25).

Der Wille, so hat Schopenhauer gelehrt, ist das erkannte Subjekt, der *Gegenstand* des Selbstbewusstseins; das Ding an sich ist von allen Objekten grundverschieden. Das Selbstbewusstsein, so hat Schopen-

394 Ebendas., §§ 22 – 24, S. 163 ff., S. 175.

hauer gelehrt, hat zu seiner Grundform und einzigen Dimension die *Zeit*, weshalb der Wille nur in der Zeitfolge seiner einzelnen Akte zu erkennen sei; das Ding an sich ist außer und unabhängig von aller Zeit. Daher ist der Wille dem Ding an sich nicht völlig adäquat. Wir erkennen dasselbe als Willen, zwar frei von Raum und Kausalität, aber noch in der Hülle der Zeit, nicht völlig unverhüllt und nackt, wie Schopenhauer sagt. Der Wille ist, genau zu reden, nicht das Ding an sich selbst, sondern dessen nächste, deutlichste, am wenigsten verhüllte Erscheinung. Was jenseits dieser Erscheinung und außerhalb derselben das Ding an sich ist, bleibt ewig verborgen und unergründlich, also eine transzendente, nie zu lösende Frage.[395]

Indessen stört diese gewisse Ungenauigkeit in der Rechnung, diese nie aufzulösende Grenzfrage, nicht im Mindesten den Text der Lehre Schopenhauers, deren Aufgabe lediglich darin besteht, die *Welt* zu interpretieren, das Wesen der Welt und den Kern ihrer Erscheinungen darzulegen. Zu diesem Zweck darf sie getrost mit der Gleichung rechnen, die nunmehr ihren Fundamentalsatz ausmacht: Das Ding an sich = Wille.

Aus diesem Fundamentalsatz wollen wir sogleich die inhaltsschwerste aller seiner Folgerungen ziehen: Der Wille als Ding an sich ist grundlos, darum absolut frei; der Wille als Erscheinung (in seinen Objektivationen) ist völlig gebunden und determiniert, unter den gegebenen Umständen so und nicht anders zu wirken und zu handeln, gleichviel wie niedrig oder wie hoch die Erscheinung steht, gleichviel in welcher Form sich der Wille offenbart, ob in dem Stoß eines Körpers oder in der überlegtesten Handlung eines Menschen. Daher das richtige Gefühl in uns, dass wir in der Wurzel unseres Wesens frei sind, in unseren Handlungen dagegen unfrei. Die Freiheit liegt in unserem Wesen und Sein, nicht in unserem Wirken und Handeln, sie liegt im *esse*, nicht im *operari*, während alle diejenigen Philosophen, welche die Willensfreiheit bejaht, gerade die umgekehrte und grundfalsche Ansicht zur Geltung gebracht haben, dass der Mensch zwar nicht sein Wesen, wohl aber seine Handlungen völlig in seiner Gewalt habe, also im *esse* die Notwendigkeit, im *operari* dagegen die Freiheit enthalten sei.[396]

395 Die Welt als Wille und Vorstellung, II. Bd., 25. Kap.
396 Ebendas., II, 25. Kap.

Jedes Ding ist eine Kraft oder Willenserscheinung: Darin besteht seine Realität. Was den Kern oder das Wesen jeder Erscheinung ausmacht, die ihr eigentümliche Kraft, nennt Schopenhauer ihren „*Charakter*“, indem er diese Bezeichnung von der Menschenwelt, in der sie vorzugsweise gilt, auf alle Dinge ausdehnt und ihre Bedeutung so weit reichen lässt als den Willen selbst. Wie sich der Wille zur Kraft verhält, so verhält sich der Charakter zum Ding: Jede Kraft ist eine bestimmte Willensart, jedes Ding ein bestimmter Charakter, dessen Äußerungen genau so erfolgen, wie es seinem Wesen unter den gegebenen Umständen entspricht. Was man bei Menschen und Tieren ihren Charakter zu nennen pflegt, heißt bei den erkenntnislosen Körpern in der unorganischen und vegetabilischen Natur ihre Beschaffenheit oder Qualität. Mit demselben Recht und aus demselben Grund, wie die im Körper wirksame Kraft Wille genannt wird, heißt der Komplex seiner Eigenschaften Charakter. Und da der Charakter eines Dinges uns nur aus seinen Äußerungen, diese nur aus der Erfahrung einleuchten, so nennt Schopenhauer den in der Erfahrung gegebenen oder erscheinenden Charakter den „*empirischen*“, das Wesen aber, dessen Erscheinung derselbe ist, den „ *intelligiblen*“. Der empirische Charakter verhält sich zum intelligiblen wie die Erscheinung zum Ding an sich: Das Ding an sich als Wille ist der intelligible Charakter der Welt und diese die Objektivation des Willens; nunmehr ist sie nicht bloß Gehirnphänomen, sondern Willensphänomen, sie ist als Gehirnphänomen (Vorstellung) ideal, als Willensphänomen real.

Wir haben schon hier in aller Kürze diese Lehre erwähnen müssen, die erst später in ihrer ganzen Bedeutung hervortreten wird, denn sie bildet das Fundament der Ethik und das Thema ihrer beiden Grundprobleme. Die Ausdrücke hat Schopenhauer nicht erfunden, sondern aus der Philosophie und dem Sprachgebrauch Kants entlehnt, indem er stets mit lauten Worten gerühmt hat, dass die Lehre vom intelligiblen und empirischen Charakter und die Lehre von Zeit und Raum „die beiden großen Diamanten in der Krone des kantischen Ruhmes“ seien, und jene „die größte aller Leistungen des menschlichen Tiefsinns“.

II. Die Welt als die Objektivation des Willens

1. Die Stufen der Welt. Die Ideen

Die vollständige Objektivierung des Willens ist das ganze Stufenreich der Dinge, das sich von den unorganischen Körpern, den Erscheinungen der allgemeinen Naturkräfte, zu den organischen Körpern und Individuen erhebt und durch die Reiche des Pflanzen- und Tierlebens zum Menschen gelangt, der die Spitze der Weltpyramide bildet. Oft und gern vergleicht Schopenhauer dieses Stufenreich mit den Gradationen des Lichts und der Töne, um dadurch sowohl die Verschiedenheit als die wesentliche Einheit der Dinge zu kennzeichnen; sie sind sämtlich Erscheinungen eines und desselben Willens, der, unteilbar wie er ist, sich in jedem Ding ganz und ungeteilt offenbart. Wie unendlich verschieden die Lichterscheinungen sind von der schwächsten Dämmerung bis zum hellsten Mittag, so leuchtet doch in allen dieselbe Sonne. Wie unendlich viele Abstufungen vom stärksten Ton bis zum leisesten Nachklang es auch gibt, so ist doch der tiefste, noch hörbare Ton der Harmonie mit dem gleichnamigen, der zehn Oktaven höher liegt, derselbe.[397]

Das Ding an sich als Wille ist der intelligible Charakter der Welt, dessen empirischen Charakter das Stufenreich der Dinge in seiner Vollständigkeit ausmacht. In dieser Skala gibt es unzählig viele Sprossen und Grade, die aber insgesamt nur die Art und Weise der Erscheinung, die Sichtbarkeit oder Manifestation des Willens treffen, nicht diesen selbst, nicht den Willen als Ding an sich, als intelligiblen Charakter der Welt. Dieser ist einer und derselbe, ungeteilt und unteilbar, daher ganz in der Wurzel jeder Erscheinung; wogegen der empirische Charakter der Welt in einer unendlichen Abstufung besteht. Auf jeder dieser Stufen erscheint eine *charakteristische Willensart*: eine Kraft, die sich den Umständen gemäß in zahllosen Äußerungen modifiziert, ein Typus oder eine Form, die sich in einer zahllosen Menge von Individuen vervielfältigt.

Daher müssen wir folgende Begriffe wohl unterscheiden: 1. *das Ding an sich als Wille*, d.i. der intelligible Charakter der Welt, 2. *die Welt als Wille*, d.i. der empirische Charakter der Welt in seiner

397 Ebendas., I, § 25, S. 185. II, 18. Kap., S. 227 – 228.

vollständigen Abstufung, 3. die Welt als den Inbegriff oder Schauplatz der *einzelnen* Erscheinungen, die sich wie Zeit und Raum ins Endlose erstrecken, sich nie vervollständigen lassen, unaufhörlich entstehen und vergehen und jenen Fluss der Dinge ausmachen, den Heraklit (nicht, wie Schopenhauer einmal sagt, beklagt, sondern in erhabener Weise) als das Wesen der Welt erkannt hat. Der empirische Charakter der Welt besteht in einer unendlichen und vollständigen Abstufung, vergleichbar den Gradationen des Lichts und der Tonleiter; jede dieser Stufen ist der Ausdruck einer Kraft, der Typus oder die Form eines Wesens, die in allen einzelnen Erscheinungen, es seien die zahllosen Äußerungen derselben Kraft oder die zahllosen Individuen derselben Gattung, den Charakter, das Essentielle, das eigentliche Was, den Gehalt der Welt ausmachen: Diese Formen sind es, die Plato als die ewigen Musterbilder oder *Ideen*, Aristoteles und nach ihm die Scholastiker als die *formae substantiales* bezeichnet haben.[398]

Wie verschieden und mannigfach z.B. sich die Kraft und Eigenschaften des Wassers äußern, ob im Sturz und Fall oder im ruhigen Dahinfließen oder im emporsteigenden Strahl usw., so ist doch die zahllose Menge dieser Erscheinungsweisen nur bedingt durch die Umstände oder Ursachen, unter denen sie stattfinden; ebenso zahllos ist die Menge der Objekte, die aus Wasser bestehen, als da sind Meere, Ströme, Flüsse, Bäche, Quellen, Regen u. s. f.; dagegen die Kraft, die in allen jenen Erscheinungen des Wassers sich darstellt und den Charakter desselben ausmacht, ist unter allen Umständen und in allen Formen dieselbe.[399] Diesen Charakter nennt Schopenhauer die *Idee* des Wassers. Zu ihrer vollen und ewig gültigen Darstellung gelangt diese Idee erst in der künstlerisch-dichterischen Anschauung und dem Kunstwerk, welches daraus hervorgeht.

Wir gewinnen von hier aus schon einen Vorblick auf die Lehre vom Schönen und der Kunst, wie die Lehre vom intelligiblen und empirischen Charakter schon die von der Freiheit und Notwendigkeit angezeigt und uns auf die Grundlage der Ethik hingewiesen hat. Die Ästhetik bildet in dem System Schopenhauers den dritten Teil, die Ethik den vierten und letzten.

---

398 Ebendas., I. Bd., §§ 24, 25, 27.
399 Ebendas., I, § 26, S. 198.

2. Natürliche Ursachen und Kräfte. Höhere und niedere Kräfte

Wir kennen den Unterschied zwischen Ursache und Kraft. Gleich in seiner ersten Schrift, wo Schopenhauer vom Grunde handelte, hatte er nachdrücklich erklärt, dass die Ursache nicht für Kraft zu halten sei, und den Maine de Biran wegen seines beständigen *„cause ou force“* getadelt. Jetzt, wo er von der Kraft handelt, macht er den umgekehrten Satz geltend, dass man die Kraft nicht für Ursache halten möge. Die Schwere sei nicht die Ursache, dass der Stein fällt, diese sei die Nähe der Erde, dagegen die Schwere oder Gravitation die Kraft, die ihn fallen macht.

Es gibt in der Natur, d.i. die Sinnenwelt oder die Welt als Vorstellung, nur Ursachen, nämlich Bedingungen, unter denen die Zustände der Materie sich ändern. Keine dieser Ursachen ist Kraft. Die natürlichen Ursachen sind insgesamt nur Bedingungen, Umstände, Anlässe oder Gelegenheitsursachen, d.i. sie sind nicht kausal im Sinn der Kraft, sondern *okkasional*, wie Malebranche in seinem Werk von der Erforschung der Wahrheit tiefsinnig und richtig erkannt hat.[400] Dasselbe gilt von den Motiven. Die Konstanz, womit unter den gegebenen Umständen die Kraft erscheint und sich äußert, heißt das Naturgesetz.

Naturgesetze sind im Grunde nichts anderes als konstante oder regelmäßige Naturerscheinungen: Das sind Tatsachen, die in *allen* Fällen geschehen, wo die im Gesetz ausgesprochenen Bedingungen stattfinden; ein Naturgesetz ist eine allgemein ausgesprochene Tatsache, *un fait generalisé*. Eine vollständige Darlegung aller Naturgesetze wäre demnach „ein komplettes Tatsachenregister“. So unterscheidet Schopenhauer Naturbeschreibung und Naturphilosophie, die Ätiologie und die Philosophie der Natur: Das Thema jener sind die Ursachen, das Thema dieser die Kräfte; die Ätiologie hat es mit den Gesetzen, d. h. mit den konstanten oder generalisierten Tatsachen zu tun, die Philosophie mit dem Gehalt und dem Charakter der Dinge. Was Schopenhauer hier die Ätiologie der Natur genannt hat, genau dasselbe nennt man seit dem französischen Philosophen Auguste Comte bis zum heutigen Tag *„Positive Philosophie“*.

Um aber den Gesichtspunkt und die Aufgabe der Naturphilosophie richtig zu stellen, ist es nicht genug, Kräfte und Ursachen zu

400 *De la Recherche de la vérité. Liv.* VI. P. II, ch. 3. Die Welt als Wille u. s. f., I, § 26, S. 195 ff. Vgl. oben II. Buch, I. Kap., S. 204-206.

unterscheiden, man muss auch den Unterschied zwischen Kraft und Äußerung, zwischen ursprünglichen und abgeleiteten, höheren und niederen Kräften einsehen, denn das Thema der Naturphilosophie ist die Lehre von den Kräften als der Stufenleiter der Objektivation des Willens.[401]

Hier aber hüte man sich vor zwei naheliegenden, landläufigen und dem wahren Verständnis der Dinge verderblichen Irrtümern: Der eine besteht darin, dass man die mannigfaltigen Äußerungen derselben Kraft für verschiedene Kräfte ansieht – ich erinnere an das obige Beispiel vom Wasser –, der andere darin, dass verschiedene Kräfte für die Erscheinungsformen einer und derselben genommen und neue Kräfte weit höherer Art und Ordnung auf die der untersten Stufe zurückgeführt werden. So habe die Physiologie, ein Zweig der Ätiologie der Natur, neuerdings die Existenz der Lebenskraft geleugnet und die Gestaltungen und Prozesse des Lebens aus den allgemeinen Naturkräften zu erklären und als Aggregate der mechanischen, physikalischen und chemischen Kräfte darzustellen gesucht, als ob die organischen Formen wie Tropfsteine entständen und zusammengeblasen wären wie Wolkengebilde. Kraft ist Wille, Lebenskraft ist Wille zum Leben: Wer jene verneint, muss auch diesen in Abrede stellen und somit die Grundlehre Schopenhauers verwerfen; daher sich dieser so oft mit der nachdrücklichsten Schärfe wider die Leugner der Lebenskraft wendet. Die höhere Kraft bemächtigt sich der niederen und braucht dieselben in ihrem Dienst und zu ihrem Werk, aber sie besteht nicht aus diesen Kräften, so wenig als der Schmied aus Amboss und Hammer besteht.[402]

3. Übereinstimmung und Zwietracht. Der Urwille

Als die Objektivation des Urwillens muss die Welt in ihrer Totalität wie in jedem ihrer Teile dessen Wesen und Charakter darstellen: Sie ist, vom Standpunkt des erkennenden Subjekts betrachtet, „durch und durch Vorstellung", sie ist als Erscheinung des Dinges an sich „durch und durch Wille".[403] Um ihr Wesen richtig zu verstehen und zu deuten, müssen wir uns vergegenwärtigen, was der Urwille ist.

---

401 Die Welt als Wille u. s. f., I, § 27.
402 Ebendas., § 27, S. 202.
403 Ebendas., § 27 und § 29.

Er ist frei von aller Vielheit, darum ist er das *All-Eine*, das *Ἓν καὶ πᾶν*, das in allen Erscheinungen identische Urwesen. Er ist frei von allem Grund, darum ist er auch ohne alle Ursachen, ohne alle Motive und Zwecke, darum auch ohne Erkenntnis, als welche zunächst bestimmt ist, Ursachen wahrzunehmen und Motive zu machen: Daher kann sein Wesen in nichts anderem bestehen als in einem „*blinden Drange*", in einem ruhelosen Streben, welches alle Ziele, alles Erstreben, darum auch alle Befriedigungen ausschließt.[404]

Ziehen wir die Folgerungen: Als das *All-Eine* ist der Urwille der Welt völlig immanent, ganz und ungeteilt in jeder Erscheinung: Daher die Welt aller Erscheinungen aus ihren eigenen, inneren Kräften bewirkt, also nicht von einem Wesen außer ihr gemacht wird, sondern sich selbst schafft und hervorbringt. Dieses All-Eine ist *kein Gott*, unter welchem Namen wir ein Wesen vorzustellen gewohnt sind, zu dessen Eigenschaften die vollkommenste Weisheit gehört; der Urwille aber ist blinder, erkenntnisloser Drang: daher die Lehre Schopenhauers von der Immanenz des Urwesens jede theistische wie pantheistische Fassung ausschließt und bekämpft; auch darf der Urwille nicht als *Weltseele* genommen werden, worunter wir uns ein denkendes und erkennendes Wesen vorstellen, wie unter dem Wort Seele überhaupt.

Da nun alle Erscheinungen aus einem und demselben Urwesen entspringen und in ihrer Wurzel identisch sind, so folgt daraus ihr durchgängiger Zusammenhang, ihre äußere und innere Zusammengehörigkeit und Verwandtschaft, jener „*consensus naturae*", vermöge dessen alle Teile der Natur sich entgegenkommen, sich einander anpassen und anbequemen. Der Kausalzusammenhang aller Erscheinungen, worin jede unter gegebenen Bedingungen in diesem Zeitpunkt und an diesem Ort auftritt, hat den Charakter der *äußeren Notwendigkeit*; die Zusammengehörigkeit und wechselseitige Anpassung der anorganischen und organischen Natur hat den Charakter der *äußeren Zweckmäßigkeit*; die Gestaltung der organischen Körper, die Analogie ihrer Grundformen, die Einheit ihres Bauplanes, die wechselseitige Übereinstimmung ihrer Teile hat den Charakter der *inneren Zweckmäßigkeit*. Dass die Schelling'sche Philosophie von der Idee der Natureinheit er-

404 Ebendas., § 27.

griffen und die Einheit der Naturkräfte zu erkennen bestrebt war, rühmt Schopenhauer als einen ihrer tiefen und dem Wesen der Welt adäquaten Gedanken.[405]

Aber als blinder Drang, als rastloses, nie befriedigtes und nie zu befriedigendes Streben trägt der Wille auch die Quelle der Zwietracht und des Streites in sich, die in den Erscheinungen der Welt allgegenwärtig sind: Es ist „ein hungriger, sich selbst auszehrender Wille", der die Welt von innen treibt und bewegt. Die Grundform seiner Sichtbarkeit ist die *Materie*. Wie er selbst das Urwesen aller Erscheinungen überhaupt, so ist die Materie der Urgrund aller äußeren Erscheinungen: In ihr erscheint sogleich der unvertilgbare Streit zweier Kräfte, der beiden Grundkräfte der Repulsion und Attraktion; in der *Schwere* erscheint sogleich der blinde rastlose Drang nach einem nie zu erreichenden Ziel.[406]

Jede *höhere* Erscheinung in der Welt ist ein Sieg über die niederen und kann nur aus dem Streit zwischen diesen hervorgehen: Daher der allgemeine Kampf in der Tier- und Menschenwelt. *Homo homini lupus*. Nur durch den Schlangenfraß wird die Schlange zum Drachen. Das *bellum omnium*, welches nach jedem Sieg und auf jeder Stufe von Neuem beginnt, charakterisiert den Weg, den der Urwille nehmen muss, um in der Welt vorwärts zu kommen. Es gibt hier kein Endziel, sondern nur Scheinziele und Scheinbefriedigungen. Was kann dieser hungrige und rastlose Wille in der Welt anderes erleben und anrichten als Angst, Not und Leiden? Wenn der Weg vom Wunsch zur Scheinbefriedigung rasch durchlaufen wird, so nennt man das in der Menschenwelt Glück; geht es langsam, so klagt man über Unglück und Leiden.

Da der Urwille ganz unabhängig ist von Zeit und Raum, so liegt in ihm die Möglichkeit, auch unabhängig von beiden, d. h. von allen Bedingungen, welche die Erscheinungen trennen und isolieren, zu wirken, die Schranken und Scheidewände der Zeit und des Raumes zu durchbrechen, Wirkungen in die Ferne auszuüben und auf diese Art sich *magisch* zu manifestieren, sei es als *actio in distans* oder als *visio in distans*. Wir werden auf die hierher gehörigen Erscheinungen zurückkommen; sie spielen in der Lehre Schopenhauers eine wichtige Rolle und bilden ein sehr willkommenes Problem, weil diese Lehre

405 Ebendas., I, § 28.
406 Ebendas., II. Bd., 24. Kap. u. 28. Kap. Vgl. I, §§ 28 – 29.

die einzige sein will, die vermöge ihrer Metaphysik imstande ist, die glaubwürdigen Tatsachen der Magie zu erklären.

4. Der Wille zum Leben

Wir haben es schon gesagt, dass der Urwille, der das innere Wesen der Welt ausmacht, weder als Weltseele, noch weniger als Gott aufzufassen sei. Die Welt mit aller ihrer Not und ihren Leiden vergöttern heißt das Dasein Gottes verneinen, wie denn Spinozas Pantheismus in Wahrheit Atheismus sei, und Rousseaus Lehre vom Staatsoberhaupt Demokratie; Spinoza verhalte sich zu Gott, wie Rousseau zum Souverän und jener Fürst, der den Adel abschaffen wollte, indem er alle seine Untertanen nobilitierte, zu den Standesprivilegien.

Der Urwille ist der Wille zum Dasein und zu allen möglichen Steigerungen desselben, also der Wille zum *organischen* Dasein, zum Leben: der universelle Lebensdrang. Welche kolossale Größe dieser Drang sowohl durch die Menge seiner Anlagen und Gelegenheitsursachen als auch durch die Intensität seiner Herrschaft hat und gewinnt, zeigt uns auf das Augenscheinlichste die Tier- und Menschenwelt. Da ist die Fülle und Überfülle der Lebenskeime, die außerordentliche Leichtigkeit der Befruchtung, sogar die keimlose Entstehung tierischer Wesen durch *generatio aequivoca*, die Heftigkeit des Geschlechtstriebes und die Zeugungsgier, die ungeheure Angst vor und in jeder Lebensgefahr, der grenzenlose Jubel über die Rettung, die erregtesten Mitgefühle der Zuschauer, wenn es sich um die Sache des Daseins handelt, die beständige Todesfurcht und die Todesangst selbst.

Vergleicht man den Lebensdrang mit dem Inhalt des tierischen Lebens, so ist derselbe erschöpft durch die Erhaltung der Individuen und der Gattung: hungern, Nahrung suchen und herbeischaffen, oft mit unsäglicher Mühe und Arbeit, sich ernähren und fortpflanzen ist alles. Die Natur vervielfältigt die Individuen in verschwenderischer Fülle, um ihre Gattungen zu perpetuieren. Alles ist ihr an der Erhaltung der Gattung gelegen, nichts an der des Individuums. Und wozu die Gattungen? Damit eine neue Generation das alte Spiel wieder von vorn anfängt: hungern, Nahrung suchen und herbeischaffen, sich ernähren und fortpflanzen. Und so verhält sich das Weltgetriebe „durch Hunger und durch Liebe“.

Vergleicht man die Mühe des tierischen Lebens mit seinem Los, so ist das Missverhältnis schreiend. Was hat der blinde Maulwurf davon, dass er sein nächtliches Dasein verbringt, indem er fortschaufelt? Das ganze tierisch-menschliche Leben, soweit es sich in der Erhaltung der Individuen abspielt, ist, wie Schopenhauer sprichwörtlich sagt, ein Geschäft, welches die Kosten nicht deckt, ein Spiel, das die Kerze nicht wert ist, die es beleuchtet. Wer möchte ein solches Dasein begehren und fortführen, wenn er den Wert desselben vor Augen hätte, d. h. wenn er imstande wäre, es zu erkennen? Die Sache von außen betrachtet, könnte es scheinen, als ob die Natur durch die Perpetuierung der Gattungen ihre permanenten Formen, die platonischen Ideen, wie Schopenhauer sie nennt, erhalten wollte und zu diesem Zweck die tragikomischen Schauspiele des Lebens immer von Neuem aufführen müsste.

Aber ein Blick in das *Innere* des Lebens, in unser *eigenes* Inneres, dieser untrügliche Blick, zeigt uns die Sache ganz anders: Da ist kein leuchtender und leitender *Zweck*, der den Willen zum Leben beherrscht und lockt, sondern es ist die kolossale Liebe zum Dasein, das Lebenwollen um jeden Preis, ohne alle Rücksicht auf den Zweck und Wert des Lebens, ohne alle Vorstellung und Kenntnis desselben, also der erkenntnislose, blinde Lebensdrang, der das innere unermüdliche Triebwerk, das *primum mobile* alles Lebens ausmacht. Wir werden zu leben nicht gelockt, sondern getrieben, nicht von vorn gezogen, sondern *a tergo* gedrängt. Wir wollen leben, ohne zu wissen warum und wozu. Das Wollen als solches ist grundlos. Jede Äußerung einer Naturkraft hat ihre Ursache, die Naturkraft selbst hat keine. Es ist mit dem Willen wie mit der Kraft, denn die Kraft ist Wille: Jeder Willensakt hat seine Ursache, der Wille selbst hat keine.

Was sich in der Körperwelt weder finden noch herstellen lässt, ein *perpetuum mobile*, liegt in dem Ding an sich: Es ist der Wille zum Leben, der Willenstrieb und Lebensmut, kurz gesagt, die *blinde Lebenslust*. Wenn diese sinkt oder schwach wird, so entstehen in uns die Hypochondrie und Melancholie, die Schwermut und der Trübsinn; wenn sie versiegt, so entsteht der Hang zum Selbstmord. Alle Erkenntnis ist sekundär, und zwar ist sie unter den Früchten am Baum der Welt die späteste; der Wille zum Leben dagegen ist *primär*, und zwar von den Wurzeln der Welt die tiefste. Noch genauer zu reden, ist die Erkenntnis nicht bloß sekundär, sondern tertiär, denn sie ist ein Produkt des Organismus, dieser aber ist die Erscheinung, der unmittelbare Ausdruck des Willens zum Leben.

Neuntes Kapitel

Der Wille in der Natur

I. Die Metaphysik *in nuce*

In dem zweiten Buch des Hauptwerkes hatte Schopenhauer seine „erste Betrachtung der Welt als Wille“ gegeben und darin seine Lehre von der Realität der Außenwelt und der Objektivation des Willens in jenen Grundzügen dargetan, die wir im vorigen Kapitel schon unter Hinzunahme einiger Abschnitte aus den „Ergänzungen“ entwickelt haben. Er fühlte wohl, dass er gewisse Dunkelheiten der Sache nicht überall durch die Klarheit der Darstellung zu überwinden vermocht habe, und hat an einer Stelle, wo es sich um die Entstehung oder den Hervorgang der höheren Kräfte aus dem Streit der niederen handelte, diesen Mangel selbst ausgesprochen.[407] Wie verträgt sich auch, könnte man schon hier fragen, die Entstehung höherer Kräfte mit der Ursprünglichkeit und Grundlosigkeit aller Kräfte überhaupt? Doch haben wir die Lehre noch nicht zu beurteilen, sondern erst darzustellen, wie sie aus dem Geist des Philosophen hervorging.

Der empfundene Mangel haftete nicht bloß an einer Stelle, sondern das ganze zweite Buch war der Ergänzungen, Verdeutlichungen und sachlichen Ausführungen weit bedürftiger als die drei anderen. Daher kam es, dass Schopenhauer eine neue Auflage des Hauptwerkes dringend herbeiwünschte; dass er zu dem zweiten Buch eine Reihe eingehender „Ergänzungen“ schrieb, die sich am Ende dergestalt vermehrt hatten, dass sie an Umfang mehr als das Doppelte des ganzen zweiten Buchs betrugen. Sie waren auch verhältnismäßig die umfänglichsten aller Ergänzungen; endlich war die Folge, dass seine erste Schrift seit dem Hauptwerk, die nach einer siebzehnjährigen Pause erschien, „Über den Willen in der Natur“ handelte.[408]

Das Büchlein sollte in der kürzesten und deutlichsten Darlegung seine Metaphysik „gleichsam *in nuce*“ enthalten. Sie betrug von dem

407 Die Welt als Wille u. s. f., I, § 27, S. 206.
408 Vgl. oben I. Buch, 5. Kap., S. 116 ff.

Umfang des zweiten Buchs und aller dazu gehörigen Ergänzungen nur etwa die Hälfte; zugleich sollte dasselbe zeigen, dass, wenn auch die Werke Schopenhauers unbekannt geblieben, doch der Inhalt seiner Grundlehren von vielen Seiten bestätigt werde: durch die empirische Naturwissenschaft, die Sprache, die bisher unerklärten, aber sicheren Tatsachen des animalischen Magnetismus, endlich durch religiöse Lebens- und Weltanschauungen, zu denen sich der größte Teil der Menschheit bekenne. Demgemäß teilte sich das Werk in die sieben Rubriken: „Physiologie und Pathologie, vergleichende Anatomie, Pflanzenphysiologie, physische Astronomie, Linguistik, animalischer Magnetismus und Magie, Sinologie".

II. Religion, Sprache, Magie

1. In diesem letztgenannten Abschnitt hat Schopenhauer zum ersten Mal die Übereinstimmung zwischen den Grundüberzeugungen seiner Philosophie und den im chinesischen Reich, dem größten der Welt, verbreiteten Glaubenslehren ausgesprochen und beurkundet. Erst nach der Herausgabe seines Hauptwerkes hatte er aus den Berichten englischer Forscher in den *Asiatic Researches*, namentlich des Indologen H.Th. Colebrooke, und aus den zahlreichen Schriften des Isaak Jakob Schmidt, Mitgliedes der K. K. Akademie zu Petersburg und ausgezeichneten Kenners der Mongolen und Tibetaner, die ostasiatischen Glaubenslehren, insbesondere auch den Buddhismus näher kennen gelernt. Die herkömmliche Annahme, dass der Theismus, abgesehen von der Verschiedenheit seiner Arten, das Zeugnis aller Völker für sich habe und durch den *consensus gentium* bestätigt werde, scheitere völlig an den tatsächlichen Glaubenslehren, die im chinesischen Weltreich herrschen, vor allem an der Weltreligion des Buddhismus. Nach den jüngsten Feststellungen zähle China 415 Millionen Bewohner und der Buddhismus 369 Millionen Bekenner.

Die drei uralten Lehren, die bis in das sechste vorchristliche Jahrhundert hinaufreichen, die des Laotse von dem Heilsweg zur Erlösung (Taolehre), die Moralphilosophie des Konfuzius und die Religionslehre des Buddha (Fo) stimmen darin überein, dass sie nichts von Gott als dem Schöpfer und Erhalter der Welt wissen, dass sie die in Sünden und Leiden versenkte Welt nicht für eine Theophanie, für das Werk und die Offenbarung eines gütigen, weisen und gerechten Gottes halten, vielmehr rechne der Buddhismus eine solche Lehre unter die verdammlichen Ketzereien; dazu komme die altindische, auch im Buddhismus einheimische Lehre von der Maja, d.i. die Lehre von der Nichtigkeit und Scheinrealität der Welt, die wir vorstellen. So bestätige die zahlreichste aller Weltreligionen Schopenhauers eigene Lehre in ihrer atheistischen, pessimistischen und idealistischen Weltansicht.

Als das höchste Wesen gilt bei den Chinesen der Himmel (Tien); Tschuhi, der größte und angesehenste ihrer Gelehrten, der im zwölften Jahrhundert gelebt, soll gesagt haben, dass der Geist des Himmels aus dem hergeleitet werden müsse, was der *Wille im Menschengeschlecht* sei: ein Ausspruch, den als ein Samenkorn der fundamentalsten Wahrheit Schopenhauer besonders hervorhebt.[409]

2. Es liegt eine tiefe Weisheit in der Sprache, und, wie Lichtenberg gesagt hat: Wer selbst viel denkt, wird sie finden. Wenn Sprachen, wie die griechische, lateinische, italienische, französische, englische und deutsche, das Wirken so oft durch *wollen*, nie durch vorstellen oder erkennen ausdrücken, so ist diese Art der Bezeichnung nicht bloß als eine uneigentliche Redeweise, ein sogenannter Tropus, zu nehmen, sondern sie verrät ein tiefes Gefühl der Wahrheit; wird doch im Englischen das Wort „wollen" gebraucht, um als Auxiliar des Futurums *aller* Verba zu dienen. In einigen Stellen, wo Aristoteles von den Elementen, auch von den Tieren sagt, dass sie durch Zwang genötigt werden können, wider ihre Natur zu handeln, hat er Natur und Wille einander gleichgesetzt, denn er sagt *„παρὰ φύσιν ἢ παρ' ἃ βούλονται"*. Plinius in seiner Naturgeschichte bemerkt, dass in der Natur nicht *„ratio"* herrsche, sondern nur *„voluntas"*. Ähnliche Aussprüche hat Seneca getan. Und die alltäglichen Redensarten, wie: „es will regnen, das Feuer will nicht brennen, das Wasser will überlaufen, das Gefäß will bersten" u. s. f., sind ein unwillkürlicher Ausdruck der Wahrheit, dass alles Wirken, auch das erkenntnislose, dasselbe ist als das Wollen in uns. Nenne man solche Redeweisen immerhin übertragene oder tropische, so zeigt sich eben *diese* Art der Übertragung von dem Gefühl der Wahrheit getragen und inspiriert. Warum überträgt man nicht den Intellekt des Menschen, sondern nur den Willen auf das Wesen und Getriebe der Dinge?[410]

409 Über den Willen in der Natur. Sinologie, S. 332 – 335.
410 Ebendas., Linguistik, S. 292 – 294.

3. Als Schopenhauer sein Hauptwerk ausführte, hatte der animalische Magnetismus oder Mesmerismus seine erste Periode durchlaufen, er war in Paris von einer Kommission, zu der Franklin und Lavoisier gehörten, verurteilt worden, und es hatten sich nicht bloß verkehrte und falsche Vorstellungen, sondern auch viel Aberglaube, Lüge und Betrug in die Sache gemischt. Doch hatte sie fortbestanden und fortgewirkt, sie war in Frankreich durch Männer wie Puysegur und Szapary, in Deutschland durch die naturphilosophische Schule und Ärzte, die aus ihr hervorgingen, betrieben und zum Gegenstand wissenschaftlicher Erklärungsversuche gemacht worden. Ich nenne hier besonders Kieser in Jena, dessen „Tellurismus“ und „Archiv für tierischen Magnetismus“ unserem Philosophen zur näheren Kenntnisnahme gedient haben. Als Schopenhauer sich im letzten Stadium seiner Laufbahn befand, stand der animalische Magnetismus im Begriff, in eine neue Phase zu treten, die der englische Chirurg Braid durch den von ihm entdeckten Hypnotismus gerade damals begründete. Der Zeitpunkt kam, den Schopenhauer nicht mehr erlebt hat, in welchem gewisse magische Tatsachen, die man dem animalischen Magnetismus niemals hat glauben wollen, so offenkundig ausgeführt und dargetan wurden, dass nun auch selbst unbefangene und ungläubige Ärzte sie einräumten, obwohl es auch hier nicht an Betrügereien gefehlt hat.

In dem Zeitraum zwischen der Vollendung seines Hauptwerkes und der Abfassung der Schrift „Über den Willen in der Natur“ hatte Schopenhauer die Erscheinungen des animalischen Magnetismus teils aus glaubwürdigen Berichten, teils aus eigener Anschauung eingehender kennen gelernt und die Überzeugung gewonnen, dass es sich hier um wirkliche Vorgänge handle, die man durch Bezweifeln und Ableugnen nicht ungeschehen mache und nur aus seiner Lehre allein erklären könne: Es handelte sich um die Herrschaft des Magnetiseurs über den Willen und die Gedanken anderer Personen, um den magnetischen Schlaf und das Hellsehen im tiefsten Schlaf. Dazu gesellte Schopenhauer die im Volk und Volksglauben einheimischen und bewährten „sympathetischen Kuren“, deren Gegenteil in der Ausübung verderblicher Einflüsse, in dem „*maleficium*“ und der „*fascinatio*“ bestände, die den Charakter des Hexenwesens und den eigentlichen Inhalt des Hexenglaubens ausmachten.

Alle die genannten Erscheinungen sind aus dem physischen Kausalnexus schlechterdings unerklärlich, sie sind rätselhafte und geheimnisvolle Dinge, die in das Gebiet derjenigen Vorgänge fallen, welche man als *magische* zu bezeichnen pflegt. Im Götterglauben des Altertums erschienen die Wundertaten und Zaubereien als die mittelbaren Werke göttlicher und dämonischer Kräfte, zu deren Aneignung man derjenigen Mittel kundig sein musste, welche auf die Götter und durch sie zu wirken vermochten: Daher die Priester am ehesten in die Geheimnisse der Magie eingeweiht waren, und diese von den neuplatonischen Philosophen als *Theurgie* betrachtet, von Porphyrius zuerst so benannt wurden. Als aber in der Weltreligion die Herrschaft der göttlichen Aristokratie durch das Christentum gestürzt und die der göttlichen Monarchie eingeführt wurde, so galten von nun an die Götter und Dämonen für böse Wesen und demgemäß die Magie für ein Werk des Teufels und der Teufelsbündnisse, wozu nach der Entstehung des Hexenglaubens auch das gesamte Hexenwesen gehörte.

Im Hinblick auf den tollen Aberglauben, womit diese Vorstellungen vernetzt waren und auf die furchtbare Grausamkeit, womit sie verfolgt wurden, gebührt dem Cartesianer Balthasar Bekker alles Lob, der die Unmöglichkeit der Magie zu beweisen unternahm, da es in der Körperwelt keine andere Wirksamkeit gebe und geben könne als die mechanische.

Die Aufklärung ist ihm gefolgt und hat in der Welt einen förmlichen „Thomas- oder vielmehr Thomasiusunglauben" an die Magie verbreitet. Dieser Stand der Sache ist seit Kant und durch ihn geändert. Solange Zeit und Raum, jene für den ungeheuren Fluss, dieser für die ungeheure Schachtel angesehen wird, worin alle Wesen stecken, muss ein von beiden unabhängiges Sein und Wirken für eine bare Unmöglichkeit gelten. Nachdem aber Kant bewiesen hat, dass Zeit und Raum bloße Anschauungsformen sind, ist die Möglichkeit einer solchen Unabhängigkeit einleuchtend, ohne welche auch nach Kants eigener tiefsinnigen Darlegung von Freiheit im ernstlichen Sinn gar nicht die Rede sein könnte.

Diesen Standpunkt behauptet Schopenhauer und beurteilt aus ihm die Tatsachen der Magie. Das von Zeit, Raum und Kausalität unabhängige Wesen ist der Wille: Er ist das Urwesen, das Wesen aller Wesen, das All-Eine, das Herz der Welt. Unabhängig von Zeit, Raum und Kausalität, also auch von dem natürlichen Kausalnexus der Dinge wirken, heißt *magisch* wirken oder zaubern. Zeit und Raum isolieren die Individuen, deren jedes eine Willenserscheinung und ein erkennendes Subjekt für sich ausmacht. Unabhängig von Zeit und Raum wirken, heißt daher die Schranken und Scheidewände beider durchbrechen, die Isolation der Individuen im Wollen und Erkennen aufheben und unmittelbar in die zeitliche und räumliche Ferne wirken: Dies ist im Wollen die *actio in distans* oder die *Zauberei*, im Erkennen die *visio in distans* oder das *Hellsehen*.

Zu allen Zeiten und in allen Ländern, sagt Schopenhauer, habe man die Meinung gehegt, dass außer der regelrechten Art, Veränderungen in der Welt hervorzubringen mittels des Kausalnexus der Körper, es noch eine andere, von jener ganz verschiedene Art geben müsse, die gar nicht auf dem Kausalnexus beruhe; es müsse außer dem *nexus physicus* zwischen den Erscheinungen dieser Welt noch eine andere, durch das Wesen an sich aller Dinge gehende, gleichsam unterirdische Verbindung, einen *nexus metaphysicus* geben und statt des gewöhnlichen Wirkens von außen ein Wirken auf die Dinge von innen, vermöge des Wesens an sich, welches in allen Erscheinungen eines und dasselbe ist, möglich sein. So fest auch die Scheidewände der Individuation und Sonderung seien, so könnten sie doch gelegentlich eine Kommunikation gleichsam hinter den Kulissen zulassen, und wie es im somnambulen Hellsehen eine Aufhebung der individuellen Isolation der *Erkenntnis* gebe, könne es auch eine Aufhebung der individuellen Isolation des *Willens* geben. „Hierzu den Weg zu finden, die Isolation, in welcher der Wille sich in jedem Individuum befindet, aufzuheben, eine Vergrößerung der Willenssphäre über den eigenen Leib des Wollenden hinaus zu gewinnen – das war die Aufgabe der Magie."

Was in Ansehung des animalischen Magnetismus Mesmer vom Weltäther, andere von der Hautausdünstung des Magnetiseurs u. s. f. gefabelt haben, sei Unsinn; auch die Operationen mit Magnetstäben, die Manipulationen u. s. f., wie bei den sympathetischen Kuren die Zeremonien und sinnlosen Worte, seien nebensächlich: Das eigentliche Agens, wie auch die etwas tiefer blickenden Magnetiseure und Forscher richtig gesehen und Männer, wie Szapary, ausgesprochen hatten, sei einzig und allein der *Wille*, dem die Kraft der Magie inwohne ohne alle äußeren Zeichen und Beiwerke, während die Letzteren, wie z.B. die Manipulationen des Magnetiseurs, nur dazu dienen, den Willen auf sein Objekt zu fixieren, für sich genommen aber gar nichts ausrichten. Ohne den Willen sind alle äußeren Zeichen und Zeremonien Hokuspokus.

Das magische Wollen ist das wirkliche, mächtige, inbrünstige, von keinem Zweifel beirrte, von keiner Theorie belehrte oder geleitete Begehren. Alle Theorie ist sekundär und, für sich genommen, machtlos: keine, und wäre sie noch so richtig, kann die Magie des Willens hervorrufen; keine, und wäre sie noch so abergläubisch und falsch, kann sie verhindern oder entkräften. Von den Theosophen und Mystikern, die nach der Wiederbelebung des Neuplatonismus durch die Renaissance hervorgetreten sind, haben einige das Wesen der Magie richtig gefühlt und charakteristisch bezeichnet: vor allen *Theophrastus Paracelsus* und unter seinen Nachfolgern *Jakob Böhme*. Paracelsus setzt Magie und Vernunft einander entgegen: „Die Magie ist eine große verborgene Weisheit, die Vernunft ist eine öffentliche große Torheit."

Die Quelle alles Wirkens ist der Wille, die Begierde, die, was sie begehrt, mit einer solchen Kraft imaginiert, dass es leibhaftig wird. Diese Begierde ist das Herz des Menschen, „die Sonne des Mikrokosmus", und die „Imaginatio Mikrokosmi ist ein Samen, der materialisch wird". „Diese kräftige und strenge Imagination ist der Anfang aller magischen Werke." Alles leibhaftige Imaginieren stammt aus der inbrünstigen Begierde, die aus dem Herzen kommt, die keine Zweifel und Schwankungen kennt und vom Glauben an ihre Sache ganz erfüllt ist. „Der Glaube beschließt den Willen", sagt Paracelsus, „der Zweifel bricht das Werk." Was inbrünstig begehrt wird, ist wahr und wird wirklich. Darum erfüllen sich die Flüche, die von Herzen kommen, wie die Vater- und Mutterflüche, die Flüche der armen Leute, der Gefangenen usw. In der Gelehrsamkeit und den Begriffen steckt keine Kraft, auch nicht in den Zeremonien, welcher Art sie auch seien, diese sind „lauter Affenspiel", wie Paracelsus sagt.

In demselben Sinn hat Jakob Böhme in seiner „Erklärung von sechs Punkten" die Magie aufgefasst, wenn es unter dem fünften Punkt heißt: „Magia ist die Mutter des Wesens aller Wesen, denn sie macht sich selber und wird in der *Begierde* verstanden. Die rechte Magie ist kein Wesen, sondern der *begehrende Geist* des Wesens. In summa: Magia ist das Tun im *Willengeist*."

Nach Schopenhauer heißt magisch wirken unabhängig vom Kausalnexus der Dinge wirken durch den bloßen Willen, wie es die angeführten Tatsachen dartun. Und da nach seiner Lehre eine solche Unabhängigkeit dem Willen in Wahrheit zukommt, so begründet sie durch das Prinzip ihrer Metaphysik die Möglichkeit der Magie, weshalb Schopenhauer die Werke der Letzteren als „*Experimentalmetaphysik*" bezeichnet. Das Wort stammt von Bacon, der es aber nicht in diesem und in keinem der Physik transzendenten Sinne genommen hat.[411]

III. Naturwissenschaftliche Bestätigungen

1. Die unwillkürlichen Leibesaktionen

Der Satz, dass Wille und Leib identisch sind, gehört zu den Grunddogmen der Lehre Schopenhauers und ist nach seinem eigenen Ausspruch „die philosophische Wahrheit katexochen". Doch ist uns dieser Satz noch keineswegs in seinem vollen Umfang dargetan und nur so weit bewiesen worden, als derselbe aus den willkürlichen Leibesbewegungen und aus den Willenserregungen erhellt, die als Empfindungen der Lust und Unlust unmittelbar aus äußeren Einwirkungen auf den Leib hervorgehen oder als heftige Gemütsbewegungen freudiger wie trauriger Art unmittelbar in leibliche Eindrücke und Veränderungen übergehen. Dass der *ganze* Leib Wille sei, ist in dem zweiten Buch des Hauptwerks wohl vielfach behauptet und geltend gemacht, aber nicht einleuchtend genug ausgeführt worden. Darum haben wir im vorigen Kapitel diesen Satz nur unter der Voraussetzung gelten lassen, dass auch die unwillkürlichen Bewegungen des Leibes, auch dessen innere bewusstlose Vorgänge, dass *alle* seine Funktionen, darum auch seine gesamte Gliederung und Gestaltung Ausdruck und Manifestation des Willens seien. Diese Voraussetzung ist nunmehr zu beweisen.[412]

Zwar hatte der Königlich Dänische Leibarzt Brandis in zwei Schriften aus den Jahren 1833 und 1834 zu beweisen gesucht, dass alle Prozesse des Organismus sowohl im gesunden als auch im kranken Zustand Äußerungen eines bewusstlosen Willens wären, und dieser ihre Urquelle und *primum mobile.* Schopenhauer hatte diese Bestätigung seiner Lehre von Seiten eines so angesehenen Arztes in der ersten Auflage seiner Schrift „Über den Willen in der

411 Ebendas., S. 295 – 323. Vgl. oben I. Buch, 7. Kap., S. 143.
412 S. oben II. Buch, 8. Kap., S. 313.

Natur“ mit erfreuter Genugtuung berichtet; doch musste er in den Ergänzungen und in der zweiten Auflage der genannten Schrift diese Genugtuung umstimmen. Was er für eine Bestätigung seiner Lehre gehalten hatte, erwies sich bei näherer Beleuchtung nur als eine Wiederholung derselben und ein an ihr verübtes Plagiat. Der dänische Leibarzt hatte sich an der „Welt als Wille und Vorstellung“ in ähnlicher Weise versündigt wie einige Jahre zuvor der Wiener Augenarzt an der Farbenlehre.

Der Übergang von der Erkenntnislehre zur Metaphysik lag in der Frage: Was bin ich in der Welt, in der ich bin und die ich vorstelle? Die Antwort hieß: Ich bin das die Welt vorstellende und erkennende Subjekt, dieses erkennende Subjekt ist ein sensibler *Leib*, mein Leib, dessen Aktionen meine Kraftäußerungen sind; ich bin *Kraft*, diese Kraft ist *Wille*, mein Wille, dieser Wille bin *ich selbst*. Um die Grundlehre Schopenhauers, dass Kraft, und zwar alle Kraft gleich Wille ist, überhaupt zu verstehen, muss man *Wille* und *Willkür* richtig zu unterscheiden wissen. Willkür ist Wille, nicht umgekehrt. Willkür ist eine besondere Willensart, die sich zum Willen verhält wie die Spezies zur Gattung: Sie ist der motivierte, d. h. der von Motiven bestimmte, also von der Erkenntnis beleuchtete, geleitete und regulierte Wille, der tierisch-menschliche, noch näher gesagt, der menschliche, von der Vernunfterkenntnis gelenkte, durch Begriffe und abstrakte Motive, die aus Vergangenheit, Gegenwart und Zukunft geschöpft sind, bestimmte Wille. Wo aber eine Vielheit von Motiven auf den Willen einwirkt, kann ein Konflikt derselben stattfinden, der sich nur durch Abwägung, Überlegung und Wahl entscheiden lässt: Diese *Wahlentscheidung* ist die Willkür im eigentlichen und engsten Sinne des Wortes. In dieser Form aber erscheint der Wille erst, nachdem er durch das Bewusstsein hindurchgegangen, den doppelten Intellekt passiert, die Objekte erkannt und nunmehr diejenige Höhe seiner Objektivation erreicht hat, von welcher aus er imstande ist, auf die erkannte Außenwelt zu reagieren. Da nun in dieser Gestalt der Wille die allerbekannteste und täglichste Sache von der Welt ist, so pflegen wir Wille und Willkür zu identifizieren und nun das Wollen für eine Funktion der Vernunft und des Erkennens zu halten.

Diese falsche Ansicht ist nicht bloß ein gewohntes und eingewurzeltes Vorurteil, sondern beruht zugleich auf einem metaphysischen Grundirrtum aller bisherigen Philosophie. Man habe nämlich das

Erkennen und Denken, welches eine Gehirnfunktion sei, verselbstständigt und unter dem Namen „*Seele*“ hypostasiert; man habe die Seele wegen ihres immateriellen Wesens für eine *einfache* Substanz erklärt, welcher mit dem Denken und vermöge desselben auch das Wollen zukomme. So sei die rationale Psychologie ausgemacht worden, die der Seele wegen ihrer Einfachheit die Unsterblichkeit und dem Denken wegen seiner Immaterialität die Ursprünglichkeit und den Primat zuerkannt habe. Obwohl Kant die wissenschaftliche Gültigkeit der metaphysischen Seelenlehre von Grund auf zunichte gemacht, so habe er doch die Ursprünglichkeit der Denk- und Urteilskraft bestehen lassen und die sekundäre Beschaffenheit oder die physische Herkunft des Intellekts bestritten.

Nun aber lehrt Schopenhauer, dass die Seele, dieses mit Verstand und Wille begabte Wesen, nicht einfach sei, sondern *zusammengesetzt*, dass ihre beiden völlig heterogenen Bestandteile Wille und Intellekt seien, dass, wie schon Cabanis nachgewiesen, der Intellekt physischer Herkunft und sekundärer Beschaffenheit sei, der Wille dagegen das Urwesen, das Primäre, gleichsam, chemisch zu reden, „das Radikal der Seele“. Vor ihm habe die gesamte Metaphysik die Seele für einfach gehalten, wie die gesamte Chemie das Wasser, bevor Lavoisier kam und dessen Zusammensetzung entdeckte. Daher nimmt Schopenhauer in der Metaphysik eine ähnliche epochemachende Bedeutung für sich in Anspruch, als welche in der Chemie Lavoisier hat. Die Auffassung der Welt als „Wille und Vorstellung“ enthalte eine Fundamentalveränderung der Begriffe, nach welcher die Sache der Philosophie stehe, wie sie noch nie gestanden habe. Die Erkenntnis für das Prius, das Wollen für das Posterius anzusehen, sei das größte *ὕστερον πρότερον*, welches je gewesen.

Alle unsere Leibesaktionen, die willkürlichen wie die unwillkürlichen, werden durch Nerven bedingt und geleitet, diese aber zerfallen in zwei besondere Systeme: das zentrale mit dem Gehirn und Rückenmark, von denen die sensiblen und motorischen Nerven ausgehen, und das sogenannte sympathische mit den kleinen Zentren, die in den Nervenknoten oder Ganglien und deren Verflechtungen bestehen. Jene lenken die willkürlichen Bewegungen, als da sind die der Arme und Beine, der Augen, der Zunge und Lippen, der Kehle und Lungen, der Gesichts- und Bauchmuskeln; diese die unwillkürlichen, die vegetativen oder organischen Funktionen, als da sind die

Herztätigkeit und der Blutumlauf, die Verdauung und Assimilation, die peristaltische Bewegung der Gedärme, das Saugen der Darmzotten und der Drüsen, die Absonderungen oder Sekretionen u. s. f.

Das zentrale Nervensystem mit seinem Sensorium, dem Gehirn und den Sinnesorganen, dient zur Wahrnehmung der Außenwelt und zur Reaktion des Willens auf dieselbe, es ist in der Verfassung des Organismus gleichsam das Ministerium des Äußeren; das sympathische Nervensystem, welches die innere Ökonomie des Leibes besorgt, lässt sich mit dem Ministerium des Innern, die kleinen Zentren desselben mit den Provinzialstatthaltern vergleichen; der Wille aber ist der Selbstherrscher.

Da es nun im Grunde ein organisches System ist, welches in zwei aus gleichartigen Elementen zusammengesetzten Gebilden alle Leibesaktionen leitet, so ist nicht anzunehmen, dass diese Letzteren *zwei* grundverschiedene Urquellen haben: Die willkürlichen Bewegungen den Willen, die unwillkürlichen aber ich weiß nicht wen. Bezeichnet man den Leiter der organischen Funktionen als „Vitalität, Archäus, Lebensgeister, Bildungstrieb" u. s. f., so heißt das so viel als x. y. z. Niemand kann zweien Herren dienen, auch nicht der Leib. Sein Herr ist der Wille: der bewusste, dem der Leib in seinen willkürlichen Bewegungen gehorcht, während der unbewusste und blinde Wille die unwillkürlichen beherrscht.

Willkürlich oder bewusst sind diejenigen Bewegungen, welche aus Motiven erfolgen, diese aber entstehen aus Sinneseindrücken, die auf dem Weg der sensiblen Nerven ins Gehirn gelangen, hier zu Vorstellungen, Begriffen, Beweggründen (Entschlüssen) verarbeitet werden und nun auf der motorischen Nervenbahn zu den Gliedern geführt werden, deren Muskeln sie zur Kontraktion und dadurch zur gewollten Bewegung veranlassen oder reizen. Daher können nur diejenigen Glieder willkürlich bewegt werden, welche Nerven vom Zentralorgan erhalten. Ist die Nervenleitung vom Gehirn zum Organ gehemmt, der motorische Nerv durchschnitten, so kann das Glied, z.B. die Hand, mit dem besten Willen nicht bewegt werden. Der Wille ist da, aber die Ursachen, ohne welche keine Kraftäußerung, also auch kein einzelner Willensakt eintreten kann, sind nicht da.

Ein augenscheinlicher Beweis, dass der Wille beide Arten der Bewegung lenkt und beherrscht, liegt darin, dass dieselbe Bewegung jetzt auf unwillkürliche, jetzt auf willkürliche Weise zustande kommt. So z.B. verengt sich die Pupille unwillkürlich auf vermehrten Lichtreiz, um eine schmerzliche Affektion abzuwehren; ganz dieselbe Bewegung geschieht willkürlich, wenn wir einen nahen Gegenstand deutlicher betrachten wollen, und wir erweitern sie willkürlich, um den Blick in die Ferne zu richten. Sollen wir nun sagen, dass die willkürliche Verengung der Pupille der Wille gemacht hat, die unwillkürliche aber ich weiß nicht wer? Jede willkürliche Bewegung vermöge der Muskelkontraktion ist das Resultat einer Reihe vorhergehender, unwillkürlicher und unbewusster Veränderungen im Innern des Organs. Sollen wir nun sagen, dass zwar das letzte Resultat der Wille herbeiführe, die Bedingungen dazu aber ich weiß nicht wer?

Wir haben als auf einen augenscheinlichen Beweis, dass Wille und Leib identisch sind, schon früher darauf hingewiesen, dass alle heftigen Gemütsbewegungen sich unmittelbar verleiblichen, d.h. in unwillkürlichen Leibesaktionen sich darstellen, wie Freude und Hoffnung im beschleunigten Herzklopfen, Zorn in rascherem Blutumlauf, das Schamgefühl im Erröten, der Schreck im Erbleichen, die Angst in beschleunigter Darmtätigkeit, die Wut in der Veränderung des Speichels, der Gram in der Untergrabung der vitalen Funktionen u.s.f.

Was man früher die Hauptfunktionen der Lebenskraft genannt hat, sind die Systeme, in denen sich der Wille verleiblicht: die Reproduktion, die Irritabilität und die Sensibilität; die organische Grundform der ersten ist das Zellgewebe, das der zweiten die Muskelfaser, deren eigentümliche Tätigkeit in der Kontraktion besteht, wie Haller festgestellt hat, das der dritten der Nerv: die Reproduktion charakterisiert das pflanzliche Leben, die Irritabilität das tierische, die Sensibilität das menschliche. Wenn im Menschen die Reproduktion vorherrscht, so ist sein Wesen phlegmatisch und träge, das Übergewicht der Irritabilität macht ihn behend, stark und tapfer, das der Sensibilität tief fühlend und geisteslebendig. Um diese Systeme in hellenischen Volkstypen darzustellen, so erscheint die Vorherrschaft des ersten im Böotier, die des zweiten im Spartaner, die des dritten im Athener. Ist das Übergewicht der intellektuellen Kräfte in ganz ungewöhnlichem Grad vorhanden, so heißt eine solche eminente und höchst seltene Erscheinung *Genie*: der geniale Mensch verhält sich zu den übrigen Menschen wie die Menschen als solche zu den Tieren; die Genies stehen allein und einsam, sie sind nicht mit anderen Menschen zusammenzufassen, sondern gleich den großen Diamanten Solitäre.

Die Selbstliebe ist eine jedem Ding zukommende Kraft, wie der Physiologe Burdach gesagt hat, den Schopenhauer anführt. Dasselbe hat Spinoza gesagt, den er nicht anführt. Selbstliebe ist nichts anderes als der Wille zum Dasein, zum Leben, der aber als solcher erst nach seinem Durchgang durch das Bewusstsein jedem einleuchtet. Die intellektuelle Tätigkeit muss erregt, angestrengt, erlernt werden; sie wird durch ihre Anstrengung erschöpft und ist genötigt zu pausieren und auszuruhen, um sich zu erneuern. Das Gehirn wird ermüdet und muss schlafen, es verwelkt und stirbt. Ganz anders der Wille, der nie ermüdet, nie pausiert, immer tätig ist, immer derselbe bleibt und nie erlernt zu werden braucht. *Velle non discitur*. Unabhängig von aller Zeit, ist er ewig, unzerstörbar, unsterblich. Die Frage nach der Unsterblichkeit steht schief oder geradezu verkehrt, solange sie auf die Seele gerichtet und unter diesem Namen der Intellekt hypostasiert wird: Sie ist auf den Willen zu richten, dann wird sich zeigen, wie die Antwort ausfällt.

2. Der Bau des Leibes

Was nunmehr von unseren willkürlichen und unwillkürlichen Bewegungen, mithin von *allen* leiblichen Veränderungen feststeht, dass es der Wille ist, der sie macht, das muss auch von den Organen, deren Funktionen jene leiblichen Veränderungen sind, also von der gesamten Gliederung und Gestaltung des Leibes gelten: Der ganze Leib ist Willenserscheinung, der Ausdruck eines tierischen Charakters, d.i. eines Inbegriffs von Neigungen und Begierden, der sich zu dem gesamten Organismus verhält wie der einzelne Willensakt zu der ihm entsprechenden willkürlichen Leibesaktion. Wie diese beiden identisch sind, so Wille und Leib im Ganzen.

Die charakteristische Form der Knochenbildung und des Skeletts ist der unverkennbare Ausdruck eines bestimmten tierischen Charakters; jedes Organ ist der typische Ausdruck einer der besonderen Tierart eigenen Hauptbegehrung, wie auch Männer des Fachs, Anatomen und Physiologen, dies erkannt und ausgesprochen haben. Burdach sagt: Das Gehirn stülpt sich zur Netzhaut aus, weil das Zentrale des Embryo die Eindrücke der Welttätigkeit in sich aufnehmen *will*, die Schleimhaut des Darmkanals entwickelt sich zur Lunge, weil der organische Leib mit den elementaren Weltstoffen in Verkehr treten *will*. Die Identität zwischen Leib und Wille war das Fundamentalprinzip, woraus Schopenhauer im zweiten Buch des Hauptwerkes die völlige Angemessenheit beider im tierischen wie im menschlichen Organismus erklärt hatte: „Die Teile des Leibes müssen deshalb den Hauptbegehrungen, durch welche der Wille sich manifestiert, vollkommen entsprechen, müssen der sichtbare Ausdruck derselben sein: Zähne, Schlund und Darmkanal sind der objektivierte Hunger, die Genitalien der objektivierte Geschlechtstrieb, die greifenden Hände, die raschen Füße entsprechen dem schon mehr mittelbaren Streben des Willens, welchen sie darstellen. Wie die allgemein menschliche Form dem allgemeinen menschlichen Willen, so entspricht dem individuell modifizierten Willen, dem Charakter des Einzelnen, die individuelle Korporation, welche daher durchaus und in allen Teilen charakteristisch und ausdrucksvoll ist.“[413]

In dem Erkenntnisorgan manifestiert sich das Erkennenwollen, wie in dem Sehorgan das Sehenwollen. Ohne den Willen zum Erkennen entsteht kein Gehirn, ohne den Willen zum Sehen kein Auge. In dem indischen Nationalepos Mahâbhârata wird diese metaphysische Wahrheit mythisch und höchst sinnvoll ausgedrückt. Brahma hat die Tillotama, das schönste der Weiber, geschaffen und lässt sie den Götterkreis umwandeln; Schiwa will sie nicht aus den Augen verlieren, da wachsen ihm vier Gesichter, eines nach jeder Weltgegend; Indra will nichts als sie sehen, da wachsen aus seinem Leib zahllose Augen.

Ohne den Willen zum Leben, und zwar auf diese bestimmte, den Umständen gemäße Art zu leben, ohne diesen tierischen Charakter entsteht kein tierischer Leib. „Jede Tiergestalt ist eine von den Umständen hervorgerufene Sehnsucht des Willens zum Leben: z.B. ihn ergriff die Sehnsucht, auf Bäumen zu leben, an ihren Zweigen zu hängen, von ihren Blättern zu zehren, ohne Kampf mit anderen Tieren und ohne je den Boden zu betreten: Dieses Sehnen stellt sich endlose Zeit hindurch dar in der Gestalt (platonische Idee) des *Faultiers*. Gehen kann es fast gar nicht, weil es nur auf Klettern berechnet ist: Hilflos auf dem Boden, ist es behend auf den Bäumen,

413 Die Welt als Wille u.s.f., I, § 20, S. 161 f. Vgl. Über den Willen in der Natur. (Vergleichende Anatomie) S. 234 – 236.

und sieht selbst aus wie ein bemooster Ast, damit kein Verfolger seiner gewahr werde."

Der tierische Leib ist, wie oben gesagt wurde, „durch und durch Wille": Daher die durchgängige Übereinstimmung zwischen der Organisation des Tieres und seiner Lebensweise: Hieraus folgt die durchgängige Zweckmäßigkeit und teleologische Erklärbarkeit des Leibes. Um hier aber nicht in ganz falsche und verkehrte Vorstellungen zu geraten, kommt alles darauf an, dass Zweckmäßigkeit und Teleologie richtig verstanden werden. Gewöhnlich nämlich versteht man unter Zwecken Motive oder Absichten, die aus Vernunftgründen hervorgehen. Da nun der tierischen Organisation die Zweckmäßigkeit zukommt, die Vernunft aber abgeht, so urteilt man, dass die tierischen Leiber, die organischen Körper überhaupt und, da die unorganische und organische Welt zueinander passen, die ganze Natur das Werk eines ihr fremden, von Vernunft und Weisheit erleuchteten Willens sei. So erscheinen die Tiere als göttliche Kunst- und Machwerke, die Teleologie wird zur „*Physikotheologie*" und zum Fundament des sogenannten physikotheologischen Beweises, dem ein Mann wie Voltaire eine fast mathematische Evidenz zuschrieb, den Priestley für unwiderleglich hielt, Hume aber, indem er auf die totale Verschiedenheit der Werke der Kunst von denen der Natur hinwies, erschüttert und erst Kant von Grund auf widerlegt hat.

Der physikotheologische Beweis, sagt Schopenhauer, ist für das gebildete Bewusstsein, was der keraunologische, d.i. der Beweis *a terrore,* für das gemeine: Diesem nämlich haben Furcht und Schrecken vor den zerstörenden Naturgewalten, jenem dagegen die Bewunderung vor den ordnenden Mächten Gott und die Götter gemacht.

Der Satz „Teleologie = Physikotheologie" gilt nach zwei entgegengesetzten Richtungen: die einen, wie Voltaire und Priestley, bejahen die Teleologie und darum die Physikotheologie, die anderen dagegen verneinen die Physikotheologie und darum alle Teleologie in der Erklärung der Natur und des Lebens, wie die Materialisten, darunter einige bedeutende Naturforscher unserer Tage.[414]

---

414 Anders und tiefer blickend urteilt K. Gegenbaur (Lehrbuch der Anatomie des Menschen, 7. Aufl. 1903, S. 35 – 36): „Jenem Steigen von Stufe zu Stufe gilt die *Vervollkommnung* als Ziel." „Diese überall in der organischen Natur in der allmählichen Entwicklung sich zeigende Vervollkommnung ist ein Ziel, welches erreicht wird und, rückbezogen, als Endzweck erscheint. So wenig die Betrachtung der einzelnen

Wenn der göttliche Wille nach einer ihm vorschwebenden Idee aus einem ihm äußeren und fremden Material die lebendigen Körper formt, so wird die Zweckmäßigkeit der Letzteren physikotheologisch vorgestellt, d.h. grundfalsch: Dann fallen Werkmeister, Werk und Stoff auseinander. Wenn aber der tierische Wille zum Leben, zu dieser bestimmten Lebensart aus seinem eigenen Material seinen Leib hervorbringt, so wird die Zweckmäßigkeit des Letzteren als *innere* vorgestellt, d. h. richtig: Dann fallen Werkmeister, Werk und Stoff in ein und dasselbe Wesen. Das Tier wird nicht geschaffen, sondern schafft sich selbst.

Indessen kann auch die innere oder naturgemäße Zweckmäßigkeit noch falsch ausgelegt werden. Das richtige oder falsche Verständnis hängt davon ab, wie das Verhältnis der tierischen Organisation gefasst wird: ob die Lebensweise durch die Organisation bestimmt sein soll oder umgekehrt die Organisation durch die Lebensweise. Ob sich die Lebensweise nach dem Bau des tierischen Leibes richtet oder umgekehrt dieser nach jener. Ob das Organ die Funktion und den Gebrauch bestimmt oder umgekehrt der Gebrauch und die Funktion das Organ. Ob, kurz gesagt, das Werk zu dem Werkzeug (der Zweck zu dem Mittel) passt oder das Werkzeug zu dem auszuführenden Werk (das Mittel zu dem Zweck). Lucrez in seinem Lehrgedicht *De natura rerum* war der ersten Ansicht, Aristoteles in seiner Schrift über die Teile der Tiere der zweiten.

Nach Lucrez entsteht das Organ nicht um eines Zwecks oder Gebrauchs willen, sondern die Natur erzeugt das Werkzeug und dieses den Gebrauch, der von ihm gemacht wird: „*quod natum est, id procreat usum.*“ Nach Aristoteles dagegen macht die Natur die Werkzeuge um des Werkes willen, das sie ausführen sollen, nicht aber umgekehrt: „*τὰ δ'ὄργανα πρός τὸ ἔργον ἡ φύσις ποιεῖ ἀλλ'οὐ τὸ ἔργον πρὸς τὰ ὄργανα*“.

In der richtigen Fragestellung liegt schon die Entscheidung, die dem Aristoteles zustimmt. Nicht weil das Tier so organisiert ist, darum lebt es so, sondern umgekehrt: Weil es so lebt und leben will,

Schritte an sich den ganzen Weg kennen lehrt, der nur einem Blick über die gesamte Strecke sich erschließt, ebenso wenig wird jener Endzweck aus der Einzelerscheinung völlig erkannt, obwohl er ebenso in ihr liegt wie in jedem Schritte eine Strecke des durchmessenen Weges. Aber die Betrachtung des Ganzen legt ihn uns vor Augen und begründet von diesem Standpunkt aus die Teleologie in einem anderen Sinne, als man früher diesen Begriff erfasst hatte.“

darum ist es so organisiert. Konkret zu reden: Der Vogel fliegt nicht, weil er Flügel hat, sondern er hat Flügel, weil er fliegen *will*; der Stier stößt nicht, weil er Hörner hat, sondern er hat Hörner, weil er stoßen *will*; die jungen Böcke, Widder und Kälber stoßen, ehe sie Hörner haben, wie der junge Eber um sich haut, ehe er Hauer hat. Die Sumpfvögel wollen waten und in den Sümpfen oder am Rand der Gewässer ihre Nahrung erbeuten: Deshalb haben sie ihre langen Beine, Hälse und Schnäbel, die Letzteren stärker oder schwächer, je nachdem die zu zermalmende Beute Fische, Frösche oder Würmer sind. Die Eule will des Nachts auf Raub ausfliegen: Deshalb hat sie ihre große Pupille, ihr weiches Gefieder, ihren geräuschlosen Flug. Der Ameisenbär will die Termitennester aufreißen und dort seine Nahrung holen: Deshalb hat er Krallen an seinen Füßen, ein zahnloses Maul, eine zylinderförmige Schnauze, eine lange, fadenförmige, mit klebrigem Schleim bedeckte Zunge, um sie in das Nest hineinzustecken und mit Insekten bedeckt wieder herauszuziehen. Die Giraffe will vom Laub hoher Bäume und vom Wasser leben: Daher die hohen Beine und der langgestreckte Hals, die sie zum größten aller Tiere machen. Und das kolossalste aller Tiere, der Elefant mit seiner Körpermasse, seinem schweren Kopf, den ungeheuren Stoßzähnen, dem kurzen Hals, bedarf eines leicht beweglichen, nach allen Richtungen hin reichenden Organs: Deshalb hat er seinen Rüssel. „Wir müssen einsehen, dass derselbe Wille, welcher den Elefantenrüssel nach einem Gegenstand ausstreckt, es auch ist, der ihn hervorgetrieben und gestaltet hat, Gegenstände antizipierend."[415]

Wie die *Lebensweise* des Tieres, so sind seine Organe. Die Lebensweise ist bestimmt durch die *Nahrungsweise*, diese durch die Art, den Aufenthaltsort und den Fang der Beute. Die Raubtiere wollen ihre Beute verfolgen, ergreifen, zerreißen, kauen, verschlingen, verdauen: Deshalb haben sie solche Bewegungsorgane, solche Klauen, solche Zähne, einen solchen Darmkanal u. s. f. Die tierischen Jäger mit ihrem Rüstzeug gleichen den menschlichen. Wenn diese Letzteren wilde Schweine fangen wollen, so bewaffnen sie sich nicht mit der Vogelflinte, sondern mit der Büchse. (Der Jäger geht nicht auf die Schweinsjagd, weil er eine Büchse hat, sondern weil er diese Art der Jagd unternehmen will, führt er diese Art der Schusswaffe mit sich.)

415 Die Welt als Wille u. s. f., II. Bd., 26. Kap., S. 390.

Die Raubtiere wollen verfolgen und angreifen: Deshalb haben sie in ihrer Organisation die dazu nötigen Werkzeuge und Waffen; die verfolgten Tiere wollen verteidigt und geschützt sein: Deshalb haben sie in ihrem Leib das dazu nötige Rüstzeug, defensive Armaturen, wie die Igel und Stachelschweine, Schusswaffen, wie die Schuppen- und Panzertiere. Eine besondere Art der Schutzwehr ist die Täuschung des Verfolgers durch die Ähnlichkeit des verfolgten Tieres mit seinem Aufenthaltsort: Das Faultier gleicht einem bemoosten Zweig, der Laubfrosch durch seine Farbe dem Laub, auf dem er sitzt, u. s. f. Die Raubvögel, wie Adler und Geier, wollen scharf sehen, die verfolgten und furchtsamen Tiere wollen scharf hören und eilig fliehen, wie der Hase mit seinen großen Ohren und schnellen Läufen.

In der Klasse der Wirbeltiere ist das Knochengerüst der plastische Ausdruck des tierischen Charakters. Bei aller Mannigfaltigkeit der Formen und Modifikationen des Skeletts bildet die Zahl und Ordnung der Knochen, z.B. des Schädels, der Halswirbel, der Armknochen u. s. f. einen gleichförmigen Grundtypus, den der französische Zoologe Geoffroy St. Hilaire die konstante Größe, das anatomische Element, die Einheit des Bauplanes (*l'unité de plan*) genannt hat. Die Variationen dieses Typus durch Verlängerung, Verkürzung, Verstärkung, Verkümmerung der Teile, woraus die zahllosen verschiedenen Tiergestalten hervorgehen, entsprechen den Lebensweisen der Tiere, ihrem Willen zu dieser bestimmten Lebensart: kurz gesagt ihren Charakteren. In dem Skelett der Giraffe muss sich die Halswirbelsäule verlängern, in dem des Elefanten verkürzen, in dem des Maulwurfs werden die Halswirbel bis zur Unkenntlichkeit zusammengeschoben; in dem Skelett des Affen, der klettern, nach den Ästen greifen, von Zweig zu Zweig sich fortschwingen und mit einem ellenlangen Wickelschwanz sich befestigen will, wollen die Arm- und Fingerknochen wie das Steißbein (*os coccygis*) verlängert, in dem Skelett der Fledermaus wollen die Armknochen ausgedehnt und verdünnt werden, da zwischen ihnen sich eine Flughaut ausspannen will, größer als der Leib des ganzen Tieres. Dagegen in dem Skelett des Krokodils, das im Schlamm kriechen will, wie in dem des Seehunds, der sich auf dem Boden lagern will, bedürfen die Armknochen einer außerordentlichen Verkürzung.[416]

416 Über den Willen in der Natur. Vergleichende Anatomie. S. 244 – 247. S. 252 – 253.

3. Der Intellekt

Die Pflanze wurzelt im Erdreich und wird von den Stoffen ernährt, die sie umgeben; das Tier dagegen muss seine Nahrung suchen und zu diesem Zweck die Dinge außer ihm *wahrnehmen*: Es bedarf des Intellekts zum Wegweiser und Führer, weshalb die Alten ihn das *ἡγεμονικόν* genannt haben. Zu dem Lebenwollen auf tierische Art gehört das Erkennenwollen, das sich ein Erkenntnisorgan, ein Sensorium, das Gehirn mit den dazugehörigen Sinneswerkzeugen schafft, wodurch die Außenwelt wahrgenommen wird und der sensible, tierische Leib nunmehr als ein vorstellendes und erkennendes Subjekt auftritt. Jetzt wird der Wille durch Motive, d.h. wahrgenommene Objekte bestimmt, durch solche, die mit seiner Lebens- und Nahrungsweise unmittelbar zusammenhängen, die ihm zum Nutzen oder Schaden gereichen, zu seiner Erhaltung oder Zerstörung dienen. Nun ist der Wille nicht mehr blind, sondern von der Erkenntnis beleuchtet, auf der niedrigsten Stufe des tierischen Daseins in der allerspärlichsten Weise, so dass im Erleuchtungskreis des Intellekts nichts anderes vor sich geht als hungern, die Beute spüren, erschnappen und verschlingen.

Der Wille zum tierischen Leben verlangt die Erhaltung des Individuums und der Gattung: Das sind die beiden Themata, die das tierische Dasein erfüllen. Je komplizierter, gewagter, schwieriger die Ausführung dieser Zwecke ist, um so mehr Hilfe hat der Intellekt zu leisten, umso mehr erweitert sich sein Vorstellungskreis und erhöht sich die Stufe seiner Entwicklung: daher die Intelligenz der Raubtiere, welche Jäger und Krieger sind. Mit der Lebensdauer wächst die Summe der tierischen wie der menschlichen Erfahrung: daher die Klugheit der langlebigen Elefanten und Affen. Je geringer die Fortpflanzung ist, umso schwieriger die Erhaltung der Gattung, umso sorgfältiger will die Brut bewahrt werden, dazu bedarf es der Klugheit des Intellekts; daher die Verminderung der Prolifikation und die Vermehrung der Intelligenz zusammengehen.

Der Intellekt entsteht zunächst nur als ein Hilfsmittel, als eine Waffe, welche auf der Stufe seines tierischen Daseins, um dasselbe zu erhalten und zu steigern, der Wille zum Leben sowohl zur Verteidigung als zum Angriff braucht, denn das Leben ist ein beständiger Krieg, der auf der Stufenleiter der Wesen an Heftigkeit zunimmt, da nur aus dem Kampf um das Dasein, aus der Vernichtung und Unterjochung der Feinde das siegreiche oder höhere Dasein hervorgeht. Mit der Vermehrung und Verfeinerung der Bedürfnisse wächst der Intellekt, der die Mittel wahrzunehmen, die Wege aufzufinden hat, welche zu ihrer Befriedigung führen: Dies gilt von den *menschlichen* Bedürfnissen und dem menschlichen Intellekt. Die Bewegungsorgane, um zweckmäßig gelenkt zu werden, bedürfen eines Erkenntnisorgans. Je hilfloser oder je weniger gerüstet von Natur der Leib ist, je schwächer die Bewegungskräfte seiner Glieder, d.h. je geringer seine Muskelstärke, um so dringender ist das Bedürfnis nach Waffen anderer, künstlicher Art, die der Intellekt herbeizuschaffen hat. Dies gilt von der Muskelstärke des *menschlichen* Leibes und dem menschlichen Intellekt.

Wir wissen schon, dass mit der Länge der Lebensdauer die Summe der Erfahrungen zunimmt, dass bei der geringen Zahl der Nachkommenschaft und der Langsamkeit ihrer Entwicklung die Pflege des neuen Geschlechts und die Erhaltung der Gattung der größten Sorgfalt bedürfen, die den Intellekt anstrengt und schärft: Dies gilt von der *menschlichen* Lebensdauer und Fortpflanzung. Die Bedürfnisse und Forderungen, welche das menschliche Dasein hervorruft, sind nur durch intellektuelle Kräfte zu befriedigen; die Defekte und Mängel seiner leiblichen Ausrüstung sind nur durch intellektuelle Kräfte zu decken: Deshalb schafft sich der Wille zum menschlichen Leben jenen *doppelten* Intellekt der Wahrnehmung und der Reflexion, des Verstandes und der Vernunft, das Vermögen der Begriffe und der Sprache, des besonnenen Handelns und der wissenschaftlichen Erkenntnis.

Die Werke der menschlichen Vernunft sind durchdachte, zweckmäßige, absichtsvolle Fabrikate. In dem Licht einer solchen vernünftigen Zweckmäßigkeit erscheint nun der menschlichen Betrachtung auch die Organisation des menschlichen Leibes, des tierischen Leibes überhaupt, aller organischen Körper insgesamt. Jetzt werden Vernunftmäßigkeit und Zweckmäßigkeit identifiziert, und da die Letztere in der Einrichtung des tierischen Leibes jeder unbefangenen Anschauung einleuchtet, so wird angenommen, dass in seiner Entstehung und Gestaltung die Idee oder der Plan seines Baus gegenwärtig und tätig gewesen sei. Dies ist die *falsche* Art, die innere Zweckmäßigkeit der tierischen Organisation zu verstehen und auszulegen, sie ist darum grundfalsch und verkehrt, weil sie die Sache buchstäblich auf den Kopf stellt: Sie macht den Leib zum Produkt des Intellekts, während dieser das Produkt des Leibes ist; sie lässt die leibliche Organisation aus der Vernunft und dem Denken resultieren, während diese aus jener hervorgehen. Nun wird die durchdachte und erkannte Zweckmäßigkeit in den Organismus hinein- und seiner Entstehung untergelegt, welche falsche Art, die lebendigen Körper aufzufassen und zu erklären, Kant in seiner Kritik der Urteilskraft bis auf den Grund erleuchtet hat. Wer da meint, dass die Vernunft, weil sie aus der Organisation des menschlichen Leibes hervorgeht, auch in dem Bau desselben stecken müsse, gleicht jenem Indianer, der, als er aus einer geöffneten Bierflasche den Schaum herausquellen sah, darüber in Lachen ausbrach und sagte: „Ich wundere mich nicht, dass er herauskommt, aber ich möchte wissen, wie er hineingekommen ist!"

Alle Werke, die der Entstehung und Tätigkeit des Intellekts vorausgehen und sie bedingen, sind Werke des *blinden* erkenntnislosen Willens. Der blinde Wille zum Leben fabriziert nicht, sondern *organisiert*; er schafft seine Organe zu bestimmten Zwecken, deren Inbegriff die Lebensweise oder den Charakter des Tieres mit seinen Begierden und Neigungen ausmacht; er schafft sie blind, d. h. ohne alle Erkenntnis der Zwecke: Diese Wirkungsart geschieht nicht auf Motive, sondern bloß durch *Instinkte*; wir sehen sie vor uns, diese zweckmäßigen Bildungen, die ohne alle Vorstellung ihrer Zwecke zustande kommen, in den Werken der tierischen Kunsttriebe.

4. Die Instinkte und Kunsttriebe[417]

Die tierischen Handlungen insgesamt sind, wie nach den obigen Auseinandersetzungen nunmehr feststeht, *Willensakte*: Alle sind gewollt, nicht alle beabsichtigt oder motiviert; alle sind verursacht, nicht alle durch Motive, d. h. durch wahrgenommene Objekte oder äußere Ursachen. Diejenigen tierischen Handlungen, welche nicht durch äußere Ursachen hervorgerufen werden, geschehen durch innere: Jene sind Beweggründe oder Motive, diese sind Triebe oder Instinkte; die Ursachen aller tierischen Handlungen sind entweder Motive oder Instinkte. Das instinktive Wollen, welches im Inneren des Leibes herrscht und dessen Organe gestaltet, heißt Bildungs-

417 Die Welt als Wille u. s. f., I, § 23, S. 168 f. II, 27. Kap.

trieb; in der Ausbildung und Ausführung äußerer Werke heißt es *Kunsttrieb*. Solche Werke sind z.B. der Termitenbau, der Bienenstock, das Spinngewebe, das Vogelnest, die periodischen Wanderungen der Vögel u. s. f.

Der Instinkt ist ein erkenntnisloses oder *blindes Motiv*, wenn man diesen Ausdruck brauchen darf, da doch aus der Wahrnehmung und Erkenntnis erst die Motive hervorgehen. Wenn der Vogel sein Nest baut, um darin Eier zu legen und auszubrüten, so handelt er vollkommen *zweckmäßig*. Wenn aber der junge Vogel, gleich nach der ersten Befruchtung, ohne Vorstellung der Eier und der Brut dieses Werk ausführt, so handelt er vollkommen *blind*. Dasselbe gilt von dem Netz, welches die Spinne webt, um darin Insekten zu fangen, ohne die Empfindung des Hungers und die Vorstellung des Raubes. In diesen und ähnlichen Werken der tierischen Kunsttriebe werden die künftigen Bedürfnisse und Befriedigungen des Tieres nicht vorgestellt, wohl aber *„antizipiert“*, und zwar nicht bloß die eigenen, sondern auch die der Brut.

Ganz dasselbe geschieht in der bewusstlosen Organisation des Leibes und der Gestaltung seiner Organe, die das Tier seinem Charakter, d.h. seiner künftigen Lebensweise und seinen noch ungefühlten Bedürfnissen gemäß ausbildet. Die ganze Gestalt des Tieres ist seinem Charakter, d.h. seiner Lebensweise vollkommen angemessen, als ob sie durch Motive darauf berechnet wäre, während sie durch den blinden Trieb oder Instinkt zustande gebracht ist. Instinkte sind gleichsam „antizipierte Motive“. Man muss daher die Werke der Kunsttriebe als eine zur Erhaltung der Individuen und der Gattungen notwendige *Fortsetzung der leiblichen Organisation* ansehen: Ebenso zweckmäßig und ebenso blind, wie diese entstanden und ausgeführt ist, wird sie in jenen Werken fortgesetzt.

Je mehr in der Handlungsweise der Charaktere die Motive vorherrschen, die Vernunftgründe und überlegten Entschlüsse, wie im menschlichen Leben und seiner fortschreitenden Ausbildung, umso mehr tritt das Walten der Instinkte zurück. Je deutlicher man die Zukunft erkennt, umso weniger hat man nötig, dieselbe blind zu antizipieren. Da nun das Gehirn der Ort und das Medium der Motive ist, so erklärt sich daraus, dass die Herrschaft und das Übergewicht der Letzteren mit der Entwicklung des Gehirns gleichen Schritt halten, dass daher die Herrschaft der Instinkte und die Werke der

Kunsttriebe weniger in der höheren Tierwelt, als vielmehr in der Klasse der niederen Tiere, namentlich der *Insekten*, statthaben: Ihre mustergültigsten und erstaunlichsten Beispiele sind die baulichen und gesellschaftlichen Einrichtungen der Ameisen und der Bienen. Da das sympathische Nervensystem mit seinen kleinen Zentren, den Nervenknoten oder Ganglien, die organischen Funktionen lenkt und ihnen vorsteht, diese aber in dem Walten der Instinkte und Kunsttriebe fortwirken, so erscheinen auch der Bau und die Bildung des Insektenleibes dieser ihrer Lebens- und Wirkungsart ganz angemessen.

Die großen Ameisen- und Bienenstaaten, bei aller Verschiedenheit ihrer Einrichtungen, zeigen uns einen Gesamtorganismus, in welchem die einzelnen Individuen den Zwecken des Ganzen gemäß ihre bestimmten Funktionen ausüben, wie die Glieder eines Leibes, der ein Individuum für sich ausmacht. In dem Bienenstaat fällt der Königin allein das Geschäft der Eierlegung zu, den Drohnen das der Befruchtung, den Arbeitsbienen die Geschäfte der Einsammlung und Verarbeitung der Nahrungsstoffe, der Behausung der Vorräte, der Ernährung und Erhaltung der Brut u. s. f.

Schopenhauer hat die Insekten, weil sie, von blinden Instinkten geleitet, das Zukünftige antizipieren und zweckmäßige Werke ausführen, „natürliche Somnambülen" genannt; er hat die *visio in distans* des magnetischen Hellsehens mit der *actio in distans* der tierischen Kunsttriebe verglichen und bei den blinden Instinkten, die das Zukünftige antizipieren, an jene unerklärlichen Vorgefühle einer völlig unbekannten Gefahr erinnert, welche Menschen bisweilen plötzlich ergreifen und vor dem Tode bewahren.

Alle diese wohlbekannten Tatsachen wären unmöglich, wenn die Zeit ein Ding an sich wäre, der ungeheure Fluss, in dem alles steckt. Da sie aber eine intellektuelle Anschauungsform ist und der Wille allgegenwärtig und unabhängig von aller Zeit, so gibt es für diesen keine Scheidewände der Zeit und des Raums.

Zehntes Kapitel

Wille und Kausalität. Der Primat des Willens

I. Die Grundlehre in kürzester Fassung

1. Herschel. Zwei Grundirrtümer

Von einem Abschnitt seiner Schrift „Über den Willen in der Natur“ hat Schopenhauer erklärt, dass darin der Grundgedanke seiner Lehre sowohl in Hinsicht auf Fasslichkeit als auf Evidenz in das hellste Licht gestellt sei, weshalb derselbe die ungeteilte Aufmerksamkeit des Lesers verdiene. Dieser merkwürdige Abschnitt heißt „*Physische Astronomie*“ und stützt sich auf den Ausspruch des berühmten John Herschel, der in seinem „*treatise on astronomy*“ (1833) geurteilt hatte, dass der Fall der Körper kraft ihrer Schwere das unmittelbare oder mittelbare Ergebnis eines Bewusstseins und eines *Willens* sei, der irgendwo existiere, wenngleich wir nicht vermögen ihn aufzuspüren. Dass unter diesem Willen nicht der göttliche zu verstehen war, lag auf der Hand, da über die Existenz und Erkennbarkeit des Letzteren Herschel sich nicht so unbestimmt und fraglich ausgedrückt hätte. Auch waren seiner Schrift deshalb heftige Einwürfe gemacht worden. Offenbar meinte er, dass die Kraft der Gravitation, welche die Bewegungen der Himmelskörper lenkt, in dem eigenen Willen der Körper selbst zu finden sei. Dies war der Punkt, in welchem Schopenhauer seine Lehre durch den Ausspruch eines berühmten Astronomen bestätigt sah.

Dass Herschel gesagt hatte „Bewusstsein und Wille“, war nur die Wiederholung jenes bekannten Grundirrtums der ganzen bisherigen Metaphysik, die den Willen vom Bewusstsein und Denken nicht zu trennen vermocht hat. Außerdem hatte er seinen wahren Ausspruch aus einer falschen Voraussetzung abgeleitet, da er unsere bewussten Willensaktionen, die Kraftanstrengung, womit wir auf die Körper außer uns einwirken, die Erfahrung dieser unserer eigenen Tätigkeit und Kraft für die Quelle nahm, woraus der Begriff der Kausalität hervorgehe. Als ob die Kausalität aus irgendwelcher Erfahrung hergeleitet werden könnte, da doch alle Erfahrung nur durch die Anwendung der Kausalität stattfindet; als ob bewusste Willensaktionen nicht motivierte Handlungen, und Motive nicht Ursachen wären, also den Begriff der Kausalität nicht erzeugen, sondern vielmehr voraussetzen! Dass die Kausalität auf der Erfahrung beruhe, war das Grunddogma der englischen Philosophie und des Empirismus, welches Kant von Grund auf widerlegt hat. Von diesem Dogma, infolge seiner Unkenntnis der kantischen Philosophie, zeigt sich auch Herschel befangen.

Seine falsche Voraussetzung enthält die beiden Grundfehler der englischen Erfahrungsphilosophie, welche erstens Ursache und Kraft identifiziert, zweitens Kraft und Wille unterscheidet. Vielmehr sind Ursache und Kraft zu unterscheiden, Kraft und Wille zu identifizieren: In diesen beiden Punkten hängt, wie in ihren Angeln, die ganze Lehre Schopenhauers; daher bietet sich hier die Gelegenheit, ihre Grundgedanken so bündig und klar wie möglich darzustellen.

2. Zwei Bewegungsarten und deren Ursachen

Jener doppelte Irrtum, bis in seine Wurzeln verfolgt, beruht darauf, dass man zwei grundverschiedene Prinzipien angenommen hat, um die Bewegungen der Körper zu erklären: Diese erfolgen entweder aus inneren oder aus äußeren Ursachen, jene seien psychisch, diese mechanisch; die Quelle der inneren Bewegung (Selbstbewegung) sei Wille (Seele), die der äußeren sei Mitteilung durch andere Körper. Diese Ansicht findet sich ausgesprochen von Plato in seinem Phädrus, von Aristoteles in seiner Physik, von Rousseau in dem deistischen Glaubensbekenntnis seines *Emile*. Demnach soll es zwei Arten der Bewegung geben, deren eine aus dem Willen, die andere aus mechanischen Ursachen entspringe; beide Arten der Bewegung seien grundverschieden: Die inneren seien gewollt, aber nicht verursacht; die äußeren seien verursacht, aber nicht gewollt.

Eben diese Lehre ist grundfalsch. In Wahrheit ist jede Bewegung sowohl gewollt als verursacht. „Es gibt nur ein einziges, einförmiges, durchgängiges und ausnahmsloses Prinzip aller Bewegung: ihre innere Bedingung ist *Wille*, ihr äußerer Anlass *Ursache*, welche nach Beschaffenheit des Bewegten auch in Gestalt des Reizes oder des Motivs auftreten kann.[418]

418 Über den Willen in der Natur. Physische Astronomie. S. 277 – 283.

3. Ursachen und Wirkungen. Gleichartigkeit und Verschiedenartigkeit

Je gleichartiger Ursachen und Wirkungen sind, umso einleuchtender und verständlicher ist ihr Zusammenhang und damit die Erscheinung selbst; je ungleichartiger dagegen beide sind, je mehr sich die Wirkungen von den Ursachen sondern und die Heterogeneität zwischen beiden zunimmt, umso unverständlicher und dunkler werden die Dinge. Was die Wirkungen von den Ursachen sondert und die Ungleichartigkeit wie die Ungleichheit zwischen beiden ausmacht, ist nichts anderes als der empirische Charakter der Dinge, dessen Wirkungsart immer unter gewissen Ursachen hervortritt, aber nicht aus ihnen hervorgeht. Etwas ganz anderes z.B. sind die Ursachen, unter denen ein menschlicher Charakter wirkt oder handelt, etwas ganz anderes sind diese Wirkungen selbst. Daher gilt uns der Satz: Je charakterloser die Dinge, umso einleuchtender und verständlicher; je charakteristischer oder charaktervoller, umso unverständlicher und dunkler. Es ist auch erklärlich, dass und warum es sich so verhält. Der empirische Charakter besteht im Wollen, dieses aber ist unabhängig vom Intellekt und der Kausalität, welche die Grundform des Intellekts ist: Daher ist der Wille grundlos, das Grundlose aber ist irrational, d. h. unverständlich. Der obige Satz lässt sich demnach auch so aussprechen: Je charakterloser die Dinge, umso rationaler; je charaktervoller, um so irrationaler.

Da nun mit den Stufen der Welt die Individualität und Charaktereigentümlichkeit der Dinge Hand in Hand geht, nach unten zu immer mehr und mehr abnimmt und sich verliert, nach oben zu immer mehr und mehr hervortritt und sich ausprägt, so folgt, dass nach derselben Abstufung auch die Gleichartigkeit zwischen Ursachen und Wirkungen, also auch die Verständlichkeit der Dinge ab- und zunimmt. Je höher wir auf der Stufenleiter der Wesen emporsteigen, umso charakteristischer werden die Dinge, umso irrationaler ihre Erscheinungen, umso mehr sondern sich die Wirkungen von den Ursachen, umso größer ist, qualitativ und quantitativ genommen, die Heterogeneität oder Verschiedenartigkeit beider.

Solche Erscheinungen, die gar keinen empirischen Charakter haben, die bloß aus den Formen des Intellekts bestehen, aus unseren Anschauungs- und Denkformen, Zeit, Raum und Kausalität (Grund und Folge), wie die Zahlen, die Figuren, die reinen Bewegungsgrößen, die bloßen Begriffsverhältnisse, sind das Verständlichste von der Welt und *a priori* erkennbar: daher die Evidenz und Fasslichkeit der reinen Mathematik und Logik, der Arithmetik, Geometrie und Phoronomie. Sobald aber die Kraft auftritt und sich rührt, kommt in die Erscheinungen etwas von ihrer bloßen Form Grundverschiedenes, etwas nicht *a priori* Erkennbares, sondern Empirisches, *a posteriori* Gegebenes, und die Sonderung zwischen Ursachen und Wirkungen beginnt.

Auf der niedrigsten Stufe der Dinge, im Zusammenstoß der Körper, erscheinen beide am gleichartigsten, sie sind es schon weniger in den Wirkungen der Schwere und der Elastizität, noch weniger in denen der Wärme: Die Ursache ist Erwärmung, die Wirkungen sind Ausdehnung, Flüssigwerden, Verflüchtigung, Gefrieren, Schmelzen, Kristallisierung der Körper u. s. f. In der Wirksamkeit der chemischen Kräfte herrscht ein geheimnisvolles Band zwischen Ursachen und Wirkungen, zwischen der sogenannten Wahlverwandtschaft der Körper auf der einen und ihren Verbindungen und Trennungen auf der andern Seite. Wie verschiedenartig sind in der Wirksamkeit der elektrischen Kräfte die Ursachen und Wirkungen: die Reibung des Glases, die Aufschichtung der Platten in der Volta'schen Säule und die Wirkungen, die daraus erfolgen!

Je weiter wir in der Stufenleiter der Dinge aufsteigen, von den unorganischen zu den organischen, von diesen zu den erkennenden Wesen, umso gesonderter, ungleichartiger und ungleicher, mit einem Wort heterogener zeigen sich Ursachen und Wirkungen. Man vergleiche das Samenkorn und den Baum, der daraus erwächst, das Erdreich und den Pflanzensaft, das unsichtbare Motiv und die sichtbare Bewegung des tierischen Leibes, die tief verborgenen Gedanken des Menschen und seine im Licht der Welt erscheinenden Handlungen. Hier werden zuletzt die Ursachen so unsichtbar, dass die Meinung entstehen konnte, es seien gar *keine* vorhanden, und die menschlichen Handlungen seien völlig indeterminiert und frei.

Unter der Überschrift „Pflanzenphysiologie" hatte Schopenhauer diese zunehmende Sonderung schon hervorgehoben, die dann unter der Überschrift „Physische Astronomie" das eigentliche Thema der Auseinandersetzung werden sollte. Indem er sich auf die Aussprüche berühmter Naturforscher berief, wie Cuvier,

Decandolle, Dutrochet, wollte er auch in dem Leben der Pflanzen die Äußerungen und Erscheinungen des Willens nachweisen, insbesondere in ihren sogenannten „spontanen Bewegungen". Dass sich stets die Wurzel nach unten, der Stengel nach oben richtet, jene dem feuchten Erdreich, dieser der Luft und dem Licht zustrebt; dass die Rankengewächse und Schlingpflanzen die Stütze aufsuchen, dass die Pflanzen die Gegenwart und Abwesenheit des Lichtes spüren, und dieses sich zu ihrem Wachstum verhält wie das Motiv zur Handlung: In allen diesen Tatsachen bekunden die spontanen Bewegungen der Pflanzen, die bis an die Grenze der willkürlichen reichen, ein Streben, das nichts anderes sein kann als Wollen. Die Pflanzen haben noch keine Erkenntnis und kein Erkenntnisorgan, weil sie deren nicht bedürfen.

Je intellektueller die Ursachen werden, umso verschiedener davon werden die Wirkungen: Jene macht der Intellekt, diese der Wille. Je mehr sich daher der Intellekt vom Willen sondert, umso mehr sondern sich die Wirkungen von den Ursachen. In den klugen, durch den Verkehr mit den Menschen hoch entwickelten Tieren zeigen sich schon die ersten Spuren des frei werdenden Intellekts, wenn z.B. die Hunde am Fenster sitzen und gaffen.[419]

Jene zunehmende Dunkelheit der Erscheinungen wird plötzlich erhellt, sobald wir nämlich auf unserem Weg durch die Stufenreihe der Dinge zu dem Punkt gelangt sind, wo das urteilende Subjekt und das zu beurteilende Objekt zusammenfallen: Dieser Punkt sind wir selbst. Hier geht uns ein neues Licht auf, das nicht von der Außenwelt kommt, sondern aus unserem eigenen *Innern*. Der Weg der Weltbetrachtung lässt sich mit der Fahrt durch die Grotte des Posilipp vergleichen, in der es immer dunkler und dunkler wird, bis das Licht von der entgegengesetzten Seite hereinfällt, und nun wird es immer heller und heller. In diesem Licht sieht das erkennende Subjekt sich selbst: Es ist *Leib*, sensibler, bewegter, willkürlich bewegter Leib, es ist *Wille*; alle Leiber, alle Körper sind Willenserscheinungen, der Wille ist das Wesen der Welt. In diesem Licht erhellt sich die Welt bis in ihren innersten Grund. „Das also war des Pudels Kern!" ruft Faust, wie aus dem Wechsel der Gestalten und kolossalen Verpuppungen endlich Mephistopheles hervortritt!

---

419 Ebendas., S. 283 – 288. Vgl. ebendas. Pflanzenphysiologie, S. 257 – 277.

Die Erscheinungen der Welt, von außen betrachtet, sind darin identisch, dass sie alle ausnahmslos von dem Gesetz der Kausalität beherrscht werden; die Erscheinungen der Welt, von innen betrachtet, sind darin identisch, dass sie die Objektivationen eines und desselben Wesens sind, nämlich des Willens. Wille und Intellekt, Ding an sich und Erscheinung, Reales und Ideales sind grundverschieden, wie Kant nachgewiesen und festgestellt hat. Nichts ist verkehrter, als das Reale und Ideale zu identifizieren, d. h. die Vernunft für das Urwesen, das Denken für das Ding an sich, das Sekundärste für das Primärste zu erklären. Diese Grundverkehrtheit, die Schopenhauer als „Windbeutelei" zu bezeichnen pflegt, ist nach ihm das grundfalsche Hauptthema der nachkantischen Philosophie gewesen.[420]

II. Der Primat des Willens

1. Der Intellekt als dessen Werkzeug

Dass man den Intellekt aus einer Funktion, die er ist, zu einer Person gemacht hat, die er nicht ist, zu einem mythologischen Wesen namens Seele, dessen Beschreibung als „*rationale* Seelenlehre" in der Metaphysik eine Hauptrolle zu spielen gehabt, darin sah Schopenhauer das *πρῶτον ψεῦδος*, woraus eine Reihe fundamentaler Irrtümer hervorgegangen sei. Der erste und nächste war die gänzliche Verkennung, ja grundverkehrte Auffassung, wie Intellekt und Wille sich zueinander verhalten. Nun musste der Wille für die Funktion des Intellekts, das Wollen für die Folge des Erkennens gelten, und es hieß: „wie der Verstand, so der Wille": also ein schwacher Verstand ein schwacher Wille, ein starker Verstand ein starker Wille, geringer Verstand geringer Wille, gar kein Verstand gar kein Wille. Zwar scheiterten diese Sätze sämtlich an den ersten besten Erfahrungen, wenn man nur die Augen öffnen und die Tatsachen sehen wollte; aber das Dogma herrschte. Es gibt Menschen und Tiere, die bei einer sehr geringen Erkenntnissphäre und einem sehr schwachen Verstand oft einen sehr heftigen Willen zeigen, und es gibt umgekehrt Menschen von vielem Verstand und sehr schwachem Willen.

Wenn man so aber das Verhältnis dieser beiden Grundfaktoren des inneren Menschenlebens nicht richtig erkennt, vielmehr grund-

420 Ebendas. S. 288 – 290.

falsch auffasst, wie will man zu einer echten Menschenkenntnis gelangen? Das Dogma der rationalen Psychologie hat auch die *empirische* verdorben und auf falsche Wege geführt. Um nun seine neue Lehre von dem primären Charakter des Willens und dem sekundären des Intellekts auf das menschliche Seelenleben anzuwenden und eine Reihe wichtiger und interessanter, aber dunkel gebliebener oder nicht genug erhellter Tatsachen zu erleuchten und durch dieselben das eigene Grunddogma zu erläutern, schrieb Schopenhauer in den Ergänzungen zu seinem Hauptwerk das Kapitel über den „Primat des Willens im Selbstbewusstsein", eine seiner vorzüglichsten und lehrreichsten Abhandlungen. Er durfte mit Recht sagen, dass hier mehr für die Kenntnis des inneren Menschen getan sei als „in vielen systematischen Psychologien".[421]

Der Wille verhält sich zum Intellekt, sagt Schopenhauer, indem er sowohl metaphysische als auch bildliche Ausdrücke braucht, wie die Substanz zum Akzidens, wie die Materie zur Form, wie die Wärme zum Licht, die vibrierende Saite zum Resonanzboden, die Wurzel des Baumes zu seiner Krone. Die Vergleichung des Willens mit den Vibrationen der Saiten, des Intellekts mit dem Resonanzboden ist eine sehr glückliche. Bevor der Intellekt aus der leiblichen Organisation hervorgeht, wirkt der Wille blind und erkenntnislos. Jetzt erscheint ein Medium, welches ihn nicht durchlässt, sondern reflektiert und zurückwirft wie der Spiegel die Wellen des Lichts und der Resonanzboden die des Schalls. So entsteht das Bild, der Ton. Dieses Bild, dieser Ton in Ansehung des Willens ist das *Bewusstsein*. Das Bewusstsein ist der erkannte, abgespiegelte, laut gewordene Wille. Daher verhält sich der Wille zum Intellekt wie das Wesen zum Bild, das Urbild zum Abbild, der Prototypos zum Ektypos.

Nun gibt es aber viele Fälle, in denen, wie es scheint, sich dieses Verhältnis umkehrt, der Intellekt vorbildlich auftritt und der Wille nachbildlich handelt, indem er der Stimme der Vernunft gehorcht, ausführt, was diese vorschreibt, tut, was sie gebietet. Ist ein solches Verhältnis nicht die Herrschaft des Intellekts? Kein bewusster Willensakt ohne Motive, keine Motive ohne Erkenntnis! Hier erheben sich Einwürfe wider den Primat des Willens, die zu beseitigen sind.

421 Vgl. dazu: Die Welt als Wille u. s. f., I, § 19, S. 155 – 158 und II, 19. Kap., S. 233 – 286: Vom Primat des Willens im Selbstbewusstsein.

Es soll gezeigt werden, wie Schopenhauer in der Ausführung seiner zwölf Punkte es zu wiederholten Malen hervorhebt, dass der Intellekt nichts anderes ist als „das Werkzeug des Willens“, welches dieser auf der Stufe seines tierisch-menschlichen Daseins sich schafft und seinen Bedürfnissen gemäß vervollkommnet; dass durch die Macht und den Einfluss des Willens die intellektuelle Tätigkeit sowohl gehemmt, gehindert und verfälscht, als auch angetrieben, angespornt und erhöht wird, im Übrigen aber diese beiden Grundvermögen, was ihre Fehler und Vorzüge betrifft, gänzlich verschieden sind.

Alles Wollen besteht in einem Verlangen, welches positiv oder negativ gerichtet ist: etwas wollen und sein Gegenteil nicht wollen. Alle Arten des Wollens sind Variationen dieses Themas, Modifikationen des Wollens und Nichtwollens: Dieses Grundthema bleibt auf allen Stufen des *Daseins* dasselbe. Das Innewerden des Verlangens charakterisiert das animalische Bewusstsein. Was gewollt wird, ist Dasein und Wohlsein, Leben und Fortpflanzung: Dieses Grundthema bleibt auf allen Stufen des *animalischen* Daseins dasselbe vom Polypen bis zum Menschen. Der ganze Inhalt des Willens besteht im Wechsel der Befriedigung und Nichtbefriedigung.

Je mehr aber mit der Steigerung des Daseins sich die tierische Organisation kompliziert, umso vielfacher werden die Bedürfnisse, mannigfaltiger die Objekte der Befriedigung, verschlungener die Wege zu ihrer Erreichung, vielseitiger, genauer, zusammenhängender die Vorstellungen, gespannter die Aufmerksamkeit: Der Wille braucht und schafft sich den doppelten Intellekt, die menschliche Vernunfterkenntnis, womit ein relatives Übergewicht des erkennenden Bewusstseins über das begehrende eintritt. Je bewusster und deutlicher die Vorstellungen werden, umso eindrucksvoller sind ihre Wirkungen, umso stärker und intensiver die Affekte, die freudigen und die schmerzlichen Willenserregungen.

Der Wille selbst hat keine Grade, aber je mannigfaltiger die Objekte seiner Befriedigung werden, und je begehrenswerter dieselben erscheinen, umso zahlreicher und stärker werden die Willenserregungen oder Affekte. Diese Erregung und Erregbarkeit des Willens sind graduell und durchlaufen beim Menschen die Skala von der Neigung bis zur Leidenschaft und vom phlegmatischen Temperament bis zum cholerischen. Nicht im Willen selbst, sondern in der Mannigfaltigkeit und den Graden der Affekte, d. h. in dem, was gewollt wird, unterscheiden sich die Stufen des animalischen Bewusstseins. Die Gegenstände des Willens sind die Motive und deren Werkstätte das Gehirn, mit dessen Entwicklung und Größe im Verhältnis zu der übrigen Nervenmasse des Leibes die Menge, Deutlichkeit und Stärke der Vorstellungen gleichen Schritt halten, vom Tier zum Menschen und vom Dummkopf bis zum Genie.

Der Wille, an sich blind und erkenntnislos, aber auf der Höhe des menschlichen Daseins in hohem Maße vorstellungsbedürftig, vorstellungsbegierig und durch sein Erkenntnisorgan vorstellungsfähig, will Vorstellungen haben und von ihnen bewegt werden. Nun ist es der Intellekt, der ihm allerhand Motive vorhält, vorspiegelt und ihn dadurch in alle möglichen Stimmungen und Affekte versetzt, er bewegt den Willen wie die Kindergeschichten das Gemüt der Kinder. Der Wille tanzt, wie der Intellekt pfeift. Hier zeigt sich eine Macht des Intellekts über den Willen, woraus man versucht sein könnte, den Primat des Ersteren herzuleiten. Dies aber wäre ein falscher Schluss aus einer richtigen Prämisse. Es ist eine Scheinherrschaft des Intellekts. Um die Sache in dem eben gebrauchten Bild treffender auszusprechen: Der Wille lässt den Intellekt pfeifen, weil und wie es ihm behagt, weil und wie er gern tanzt. Die Kindergeschichten wären nie entstanden, wenn die Kinder sie nicht hören wollten, nicht so gern hörten. Wie oft sagt das Kind: „Ich will eine hübsche Geschichte hören"; und wenn die hübsche Geschichte gar zu schrecklich wird, sagt es wohl, von Mitleid erfüllt: „Ich will sie nicht weiter hören." Und wenn es sie doch zu Ende und wieder von Neuem erzählt haben will, so geschieht es aus *Vorstellungslust* und Begierde. Lust und Unlust aber sind Affekte oder Willenszustände.

Hätte der Intellekt den Primat, so könnte der Wille die Vorstellungen, die jener ihm anbietet, nicht ablehnen oder sich wählerisch dazu verhalten, so müsste er die Motive, die jener ihm vorgaukelt und einbildet, einfach annehmen, und der wohlbekannte Unterschied zwischen eingebildeten oder gewähnten und wirklichen Motiven wäre gar nicht möglich. Der Wille lässt sich gern von dem Intellekt schmeicheln und Motive einbilden, die weit besser und edler sind als er selbst; er liebt es, seine Motive im Spiegel des Intellekts heroisch, großartig, uneigennützig erscheinen zu lassen, während er von Charakter furchtsam, kleinmütig, eigennützig ist wie die meisten Menschen. Auch große Naturen sind von diesen Selbsttäuschungen nicht frei. Shakespeare lässt den Decius von Cäsar sagen: „Doch sag' ich ihm, dass er die Schmeichler hasst, bejaht er es, am meisten dann geschmeichelt."

Die eingebildeten Motive werden stets durch die wirklichen besiegt und scheitern am Charakter des Menschen, d. h. am Willen. Kein Feigherziger wird kühn und furchtlos handeln, kein Eigennütziger edelmütig. Aber es tut dem Willen wohl, sich erhabene und edle Motive vorphantasieren zu lassen, sich einzubilden, dass er solche Motive haben könne und wirklich habe, bis der Moment des Handelns eintritt und allen Gaukeleien ein Ende macht. Dies ist die Art der *Selbsttäuschung*. Man überredet sich sehr gern und leicht, dass die egoistischen Motive, die man in Wahrheit hat, die uneigennützigsten Absichten sind, man hält seine Furcht und Feigheit für moralischen Mut u. s. f. Dies ist die Art der *Selbstbelügung*. Und ist man über die schlimme Beschaffenheit der eigenen Motive völlig im Klaren, so tut man alles, um den Schein des Gegenteils hervorzurufen und in dem Intellekt der anderen als ein Mensch von edelsten Gesinnungen zu erscheinen. Dies ist die Art der *Heuchelei* und des Betrugs. In allen Fällen ist es der Charakter, d. h. die Willensart, welche die wahren Motive entscheidet, es ist die Selbst- und Eigenliebe, d. h. die Grundrichtung des Willens, welche die eingebildeten Motive macht und alles in ihrem Sinn und stets zum Besten zu wenden versteht, weshalb Larochefoucauld sehr richtig sagt: „*L'amour-propre est plus habile, que le plus habile homme du monde.*"

Der Wille ist der Herr und der Intellekt sein Werkzeug: Er ist gleichsam die Laterne, die ihm den Weg beleuchtet, aber selbst weder den Weg noch die Schritte macht. Der Wille von sich aus ist blind und bedarf eines Dieners, der sieht und ihn leitet, doch für sich selbst keinen Schritt zu gehen vermag. Darum lässt sich das Verhältnis des Willens zum Intellekt nicht treffender ausdrücken als in dem Gleichnis vom Blinden, der den Lahmen auf seinen Schultern trägt.

2. Der unermüdliche und voreilige Wille. Hemmungen und Antriebe

Dass der Intellekt das Werkzeug des Willens und von durchaus sekundärer Beschaffenheit ist, erhellt auf das Deutlichste, wenn wir die Tätigkeiten beider vergleichen. Unabhängig von aller Zeit, ist der Wille unentstanden, unvergänglich, nicht alternd; unabhängig von aller Kausalität, ist er grundlos und bedarf zu seiner Tätigkeit keines Anstoßes und keiner Anstrengung. Als die Quelle alles Daseins und Lebens, aller leiblichen Organisation, aller willkürlichen und unwillkürlichen Bewegung ist der Wille fortwährend tätig und ermüdet nie.

Dagegen der Intellekt entsteht mit dem Erkenntnisorgan, er entwickelt sich mit diesem allmählich und langsam, das menschliche Leben braucht sieben Jahre, bis das Gehirn seine normale Größe erreicht hat, vierzehn bis zur Geschlechtsreife, die auch im intellektuellen Leben eine Epoche macht, den Intellekt um eine Oktave erhöht, die Stimme um eine vertieft, zwanzig Jahre bis zur Geistesblüte, dreißig bis zur Geistesreife; mit der Seneszenz unterliegt der Intellekt wie sein Organ dem Altern, Verwelken und Sterben. In früher Jugend unvollkommen, im späten Alter abgenutzt, durch seine Tätigkeit angestrengt, durch die Anstrengung ermüdet und periodisch zu völligem Pausieren genötigt, durch fortgesetzte Überanstrengung am Ende zerrüttet und gänzlich geschwächt, wie es bei Swift und Kant der Fall war, trägt dieses Werkzeug des Willens im vollsten Gegensatz zu dem Wesen des Letzteren durchgängig die Züge und Spuren seiner physischen Herkunft.

Nichts bezeugt deutlicher die sekundäre Beschaffenheit der Erkenntnis als die Notwendigkeit ihrer periodischen Intermittenz. Nach den Anstrengungen der bewussten Tagesarbeit kommt die Pause des tiefen *Schlafs*, worin alle Verstandes- und Vernunfttätigkeit aufhört. Das Gehirn ist gleichsam die Vedette, oben auf der Warte des Kopfes ausgestellt, um durch die Fenster der Sinne umherzuspähen und wahrzunehmen, was in der Außenwelt geschieht; nach verrichteter Wache wird die Vedette eingezogen und muss schlafen. Nun waltet der Wille allein, unbemerkt und still, frei von der Last der Erkenntnis, organisierend, die vitalen Funktionen ausübend, Störungen beseitigend und heilend. Darin besteht die *Heilkraft* des Schlafs.

Der Wille ist unermüdlich wirksam und geschäftig, während der Intellekt langsam fortschreitet, schwierige Untersuchungen anstrengt, periodisch pausiert und Zeit braucht, um seine Motive zu ordnen. Daher ist der Wille, bei dem alles leicht vonstatten geht, weit schneller als der Intellekt, dem er in Wort und Tat vorspringt und voreilt. Das Sprichwort sagt: „Vorgetan und nachbedacht hat manchen in groß Leid gebracht." Dieser „Mancher" ist der Wille. Voreiligkeit und vorschnelles Wesen gehören zu seiner Natur und zeigen, wie wenig er vom Intellekt abhängt, vielmehr die Sache sich umgekehrt verhält, da sonst die Voreiligkeit unmöglich wäre. Voreilig handeln heißt handeln *wollen*, bevor man die Beweggründe durchdacht und erwogen hat, d. h. unbesonnen, unüberlegt handeln; Voreilig urteilen heißt urteilen *wollen*, ehe man die Erkenntnisgründe geprüft: Es ist also der Wille, der voreilig, unüberlegt, unbesonnen urteilt und handelt.

Noch bevor die intellektuelle Tätigkeit überhaupt begonnen hat, zeigt sich schon der Wille in voller Kraft und Wirksamkeit. Man sehe nur den Säugling, wie er zwecklos tobt und schreit, er strotzt von Willensdrang, er *will bloß*, er weiß nicht, was er will. Es gibt auch große Säuglinge von kräftigem Willensdrang, die nicht wissen, was sie wollen; die sich fortwährend gehemmt fühlen, ohne den Grund der Hemmung zu erkennen und auf vernünftige Weise aus dem Weg zu räumen. Diese großen Säuglinge toben und schreien nicht wie der kleine, aber sie *ärgern* sich alle Augenblicke, und wenn kein anderer Grund vorhanden ist, so ärgert sie, wie das Sprichwort sagt, die Fliege an der Wand. Alle möglichen Umstände, die ihnen begegnen, verwandeln sich in solche Fliegen, die der Intellekt auf der Stelle verscheuchen würde, wenn er imstande wäre, den Willen zu beherrschen. Hätte die Vernunft den Primat, so würde sich die Welt weit weniger ärgern. Dass der Wille sich so viel ärgert und ärgern lässt, beweist das Gegenteil. Das Wort „Mensch, ärgere dich nicht!" ist eine sehr vernünftige, aber erfolglose Mahnung.

Die Gegengewichte wider den voreiligen Willensdrang und die Gewalt der Affekte liegen einzig und allein in der Erkenntnis und den Vernunftgründen. Wenn diese Gewichte die Affekte niederhalten und siegen, dann herrscht der Kopf oder, wie man zu sagen pflegt, man behält den Kopf oben; mitten unter den Umständen und Begebenheiten, die auf uns eindringen und die Affekte erregen, lässt sich der Intellekt in der Untersuchung und Prüfung der Gründe nicht beirren und stören: Darin besteht die *Geistesgegenwart*. Sie wäre nicht möglich, wenn sich der Wille von den Affekten fortreißen und erhitzen ließe. Dass er es nicht tut, darin besteht die *Kaltblütigkeit* des Willens, ohne welche die Geistesgegenwart und Herrschaft des Intellekts nicht stattfinden könnte. Es ist also die

Selbstbeherrschung des Willens oder der Wille zur Selbstbeherrschung, der jene Gegengewichte in Kraft und Wirksamkeit setzt. Das richtige Verhältnis zwischen Wille und Intellekt besteht darin, dass der Wille herrscht und der Intellekt regiert: *Le roi règne, il ne gonverne pas*.

Der Wille gleicht dem Reiter und der Intellekt dem Zügel, welchen der Reiter seinem Ross anlegt, um es zu lenken. Das Pferd ist wild. Wenn er die Zügel loslässt, so geht es durch, *ventre a terre*; dann toben die Affekte, und der Wille gleicht einem Uhrwerk, welches abschnurrt, wenn die Schrauben los sind. Der Intellekt ist gleichsam die Waffe und Rüstung, womit sich der Wille gegen den Ansturm der Affekte bewehrt. Wenn diese herrschen und stürmen, dann ist der Wille unbewehrt, er hat seine Rüstung abgelegt, und man sagt treffend: *Er sei entrüstet*.

Schon in einem früheren Abschnitt, wo von den Unvollkommenheiten des Intellekts die Rede war, haben wir auf die störenden Einwirkungen des Willens hingewiesen.[422] Unser Verstand hat, wie Bacon sagt, kein trockenes, reines Licht, weil er durch den Einfluss des Willens getrübt wird. Furcht und Hoffnung vergrößern ihre Gegenstände und verkleinern deren Gegenteile, sodass wir nicht mehr imstande sind, die Lage der Dinge unbefangen zu beurteilen. Die Liebe vergrößert sich den Wert ihrer Objekte, der Hass den Unwert, sodass wir nicht mehr imstande sind, dieselben richtig zu schätzen. Wo es sich aber um die Werte der Dinge handelt, da ist unser *Vorteil* und *Nachteil*, unser Wohl und Wehe, unser Dasein und Wohlsein, mit einem Wort unsere Selbstliebe, d. h. wir selbst im Spiel und unmittelbar beteiligt oder interessiert. Unsere Interessen sind die intimsten Willensangelegenheiten und fallen mit den Willenszuständen und deren Richtungen zusammen.

Da das Wollen in seiner beständigen Rührigkeit dem Erkennen voreilt, so sind auch die Vorteile schneller und früher als die Urteile und erscheinen, wie sie der Name treffend bezeichnet, als *Vorurteile*. Diese sind nicht, wie man sie häufig und oberflächlich ansieht, intellektuelle Irrtümer, die auf dem Weg der Erkenntnis entstehen und durch die fortschreitende Einsicht aus dem Weg geräumt werden: Sie sind nicht theoretischer, sondern praktischer Art und beruhen in

---

422 S. oben II. Buch, 6. Kap., S. 274 ff.

ihren gewichtigsten und einflussreichsten, uns angeborenen und anerzogenen Formen auf der Gemeinschaft der Liebe und des Hasses, auf den Familien- und Standesinteressen, auf der nationalen und kirchlichen Zusammengehörigkeit. Von diesen Interessen sind wir beherrscht, ehe wir fähig sind, ihre Gründe zu erkennen und zu prüfen. Hier gelten statt aller Erkenntnisgründe die blinden Interessen, auf deren Macht sich die Vorurteile stützen. Daher auch Erkenntnisgründe, wissenschaftliche Prüfung und Belehrung, sie seien noch so einleuchtend und überzeugend, im Großen und Ganzen wider die Macht, z.B. der Glaubensinteressen, nicht das Mindeste ausrichten; die Gläubigen verurteilen alle solche Prüfungen unbesehen und sagen, dass sie nichts davon wissen *wollen* und sich gar nicht dafür *interessieren*. Die Wahrheitsliebe ist stets die Sache weniger, „der wenigen, die was davon erkannt". Die Masse will unterhalten, nicht belehrt sein: daher auch die Lehrer des Menschengeschlechts einen so schwierigen Stand haben, denn sie verkünden neue Wahrheiten, während die gewohnten Interessen in ihren bequemen Geleisen fortdauern. Erst wenn die Weltzustände, nämlich der Komplex der Weltinteressen, sich von Grund auf umgestalten, erfolgt der siegreiche Durchbruch der Wahrheit.

Übrigens lässt sich auch im Einzelnen und Kleinen beobachten, wie der Vorteil ohne Vorurteil den Intellekt unwillkürlich in die Irre führt und verfälscht. Die Rechnungen, die wir zahlen sollen, erscheinen uns gewöhnlich zu groß, die Berechnung der Einnahme zu klein; es begegnet ehrlichen Leuten, das sie sich zu ihren Gunsten verrechnen, indem sie unwillkürlich bestrebt sind, ihre Schuld kleiner, ihre Forderung größer vorzustellen. Ich spreche nicht von den zahllosen Fällen, in denen aus bewusster Absicht die Rechnung verfälscht wird.

Nun aber zeigt sich der Primat des Willens und seine Macht über den Intellekt nicht bloß durch die hemmenden und trübenden Einflüsse, die er auf diesen ausübt, sondern auch durch die Antriebe, wodurch er die intellektuelle Tätigkeit erhöht und steigert. Die Interessen der Selbsterhaltung, die stärksten, die es gibt, der Drang der Begierden und die Not machen den Intellekt erfinderisch. Man nennt die Not die Mutter der Künste. Sie schärft den tierischen und menschlichen Verstand, selbst den geringen, bis zum Grade ungewöhnlicher Klugheit. Der Hase, der sich von dem vorübergehenden Jäger ungesehen weiß, läuft nicht davon, Insekten stellen sich tot, der Fuchs in beständigem Kampf mit Not und Gefahr erreicht im Alter den hohen Grad seiner sprichwörtlichen List und Schlauheit.

Der Wille stärkt das *Gedächtnis*. Was für den Willen, seine Begierden und Leidenschaften, Wert hat, das prägt sich dem Gedächtnis unvertilgbar ein und haftet in ihm gleichsam von selbst: Das Pferd behält den Fütterungsstall, der Geizige vergisst keinen Verlust, der Stolze keine Ehrenkränkung u. s. f. Das Gedächtnis des Herzens ist weit intimer als das des Kopfes. Auch der kritische Beobachtungsgeist wird vom Willen außerordentlich geschärft und verfeinert. Um seine Hypothese zu beweisen, bekommt man Luchsaugen.

Aus der alten Annahme von dem Primat des Intellekts ergeben sich die falschesten Folgerungen, welche auch von der Erfahrung sogleich als solche dargetan werden. Wenn der Verstand die Herrschaft führte, dann wäre es unmöglich, *blindlings* zu wollen, über die geringsten Anlässe in den größten Zorn zu geraten, den klarsten Vernunftgründen unzugänglich zu bleiben und den geilen Willen entgegenzusetzen, wie das böse Weib im Juvenal: „*Hoc volo, sic jubeo. Stat pro ratione voluntas.*" Wenn man in einer Versammlung den Willen der Menge, ihre Affekte und Parteileidenschaften wider sich hat, so helfen keine Vernunftgründe, man wird verlacht und überschrien: Wenn man aber den Willen der Leute für sich hat und ihnen nach dem Mund redet, so wird das allerdümmste Zeug unfehlbar beklatscht und bejubelt. *Stat pro ratione voluntas!*

3. Kopf und Herz

Jenen Primat vorausgesetzt, müsste, wo viel Verstand ist, viel Wille sein, während die Erfahrung in zahllosen Beispielen das Gegenteil lehrt. Und vergleicht man die Vorzüge und Fehler des Intellekts mit denen des Willens, so zeigt sich die gänzliche Verschiedenheit beider Grundvermögen, da die Vorzüge des einen keineswegs mit den Vorzügen, auch nicht mit den Fehlern des anderen Hand in Hand gehen. Die höchste intellektuelle Eminenz kann mit der größten moralischen Verworfenheit zusammen bestehen, wie dies Pope von Bacon, Rossini von Guicciardini behauptet hat. Der gute Kopf kann ein guter Mensch sein, aber es ist nicht notwendig; ebenso verhält es sich umgekehrt.

Es heißt zwar, dass die Dummen in der Regel gutmütig seien, aber diese Sage gründet sich wohl darauf, dass sie im Umgang sehr bequem sind, weil sie andern das Gefühl ihrer intellektuellen Überlegenheit sowohl verursachen als gönnen. Denn, wie Hobbes in seiner Schrift „*De cive*“ sagt, jeder liebt es mit Leuten zu verkehren, in Vergleichung mit welchen er sich selbst erhaben fühlen kann (*Quibuscum se conferens magnifice de se ipso sentire possit*). Ich wundere mich, dass Schopenhauer an dieser Stelle nicht die Rede des Königs in Tiecks „gestiefeltem Kater“ angeführt hat: „Und dann tut's einem Herrn, wie mir, auch wohl, einen Narren zu sehen, der dümmer ist, der die Gaben und die Bildung nicht hat; man fühlt sich mehr und ist dankbar gegen den Himmel. Schon deswegen ist mir ein Dummkopf ein angenehmer Umgang.“

Derselbe Grund, der die untergeordneten Köpfe allgemein beliebt macht, hat bei den bedeutenden und geistvollen das Gegenteil zur Folge: Diese lasten auf den andern und sind ihnen höchst unbequem, darum gemeiniglich verhasst. Nach einem abessinischen Wort ist der Diamant unter den Quarzen verfehmt. „Wenn jemand unter uns exzelliert“, sagt persiflierend Helvetius, „so möge er fortgehen und wo anders exzellieren.“ Und an einer andern Stelle: „Die mittelmäßigen Köpfe wittern und meiden instinktmäßig die geistvollen.“ Noch schärfer ist Lichtenbergs Ausspruch: „Gewissen Menschen ist ein Mann von Kopf ein fataleres Geschöpf als der deklarierteste Schurke.“

Wenn wir die Beschaffenheiten des Intellekts mit denen des Willens vergleichen, die Vorzüge und Fehler des einen mit den Vorzügen und Fehlern des andern, so erhellt sogleich, welchen von beiden der Vorrang, der primäre Charakter, der Grundwert gebührt. Schon die Sprache entscheidet darüber. Man sagt: „Der hat einen guten Kopf, aber ist ein schlechter *Mensch*.“ So identifiziert der gewöhnliche Sprachgebrauch Willen und Mensch. Im Willen steckt der wahre und eigentliche Mensch, daher ein guter Wille mit einer geringen Intelligenz besser ist als der umgekehrte Charakter. Wir entschuldigen die Torheit, nicht die Bosheit; nicht der Unverstand wird angeklagt, sondern der böse Wille. Wer Handlungen zu entschuldigen hat, beruft sich auf seinen guten Willen, und dass er es nicht besser gewusst habe. Wie ganz anders beurteilt man einen ungerechten Richterspruch, wenn derselbe die Folge des Irrtums, als wenn er die Folge der Bestechung war! Im ersten Fall ist der Spruch ungerecht, im zweiten der Mann.

Der Wille bleibt, was er ist, unveränderlich und unversehrt, der Intellekt ist veränderlich und vergänglich; die moralischen Eigenschaften des Greisen sind dieselben als die des Kindes, weshalb Gall unbekannte Personen gern auf ihre Kindheit und Jugend zu sprechen brachte, um ihren Charakter kennen zu lernen; dass er aber die moralischen Eigenschaften in dem Erkenntnisorgan und dessen Behausung, der Bildung und Wölbung des Schädels, auffinden wollte, war der Grundfehler seiner Lehre. Die Art und Weise, wie die moralischen Grundzüge zur Darstellung kommen, ändert sich mit den Jahren und den Erfahrungen, aber der Charakter bleibt konstant. In der Jugend macht man sich einen falschen Bart, im Alter färbt man den ergrauten. Ebenso konstant sind die Vorzüge des Willens, der Edelmut und die Herzensgüte, die noch aus dem Greis, wenn schon die übrigen Lebenskräfte im Absterben sind, wie die Sonne aus Winterwolken hervorleuchten. Hier findet sich eine der schönsten und bemerkenswertesten Stellen, die Schopenhauer geschrieben hat: „Wie Fackeln und Feuerwerk vor der Sonne blass und unscheinbar werden, so wird Geist, ja Genie und ebenfalls die Schönheit überstrahlt und verdunkelt von der Güte des Herzens. Wo diese in hohem Grade hervortritt, kann sie den Mangel jener Eigenschaften so sehr ersetzen, dass man solche vermisst zu haben sich schämt. Sogar der beschränkte Verstand, wie auch die groteske Hässlichkeit werden, sobald die ungemeine Güte des Herzens sich in ihrer Begleitung kund gibt, gleichsam verklärt, umstrahlt von einer Schönheit höherer Art, indem jetzt aus ihnen eine Weisheit spricht, vor der jede andere verstummen muss. Denn die Güte des Herzens ist eine transzendente Eigenschaft, gehört einer über dieses Leben hinausreichenden Ordnung der Dinge an und ist mit jeder anderen Vollkommenheit inkommensurabel." „Was ist dagegen Witz und Genie? Was Bacon von Verulam?"

Auch die moralische Selbstzufriedenheit ist ganz anderer Art als die intellektuellen Befriedigungen und trägt das Gefühl einer tiefen Beruhigung in sich, das jenen fehlt. Etwas von dieser unvergleichlichen Beruhigung liegt schon in dem Bewusstsein, mehr Unrecht erlitten als getan zu haben. Wie es König Lear ausspricht: „Ich bin ein Mann, an dem mehr gesündigt worden ist, als er gesündigt hat."[423]

423 Vom Primat des Willens, S. 270 – 271.

Der Wille ist das Wesen und der Charakter des Menschen, der Geist ist seine Begabung. Die intellektuellen Vorzüge sind Geschenke der Natur und der Götter: Der Wille *ist* man, den Intellekt *hat* man. Vergleichen wir die beiden Grundvermögen mit den Zentralorganen unseres Leibes, so ist der Intellekt mit dem Kopf identisch, der Wille dagegen hat zu seinem Symbol und Synonym das *Herz*: dieses *„punctum saliens"* des tierischen Lebens, dieses *perpetuum mobile* des tierischen Leibes: *primum vivens, ultimum moriens*, wie Haller von ihm gesagt hat. Es gibt für Intellekt und Willen keine Bezeichnung, welche treffender und in allen Sprachen übereinstimmender wäre als diese. Das Herz als Symbol des Willens ist gleichbedeutend mit *Gemüt*, mit dem homerischen *φίλον ἦτορ*. Wir nehmen Herz und Kopf in dem Sinne, welchen die lateinische Sprache durch *animus* und *mens*, die griechische durch *θυμός und νοῦς* ausdrückt. In diesem Sinne sagt Seneca vom Kaiser Claudius: *„nec cor nec caput habet."*

Wie der Kopf, soll der Intellekt kühl sein. Wie das Herz der Herd der Lebenswärme, ist der Wille die Quelle der warmen Gefühle und Affekte, welche die Tatkraft anfeuern. Solange nur von Gründen die Rede ist, bleiben wir kalt; sobald aber der Wille mit seinen Interessen ins Spiel kommt, wird uns warm und heiß zumute. Der Wille zum Leben ist auch der Wille zur Fortpflanzung des Lebens: daher der Geschlechtstrieb der Brennpunkt des Willens ist und die Auswahl zu seiner Befriedigung, d. h. die *Geschlechtsliebe* eine Hauptangelegenheit des Willens; deshalb nennt man die Liebesgeschichten *affaires du coeur*, die Ehe einen Bund der Herzen u. s. f. Nicht mit dem, was wir denken, sind wir identisch, sondern mit dem, was wir wollen, wünschen, begehren. Wo unser Schatz ist, da ist unser Herz. Wir sagen von einem schlechten Menschen: „Er hat ein schlechtes Herz." Es heißt: „Ich hänge mein Herz an die Sache, es geht mir von Herzen, es gibt mir einen Stich ins Herz" u. s. f. Herz und Kopf sind der *ganze* Mensch, der Kopf ist „die höchste Effloreszenz des Leibes", woraus die Früchte des Geistes hervorgehen, während aus dem Willensdrang die Tatkraft entspringt: Darum balsamiert man das Herz der Helden, während man von den Künstlern, Dichtern und Denkern die Schädel aufbewahrt.

4. Die Identität der Person

Man spricht von der *Identität* der Person, und die Philosophen haben sich eine schwierige Frage daraus gemacht, worin dieselbe eigentlich besteht. Weder die Materie noch die Form des Leibes können sie ausmachen, da sich beide unaufhörlich verändern. Auch dass jeder sein eigenes Leben vorstellt und sich desselben bewusst ist, macht noch nicht die Identität der Person, denn das Bewusstsein erleuchtet seinen Lebenslauf nur teilweise, und viele Partien desselben sind in seinem Gedächtnis verdunkelt. Es muss in unserem Wesen etwas geben, das in allem Wechsel des Lebens sich gleich und unveränderlich *dasselbe* bleibt: Dieses ist unser Wille. Dass wir uns desselben als unseres unveränderlichen Wesens bewusst sind, darin allein besteht die Identität der Person.

Wille und Wille zum Leben sind identisch: erst Lebenwollen; auf der höchsten Stufe der menschlichen Erkenntnis geht aus dem Lebenwollen das Erkennenwollen hervor; auf der höchsten Stufe der menschlichen Erkenntnis folgt aus der Vernunft die Einsicht in den Unwert des Lebens. Der Wille hat den Primat. Sein Wahlspruch heißt trotz der Erkenntnis des Gegenteils: Leben ist unter allen Umständen besser als nicht leben, leben um jeden Preis! Daher die kolossale Anhänglichkeit an Dasein und Leben, die überschwängliche Todesfurcht, der *horror mortis*, der den Grundton der tragischen Affekte ausmacht und die Helden, weil sie den Tod nicht fürchten, so bewunderungswürdig, die Selbstmörder, weil sie das Leben fürchten, so erstaunlich erscheinen lässt.

Doch lassen wir die Frage offen, ob die Einsicht in den Unwert des Lebens eine Macht gewinnen kann, die größer ist als der Wille zum Leben und darum die Verneinung desselben zur Folge hat. Die Antwort auf diese Frage hat Schopenhauer in dem vierten und letzten Buch seines Hauptwerkes ausgeführt. Schon in den gegenwärtigen Betrachtungen hat er darauf hingewiesen, dass es einen Fall gebe, den einzigen seiner Art, in welchem der Wille, weit entfernt, auf den Intellekt hemmend und störend einzuwirken, vielmehr von diesem gehemmt, in den Zustand der Ruhe und des tiefsten Schweigens versetzt wird. Dies geschieht, wenn eine eminente Geistesbegabung, eine überschüssige Fülle intellektueller Kraft vorhanden ist, welche nicht im Dienst des Willens sich verzehren lässt, sondern in die *Betrachtung* der Welt sich versenkt und ganz darin aufgeht. So entsteht die willensfreie, von der Kette der einzelnen Erscheinungen ungefesselte Weltanschauung, der die *Ideen* der Dinge einleuchten. Damit eröffnet sich das Reich des Schönen und der Kunst, welches in dem Hauptwerk Schopenhauers das Thema des dritten Buches ausmacht.

Elftes Kapitel

Der Traum. Das Organ und die Arten des Traums

I. Sinnenwelt und Traumwelt

1. Die Erklärung der Magie. Spiritualismus und Idealismus

In dem ersten Band seiner Parerga hat Schopenhauer eine längere Abhandlung, die ausführlichste nach den „Aphorismen zur Lebensweisheit", mitgeteilt unter dem Titel: „Versuch über das Geistersehn und was damit zusammenhängt".[424] Eine recht spannende, aber etwas unbestimmte Überschrift! Und was damit zusammenhängt? Womit? Mit dem „Versuch" oder mit dem „Geistersehn"?

Da von dem Letzteren erst in der zweiten und kleineren Hälfte der Abhandlung eingehend die Rede ist[425], der Traum aber das durchgängige Grundthema ausmacht, auch die Geistererscheinungen durch das sogenannte „Traumorgan" wahrgenommen werden und auf magische Art entstehen, so habe ich für dieses Kapitel die obige Überschrift gewählt und lasse dasselbe hier folgen, nachdem in dem vorhergehenden die Bedeutung und Erklärung der Magie in der Lehre unseres Philosophen dargetan worden ist.

Was von Raum, Zeit und dem in unserer Sinnenwelt ausnahmslos herrschenden Kausalnexus völlig unabhängig geschieht, das geschieht auf *magischem* Wege: Daher besteht die magische Wirkungsart in der „*actio in distans*", die magische Wahrnehmungsart in der „*visio in distans*", die magische Eindrucksfähigkeit in der „*passio a distante*". Wären Raum und Zeit für sich bestehende Wesenheiten, die alles Dasein in sich fassen und schließen, so wäre alles magische Geschehen vollkommen unmöglich. Da aber Raum und Zeit, wie Kant gelehrt und bewiesen hat, solche Wesenheiten nicht sind,

424 Parerga I, S. 259 – 349.
425 Ebendas. S. 308 – 349.

sondern bloße Anschauungs- oder Vorstellungsformen, so ist das magische Geschehen möglich und erklärbar.

Erst die Lehre von der Idealität des Raumes und der Zeit, d.h. der transzendentale oder kantische Idealismus hat die Erklärung der Magie ermöglicht, was der Spiritualismus in Ansehung der Geistererscheinungen zwar versucht, aber nie vermocht hat. Dieser nämlich betrachtet die Seele als eine denkende Substanz, als ein für sich bestehendes, geistiges, von ihrem Leib trennbares, durch den Tod getrenntes Wesen, nach welchem die Seele oder der Geist irgendwo im Raum fortexistiert, räumlicher Veränderungen und Erscheinungen fähig. So versteht der Spiritualismus die Möglichkeit der Geistererscheinungen. Eine immaterielle, im Raum befindliche Substanz ist ein Unding: Daher hat der Materialismus die Geistererscheinungen von jeher verneint und der Skeptizismus von jeher bestritten; Kant aber in seiner Schrift „Träume eines Geistersehers, erläutert durch Träume der Metaphysik“ hat dieselben gründlich verspottet und sich aus dem Weg geräumt, und zwar beide: sowohl die Geistererscheinungen als auch den Spiritualismus, sowohl den Geisterseher als auch die Metaphysiker.

Schopenhauer ist der Erste gewesen, der die *idealistische Lehre* zur Erklärung der Magie und ihrer Werke in Anwendung gebracht hat. Es gibt eine Tatsache, die das magische Geschehen außer Frage und Zweifel stellt: der animalische Magnetismus und das Hellsehen. Wer diese Tatsache bezweifelt, verrät nicht den Scharfsinn, sondern nur die Ignoranz des Skeptizismus; Wer sie verneint, ist kein Ungläubiger, sondern ein Unwissender.[426]

2. Der Traum als Gehirnphänomen

Um die Frage nach den Geistererscheinungen zu beantworten, muss dieselbe vor allem richtig gestellt und generalisiert werden. Es handelt sich nicht um die räumliche Realität der Geister – diese Frage ist schon verneint –, sondern um die Möglichkeit ihrer *Erscheinung*. Wie ist es überhaupt möglich, dass uns Dinge als wirkliche erscheinen, ohne die Gegenwart äußerer Körper und ihrer Eindrücke auf unsere Sinnesorgane? Dass es möglich ist, wird durch eine Tatsache unserer alltäglichen Erfahrung sogleich bewiesen und außer Zweifel gesetzt:

426 Parerga I, S. 260 – 261. Vgl. S. 299 – 302, S. 330 – 331.

Diese Tatsache ist der *Traum*, dessen Erscheinungen an Realität und Anschaulichkeit mit denen der Körper- und Sinnenwelt wetteifern. Hieraus erhellt, dass diese Erscheinungen keineswegs Phantasiebilder sind, welche eine solche Anschaulichkeit nicht haben und haben können, sondern *Gehirnphänomene*, wie die Vorstellung der sinnlichen und materiellen Dinge.

Da nun der Schlaf die wesentliche Bedingung des Traumes ist, so sind die Erscheinungen des Letzteren Phänomene des *schlafenden* Gehirns im Gegensatz zu denen des wachen, nur dass die Erregungen, auf welche sie stattfinden und woraus die Gehirnfunktion sie gestaltet, äußere Sinneseindrücke nicht sind und sein können, denn das Gehirn schläft, während es träumt. Wie alle Vorstellungen bedingt oder begründet sind und überhaupt in der Welt nichts Grundloses geschieht, so können auch die Traumvorstellungen unmöglich aus dem Nichts hervorgehen.

Auch aus der sogenannten Gedankenassoziation lässt sich die Entstehung der Träume nicht erklären, wie man etwa gemeint hat, dass der Faden unserer Vorstellungszustände sich aus dem wachen Leben in den Schlaf hinüber- und in der Gestalt von Träumen fortspinne; ein solcher Zusammenhang müsste sich in den Traumzuständen während des Einschlafens besonders kenntlich machen, was aber, wie die Erfahrung lehrt, gar nicht der Fall ist. Wenn nun feststeht, dass die Träume weder aus den Gedanken herstammen, die uns beschäftigen, noch aus den äußeren Sinneseindrücken, so bleiben als Stoff, den das schlafende Gehirn empfängt und zu Traumbildern verarbeitet, nur die Eindrücke aus dem *Innern* des Organismus übrig, aus der Werkstätte unseres organischen Lebens, dessen Funktionen durch das sogenannte sympathische oder plastische Nervensystem (die Ganglien mit ihren Knoten und Verflechtungen, die durch dünne Fäden mit dem Gehirn zusammenhängen) geleitet werden. Diese Funktionen sind die unwillkürlichen Leibesaktionen, wie der Blutumlauf, die Herztätigkeit, die Atmung, die Verdauung, die Sekretion u. s. f. Verbrauchte Stoffe werden ersetzt, Unordnungen in der Leibesverfassung beseitigt, Störungen und Verletzungen wiederhergestellt. In dieser unwillkürlichen und unbewussten Wirksamkeit des plastischen Nervensystems zeigt sich die reproduktive, wiederherstellende, heilende Lebenskraft (*vis naturae medicatrix*).

3. Das Gehirn als Traumorgan

Gewisse Spuren und Eindrücke davon gelangen bis in das große Gehirn, den Ort der Bilder, Vorstellungen und Motive, ohne dass sie bei Tage von dem wachen, mit allerlei Tagesgeschäften erfüllten Bewusstsein gemerkt werden; erst das schlafende Gehirn fängt an, diese inneren Eindrücke und Erregungen zu spüren, wie man erst in der Stille der Nacht die Quelle rieseln hört und erst in der Dämmerung die brennende Kerze leuchten sieht.

Gebt dem Gehirn Eindrücke, und es macht, wie es nicht anders kann, daraus Gegenstände oder Aufwartungen. Gebt ihm äußere Eindrücke vermöge der Sinnesorgane, und es macht daraus die Außen- oder Sinnenwelt. Gebt ihm innere Eindrücke vermöge des plastischen Nervensystems, und es macht daraus ebenfalls Gegenstände und Anschauungen, aber keine Sinnenwelt, sondern Traumbilder oder Traumerscheinungen, denen man den Urstoff, woraus sie entstanden sind, ebenso wenig ansieht wie dem Chymus den Urstoff der Speise. Die zerebralen Funktionen sind dieselben, ob das Gehirn wacht oder schläft. In beiden Zuständen ist die Anschauungsform seine Sprache. Wie das wache Gehirn das Denkorgan, so ist das schlafende Gehirn das *Traumorgan*. So nennt es Schopenhauer.

Wie die Natur oder Sinnenwelt als unsere gemeinsame Weltvorstellung das *erste Gesicht* genannt zu werden verdient, so möchte Schopenhauer den Traum in seiner eben erklärten Urform (Urphänomen des Traums) das *zweite Gesicht* nennen, wenn diese Bezeichnung bei den Schotten (*the second sight*) nicht für eine besondere Art des Hellsehens in Gebrauch wäre, nämlich für die Deuteroskopie.

II. Die Arten des Traums

1. Das Wahrträumen

Es gibt einen Zustand, in welchem, was die vorgestellten Gegenstände betrifft, Schlaf und Wachen, Traum und Wirklichkeit sich nicht unterscheiden, den man deshalb „Schlafwachen" genannt hat, Schopenhauer treffender als „*Wahrträumen*" bezeichnet; denn er besteht darin, dass wir unsere nächsten realen Umgebungen nicht durch die Sinnesorgane, sondern durch das Traumorgan wahrnehmen. Wie aus inneren Eindrücken das Gehirn ein solches Stück nächster realer Sinnenweit hervorbringt, ist ein schwieriges, noch ungelöstes Rätsel.

Dass wir aber beim plötzlichen Erwachen aus diesem Traumzustand uns räumlich desorientiert fühlen, so dass wir die Lage der umgebenden Dinge, rechts und links, oben und unten verwechseln, ist doch ein Beweis, dass unser Gehirn während des Traumzustandes umgekehrt gearbeitet hat, d. h. mit Eindrücken, die nicht von außen, sondern von innen gekommen sind.

Nun kann sich der Gesichtskreis des Wahrträumens, da derselbe durch die äußeren Sinne nicht eingeschränkt wird, über die nächsten Umgebungen hinaus erweitern und über das Zimmer des Schlafenden hinaus auf Hof, Garten u. s. f. ausdehnen. Wenn das kleine Gehirn, der Regulator der Bewegungen, im tiefen Schlaf gebannt ist, während das große sich im Zustand des Wahrträumens befindet, so liegt der Träumende wie erstarrt, er kann kein Glied rühren, keinen Schrei ausstoßen, obwohl er, den Scheintoten ähnlich, alles wahrnimmt, was um ihn her vorgeht.

2. Der Somnambulismus

Wenn aber das Wahrträumen sich dem kleinen Gehirn mitteilt, den Leib des Schlafenden bewegt und in die ihm entsprechenden willkürlichen Aktionen versetzt, so entsteht der *Somnambulismus*, das sogenannte Schlaf- oder Nachtwandeln, worin der Träumende die gefährlichsten Wege unternimmt, seine gewöhnlichen Geschäfte verrichtet und alles im tiefsten Schlaf vollführt, so dass dem Erwachten auch nicht die mindeste Erinnerung davon zurückbleibt.

Im Somnambulismus sind die sensiblen Nerven gelähmt, in der Katalepsie die motorischen. Dass es ein Wahrträumen gibt, dafür liefert die Tatsache des Somnambulismus den augenscheinlichsten Beweis.

Die Hypothese vom Traumorgan, d. h. von der durch innere Eindrücke erregten Gehirntätigkeit will weiter verfolgt sein. Diese inneren Eindrücke erregen nicht bloß das Gehirn, sondern dringen vor bis zu den Sinnesorganen und rufen den *spezifischen Sinnesenergien* gemäß Lust-, Schall-, Geruchs-, Geschmacks- und Gefühlsempfindungen hervor, so dass wir im Traum sehen, hören, riechen u. s. f.: Daher die Traumbilder auch so farbenlebendig, anschaulich und leibhaftig sind, wie es Phantasiebilder niemals sein können und sind. Wenn auf diese Art ein Sinnesnerv, z.B. der des Gehörs, erregt wird im Augenblick, wo wir erwachen, so vernehmen wir ein Geräusch, einen Schall, etwa ein Klopfen an der Tür, welches noch zum Traum gehört, aber schon dem wachen Bewusstsein sich darstellt.

3. Das Hellsehen und der magnetische Schlaf

Wenn sich der Gesichtskreis des Wahrträumens nicht bloß über die Sinnesschranken hinaus erweitert, sondern sich von Raum und Zeit gänzlich losreißt, so dass auch das Verdeckte und Abwesende, das Entfernte und Zukünftige ihm unmittelbar einleuchtet, offen und gegenwärtig vor ihm liegt, dann hat sich das Wahrträumen zum *Hellsehen* gesteigert. Darin besteht die magische Wahrnehmungsart, die „*visio in distans*" und die „*passio a distante*", die sich auf die magische Wirksamkeit, die *actio in distans*, gründet. Die magische *actio in distans* ist nicht zu vergleichen mit der physischen. Diese nämlich, wie die Gravitation, der Magnetismus, die Elektrizität u. s. f. nehmen ab, wie die Entfernung zunimmt, bleiben daher im Raum gefangen und von demselben abhängig, während es für die magische *actio in distans* ganz gleichgültig ist, ob die Entfernung die Weite eines Zolls oder einer Billion von Uranusbahnen beträgt.

Das Hellsehen geschieht im tiefsten Schlaf des Somnambulismus, gleichviel ob derselbe auf natürlichem Weg stattfindet oder auf künstlichem, durch den Willen des Magnetiseurs hervorgerufen wird, der durch die unmittelbare Einwirkung seines Willens einen andern in den Zustand des somnambulen Schlafs und Hellsehens versetzt. Was noch zu Schopenhauers Zeit „tierischer oder animalischer Magnetismus" genannt wurde, heißt heute richtiger „*Hypnotismus*", nachdem man eingesehen (was auch Schopenhauer behauptet hat), dass beim Hypnotisieren, vulgo Magnetisieren, die Manipulationen Hokuspokus sind und das wesentliche Agens der *Wille*, zu welchem jener Hokuspokus nichts weiter beiträgt, als dass die Zeichen und Striche zu seiner Fixation dienen.

Auch die Hypothese, dass im Zustand des somnambulen (magnetischen) Hellsehens die Ganglien des sogenannten Sonnengeflechts (*plexus solaris*) die Stelle des Gehirns vertreten und als Sensorium (*cerebrum abdominale*) dienen, wird von Schopenhauer verworfen, da die Beschaffenheit und Struktur dieser Nerven gar nicht dazu angetan seien, die Leistungen des Nachtwandelns und Hellsehens auszuführen.[427]

427 Ebendas. I, S. 274 – 277.

4. Die prophetischen Träume

Abgesehen von den somnambulen oder magnetischen Wahrträumen gibt es auch in dem gewöhnlichen Schlaf hellsehende Träume, die freilich nur im tiefsten Schlaf und auch da nur in den seltensten Fällen stattfinden. Die meisten Träume sind nichtige bedeutungslose Gebilde und kommen, homerisch zu reden, durch das Tor von Elfenbein; die wenigen und seltenen, welche gehalt- und bedeutungsvoll sind, kommen durch das Tor von Horn. Diese sind die prophetischen oder weissagenden, bevorstehendes Heil oder Unheil, also Schicksal verkündenden (fatidiken) Träume.

Da sie vom tiefsten Schlaf befangen sind, so würden wir uns ihrer nicht erinnern, also überhaupt nichts von ihnen wissen können, wenn sie nicht auf unser Gemüt, d.h. unsern Willen einen solchen Eindruck hervorbrächten, dass dieser sie festzuhalten sucht, darum in den leichtern Schlaf, aus dem wir unmittelbar erwachen, mitnimmt und hier wiederholt, indem er sie abbildet, d.h. sinnbildlich darstellt. So entsteht der *allegorische* oder rätselhafte Traum, der zu seiner Erklärung der Auslegung und Auslegungskunst bedarf.

Der Ephesier *Artemidorus*, der im zweiten Jahrhundert unserer Zeitrechnung die ersten Traumbücher verfasst hat (ὀνειροκριτικόν), unterscheidet diese beiden Arten der Träume, die theorematischen und die allegorischen: Jene stellen das bevorstehende Heil oder Unheil (gewöhnlich das Letztere, wie es der Weltlauf mit sich bringt) in seiner eigentlichen Gestalt vor Augen, dieser in symbolischer Weise. Die richtige Auslegung würde darin bestehen, dass der allegorische Traum in den theorematischen als sein Original und Grundmotiv zurückübersetzt wird.

Wir sind weit reicher an erdichteten Beispielen solcher allegorischer Träume als an erlebten. Allegorische Träume sind der des Pharao von den sieben fetten und sieben mageren Kühen, der des Nebukadnezar, des Belsazar u.s.f. Schopenhauer möchte die Orakelsprüche der Pythia auf die Deutung allegorischer Träume zurückführen, die aus künstlich erregten Wahrträumen der Seherin hervorgegangen seien.[428]

428 Ebendas. I, S. 289 – 292.

5. Die Ahnung

Wenn der Unheil verkündende Traum kein allegorisches Abbild, sondern nur jenen dumpfen Eindruck auf unser Gemüt zurückgelassen hat, der unbewusst fortwirkt und bei irgendeinem der geträumten Situation irgendwie ähnlichen Anlass plötzlich geweckt wird, so entsteht ein warnendes Vorgefühl oder die Ahnung, die uns unwillkürlich vor Schritten zurückhält, die ins Verderben führen. Schopenhauer hat die Ahnung auf solche in der Nacht des Gefühls fortwirkende Traumerscheinungen und sogar das sokratische Dämonium (gewiss mit Unrecht) auf solche Ahnungen zurückführen wollen, die aus dem Reich der Träume stammen.

III. Die Geistererscheinungen

1. Die Halluzinationen

Unter Geistererscheinungen und Geistersehen im weitesten Sinn versteht Schopenhauer die Wahrnehmung äußerer Gegenstände mit wachem Bewusstsein, ohne die entsprechende Gegenwart der Körper und ihrer Eindrücke auf unsere Sinnesorgane, d.i. die Wahrnehmung äußerer Gegenstände durch das Gehirn, nicht als bewusstes Anschauungs- und Denkorgan, sondern als Traumorgan: Kurz gesagt, er versteht darunter die Wahrnehmung äußerer Gegenstände durch das Traumorgan im Zustand (nicht des Schlafs, sondern) des wachen Bewusstseins.[429]

Eine Gruppe solcher Erscheinungen sind die sogenannten Halluzinationen, deren Gegenstände völlig bedeutungslos und deren Ursachen teils krankhafter, teils nicht krankhafter Art *innerhalb* des Organismus gelegen sind. Durch Krankheit verursacht sind die Halluzinationen in der Fieberhitze (Delirien) und im Wahnsinn, ohne Krankheit durch Störungen der Blutverteilung im Unterleib, wie es bei Nicolai der Fall war, der unserem Philosophen als der Typus dieser Art von Halluzinationen gilt. Nicolai selbst hat einen Vortrag darüber in der Berliner Akademie gehalten (1799) und ist als „Proktophantasmist“ von Goethe im Walpurgisnachtstraum aufgeführt und verspottet worden.[430]

429 Ebendas. S. 313 – 315.
430 Ebendas. S. 313 – 315. Vgl. Kraepelin: Psychiatrie (7. Aufl. 1903), S. 128.

2. Die Visionen

Wie es im Schlaf bedeutungsvolle Träume, so gibt es auch im wachen Zustand bedeutungsvolle Wahrnehmungen durch das Traumorgan, deren Gegenstände Schopenhauer sämtlich unter dem Namen der *Visionen* befasst. Alle Visionen, ob sich dieselben nun auf gegenwärtige, künftige oder vergangene Dinge und Personen beziehen, ob sie die sehende Person selbst oder andere zum Gegenstand haben, sind magische Wahrnehmungen und Wirkungen. Es ist etwas in uns, unabhängig von Raum und Zeit, in seinem Erkennen allwissend, in seinem Wirken allmächtig: der Kern unseres Wesens, das Ding an sich, der Wille. Alles *magische* Wahrnehmen und Wirken nimmt seinen Weg unmittelbar durch das Ding an sich.

Hören wir den Philosophen selbst. „Der Ursprung dieser *bedeutungsvollen Visionen* ist darin zu suchen, dass jenes rätselhafte, in unserem Innern verborgene, durch die räumlichen und zeitlichen Verhältnisse nicht beschränkte und insofern allwissende, dagegen aber gar nicht ins gewöhnliche Bewusstsein fallende, sondern für uns verschleierte Erkenntnisvermögen – welches jedoch im magnetischen Hellsehen seinen Schleier abwirft – einmal etwas dem Individuum sehr Interessantes erspäht hat, von welchem nun der Wille, der ja der Kern des ganzen Menschen ist, dem zerebralen Erkennen gern Kunde geben möchte; was dann aber nur durch die ihm selten gelingende Operation möglich ist, dass er einmal das Traumorgan im *wachen Zustand* aufgehen lässt und so dem zerebralen Bewusstsein, in anschaulichen Gestalten entweder von direkter oder von allegorischer Bedeutung, jene seine Entdeckung mitteilt.“[431] Wird nach dem Weg der magischen Einwirkung gefragt, so antwortet der Philosoph: „Es ist der Weg, der nicht am Gängelband der Kausalität durch Zeit und Raum geht. Es ist der Weg durch das Ding an sich.“[432]

3. Die Deuteroskopie

Jede Vision ist ein zweites Gesicht magischer Art und heißt als solches *Deuteroskopie*. Ist der Gegenstand einer solchen Vision die

431 Ebendas. S. 316. [Beiläufig: Der angeführte Satz liefert ein Beispiel der langen, keineswegs längsten Sätze, die sich bei Sch. finden.]
432 Ebendas. S. 342.

eigene Person selbst, so wird das Gesicht gewöhnlich auf den bevorstehenden Tod gedeutet. Es kann aber auch eine trostreiche Vision sein, wie sich die Goethes deuten lässt, als er im Trennungsschmerz nach seinem Abschied von Sesenheim sich selbst auf dem Weg dahin erblickte.

Wenn die Person nicht sich selbst, wohl aber an Orten, wo sie nicht ist, andern erscheint und zu erscheinen pflegt, so besteht darin das magische Phänomen des *Doppelgängers*, welches Schopenhauer zwar berührt, aber gar nicht zu deuten, geschweige zu erklären versucht hat; auch ist die Erscheinung eine der unerklärlichsten in dem Gebiet der Visionen, da sie ohne alle Beziehung auf den Willen und das Wissen sowohl der Person, welche erscheint, als auch der andren, denen dieselbe erscheint, stattfindet.

Die Person sieht zwar nicht sich selbst, aber sie hat Erscheinungen, die sie und ihre nächste Zukunft betreffen, die ihr Unheil oder Heil, Gefahren und Rettung, auch unabwendbares Unglück bedeuten und verkünden. Eine Erscheinung der letzten Art war die des Brutus in der Nacht vor der Schlacht von Philippi. Solche Visionen haben in der Mythologie der Alten wohl die Vorstellung hervorgerufen, dass jede Person ihren guten und bösen Genius habe, ihren Schutzgeist und ihren Verderben bringenden Dämon.

Der Gegenstand des zweiten Gesichts kann eine *gegenwärtige* Begebenheit, ein gleichzeitiges Ereignis sein, welches in weiter Ferne vor sich geht, wie von Swedenborg glaubwürdig berichtet wird, dass er in Gothenburg den Brand Stockholms gesehen habe. Es ist befremdlich, dass Schopenhauer auf diese Art der Deuteroskopie nicht näher eingeht und überhaupt die Wundertaten Swedenborgs, die ihm doch wohl bekannt waren, ganz unberücksichtigt lässt.

4. Die Gespenster

Wenn es *vergangene* Begebenheiten und Personen sind, die sich dem Traumorgan im wachen Zustand vergegenwärtigen, so entsteht „die rückwärts gekehrte Deuteroskopie", „*a retrospective second sight*", wie Schopenhauer sagt. Solche Visionen sind an die Orte gebunden, wo ungeheure Begebenheiten geschehen, Untaten verübt, Leichen begraben sind u. s. f. Hierher gehören alle Arten des *Lokalspuks*: das Waffengetöse, das auf dem Schlachtfelde von Marathon vernommen wird, die Gespenster in verrufenen Schlössern u. dgl.

5. Die Geister der Abgeschiedenen

Es gibt eine magische Wirksamkeit auch der Individuen aufeinander. Wenn ein Sterbender voller Sehnsucht an eine geliebte Person denkt und deren Nähe auf das Innigste herbeiwünscht, so geschieht es wohl, dass diese seine Willensrichtung sein Bild in dem Gehirn des andern hervorruft und der Sterbende ihm erscheint. Nun ist die Frage, ob auch von *Verstorbenen* gelten darf, was von Sterbenden gilt; ob auch die Abgeschiedenen noch imstande sind, lebenden Personen zu erscheinen und sich persönlich zu vergegenwärtigen.

Wer diese Möglichkeit vollständig in Abrede stellt, muss den Tod für die absolute Vernichtung der Person halten, was die Materialisten tun und alle diejenigen tun müssen, welche Raum und Zeit für Dinge an sich, d.h. für die ungeheuren Behältnisse ansehen, worin alles Dasein eingeschachtelt und eingepfercht ist. Wer dagegen mit und durch *Kant* die Idealität des Raums und der Zeit erkannt hat und weiß, dass, davon völlig unabhängig, das Ding an sich das Wesen der Welt, den unzerstörbaren und ewigen Kern jeder Persönlichkeit ausmacht, der wird sich wohl hüten, der Lehre von der absoluten Vernichtung der Person durch den Tod beizupflichten.

Die wahre Metaphysik, nämlich die richtige Lehre vom Ding an sich und von Raum und Zeit, ermöglicht das magische Geschehen, und dieses dient jener zum praktischen Beweis. Die Magie, richtig verstanden, sei nach *Bacon*, wie schon oben erwähnt, praktische Metaphysik oder Experimentalmetaphysik.

Schopenhauers „Versuch über das Geistersehn und was damit zusammenhängt" ist eine Wanderung durch das Labyrinth der Traumwelt, dieses dunkle Reich des Lebens, das man auch dessen Nachtseite genannt hat. In diesem Sinne, nicht in dem des Dichters, hat er die Worte des *Goethe'schen* Orest zum Motto genommen:

Und lass dir raten, habe
Die Sonne nicht so lieb und nicht die Sterne:
Komm, folge mir ins dunkle Reich hinab!

Zwölftes Kapitel

Die Anschauung der Ideen. Das Genie und die Kunst

I. Die Komposition der Lehre Schopenhauers

1. Kant und Plato

Nach dieser labyrinthischen Wanderung kehren wir zurück in das Reich des Lichts und finden uns wieder an der Stelle, wo wir dasselbe verlassen hatten: dicht vor dem Eingang in die Welt des Schönen und der Kunst.[433] Der Grundgedanke seiner Ästhetik gehört wohl zu den frühesten Konzeptionen der Lehre Schopenhauers. Er mochte diesen Gedanken schon in sich tragen, als er im Frühjahr 1811 von Göttingen heimkehrte und nach dem Rat seines Lehrers zwei Philosophen vor allen übrigen studiert hatte: „den göttlichen Plato und den erstaunlichen Kant".

Diese „beiden größten Philosophen des Okzidents" hatten jeder eine tiefsinnige und rätselhafte Lehre aufgestellt, „die beiden größten Paradoxa" in der Geschichte der Philosophie: Plato die Lehre von den *Ideen* als dem wahrhaft Seienden, den Urbildern der Erscheinungen, Kant die von dem *Ding an sich*, welches allen Erscheinungen zugrunde liege und von allen gänzlich verschieden sei. Solche Lehren reizten Schopenhauers Sinn, seine Gemüts- und Geistesart. Die kantische Lehre von dem Ding an sich, welches zu erkennen keinem Menschen möglich sein solle, blickte ihn an wie eine Sphinx; er fühlte sich berufen, der Ödipus dieser Sphinx zu werden und der Welt zu enthüllen, was das Ding an sich sei.

Diesen *ersten* Antrieb, sich die Philosophie zur Lebensaufgabe zu machen, empfing Schopenhauer von Kant. Was Kant von dem Ding an sich lehrte, dass es völlig unabhängig von den Erscheinungen und unseren Erkenntnisformen, Zeit, Raum und Kausalität, darum auch unabhängig von aller Vielheit und allem Entstehen und Vergehen sei: dasselbe hatte Plato von den Ideen gelehrt; er hatte behauptet, dass die Ideen einheitlich und ewig seien, dass jede in ihrer Art eine ewige Einheit bilde, dass alle insgesamt weder entstehen, noch vergehen,

433 S. oben S. 396 f.: Schluss des zehnten Kapitels.

während die einzelnen sinnlichen Dinge „immer werden, aber nie sind". Hieraus erkannte Schopenhauer, dass zwischen dem kantischen Ding an sich und der platonischen Idee zwar keine Identität, wohl aber eine „Verwandtschaft" bestehe, die auf eine gewisse und wesentliche Übereinstimmung zwischen Plato und Kant hinweise, nur werde dieselbe völlig verkannt und grundfalsch, ja widersinnig gedeutet, wenn man, wie Bouterweck getan, die platonischen Ideen mit den kantischen Erkenntnisformen *a priori* vergleichen wollte. Vielmehr wenn von dem Ding an sich eine Vorstellung möglich sei, was Kant verneint habe – er hielt das Rätsel für unlösbar –, so könne diese Vorstellung nur in dem bestehen, was Plato Ideen genannt, Wort und Sache richtig verstanden. Die Idee im Sinne Platos sei die Vorstellung des Dinges an sich.

Dies war der *zweite* Hauptpunkt, der sich im Geist Schopenhauers feststellte und ihm aus der Vereinigung jener beiden Philosophen und ihrer Grundwahrheiten hervorging. Diesen Punkt habe ich im vorigen Buch, wo von der Entstehung der Lehre Schopenhauers biographisch die Rede war, die Synthese zwischen Kant und Plato genannt. Unerschütterlich fest überzeugt von der Wahrheit der kantischen Lehre in Ansehung des Dinges an sich und seiner gänzlichen Verschiedenheit von den Erscheinungen – er nannte diese Verschiedenheit die totale Diversität des Realen und Idealen –, unerschütterlich fest überzeugt von der Wahrheit der platonischen Lehre in Ansehung der Ideen, musste Schopenhauer die Vereinigung dieser beiden Wahrheiten zum Zielpunkt seiner eigenen Lehre machen.[434]

Da nun sowohl die Ideen als auch das Ding an sich, wie Plato und Kant übereinstimmend lehrten, völlig unabhängig von dem Satz des Grundes sind, so musste Schopenhauer, um festzustellen, was das Ding an sich *nicht* sei, den Satz vom Grunde in seinem ganzen Umfang und allen seinen Arten genau untersuchen und bis in seine Wurzeln verfolgen. So entstand die Schrift über „Die vierfache Wurzel des Satzes vom zureichenden Grunde".

Schon hier stand es fest, dass der Wille von dem Satz des Grundes, als welcher nur die Objekte beherrsche, völlig unabhängig und, wie aus unserem Selbstbewusstsein unmittelbar einleuchte, die in uns wirksame Kraft sei, der Kern unseres Wesens. Daraus ergab sich

---

434 Vgl. oben I. Buch, 2. Kap., S. 66 f., 3. Kap., S. 86 ff.

nun eine Reihe gewichtiger Folgerungen, welche Schopenhauer in seinem Hauptwerk zog, immer den Satz im Auge, dass die Idee im platonischen Sinn die Vorstellung des Dinges an sich sein müsse. Der Wille ist das *einzige* von dem Satz des Grundes (Zeit, Raum, Kausalität) unabhängige Wesen und darum gleichzusetzen dem Ding an sich; der Wille ist die *einzige* uns erkennbare Kraft und darum gleichzusetzen aller Kraft. Alle Dinge sind Krafterscheinungen, also Willenserscheinungen, die Welt ist ein Stufenreich der Objektivationen des Willens, jede ihrer Stufen ein unvergänglicher Typus, einzig in seiner Art, vervielfältigt in zahllosen Erscheinungen, die unaufhörlich entstehen und vergehen, während der Typus unwandelbar sich gleich bleibt. Dieser Typus ist die *Idee* in platonischem Sinn, er ist die Erscheinung oder Objektivation des Willens, also die Vorstellung des Dinges an sich. Hier sind die Verbindungsglieder dargelegt, welche im Kopf Schopenhauers Kant und Plato verknüpft haben; hier ist der Punkt, worin beide im Kopf Schopenhauers zusammentrafen.

2. Der Veda und der Buddhismus

Es ergab sich ferner, dass der Urwille, unabhängig und frei, wie er ist, von aller Vielheit und aller Notwendigkeit, das *All-Eine* sei, das in allen Erscheinungen identische Urwesen, ganz und ungeteilt in jeder. Zu seinem Erstaunen fand Schopenhauer die Einheitslehre in den Upanischaden des Veda. Dieser Urwille, *blind* und erkenntnislos, ruhe- und rastlos, wie er ist, immer gedrängt zum Dasein und zu dessen Vermehrung und Steigerung, erzeugt eine Welt voller Unruhe und Angst, voller Not und Leiden, eine elende, erlösungsbedürftige, nur durch die Verneinung des Willens zum Leben erlösbare Welt. Zu seinem Erstaunen fand Schopenhauer diese Weltansicht, atheistisch und pessimistisch gerichtet, wie sie ist, in der Religionslehre des Buddha.

Und dass die Welt der Erscheinungen, für sich genommen, eine Welt des Scheines und der Täuschung (Maja) sei: In dieser *idealistischen* Ansicht fand er den Buddhismus mit dem Brahmanismus einverstanden und mit beiden die Lehren Platos und Kants in Übereinstimmung. So vereinigten sich in seinem Kopfe die beiden indischen Religionslehren, von denen er die Upanischaden des Veda als Werk einer fast übermenschlichen Weisheit anstaunte, mit den beiden abendländischen Philosophien, die ihm unter allen Systemen als die tiefsinnigsten erschienen.

Er hat das eigene System mit dem hunderttorigen Theben verglichen, was zu viel gesagt war; wohl aber lässt es sich mit einer Stadt vergleichen, die *vier* Tore hat: Das erste heißt *Kant*, das zweite *Plato*, das dritte die Weisheit des *Veda*, das vierte *Buddha*. Wer hätte glauben sollen, dass so verschiedene Richtungen in ein und dasselbe Zentrum führten! Als Schopenhauer sein eben vollendetes Hauptwerk dem Buchhändler A. Brockhaus anbot, nannte er es „eine im höchsten Grade zusammenhängende Gedankenkette, die bisher noch nie in irgendeines Menschen Kopf gekommen sei".[435]

Dass diese Kette in seinem Kopf auf eine einzige und überraschende Art zusammengedacht war, ist richtig; wir verstehen auch, dass sie ihm selbst „als im höchsten Grade zusammenhängend" erschien. Ob aber dem System dieser Charakter in Wahrheit zukommt, werden wir erst am Schluss unseres Werks zu untersuchen haben. Wir nehmen jetzt den Zusammenhang, wie er sich gibt.

II. Die geniale Anschauung und deren Objekt

1. Die Urformen oder Ideen

Der Intellekt entsteht als Werkzeug des Willens und hat von Natur die Bestimmung, diesem zu dienen. In dieser Dienstbarkeit beharrt der tierische Intellekt, während der menschliche die Fähigkeit und Kraft gewinnt, die Fesseln seiner Leibeigenschaft zu lösen und sich von dem Joch des Willens zeitweise ganz zu befreien. In dem sichtbaren Ausdruck des frei gewordenen Intellekts unterscheidet sich die menschliche Gestalt von der tierischen: Bei den niederen Tieren ist der Kopf mit dem Rumpf verwachsen, bei den höheren bleibt er zur Erde gerichtet, wo die Objekte ihrer Bedürfnisse wahrzunehmen sind, bei dem Menschen erhebt er sich über den Rumpf und erscheint auf ihm wie frei schwebend, er äquilibriert auf der Halswirbelsäule, umherschauend, in die Ferne blickend, emporgerichtet, wie es die Kunst im Apollo von Belvedere zur ausdrucksvollen Darstellung gebracht hat. Erst der Kopf des Menschen ist das *Haupt* des Leibes und verkündet, dass der menschliche Intellekt eine apollinische Anlage in sich trägt.

435 S. oben I. Buch, 3. Kap., S. 92 ff.

Alle dem Willen dienstbare Erkenntnis, die tierisch-menschliche, soweit sie reicht, steht unter dem Satz des Grundes, der nicht das Wesen der Dinge, sondern nur ihre Relationen erkennbar macht und zunächst die Beziehungen zu unserem Leib, d.h. zu unserem Willen und dessen Begehrungen. Was mit unseren Bedürfnissen und Begierden zusammenhängt, das allein interessiert den Willen und erscheint in der ihm unterworfenen Erkenntnissphäre als ein *interessantes* Objekt. Die menschliche Vernunft und Wissenschaft verändert nicht die Art, sondern nur den Umfang dieser Erkenntnis: Sie ergründet auch die Relationen der Dinge untereinander, die Art und Weise ihrer wechselseitigen Einwirkungen, den Zusammenhang der Erscheinungen, die Gesetzmäßigkeit der Tatsachen.

Wir erfahren, dass in diesem Zeitpunkt, an diesem Ort, unter diesen Umständen diese Begebenheit stattgefunden hat: Darin besteht die *Tatsache*. Wir erfahren, dass unter denselben Umständen stets dieselben Erscheinungen auftreten: Darin bestehen die *Gesetze* der Dinge. Je genauer und umfassender die mittelbaren Relationen ergründet werden, umso gründlicher werden die unmittelbaren, d.h. die nützlichen und begehrenswerten Objekte erkannt. Alle Dinge stehen in näherer oder entfernterer Beziehung zu unserem Willen und seinen Interessen. Je nützlicher, gemeinnütziger, praktischer durch ihre Anwendbarkeit auf das menschliche Leben die Kenntnisse sind, welche die Wissenschaften liefern, umso preiswürdiger, wertvoller, gewinnreicher sind die Letzteren selbst, wie es in unseren Tagen die Beispiele der erfindungsreichen Elektrizitätslehre, Chemie und Heilkunde in erstaunlicher Weise bezeugen.

Unter dem Satz des Grundes erfahren wir, was die Dinge unmittelbar und mittelbar für uns, nicht was sie *an sich* sind; wir erkennen, wann und wo, warum und wozu, nicht was sie sind. Was die Dinge für uns sind, das sind sie in Beziehung auf unseren Willen, wie nah oder entfernt die Beziehung auch sei; Was sie an sich sind, das sind sie als Erscheinung ihrer eigenen Kraft, ihres eigenen Willens, des Willens zum Dasein und Leben auf einer bestimmten Stufe seiner Objektivation: Das also sind sie als Erscheinungen des Urwillens oder des Dinges an sich, als Erscheinungen auf der Stufenleiter der Welt, d.h. der Urformen oder der Ideen im platonischen Sinn.[436]

---

436 Die Welt als Wille u.s.f., I, § 33. Vgl. II, 29. Kap.

2. Das reine Subjekt des Erkennens

Die Erkenntnis der Ideen steht nicht mehr unter dem Satz des Grundes, da sie nicht die Relationen der Dinge, sondern deren Wesen vor Augen hat: Daher ist das Subjekt dieser Erkenntnis nicht mehr das Individuum, als welches im Mittelpunkt der Relationen steht, sondern das uninteressierte, begierdelose, willensfreie oder *„reine Subjekt des Erkennens"*, welches völlig in die Anschauung des Gegenstandes aufgeht, sich in dieser Anschauung, wie man zu sagen pflegt, gänzlich verliert, sich selbst, d. h. sein eigenes Wollen und Begehren vergisst, ganz Bewusstsein des Objektes ist, dessen klarer Spiegel, dessen deutlichstes Bild. Nunmehr ist das erkennende Subjekt weltbetrachtend, „klares Weltauge", „reines, willenloses, schmerzloses, zeitloses Subjekt des Erkennens". Nunmehr erscheint die Welt, wie sie an sich ist, d. h. unabhängig vom Satz des Grundes, unabhängig von den Relationen der Dinge zu uns: Diese Erscheinung der Welt, diese Art sie vorzustellen ist erst die „eigentliche Welt als Vorstellung".

Unter den Ideen oder Urformen verstehen wir die wesentlichen Formen (*formae substantiales*) der Dinge, wohl zu unterscheiden von den zufälligen. So sind beispielsweise die wesentlichen Formen der Wolken nicht ihre Figuren und Gebilde, sondern die Kraft und Eigenschaft, die sie als elastische Dünste haben; so sind die wesentlichen Formen des Bachs nicht seine Strudel und Schaumgebilde, sondern die Kraft und die Eigenschaften des flüssigen Körpers, die wesentlichen Formen des Eises nicht die Konfigurationen von Blumen und Bäumen, sondern die Kraft und Eigenschaft der Kristallisation. So sind die wesentlichen Formen der Menschen ihre Charakter- und Gesinnungsarten, nicht die Gegenstände, sondern die Richtungen ihrer Begierden; es ist gleichgültig, welche Objekte begehrt werden, ob es Nüsse sind oder Kronen: Die Geschichte des Menschengeschlechts verhält sich zu den Menschen wie die Figuren zu den Wolken, die Strudelformen zum Bach, die Blumen zum Eis. Alle die zahllosen Begebenheiten, die nach ihren relativen Werten groß oder klein genannt werden, sind das Unwesentliche. Das allein Bedeutungsvolle ist „die Selbsterkenntnis des Willens". Darin besteht das eigentliche Thema der Menschheit. „Seine Selbsterkenntnis und daraus sich entscheidende Bejahung oder Verneinung", sagt Schopenhauer, *„ist die einzige Begebenheit an* *sich.*" Ein charakteristischer, zur Beurteilung seiner Lehre höchst bemerkenswerter Ausspruch![437]

3. Das Genie und der Genius. Die Charakteristik des Genies

Die allermeisten Menschen kennen und betreiben nur ihre persönlichen Interessen, ihre ganze Geschäftigkeit dreht sich um ihr eigenes liebes Ich und dessen subjektive Zwecke; die wenigsten sind von objektiven Zwecken als ihrer Lebensaufgabe erfüllt, von einer Sache, der sie hingegeben sind und dienen, die sie in Taten und Geisteswerken ausprägen. Diese seltenen Menschen verdienen allein *groß* genannt zu werden; die Männer großer Taten sind die Helden, die großer Geisteswerke die Künstler, Dichter und Denker. Indessen hören auch die erhabenen Menschen nicht auf, Menschen der gewöhnlichen Art zu sein und von dem Willen zum Leben, seinen Bedürfnissen und Begierden gemeiner Art beherrscht zu werden. „Denn aus Gemeinem ist der Mensch gemacht, und die Gewohnheit nennt er seine Amme."

Die großen Menschen sind nicht in jedem Augenblick groß und haben ihre bedürftigen und schwachen Stunden. Darum hat Goethe im Tagebuch der Ottilie in den Wahlverwandtschaften gesagt: „Für den Kammerdiener gibt es keinen Helden." Es ist sehr charakteristisch, wie Hegel und Schopenhauer dieses Wort sich zurechtgelegt und erläutert haben. Hegel, der die weltgeschichtliche Würdigung großer Menschen nicht verkümmert sehen wollte, hat in seiner Philosophie der Geschichte bemerkt: Freilich gebe es für den Kammerdiener keinen Helden, aber nicht, weil der Held kein Held, sondern weil der Kammerdiener ein Kammerdiener sei. Schopenhauer dagegen, der von der weltgeschichtlichen Vorstellungsart nichts missen wollte, bringt die Kleinheiten und Schwächen des Helden nicht auf die Rechnung des Dieners, sondern auf die des Herrn.[438]

Die Themata heroischer Taten sind die Zwecke der Völker und der Menschheit, die Themata erhabener Geisteswerke sind die Ideen, die Enthüllung des Wesens der Dinge und der Welt. Was die Dinge sind, das Wesen derselben, ist entweder Gegenstand der Anschauung oder Problem der Meditation: Jener will dargestellt, dieses erforscht

437 Ebendas. I, § 34, § 35, S. 250. Vgl. II, 30. Kap. Parerga II, 19. Kap., § 205 – 206.
438 Die Welt als Wille u. s. f., II, 31. Kap., S. 452 – 454.

sein; die Darstellung ist die Sache der Kunst, die Erforschung die der Philosophie.[439]

Wir wissen, wie sehr im Zustand seiner Begierden und Leidenschaften der Wille den Intellekt trübt und verfälscht; er verhält sich zu dem Licht der Erkenntnis wie das Brennmaterial und der Rauch zum Feuer. Damit der anschauende Intellekt das Wesen der Dinge in völliger Reinheit auffasse und abspiegele, muss der Wille mit seinen Interessen das Bewusstsein räumen: Erst dann kann sich dasselbe rein betrachtend verhalten, „klares und ewiges Weltauge" sein, wozu eine solche abnorme Entwicklung der intellektuellen Kraft und ihres Organs, eine solche Fülle geistiger Fähigkeiten gehört, dass der Intellekt weit mehr zu leisten vermag, als der Dienst des Willens fordert. Aus diesem Überschuss entwickelt sich jene reine und tiefe Betrachtungsart, welche das Wesen der Dinge oder deren Idee erfasst und die *geniale* Weltanschauung ausmacht, denn unter Genialität ist nichts anderes zu Verstehen als vollständige Objektivität oder die Fähigkeit, sich rein anschauend zu verhalten, wie unter Ideen nichts anderes als das Wesentliche und Bleibende aller Erscheinungen der Welt. Diese Betrachtungsart erfüllt das Wort des Herrn: „Und was in schwankender Erscheinung schwebt, befestiget mit dauernden Gedanken."[440]

Doch können in der natürlichen Verkettung der Dinge das Wesen oder die Ideen derselben nie so klar und unvermischt zutage treten, wie es die geniale Anschauung verlangt. Daher will diese in einem aus ihr entsprossenen und ihr völlig gemäßen Werk wiederholt und dargestellt werden: Dies geschieht in den Werken *der Kunst*. Hieraus allein erklärt sich deren Entstehung und Absicht: Ihr einziger Ursprung ist die Erkenntnis der Ideen, ihr einziger Zweck ist deren Mitteilung. Der Weltlauf hindert nicht bloß die Dinge, ihr Wesen rein und unvermischt darzutun, sondern auch uns, ihre Ideen zu erkennen, da wir an den Dingen, mit denen der Weltlauf unser gewohntes Dasein umgeben und gleichsam verwickelt hat, zu viel persönlichen Anteil nehmen, denselben zu wenig unbenommen und willensfrei gegenüberstehen, um sie objektiv zu betrachten. Durch glückliche Erfolge fröhlich gestimmt, sehen wir um uns her eine lachende und heitere Welt, während uns dieselben Gegenstände trüb

439 Ebendas. S. 449.
440 I, § 36, S. 252 – 253. Vgl. II, 30. u. 31. Kap.

und düster erscheinen, wenn wir von schwerem Kummer bedrückt sind.

Daher wird uns die Anschauung der Ideen wesentlich erleichtert, wenn wir die Welt nicht unter dem Druck der Welt, sondern im Bild betrachten, zu dem wir uns gar nicht anders verhalten können als rein kontemplativ, ohne alle Willenserregungen und dadurch bedingten persönlichen Anteil. Das Bild der Welt ist das Werk der Kunst, das aus der genialen, d.h. völlig objektiven, an Tiefe und Klarheit vollkommenen Anschauung der Dinge hervorgeht. Nicht das Leben selbst ist schön, wohl aber das *Bild* des Lebens, nach dem Goethe'schen Wort: „Was im Leben uns verdrießt, man im Bilde gern genießt." Die Schönheit des Bildes würde verschwinden, sobald es aufhörte zu scheinen, und wir aufhörten es zu beschauen und darin steckten, wollend und begehrend, wie in der wirklichen Welt. Auch die *wirkliche* Welt erscheint uns da in ihrer vollen Herrlichkeit, wo ihr gegenüber alle Begierden verstummen und jede Willensregung schweigt und schweigen muss. Eine solche Gemütsstimmung weckt, wie kein anderes Objekt, der Anblick des Himmels und der Gestirne:

Die Sterne, die begehrt man nicht,
Man freut sich ihrer Pracht,
Und mit Entzücken blickt man auf
In jeder heitern Nacht.[441]

In einem seiner Lieder, welches Schopenhauer zu einem Bild seiner Anschauungsweise sehr gut hätte brauchen können, hat Heine den Anblick des Mondes in seiner Erhabenheit und Ruhe hoch über dem Kampf und der rastlosen Flucht des irdischen Daseins höchst eindrucksvoll geschildert, indem er das menschliche Leben mit dem Flug der Möwe vergleicht:

Das ist eine weise Möwe,
Die ich dort flattern seh'
Wohl über die dunklen Fluten;
Der Mond steht hoch in der Höh'.
Der Haifisch und der Roche,

441 Ebendas. 30. Kap., S. 440 – 441.

Die schnappen hervor aus der See,
Es hebt und senkt sich die Möwe;
Der Mond steht hoch in der Höh'.
O liebe, flüchtige Seele,
Dir ist so bang und weh'!
Zu nah ist dir das Wasser,
Der Mond steht hoch in der Höh'.

Wir können auch die *irdische* Welt innerhalb des wirklichen Lebens ohne die Hilfe der Kunst uns in Bilder verwandeln, wenn wir die gewohnten Umgebungen verlassen und in fremde Länder *reisen*, um neue Gegenden und Menschen kennen zu lernen. Dass unsere kleine, völlig bekannte, oft genug ärgerliche Welt nun hinter uns liegt und wir durch den Anblick neuer Gegenstände lauter intellektuelle Erquickungen erleben und zu erleben hoffen: darin besteht die Lust, der Genus und Humor des Reisens, aus dem die dichterischen Reiseschilderungen hervorgehen. Was wir Neues zu sehen bekommen, hat mit unserem Willen nichts zu schaffen, es geht uns nichts an: Umso freier und ungetrübter können wir die Gegenstände betrachten. Den Einheimischen, weil sie mit ihren Interessen darin stecken, pflegen in der Regel ihre Gegenden und Städte weit weniger zu gefallen als den Fremden.

Die Erkenntnis der Ideen selbst ist die Sache der *genialen* Anschauung, der geistig Höchstbegabten, der großen Geister im eigentlichen Sinne des Worts, die bei Weitem seltener sind als die Helden. Denn dass der Intellekt, dieses Werkzeug des Willens, durch seine Kraft und Fülle seinem Herrn untreu wird, sich von ihm losreißt und emanzipiert, ist bei Weitem wunderbarer, als dass der Wille, dieser Herrscher der Welt, in einzelnen Charakteren eine außerordentliche Energie, Festigkeit und Tatkraft an den Tag legt. Vermöge des außerordentlichen Übergewichts des Intellekts infolge seiner zerebralen Entwicklung erscheint das Genie als ein „*monstrum per excessum*", dessen Gegenteil, ein „*monstrum per defectum*", der Idiot ist. Das Gewicht des menschlichen Gehirns beträgt in der Regel drei Pfund, Byrons Gehirn wog sechs. Mit dem Genie verglichen, sind die gewöhnlichen Menschen, wie Schopenhauer zu sagen pflegt, die „Fabrikware der Natur".

Seiner ganzen Natur nach ist das Genie dem Willen, der die eigentliche Substanz des Menschen ausmacht, fremd, weshalb es auch als ein besonderes, von ihm unterschiedenes Wesen aufgefasst und als *Genius* bezeichnet wird, der das Individuum ergreift und sich seiner bemächtigt. Der Genius herrscht nicht immer, und es ergeht den Genies wie den Helden, von denen oben gesagt wurde, dass sie nicht durchaus und in jedem Augenblick heroisch erscheinen, sondern trotz aller Willens- und Tatengröße auch Menschen der gewöhnlichen, bedürftigen, begehrlichen Art sind und als solche sich zeigen. So sind die Genies trotz aller Geistesgröße und Eminenz ihrer Werke den Neigungen, Begierden und Leidenschaften unterworfen, welche das Leben mit sich bringt, bis der Zeitpunkt kommt, wo der Genius sie ergreift, von der Knechtschaft des Willens losreißt und mit der Anschauung der Ideen erfüllt. Das ist, wie es treffend heißt, die Stunde der Weihe und *Inspiration*. Eben darin besteht das Wesen der Genies, dass sie Menschen sind wie die anderen, und zugleich *inspirierte* Menschen wie von den anderen *keiner*; ihr Intellekt verhält sich zu dem der gewöhnlichen Leute wie das Sonnenlicht zur Laterne, während sie unter dem Druck der Welt und in dem trüben Dunst ihrer Atmosphäre zu leben gezwungen sind: Daher werden diese großen Geister von dem Doppelgefühl einer unbezwinglichen Schwermut und einer überirdischen Heiterkeit, die uns von ihrer hohen Stirn, aus ihrem klar schauenden Blick entgegenleuchtet, beherrscht werden. Was *Giordano Bruno* von der eigenen Gemütsstimmung gesagt hat, gilt von dem Genie überhaupt: „*in tristitia hilaris, in hilaritate tristis*“. Hier ist die Stelle, wo Schopenhauer das schöne, von ihm erlebte und so oft gebrauchte Gleichnis mit dem Montblanc zur Charakteristik des Genies anwendet: „Die so häufig bemerkte trübe Stimmung hochbegabter Geister hat ihr Sinnbild am Montblanc, dessen Gipfel meistens bewölkt ist, aber wenn bisweilen, zumal früh morgens, der Wolkenschleier reißt und nun der Berg, vom Sonnenlicht rot, von seiner Himmelshöhe über den Wolken auf Chamonny herabsieht, dann ist es ein Anblick, bei welchem jedem das Herz im tiefsten Grunde aufgeht.“[442]

Die Arbeit des Genies, sowohl in der Anspannung der intellektuellen Kraft zur Anschauung der Idee als in der Hervorbringung

442 Die Welt als Wille u. s. f., II, 31. Kap., S. 451 ff. Vgl. oben I. Buch, 1. Kap., S. 53.

des ihr gemäßen Werkes, erfordert die höchste Konzentration des Geistes, die ohne die Anstrengung höchster Willensenergie gar nicht zustande kommen kann. Wie verschieden im Übrigen ihre Lebensrichtungen sind, diesen Zug teilt das Genie mit dem Helden. Es kann nicht fehlen, dass diese Energie des Willens auch seine Reizbarkeit erhöht. Daher kommt es, dass hochbegabte Menschen leicht in Affekt geraten und heftig erregt werden, oft weit mehr als die geringfügigen Anlässe rechtfertigen, wogegen Genie und Phlegma nicht Hand in Hand gehen. Wenn der geniale Intellekt mit seiner außerordentlichen Lichtstärke, die zur Anschauung der Ideen bestimmt ist, die Angelegenheiten des gewöhnlichen Lebens beleuchtet, so werden diese ungemein vergrößert, wie die Insekten unter dem Fokus des Sonnenmikroskops, wo der Floh zum Elefanten wird. Daher kommt es, dass die Genies im gewöhnlichen Gang der Dinge die richtige Größenschätzung, die Nüchternheit und Klugheit entbehren, die zum Gebrauch des Lebens nötig sind, während sie in der Anschauung, Erforschung und Darstellung ihrer eigenen Objekte jene hohe *Besonnenheit* an den Tag legen, die *Jean Paul* als ihr eigentliches Wesen bezeichnet hat. Im gewöhnlichen Leben sind und zeigen sie sich in der Regel höchst *unpraktisch*. Dass ihre Werke für den gewöhnlichen Lebensgebrauch nicht taugen und unnütz sind, nennt Schopenhauer deren „Adelsbrief". Die hohen und schönen Bäume sind keine Obstbäume. Die gewöhnlichen Menschen sind weit brauchbarer als die Genies: Sie verhalten sich zu diesen wie die Bausteine zu den Diamanten.

Mitten im Getriebe der Welt fühlen sich die genialen Menschen wie in der Fremde, und das Heimweh, das sie hier unwillkürlich anwandelt, gehört zu ihrer melancholischen Grundstimmung:

Zart Gedicht, wie Regenbogen,
Wird nur auf dunklen Grund gezogen;
Darum behagt dem Dichtergenie
Das Element der Melancholie.[443]

Auch ist das Wohlbehagen im Weltgewühl dem genialen Schaffen keineswegs günstig. Dieses wird erst geweckt und in volle Kraft ge-

443 Sprichwörtlich. (Weimarer Ausgabe, II. Bd., S. 237.)

setzt, wenn das Genie sich von der Welt abgestoßen, verlassen und in sich selbst zurückgedrängt fühlt. Hier ist seine Heimat und seine Welt. *Goethe* sagt von sich:

Meine Dichterglut war sehr gering,
Solang ich dem Guten entgegenging,
Dagegen brannte sie lichterloh,
Wenn ich vor drohendem Übel floh.[444]

Hieraus erklärt sich, dass die Genies einen so mächtigen und unbezwinglichen Hang zur *Einsamkeit* fühlen, wo sie mit sich allein sind, auch allein mit sich reden und Selbstgespräche führen; sie lieben die beschauliche Stille, fern vom Getriebe der Welt, wo das „profanum vulgus" haust und die Welt bis zum Rand ausfüllt, sodass, wie *Macchiavelli* einmal bemerkt, in der großen Welt eigentlich nichts anderes zu finden sei als das Vulgus, der große Haufe, der immer einen mehr zählt, als jeder glaubt. In seinem Vorspiel zum Faust lässt Goethe den Dichter, welcher er selbst ist, ausrufen:

O sprich mir nicht von jener bunten Menge,
Bei deren Anblick uns der Geist entflieht.
Verhülle mir das wogende Gedränge,
Das wider Willen uns zum Strudel zieht.
Nein, führe mich zur stillen Himmelsenge,
Wo nur dem Dichter reine Freude blüht usw.

Gewöhnlich bleiben die Genies ihrer Mitwelt fremd und unbekannt, oft auch ihre Werke (wobei Schopenhauer unmittelbar sein eigenes Schicksal vor Augen hat); dann werden ihre Früchte erst von der Nachwelt genossen, nachdem sie gleich den Südfrüchten getrocknet sind wie die Datteln und Feigen. Der große lesende Haufe will gefüttert sein und bleibt zu allen Zeiten derselbe, er hält es mit den Büchern wie mit den Eiern, und genießt nur die „Novitäten", die eben gelegt sind und viel begackert werden.

Der Unterschied der Genies von den übrigen Menschen besteht in dem abnormen Übergewicht des Intellekts bei jenen und

444 Ebendas.

dem alleinigen Gewicht des Willens, seinen Interessen und der ihm dienstbaren Erkenntnis bei diesen. Es gibt ein Lebensalter, welches sich durch das Übergewicht der intellektuellen Interessen im Einklang mit dem der zerebralen Entwicklung von den andern unterscheidet: die *Kindheit*, bevor die Epoche der Geschlechtsreife eintritt und mit ihr der unheilschwangere Geschlechtstrieb, die heftigste aller Begierden, dieser „Brennpunkt des Willens", zu herrschen beginnt. Mit großen erstaunten Augen blickt das Kind in die ihm fremde Welt, alle Gegenstände sind ihm neu, und es kann sich daran nicht satt sehen. Welche Lust gewährt ihm sein Bilderbuch, worin es die gesehenen Dinge wiedererkennt und die nicht gesehenen zum ersten Mal erblickt! Mit welcher Lust hört das Kind die Geschichten, die man ihm erzählt, und kann nicht genug davon hören! Die wirklichen Gegenstände, das Bilderbuch, die Geschichten von Menschen und Dingen, lauter bloße Vorstellungen, lauter Bilder der Welt sind das Thema und die Lust des Kindes, noch unverfälscht und unverkümmert durch den Willen, seine Begierden und Interessen, die dem Kind noch nichts anhaben. Noch schweigt die heftigste aller Begierden. In dieser reinen Vorstellungslust bestehen die Unschuld und das Paradies der Kindheit. Die Welt erscheint diesem Lebensalter im frischen Morgentau, im Zauber des Morgenlichts. Wir erleben in unserer Kindheit die ersten Eindrücke der Welt, so wie unser größter Dichter die seinigen geschildert hat:

Ich freute mich bei einem jeden Schritte
Der neuen Blume, die voll Tropfen hing;
Der junge Tag erhob sich mit Entzücken,
Und alles war erquickt, mich zu erquicken.

Die vorherrschende, vom Willen ungetrübte Entwicklung des Intellekts in der Kindheit ist dem genialen Intellekt verwandt und vergleichbar. Jedes normale Kind ist gewissermaßen ein Genie, und jedes Genie ist und bleibt gewissermaßen ein Kind, wie denn bei *Mozart* und *Goethe* unter ihren Grundzügen immer die Kindlichkeit ihres Wesens hervorgehoben wird. Goethe sei, wie Herder und Wieland übereinstimmend bezeugen, stets ein „großes Kind" geblieben. Und wie der heftigste und leidenschaftlichste aller Triebe in der Gestalt der Geschlechtsliebe aus dem Paradies der Kindheit hervorgeht, dasselbe noch überstrahlt, dann versengt und zerstört, die Welt verfinstert, Leben und Dasein zugrunde richtet: Das hat kein Dichter der Welt so erlebt und so geschildert wie Goethe in den Leiden des jungen Werthers und in Gretchen. Vorher lag die Welt in paradiesischem Licht; nach dem Ausbruch der verzehrenden Glut heißt es: „Die ganze Welt ist mir vergällt!“[445]

Die geniale Erkenntnis wurzelt in der Anschauung und bedarf, um dieselbe so energisch festzuhalten, so besonnen zu wiederholen, auszubilden und zu läutern, einer außerordentlichen Stärke der *Phantasie*, die nichts mit den Gaukeleien der Phantasten und den Seifenblasen gemein hat, womit die gewöhnlichen Romanschreiber ihre Leser ergötzen. Da nun die *gegenwärtigen* Eindrücke immer die anschaulichsten sind, so werden diese auf den genialen Intellekt mächtig einwirken, obwohl das Genie in seiner Zeit und Welt sich fremd fühlt. Aus seiner hohen künstlerischen und dichterischen Begabung folgt jener Mangel an Nüchternheit und praktischer Klugheit, dessen wir oben gedacht haben; aus beiden folgt der schmerzlich empfundene Kontrast zwischen Genie und Welt, diese beständige Quelle peinlicher und quälender Affekte. Nehmen wir dazu, dass diese durch die Phantasiestärke außerordentlich gesteigert und erhöht werden, so sehen wir die Leiden und das Märtyrertum des Genies daraus hervorgehen, wie es Goethe in seinem Tasso unübertrefflich geschildert hat.[446]

4. Genialität und Wahnsinn

Diese Schilderung und das Original seiner eigenen Gefühle und Schicksale hatte Schopenhauer vielleicht etwas zu nah vor Augen, als er seine Charakteristik des Genies gab. Es ist wohl das Beispiel des wirklichen, von Anfällen des Wahnsinns heimgesuchten Tasso gewesen, welches den Philosophen veranlasst hat, den Zusammenhang zwischen Genialität und *Wahnsinn* zum Thema einer Erörterung zu machen, worauf er öfter zurückkommt. Zwar redet er nur vom Goethe'schen Tasso, aber dieser wurde nicht vom Wahnsinn, sondern in den Schlussszenen nur von einem ungezügelten Ausbruch der

445 Vgl. Aphorismen zur Lebensweisheit, 6. Kap. Vom Unterschiede der Lebensalter. Parerga I, S. 351 ff. Vgl. oben 7. Kap., S. 308 f.
446 Vgl. meine Goethe-Schriften III, Goethes Tasso, S. 322 – 353.

Leidenschaft ergriffen, aus der ihn sein Genius rettet und darüber erhebt. Diese *Rettung* hat Goethe geschildert.[447]

Schopenhauer gedenkt auch des „holden Wahnsinns", wie man den dichterischen Enthusiasmus genannt hat, jener Geistesabwesenheit, von der Goethes Tasso sagt: „Abwesend schein' ich nur, ich bin entzückt!" – aber sein eigentliches Thema ist der schreckliche, tragische Wahnsinn, der die Vernunft verfälscht und aushebt. Die Geisteskrankheit ist Gehirnkrankheit und bedarf der psychiatrischen Erkenntnis und Behandlung. Ohne dieser in den Weg zu treten, beschränkt sich Schopenhauer auf die psychologische Erklärung. Die Grundlage aller geistesgesunden Denkart und Besonnenheit bestehe in dem fortbeständigen Zusammenhang unserer Lebenserfahrungen und Vorstellungen, der wohl lückenhaft erleuchtet sein kann, so dass wir stellenweise uns der einzelnen Glieder nicht mehr erinnern, aber nicht gerissen werden darf, so dass ein Stück unseres Lebens in der Erinnerung uns völlig abhanden kommt. Der Zusammenhang aber zwischen unserer Gegenwart und Vergangenheit beruht auf der Rückerinnerung oder dem *Gedächtnis*. Wenn der Faden des Gedächtnisses zerreißt und die Möglichkeit der fachgemäßen Verknüpfung aufgehoben ist, so sind wir uns selbst abhanden gekommen und im Zustand derjenigen Geistesabwesenheit, welche den Wahnsinn zum Grund und zur Folge hat, denn die Lücke will gerissen und ausgefüllt werden. Beides tut der Wahnsinn.

Wenn die erlebten Schicksale so entsetzlicher Art sind, dass die Erinnerung daran ein zu qualvoller Zustand des Bewusstseins ist, um ertragen zu werden, dann greift der Wille zum letzten und äußersten Rettungsmittel: Er zerreißt das Gedächtnis, er suspendiert und verfälscht die Vernunft, indem er die entstandene heillose Lücke durch lauter Wahnideen ausfüllt, sei es durch sogenannte fixe Ideen oder durch augenblickliche tolle Einfälle: Jenes tut der melancholische Wahnsinn oder die Schwermut, dieses der tolle Wahnsinn oder die Narrheit. Es sind zwei Gewaltakte, die der Wille vollzieht, um das Gedächtnis zu verfälschen: Der erste besteht darin, dass er sich gewaltsam etwas aus dem Sinn schlägt, der zweite darin, dass er sich gewaltsam etwas in den Kopf setzt. Schopenhauer hat als Beispiel dieser seiner Theorie des Wahnsinns den König Lear und die Ophe-

447 Die Welt als Wille u. s. f., I, § 36, S. 251 – 263, II, 31. Kap., S. 442 – 468.

lia angeführt;[448] er hätte die Stelle anführen sollen, da sie vorzüglich zu dieser seiner Lehre passt, wo Lear, von beiden Töchtern verstoßen, außer sich gerät und in die Worte ausbricht:

Ihr denkt, ich werde weinen?
Nein, weinen will ich nicht,
Wohl hab' ich Fug zu weinen, doch dies Herz
Soll eh' in hunderttausend Stücke brechen,
Bevor ich weine. – O Narr, ich werde rasend!

Nach den in diesem Kapitel enthaltenen Ausführungen wird dem Leser einleuchten, warum Schopenhauer sein drittes Buch überschrieben hat: „Der Welt als Vorstellung zweite Betrachtung: die Vorstellung unabhängig vom Satze des Grundes: die platonische Idee: das Objekt der Kunst".

Dreizehntes Kapitel

Das Reich des Schönen und der Kunst

I. Das ästhetische Wohlgefallen und dessen Begründung

In der Begründung ihrer Ästhetik hat die Lehre Schopenhauers einigen Schwierigkeiten zu begegnen, die aus dem Weg zu räumen sind. Was die willensfreie Anschauung der Dinge, „das reine Subjekt des Erkennens" betrifft, diese Grundlage seiner ganzen Ästhetik, so durfte Schopenhauer nicht mit Recht behaupten, dass „die hier durchgeführte Betrachtung vor ihm nie zur Sprache gekommen sei".[449] Vielmehr hat Kant in seiner Kritik der Urteilskraft die Lehre von dem rein ästhetischen, uninteressierten Wohlgefallen zuerst in der Tiefe begründet; dann ist diese Lehre in seinen philosophischen Aufsätzen und Gedichten, insbesondere in den „Briefen über die ästhetische Erziehung des Menschen", von Schiller in einer Weise ausgeführt und fortgebildet worden, die dem großen Dichter für

448 Die Welt als Wille u. s. f., I, § 36, S. 258 – 263, II, 32. Kap., S. 470 ff.
449 Die Welt als Wille u. s. f., II, 30. Kap., S. 437.

immer eine höchst bemerkenswerte Stelle unter den Philosophen gesichert hat.[450]

Es ist sehr auffallend, dass Schopenhauer jenes kantische Hauptwerk, welches er studiert und hochgeschätzt hat, in der Begründung seiner Ästhetik kaum erwähnt, ausgenommen einige Male, wo er es tadelt, während doch das von allen Begierden und Willensinteressen freie, rein kontemplative Wohlgefallen das Grundthema der Kritik der ästhetischen Urteilskraft ausmacht. Dass er die Abhandlungen Schillers gar nicht nennt, diese völlige Nichtbeachtung kommt wohl auf Rechnung seiner völligen Unkenntnis jener Schriften; haben wir doch ein recht frappantes Zeugnis seiner geringen Kenntnis auch der Dichtungen Schillers schon früher angetroffen.[451] Indessen gehören diese Punkte, da sie nicht den Inhalt, sondern die Originalität seiner Lehre betreffen, in die Beurteilung der Letzeren, der wir hier nicht weiter vorgreifen wollen.

Obwohl die Lehre von der willensfreien, darum kontemplativen und rein ästhetischen Weltvorstellung vor ihm durch Kant und Schiller begründet war, so ist doch Schopenhauer auf seinem eigenen Weg dazu gekommen. Gerade auf diesem Weg lagen die beiden Schwierigkeiten, die er sich wegräumen musste: 1. Wie kann eine willensfreie Betrachtung *wohlgefällig* sein, da doch Wohlgefallen und Missfallen, wie Lust und Unlust, Willenserregungen sind? 2. Wie kann das ästhetische Wohlgefallen rein menschlich oder allen zugänglich, d. h. *allgemeingültig* sein, da doch die Genialität, diese höchst seltene Begabung des Intellekts, allein imstande ist, sich vom Dienst des Willens zu emanzipieren? Wie kommt „die Fabrikware" zu der Fähigkeit der Genies? Wie kommen „die Bausteine" dazu, als „Diamanten" zu leuchten?

Unsere Willenszustände sind der beständige Wechsel von Befriedigungen, die scheinbare sind, und Nichtbefriedigungen oder Empfindungen der Unlust, die man loszuwerden begehrt: Daher alles Wollen ein beständiges Leiden ist, und alles Leiden im Wollen besteht. Wenn nun der Wille das Bewusstsein räumt und dieses von der bloßen Betrachtung der Dinge erfüllt wird, so ist zeitweilig die Möglichkeit des Leidens aufgehoben, und es entsteht ein leidens-

450 Vgl. meine Schiller-Schriften, II. Reihe: Schiller als Philosoph. II. Buch, 7. Kap., S. 127 – 150.

451 S. oben I. Buch, 7. Kap., S. 157.

freier schmerzloser Zustand, der, wie auch Epikur gelehrt hat, die einzige Glückseligkeit ausmacht, deren wir fähig sind. So erklärt sich die Freude und das Wohlgefallen, welches aus der ästhetischen Betrachtungsart unmittelbar hervorgeht.[452]

Nehmen wir nun an, dass die Objekte, sei es durch ihre natürliche Beschaffenheit oder ihre künstlerische Darstellung die ästhetische Betrachtung hervorrufen oder dergestalt *erleichtern*, dass sie jedem sich unwillkürlich gleichsam aufdrängt, so erklärt sich hieraus der Umfang des ästhetischen Wohlgefallens als eines in verschiedenen Graden *allen gemeinsamen* Gefühls. Unser Wollen ist ein unaufhörliches Begehren und als solches ein endloses Leiden, gleich den Strafen der Unterwelt; unaufhörlich muss Tantalus hungern und dürsten, Sisyphus den Stein bergauf wälzen, die Danaiden mit ihrem Sieb Wasser schöpfen, unaufhörlich dreht sich das Feuerrad des Ixion. In der ästhetischen Betrachtung der Dinge sind wir frei von der Qual des nimmersatten Begehrens, wir ruhen aus von der Zuchthausarbeit des Willens, es ist Sabbat, das Rad des Ixion steht still. Jetzt haben wir aufgehört, das immer begehrende und begierige Individuum zu sein, wir sind „das reine Subjekt des Erkennens", erhaben über die Lebenszustände und deren Ungleichheit, entladen vom schnöden Weltdrang, wir sind Spiegel der Welt, klares Weltauge, welches dasselbe ist, ob es aus dem Kerker, der Hütte oder dem Palast den Sonnenuntergang betrachtet. In dieser Seligkeit des Anschauens besteht unser „Götterzustand", wie Schopenhauer gesagt und Schiller in „Ideal und Leben", dem tiefsinnigsten und vollkommensten seiner philosophischen Gedichte, gleich in den ersten Worten ausgesprochen hat, die Schopenhauer wohl erwähnt hätte, wenn sie ihm bekannt oder gegenwärtig gewesen wären:

Wollt Ihr schon auf Erden Göttern gleichen,
Frei sein in des Todes Reichen,
Brechet nicht von seines Gartens Frucht!
An dem Scheine mag der Blick sich weiden,
Des Genusses wandelbare Freuden
Rächet schleunig der Begierde Flucht.[453]

---

452 Parerga und Paralipomena, II, 19. Kap., § 205. Vgl. I, Aphorismen zur Lebensweisheit, 5. Kap. Vgl. oben S. 301 f.

453 Vgl. meine Schiller-Schriften. Schiller als Philosoph. II. Buch, 9. Kap., S. 214.

Was Schopenhauer „den schnöden Weltdrang“ nennt, hatte Schiller „die Angst des Irdischen“ genannt, ein Ausdruck, den W. v. Humboldt so bewunderungswürdig gefunden.

II. Die ästhetische Weltbetrachtung und deren Objekte

1. Das Schöne

Da nun alle Dinge Gegenstände der ästhetischen Anschauung sein und werden können, wodurch sie aufhören, Gegenstände unseres Verlangens oder Abscheus oder völliger Gleichgültigkeit zu sein, so gibt es eine ästhetische Weltbetrachtung, eine „Welt als Vorstellung, unabhängig vom Satze des Grundes“. Diese vorausgesetzt, gilt von allen Dingen im weitesten Sinne des Worts, dass sie *schön* sind, d. h. dass sie uns nur scheinen, nicht auf uns lasten, dass sie nicht durch den Stoff, woraus sie bestehen, sondern bloß durch ihre Form oder ihren Schein auf uns wirken, wie denn Schein, als Objekt des Schauens, und schön wohl auch sprachlich zusammenhängen.[454]

Diejenigen Gegenstände aber, welche die ästhetische Betrachtung hervorrufen, derselben entgegenkommen und uns in die ihr günstige Stimmung versetzen, sind *schön* im engeren und eigentlichen Sinne des Worts. Dies gilt vor allen übrigen Dingen vom *Licht*, als welches die Möglichkeit alles Anschauens, aller sichtbaren Schönheit gewährt, der erfreulichsten Erscheinung, die es überhaupt gibt, dem Symbol alles Guten und Heilbringenden, wie es die Religion des Lichts und der bildliche Gebrauch dieses Worts in allen Sprachen bezeugt; daher der Anbruch des Lichts, der Aufgang der Sonne, der Sonnenblick aus finsterem Gewölk, die Erscheinung der Kerzen im dunklen Zimmer uns unwillkürlich erheitern.

Alle Erscheinungsformen des Lichts sind schön, sie sind ästhetische Objekte der reinsten Art, Gegenstände einer von jeder Willensregung freien, darum höchst wohltuenden Betrachtung: die Lichtreflexe, der Glanz, die Farben und Farbenspiele, die Abspiegelungen der Körper, diese Bilder der Dinge, welche die Natur aus eigener Kraft hervorbringt, der Lichtstrahl mitten im Sturm, diesen durchschneidend, durchleuchtend, von dem Aufruhr der Elemente unergriffen und unversehrt, der Regenbogen, das Bild der Sonne auf

454 Parerga, II, 19. Kap., § 211.

der dunklen Regenwand, auf dem tosenden, rastlosen Wasserfall: ein Symbol des menschlichen Lebens, zugleich ein Sinnbild und ein Vorbild desselben! Gleicht nicht unser rastloses Wollen und Begehren dem tosenden Wasserfall? Gleicht nicht unsere reine begierdelose Betrachtung der Dinge dem Sonnenbilde, das jener abspiegelt?

Doch ihr, die echten Göttersöhne,
Erfreut euch der lebendig reichen Schöne!

lässt im Schlusswort seines Prologes zum Faust Goethe den Herrn sagen. Und im Schlusswort des Monologes, der den zweiten Teil des Faust eröffnet, vernehmen wir von diesem selbst die gleiche Mahnung. Faust, mitten in der Alpenwelt, in der Betrachtung der aufgehenden Sonne, schon von deren Strahlen geblendet, wendet sich zum Anblick des Regenbogens aus dem Wasserfall:

Der spiegelt ab das menschliche Bestreben.
Ihm sinne nach, und du begreifst genauer:
Am farb'gen Abglanz haben wir das Leben.[455]

Der Gestirne ist schon oben gedacht worden, vor allem des *Mondes* mit seinem milden keuschen Licht, das uns die Nacht erhellt und leuchtet, ohne zu wärmen und dadurch, gleich der Sonne, die physischen Empfindungen der Lust und Unlust zu erregen. Es gibt keinen Anblick in der Welt, der unserer ästhetischen Selbstbetrachtung, der freien ungetrübten Vorstellung unserer innersten Gefühle und Stimmungen so gültig wäre wie dieser. Eben darin besteht die Poesie des Mondes, das unerschöpfliche Thema aller echten Mondlieder. Man besingt nicht die Eigenschaften des Mondes, sondern die Eindrücke seines Anblicks, man schildert sich selbst, die eigene Innenwelt, die unter dem Wechsel und Getriebe der Tageseindrücke verdeckt liegt; der Anblick des Mondes in der Stille der Nacht entschleiert sie, wir werden der eigenen Seele nun erst inne, die Bande werden gelöst, die sie fesseln. Darum heißt es in dem schönsten aller Mondlieder:

---

455 Ich brauche häufig Beispiele, die sich nicht bei Schopenhauer finden, aber vorzüglich geeignet sind, zur Erleuchtung seiner Lehre zu dienen. S. oben II. Buch, 12. Kap., S. 398, S. 392–394, S. 397.

Füllest wieder Busch und Tal
Still mit Nebelglanz,
Lösest endlich auch einmal
Meine Seele ganz.

Jetzt erscheint der Mond als der Freund, der Vertraute, der sich unsere innersten Geheimnisse offenbaren lässt, sie gleichsam beschützt und erhört. Darum heißt es in jenem Lied:

Breitest über mein Gefild,
Lindernd deinen Blick,
Wie des Freundes Auge mild
Über mein Geschick.

Das Lied beginnt mit der Erscheinung des Mondes und endet mit dem Preis der Seelenergießung und Seelengemeinschaft, worin die Liebenden ihre innersten, der Welt verborgenen Gefühle einander anvertrauen und enthüllen:

Selig, wer sich vor der Welt
Ohne Hass verschließt,
Einen Freund am Busen hält
Und mit dem genießt,
Was, von Menschen nicht gewusst
Oder nicht bedacht,
Durch das Labyrinth der Brust
Wandelt in der Nacht.

Und so erklärt sich aus der Erscheinungsart des Mondes der rein ästhetische Eindruck, den er in uns hervorruft, der aber selbst von doppelter Art ist, je nachdem wir den Mond im Kontrast zu dem Getriebe der irdischen (sublunarischen) Welt gleichgültig und anteilslos in seiner leuchtenden Höhe dahinschweben sehen, oder im Einklang mit unserem Seelenleben empfinden und durch seinen seelenlösenden Anblick zur Betrachtung unserer Innenwelt geweckt werden. Der Gegenstand des ersten Eindrucks ist der erhabene Mond: „der Mond steht hoch in der Höh'", der Gegenstand des zweiten ist „der liebe Mond", an welchen Bürger sein Lied gerichtet hat und ihn im Gegensatz zur Sonne verherrlicht:

Dich ließ ich mir in Ewigkeit nicht nehmen,
Wofern mein armes Nein was gelten kann,
Ich müsste ja zum Kranken mich zergrämen,
Verlör' ich dich, du trauter Nachtkumpan!
Wen hätt' ich sonst, wann um die Zeit der Rosen
Zur Mitternacht mein Gang ums Dörfchen irrt,
Mit dem ich so viel Liebes könnte kosen,
Als hin und her mit dir gekoset wird? u. s. f.

Der erhabene und der liebe Mond: Die Eindrücke beider sind vereinigt in dem Goethe'schen Lied „An den Mond".[456]

Von den irdischen Körpern sind wohl die *Pflanzen* diejenigen, welche der ästhetischen Betrachtung am günstigsten sind und ihr gleichsam entgegenkommen, da sie ihr Wesen so offen, rückhaltlos und naiv an den Tag legen, ohne den Willen zu reizen oder zu gefährden. Es ist, als ob sie vorgestellt werden möchten, da sie nicht selbst vorstellen können, wie der heilige Augustin gesagt hat: *„nosse non possunt, innotescere volunt"*, – ein sinnvoller Ausspruch, den Schopenhauer als eine willkommene Bestätigung seiner eigenen Ansicht wiederholt.

Die willensfreie Betrachtung der Dinge lässt auch die Gegenstände frei, gönnt ihnen die eigene Art und Weise ihres Daseins und erfreut sich an dem Anblick geringfügiger, unbedeutender, wertloser Objekte, die nun so treu und sorgfältig angeschaut, so anmutig geordnet, so künstlerisch besonnen und vollendet dargestellt werden, wie es in den *„Stillleben"* der großen niederländischen Maler des siebzehnten Jahrhunderts zutage tritt.

Alle Gegenstände, denen gegenüber der Wille schweigt, weil sie dem Wollen und Begehren überhaupt entrückt sind, wirken ästhetisch und können, abgesehen von der wissenschaftlichen Untersuchung und Ergründung, gar nicht anders vorgestellt werden. Dies gilt nicht bloß von den Gestirnen, sondern auch von der *Vergangenheit* im Leben der Völker wie in unserem eigenen. In der fernen, von

456 S. oben S. 401, Anmerkung.

den Einflüssen des Willens nicht mehr getrübten Beleuchtung macht die Vergangenheit einen zauberischen Eindruck. In den Sagen der Völker erscheinen die Urzeiten paradiesisch, in unserer Erinnerung erscheint die eigene Vergangenheit weit schöner als einst in der Wirklichkeit. Das Gedächtnis behält, was den Willen interessiert; es vergisst leicht, was aufgehört hat, ihn zu erregen und zu peinigen; daher vergangene Leiden so schnell vergessen werden. Wenn aber die erlebte Welt sich in schmerzloser Weise uns vergegenwärtigt, so ist sie schön.[457]

2. Das Erhabene

Im Grunde ist die willensfreie Betrachtungsart, das reine Subjekt des Erkennens, über das Individuum und dessen Sphäre, das liebe Ich mit allen der Selbsterhaltung und Selbstliebe angehörigen Interessen, schon erhaben; sie ist ganz gestimmt, sich darüber erheben zu lassen und im Anblick willensfeindlicher, das Leben in Not und Gefahr bringender Mächte reines Wohlgefallen zu empfinden. Diejenigen Objekte, welche eine solche Erhebung verursachen, heißen *erhaben* und sind es, (nicht obgleich, sondern) weil sie den Willen zum Dasein und Leben in seiner völligen Nichtigkeit und Ohnmacht erscheinen lassen, sei es durch ihre Größe oder durch ihre Gewalt. In diesem Sinne bejaht Schopenhauer die von Kant begründete Unterscheidung, „des mathematisch und dynamisch Erhabenen"; er nennt als Beispiele des ersten das Weltall, in Vergleichung mit welchem unser Dasein vor uns selbst in nichts verschwindet, die kolossalen Bauwerke der Menschen, als Beispiele des zweiten die willensfeindlichen, furchterregenden Objekte, wie die starre Winterlandschaft, die einsamen menschen- und tierlosen Prärien, die sich ins Unabsehliche erstrecken, die leblose, furchtbare Öde der Wüste, die empörten, Vernichtung drohenden Naturgewalten, Gewitter, Orkane, Erdbeben, Meeresstürme u. s. f.

Was ist die Lebensdauer des Einzelnen in Vergleichung mit den Denkmälern der Vergangenheit, die Jahrtausende überdauert haben, wie die ägyptischen Pyramiden, die Ruinen untergegangener Weltstädte, in deren Anblick wir uns über unsere Existenz und Gegenwart weit hinausgerückt und erhaben fühlen!

457 Die Welt als Wille u. s. f., I, § 38 und II, 33. Kap.

Es gibt auch erhabene Menschen, Charaktere, die über dem Schicksal stehen, dessen Geschenke und Schläge sie gleichmütig hinnehmen und ertragen, wie Hamlet eine solche Gemütsart in seinem Freunde Horatio schildert.[458]

Das Gegenteil des Erhabenen, das den Willen in seiner Nichtigkeit und Ohnmacht erscheinen lässt, ist das *Reizende*, welches den Willen aufregt und anlockt; das Gegenteil des Reizenden aber, das negativ Reizende, ist das *Ekelhafte*, welches den Willen in den Zustand des Abscheus oder des heftigen Nichtwollens versetzt. Das Reizende ist kein Gegenstand des rein ästhetischen Wohlgefallens, das Ekelhafte ist das völlige Gegenteil des ästhetischen Objekts: daher beide nicht künstlerisch dargestellt werden sollen.

Es gibt zwei Arten des Reizenden, wodurch nicht das ästhetische Wohlgefallen hervorgerufen, sondern die Lüsternheit erregt wird: durch die eine die Esslust, durch die andere die Geschlechtslust; jene besteht in der Darstellung des *Appetitlichen*, diese in einer gewissen Art und Weise der Darstellung des *Nackten*. Wenn in den niederländischen Stillleben bisweilen Ess- und Trinkwaren, wie Austern, Seekrebse, Schinken, Bier, Wein u. s. f., mit ganz besonderer Treue und Sorgfalt dargestellt werden, so haben wir ein Beispiel des Appetitlichen vor Augen, das sich mit dem Wesen der Kunst nicht verträgt. Dasselbe gilt von den nackten Gestalten, welche Maler und Bildhauer in solchen Lagen, Stellungen, halber Verhüllung u. s. f. darstellen, dass sie nicht durch ihre Schönheit das rein kontemplative Wohlgefallen, sondern durch ihre Reize die Begehrlichkeit erregen sollen, was die echte Kunst der Alten niemals gewollt hat.[459]

III. Die platonische Idee als das Objekt der Kunst

1. Schopenhauers Nichtübereinstimmung mit Plato

Das kontemplative Wohlgefallen, welches die Objekte durch ihre Schönheit und Erhabenheit erregen, ist noch nicht die Erkenntnis ihrer Ideen, die nach Schopenhauer das durchgängige Thema der künstlerischen Anschauung und Darstellung ausmacht. Er hat drei Arten der Erkenntnis unterschieden, deren jede in einem bestimm-

458 Ebendas. I, § 39. Vgl. mein Werk über „Shakespeares Hamlet“ (Heidelberg 1896), 2. Abschnitt, 6. Kap., S. 233 – 237.

459 Die Welt als Wille u. s. f., I, § 40.

ten Verhältnis zwischen Subjekt und Objekt besteht, denn diese beiden sind stets Korrelata: den Erscheinungen unter dem Satze des Grundes steht als das erkennende Subjekt der Verstand gegenüber, den Begriffen, die aus den anschaulichen Vorstellungen abstrahiert sind, die Vernunft, den Ideen das reine Subjekt des Erkennens. Die Ideen sind die Erscheinungen des Dinges an sich (des Urwillens und seiner Objektivationen) in der Stufenleiter der Welt: Es sind die *Weltideen*, welche den ewigen und wandellosen Bestand der Welt ausmachen. Wenn wir die Form der Zeit oder Sukzession, diese notwendige Anschauungsweise unseres Intellekts, ablegen könnten, so würde uns die Welt in dem ewigen und beharrlichen Bestand ihrer Ideen mit einem Schlag einleuchten, als das „nunc stans", wie Schopenhauer diese Anschauung der Ideenwelt mit einem Ausdruck der Scholastiker zu bezeichnen liebt.

Hier aber gerät die Ideenlehre Schopenhauers mit der platonischen, die ihr zum Vorbild gereicht, in einen Konflikt, der drei wesentliche Punkte betrifft: die Tragweite der Ideen, den Ursprung der Kunst und deren Wert.

1. Nach Schopenhauer gibt es Ideen nur der natürlichen, nicht auch der künstlichen Dinge, während Plato in seinem Parmenides, wie in dem zehnten seiner Bücher vom Staate lehrt, dass Ideen von allen Dingen, auch von den *technischen*, wie Bett, Tisch, Stuhl u. s. f., existieren. Er hat nach dem Zeugnis des Aristoteles diese Lehre später verneint und die Ideen nur von den natürlichen Dingen gelten lassen. Spätere Platoniker haben die Geltung der Ideen auf die natürlichen Gattungen und Arten beschränkt und in Abrede gestellt, dass es Ideen von den einzelnen Dingen, den technischen Werken, den Zuständen und Verhältnissen der Dinge gebe. Was die Artefakta angeht, so lässt Schopenhauer die Idee nicht von ihrer Form, als welche zufälliger Art und von außen gemacht ist, sondern nur von dem Material gelten, woraus sie bestehen.

2. Nach Schopenhauer ist das Thema und Vorbild der Kunst die *Idee* des Dinges, nach Plato dagegen das einzelne sinnliche Ding. Hieraus entsteht eine irrtümliche Ansicht von dem Wesen und Ursprung der Kunst. Wo ist in dem Reich der natürlichen Dinge das Vorbild der Architektur? Wo das Vorbild der Musik? Wenn die Kunst nichts anderes zu leisten hätte als die Nachbildung der einzelnen natürlichen Dinge, so würden in Ansehung des Menschen die

Wachsfiguren weit bessere Abbilder sein als die Statuen, Büsten und Porträts.

3. Aus derselben Quelle stammt Platos falsche Ansicht von dem Wert oder vielmehr Unwert der Kunst, seine Geringschätzung der Malerei und Poesie. Wenn seiner Lehre gemäß die *einzelnen* sinnlichen Dinge die Abbilder der Ideen und die Vorbilder der Kunst sind, so besteht das Wesen der Letzteren darin, dass sie die Abbilder abbildet, die Nachahmungen nachahmt, die Schattenwesen verdunkelt und also, statt die Erkenntnis der Ideen zu erleichtern, uns noch weiter davon entfernt, als wir es in der Betrachtung der Sinnenwelt schon sind.[460]

2. Das Thema und die Aufgabe der Kunst

Nach Schopenhauer dagegen haben Kunst und Philosophie denselben Ursprung und dasselbe Ziel: Ihr gemeinsamer Ursprung ist der geniale Intellekt, ihr gemeinsames Ziel die Darstellung des Wesens der Dinge; beide wollen uns enthüllen, was die Dinge sind, jede von beiden in ihrer Art. Auch die Kunst arbeitet daran, das Problem des Daseins zu lösen und die Frage zu beantworten: Was ist das Leben? Jedes echte und gelungene Kunstwerk ist eine Antwort auf diese Frage.[461]

Während aber die Philosophie ihre Anschauung vom Wesen der Dinge in *Begriffen* zu fixieren und darzustellen hat, bleibt die Kunst ihrem Ursprunge treu und gibt ihre Anschauung der *Ideen* in der anschaulichsten und deutlichsten Form wieder, wodurch sie die Erkenntnis derselben augenfällig macht und erleichtert. Für das gewöhnliche Bewusstsein liegt das Wesen der Dinge durch den „Nebel objektiver und subjektiver Zufälligkeiten" verdeckt. Diesen Nebel nimmt die Kunst hinweg. Jedes echte Kunstwerk stammt und entwickelt sich aus einer Idee, einer genialen Konzeption, die in der Ausführung, wenn dieselbe lange währt und ihren Umfang erweitert, oft mit vielem Beiwerk versetzt wird und nicht mehr in ihrer vollen Stärke einleuchtet; daher die Skizzen großer Maler bisweilen interessanter und geistreicher sind als die ausgeführten Werke.

Da nun das Thema der Kunst die *Weltideen* sind, diese aber von der untersten Stufe der Willensobjektivationen bis zur höchsten

460 Ebendas. I, § 41.
461 Die Welt als Wille und Vorstellung I, § 49, II, 34. Kap.

emporsteigen, von der Erscheinung der materiellen Grundkräfte bis zu der des menschlichen, von der vollen Erkenntnis beleuchteten Willens, so muss auch die Kunst sich in ein Stufenreich der Künste zerlegen, welches dem der Welt parallel geht. Der Wille offenbart sich in den Grundkräften, Formen und Gestalten der Körper, in den Affekten, Charakteren und Handlungen der Menschen; er ist das Grundwesen aller Dinge vom niedrigsten bis zum höchsten. Demgemäß teilt sich das Reich der Künste in diese drei Gebiete und Stufen: die bildende Kunst, die Poesie und die Musik.[462]

Vierzehntes Kapitel

Das Stufenreich der Künste

I. Die bildende Kunst

1. Die Architektur

Wenn man im Hinblick auf die Skulptur, Malerei und Poesie meinen könnte, dass die Aufgabe dieser Künste in der Nachbildung der wirklichen Dinge und Vorgänge bestehe, so ist es doch ganz unmöglich, diese Ansicht auf die beiden anderen Künste auszudehnen und die natürlichen Vorbilder nachzuweisen, welche die Architektur und die Musik abzubilden haben. Hier ist eine von der bisherigen Ästhetik ungelöste und nach der geläufigen Theorie, dass die Natur das Vorbild der Kunst sei, unlösbare Aufgabe. Man darf daher im Voraus sagen, dass in der Begründung der Architektur und Musik die Lehre Schopenhauers völlig originell ist und ohne Vorgänger.[463]

Wir unterscheiden die *schöne* Architektur von der nützlichen. Diese hat es mit den menschlichen Bedürfnissen zu tun, sie dient dem Willen zum Leben, zum menschlichen Dasein, welches der Behausung bedarf wie der Bekleidung. Es ist daher hier nicht die Rede vom Bau der Zelte, Hütten, Häuser, Paläste u. s. f. Das Thema der schönen Architektur ist die Willenserscheinung auf ihrer niedrigsten Stufe, die unterste Weltidee, d.i. die Offenbarung der allgemeinen Grundkräfte in der schweren, starren, flüssigen Materie und ihren Verhältnissen zum Licht. Die Grundkräfte der Materie sind gleichsam – diese Vergleichung ist

462 Ebendas. I, § 49.
463 Ebendas. I, § 42 – 43, II, 35. Kap.

bei Schopenhauer sehr vielsagend – „die Grundbasstöne der Natur". Die beiden der Materie innewohnenden, einander entgegengesetzten Grundkräfte sind die Gravitation oder Schwere, vermöge deren der Körper fällt, drückt, lastet, und die zurückstoßende Kraft, vermöge deren der starre Körper der Last widerstrebt und, wenn er stark genug ist, dieselbe trägt und stützt. Der Antagonismus dieser beiden Grundkräfte, der Kampf zwischen der schweren und starren Materie ist „der einzige Stoff der schönen Architektur".

Demnach ist das Grundthema oder die Idee, deren anschaulichste Darstellung die eigentliche Aufgabe der Architektur als ästhetischer Kunst bildet, das Verhältnis zwischen *Stütze* und *Last*: das passende Verhältnis beider in der reinsten Ausführung. Die Stütze in der allereinfachsten Form, die gar nichts anderes ausdrückt und ausdrücken will als die Kraft des Stützens, ist die *Säule*, nicht die gewundene, welche zweckwidrig und geschmacklos ist, auch nicht der viereckige Pfeiler, der zwar leichter auszuführen ist, aber bei der Ungleichheit der Seiten und Diagonalen ungleiche Dicke hat, sondern die *runde Säule*: Das Verhältnis zwischen Stütze und Last erscheint daher am reinsten in dem Verhältnis zwischen *Säule und Gebälk*. In der Säule soll nichts erscheinen als Stütze, im Gebälk nichts anderes als Last, in jener bloß die Kraft der starren Materie, in dieser bloß die der schweren: Daher müssen beide völlig gesondert und diese Sonderung in der reinsten und anschaulichsten Form ausgeführt werden. Dies aber geschieht in der *Säulenreihe* oder *Säulenordnung*, die Schopenhauer deshalb – diese Vergleichung ist bei ihm sehr bedeutsam – „den Generalbass der Architektur" nennt.

Eine schlichte Mauer ist auch Stütze und Last, aber diese sind hier nicht voneinander gesondert, denn jeder Stein ist beides zugleich. Auf einer von Türen und Fenstern durchbrochenen Mauer pflegt man die Sonderung durch flache Pilaster mit Kapitellen anzudeuten. In dem Verhältnis von Gewölbe und Pfeiler gehen Stütze und Last ineinander über, jeder Stein im Gewölbe ist beides zugleich. Die Kolonnade gleicht einer in regelmäßigen Intervallen aufsteigenden Tonleiter, die Mauer einem ununterbrochen aufsteigenden Ton, d h. einer Art von Geheul.

Um die Kraft des Stützens in ihrer vollen Stärke und Freiheit darzustellen, darf die Säule nicht unter der Last des Gebälkes zu sehr beschwert und gedrückt erscheinen, sondern sie muss dieselbe leicht und bequem tragen, was durch die zwanzigfache Festigkeit des Baues bewirkt wird und durch die *Verjüngung* des Säulenschaftes von der Entasis (*ἔντασις*), dem ersten Drittel der Höhe, an zum Ausdruck kommt. Um ihre Tragkraft erscheinen zu lassen, darf die Säule nicht wie ein Zapfen im Gebälk stecken, sondern muss ihre tragende Fläche vergrößern und als ein besonderes Glied hervorheben: Dies geschieht durch das „*Kapitell*", den Abakus der dorischen Säule. Das Kapitell hat nur den Zweck, in der stützenden Kraft der Säule die Funktion des Tragens deutlich zu veranschaulichen.

Aus dem Verhältnis zwischen Stütze und Last, Säule und Gebälk, diesem Grundthema der schönen Architektur, ergeben sich die genau bestimmten, einander entsprechenden Verhältnisse zwischen der Höhe und Dicke der Säule, zwischen der Breite und Höhe des Gebäudes, zwischen dieser Höhe und der Länge der Säulenreihe, d. h. der Zahl der Säulen und ihrer Zwischenräume. Um aber alle diese Verhältnisse und die darin wirksamen Grundkräfte des Lastens und Stützens der schweren und starren Materie in der vollkommensten Anschaulichkeit und Fasslichkeit hervortreten zu lassen: dazu dienen 1. die Beschaffenheit des Stoffs, woraus das Gebäude besteht, und 2. die beträchtliche Größe seiner Dimensionen. Das Material darf kein geringeres und schwächeres sein als der harte, mächtige *Stein*, der allein imstande ist, die Gewalt jener Grundkräfte in anschaulicher Weise zu äußern.

Daher ist es unrichtig, die Schönheit der Architektur in die Regelmäßigkeit der Figuren und Proportionen, die Symmetrie der Teile, d. h. in *mathematische* Größenverhältnisse zu setzen, während sie in *dynamischen* Größenverhältnissen besteht: Sie wirkt nicht durch geometrische Größen und Proportionen, welche Eigenschaften des Raumes sind, sondern durch die Anschauung physischer Kräfte, nämlich der Grundkräfte der Materie, welche die untersten Ideen der Welt sind. Wären die mathematischen Größenverhältnisse des Gebäudes die Hauptsache, so müsste das Modell des Letzteren die gleiche Wirkung machen als das ausgeführte Werk, denn die geometrischen Formen und Proportionen sind dieselben. Der Unterschied liegt in den *dynamischen* Größenverhältnissen, als welche nur das Gebäude selbst, nicht aber sein Modell zur Anschauung bringt.

Freilich gehören die mathematischen Größenverhältnisse zur Schönheit der Architektur, aber nicht als Zweck, sondern als Mittel, denn sie dienen dazu, die räumliche Anschauung des Ganzen auf die leichteste Art übersichtlich und fasslich zu machen. Was der Regelmäßigkeit der Figuren, der Rationalität der Verhältnisse widerstreitet, wie die zwecklos durchbrochenen, heraus- und hereinrückenden Gebälke, die zerstückelten Türbögen und Giebel, die verschnörkelten Linien, die sinnlosen Volute und Schnecken: Alle diese Untaten gehören einer geschmackwidrigen und verdorbenen Architektur an, die dem Sinne der Alten fremd war. In der unverhohlenen Darlegung ihrer Zwecke und deren Erreichung auf kürzestem Wege besteht die Schönheit der Baukunst wie auch die der Gerätschaften der Alten. Wenn die Natur Amphoren und Vasen, Betten und Stühle, Tische und Lampen u. s. f. hervorgebracht hätte, so hätte sie diese Dinge gemacht wie die griechische Tektonik, deren Werke in der anschaulichsten Form aussprechen, was sie sind und wollen. Hier fällt die Schönheit mit der realen Zweckmäßigkeit zusammen, weshalb, wie Schopenhauer tadelnd bemerkt, die kantische Erklärung der Schönheit als einer „anscheinenden Zweckmäßigkeit ohne Zweck" verfehlt sei.[464] – Es ist nicht zu verwundern, dass Plato unter dem Eindruck hellenischer Tektonik die Geltung seiner Ideen auf die technischen Werke ausgedehnt hat, was er schwerlich getan hätte, wenn er unsere Bänke, Tische, Lampen u. s. f. gesehen hätte.

Die architektonische Idee der Säule existiert nicht ohne die ihr zugehörige Last des Gebälks, welches sie stützt und trägt: Daher ist die Ansicht verkehrt, welche die Vorbilder der Säule in den Baumstämmen oder Menschengestalten gesucht hat. Die Säule hat kein Vorbild, so wenig wie die schöne Architektur überhaupt, wohl aber ist diese das Vorbild, welches die antike Baukunst für alle Seiten geschaffen hat. Ähnlich verhält es sich mit der Skulptur. Die entwicklungsgeschichtliche Frage nach dem Ursprung des griechischen, insbesondere dorischen Tempelbaues aus ägyptischen Vorbildern hat Schopenhauer weder berührt noch gekannt.

Das Licht war die erste Bedingung alles Anschauens, aller sichtbaren Schönheit und zugleich das erste und erfreulichste Beispiel der Letzteren. Die Werke keiner anderen Kunst stehen in einer so unmittelbaren Beziehung und Verbindung mit dem offenen Himmelslicht als die der schönen Architektur. Wie ihre großen, undurchsichtigen,

464 Parerga II, 19. Kap., § 214, S. 453 ff.

scharf begrenzten, mannigfach geformten und wohlgeordneten Massen das Licht auffangen und schattieren, hemmen und zurückwerfen, wie sie im hellsten Sonnenlicht unter blauem Himmel, unter gewitterschweren Wolken, im Wechsel der Tagesbeleuchtungen und in vollem Mondlicht erscheinen: Diese verschiedenen Arten der Vermählung des Lichts mit dem Bauwerk gewähren unserer Anschauung eine Fülle von Schönheiten sowohl der Architektur als auch des Lichts. Es sind zugleich architektonische Schönheiten und Lichtschauspiele. Um diesen zweifachen Eindruck durch ein Goethe'sches Wort zu exemplifizieren, erinnere ich an die Stelle in der klassischen Walpurgisnacht, wo Chiron dem Faust zuruft:

Blick auf! Hier steht bedeutend nah
Im Mondschein der ewige Tempel da!

Wie sich die schöne Baukunst zur schweren und starren Materie verhält, so verhält sich die schöne Wasserleitungskraft zur schweren und flüssigen, sie lässt das Wasser brausend über Felsen herabstürzen, in hohen Säulen emporsteigen, in ruhigem Bassin sich lagern, den Spiegel eines Sees bilden u. s. f. Es wäre näher auszuführen, wie die schöne Wasserleitungskunst sich mit der Gartenbaukunst einerseits und mit der nützlichen Wasserleitungskunst oder dem Brunnenbau andererseits vereinigt. Als ein Beispiel dieser Verbindung nennt Schopenhauer die Fontana di Trevi zu Rom.[465]

Das Widerspiel der griechischen Baukunst, welche Schopenhauer als das alleinige Muster der schönen gelten lässt, ist die *gotische,* arabisch-spanischen Ursprungs, wie er annimmt. Wenn dort die beiden Richtungen von unten nach oben und von oben nach unten gleichmäßig herrschen, so gewinnt hier die erste die Vorherrschaft; wenn dort der Antagonismus der schweren und starren Materie das durchgängige Thema ausmacht, so handelt es sich hier um die gänzliche Besiegung der Schwere; mit der Last verschwindet die Linie der Last, die horizontale; die vertikale herrscht, alles strebt aufwärts, die Strebepfeiler, die Türme, Türmchen und zarten Spitzen. Da aber die Last und Schwere der Körper physisch unbesiegbar sind, so hat der gotische Baustil einen „mysteriösen und hyperphysischen Charakter"

465 Die Welt als Wille u. s. f., I, § 43, S. 292.

und beruht im Grunde auf einer Fiktion. Dies gilt vornehmlich vom Außenbau der gotischen Kirche im nachteiligen Gegensatze zu dem des griechischen Tempels, während im vorteilhaften Unterschiede von dem Letzteren der gotische *Innenbau* mit seinen kristallinisch gestalteten Pfeilern und seinem hoch hinaufgehobenen Gewölbe von unerschütterlicher Festigkeit einen erhebenden und feierlichen Eindruck macht. Man könnte den gotischen Baustil, der uns allem Irdischen zu entrücken strebt, „die Moll-Tonart der Architektur" nennen.[466]

2. Die Skulptur (Laokoon)

Die höchste Objektivation des Willens auf der Stufe seiner anschaulichen Erkennbarkeit ist die *menschliche* Schönheit, der vollkommenste Ausdruck der Idee des Menschen, nämlich des von der Erkenntnis erleuchteten Willens: Diese Idee erscheint räumlich in der ihr völlig adäquaten Gestalt des Leibes (der apollinischen)[467], zeitlich in der jedem Willensakt, jeder Handlung völlig adäquaten und angemessenen Stellung und Bewegung. Die Schönheit der Gestalt heißt im engeren Sinne des Wortes *Schönheit*, die der Bewegung *Grazie*: Beide gehören zusammen und bilden das Grundthema der Skulptur.

Die Idee der menschlichen Schönheit erkannt und in ewig mustergültigen Werken zur deutlichsten Anschauung gebracht zu haben, ist das unsterbliche Verdienst der griechischen Plastik, welche die Meisterwerke der Nachwelt nicht übertreffen, nur nachahmen können. Die Werke der Thorwaldsen, Canova u. s. f. verhalten sich zu der griechischen Plastik wie die neulateinische Poesie zur klassischen.

Die Frage nach dem Ursprung der Idee der menschlichen Schönheit oder des Ideals lässt sich nicht nach der landläufigen Ansicht aus der Erfahrung beantworten, als welche uns Individuen von exemplarischer Schönheit vor Augen führe; denn davon abgesehen, dass in der Erfahrung und dem gewöhnlichen Text der Erscheinungen solche Ideale nicht gegeben sind, so bleibe die Frage unbeantwortet, wie und woran man die exemplarische Schönheit vorhandener Individuen erkennt. Offenbar liegt einer solchen Auffindung die Idee der Schönheit zugrunde. Auch der Weg der Induktion oder der vergleichenden und auswählenden Erfahrung führt uns nicht

466 Ebendas. S. 384. II, 35. Kap., S. 488 – 490.
467 S. oben 12. Kap.,S. 384.

weiter. Hier müsste man nach sokratischer Art aus der Betrachtung vieler Individuen die einzelnen Teile der Schönheit abstrahieren, zusammensetzen und auf diese Art den Gesamtbegriff der Schönheit gewinnen. Aber davon abgesehen, dass ein solches Kollektivum keineswegs eine Anschauung des Ideals enthält, so würde ja die Auffindung jedes einzelnen Teils der Schönheit wiederum die Idee desselben voraussetzen. Hieraus erhellt, dass die Idee der Schönheit nicht aus der Erfahrung stammt, sondern die Erfahrung der Schönheit aus ihr.

Da diese Idee sich nicht empirisch begründen lässt, so ist sie *a priori*, aber sie ist keine Erkenntnisform, sondern ein *Erkenntnisobjekt*. Die Erkenntnisformen bestimmen, wie alle Dinge erscheinen müssen, nämlich zeitlich, räumlich und kausal; das Erkenntnisobjekt dagegen betrifft das Wesen der Erscheinung: nicht wie, sondern was sie ist, und was in ihr sich offenbart. In dem gegebenen Fall handelt es sich um die vollkommenste Erscheinung des Menschen. Vermöge dieses uns *a priori* gegebenen Ideals wird die menschliche Schönheit nicht aus der Erfahrung entlehnt, sondern ihr vorausgeschaut oder, wie Schopenhauer sagt, antizipiert.

Aus den Prinzipien seiner Lehre erklärt sich, woher in uns dieses Phantasiebild *a priori* stammt: Es ist der Wille, dem in seiner Objektivation auf der Stufe des menschlichen Daseins und Lebens das Ziel seiner eigenen vollkommensten Erscheinung und Sichtbarmachung vorschwebt. Dieser objektivierende Wille sind *wir selbst*: Daher die Idee der menschlichen Schönheit – denn es gilt ja den Ausdruck unseres eigenen Wesens – uns innewohnt, zunächst als dunkle Vorstellung, welche in der beständigen Anschauung menschlicher Körper, die wir betrachten und unwillkürlich vergleichen, sich allmählich aufhellt und bis zur klaren Erkenntnis verdeutlicht. So wird die Idee der Schönheit oder das menschliche Ideal zwar keineswegs der Erfahrung entlehnt, wohl aber durch dieselbe aus jener apollinischen Anlage und Idee, die eine Mitgift unseres Wesens ist, ausgemacht und entwickelt. Die entwickelte Schönheitsidee ist der *Schönheitssinn*.

Vergegenwärtigen wir uns ein hochbegabtes, in seiner Kultur hochentwickeltes Volk, dessen Sitten und Erziehungszustände es mit sich bringen, dass seinem täglichen Anblick nackte, jugendlich männliche, wohlgebildete Körper sich in Menge darstellen, so werden hier die Höchstbegabten nicht fehlen, die das Ideal des Menschenleibes in vollendeter Klarheit erfassen und darstellen. Plato hat die Liebe zur Schönheit, aus welcher die Liebe zur Wahrheit hervorgeht, den *Eros* genannt und das Erkenntnisbedürfnis, da seine Befriedigung allein in der gemeinsamen Erzeugung der wahren Begriffe besteht, mit der Zeugungslust verglichen, aus welcher das Leben selbst hervorgeht. Auch die künstlerische Erzeugung der Schönheit ist Zeugungslust und stammt vom Eros.

Der auswählende Geschlechtstrieb ist die Geschlechtsliebe, welche die vortrefflichen Exemplare der Gattung, das sind die schönen, den schlechten und hässlichen vorzieht. So entwickelt sich aus dem Zeugungstrieb, dieser heftigsten Begierde, dem Brennpunkt des Willens, der Sinn für die Schönheit, aus diesem aber, unabhängig von dem physischen Bedürfnis, der *objektive Schönheitssinn*: die geniale Anschauung des menschlichen Ideals, der Trieb und Drang, dasselbe künstlerisch und schöpferisch darzustellen. Darin besteht die künstlerische, inspirierte Zeugungskraft und Zeugungslust, die dem Genie innewohnt und vom Kenner wohl gewürdigt, aber nicht gelehrt und überliefert werden kann. In einem seiner Künstlerlieder aus der Zeit, wo das Genie ihm nie versagte, lässt Goethe den Künstler die Hilfe des Kenners vergeblich anflehen:

O ratet, helft mir,
Dass ich mich vollende!
Wo ist der Urquell der Natur,
Daraus ich schöpfend
Himmel fühl' und Leben
In die Fingerspitzen hervor?
Dass ich mit Göttersinn
Und Menschenhand
Vermöge zu bilden,
Was bei meinem Weib
Ich animalisch kann und muss![468]

Der echte Genius, wie Schopenhauer sagt, „*versteht die Natur auf halbem Wege*“ und spricht rein aus, was sie nur stammelt, indem

468 Kenner und Künstler (Juli 1776).

er die Schönheit der Form, welche ihr in tausend Versuchen misslingt, dem harten Marmor aufdrückt, sie der Natur gegenüberstellt, ihr gleichsam zurufend: „Das war es, was du sagen wolltest", und „Ja, das war es!" hallt es aus dem Kenner wieder. „Die Möglichkeit solcher Antizipation des Schönen *a priori* im Künstler wie seiner Anerkennung *a posteriori* im Kenner liegt darin, dass Künstler und Kenner das An-sich der Natur, der objektivierende Wille selbst sind."

Keine Schönheit ist uns im ästhetischen Sinne des Worts so interessant, so leicht erkennbar, so schnell einleuchtend, der reinen Betrachtung so willkommen und unwiderstehlich dazu hinreißend als die des menschlichen Leibes und Antlitzes: daher der Anblick derselben uns mit unaussprechlichem Wohlgefallen erfüllt und dergestalt fesselt, dass wir, wie von einem Zauber gebannt, den Blick nicht davon wegwenden können und uns durch diesen Eindruck nicht bloß erfreut, sondern wahrhaft beglückt fühlen. „Der die menschliche Schönheit erblickt", sagt Goethe, „den kann nichts Übles anwehen; er fühlt sich mit sich selbst und mit der Welt in Übereinstimmung."[469]

Bei den Tieren fällt der Charakter der Individuen mit dem ihrer Gattung zusammen, sodass die besten Exemplare der Letzteren auch die am meisten charakteristischen und schönsten sind. Derjenige Löwe ist der schönste, welcher in allen Stücken die Idee seiner Gattung am deutlichsten und anschaulichsten darstellt. In der Menschenwelt dagegen erscheint die Idee der Gattung bei der Fülle und Vielseitigkeit ihres Gehalts in jedem Individuum auf eine eigentümliche Art, sodass jeder einzelne Mensch für sich die Erscheinung einer Idee ausmacht, umso einleuchtender und anschaulicher, je gehaltvoller und bedeutender er selbst ist. Es gibt von jedem Individuum gleichsam ein eigenes Ideal, welches der Künstler zu erkennen und darzustellen hat, weshalb Winckelmann dieses Ideal als die Aufgabe des Porträts bezeichnet hat.

Daher verlangt auch das menschliche Schönheitsideal mit der ihm zugehörigen Grazie eine mannigfaltige Individualisierung und *vielförmige* Darstellung, die weder den bloß gattungsmäßigen Typus ohne individuelle Belebung zu ihrem Gegenstand machen, noch die charakteristischen Züge auf Kosten der gattungsmäßigen

469 Die Welt als Wille u. s, f., I, § 45, S. 294 ff.

hervorheben und übertreiben darf, denn sie gerät auf dem ersten Weg zum bedeutungslosen, akademischen Schema und Kanon, auf dem zweiten zur Verunstaltung und Karikatur. Hieraus erklärt sich, warum die griechische Plastik das Ideal der menschlichen Schönheit und Grazie, dieses ihr Grundthema, in so verschiedenen Formen und Individuen ausgeführt hat, Götter, Heroen und Menschen darstellend, wie Zeus, Apollo, Bacchus, Hermes, Herakles, Antinous u. s. f.

Aus eben demselben Grunde erklärt sich, warum sie ihre Gestalten *nackt* darstellt, entweder ganz unbekleidet oder durch die Gewandung nicht etwa verhüllt oder verbirgt, sondern *drapiert*, d. h. den Körper mittelbar anschaulich macht, da sich derselbe in seiner Stellung und Bewegung zum Faltenwurf verhält wie die Ursache zur Wirkung. Diese Darstellung des Nackten hat also nichts mit den Begierden gemein, sondern gehört zum Gegenstand und zum Stil der Plastik; sie ist bei den Alten auch nicht auf die Plastik beschränkt, sondern kennzeichnet ihre Darstellungsart überhaupt: Auch ihre Dichter und Schriftsteller, ihre Redner und Geschichtsschreiber sprechen *nackt*, d. h. sie stellen ihre Gegenstände so einfach, unumwunden und klar wie möglich dar, ohne künstlich gesuchte Ausdrucksweise, ohne Putz und Flitter.

Die Plastik schließt vermöge des Grundthemas ihrer Aufgabe alles Unschöne und Hässliche von sich aus und ist deshalb von weit engerem Umfang als die Malerei; aber sie ist, wie diese, eine bildende und darum stumme Kunst, die als solche das ganze Gebiet der lauten Gebärdensprache, zu der auch das Schreien gehört, von sich ausschließt. Daher sind es zwei Gründe, welche die Plastik hindern, den schreienden Ausdruck des Leidens darzustellen: Weil dieser Ausdruck in das Gebiet sowohl der unschönen als der lauten Gebärdensprache fällt, also das doppelte Gegenteil der stummen Grazie ausmacht.

Hier bietet sich nun der Anlass, um die viel erörterte Frage, warum der *Laokoon* in der berühmten Gruppe nicht schreit, endlich zum Austrag zu bringen: ein Verdienst, welches Schopenhauer für sich in Anspruch nimmt, nachdem er in seinem Hauptwerk diese Frage zu wiederholten Malen beantwortet hat.[470] Winckelmann hatte

470 Ebendas., I, § 46, II, 36. Kap.

aus dem Wesen der antiken Kunst, als welches in edler Einfalt und stiller Größe bestehe, das Problem zu lösen gesucht: Das Schmerzensgeschrei vertrage sich nicht mit der Seelengröße. Lessing dagegen habe aus der Schönheit als dem Prinzip der *antiken* Kunst die Unverträglichkeit jenes Ausdrucks mit dem Kunstwerk nachweisen wollen und damit den einen Punkt der Lösung richtig getroffen. Goethe im ersten Heft der Propyläen habe die Unmöglichkeit des Schreiens aus der Situation des Laokoon zu motivieren gesucht, der soeben den Schlangenbiss empfange und nicht mehr zu schreien vermöge; endlich habe Hirt diesen Grund noch verstärkt und darauf hingewiesen, dass der Laokoon schon im Sterben sei; Fernow aber habe alle diese Gründe zu vereinigen gesucht.

Der Hauptgrund sei unerkannt geblieben: Der Laokoon sei aus Marmor, er sei stumm und könne nicht schreien; diese Unmöglichkeit habe der Künstler näher durch die Situation motiviert, wie Goethe richtig gesehen. Aber dieses Motiv sei sekundär, das primäre liege in der bildenden Kunst, als welche keine redende, sondern eine stumme Kunst sei: Diesen primären Grund habe erst Schopenhauer aufgefunden und verhalte sich hier, was die Laokoonfrage betreffe, zu Goethes Erklärung ganz ähnlich wie seine Farbenlehre zur Goethe'schen. Dazu komme der hässliche Ausdruck des Schreiens, der im Mundaufreißen besteht, wie in Guido Renis bethlehemitischem Kindermord sechs solche Mundaufreißer zu sehen sind; auch lebendige Körper können in der Pantomime das Schreien nur durch Mundaufsperren ausdrücken, was einen widerwärtigen und lächerlichen Eindruck hervorruft. Dagegen vermögen die redenden Künste das Schmerzensgeschrei in seiner ganzen Stärke und Entsetzlichkeit auszudrücken: So schreien Mars und Minerva bei Homer, wenn sie verwundet sind; so schreien Philoktet und Herakles bei Sophokles; so würden wir auch den Laokoon in der Tragödie schreien hören, wenn uns dieselbe erhalten wäre; so lässt Virgil in der Erzählung des Äneas den Laokoon wie einen Stier brüllen u. s. f.

Wir haben diese Ausführungen zur endgültigen Lösung der Laokoonfrage ohne Zwischenrede angeführt, müssen aber schließlich hinzufügen, dass alle die angeführten Gründe und Beispiele, so treffend sie sind, nicht von Schopenhauer stammen, sondern von Lessing. Es ist nicht richtig, dass Lessing aus der Schönheit als dem Prinzip der *antiken* Kunst den gemäßigten Ausdruck des Leidens im

Antlitz des Laokoon hergeleitet hat: Vielmehr hat er denselben aus dem Wesen der *plastischen* Kunst begründet, aus dem Charakter der bildenden Kunst überhaupt im Unterschied von der redenden. Er hat sein Werk genannt: „Laokoon oder über die Grenzen der Malerei und Poesie". Diese Grenzen bestehen eben darin, dass im Unterschied von der redenden Kunst Skulptur und Malerei *stumme* Künste sind. Deshalb hat Lessing gegen Winckelmann zum Zeugnis, dass die Poesie auch der Alten den schreienden und maßlosen Ausbruch des Schmerzes darstellen könne und dargestellt habe, die Beispiele homerischer Götter, wie Ares und Athene, sophokleischer Helden, wie Herakles und Philoktet, vor allen den virgilischen Laokoon selbst angeführt: lauter Beispiele, welche Schopenhauer nur wiederholt hat.

Was dieser wohl gesagt hätte, wenn er sich an der Stelle befunden hätte, wo uns hier Lessing ihm gegenüber erscheint? Ohne Zweifel hätte er sich in recht verächtlichen und wegwerfenden Ausdrücken über ein an ihm verübtes Plagiat beklagt. Eine solche Beschuldigung liegt uns fern. Aber sein Verhalten gegen Lessing dient uns zum Beweis, dass er den „Laokoon" nie gründlich gelesen, geschweige studiert hat; wahrscheinlich hat er es mit allen kritischen Schriften Lessings so gehalten, sich dadurch aber nicht hindern lassen, gelegentlich über Lessing obenhin zu urteilen und abzusprechen.

Was die Laokoonfrage betrifft, so hat Lessing dieselbe in der Hauptsache gelöst: Er hat bewiesen, dass der schreiende Ausdruck des Leidens sich mit dem Wesen der *bildenden* Kunst nicht vertrage, da er sowohl dem Gegenstand der Plastik, nämlich der Schönheit widerstreite, als auch über ihr Darstellungsvermögen und dessen Grenzen hinausgehe.

3. Die Malerei. (Die Allegorie)

Das Gebiet der Malerei ist weit umfassender als das der Skulptur, da sie außer der landschaftlichen Schönheit und Erhabenheit der Natur, außer der menschlichen Schönheit und Grazie, diesem Hauptgegenstand der Skulptur, auch die *charakteristischen* Erscheinungen der Menschenwelt, die Affekte und Leidenschaften, den Ausdruck des Gesichts und der Gebärde, das Wechselspiel des Erkennens und Wollens, die bedeutsamen Vorgänge und Szenen des Lebens darzustellen vermag: Sie umfasst die Gebiete der Landschaftsmalerei, des

Porträts und der Historienmalerei, zu welcher letzteren Schopenhauer auch das Genrebild rechnet.

Ein elender von Alter und Krankheit erschöpfter Körper kann sehr wohl ein Gegenstand der Maler sein, wie der sterbende heilige Hieronymus des Domenichino ein Meisterstück ist; während Donatellos Statue des vom Fasten abgezehrten Johannes des Täufers trotz der meisterhaften Ausführung kein Werk der Skulptur sein sollte.[471]

Unter den bedeutsamen Szenen des Lebens sind keineswegs nur solche zu verstehen, die der Weltgeschichte oder der biblischen Geschichte angehören und eine äußere Bedeutsamkeit haben, d.h. folgenreiche Begebenheiten sind. Um eine solche berühmte Begebenheit, wie man sie nennt, in dem Bild zu erkennen, dazu bedarf es einer Erklärung durch Gründe und Folgen, durch Begriffe und Worte, die zu dem Bild hinzugedacht werden müssen, weshalb Schopenhauer die äußere Bedeutsamkeit auch als die nominale im Unterschied von der realen bezeichnet, welche durch die dargestellten Figuren selbst redet. So ist z.B. die Auffindung des Moseskindes durch die ägyptische Königstochter eine sehr berühmte Begebenheit von welthistorischer Bedeutung, aber man kann im Bild dem Findelkind nicht ansehen, dass es Moses, und der vornehmen Frau nicht ansehen, dass sie eine ägyptische Prinzessin ist, es sei denn, dass ägyptisches Kostüm und ägyptische Lokalitäten Ideen anregen, die uns auf die Sprünge bringen. Die Auffindung des Moses ist die nominale Bedeutung des Bildes, die eines Findelkindes die reale.

Wenn man nun von der äußeren, nominalen, unbildlichen, unmalerischen Bedeutung absieht, so fällt aller Unterschied zwischen der Historien- und Genremalerei weg, und es bleibt nur die innere reale Bedeutung übrig, die sich uns in der Szene selbst vor Augen stellt und von der vielgestaltigen Idee der Menschheit diese oder jene Seite offenbart, wobei es ganz einerlei ist, ob es sich um eine berühmte oder unberühmte, um eine große oder kleine Begebenheit handelt, ob um Nüsse oder Kronen, Bauernhöfe oder Königreiche gespielt wird, ob Minister im Königssaale mit Landkarten und Völkern spielen und darüber streiten, oder ob Bauern in der Schenke mit Karten und Würfeln spielen und sich zanken; es ist, kurz gesagt, einerlei, ob man mit goldenen oder hölzernen Figuren Schach spielt.[472]

471 Ebendas. II, 36. Kap.
472 Ebendas. I, § 48. Vgl. oben 12. Kap., S. 387.

Dass die jüdische Geschichte, arm an malerisch bedeutenden Gegenständen, der Historienmalerei zur Fundgrube gedient hat, bezeichnet Schopenhauer als einen Nachteil, welchen die Letztere erlitten habe, insbesondere die genialen Maler des 15. und 16. Jahrhunderts, die großenteils auf biblische Stoffe beschränkt waren. Die Geschichte der Juden sei die „eines kleinen, abgesonderten, eigensinnigen, hierarchisch, d.h. durch Wahn beherrschten, von den gleichzeitigen großen Völkern des Orients und Okzidents verachteten Winkelvolks".[473]

Auch das Neue Testament entbehre malerisch bedeutender Szenen und Handlungen. Dagegen sei der ethische Geist des Christentums, d.h. die völlige, in der Tiefe der Selbsterkenntnis ruhende Weltüberwindung und Weltentsagung in den Werken der großen italienischen Meister zu bewunderungswürdiger Erscheinung gelangt: in den Engeln und Heiligen, in dem Erlöser und seiner Mutter, wie sie von Raffael und Correggio in seinen früheren Bildern dargestellt worden. Aus dem Blick und Ausdruck, der das Antlitz dieser Gestalten verklärt, leuchte uns keines der Motive entgegen, die noch der Welt angehören, sondern das Quietiv, welches die Freiheit und Erlösung des Willens von der Welt verkündet. Erscheinungen, wie Raffaels sixtinische Madonna mit dem Jesuskind und seine heilige Cäcilie, sind nicht mehr Erscheinungen dieser Welt.

Die nominale Bedeutung eines Bildes, da zum Verständnis derselben eine Reihe abstrakter Vorstellungen gehört, liegt schon außerhalb der Grenzen der Malerei. Umso mehr widerstreitet es dem Wesen der Malerei, wie der bildenden Kunst überhaupt, geflissentlich abstrakte Begriffe darzustellen und uns Gestalten zu bieten, die etwas anderes *bedeuten*, als sie sind. Daher verwirft Schopenhauer die *Allegorie* als Objekt der Malerei und zugleich die gegenteilige Ansicht Winckelmanns, der die Allegorie, die Darstellung übersinnlicher Gegenstände, für den höchsten Zweck der bildenden Kunst ansah. So sehr könne man in kunstphilosophischen Fragen irren trotz der vorzüglichsten Kennerschaft in der Schilderung und Beurteilung der Kunstwerke selbst.

Die Allegorie ist die bildliche Personifikation eines abstrakten Begriffs, wie z.B. Annibale Carraccis Genius des Ruhms in der Gestalt

473 Die Welt als Wille u.s.f., I, § 48, S. 274.

eines geflügelten Jünglings, oder wie in Correggios berühmtem Bild „Die Nacht“ die Beleuchtung allegorisch ist, da sie vom Jesuskind ausgeht, um dieses als das Licht der Welt erscheinen zu lassen. Wenn die Beziehung zwischen Bild und Begriff auf keiner vergleichenden Subsumtion beruht, sondern lediglich konventionell ist, so ist das Bild ein *Symbol*, wie z.B. der Lorbeerkranz als Zeichen des Ruhms. Wenn das Symbol dazu dient, Personen kenntlich zu machen, so ist es ein *Emblem*, wie der Adler des Johannes, der Löwe des Markus u. s. f.

II. Die Dichtkunst[474]

1. Die Bildersprache. Rhythmus und Reim

In der Dichtkunst dagegen ist die Allegorie ganz an ihrem Platz. Denn die Poesie umfasst alle Weltideen und hat dieselben durch die Sprache in einer so anschaulichen Weise darzustellen, dass sie in voller Stärke und Helligkeit der Einbildungskraft einleuchten. Ihr Material besteht in Begriffen und Worten, ihre Aufgabe darin, durch Begriffe und Worte die Ideen zu verbildlichen, denn diese sind immer anschaulich und dadurch allein die Quelle der Kunstwerke. Die Poesie ist genötigt, von den Begriffen zu den Anschauungen fortzuschreiten, während die bildende Kunst, wenn sie allegorisiert, den umgekehrten Weg geht, ihrem eigenen Element untreu wird und in ein ihr heterogenes und fremdes gerät oder vielmehr abfällt.

Daher braucht die Poesie die Bildersprache, die Ausdrucksweise in Tropen, Metaphern, Gleichnissen, Parabeln, Fabeln und Allegorien. Bildlich und treffend sagt Homer von der Ate, der Göttin des Unheils, dass sie mit ihren schnellen und zarten Füßen nicht auf dem harten Boden, sondern über die Köpfe der Menschen wandle; ebenso treffend hat Cervantes den Schlaf mit einem Mantel verglichen, der den ganzen Menschen bedecke, und Kleist von der Lampe des Forschers gesagt, dass sie den Erdkreis erleuchte. Wie sinnvoll ist die Fabel von der Persephone, wie anschaulich und wirksam war die des Menenius! Als Beispiele allegorischer Dichtungen nennt Schopenhauer das Kritikon des Balthasar Gracian, den Don Quixote und Gullivers Reisen in Lilliput.

474 Ebendas. I, § 50 – 51, S. 283 – 286, - II, 37. Kap., S. 497 – 514.

Um den Gang ihrer Darstellung so bedeutsam und fasslich wie möglich erscheinen zu lassen und die Aufmerksamkeit des Hörers zu erleichtern und zu fesseln, hat die Poesie ihre Sprache *metrisch* geordnet und rhythmisch gebunden. Dazu kommt in den neueren Sprachen der akustische Wohlklang des *Reims*, wodurch die dichterische Rede durch das Ohr den Weg in die Einbildungskraft sucht. Freilich müssen, um diesen Weg nicht zu verfehlen, Gedanke und Reim innigst verbunden sein. Wenn zu den Reimen die Gedanken gesucht werden, so entsteht die Klingklangpoesie; und wenn zu den Gedanken erst mühsam die Reime aufgefunden werden, so entsteht eine künstliche und erzwungene Versmacherei, die weder dem Ohr noch der Einbildungskraft wohltut.[475]

Wenn dagegen die Gedanken in ihrer natürlichen und völlig zwanglosen Folge wie von selbst in das Zeitmaß der Worte und den Gleichklang der Endsilben eingehen, dann üben die dichterische Sprache und der Reim auf jeden Hörer seine bezaubernde und rein ästhetische Wirkung: Es ist, als ob ein solches Gedicht nicht von einem Künstler, sondern von der Sprache selbst herrührte, als ob es in dieser von jeher existiert hätte oder präformiert war, und der Dichter dasselbe nur auszusenden und zu entdecken gehabt habe. Die Leichtigkeit und Natürlichkeit der Reime verbürgt gleichsam die vollkommene Richtigkeit und innere Gereimtheit der Gedanken und erhöht dadurch die Stärke, womit der Inhalt des Gedichtes unsere Einbildungskraft überzeugt. Wenn die Gedanken nicht so gereimt wären, so würden und könnten es auch die Worte nicht sein. Einen solchen Eindruck macht kein Werk der Klingklangpoesie noch der schulgerechten Verskunst. In der deutschen Sprache ist Goethe der unübertroffene Meister auch der genialen Reime. Alle seine Gedichte bezeugen es. Ich nenne als ein vorzügliches, durch seinen Inhalt, die Schilderung der behaglichsten geselligen Stimmung, jedem einleuchtendes Beispiel das „Tischlied“.

Der poetische Sprachgebrauch darf von dem prosaischen nicht so verschieden sein, dass er, wie im Französischen, eine ganze Menge besonderer, in der gewöhnlichen Rede ungebräuchlicher oder unstatthafter Ausdrücke sich aneignet, wodurch eine poetische Konventionssprache, eine den Ziergärten vergleichbare Ziersprache

475 Wie z.B. (auch nach seinem eigenen Urteil) die Briefe Schopenhauers: Parerga und Paralipomena, II, S. 690 – 696.

(*bégueulerie*) entsteht, die dem natürlichen Eindruck der Vorstellungen zuwiderläuft.

Die Aufgabe der poetischen Rede bleibt aber immer, die Begriffe durch die Einschränkung ihres Umfanges und ihrer allgemeinen Bedeutung dergestalt zu veranschaulichen und zu individualisieren, dass sich das Bild der Sache uns vor Augen stellt. So lässt Goethe die Mignon das Land ihrer Sehnsucht schildern:

Kennst du das Land, wo die Zitronen blühn,
Im dunklen Laub die Goldorangen glühn,
Ein sanfter Wind vom blauen Himmel weht,
Die Myrte still und hoch der Lorbeer steht?

Es ist auch das Land der Kunst, der schönen Architektur und Skulptur:

Kennst du das Haus? Auf Säulen ruht sein Dach,
Es glänzt der Saal, es schimmert das Gemach,
Und Marmorbilder stehn und sehn mich an u.s.f.

Was den Inhalt aller poetischen Darstellung betrifft, so gibt sie uns das Bedeutsame, darum *interessante* Menschenleben; sie gibt es im Bild, als einen Gegenstand der bloßen Betrachtung, darum auf genussreiche und völlig schmerzlose Art. Eben darin besteht der Unterschied zwischen Poesie und Wirklichkeit, der Kontrast beider; in der Wirklichkeit nämlich sind die völlig schmerzlosen Zustände und Erlebnisse bedeutungslos und uninteressant; die bedeutsamen und interessanten dagegen werden nicht ohne schmerzliche Erregungen und Willenserschütterungen erlebt. Interessant und schmerzlos zugleich sind nur die Bilder der Poesie: Daher findet man die Welt in der Dichtung so viel schöner und behaglicher als in der Wirklichkeit, diese aber, die man gewöhnlich später kennen lernt als die Dichtung, so unbehaglich und abstoßend.

Was die Poesie uns darstellt, ist das *Allgemeingültige*, das Wesentliche und Bleibende in dem Zeitlauf der einzelnen, mit allerhand Zufälligkeiten behafteten Ereignisse: Eben darin unterscheidet sich die Dichtung von der Geschichte, die ein getreues Abbild der einzelnen Begebenheiten liefern soll, während die Poesie deren Idee und

Bedeutung darstellt. Aristoteles hat diesen Unterschied sehr richtig erkannt und darum geurteilt, dass die Poesie philosophischer sei als die Geschichte. Das Thema der Poesie ist gleich dem der Philosophie von ewigem Inhalt, das unvergängliche Wesen der Menschheit nach dem Schiller'schen Wort, worauf auch Schopenhauer an dieser Stelle sich beruft: „Was sich nie und nirgends hat begeben, das allein veraltet nie."

2. Die Arten der Poesie

Das Thema der Poesie erstreckt sich von den Gemütsstimmungen der Einzelnen bis hinauf zu den Charakteren und Handlungen, aus denen uns das Schicksal der Menschheit und das Wesen der Welt einleuchtet. Demgemäß unterscheidet sich die Poesie in die drei bekannten Arten der lyrischen, epischen und dramatischen. Diese Arten sind *Stufen*, deren Fortschritt darin besteht, dass die Gegenstände des Menschenlebens an Bedeutsamkeit und objektiver Geltung zunehmen, und in demselben Maße das einzelne Subjekt mit seinen Gefühlen und Stimmungen zurücktritt. Die Poesie erhebt sich von der Darstellung der individuellen Gemütszustände zu dem Abbild der menschlichen Weltzustände: Sie ist auf der ersten Stufe Spiegel der einzelnen Seele, auf der höchsten ist sie Spiegel der Welt und der Menschheit. Als Seelenspiegel erscheint sie im *Lied*, als Weltspiegel im *Drama* und der Tragödie, welche die höchste Stufe der dramatischen Kunst ausmacht. „Es war und ist der Zweck des Schauspiels", sagt Hamlet, „der Natur gleichsam den Spiegel vorzuhalten, der Tugend ihre eigenen Züge, der Schmach ihr eigenes Bild und dem Jahrhundert und Körper der Zeit den Abdruck seiner Gestalt zu zeigen."

Das Thema des *Liedes* ist das bewegte Gemüt in seinen Hebungen und Senkungen, der gehemmte und befriedigte Wille: Freude und Trauer, diese beiden Grundaffekte in ihrer ganzen Skala, „himmelhoch jauchzend, zum Tode betrübt", und in allen ihren Arten. Die Affekte haben ihre verschiedenen Motive, durch die sie beleuchtet werden, sie gehen aus gewissen Lebenszuständen hervor, zu denen auch die Gegenstände gehören, womit die Natur uns umgibt. Die Gemütsstimmungen haben die Gemütslage zu ihrer Voraussetzung, diese selbst befindet sich unter dem Eindruck der umgebenden Natur. Der Ausdruck dieser Situation darf in dem lyrischen Gedicht nicht fehlen und ist der Quellpunkt, woraus es entspringt: diese Zusammenstimmung der Gefühle mit der äußeren Natur. „Wer lässt den Sturm zu Leidenschaften wüten, das Abendrot im ernsten Sinne glühn?“ Goethes unsterbliche Lieder liefern uns dafür die herrlichsten Beispiele. Man vergegenwärtige sich Gedichte, wie „Willkomm und Abschied“, „Auf dem See“, „Des Jägers Abendlied“, „Des Wandrers Nachtlied“, „Des Schäfers Klagelied“ u. s. f. „Da oben auf jenem Berge, da steh' ich tausendmal“ u. s. f. „Im Felde schleich' ich still und wild“ u. s. f. „Über allen Gipfeln ist Ruh'“ u. s. f. Das Gefühl für die Natur und die Zusammenstimmung mit ihr hat Byron, wie er sie in sich erlebt hat, ausgesprochen: „Nicht in mir selbst leb' ich allein, ich werde ein Teil von dem, was mich umgibt, und *mir sind hohe Berge ein Gefühl.*“

Die Schilderung des bedeutsamen Menschenlebens in Begebenheiten, Handlungen, Charakteren ist das Thema der *erzählenden* Dichtung, die von der Romanze und dem Idyll zum Epos und Roman fortschreitet. Schopenhauer hat treffend bemerkt, dass Romanze und Ballade noch lyrisch bedingt sind durch eine Stimmung, welche aus der zu erzählenden Begebenheit hervorgeht und darum den Grundton ausmacht, womit das Gedicht beginnt; er hätte als Beispiel Goethes „Fischer“, vor allen aber Bürgers unübertreffliche Balladen „Lenore“, „Des Pfarrers Tochter von Taubenhain“ u. a. anführen sollen.

Als die vier bedeutendsten Romane, die er dafür hält, nennt Schopenhauer den Don Quixote, Tristram Shandy, die neue Heloise und Wilhelm Meister, ohne näher in ihre Charakteristik einzugehen.

3. Die Tragödie

Die dramatische Poesie ist weit umfassender und tiefer als die Künste, welche wir kennen gelernt haben: Ihr Thema ist das Wesen und Dasein des Menschen oder, was dasselbe heißt, die menschlichen *Charaktere* und *Schicksale*, denn in dem Charakter oder der Willensart, die sich in Gesinnungen und Handlungen offenbart, besteht das Wesen des Menschen, sein Dasein aber ist von dem Weltlauf oder Schicksal abhängig und durch dasselbe bestimmt.

Um dieses ihr Thema in der anschaulichsten und erkennbarsten Weise auszuführen, braucht die dramatische Dichtkunst *bedeutsame* Charaktere und Situationen. Wie der Chemiker seine Stoffe nötigt, alle ihre Eigenschaften zu äußern, indem er Reagenzien auf dieselben einwirken lässt, so muss der dramatische Künstler seine Charaktere in solche Situationen bringen, die ihre Eigenschaften hervorrufen und kenntlich machen. Wie sich der Architekt zu der schweren und starren, der Wasserkünstler zu der schweren und flüssigen Masse verhält, so muss sich der dramatische Künstler zu den menschlichen Charakteren verhalten. Im gewöhnlichen Leben sehen wir das Wasser im Teich, Bach und Fluss. Der Architekt zeigt uns, wie es brausend und schäumend herabstürzt, in hohen Säulen emporsteigt, zerstiebt u. s. f. Er bringt das flüssige Element unter diejenigen Bedingungen, unter welchen sich seine Kräfte und Eigenschaften auf eine *mannigfache* und *gewaltige* Art äußern: Der Inbegriff dieser Kräfte und Eigenschaften macht das Wesen oder die Idee des Wassers aus. Die Eigenschaften der menschlichen Charaktere sind ihre Affekte und Leidenschaften, ihre Gesinnungen und Absichten: Diese insgesamt zeigen uns, was der Charakter ist, oder worin die Idee desselben besteht, welche darzustellen eben die Aufgabe der dramatischen Kunst ausmacht.

Nun aber ist der rast- und ruhelose, immer gierige und vorwärtsdrängende, unersättliche, mit sich selbst uneinige und zwieträchtige Wille das Wesen der Welt, welches sich in den Kämpfen um Dasein und Leben überall, am raffinierteren und deutlichsten in der Menschenwelt darstellt. Diese schreckliche Seite des Lebens, worin sich das Wesen der Welt und das Schicksal der Menschheit offenbart, in der anschaulichsten Form darzustellen und zu enthüllen: Darin besteht die höchste Aufgabe des Dramas; daher ist die *Tragödie* der Gipfel aller die Willenserscheinungen oder Weltideen darstellenden Kunst.

Die Welt, in welcher die Selbstsucht herrscht mit ihrem ganzen Gefolge, ist nicht für die Guten, sondern für die Bösen. „Dem Schlechten folgt es mit Liebesblick, nicht dem Guten gehöret die Erde!" so lautet der Ausspruch unseres größten tragischen Dichters. Diesen Charakter der Welt erleuchtet das Trauerspiel: Es zeigt uns den rettungslosen Fall der Gerechten und Unschuldigen, den Triumph der Bösen, die Herrschaft des Irrtums und Zufalls im Weltlauf, das Verderben und Unheil, die aus dem Widerspiel menschlicher Charaktere, aus ihren sich kreuzenden Willensrichtungen unvermeidlich hervorgehen.

Demgemäß unterscheidet Schopenhauer *drei Arten* der Tragödie, je nachdem das Schicksal durch die extreme Bosheit der Charaktere oder durch Irrtum und Zufall, diese Beherrscher des dunklen Weltlaufs, oder endlich ohne abnorme Bosheit und ohne Irrtum und Zufall bloß durch die Kreuzung der menschlichen Leidenschaften und Motive herbeigeführt wird. Als Beispiele der ersten Art nennt er Richard III., Jago, Franz Moor u. s. f., als das größte Beispiel der zweiten König Ödipus, als Beispiele der dritten den Clavigo, den er als ein besonders deutliches Exempel hervorhebt, die Hamlettragödie, soweit sie zwischen Hamlet, Ophelia, Laertes spielt, die Fausttragödie, soweit sie zwischen Faust, Gretchen, Valentin vor sich geht, den Wallenstein, soweit die Tragödie Max und Thekla betrifft. Hier sind die Charaktere so gegeneinander gestellt, dass es keiner Bosheit bedarf, sondern nur starker Interessen und Leidenschaften, um das größte Unheil von der einen Seite auszuüben, von der andern zu erleiden. Gerade deshalb will Schopenhauer diese Art der Tragödie den andern vorziehen. Weil sich hier auf das Deutlichste zeigt, welcher verderben- und unheilschwangere Charakter dem Leben innewohnt, da ohne alle Angriffe der Bosheit aus dem bloßen Widerspiel der Interessen und Motive die schrecklichsten Leiden hervorgehen.

Es ist daher eine falsche und sehr verkehrte Ansicht, wenn nach der sogenannten *poetischen Gerechtigkeit* in der Tragödie gefragt und die Ausübung derselben von ihr verlangt wird. Shakespeare, der größte tragische Dichter der Welt, weiß nichts von einer solchen ausgleichenden, vergeltenden, Schuld und Strafe einander proportionierenden Gerechtigkeit. Was haben Cordelia, Desdemona, Ophelia verbrochen, um ein so grausames Ende zu nehmen? Wir könnten die Frage hinzufügen: Ist etwa der Heldentod Richards III. die Strafe seiner Bosheit? Und wo bleibt die Strafe des Jago, die in den Schlussworten der Tragödie zwar verheißen wird, sogar auf recht grausame Art, aber wer weiß, ob sie geschieht? Die Tragödie selbst vollzieht sie nicht. Was liegt auch daran?

Die Dinge müssen, wie die Schrift sagt, offenbar werden, um gerichtet zu werden. Dieses Wort gelte uns von den menschlichen Charakteren. Die Tragödie ist die Offenbarung derselben, nicht das Gericht. Darin besteht die wahre poetische Gerechtigkeit, dass die Charaktere enthüllt werden. Nichts darf von der äußersten Tücke und Bosheit des Jago im Verborgenen bleiben. Nachdem diese völlig enthüllt sind, hat die Tragödie das Ihrige getan. Ob man den Bösewicht noch martert und tötet, ist für das tragische Interesse ganz gleichgültig. Den wahren Richterspruch gegen ihn fällt Othello, wenn er sagt:

Du sollst noch leben.
Denn wie ich fühl', ist Tod Glückseligkeit.[476]

Wenn das Leben so ist, wie es ist, und wie es der dramatische oder epische Dichter als der Spiegel des Menschengeschlechtes darzustellen hat, so ist der Tod keine Strafe. Voltaire lässt die Palmira sich töten und zu Mohammed sagen: „Die Welt ist für Tyrannen, lebe du!“

Denn so, wie die Menschen beschaffen sind, gibt es „sehr viele schlechte, mitunter ruchlose Charaktere, wie auch viele Toren, verschrobene Köpfe und Narren, dann aber hin und wieder einen Vernünftigen, einen Klugen, einen Redlichen, einen Guten und nur als seltenste Ausnahme einen Edelmütigen“. Der Charakter des Edelmuts, wie Schopenhauer das Wort versteht, ist die Selbstverleugnung und Resignation. Danach zu urteilen, findet er im ganzen Homer keinen eigentlich edelmütigen Charakter, im ganzen Shakespeare, bei dem es von allen anderen Charakterarten wimmelt, nur ein paar edler Charaktere, etwa Cordelia und Coriolan; wogegen Ifflands und Kotzebues Stücke viele Exemplare von der edelmütigen Art aufführen.

Wenn Schopenhauer in der *malerischen* Darstellung bedeutsamer Lebensszenen von dem Unterschied der großen und kleinen Begebenheiten, der Historie und des Genre nichts wissen wollte, da dieser Unterschied bloß in der äußeren, nominalen, durch Begriffe und Worte zu erklärenden, also unmalerischen und unbildlichen Bedeutung enthalten sei, so verhält sich die Sache in der *tragischen* Darstellung der menschlichen Charaktere und Schicksale ganz anders. Der Eindruck vernichtender Schicksale ist umso gewaltiger, je höher die Lebensstellungen sind, von denen die Charaktere herabgestürzt werden; die bürgerlichen Menschen haben eine viel geringere *Fallhöhe* als die Herrscher und Könige. Um die erhabene Wirkung zu

476 Vgl. mein Werk über „Shakespeares Hamlet“ (Heidelberg 1896), Abschnitt II, 6. Kap., S. 305 – 325.

erreichen, die sie in der Darstellung bedeutsamer Charaktere und Schicksale bezweckt, lässt die Tragödie ihre Helden in weiten Fernen und Höhen erscheinen. Es ist freilich nicht abzusehen, wie Herrscher und Könige erdichtet werden können, wenn es in Wirklichkeit keine gibt und gegeben hat, diese aber können nur durch die *Geschichte* der Menschheit erzeugt werden; es ist nicht abzusehen, wie das tragische Abbild solcher Charaktere bedeutungsvoll sein kann, wenn die Geschichte der Menschheit überhaupt bedeutungs- und ideenlos ist.

Das Trauerspiel enthüllt uns die schreckliche Seite des Lebens, das Lustspiel die burleske; es zeigt uns die ärmlichen Affekte, die törichten Irrwege, die kleinen Verlegenheiten und lässt den Eindruck zurück: So gering und lumpig ist das menschliche Dasein, wenn uns der Anblick desselben ergötzlich vorkommen und man darüber lachen soll! Diese enge Auffassung des Lustspiels, die weder dem Geist der hohen Komödie noch der Bedeutung der großen Lustspieldichter entspricht, steht ganz im Dienst der pessimistischen Weltansicht, da sie die komische Darstellung des Lebens mit der burlesken identifiziert und nur den völligen Unwert des Lebens erleuchten lässt.

Die reinste Wirkung der Tragödie, die uns das Schicksal der Menschheit und das Wesen der Welt enthüllt, besteht darin, dass die Liebe zum Leben erlischt, dass sich der Wille nicht bloß von den Interessen des Lebens, sondern von diesem selbst abwendet. Die Erkenntnis, welche in seinem Schlusswort der Chor in der Braut von Messina ausspricht, ist das Ergebnis jeder echten Tragödie: „Das Leben ist der Güter höchstes nicht, der Übel größtes aber ist die Schuld."

Die Urschuld ist nicht die einzelne böse Tat, sondern der Wille zum Leben selbst, dieser Ursprung des Daseins und der Welt, wie es auch Calderon in seiner tiefsinnigen Dichtung „Das Leben ein Traum" bekennen lässt: „Denn des Menschen größte Sünde ist, dass er geboren ward!" Mit der völligen, dem Leben abgewendeten Resignation endet Calderons standhafter Prinz. Hamlets letztes Wort heißt: „Der Rest ist Schweigen." Am Schluss seiner eigentlichen Tragödie ruft Faust: „O wär' ich nie geboren!"

Ich wundere mich, dass Schopenhauer an dieser Stelle nicht die Worte des Chors im Ödipus auf Kolonos angeführt hat:

Nicht geboren zu sein, es geht
Über jeglichen Preis; doch gleich
Folgt, dass, wer an das Licht gebracht,
Schleunig, woher er kam, zurückkehrt.

III. Die Musik

1. Das Rätsel der Musik. Schopenhauer und Richard Wagner

Noch ist eine Kunst übrig, die gleich den anderen kein Nachbild der Welt, aber auch nicht, wie jene, ein Abbild der Weltideen ist; doch ist sie eine überaus herrliche, innigst ergreifende, die allgemeinste Sprache redende Kunst, von allen die populärste, verständlichste, aber zugleich unverstandenste: Das ist die *Musik*. Es ist die ungelöste Aufgabe der Ästhetik und Philosophie, dieses rätselhafte Wesen der Musik zu erklären. Wie das Rätsel des Dinges an sich, so hat auch das der Musik den Geist Schopenhauers früher als alle die anderen Probleme bewegt, beide gleichzeitig und, was auf den ersten Blick höchst seltsam und ungereimt scheinen möchte, dergestalt zusammengehörig, dass in beiden Fällen das Wort der Lösung *dasselbe* war.

Das Ding an sich enthüllt sich als der Wille, dessen Objektivationen die Stufen der Welt sind; die Darstellung dieser Stufen oder der Weltideen, d. h. der ewigen und unvergänglichen Erscheinungsarten des Willens ist die Kunst und das Stufenreich der Künste, eine einzige ausgenommen: die *Musik*. Diese nämlich ist das Abbild nicht der Ideen oder Willenserscheinungen, sondern des Willens selbst; daher ihre Wirkungen umfassender und tiefer, verständlicher und geheimnisvoller sind als die aller übrigen Künste: Sie offenbart unmittelbar das Wesen der Welt und unser eigenstes innerstes Wesen, indem sie dieses zugleich auf das Vernehmbarste darstellt und auf das Tiefste ergreift. Wie dies möglich sei und geschehe, ist die Frage, deren Beantwortung Schopenhauer „die Metaphysik der Musik“ genannt und in seinen Werken zu wiederholten Malen darzutun gesucht hat.[477] Was in der Darstellung seiner Kunstphilosophie das letzte Problem war, die Erklärung des Wesens der Musik, ist in der Entstehung und Ausbildung derselben das erste, auch seinen ästhetischen Interessen und Kenntnissen das nächstliegende gewesen. Von hier aus hat er

477 Die Welt als Wille u. s. f. I, 3. Buch, § 52, S. 337 – 352, II., 39. Kap., S. 524 – 537. Parerga II, 19. Kap., § 218 – 220, S. 455 – 461.

sich über die Aufgaben und Grundthemata der anderen Künste orientiert. Zunächst über das der schönen Architektur. Der Aufenthalt in Dresden hat seinen ästhetischen Studien zum Vorteil gereicht und ist wohl auch im Hinblick auf diese gewählt worden.

Man hat die Bemerkung gemacht, dass Musik und Metaphysik, diese beiden so heterogenen und einander entlegenen Gebiete, in dem Genius keines anderen Volkes so einheimisch und angebaut seien wie in dem des deutschen, und es ist wahr, dass seit der zweiten Hälfte des siebzehnten Jahrhunderts die größten Musiker und die größten Metaphysiker aus Deutschland hervorgegangen sind, wie auf der einen Seite Bach und Händel, Gluck und Haydn, Mozart und Beethoven, auf der anderen Leibniz und Kant. Indessen hat es bis auf unsere Zeiten gedauert, ehe ein genialer Philosoph erschien, der das Wesen der Musik zu erleuchten gewusst hat wie keiner vor ihm, und ein genialer Musiker, der seine Kunst zum Gegenstand philosophischer und metaphysischer Betrachtungen gemacht hat: Dieser Philosoph ist Artur Schopenhauer, dieser Musiker Richard Wagner, der in seiner zur Jubelfeier Beethovens verfassten Schrift die Lehre Schopenhauers vom Wesen der Musik als die alleingültige anerkannt und selbst zu näherer Begründung und Ausführung sich angeeignet hat.

Er sagt in jener Schrift: „Mit philosophischer Klarheit hat erst Schopenhauer die Stellung der Musik zu den anderen schönen Künsten erkannt und bezeichnet, indem er ihr eine von derjenigen der bildenden und dichtenden Kunst gänzlich verschiedene Natur zuspricht." Schopenhauers musikalisches Zeitalter war das von Mozart und Beethoven. An den Werken beider, namentlich aber an Beethovens Symphonien, durch eine wiederholte gänzliche Hingabe an ihre Eindrücke und durch ein tiefes Nachsinnen über dieselben war ihm das Wesen der Musik aufgegangen. Und R. Wagner erklärt, dass „gerade auch Beethoven nicht erschöpfend zu beurteilen sei, wenn nicht jenes von Schopenhauer hingestellte tiefsinnige Paradoxon für die philosophische Erkenntnis richtig erklärt und gelöst werde".[478]

Dieses „Paradoxon" besteht in der Lehre, dass die Musik das Wesen der Welt offenbare, nicht die Weltideen abbilde, sondern (wie

478 R. Wagner: Gesammelte Schriften und Dichtungen. 9. Bd. (3. Aufl. 1898), Beethoven (1870), S. 66 – 77.

Wagner sich ausdrückt) „*selbst eine Idee der Welt sei*", sodass, „wer die Musik gänzlich in Begriffen verdeutlichen könne, sich zugleich eine die Welt erklärende Philosophie vorgeführt hätte". Dass die Musik eine Weltoffenbarung sei, dieser Gedanke ist zum ersten Mal von der pythagoreischen Lehre ausgesprochen worden, nach welcher das Wesen und die Ordnung der Welt durch die Zahl und die Zahlenverhältnisse erklärt wurde, die in der Harmonie der Sphären und der Töne erscheinen. Die Tonleiter oder Oktave, welche Pythagoras entdeckt haben soll, hieß „Harmonie". Und Plato unter dem Einfluss dieser Lehre hat in seinem Timäus für die Intervalle der Planeten ein Zahlensystem aufgestellt und entwickelt, das nach Oktaven fortschreiten sollte. Da die Tonverhältnisse Zahlenverhältnisse sind, so hat Leibniz die dunkle Perzeption der Letzteren für das eigentliche ästhetisch-musikalische Wohlgefallen erklärt. Aber die akustischen Zahlen sind die mathematisch-physikalische Grundlage der Musik, nicht deren Thema.

2. Die Analogie zwischen den Gebilden der Dinge und denen der Töne

Die Musik mit einer Sprache verglichen – sie ist die einzige Sprache, die alle Welt versteht –, so sind zur Erkenntnis derselben, wie zu der jeder Sprache, eine Grammatik und ein Lexikon notwendig. Die Grammatik lehrt, wie man Worte und Sätze bildet; das Lexikon lehrt, was die Worte bedeuten. Die Grammatik der Musik ist die Lehre von der Harmonie, welche der berühmte französische Komponist Rameau begründet hat, aber das Lexikon der Musik ist erst ein Jahrhundert später gekommen. Das Verdienst, dieses begründet zu haben, nimmt Schopenhauer für sich allein in Anspruch: Er ist der Erste gewesen, der gelehrt hat, was die Musik *bedeutet*.[479]

Vergleichen wir die Art und Weise, wie das Wesen der Welt sich offenbart, mit dem Material der Künste, so ist keines so fähig, den Willen in der *Stufenleiter* seiner Objektivationen auszudrücken wie die *Tonleiter*, die Abstufungen der Töne innerhalb der Oktave, die Abstufungen der Oktaven selbst. Zwischen der Stufenleiter der Welt und der Stufenleiter der Töne entdeckte sich dem Geiste Schopenhauers eine bedeutsame *Analogie*, die der Ausgangspunkt und

479 Parerga II, § 222, S. 455.

leitende Grundgedanke seiner Musiklehre wurde, sie diente ihm auch zur Richtschnur seiner bedeutsamsten Vergleichungen. Wie oft haben wir schon gehört, dass er die Weltstufen, d.h. die Grade der Willenserscheinungen, mit den Graden und Abstufungen des Lichts, vorzugsweise aber mit denen der Töne verglichen hat: Er nennt die niedrigsten Weltstufen die Grundbasstöne der Natur, die Säulenordnung den Generalbass der Architektur u. s. f.

Die vier Hauptstufen der Welt sind die unorganische Natur und die organischen Reiche der Pflanzen, Tiere und Menschen: Diesen entsprechen die vier Hauptstufen der Tonleiter, der tiefe Grundton, Terz, Quint, Oktave, die vier Hauptstimmen der Harmonie: Bass, Tenor, Alt und Sopran. Aus der unorganischen Masse des Weltkörpers entstehen allmählich und erheben sich die Reiche der organischen Körper bis empor zum Menschen; der Planet ist deren Träger und Quelle: So entstehen und erheben sich aus dem tiefen Grundton die höheren Töne, die aus dessen Nebenschwingungen entstehen und mitklingen, sobald er anklingt (*sons harmoniques*), jener ist gleichsam ihre Basis und Quelle. Es gibt keinen größeren Unterschied in der Natur der Dinge als den Abstand zwischen den leblosen und den lebendigen Wesen, welche Letztere insgesamt weiter von jenen entfernt sind als voneinander: daher auch der Bass von den höheren Stimmen weiter entfernt sein soll als diese voneinander, und die sogenannte „weite Harmonie" ausdrucksvoller ist als „die enge". – Die völlig form- und qualitätslose Materie, d.i. die Materie ohne alle Kraft- oder Willensäußerung, ist unwahrnehmbar: So hat auch die Tiefe eine Grenze, über welche hinaus kein Ton mehr hörbar ist, so ist auch von dem tiefsten noch hörbaren Ton ein gewisser Grad der Höhe unzertrennlich.

Die Stufenleiter der Welt vollendet sich in der Menschheit, sie besteht in dieser mit allen ihren Vorstufen oder, wie Schopenhauer sagt: Sie ist „der Mensch mit seinem ganzen Gefolge". Es gibt nur eine einzige Kunst, welche dieses Thema in seinem ganzen Umfang darzustellen und auszuführen vermag: die Musik. Das Wesen der Welt (der Wille) offenbart sich in zwei, einander analogen und parallelen Gestaltungen: in den Gebilden der Dinge und in denen der Töne, in den Werken der Natur und in denen der Musik, aber beide sind voneinander so unabhängig, dass die Musik sein könnte, auch wenn keine Welt wäre.

Hieraus ergibt sich sogleich eine Reihe wichtiger und für Schopenhauers Musiklehre charakteristischer Folgerungen: Er verwirft alle nachbildende, malende, rhetorische, von Texten und Handlungen abhängige Musik und lässt als echte Tonwerke nur die reine Instrumentalmusik gelten, deren Meisterwerke *Beethovens Symphonien* sind. „Messe und Symphonie allein geben ungetrübten, vollen musikalischen Genuss." Die menschliche Stimme betrachtet er lediglich als Instrument. Wenn sich die Musik mit Gesang und Handlung verbindet wie in der *Oper*, so gilt ihm diese überhaupt für kein Erzeugnis des reinen Kunstsinnes, sie möge auf *einen* Akt und auf die Dauer einer, höchstens zweier Stunden beschränkt werden. Die völlige Abhängigkeit sei auf der Seite des Textes, dem in keiner Weise eine dominierende Bedeutung zukommen dürfe, weshalb Rameaus Neffe in dem Diderot'schen Gespräch ganz recht habe, wenn er für einen Operntext bedeutungslose und geradezu fade Verse fordere.

Als die größten Tonkünstler der Oper erkennt er *Mozart* und *Rossini*, der den Text bisweilen mit höhnender Verachtung behandelt habe; das sei zwar nicht zu loben, aber echt musikalisch, während Gluck, der in seinen Opern die Musik ganz zum Knecht schlechter Poesie habe machen wollen, einen Irrweg gewandelt sei.[480] Beispiele malender Musik finden sich bei Haydn in Stellen seiner Jahreszeiten und seiner Schöpfung.

Was die metaphysische Bedeutung der Musik betrifft, so findet sich R. Wagner in vollem Einverständnis mit Schopenhauer; was dagegen die dramatische Behandlung der Musik, die Verbindung zwischen Musik und Poesie in der Oper angeht, so erscheint uns Schopenhauer keineswegs einverstanden mit Wagner.

Da die Musik die umfassendste und tiefste der Künste ist, so soll sie auch die *selbstständigste* sein und keinen fremden Zwecken dienen. Über die Nützlichkeitsmusik, wie Kirchen-, Opern-, Militär-, Tanzmusik u. dgl. m., denkt Schopenhauer wie über die Nützlichkeitsarchitektur. Die moderne Baukunst ist fast gänzlich auf den Dienst des menschlichen Nutzens angewiesen, daher der Künstler darauf bedacht sein muss, so viel als möglich von der schönen Architektur zu retten und mit der Zweckmäßigkeit die Schönheit

480 Parerga II, 19. Kap., § 220 – 221.

zu vereinigen. Die Musik ist günstiger gestellt: „Sie bewegt sich frei im Konzert, in der Sonate und vor allem in der Symphonie, ihrem schönsten Tummelplatz, auf welchem sie ihre Saturnalien feiert.“[481]

3. Das Tongebilde. Rhythmus, Harmonie und Melodie

Jeder Ton hat seine bestimmte Quantität und Qualität: Jene besteht in einer gewissen Zeitdauer, diese in einer gewissen Höhe. Die nach dem Wechsel der Zeitdauer oder des Zeitmaßes geregelte Tonfolge ist der *Rhythmus*; der Unterschied der Tonhöhen beruht auf den Vibrationszahlen und deren Verhältnissen. Diese machen die Intervalle oder Tonleiter; die Koinzidenz der Töne von verschiedenen Vibrationszahlen macht den Zusammenklang oder die *Harmonie*. Rhythmus und Harmonie sind die beiden Elemente, aus deren Verbindung die *Melodie* hervorgeht, die in dem kunstgerechten Wechsel der Entzweiung und Versöhnung beider besteht.

Auf der rhythmischen Tonfolge beruht die musikalische Architektur oder der Bau eines Tonwerks. Die einfachsten Elemente sind die *Takte* mit dem Zahlenbruch, der die Taktarten bezeichnet, die Verbindung mehrerer Takte macht eine musikalische *Periode* in ihren beiden gleichen Hälften, der steigenden oder aufstrebenden, meistens zur Dominante gehenden, und der sinkenden, beruhigenden, den Grundton wiederfindenden; zwei oder auch mehrere Perioden bilden einen *Teil*, zwei Teile ein kleines Musikstück oder den *Satz* eines größeren: Aus drei Sätzen besteht das Konzert oder die Sonate, aus vieren die Symphonie, aus fünfen die Messe. Durch eine solche symmetrische Einteilung und abermalige Teilung durch die Nebenordnung, Unter- und Überordnung seiner Teile baut sich das Tonwerk auf, einem Werk der schönen Architektur vergleichbar. Was bei dieser die Symmetrie ist, das ist beim Tonwerk der Rhythmus. Was die Symmetrie räumlich ist, das ist der Rhythmus zeitlich. Auf dieser Analogie zwischen Rhythmus und Symmetrie beruht die Vergleichung beider Künste, welche in dem Stufenreich der Künste die äußersten Enden ausmachen; daher Goethe die Architektur „eine erstarrte Musik“ genannt hat.[482]

Die Koinzidenz der Schwingungen ist entweder konsonierend oder dissonierend, je nachdem ihre Zahlenverhältnisse rationale

481 Ebendas. § 219, S. 456.
482 Die Welt als Wille u. s. f. II, 39. Kap., S. 528 – 532.

oder irrationale sind. Die logische Erkenntnis dieser Zahlenverhältnisse ist arithmetisch, die sinnlich-akustische Wahrnehmung derselben ist musikalisch. Dies hatte Leibniz richtig erkannt, als er die Musik ein „*exercitium arithmeticae occultum*" nannte. Aber die Zahlenverhältnisse sind nicht das Objekt, sondern nur das Mittel der Darstellung, sie sind das Zeichen, nicht das Bezeichnete. Was dieselben als Tonverhältnisse *bedeuten*, das ist in der Erklärung der Musik die eigentliche metaphysische Frage, das Rätsel, welches erst Schopenhauer gelöst hat: Die Dissonanz ist das *unmittelbare Abbild* des mit sich uneinigen, widerstrebenden, unzufriedenen, die Konsonanz dagegen das unmittelbare Abbild des mit sich einigen oder zufriedenen Willens. Solche Hemmungen und Befriedigungen in ihren zahllosen Graden, Nuancen und Abwechslungen sind unsere sämtlichen Willenserregungen, die ganze innerste Geschichte unseres Herzens, alle nicht in Vernunfterkenntnis aufgelösten und aufzulösenden Zustände unseres Bewusstseins, die wir als *Gefühle* erleben und bezeichnen.[483] Daher nennt man mit Recht die Musik auch die Sprache des Herzens und der Gefühle. „Durchgängig also besteht die Musik in einem steten Wechsel von mehr oder minder beunruhigenden, d.i. Verlangen erregenden Akkorden mit mehr oder minder beruhigenden, d. h. befriedigenden; eben wie das Leben des Herzens (der Wille) ein steter Wechsel von größerer oder geringerer Beunruhigung, durch Wunsch und Furcht, mit eben so verschieden gemessener Beruhigung ist. Demgemäß besteht die harmonische Fortschreitung in der kunstgerechten Abwechslung der Dissonanz und Konsonanz."[484]

Es gibt zwei Grundakkorde, auf welche alle die anderen zurückzuführen sind: Diese sind der dissonante Septimenakkord und der harmonische Dreiklang. Und es gibt zwei Grundstimmungen des Gemüts, auf welche alle übrigen sich zurückführen lassen: die *heitere* oder wenigstens rüstige und die *betrübte* oder doch gehemmte und beklommene. Dementsprechend hat die Musik zwei allgemeine Tonarten, *Dur* und *Moll*, und muss sich stets in einer von beiden befinden. Und wie tief dieselbe in dem Wesen der Dinge und des Menschen gegründet ist, lässt sich daraus erkennen, dass die Moll-Tonart, ohne alle physischen oder konventionellen Gründe, ein unverkennbares

483 S. oben II. Buch, 6. Kap., S. 272 – 274.
484 Die Welt als Wille u. s. f. II, 39. Kap., S. 534 – 536.

Zeichen des Schmerzes ist und bei Völkern, die ein schweres und gedrücktes Leben führen, wie die Russen, vorherrscht.[485]

Das menschliche Wollen, abgesehen von allen in der Besonderheit der Charaktere und Umstände gelegenen Bedingungen, ist Streben und Verlangen, Begehren und Erreichen, Wünschen und Befriedigtwerden, woraus neue Wünsche, Hemmungen und Befriedigungen folgen. Wenn die Wünsche ausbleiben, so entsteht das leere monotone Sehnen (*languor*); wenn die Befriedigungen ausbleiben oder zu lange auf sich warten lassen, so gerät der Wille in den Zustand des Leidens. Was wir Glück und Wohlsein nennen, ist im Wesentlichen der schnelle Übergang vom Wunsch zur Befriedigung und von dieser zu neuem Wunsch; was wir Leiden nennen, sind im Wesentlichen ersehnte und nicht erreichte oder verzögerte und erschwerte Befriedigungen, der weite, durch viele Hemmungen und Abirrungen unterbrochene Weg zum Ziel.[486]

Dem entsprechen die musikalischen Bewegungsarten. „Die kurzen fasslichen Sätze rascher Tanzmusik scheinen nur von leicht zu erreichendem gemeinem Glück zu reden; dagegen das *Allegro maestoso*, in großen Sätzen, langen Gängen, weiten Abirrungen, ein größeres, edleres Streben nach einem fernen Ziel und dessen endliche Erreichung bezeichnet. Das *Adagio* spricht vom Leiden eines großen und edlen Strebens, welches alles kleinliche Glück verschmäht. Aber wie wundervoll ist die Wirkung von Moll und Dur! Wie erstaunlich, dass der Wechsel eines halben Tons, der Eintritt der kleinen Terz statt der großen, uns sogleich und unausbleiblich ein banges peinliches Gefühl aufdringt, von welchem uns das Dur wieder ebenso augenblicklich erlöst, das Adagio erlangt in Moll den Ausdruck des höchsten Schmerzes, wird zur erschütterndsten Wehklage. Tanzmusik in Moll scheint das Verfehlen des kleinlichen Glücks, das man lieber verschmähen sollte, zu bezeichnen, scheint vom Erreichen eines niedrigen Zweckes unter Mühseligkeiten und Plackereien zu reden." „Allegro in Moll", sagt Schopenhauer an einer anderen Stelle, „ist in der französischen Musik sehr häufig und charakterisiert sie: Es ist, wie wenn einer tanzt, während ihn der Schuh drückt."[487] – „Der Unerschöpflichkeit möglicher Melodien

485 Ebendas. II, S. 536 ff.
486 Ebendas. I, § 52, S. 343.
487 Ebendas. I, § 52, S. 343 – 344. Vgl. II, 39. Kap., S. 536.

entspricht die Unerschöpflichkeit der Natur an Verschiedenheit der Individuen, Physiognomien und Lebensläufen. Der Übergang aus einer Tonart in eine ganz andere, da er den Zusammenhang mit dem Vorhergegangenen ganz aufhebt, gleicht dem Tode, sofern in ihm das Individuum endet, aber der Wille, der in diesem erschien, nach wie vor lebt, in anderen Individuen erscheinend, deren Bewusstsein jedoch mit dem des Ersteren keinen Zusammenhang hat."[488]

Um Schopenhauers Lehre von der Bedeutung der Musik richtig zu verstehen und zu würdigen, muss man den Kern derselben stets im Auge behalten. Was die Musik darstellt und *unmittelbar* abbildet, sind die innersten Vorgänge unseres Willens, unsere Gemütsbewegungen, nicht wie sie von verschiedenartigen Motiven und Umständen begleitet, in verschiedenartigen Personen gleichsam eingekleidet und kostümiert erscheinen, nicht wie sie durch die Sprache sich ausdrücken und steigern, abmindern und verstellen lassen, sondern wie sie, unverhohlen und unverhüllt, empfunden werden. Man kann Freude und Trauer, Fröhlichkeit und Betrübnis, Jubel und Jammer, Angst und Zorn u. s. f. auf sehr verschiedene, den Umständen und Personen angepasste Weisen äußern, aber nur auf *eine* Art empfinden. Die Wallungen des Zornes sind dieselben, ob sie die Herzen niedriger oder vornehmer Leute bewegen, ob Bauern und Bürger oder ob Achilles und Agamemnon miteinander streiten. „Die Musik", sagt Schopenhauer, „drückt daher nicht diese oder jene einzelne und bestimmte Freude, diese oder jene Betrübnis, oder Schmerz, oder Entsetzen, oder Jubel, oder Lustigkeit, oder Gemütsruhe aus, sondern *die* Freude, *die* Betrübnis, *den* Schmerz, *das* Entsetzen, *den* Jubel, *die* Lustigkeit, *die* Gemütsruhe *selbst*, gewissermaßen *in abstracto*, das Wesentliche derselben, ohne alles Beiwerk, also auch ohne die Motive dazu. Dennoch verstehen wir sie in dieser abgezogenen Quintessenz vollkommen."[489]

In der Vergleichung mit und im Gegensatz zu der Plastik, deren Thema die menschliche Schönheit und Grazie, darum der nackte Körper war, könnte man von der Musik sagen, dass sie die nackten Affekte und Gefühle abbilde, bevor sich dieselben in Handlungen verkörpern und in Begriffen fixieren. Darum ist die Musik nicht

488 Vgl. II, 39. Kap., S. 536.
489 Ebendas. I, § 52, S. 344 – 345.

bloß die tiefste und ergreifendste, sondern auch die *wahrste* aller Sprachen: Sie würde jene nicht sein, wenn sie diese nicht wäre. Sie sieht, gleich Gott, nur die Herzen. Wie sie die Vorgänge des Willens unmittelbar abbildet, erscheinen dieselben in ihrer rein menschlichen, allgemeinsten Form, zugleich aber in unverkennbarster Deutlichkeit und Bestimmtheit. Unsere Willenserregungen sind gleichsam „*universalia ante rem*"; wenn sie sich zu Handlungen gestalten, so sind sie „*universalia in re*"; wenn sie in Begriffen fixiert und ausgesprochen werden, so sind sie „*universalia post rem*". In der ersten Form bilden sie das Thema der Musik, in der zweiten das der dramatischen Poesie, in der dritten das der Logik.[490]

Da die Musik nichts mit den Begriffen oder abstrakten Vorstellungen zu tun hat, die ja so weit von ihrem Elemente entfernt sind, so liegt auch das *Lächerliche* ganz außerhalb ihrer Sphäre, denn dieses besteht nach der uns bekannten Lehre Schopenhauers in der Inkongruenz oder dem Kontrast zwischen Anschauung und Begriff.[491] Daher gibt es so wenig eine *lächerliche* Musik, als lächerliche Stimmungen oder Willenserregungen. Der Wille ist immer ernst, er ist es dann am meisten, wenn er mit sich selbst uneinig ist und *kontrastiert*. Das Lächerliche steckt nicht in den Tönen, sondern im Text, es wird von hier aus die dazu gehörige, den lächerlichen Vorstellungen und Handlungen, wie in der *Opera buffa*, angepasste Musik übertragen und ist in der Letzteren ein exotisches Produkt.[492]

Indem die Musik unser innerstes Wesen selbst unmittelbar abbildet und vernehmbar macht, so erhöht sie gleich unsere ganze Gemütsstimmung und dadurch die Bedeutsamkeit der Bilder des Lebens und der Kunst, die wir unter ihren Eindrücken betrachten. Darin besteht die poetische und gleichsam magisch-belebende Wirkung, welche die Musik auf alle Herzen ausübt. Da ihre Tonbilder, diese „*universalia ante rem*", von einer so allgemeinen Bedeutung und so mächtigen Wirkung sind, so ist die davon ergriffene Einbildungskraft unwillkürlich bestrebt, die Tongebilde in Worten und Handlungen zu individualisieren. Hieraus erklärt sich der Ursprung des *Gesanges* und der *Pantomime*, die sich in der Oper vereinigen. Durch die Verbindung des Gesanges mit der Musik – die mensch-

490 Ebendas. S. 347.
491 S. oben 5. Kap., S. 267 ff.
492 Die Welt als Wille u. s. f., I. Bd., § 52, S. 348.

liche Stimme wirkt selbst als ein musikalisches Instrument – wird uns das Abbild des Willens unmittelbar durch die Töne, mittelbar durch die Worte dargestellt, wodurch sich das ästhetisch-musikalische Wohlgefallen verdoppelt, denn dieses zweifache Abbild gewährt uns zugleich beide Arten der Erkenntnis, die anschauliche und die begriffliche.

Schon Plato und Aristoteles haben erkannt, dass die musikalischen. Bewegungsarten den menschlichen Seelenzuständen entsprechen. In den „Problemen" heißt es: *„οἱ ῥυθμοὶ καὶ τὰ μέλη, φωνὴ οὖσα, ἤθεσιν ἔοικε.*" Diese Seelenzustände, tiefer gefasst, sind unsere Willenszustände, und der Wille ist das Wesen der Welt. Daher sagt Schopenhauer in aller Kürze: „Die Musik ist die Melodie, deren Text die Welt ist." „Eine Beethoven'sche Symphonie zeigt uns die größte Verwirrung, welcher doch die vollkommenste Ordnung zugrunde liegt, den heftigsten Kampf, der sich im nächsten Augenblick zur schönsten Eintracht gestaltet: Es ist *rerum concordia discors*, ein treues und vollkommenes Abbild des Wesens der Welt, welche dahinrollt in unübersehbarem Gewirre zahlloser Gestalten und durch stete Zerstörung sich selbst erhält. Zugleich nun aber sprechen aus dieser Symphonie alle menschlichen Leidenschaften und Affekte: die Freude, die Trauer, die Liebe, der Hass, der Schrecken, die Hoffnung usw. in zahllosen Nuancen, jedoch alle gleichsam nur *in abstracto* und ohne alle Besonderung: Es ist ihre bloße Form ohne den Stoff, wie eine Geisterwelt ohne Materie."[493] In dieser Stelle finden wir die Charakterzüge konzentriert, welche Schopenhauers Lehre von der Musik kennzeichnen.

493 Ebendas., I, § 52, S. 342. II, 39. Kap., S. 528. Parerga II, 19. Kap., § 219, S. 456.

Fünfzehntes Kapitel

Der Übergang zur Ethik. Die Grundfrage und das erste Grundproblem der Ethik

I. Die Selbsterkenntnis des Willens

Die Lehre Schopenhauers, soweit wir dieselbe ausgeführt haben, summiert sich in dem Satz: Die Welt ist der Wille in der vollständigen Stufenleiter seiner Objektivationen, deren Gipfel die Selbsterkenntnis des Willens ausmacht. Auf dieser Höhe sind wir angelangt. Nunmehr erscheint die Welt als der Spiegel, in welchem der Wille sich erblickt, seine Werke und sein Wesen; am deutlichsten und reinsten erkennt er sich in den Gebilden der Kunst, am unmittelbarsten in denen der Musik. Die Kunst ist gleichsam die *camera obscura* der Welt, das Schauspiel im Schauspiel wie im Hamlet. Jetzt erst, da ihm, was er ist und schafft, vollkommen einleuchtet, kann er die letzte und wichtigste aller Entscheidungen treffen: die zwischen seiner Selbstbejahung und Selbstverneinung. Die Verneinung des Willens zum Leben besteht in der völligen Weltüberwindung und Weltentsagung, deren Ausdruck die christliche Malerei in dem verklärten Antlitz des Erlösers und der Heiligen darstellt; es ist die Willensrichtung, welche die echte Tragödie hervorruft und bezweckt. Auf dem Übergange von der Kunst zur Religion, von der Schönheit zur Heiligkeit, vom Genie zur Askese, vom vollendeten Können zum reinsten Wollen hat Schopenhauer eine Heilige genannt, die von der Kirche als Märtyrer, von der Sage als die Schutzpatronin der Musik, von Raffael als ein Genius zugleich der Religion und der Kunst verherrlicht und verklärt worden ist: die heilige Cäcilie. Die Kunst gewährt uns einen Augenblick der Weltvergessenheit, nach welchem uns die Bande der Welt nur umso mehr schmerzen: Sie kann trösten, aber nicht erlösen.[494]

Das Thema des vierten und letzten Buches unseres Hauptwerks heißt „Der Welt als Wille zweite Betrachtung: bei erreichter Selbsterkenntnis Bejahung und Verneinung des Willens zum Leben“,

494 Die Welt als Wille u. s. f., I, § 52, S. 351 – 352.

nach dem Zeugnis des Philosophen selbst das inhaltsschwerste und wichtigste seiner Bücher, auch das bei Weitem ausführlichste, wenn man zu den neunzehn Paragraphen des Hauptwerks die beiden Grundprobleme der Ethik, die elf Kapitel der Ergänzungen und noch sieben der Parerga hinzurechnet.[495] Unter den ergänzenden Betrachtungen sind zwei, die zu den interessantesten und lehrreichsten Abhandlungen gehören, die Schopenhauer geschrieben hat: „Von der Erblichkeit der Eigenschaften" und „Von der Metaphysik der Geschlechtsliebe". Von den früheren Abschnitten ist für die gegenwärtigen Betrachtungen keiner belangreicher als die Lehre „Vom Primat des Willens im Selbstbewusstsein".[496]

II. Die Gewissheit des Lebens und des Todes

Die Menschen sind individuelle Willenserscheinungen, selbstbewusst und persönlich, nicht bloß der anschauenden, sondern auch der vernünftigen Weltbetrachtung fähig, wodurch sie den Zusammenhang der Dinge, die Kette der Erscheinungen, den Weltlauf erkennen und des eigenen Todes gewiss sind.

Es ist vollkommen gewiss, dass die Individuen in der Zeit anfangen und enden, dass sie entstehen und vergehen, erzeugt werden und sterben müssen, dass Leben und Tod notwendig und untrennbar zusammengehören, nicht bloß als die Grenzpunkte der Lebensdauer, sondern als die Faktoren des Lebensprozesses selbst, denn dieser besteht in einem fortwährenden Stoffwechsel, während die Form oder der Typus der Gattung beharrt. Wie in dem Ernährungsprozess Reproduktion und Exkretion miteinander verknüpft sind, die Erneuerung des Leibes und das Abwerfen der verbrauchten und unnützen Stoffe, so in dem gesamten Lebensprozess Erzeugung und Tod. Wenn der ganze Leib verbrauchter und unnützer Stoff geworden ist, stirbt das Individuum. Wie in dem periodischen Schlaf eine Rückkehr in den bewusstlosen Lebenszustand stattfindet und die Welt zeitweilig vergessen wird, so wird im Tode das Individuum selbst vergessen.

---

495 Die Welt als Wille u. s. f., I, §§ 53 – 71, S. 355 – 527. Die beiden Grundprobleme der Ethik 1841. Die Welt als Wille u. s. f., II, 40. – 50. Kap. Parerga II, 8. – 14. Kap., S. 205 – 337.

496 S. oben II. Buch, 10. Kap., S. 356 – 370.

Dieser unauflösliche Zusammenhang zwischen Zeugung und Tod ist so einleuchtend, dass er sich in den Gebilden der religiösen Phantasie ausgeprägt hat. Darum kennzeichnet die weiseste aller Mythologien, die indische, Schiwa, den Gott der Zerstörung, durch das Halsband von Totenköpfen und zugleich durch das Attribut des Lingam: Darum sind auf den kostbaren Sarkophagen der Alten Feste und Hochzeiten, Bacchanalien und Jagden u. s. f. als Sinnbilder des unbändigen Lebensdranges dargestellt: Die Natur lebt und zeugt fort, unberührt von dem beständigen Untergang der Individuen. *Natura non contristatur*!

Es ist vollkommen gewiss, dass der Wille zum Leben, der sich in der Welt und ihren Erscheinungen darstellt, in jedem Individuum gegenwärtig ist, ganz und ungeteilt, grundlos und zeitlos, unabhängig von allen Unterschieden der Zeit, von Anfang und Ende, Entstehen und Vergehen, Zeugung und Tod. Dieses Bewusstsein lebt in uns. Wir sind vollkommen gewiss, dass etwas in uns ist, das nicht stirbt und von dem Untergang unseres individuellen Daseins unberührt bleibt. Aus der Sicherheit jenes Unterganges quillt die Todesfurcht, der *horror mortis*; aus der Sicherheit dieser Unvergänglichkeit quillt der Lebensmut, womit wir unbekümmert leben und fortleben, als ob es keinen Tod gebe. Weder die Gewohnheit des Daseins noch die Ergebung in das unvermeidliche Schicksal erklären diesen ungedrückten Lebensmut. Von beständiger Todesfurcht gequält, im Angesicht des unwiderruflichen Unterganges müsste uns zumute sein wie dem verurteilten Verbrecher vor der Hinrichtung.[497] So aber ist uns keineswegs zumute.

Der Wille, das Prinzip alles Daseins und Lebens, stirbt nicht; darin liegt die Bürgschaft für die Fortbeständigkeit der Welt im unaufhörlichen Wechsel der Generationen und der Geschlechter der Menschen. Wille und Wille zum Leben sind identisch. Es ist pleonastisch, statt „Wille" zu sagen „Wille zum Leben" oder „Lebenswille". Und da der Wille, unabhängig von dem Satz des Grundes, der nur die Erscheinungen beherrscht, grund- und zeitlos ist, so gibt es für ihn weder Vergangenheit noch Zukunft, sondern ewige Gegenwart. „Dem Willen ist das Leben gewiss, und zwar in der Form der Gegenwart." Sowenig die Sonne aufhört zu brennen und zu leuchten, wenn sie den Erdbewohnern verschwindet, sowenig vergeht der Wille zum

497 S. oben II. Buch, 7. Kap., S. 310. Parerga I. Aphorismen, 6. Kap., S. 539 f.

Leben, wenn die Individuen sterben. Wir sagen: „Die Sonne geht unter", wenn wir in die Nacht sinken; die Sonne geht nicht unter, sie hat weder Morgen noch Abend, sondern ewigen Mittag. So ist auch dem Willen das Leben gewiss in beständiger Gegenwart. Das unvergängliche Wesen in uns hat den Tod so wenig zu fürchten als die Sonne den Wechsel von Tag und Nacht. Von diesem unserem unvergänglichen Wesen gilt das Wort unter dem Isisbild zu Sais: *„ἐγώ εἰμι πᾶν τὸ γεγονός, τὸ ὂν καὶ τὸ ἐσόμενον."* Unvergänglich ist das ewige Weltwesen und das ewige Weltauge.

Die Todesfurcht ist blind wie der Wille, aus dem sie stammt. Wider diese blinde Furcht gewährt die vernünftige und besonnene Lebensbetrachtung heilsame Gegengründe: Sie überzeugt uns von der Feigheit und Unwürdigkeit der Todesfurcht, von der Erhabenheit der Todesverachtung. Wir fürchten die Schmerzen und die Leiden, welche das Sterben erschweren; aber mit dem Dasein des Individuums hört die Empfindung und damit der Schmerz auf, der Tod erlöst uns von allen physischen Leiden. Wir fürchten den Verlust unserer Güter. Den Verlust fühlen heißt die Güter vermissen oder die Zukunft ohne den Besitz derselben vorstellen; aber mit dem Dasein des Individuums endet die Tätigkeit des Intellekts, womit alles Vorstellen, Vermissen und Verlorenhaben aufhört. Warum also fürchten wir den Tod, da wir nie mit ihm zusammentreffen? Wenn der Tod eintrifft, sind wir nicht mehr da; solange wir noch da sind, trifft der Tod nicht ein; weshalb Epikur treffend sagt: *„ὁ θάνατος μηδὲν πρὸς ἡμᾶς."*

Diese Art der Welt- und Lebensbetrachtung anerkennt den Wert des Daseins in vollstem Maße und motiviert daher die Bejahung des Willens zum Leben. So denken Bruno, Spinoza, Goethe in seinem Prometheus:

Hier sitz' ich, forme Menschen
Nach meinem Bilde,
Ein Geschlecht, das mir gleich sei,
Zu leiden und zu weinen,
Zu genießen und zu freuen sich
Und dein nicht zu achten
Wie ich.[498]

498 Die Welt als Wille u. s. f., I, 4. Buch, § 54, S. 371.

III. Die menschliche Willensfreiheit

1. Die physische, intellektuelle und sogenannte moralische Freiheit

Ob es eine tiefere Welterkenntnis gibt, die das Elend der Welt und den Unwert des Lebens durchschaut und nun nicht mehr als Motiv, sondern als Quietiv wirkt, den Willen von der Weltbejahung abwendet und von Grund auf umwandelt? Dies ist die Grundfrage der Ethik. Eine solche Umwandlung aber setzt ein Vermögen unbedingter *Willensfreiheit* voraus, welcher die Ordnung der gesamten Erscheinungswelt widerstreitet. Hier herrscht der Satz vom Grunde. Was hier geschieht, folgt aus gegebenen Ursachen. Was aus gegebenem Grunde folgt, ist durchaus notwendig. Wo also bleibt die Willensfreiheit, die Umwandlung des Willens, die Möglichkeit der Ethik?

Das erste Grundproblem der Ethik betrifft daher die *menschliche Willensfreiheit*. Um dieses Problem richtig zu erkennen, müssen wir die falschen Auffassungen der menschlichen Freiheit, von denen die gewöhnlichen Meinungen, zum großen Teil auch die philosophischen beherrscht sind, enthüllen und darlegen; wir müssen mit voller Deutlichkeit sehen, wieweit die *Notwendigkeit* unserer Gesinnungen und Handlungen, d. h. die Willensdeterminationen sich erstrecken, damit wir nicht wähnen, frei zu sein, wo wir es nicht sind und sein können.

Nach jener falschen Metaphysik, der wir zu wiederholten Malen begegnet sind, gilt die Seele für ein einfaches denkendes Wesen und das Wollen für eine Funktion des Erkennens: Der Mensch will, was er erkennt; er kommt in Ansehung des Guten und Bösen völlig indifferent auf die Welt, als moralische Null; er gelangt, wie Herakles in der Fabel des Prodikos, an den Scheideweg zwischen Tugend und Laster und entscheidet sich nun, wie es ihm beliebt. In diesem völligen Gleichgewicht zwischen verschiedenen und entgegengesetzten Richtungen besteht die Willensfreiheit oder Willensindifferenz (*aequilibrium arbitrii*) und in ihr die eigentliche moralische Freiheit.

Eine solche Willensfreiheit existiert in der wirklichen Welt nie und nirgends. Jede Wirkung in der Natur ist völlig bestimmt durch die Kraft, die sie hervorbringt, und die Ursachen (Bedingungen), auf welche sie erfolgt. Die menschlichen Handlungen sind solche Wirkungen: Sie sind hervorgebracht durch den Charakter des Individuums und erfolgen auf die gegebenen oder gewählten Motive (Ursachen). Alle wider diesen Determinismus gerichteten Einwürfe sind unbegründet und falsch: Wenn unsere Handlungen völlig determiniert wären, sagt man, so würde es keine *Reue*, keine *Gewissensangst*, keine *Wahl* der Motive geben.

Das Thema der Reue ist, nicht was wir gewollt, sondern was wir getan haben: die zweckwidrige, unserer Absicht inadäquate, in ihren Folgen zuwiderlaufende Handlung. Der Spieler aus Gewinnsucht bereut den Verlust, nicht den Gewinn; er bereut auch das Spiel, wenn er eingesehen hat, dass es Wege gibt, die besser und sicherer zum Gewinn führen als das Spiel: Also hat er nicht seine Ziele, sondern nur seine Wege geändert, er ist klüger, aber im Grunde seines Wesens kein anderer geworden; sein Erkenntniszustand und seine Motive haben sich verändert, nicht aber sein Wille und Charakterzustand.

Die Gewissensangst ist die schmerzliche Erkenntnis dessen, was wir *gewollt* haben und wollen, also dessen, was wir *sind*: Sie folgt aus dem vorhandenen, keineswegs aus dem veränderten, durch eine Tat der Freiheit umgewandelten Charakter: Sie ist eine Hölle des *Bewusstseins*, ein Erkenntniszustand, kein Beweis der Freiheit, sondern des Gegenteils, also ein Zeugnis für, nicht wider den Determinismus.

Ebenso verhält es sich mit der Prüfung und Wahl der Motive: Wir wählen das *stärkste*, das unserem Charakter unter den gegebenen Umständen, in der vorhandenen Lebenslage nach dem Maße unserer Erkenntnis angemessenste. Daher ist unsere Wahl selbst durchgängig determiniert. Wir sind nicht, wie die Tiere, von den gegenwärtigen Eindrücken, den nächsten und anschaulichsten Vorstellungen abhängig, sondern haben kraft unserer Vernunft den Blick frei in die Vergangenheit und Zukunft, wir verfolgen Lebenszwecke, welche in die nahe und ferne Zukunft gerichtet sind: Daher wirken in uns viele Motive zusammen, darunter solche, die einander widerstreiten, woraus ein *Konflikt* der Motive hervorgeht. Nun heißt es prüfen und wählen. Wir wählen nach dem Maße unserer Erkenntnis und Klugheit das in der vorhandenen Lage des Lebens unseren Absichten, d. h. unserem Willen und Charakter am meisten Entsprechende und Gemäße. Dadurch ist unsere Wahl völlig bestimmt. Hier ist also von einem *aequilibrium arbitrii*, der sogenannten moralischen Freiheit, keine Rede. Wir können nicht ebenso gut dumm als klug handeln.

Unabhängig sein von den anschaulichen und handgreiflichen Motiven heißt keineswegs unabhängig sein von den Motiven überhaupt. Es ist ein sehr grober, aber geläufiger Irrtum, zu meinen, dass die abstrakten, d. h. die bloß gedachten Motive weniger wirksam und stark sind als die anschaulichen. Vielmehr sind sie bei Weitem stärker. Wie sich der Vorstellungszustand erhöht, so erhöhen sich auch die Erregbarkeit des Willens, die Stärke der Affekte, die Empfindung der Übel: Die Menschen leiden weit mehr und heftiger als die Tiere, die genialen Menschen leiden am meisten. Es ist weit leichter zu entbehren, als zu *entsagen*, denn die Entsagung ist die Vorstellung aller künftigen, unwiderruflichen Entbehrungen. Wären die körperlichen Schmerzen nicht leichter als die geistigen, nämlich die Qualen, welche die Vorstellung der erlittenen Übel verursacht, so würden sich die Leute nicht jene zufügen, um diese zu erleichtern, nicht sich die Haare raufen, mit eigenen Händen zerschlagen, zerfleischen u. s. f. Wenn ein Kind sich wehe getan hat, so kann man es leicht beruhigen durch die Versicherung, es sei nichts: Wenn man es aber bedauert, so erhöht man seine Vorstellung des erlittenen Übels und vergrößert seinen Schmerz. Eulenspiegel ging lachend bergauf und weinend bergab.

Weil die Motive, die aus bloßen Gedanken bestehen, unsichtbar sind, so meinen die kurzsinnigen Menschen, dass sie schwach oder gar nicht vorhanden seien. Weil die Ziele entfernt und die Wege dahin weit sind, so halten die kurzsinnigen Menschen beide für nichtig oder für unsicher. Als ob Schwefelfäden oder Leitungsdrähte, welche die Mine in einem berechneten Zeitpunkt anzünden sollen, weil sie lang sind, darum unwirksam wären!

Was nun die menschliche Willensfreiheit näher betrifft, so hat man die absolute oder unbedingte Freiheit, welche allein Freiheit ist im wahren Sinne des Worts, wohl zu unterscheiden von der bedingten oder relativen Freiheit, die, bei Licht besehen, mit der Notwendigkeit unserer Zustände und Handlungen zusammenfällt. Es gibt, wie Schopenhauer unterscheidet, drei Arten bedingter, fälschlicherweise für unbedingt gehaltener Freiheit: die *physische* (natürliche), die *intellektuelle* und die sogenannte *moralische* Freiheit.

Die physische Freiheit ist die der *Kraft* oder des Könnens, sie besteht in der Abwesenheit aller der Hindernisse, welche die Enthaltung und Ausübung der Kraft hemmen. In diesem Sinne spricht man von freiem Raume, freier Zeit, freiem Himmel, freier Luft u. s. f.; man nennt den Vogel in der Luft, das Wild im Walde frei, im Käfig unfrei. Das Dürfen ist ein durch Rechts- und Sittengesetze eingeschränktes Können. Daher ist die *politische* Freiheit eine Art der physischen.

Die *intellektuelle* Freiheit ist die Freiheit des intellektuellen Könnens, d. h. des Erkennens und Urteilens, also die Vernunft- und Geistesfreiheit, die Abwesenheit aller Hindernisse, welche die Ausübung derselben einschränken und hemmen, als da sind die Unreife des Alters, die Verdunkelungen des Bewusstseins natürlicher Art, wie im Schlaf, oder krankhafter, wie durch pathologische Gehirnstörungen u. dgl. Die intellektuelle Freiheit besteht daher in der ungehemmten Ausübung der vernünftigen Urteilskraft, in der Prüfung und Wahl der Motive: Das dadurch bestimmte Handeln nennt man willkürlich oder freiwillig. Die Alten kannten keine andere Art der Freiheit als das *ἑκούσιον*, wie Sokrates, Plato und Aristoteles gelehrt haben. Wir wissen bereits, dass und wodurch die Wahl der Motive bestimmt, also das willkürliche oder freiwillige Handeln determiniert wird; daher hat Aristoteles mit Unrecht das *ἑκούσιον* dem *ἀναγκαῖον* entgegengesetzt. Mit dieser Freiheit rechnet die Strafgerechtigkeit, indem sie durch ihre Gesetze den Motiven zur Ausübung des Unrechts Motive gegenüberstellt, die stärker wirken und den Willen zur Unterlassung des Unrechts determinieren sollen.

Die fälschlich sogenannte *moralische* Freiheit besteht in der Einbildung, tun und lassen zu können, was man will. Herkules am Scheidewege zwischen Tugend und Laster! Der Wille im Gleichgewicht zwischen verschiedenen und entgegengesetzten Richtungen! Ich kann tun und lassen, was ich will, wie die Wetterfahne bei ungestümem Wind sich bald nach dieser, bald nach jener Himmelsgegend richten und den ganzen Umkreis der Himmelsrose durchwandern kann: Dies ist die Freiheit (nicht des Könnens, sondern) des Wollenkönnens, das eingebildete Wollen, das unwirkliche, bloß in der Imagination spielende, welches nicht zur Tat führt, nicht im *velle*, sondern in bloßen *Velleitäten* besteht, wie es Schopenhauer treffend nennt und in Gleichnissen darstellt.

Diese Art Wahlfreiheit gleicht dem Hausvater, der nach des Tages Last und Hitze einen freien Abend vor sich sieht. Nun kann er tun, was er will: Er kann einen Freund besuchen, auch einen Spaziergang machen, auch den Turm besteigen, auch in das Theater gehen, sogar in die weite Welt laufen – wenn er will. Er will aber von alledem nichts, sondern geht nach Hause zu seiner Frau. Um seine Freiheit zu beweisen, würde er vielleicht spazieren gehen, aber gewiss nicht in die weite Welt!

Dieses Spiel der Velleitäten gleicht dem Wasser, welches sagt: Ich kann, was ich will; ich kann hohe Wellen schlagen, auch eilenden Laufes fortfließen, auch hoch emporsteigen, auch sieden u. s. f. Aber es tut von alledem nichts, sondern bleibt ruhig in seinem Teich, wo es diesen Monolog geführt hat. Freilich kann es hohe Wellen schlagen, aber nicht im Teich, sondern im Meer und beim Sturm; es kann schnellen Laufes forteilen, aber nur im abwärts gerichteten Strombett; es kann in hohen Strahlen emporsteigen, aber nur im Springbrunnen, es kann sieden, aber nur bei 80° Reaumur u. s. f.

Alle unsere Handlungen sind determiniert durch den Charakter, d.i. unsere Gesinnungs- oder Willensart, und die Wahl der Motive, welche selbst von dem Umfange und Grade unserer Erkenntnis, von den Umständen und der Lebenslage, worin wir uns befinden, abhängig sind. Jeder hat seinen eigenen Charakter: Daher ist jeder Charakter eigenartig oder *individuell*, er ist als solcher *angeboren*, wie aus den grundverschiedenen, frühzeitig wahrnehmbaren Gemütsarten der Kinder einleuchtet. Kein Mensch kommt als moralische Null auf die Welt.

Und wie der Charakter ursprünglich beschaffen ist, so bleibt er: Auf diese *Unveränderlichkeit* oder Konstanz des Charakters gründet sich alle Menschenkenntnis, alle menschenkundige Berechnung unserer Handlungen. Wenn diese Berechnung fehlschlägt, so sind wir weit eher geneigt zu sagen: „Ich habe mich in diesem Menschen geirrt", als „Er hat sich geändert."

Wie der Wille dem Intellekt, das Wollen dem Wissen vorhergeht, so ist auch der individuelle Charakter früher als die Erkenntnis desselben. Wir lernen den Charakter nur kennen aus seinen Handlungen, die wir erfahren. Als dieses Erkenntnisobjekt, als der Gegenstand einer solchen Erfahrung heißt der individuelle Charakter der *empirische*; und zwar gilt diese Art der Erkennbarkeit nicht bloß von den fremden Charakteren, sondern auch von unserem eigenen. Auch sich selbst lernt jeder erst aus seinen Handlungen kennen, aus der gewohnten und in schwierigen Verhältnissen erprobten Handlungsweise: Daher die Unkenntnis und die unzureichende Kenntnis des eigenen Charakters lange währt, sonst würde man nicht so oft hören und sagen: „Ich weiß nicht, wie ich in diesem oder jenem Falle handeln werde."

Auf dem Weg der allmählichen, besonnenen, durch Welterfahrung gereiften Selbsterkenntnis wird der eigene Charakter erworben und heißt nunmehr der *erworbene* Charakter, der kein anderer ist als der individuelle und angeborene, wie derselbe im vollen Licht des Bewusstseins erscheint und sich äußert. Jetzt erst sind wir über unsere Gesinnungen und Absichten, über unsere Anlagen und Kräfte, über deren Richtung und Maß im Klaren; wir haben die gesellschaftlichen Zustände und Atmosphären kennen gelernt, erprobt und meiden die uns irrespirabeln Einflüsse; wir sind in der Welt und in uns selbst einheimisch geworden und spielen nun in dem Drama des Lebens mit Geschick und Klugheit die uns bestimmte und angemessene Rolle. Darum gilt auch von dem eigenen Charakter wie von dem fremden das Wort des Schiller'schen Wallenstein: „Hab' ich des Menschen Kern erst untersucht, so weiß ich auch sein Wollen und sein Handeln."

Nach allen diesen Feststellungen ist nunmehr ausgemacht, dass alle menschlichen Handlungen die notwendigen Folgen der Willensbeschaffenheit oder des empirischen Charakters, also durchgängig determiniert sind; dass alle Veränderungen, so wichtig sie sind und erscheinen, nicht den Charakter, sondern nur die individuellen Erkenntniszustände und deren Umfang betreffen. Es ist nicht wahr, was die gewöhnliche Moral auf der Grundlage der rationalen Seelenlehre und der falschen Voraussetzung vom Primat des Intellekts lehrt: dass der Mensch will, was er erkennt. Vielmehr gilt der entgegengesetzte Satz, gestützt auf den Primat des Willens: *Der Mensch erkennt, was er will.*

Von seinen Vorgängern in Ansehung des Determinismus nennt Schopenhauer den heiligen Augustin in seiner antipelagianischen Schrift „*De natura et gratia*", den Dante, der im dritten Teil seines großen Gedichtes behauptet, dass der Mensch zwischen zwei gleich verlockenden Speisen verhungern müsse (welches Gleichnis später auf den Esel zwischen zwei Wiesen übertragen worden sei), unseren Luther „*De servo arbitrio*“; unter den neueren Philosophen nennt er Hobbes in seinen „*Quaestiones de libertate et necessitate*“, Spinoza in seiner Ethik, Voltaire in seinen späteren Schriften „*Le philosophe ignorant*“ und „*Le principe d'action*“; insbesondere aber Humes „*Essay on liberty and necessity*“, Priestleys „*Doctrine of philosophical necessity*“, und vor allen Kant in seiner tiefsinnigen Lehre vom empirischen und intelligiblen Charakter, die er in seinen Kritiken der reinen und der praktischen Vernunft dargelegt habe, und welcher Schelling in seiner Schrift von der menschlichen Freiheit (1809) gefolgt sei.[499]

Dass scharfsinnige Männer durch tieferes Nachdenken sich von der falschen und herkömmlichen Freiheitslehre zum Determinismus bekehrt haben, will Schopenhauer durch die drei großen Beispiele des Spinoza, Voltaire und Priestley bestätigen. Was aber den Spinoza betrifft, so befindet sich Schopenhauer im Irrtum, wenn er in dessen Darstellung der cartesianischen Prinzipien (1663) das Bekenntnis der Willensfreiheit gefunden haben will, da er in der Vorrede das ausdrückliche Gegenteil hätte lesen können.[500]

2. Die wahre moralische Freiheit

Innerhalb des empirischen Charakters ist die Freiheit nirgends anzutreffen. Trotzdem sind wir „*die Täter unserer Taten*“ und fühlen uns als solche: Wir fühlen uns schuldig unserer bösen Gesinnungen und Handlungen, und niemand entschuldigt seine böse Tat mit seiner angebornen Bosheit. Nicht obgleich, sondern weil uns die Gesinnungsart angeboren ist, weil sie keine Sache der Willkür, sondern die Beschaffenheit unseres Wesens ist, gerade darum wird sie als Schuld, und zwar als *Urschuld* empfunden. „Denn des Menschen größte Sünde ist, dass er geboren ward.“ Der empirische Charakter ist *gewollt*, er ist selbst Willenstat und Willensschuld: die Tat des intelligiblen Charakters.

Die Tatsache des *Schuldgefühls*, welche die der Verantwortlichkeit oder Zurechnungsfähigkeit in sich schließt, ist der unerschütter-

499 Die Welt als Wille u. s. f., I, § 55, S. 374 – 399. Vgl. die beiden Grundprobleme der Ethik (1841). Preisschrift über die Freiheit des Willens, I – III, S. 383 – 441. Vorgänger, S. 442 – 468.

500 Vgl. meine Geschichte der neuern Philosophie (4. Aufl., 1898, Jubiläumsausg.), 2. Bd., 2. Buch, 11. Kap., S. 295. Vgl.: Die Welt als Wille u. s. f., II, 1. Kap., S. 759 ff.

liche Beweis der wahren moralischen Freiheit: Diese nämlich ist der intelligible Charakter, der dem empirischen innewohnt, das Wesen desselben ausmacht und sich in der Zeitfolge seiner einzelnen Handlungen darlegt, weshalb Schopenhauer sagt, dass der intelligible Charakter sich zum empirischen verhalte wie der Begriff zur Definition; denn jener enthält in ungeteilter Einheit, was dieser in der Reihenfolge und Summe seiner Handlungen entwickelt. In Wahrheit verhält sich der intelligible Charakter zum empirischen wie das Ding an sich zur Erscheinung. Das Ding an sich ist der Wille, unabhängig vom Gesetz der Kausalität: grundlos, zeitlos, ewig. Jede Erscheinung ist gebunden und ohne Ausnahme den Gesetzen der Notwendigkeit unterworfen. „Jedes Ding wirkt gemäß seiner Beschaffenheit, und sein auf Ursachen erfolgendes Wirken gibt diese Beschaffenheit kund. Jeder Mensch handelt nach dem, wie er ist, und die demgemäß jedes Mal notwendigen Handlungen bestimmen, für den individuellen Fall, allein die Motive."

Der intelligible Charakter ist als grundloser Wille absolut frei, der empirische ist als Willenserscheinung durchaus unfrei, d. h. sein Wesen ist so und nicht anders geartet, darum ist er genötigt, unter den gegebenen Umständen und Motiven so und nicht anders zu handeln; wohl aber hätte sein Wesen ein anderes sein können, als es ist. Hieraus erklärt sich das Schuldgefühl, das Thema des Gewissens und der Gewissensangst: Es handelt sich nicht um diese oder jene einzelne Tat, sondern dass wir *so sind, wie wir sind*. Unser Wesen ist die Tat des intelligiblen Charakters, des grundlosen Willens, der daher auch allein imstande ist, sich und damit den empirischen Charakter von Grund auf zu ändern, d. h. den Willen zum Leben zu verneinen. Wird dieser bejaht, so bleibt der empirische Charakter, wie er ist, denn es gibt innerhalb desselben keine Willensänderung.

Hieraus erhellt der Grundirrtum aller falschen Freiheitslehre: Die moralische Freiheit liegt nicht, wo man sie immer sucht und zu finden wähnt, in den willkürlichen Handlungen, sondern, weit tiefer als alle Willkür, im Sein und Wesen des Menschen, nicht im *operari*, sondern im *esse*. Unsere Handlungen sind und müssen sein wie unser Wesen, unsere Willensart, wir selbst: Daher gilt der Satz: „*operari sequitur esse*". Dieses ist nun die wahre moralische Freiheit, die dem tiefsten Grunde unseres Wesens innewohnt und auf der Höhe seiner Erscheinung, nämlich der vollkommensten Welt- und

Selbsterkenntnis, entscheidet, ob die Letztere als *Motiv* oder als *Quietiv* wirkt, oder, was dasselbe heißt, ob der Wille zum Leben bejaht oder verneint wird. Dieser Höhepunkt ist der einzige, aus dem die moralische Freiheit durchbrechen und zur Erscheinung kommen kann; es ist gleichsam der Punkt des Archimedes in der Moral. Die Willensfreiheit ist das erste, das Fundament der Moral ist das zweite Grundproblem der Ethik.

Es ist etwas in uns, das nicht stirbt: die Quelle unvergänglichen Lebens. Ebenso ist etwas in uns, das absolut frei ist, ursprünglich und eigenmächtig. Beides bezeugt sich unmittelbar in unserem Gefühl. Wir sind der Unvergänglichkeit wie der Freiheit unseres Wesens gewiss, aber die Auslegung dieser beiden unerschütterlichen Tatsachen des Bewusstseins ist irrig und falsch: Die falsche Auslegung des Gefühls unserer Unvergänglichkeit ist die Lehre von der Persönlichkeit und Unsterblichkeit des Intellekts; die falsche Auslegung des Gefühls unserer Freiheit ist die Lehre von der Freiheit unseres empirischen Charakters und unserer willkürlichen Handlungen.

Die Frage nach der Vereinbarkeit und dem Zusammenbestehen von Freiheit und Notwendigkeit ist gelöst, und zwar hat Kant wie in der Erkenntnislehre, so auch in der Moral den Punkt des Archimedes gefunden: Er hat die Lehre vom empirischen und intelligiblen Charakter festgestellt und von dem Verhältnis beider eine Darstellung gegeben, „welche zum Schönsten und Tiefgedachtesten gehört, was dieser große Geist, ja was Menschen jemals hervorgebracht haben". „Wie bei ihm die vollkommene *empirische Realität* der Erfahrungswelt zusammenbesteht mit ihrer *transzendentalen Idealität*, ebenso die strenge *empirische Notwendigkeit* des Handelns mit dessen *transzendentaler Freiheit.*"

Diese Lehre lässt sich nicht kürzer aussprechen, als sie Schopenhauer am Schluss seiner ersten (in Drontheim gekrönten) Preisschrift gefasst hat: „Der Mensch tut allezeit nur, was er will, und tut es doch notwendig. Das liegt aber daran, dass er *schon ist*, was er will: Denn aus dem, was er *ist*, folgt notwendig alles, was er jedes Mal tut. Betrachtet man sein Tun objektive, also von außen, so erkennt man apodiktisch, dass es wie das Wirken jedes Naturwesens dem Kausalitätsgesetze in seiner ganzen Strenge unterworfen sein muss; subjektive hingegen fühlt jeder, dass er stets nur tut, was er *will*: Dies besagt aber bloß, dass sein Wirken die reine Äußerung seines selbsteigenen Wesens ist. Dasselbe würde daher jedes, selbst das niedrigste Naturwesen fühlen, wenn es fühlen könnte."[501]

Sechzehntes Kapitel

Die Bejahung des Willens zum Leben. Das Elend des menschlichen Daseins und dessen Fortpflanzung

I. Das leidensvolle Dasein

Ob die Selbsterkenntnis des Willens als Motiv oder als Quietiv wirkt, ob auf dieselbe die Bejahung oder die Verneinung des Willens zum Leben, das Wollen oder Nichtwollen des Letzteren erfolgt: Darin besteht die tiefste Grundfrage der Ethik. Den Willen zum Leben bejahen heißt vor allem den eigenen Leib bejahen, der die unmittelbare Erscheinung unseres Willens und ein „Konkrement von tausend Bedürfnissen" ausmacht. Das erste und nächste Thema der Willensbejahung ist daher die Erhaltung und Fortpflanzung des Individuums, das Dasein der Person und der Gattung. Wir müssen so deutlich wie möglich erkennen, was unser Dasein ist und notwendigerweise aus ihm folgt: was alles durch die Bejahung des Willens zum Leben unmittelbar oder mittelbar mitbejaht wird. Worin besteht unser Los in der Welt?

Alles Wollen ist *Streben*, dieses aber entspringt aus dem Gefühl eines Mangels, also aus einer Unzufriedenheit oder einem Zustand des Leidens. Es wird immer etwas erstrebt. Wird dieses Ziel erreicht, so entstehen neue Ziele und neue Wünsche: Es gibt, so weit sich die Dauer des Daseins erstreckt, kein letztes endgültiges Ziel, daher ist das Streben *ziellos* und, die Augenblicke der Befriedigung abgerechnet, stets unbefriedigt. Wie das Streben nimmt auch das Leiden kein Ende: Es ist daher *maßlos*. Bleiben die Wünsche aus, so wird unser Dasein leer und langweilig; bleiben die Befriedigungen aus, so fühlen wir schmerzlich die Hemmungen unseres Daseins; das relativ

---

501 Schopenhauer: Die beiden Grundprobleme der Ethik (1841). Über die Freiheit des menschlichen Willens, V. Schluss und höhere Ansicht, S. 469 – 477. Über Kants Lehre vom intelligiblen und empirischen Charakter vgl. meine Geschichte der neuern Philosophie (4. Aufl. 1898, Jubiläumsausg.), 4. Bd., 2. Buch, 13. Kap., S. 538 – 544. 5. Bd., 1. Buch, 7. Kap., S. 82 – 101, 2. Buch, 4. Kap., S. 311 f. – Vgl. meine Prorektoratsrede: „Über die menschliche Freiheit" (Heidelberg, 1888).

glückliche Leben besteht in dem schnellen Übergang vom Wunsch zur Befriedigung, und da die Letztere nie von Dauer ist, so wechseln in unserem Leben eigentlich nur die Zustände des Leidens.

Nur diese werden *gefühlt*, das Wohlsein dagegen wird durch die Dauer immer ungefühlter und genussloser, wie wir z.B. die Gesundheit zwar schmerzlich vermissen, wenn wir sie entbehren, aber gar nicht fühlen, solange sie fortdauert; es sei denn, dass wir unserer vergangenen physischen Leiden gedenken oder die Krankheiten anderer uns vergegenwärtigen. Dasselbe gilt von allen Gütern des Lebens: Daher hat Schopenhauer das Leiden für den *positiven*, das Wohlsein für den *negativen* Lebenszustand erklärt: eine Art der Unterscheidung, welche unter seinen Nachfolgern namentlich E. v. Hartmann in der Begründung des Pessimismus sich zunutze gemacht hat.

Sobald die Bedürfnisse des Lebens getilgt sind, vor allen die physischen, so fällt uns das Dasein selbst zur Last, wir fühlen seine Leere, es entsteht der *languor*, die Langeweile, welche auf die Dauer zur unerträglichen Qual wird, weshalb das amerikanische Pönitentiarsystem dieselbe als ein sehr peinliches Strafwerkzeug anwendet. Es gilt, die Zeit uns vom Halse zu schaffen, sie zu töten oder zu vertreiben, und da die Wenigsten dies aus eigener Kraft vermögen, so tun sich die Leute zusammen, um sich wechselseitig die Wohltat der Zeitvertreibung zu erweisen: daher die Langeweile eine besondere Quelle der Geselligkeit bildet, namentlich in der faulen, sogenannten vornehmen Welt.

Die echte Art der Zeiterfüllung besteht in der willensfreien Betrachtung der Dinge, in den rein intellektuellen Genüssen des Erkennens, welche uns die Künste und Wissenschaften bieten, aber dazu sind die allerwenigsten Menschen fähig; die meisten vermögen nicht einmal die Gegenstände ruhig anzuschauen, sondern müssen sich mit denselben etwas zu tun machen und ihren Willen einmischen: In einer schönen Gegend müssen sie an dem Aussichtspunkt ihre Namen ankritzeln, in zoologischen Gärten die fremden Tiere necken und reizen u. s. f.

Es gibt zwei große Notstände des menschlichen Daseins: die physische Hungersnot und die geistige. Zur Tilgung der Ersten fordert man „*Panem*“, zur Tilgung der zweiten „*Circenses*“! Die Not ist die Mutter der Künste. Die geistige Hungersnot oder die Langeweile hat auch ihre Künste erfunden, unter welchen die Kartenspiele, „dieser Ausdruck der kläglichsten Seite des Lebens", die erste Stelle behaupten.

Erwägt man außerdem noch die *leiblichen* Qualen, denen das menschliche Dasein ausgesetzt ist, vergegenwärtigt man sich die Hospitäler, Lazarette, chirurgischen Operationssäle, die Folterkammern, Gefängnisse, Sklavenställe u. s. f., so erscheint die Welt als eine Hölle, voll von allen Materialien, welche Dante zur Schilderung der seinigen gebraucht hat, während zur Schilderung des Paradieses ihm diese Welt keinen Stoff liefern konnte. Warum würde man auch die künftige oder andere Welt immer „die bessere" nennen, wenn man nicht überzeugt wäre, dass die gegenwärtige grundschlecht ist?

Eines solchen Daseins sich in Wahrheit zu erfreuen und in einer Welt, wie die unsrige, glücklich zu sein, ist unmöglich. Aber was man nicht ist, möchte man *scheinen*: Daher kommt es, dass so viele auf der Bühne des Lebens die Glücklichen spielen, fortwährend prunken und prahlen, mit Scheingütern großtun und glänzen, wodurch sie sich selbst, hauptsächlich aber die anderen zu täuschen suchen. Dies ist die Art der Gaukler, das Gebaren der *Eitelkeit*, die aus der inneren Hohlheit und Leere stammt, daher sie auch treffend mit dem Worte „vanitas" bezeichnet wird. Die Welt ist voller Tand. Der Tand der Welt und die Eitelkeit der Menschen sind Korrelata.[502]

Das menschliche Dasein fortpflanzen heißt Elend, Leiden und Tod propagieren: Dies ist der tiefste Grund des *Schamgefühles*, welches dem Zeugungsakt innewohnt und nachfolgt: Daher nennt man die Zeugungsorgane „Schamteile", welche sehen zu lassen für ein Zeichen der äußersten Schamlosigkeit gilt. Die Zeugungslust ist die Sünde, die zu ihrer notwendigen Folge und Strafe den *Tod* hat, wie es der tiefsinnige Mythus vom Sündenfall ausspricht. Das Symbol der Geschlechtslust ist der Apfel der Eva, der Granatkern der Proserpina, dessen Genuss ihre Erlösung aus der Unterwelt verhindert und sie an das Reich des Todes fesselt. Wer den Zeugungsakt kennt, *weiß*, was es mit dem Ursprung und der Fortpflanzung unseres Daseins für eine Bewandtnis hat, die Augen sind ihm aufgetan: Daher ist der Apfel der Eva die verbotene Frucht vom Baum der *Erkenntnis*. Wenn der unschuldige Intellekt zum ersten Mal erfährt, auf welche

502 S. oben II. Buch, 7. Kap., S. 294 f.

Art wir in die Welt kommen, so erschrickt er über „diese Enormität". Bald aber tritt an die Stelle des Entsetzens die Verlockung; denn der Geschlechtstrieb ist die heftigste der Begierden, der Brennpunkt des Willens, die stärkste aller Bejahungen des Willens zum Leben: Daher der indische Kultus des Lingam, der griechische des Phallus, die Bedeutung des kosmogonischen Eros in den philosophischen Dichtungen des Hesiodos, Pherekydes und Parmenides.[503]

II. Die Fortpflanzung des menschlichen Daseins

1. Die Erblichkeit der Eigenschaften[504]

Durch die Zeugung, welche die Keime von beiden Seiten zusammenbringt und vereinigt, wird nicht bloß das menschliche Dasein, der Typus der Gattung oder die Spezies propagiert, sondern auch die Eigentümlichkeiten der Individuen werden auf die Frucht übertragen, d. h. *vererbt*. Da nun das psychische Wesen des Menschen aus Wille und Intellekt besteht, diese beiden aber wie das Primäre und Sekundäre, das Ursprüngliche und das Hinzugekommene, wie der zeugende und der empfangende Teil sich zueinander verhalten, so gilt als das Grundgesetz der Vererbung: dass die Willensart, der Charakter, mit einem Wort die moralischen Eigenschaften väterlicher Herkunft sind, die intellektuellen dagegen mütterlicher. Man hat das Herz vom Vater, den Geist von der Mutter.

Um dieses Gesetz in der Erfahrung bestätigt zu finden und den väterlichen Charakter in den Kindern wiederzuerkennen, muss man einerseits die Vaterschaft mit völliger Sicherheit kennen, andererseits die Einflüsse des Intellekts auf die Erscheinungsart und Handlungsweise des Charakters in Betracht ziehen; denn in den Kindern erscheint der väterliche Charakter verbunden mit dem mütterlichen Intellekt, in diesem verkleidet und durch denselben gleichsam maskiert. Schopenhauer sucht diese seine Vererbungslehre durch eine Reihe weltkundiger Beispiele zu erhärten, indem er hinweist auf die heroischen Gesinnungen, die in römischen Geschlechtern fortgeerbt, auf die entsetzlichen Eigenschaften, welche die Claudier zutage gefördert, die in Nero, verbunden mit dem mütterlichen Intellekt der „Mänade Agrippina" kulminiert und von der Höhe

503 Die Welt als Wille u. s. f., I, § 56 – 60. Vgl. II, 48. Kap.
504 Ebendas., II, 43. Kap., S. 607 – 623.

seiner Weltstellung aus sich weithin sichtbar gemacht haben; auch das Geschlecht der Tudors, die Nachkommen Heinrichs VIII., dienen ihm zur Probe: In der „blutigen Maria" erscheint der väterliche Charakter unveredelt durch mütterliche Eigenschaften, in der Elisabeth dagegen gemäßigt und veredelt durch die intellektuelle Mitgift ihrer begabten Mutter.

Wenn man Väter und Söhne vergleicht, so erscheinen ihre intellektuellen Charaktere grundverschieden: Väter von eminenter Geistesbegabung und Söhne von ganz gewöhnlicher, und ebenso umgekehrt. Wenn man dagegen *Mütter* und Söhne vergleicht, so zeigt sich in einer Reihe interessanter und berühmter Beispiele ihre intellektuelle Gemeinschaft: So viele begabte Mütter und höchst begabte Söhne. Hier hätte die Mutter der Gracchen nicht unerwähnt bleiben und Goethe nicht bloß genannt, sondern dessen eigenes Zeugnis angeführt werden sollen; es gibt keines, das die Lehre Schopenhauers anmutiger und sprechender beurkundet:

Vom Vater hab' ich die Statur,
Des Lebens ernstes Führen,
Vom Mütterchen die Frohnatur
Und Lust zu fabulieren.
Urahnherr war der Schönsten hold,
Das spukt so hin und wieder;
Urahnfrau liebte Schmuck und Gold,
Das zuckt wohl durch die Glieder.
Sind nun die Elemente nicht
Aus dem Komplex zu trennen.
Was ist denn an dem ganzen Wicht
Original zu nennen?[505]

Wenn die Natur nicht verfälscht wird, so besteht zwischen Vater und Sohn eine *moralische* Verwandtschaft ganz anderer Art als das Band zwischen Sohn und Mutter: Daher sind die Söhne die berufenen Rächer der Väter, wie Orest und Hamlet. An dieser Stelle mag Schopenhauer wohl als ein drittes Beispiel solcher Sohnespflicht sich selbst im Sinne gehabt haben.

505 Zahme Xenien, 6. Abt. Goethes Werke, 3. Bd., S. 368 (Weimarer Ausgabe).

Die Zeugungskräfte der Eltern bleiben im Laufe der Zeit nicht gleich kräftig, sondern werden durch Alter geschwächt, durch Krankheiten u. a. verkümmert. Hieraus erklärt sich sowohl die Ungleichartigkeit der Geschwister von verschiedenem Alter als auch die Gleichartigkeit und „Quasi-Identität" der Zwillinge. Im Übrigen herrscht zwischen den Kindern eine gewisse Gleichartigkeit der vererbten Eigenschaften, die sich nicht wiederum auf neue Individuen fortpflanzen lassen, ohne die Eigentümlichkeit der Letzteren und dadurch die Spezies selbst zu depravieren: Daher ist die *Geschwisterehe* naturwidrig, denn sie widerstreitet dem Gattungszweck.

Das menschliche Geschlecht würde unfehlbar verbessert werden, wenn man durch eine Auslese der zeugenden Individuen bewirken könnte, dass nur Männer von tüchtiger Willens- und Leibesbeschaffenheit mit gescheiten und gesunden Weibern gepaart würden. Plato in seiner Staatslehre hat zur Herstellung tüchtiger Bürger die Auslese der Zeugungspaare gefordert. Schopenhauer wünscht, dass „alle Schurken kastriert und alle dummen Gänse in Klöster gesperrt werden" und verspricht sich davon die Ankunft eines neuen perikleischen Zeitalters.[506] Seine Vererbungslehre bedarf sowohl der Erweiterung durch den *Atavismus*, d.i. die Lehre von der Erblichkeit der großelterlichen Eigenschaften (*Goethe* hatte die „Urahnen" nicht vergessen), als auch der naturgeschichtlichen und physiologischen Begründung auf der breiten Basis sicherer und geordneter Tatsachen. Beides hat *Darwin* geleistet. Höchst wichtige Beiträge zur Lehre von der menschlichen Vererbung und Belastung liefert die moderne Psychiatrie. Die heutige Wissenschaft hat auch das Fatum unter das Mikroskop gebracht und das dunkle Schicksal der Menschen aufgelöst in ihre Eltern und Voreltern. Wir passieren unsere Eltern nicht bloß wie einen Durchgang, sondern bringen sie wieder mit auf die Welt; die Vorfahren erscheinen in den Nachkommen gleich Gespenstern und Revenants, unter welchem Namen („Gjengangere") Ibsen das Schicksal der Vererbung dramatisch darzustellen versucht hat. Es ist wohl der erste Versuch dieser Art.

---

506 Die Welt als Wille u. s. f., 2. Bd., 43. Kap., S. 607 – 623. In den Parerga, II, 9. Kap., § 127, S. 264 heißt es weniger derb: „Will man utopische Pläne, so sage ich: Die einzige Lösung des Problems wäre Despotie der Weisen und Edlen in einer echten Aristokratie, eines echten Adels erzielt *auf dem Wege der Generation*, der Vermählung der edelmütigsten Männer mit den klügsten und geistreichsten Weibern. Dieser Vorschlag ist *meine Utopie* und meine Republik des Plato."

2. Die Metaphysik der Geschlechtstriebe[507]

Aus der Erblichkeit der Eigenschaften folgt die Eigentümlichkeit der Individuen, welche die nächste Generation ausmachen: die Personen, die den folgenden Akt in dem großen Drama des Menschenlebens spielen sollen. Dass es an den Akteuren nicht fehlt, dafür sorgt der Geschlechtstrieb. Wie aber diese Akteure beschaffen sind, und auf welche Art die nächste Generation zusammengesetzt sein wird, dafür sorgt der individualisierende oder auswählende Geschlechtstrieb, d.i. die *Geschlechtsliebe* oder der Eros.

In der Reihenfolge der Generationen besteht das Leben der *Gattung*, das unsterbliche Dasein des Willens zum Leben: Daher gibt es für diesen keine höheren und wichtigeren Zwecke als die der Gattung, die durch die Geschlechtsliebe erfüllt werden, nur durch sie. Eben darin besteht die *Bedeutung* der Letzteren: das Thema der Metaphysik der Geschlechtsliebe. Die Individuen beider Geschlechter in ihrer wechselseitigen erotischen Auswahl erfüllen die Zwecke der Gattung, indem sie meinen, ihr eigenstes, persönlichstes und höchstes Glück zu befördern. Lebenszwecke ausführen, ohne sie vorzustellen, ist die Art und Weise des Instinkts;[508] die Geschlechtsliebe, der nichts ferner liegt als die Vorstellung, dass sie den Zwecken der Gattung diene, anderen als den persönlichsten, handelt gleich dem *Instinkt*: Sie ist der höchste menschliche Instinkt, sie erkennt die Zwecke nicht, von denen sie beherrscht und gelenkt wird, sondern ist ihnen gegenüber blind: Daher auch der Eros mit Recht die Binde vor den Augen hat.

Der Gattungszweck, indem er in die Gestalt der Geschlechtsliebe eingeht, verlarvt sich in den persönlichen Zweck der Individuen und erscheint als deren höchstes Glück, als der Primat und Gipfel aller ihrer Wünsche, daher in der erhabensten Form, in den überschwänglichsten Gefühlen und Entzückungen, als das unerschöpfliche Thema aller Poesie der lyrischen, epischen und dramatischen, als der Gegenstand des Lustspiels und des Trauerspiels: Der Eros spielt seine Rolle auf dem Sokkus und auf dem Kothurn.

Dies erklärt und rechtfertigt sich auch vollkommen aus der Bedeutung der Geschlechtsliebe und jenem Instinkt, der ihr Wesen ausmacht, denn ihre Zwecke, obwohl sie als die allerindividuellsten

507 Die Welt als Wille u. s. f., II, 44. Kap., S. 623 – 668.
508 S. oben, II. Buch, 9. Kap., S. 348 – 350.

erscheinen, sind in Wahrheit die unsterblichen der Gattung, die als solche weit hinausgehen über den engen Kreis des persönlichen Daseins und allen anderen Lebensinteressen so überlegen sind, dass diese dem erotischen Zweck gegenüber unendlich klein erscheinen und ihm rücksichtslos aufgeopfert werden, nicht bloß die Lebensinteressen, sondern in vielen Fällen auch das Leben selbst. Wer eine größere Sache fördert als seine subjektiven Interessen und Vorteile, gleichviel ob mit Bewusstsein oder instinktiv, ist ein Held oder hat etwas vom Helden.[509] Daher kommt es, dass in den Begebenheiten, worin sie auftreten, die Liebenden, welche der Eros erfüllt, immer als die *Helden* erscheinen, uns als solche anmuten, unseren Anteil erregen, so dass wir in ihren Konflikten und Kämpfen unwillkürlich ihre Partei nehmen, und dieses Schauspiel, das in der Wirklichkeit wie in der Poesie sich schon unzählige Male vor unseren Augen abgesponnen hat, uns nicht ermüdet, sondern stets von Neuem interessiert. In der Tat betrifft die Geschlechtsliebe, soweit die Bejahung des Willens zum Leben reicht, die höchsten und wichtigsten Zwecke des menschlichen Daseins. Die Liebenden sind die Beauftragten der Gattung, sie führen deren Sache und sind die Helden, welche der Eros braucht. Es gibt Klagen, deren sich auch der erhabenste Held nicht schämt und zu schämen hat: Das sind um ihres Gegenstandes willen die Liebesklagen.

Gegenstand der Liebesklagen ist die Unerreichbarkeit oder der Verlust des erwählten Individuums, der unersetzliche, alle anderen Leiden übersteigende Verlust, bei dem der Geist der Gattung vor Schmerz tief aufstöhnt. Noch peinlicher als der Verlust ist die Verschmähung, unter allen Qualen des Eros die ärgste. Selbst Mephistopheles kennt nichts Schlimmeres und nennt sie mit der Hölle zusammen:

Bei aller verschmähten Liebe! beim höllischen Elemente;
Ich wollt', ich wüsste was Ärgeres, dass ich's fluchen könnte!

Das unerreichbare Ziel bewegt und erfüllt die Liebesklagen Petrarcas. Solche Leiden verursacht der Eros, wenn er das Gemüt und die Einbildungskraft eines großen Dichters ergreift. Denn ihm gab

509 Ebendas., 2. Buch, 12. Kap., S. 387.

ein Gott zu sagen, wie er leidet. Wenn Petrarca seine Laura erreicht und seine Sehnsucht befriedigt hätte, so wären seine Liebesklagen verstummt, gleich dem Gesang der Vögel, wenn die Eier gelegt sind.

Denn wie transzendent und erhaben die Gefühle der Geschlechtsliebe auch sind und sein mögen, so ist doch ihr eigentliches Thema die Zeugungslust, die Befriedigung des Geschlechtstriebes mit dem erwählten Individuum, der übermächtige Wunsch, ihre Eigenschaften in einem neuen Individuum zu verschmelzen, das in den sehnsüchtigen Blicken, womit die Liebenden einander betrachten, sich schon ankündigt und ins Leben drängt. In dieser wechselseitigen erotischen Betrachtung meditiert der Genius der Gattung das künftige Geschlecht. „Die sämtlichen *Liebeshändel* der gegenwärtigen Generation zusammengenommen sind demnach des ganzen Menschengeschlechts ernstliche *meditatio compositionis generationis futurae, e qua iterum pendent innumerae generationes*". „Es liegt etwas ganz Eigenes in dem tiefen, unbewussten Ernst, mit welchem zwei junge Leute verschiedenen Geschlechts, die sich zum ersten Male sehen, einander betrachten, dem forschenden und durchdringenden Blick, den sie aufeinander werfen, der sorgfältigen Musterung, die alle Züge und Teile ihrer beiderseitigen Personen zu erleiden haben. Dieses Forschen und Prüfen nämlich ist die Meditation des Genius der Gattung über das durch sie beide mögliche Individuum und die Kombination ihrer Eigenschaften."[510]

Der Instinkt lenkt die Wahl, d. h. er richtet den Geschlechtstrieb auf ein bestimmtes Individuum. Wenn in den Bestimmungsgründen der Wahl Schopenhauer „absolute und relative Rücksichten" unterscheidet, so sind darunter die Grade der Individualisierung zu verstehen, die von den allgemeinen, dem Typus der Gattung gemäßen Eigenschaften zu den speziellen und eigentümlichen, dem individuellen Charakter angemessenen fortschreiten. Je individualisierter die Wahl ist, umso heftiger die Leidenschaft, umso mächtiger jene erotischen Gefühle, die man Verliebtheit zu nennen pflegt, umso intensiver diese selbst. Diese Grade gehen von der gemeinen Aphrodite bis zur erhabenen, von der *πάνδημος* bis zur *οὐρανία*; jene beherrscht die absoluten Rücksichten der Wahl, diese die relativen. Wird die Wahl durch die Gründe der ersten Art bestimmt, so sagen die Liebenden:

510 Die Welt als Wille u. s. f., II, 44, Kap., S. 628 und 645.

„Wir passen füreinander." Wenn sie durch die der zweiten bestimmt wird, so heißt es: „Wir sind füreinander geboren; es gibt in der Welt kein Weib, das so für mich geschaffen wäre, wie dieses!" Daher das schwindelnde Entzücken, welches den Mann beim Anblick des Weibes von ihm angemessener Schönheit ergreift. Diese vollkommenste persönliche Angemessenheit, in die Sprache der Dichtung übersetzt, heißt „Seelenverwandtschaft, vorherbestimmte Seelenharmonie"! Von diesem ihrem Ideale hingerissen, erhebt sich die Geschlechtsliebe zu jenen enthusiastischen Gefühlen, welche die St. Preux und Werther beseelt haben.

Was die *absoluten* Rücksichten der Wahl betrifft, so kommen hier die allgemeinen, der Zeugung wie der Bildung, Ernährung und Erhaltung des künftigen Individuums förderlichen Eigenschaften, wodurch der Typus der Gattung so unverkümmert und rein wie möglich fortgeerbt wird, zunächst in Betracht. Diese sind ihrem Gewicht gemäß in geordneter Reihenfolge: Jugend, Gesundheit, Wohlgestalt, der Bau des Skeletts, wobei die Kleinheit der Füße als eine charakteristische Schönheit des menschlichen Typus und die vortreffliche Beschaffenheit der Zähne als Werkzeug der Ernährung von erblicher Art eine wichtige Rolle spielen; dann eine gewisse Fülle des Fleisches, wodurch sich die Kraft des vegetativen Lebens kennzeichnet, zuletzt der Bau und Ausdruck des Gesichts, die Schönheit der Nase, die Kleinheit des Mundes, das wohlgestaltete Kinn, die Bildung der Stirn und Augen usw.

In Ansehung der *psychischen* Merkmale beachtet die männliche Geschlechtsliebe instinktiv die intellektuellen Eigenschaften der Frau – es sind die *erblichen* – mit größerem Interesse als die moralischen. Daher kommt es, dass viele schlimme Weiber, Variationen der Xanthippe, geheiratet werden. Was aber die Ausbildung der weiblichen Fähigkeiten betrifft, so werden diese lockenden Talente oft nur zur Ausstellung in den Schaufenstern der Gesellschaft hergerichtet, ihre Mängel werden verdeckt und gleichsam ausgepolstert, wie es auch mit den körperlichen geschieht.

Die Individualitäten beider Geschlechter haben jede ihre charakteristische Eigentümlichkeit, die sich durch keine Erzählung von Eigenschaften erschöpfen und kenntlich machen lässt; die Mannheit wie die Weiblichkeit haben ihre zahllosen Grade, darunter solche, die sich wechselseitig neutralisieren, ergänzen und in ihrer Vereinigung die Gattungseinheit in der vollkommensten Weise darstellen, wie nach dem dichterischen Ausspruch der männlichste Mann und die weiblichste Frau. Solche einander völlig angemessene Individualitäten, jede unvergleichlich und einzig in ihrer Art, auszulesen und zu paaren, trachtet der höchste Instinkt der Geschlechtsliebe: Eine solche Vereinigung ist ihr *Ideal*, denn sie ist das *non plus ultra* des auswählenden und individualisierenden Geschlechtstriebes.

Unter dem Gesichtspunkt Schopenhauers erscheint diese auserlesenste Art der Geschlechtsliebe auch als verlarvter Gattungszweck, nämlich als die instinktive Wahl, wodurch ein auserlesenes, dem Interesse der Gattung wichtiges Individuum seinen Weg in die Welt finden soll. Diese Wahl ist, „metaphysisch betrachtet, der Begehr des Willens, als dieses bestimmte Individuum zu leben". Da dieses Individuum nur von diesen Eltern herkommen kann, so ist der Wille, als dieses Individuum zu leben, die unwillkürliche und unwiderstehliche Anziehungskraft, die unter dem Scheine wechselseitiger persönlicher Wahl die Eltern zueinander geführt und gepaart hat. An der Existenz dieses Individuums ist der Gattung gelegen, nichts an den Verbrechen, die etwa vorausgehen. Verrat, Mord und Ehebruch mussten geschehen, um die Bethsaba mit David zu vereinigen und den Weg zu bereiten, den einzig möglichen, auf welchem *Salomo* in die Welt kam. In seiner Schrift „*De longa vita*" hatte Paracelsus den Zusammenhang zwischen dem Uriasbrief und dem Ursprung Salomos angedeutet; Schopenhauer hat diese Stelle benutzt, um seine Lehre von dem „Begehr des Willens, als dieses bestimmte Individuum zu leben" am Salomo zu exemplifizieren.[511]

Wie der Eros seine Rolle „auf dem Sokkus" spielt und alle ehrbaren Privatinteressen, namentlich die der Eltern und Ehemänner, mit Füßen tritt, um seine Zwecke zu erfüllen, hat Boccaccio in einem großen Teil des Decamerone auf ergötzliche Art erzählt. Welche erhabenen und tragischen Schicksale der Eros verursacht, hat kein Dichter je so ergreifend und deutlich dargestellt, wie Shakespeare in Romeo und Julia. Der erste Anblick der Liebenden entscheidet ihr Schicksal. Wie Romeo, von der verfehlten Wahl der Rosalinde noch verdüstert, die Guilietta erblickt, ruft er aus: „Schwör's, mein Gesicht, du sahst bis jetzt noch wahre Schönheit nicht!" Und sie,

---

511 Ebendas., II, 44. Kap., S. 648.

wie sie den Romeo gesehen, ist ihrer Wahl vollkommen sicher: „Ist er vermählt, so ist das Grab zum Brautbett mir erwählt!" Warum Romeo nicht etwas geduldiger gewartet, etwas besonnener gehandelt und die Nachricht seines Dieners näher geprüft hat? Dann hätte er den Brief Lorenzos erhalten, den Irrtum Balthasars erkannt, und alles wäre gut geworden. Man hat solche Fragen öfter getan. Die Antwort heißt: weil der Eros vor den Augen die Binde und an den Schultern Flügel hat; er ist nicht bloß blind, sondern auch eilig, sehr eilig!

Und am Ende, was kann der Eros, diese stärkste aller Bejahungen des Willens zum Leben, anderes zur Folge haben als Leiden und Tod? Er führt ja selbst ein mörderisches Geschoss! „In den sehnsüchtigen Blicken der Liebenden entzündet sich schon der Lebenswille eines neuen Individuums; sie sind der reinste Ausdruck des Willens zum Leben in seiner Bejahung. Wie ist er hier so sanft und zärtlich! Wohlsein will er und ruhigen Genuss und sanfte Freude für sich, für andere, für alle. Es ist das Thema des Anakreon. So lockt und schmeichelt er sich ins Leben hinein. Ist er aber erst darin, dann zieht die Qual das Verbrechen und das Verbrechen die Qual herbei. Gräuel und Verwüstung füllen den Schauplatz. Es ist das Thema des Aeschylus."[512] Erst wirken die bestrickenden Zauber der Helena, Paris empfängt den Lohn der Aphrodite für den Apfel, welcher der Preis der Schönheit war, Verlockung und Entfernung gewinnen das Spiel; dann folgt vieljähriger Krieg, der Brand und die Zerstörung Trojas, die Ermordung des Agamemnon, der Muttermord des Orestes u. s. f.

Dass die Liebenden die Erfüllung des Gattungszwecks für den Gipfel ihres persönlichen Glücks, für das Maximum aller individuellen Befriedigungen ansehen, darin besteht die Illusion, der Wahn, „die strahlende Chimäre", welche ihnen der Eros vorgaukelt, und die eben jenen blinden Instinkt kennzeichnet, der das Wesen der Geschlechtsliebe ausmacht. Der Generationsakt ist „das *punctum saliens* des Welteies", die Konzentration des Willens zum Leben, der Wille katexochen, was auch der Sprachgebrauch anerkennt und bezeugt, wenn es heißt: „Sie war ihm zu *Willen*." Der Zeugungsakt kontrahiert eine Schuld, welche das erzeugte Individuum zu büßen hat und durch seinen Tod bezahlen muss. Von jedem Menschenleben gilt, was Shakespeare seinen Prinzen zu Falstaff sagen lässt:

512 Ebendas. II, 45. Kap., S. 653.

„Du bist der Natur einen Tod schuldig!" Daher jenes Schuld- und Schamgefühl, welches mit der Ausübung des Zeugungsaktes unmittelbar zusammenhängt, durch die Wiederholung und Gewohnheit allmählich abgestumpft und zuletzt unfühlbar gemacht wird. Plinius in seiner Naturgeschichte nennt den Ursprung unseres Daseins *„vitae poenitenda origo"*. Kein Gegenstand wird in der geselligen und gesitteten Welt so sorgfältig verhüllt und verheimlicht, keiner ist zugleich ein so beständiges und beliebtes Thema zweideutiger Redensarten, frivoler Anspielungen und Gespräche. Wenn die Hülle abfällt, so sehen wir den Hexensabbat auf dem Bloxberge vor uns, wie ihn Goethe in seinen höchst charakteristischen „Paralipomena zum Faust" ganz unverhohlen und offen geschildert hat. Was die Hexen und Teufel begehren, und was der Satan in seiner Thronrede ihnen vorpredigt, sind eitel Unzucht und Zoten.[513]

Wenn der Gattungszweck sich nicht in die Gestalt der Geschlechtsliebe verlarvte und mit der unbezwinglichen Macht des Instinkts seine Erfüllung bewirkte, wenn darüber die ruhige Besonnenheit, Prüfung und Erkenntnis zu entscheiden hätten, so würde die Fortdauer der Menschheit gefährdet sein. Die Erkenntnis ist es, welche uns den Weg zur Erlösung zeigt und das Quietiv bietet. Jedes neue Individuum, welches aus der Zeugung hervorgeht, trägt diese Quelle der Läuterung und des Heils in sich. Deshalb wirkt auch der Grund der Zeugung ganz anders als ihre Folge: Jener besteht in den Lockungen der Wollust, diese in einem neuen Leben, dem die Heilsquelle inwohnt. Hieraus erklärt es sich, warum zwar der Zeugungsakt, nicht aber die Schwangerschaft ein Schuld- und Schamgefühl mit sich bringt, warum jener nicht sorgfältig genug verheimlicht werden kann, diese dagegen offen und stolz zur Schau getragen wird, wenn nicht außerhalb ihrer gelegene Gründe der Furcht oder Eitelkeit es verhindern. Von einer schwangeren Frau sagt man: Sie ist „gesegneten Leibes" und „guter Hoffnung".[514]

---

513 Ebendas. II, 45. Kap., S. 670.

514 Parerga II, 14. Kap., § 166, S. 330 ff. – Im Anhang zu dem Kapitel „von der Metaphysik der Geschlechtsliebe" und im Zusammenhang damit hat Schopenhauer das scheußliche und weit verbreitete Laster der Päderastie zu erklären versucht. Um untaugliche Geburten infolge der Verschlechterung des männlichen Samens im deklinierenden Alter zu verhüten, habe die Natur den männlichen Geschlechtstrieb vom Weg der Geschlechtsliebe abgelenkt und irregeleitet, woraus jenes Laster hervorgegangen sei. Die Welt als Wille u. s. f., II, 44. Kap., S. 660 – 668.

Wenn aus der Bejahung des Willens zum Leben die Erhaltung und Fortpflanzung der Individuen, also die endlose Perpetuierung des menschlichen Daseins folgt: Welche Art der menschlichen Gesellschaft und der Gerechtigkeit in der Welt folgt aus dieser Bejahung?

Siebzehntes Kapitel

Die Gerechtigkeit in der Welt. Das Weltgericht

I. Die zeitliche Gerechtigkeit[515]

1. Die reine oder moralische Rechtslehre. Unrecht und Recht

Wir unterscheiden zwei Arten der Selbstbetrachtung: die nach außen und die nach innen gekehrte; jene ist die empirische und ihr Objekt unser sinnliches Individuum, diese ist das Selbstbewusstsein und sein unmittelbarer Gegenstand (das erkannte Subjekt) der Wille zum Leben. Als Objekt der ersten erscheinen wir uns in verschwindender Größe, ein unendlich kleiner Teil des Weltalls, als Objekt der zweiten dagegen in kolossaler Größe, denn der Wille zum Leben ist in jedem Ding ganz und ungeteilt enthalten.

Der Widerspruch dieser beiden Selbstbetrachtungen ist auch in zwei kontradiktorischen Sätzen die Doppelantwort auf die Frage nach der Vergänglichkeit oder Unvergänglichkeit unseres Daseins: Ich, dieses Individuum, der Gegenstand meiner empirischen Selbstbetrachtung, bin vergänglich; Ich, der Wille zum Leben, der unmittelbare Gegenstand meines Selbstbewusstseins, bin unvergänglich. Könnte dieses Wesen in irgendeinem Ding zugrunde gehen, so wäre das Wesen aller Dinge, das Urwesen selbst vernichtet, wie es Angelus Silesius ausspricht:

Ich weiß, dass ohne mich Gott nicht ein Nu kann leben,
Werd' ich zunicht, er muss von Not den Geist aufgeben.[516]

Als Wille zum Leben erscheint uns das eigene Dasein in kolossaler Größe: Es ist alles in allem, das allein wirkliche Wesen, dem gegen-

---

515 Ebendas. I, § 61 – 62, S. 428 – 451. II, 47. Kap., S. 693 – 709. Parerga II, 8. – 9. Kap., § 108 – 133, S. 205 – 275.

516 Die Welt als Wille u. s. f. II, 47. Kap., S. 706 ff. Parerga II, 8. Kap., § 116, S. 227.

über die Individuen außer uns bloße Scheinwesen und Phantome sind. Die Bejahung des Willens zum Leben in dieser Allgültigkeit und Größe ist der *Egoismus*: die uneingeschränkte Bejahung des eigenen Willens, woraus notwendig die Verneinung des fremden Willens folgt, die von dem Letzteren als *Unrech*t gefühlt und abgewehrt wird. In dieser Abwehr besteht das Recht.

Hieraus ergeben sich einige Folgerungen, welche Schopenhauer für wesentliche und originelle Bestimmungen seiner Rechtslehre erklärt: 1. Unrecht und Recht verhalten sich wie in unseren Empfindungszuständen Unlust und Lust, Schmerz und Wohlsein: Das Unrecht ist die *positive*, das Recht die *negative* Bestimmung, denn es besteht in der Negation des Unrechts; wenn dieses nicht wäre, würde jenes nicht sein. 2. Unrecht und Recht sind notwendige Folgen aus der Bejahung des Willens zum Leben, also schon im menschlichen Naturzustand gegeben und nicht erst durch den Staat und die positive Gesetzgebung entstanden. Es gibt daher eine reine oder moralische Rechtslehre, deren Anwendung die positive ist oder sein soll. Die Sätze der moralischen Rechtslehre folgen aus dem Wesen des Willens wie die geometrischen Sätze aus dem des Raumes. Demnach ist es falsch, wenn Hobbes gelehrt hat, dass Recht und Unrecht konventionell seien und erst aus dem Staat hervorgehen. 3. Der Wille braucht die Dinge und bringt dieselben in seinen Dienst, indem er sie bearbeitet und gestaltet: Daher ist nicht die Besitzergreifung, wie Kant lehrt, sondern die *Arbeit* die Quelle des Eigentums.

2. Gewalt und List

Das Unrecht, d.i. die Verneinung des fremden Willens, geschieht durch Gewalt und durch List. Der Leib als die unmittelbare Erscheinung des Willens ist der Gegenstand des gewalttätigen Unrechts, dessen drei Stufen der *Kannibalismus*, der *Mord* und die *tätliche Misshandlung* sind; die gewaltsame Aneignung des fremden Eigentums ist der *Diebstahl*. Das durch List verübte Unrecht äußert sich als Arglist, Tücke, Treulosigkeit, Betrug, Verrat und Vertragsbruch, in welchem Letzteren diese Art des Unrechts gipfelt. Die Grundform alles listigen Unrechts ist die *Lüge*. Um den fremden Willen zu verneinen, nimmt sie den Umweg durch den Intellekt desselben, den sie verfälscht und täuscht, indem sie durch Scheinmotive, die sie ihm vorhält, den Willen des anderen nötigt, zu seinem eigenen

Nachteil zu handeln. Diese Art der Lüge ist unter allen Umständen nichtswürdig und empört das natürliche Rechtsgefühl. Dazu kommt, dass sie aus Furcht die Gefahr der offenen Gewalttat vermeidet; daher der Vorwurf der Lüge nicht bloß den des Unrechts in sich schließt, sondern auch den der Feigheit.

In der Abwehr und Verhinderung des Unrechts besteht das Recht. Diese Abwehr ist das Recht der *Notwehr*: Die gewaltsame Notwehr ist das *Zwangsrecht*, die listige die *Notlüge*, deren Ausübung mit vollem Recht geschieht, was Kant aus einem falschen Pflichtbegriff bestritten habe. Auch unberechtigte, zudringliche, ausspähende und spionierende Fragen darf man mit vollem Recht so beantworten, dass der Frager getäuscht und auf falsche Fährte gelenkt wird.

3. Der Staat und das Staatsrecht

Aus der Bejahung des Willens zum Leben folgt, dass niemand Unrecht leiden will, alle daher verhindert werden müssen, Unrecht zu tun, was durch die Vereinigung aller zur Errichtung einer Gewalt bewirkt wird, welche das Unrecht abwehrt und verhindert, das Recht aber schützt und sichert. Dieser öffentliche Rechtszustand, worin Recht und Gewalt stets miteinander sind und zusammenwirken, ist der *Staat*, dessen Ursprung im Staatsvertrag, dessen Zweck in der allgemeinen Sicherheit, und dessen Verfassung in der Dreieinigkeit der gesetzgebenden, regierenden und richtenden Gewalt besteht.

In dem vorstaatlichen Zustand bilden die Menschen keine Gesellschaft, sondern einen Haufen Wilder oder Sklaven, je nachdem die Anarchie oder die Despotie herrscht. Die Staatsformen sind entweder republikanisch oder monarchisch oder, ein Mittelding aus beiden, konstitutionell-monarchisch; die Republik tendiert zur Anarchie, die Monarchie zur Despotie, die konstitutionelle Monarchie zur Herrschaft der Faktionen.

Wie es reine und angewandte Mathematik gibt, so gibt es auch reine (moralische) und angewandte Rechtslehre: Diese besteht in der positiven Gesetzgebung, die daher nichts sanktionieren darf, was dem reinen oder moralischen Recht widerstreitet, wie Despotismus, Sklaverei, Fronden usw. Der Staat macht nicht das Recht, wie fälschlicherweise angenommen und gelehrt wird, sondern s*chützt* es; er ist durchaus Sicherheits- und Schutzanstalt: Er schützt das Recht nach außen durch das Völkerrecht, nach innen durch das Privatrecht, und gegen die Beschützer selbst durch das öffentliche oder verfassungsmäßige Recht, welches die Staatsgewalten sondert und trennt. Nichts ist der allgemeinen Sicherheit so gefährlich als die Anarchie und der Despotismus: daher zur Erfüllung der Staatszwecke keine Verfassung günstiger ist als die konstitutionelle und erbliche Monarchie, denn die Verfassung schützt die Monarchie vor der Entartung in den Despotismus, die Erblichkeit schützt die Krone vor ehrgeizigen Bewerbern und verknüpft das Wohl einer einzigen Person und Familie solidarisch mit dem Staatswohl. Auch das Planetensystem hat eine monarchische Verfassung, und je höher die tierischen Organismen entwickelt sind, umso monarchischer werden sie regiert.

Es ist zweckmäßig, den Stimmen der politischen Unzufriedenheit so weit Luft zu lassen und in der Pressefreiheit ein Sicherheitsventil zu öffnen, zugleich aber den Gefahren, welche sie mit sich bringt, durch Gesetze vorzubeugen und insbesondere die Anonymität der Pressestimmen absolut zu verbieten. Da die große Masse zu allen Zeiten sowohl ungebildet als dumm ist und bleibt, so hält es Schopenhauer für töricht und ungerecht, die Richter aus dem Volk zu wählen, weil dadurch der Bock zum Gärtner gemacht werde. Überhaupt verwirft er die Anwendung englischer Verfassungsformen auf deutsche Zustände; er will die Vielheit der deutschen Stämme und Fürsten erhalten, zugleich aber die Einheit des Reichs durch ein starkes Kaisertum gesichert wissen, das zwischen Österreich und Preußen abwechseln solle. Wir erinnern uns, dass die Parerga, worin diese Ansicht zur Sprache kommt[517], Ende 1851 erschienen sind, nachdem die revolutionären und aufrührerischen Einheitsbestrebungen der Jahre 1848 und 1849 gescheitert und die preußischen Unionsversuche fehlgeschlagen waren. Fünfzehn Jahre später ist die deutsche Frage durch die Weisheit und Kraft der Bismarck'schen Politik auf einem ganz anderen Weg gelöst worden, der wohl auch dem Verfasser der Parerga als der einzig mögliche eingeleuchtet hätte. Er war kein großdeutscher Parteigänger und überhaupt kein Politiker.

In dem genannten Werk berührt Schopenhauer auch die deutsche *Judenemanzipation*, die damals noch in Frage stand, zwanzig Jahre später aus der Begründung des neudeutschen Reiches in

517 Parerga II, 9. Kap., § 127.

voller Geltung hervorging und heutzutage eine an Zahl, Eifer und Heftigkeit täglich wachsende Partei wider sich im Felde sieht, bestrebt, sie rückgängig zu machen. Aus Gründen der Religion ist Schopenhauer der ausgesprochenste Antisemit[518]; er hält die jüdische Religion und ihre Arten („die jüdischen Religionen", wie er sich kollektiv ausdrückt) für die schlechteste aller Kulturvölker, für die allerschlechteste den Islam. Die jüdische Religion, deren Wesen der optimistisch gesinnte Monotheismus sei, habe zu ihrer Wurzel nicht die religiöse Gesinnung, sondern den nationalen Egoismus und bilde einen Teil der jüdischen Staatsverfassung. Das Judentum sei kein Glaubensbekenntnis, daher sei es ganz falsch, wenn man dasselbe „die jüdische *Konfession*" nenne; vielmehr müsse man sagen: „die jüdische *Nation*". Von den geschichtlichen Völkern der alten Welt seien die Juden das einzige, welches seinen Untergang überlebt habe und nicht sterben könne, wie es die Fabel vom Ahasverus schildere; unter den gegenwärtigen Völkern seien die Juden der Johann ohne Land, die Patrioten ohne Patria; das Vaterland jedes Juden seien die übrigen Juden, und das Band, welches sie zusammenhalte, werde durch die Taufe weder gelöst noch gelockert; vielmehr sei dasselbe weit stärker und fester als ihre religiöse oder politische Zusammengehörigkeit mit einem andern Volk.

Schopenhauer ist wohl einer der Ersten gewesen, der das Gewicht der Judenfrage aus der Waagschale der Religion in die der *Rasse* und Abstammung verlegt und darauf hingewiesen hat, dass an den Hindernissen der Emanzipation die Taufe nicht das Mindeste ändere; dass die Juden einen Staat im Staate bilden, der durch die Emanzipation, d. h. die Erteilung gleicher Staatsrechte nicht aufgelöst, sondern verstärkt und mächtiger gemacht werde. Man möge ihnen gleiche bürgerliche, aber nicht gleiche politische Rechte einräumen, die Letzteren nicht eher, als bis sie aufgehört haben, eine für sich bestehende Rasse zu sein und durch Heiraten im Laufe der Generationen germanisiert worden sind. Dann wird Ahasverus begraben werden. Unter den „dem Nationalcharakter der Juden anhängenden, bekannten Fehlern" sei, wie Schopenhauer bemerkt, „eine wundersame Abwesenheit alles dessen, was das Wort *verecundia* ausdrückt,

518 S. oben, I. Buch, 8. Kap., S. 182 f.

der hervorstechendste, wenngleich ein Mangel, der in der Welt besser weiter hilft, als vielleicht irgendeine positive Eigenschaft".[519]

4. Die Strafgerechtigkeit

Der Staat verändert die Charaktere nicht, und der Mensch wird im bürgerlichen Zustande so wenig ein nichtegoistisches Wesen als das Raubtier im Käfig ein grasfressendes Tier; daher hat es der Staat nicht mit den Gesinnungen, sondern nur mit den Handlungen zu tun, er soll das Unrecht verhindern und abwehren: Dies geschieht durch das Gesetz, welches dem Unrecht die Strafe androht, durch die Strafe, welche die Staatsgewalt an dem Übeltäter vollzieht. In dem Strafgesetz und dessen Vollstreckung aufgrund der gerichtlichen Sentenz besteht die *Strafgerechtigkeit*.

Demnach ist der Gegenstand der Strafe nicht eigentlich der Täter – dieser ist der Charakter und die Gesinnung des Verbrechers –, sondern die Tat: Diese soll abgewehrt und verhindert werden. Die geschehene ist nicht mehr ungeschehen zu machen, es bleibt daher nichts übrig, als die künftige abzuwehren und zu verhindern. Hieraus folgt, dass die Strafe keinen anderen Zweck haben kann als die *Abschreckung*, wie A. Feuerbach gelehrt hat. Durch die gesetzmäßig angedrohte Strafe und deren unbedingte Vollziehung soll der böse Wille sich abgeschreckt fühlen, die verpönte Handlung zu begehen. Egoistische Motive treiben zur Tat, stärkere Gegenmotive sollen dieselbe verhindern; das Strafgesetzbuch ist ein Verzeichnis solcher Gegenmotive.

Die Strafe soll nicht vergelten, sondern *verhindern*; daher verwirft Schopenhauer Kants Lehre von der *vergeltenden* Strafgerechtigkeit: Es soll gestraft werden, wie Seneca sagt, nicht „*quia peccatum est*", sondern „*ne peccetur*". Vergelten heißt rächen, abschrecken heißt strafen. Die Rache geht auf die vergangene Tat, die Strafe auf die zukünftige. Da nun der Mord nur durch den Tod des Mörders abgeschreckt und verhindert werden kann, so folgt im Interesse der allgemeinen Sicherheit die Notwendigkeit der Todesstrafe, die erst dann abgeschafft werden kann, wenn der Mord abgeschafft sein wird.

Da der Gegenstand der Strafe die Tat, ihr Zweck die Abschreckung ist, so kann der Letztere weder in die Vergeltung noch auch in

---

519 Parerga II, 9. Kap., § 132, S. 270 – 273.

die Erziehung und Besserung des Täters gesetzt werden, wie Krause und seine Schüler gelehrt haben, die Schopenhauer gar nicht gekannt zu haben scheint. Auf seinem Standpunkt kann natürlich nicht die Rede davon sein, dass der Staat die menschlichen Charaktere zu verändern und zu bessern vermöge; wohl aber verträgt es sich mit den Freiheitsstrafen ganz gut, dass sie in einer Weise geordnet und ausgeführt werden, welche auf die Erkenntniszustände der Übeltäter und dadurch auf die Wahl ihrer Motive einen wohltätigen und bessernden Einfluss ausübt. Die Strafgerechtigkeit des Staats, weil sie abschrecken und verhindern will, geht auf die Zukunft: Daher nennt sie Schopenhauer „die *zeitliche* Gerechtigkeit im Unterschiede von und im Gegensatze zu der ewigen".

II. Die ewige Gerechtigkeit

1. Schuld und Strafe

Die zeitliche Gerechtigkeit folgt aus dem Wesen des Staats, die ewige aus dem der Welt: In jener fallen Schuld und Strafe auseinander, erst die Schuld, dann die Strafe; in dieser dagegen fallen beide zusammen, jede Schuld trägt ihre Strafe in sich, jedes Leiden ist verschuldet. Auf dem Schauplatz der zeitlichen Gerechtigkeit wird mehr Unrecht begangen als gebüßt, auf dem der ewigen wird genau so viel Unrecht gebüßt als getan. Könnte man in die eine Waagschale alle Schuld, das *malum culpae*, in die andere alles Leiden, das *malum poenae*, legen, so würden beide in völligem Gleichgewicht stehen und der Waagebalken balancieren. Die Welt ist zugleich das *Weltgericht*: Darin besteht die ewige Gerechtigkeit.

Diese Gerechtigkeit aber zu erkennen, sind die Menschen nicht imstande, solange sie die Welt durch den Schleier der Maja betrachten, d. h. in Zeit und Raum, dem *principium individuationis*, wodurch der Urwille, das in allen Dingen identische Urwesen, in zahllosen, getrennten und gesonderten Individuen erscheint, so dass hier nichts anderes erblickt werden kann als die höchst ungleiche und ungerechte Verteilung der Güter und Übel. „Dem Schlechten folgt es mit Liebesblick, nicht dem Guten gehöret die Erde." Der Böse lebt herrlich und in Freuden, während der Tugendhafte erdrückt wird vom Übermaß des Leidens. Ein anderes Individuum ist der Quäler, ein anderes der Gequälte.

Indessen wird schon die etwas tiefere Betrachtung der vorhandenen Welt gewahr werden, dass es überhaupt *kein zeitliches Glück* gibt, dass alles sogenannte Glück in dieser Welt auf untergrabenem Boden wandelt und dem Schiffer im Schiffchen gleicht mitten auf tobendem Meer. Fällt aber der Schleier der Maja, wird das *principium individuationis* durchschaut, so erkennt man, dass eines und dasselbe Wesen die Übel sowohl verursacht als auch erleidet und beides zugleich ist: quälend und gequält, peinigend und gepeinigt. Die Weisheit des Veda offenbart ihrem Lehrling das Geheimnis der Welt, indem sie alle Erscheinungen an ihm vorüberziehen und jede zu ihm sprechen lässt: *„Das bist Du!“ „Tat twam asi!“* Es ist die mystische Formel des Brahmanismus.

2. Die Seelenwanderung. Metempsychose und Palingenesie

Diese tiefste der Wahrheiten, die in der Wesenseinheit aller Erscheinungen besteht, lässt sich dem Sinne des Volks nur dadurch einleuchtend machen, dass ihm das Präsens in der Form des Futurums, die Gegenwart in der Form der Zukunft, die Vereinigung entgegengesetzter Zustände in einem und demselben Wesen in der Form der *Sukzession* oder Zeitfolge, d. h. mythisch dargestellt wird. Das Thema der mythischen Darstellung heißt nicht: „Das bist du!“, sondern „Das *wirst* du sein!“ „Die Übel, welche du jetzt verursacht hast, wirst du künftig erleiden; jetzt bist du der Quäler, künftig wirst du der Gequälte sein!“

So erscheint die mystische Formel des Brahmanismus in der mythischen Form der *Seelenwanderung*, welche Schopenhauer als die tiefsinnigste und wahrste aller Mythen preist, als das *non plus ultra* der Mythologie. Die Strafe der zeitlichen Gerechtigkeit war abschreckend, nicht vergeltend. Die ewige Gerechtigkeit dagegen übt die *Vergeltung* und lässt die künftigen Zustände, welche in der Seelenwanderung erlebt werden sollen, als Vergeltungszustände erscheinen. Was du Übles getan hast, sollst du büßen; dieselben Leiden, die du verhängt hast, sollst du erdulden. Der Tierquäler wird in der Gestalt des gequälten Tieres wiedererscheinen.

Die ewige Gerechtigkeit übt sowohl die strafende als auch die lohnende Vergeltung. Der Böse wird nach dem Maß seiner Bosheit als Paria, Tschandala, Aussätziger, Krokodil u. s. f. wiederkommen; der Gute nach dem Maß seiner Lauterkeit als Brahmane, Weiser,

Heiliger; der absolut Wahrhaftige, dessen Mund sich mit keiner Lüge befleckt hat, soll Nirwana erlangen, einen Zustand, in welchem es vier Dinge nicht gibt: Geburt, Alter, Krankheit und Tod.

Der Schauplatz der Seelenwanderung ist die vorhandene, wirkliche Welt, ihr Thema die ewige Gerechtigkeit der Vergeltung, ihr Zweck die Willensläuterung, bis derjenige Grad der Lauterkeit erreicht ist, welcher den Willen zum Leben verneint und Nirwana zur Folge hat. Aber der Wechsel der Gestalten, in welchem die Seelenwanderung vor sich geht, lässt sich auf zwei verschiedene Arten vorstellen, welche Schopenhauer als die exoterische und esoterische, als die populäre und metaphysische unterscheidet: Jene nennt er „*Metempsychose*", diese dagegen „*Palingenesie*". Die Metempsychose lehren der Brahmanismus wie der Buddhismus, aber die esoterische Lehre des Letzteren ist die Palingenesie, und in dieser Form bejaht auch Schopenhauer die Seelenwanderungslehre nicht bloß als einen mythologischen Ausdruck, sondern auch als einen wesentlichen Bestandteil seiner eigenen Metaphysik. Seine Lehre von der Unsterblichkeit oder der endlosen Fortdauer des individuellen Lebens fällt mit dieser zusammen.

Unter Metempsychose verstehen wir die Wanderung der aus Wille und Intellekt bestehenden Seele: Das Individuum stirbt und wird nach dem Grad seiner moralischen Beschaffenheit und Schuld in anderen Leibern wiedergeboren, immer begleitet von seinem Intellekt und der Erinnerung an seine früheren Zustände, wie von Pythagoras erzählt wird, er habe sich beim Anblick der Waffen des Euphorbos erinnert, einst dieser trojanische Held gewesen zu sein. Diese Weise, die Seelenwanderung vorzustellen, muss als eine mythische und exoterische angesehen werden, da der Intellekt so genau mit seinem Leib zusammenhängt, dass er nicht wandern, nicht in verschiedenen Leibern wiedererscheinen kann und doch bleiben, was er ist. Die endlose Fortdauer des Individuums, begleitet von demselben Intellekt mit allen seinen Erinnerungen, müsste auch denselben Leib beibehalten und die unerträgliche Existenz des ewigen Juden führen.

Ganz anders die Palingenesie. Das Individuum stirbt, um als solches nie wiederzukehren; aber der Kern seines Daseins bleibt und ist unzerstörbar: das Ding an sich, der Wille zum Leben, solange er sich nicht selbst verneint. Wie sich der Schlaf zum Individuum verhält, so verhält sich der Tod zur Gattung, zum Lebenswillen, diesem Kern alles Daseins. Der Todesschlaf ist die *Lethe*, worin der ausgelebte Intellekt mit allen seinen Erinnerungen untergeht, um nie wiederzuerwachen. Aber dem Willen zum Leben, solange er sich bejaht, sind das Leben und die Gegenwart gewiss, ein neues Leben und ein neuer, frischer Intellekt: „Zu neuen Ufern lockt ein neuer Tag!", wie Goethes Faust und Schopenhauer mit ihm ausrufen. Wir werden also ohne alle Erinnerungen an unsere früheren Zustände in dieser Welt wiedererscheinen als andere oder in anderen Individuen; wir werden einander auch wiedersehen, aber nicht in einer anderen Welt, sondern in dieser. Die Personen, welche mit uns gelebt haben, werden auch mit uns wiedergeboren werden und analoge Verhältnisse zu uns haben; hieraus erklären sich vielleicht dunkle Sympathien und Antipathien, die von ungewissen Ahnungen begleitet sind, Gefühle, wie sie Goethe in einem seiner frühesten Gedichte an Charlotte von Stein schildert: „Ach, du warst in abgelebten Zeiten meine Schwester oder meine Frau." „Und von allem dem schwebt ein Erinnern nur noch um das ungewisse Herz!"[520] Nur Buddha, der siegreich Vollendete, soll sowohl an die eigenen früheren Geburten als auch an die der anderen sich auf das Deutlichste erinnern. Demnach erscheinen die Geburten als *physische Wiedergeburten*, die das Ableben der Individuen zu ihrer Voraussetzung haben, zwischen dem Tod der vorhandenen und den Geburten neuer Individuen herrscht ein geheimnisvoller Zusammenhang, ohne allen bisher erkennbaren Kausalnexus. Je mehr Individuen sterben, um so mehr werden geboren. Verheerende Seuchen gehen mit großer Fruchtbarkeit Hand in Hand, wie es im 14. Jahrhundert geschah, als der schwarze Tod seine Ernte hielt; es besteht ein konstantes Verhältnis zwischen der Zahl der Todesfälle und der Zahl der Geburten. „Hier tritt unleugbar und auf eine stupende Weise das Metaphysische als unmittelbarer Erklärungsgrund des Physischen auf. Jedes neugeborene Wesen zwar tritt frisch und freudig in das neue Dasein und genießt es als ein geschenktes: Aber es gibt und kann nichts Geschenktes geben. Sein frisches Dasein ist bezahlt durch das Alter und den Tod eines abgelebten, welches untergegangen ist, aber den unzerstörbaren Keim enthielt, aus dem dieses neu entstanden ist: Sie sind *ein* Wesen. Die Brücke zwischen beiden

---

520 Goethes Gedichte an Frau von Stein (v. 14. April 1776). (Weimarer Ausgabe IV, 97 u. 98.)

nachzuweisen, wäre freilich die Lösung eines schweren Rätsels. Die hier ausgesprochene große Wahrheit ist auch nie ganz verkannt worden, wenn sie gleich nicht auf ihren genauen und richtigen Sinn zurückgeführt werden konnte, als welches allein durch die Lehre vom Primat und metaphysischen Wesen des Willens und der sekundären, bloß organischen Natur des Intellekts möglich wird."[521]

Wenn das Alter und die Verbreitung einer Lehre zum Zeugnis ihrer Wahrheit dienen können, so gibt es keine, welche dieses Zeugnis in einem solchen Maße für sich in Anspruch nehmen kann, als die Lehre von der Unzerstörbarkeit oder Unsterblichkeit unseres Wesens in der Form der *Seelenwanderung*, ob sie nun als Metempsychose oder als Palingenesie vorgestellt wird. Es ist der Glaube unserer Ureltern in Indien, die Lehre des Veda, der altasiatischen Religionen, der Kern des Brahmanismus und Buddhismus, zu deren Bekennern im weitesten Umfange mehr als die Hälfte des Menschengeschlechtes zählt, das ganze nicht islamisierte Asien: Sie bildet einen wesentlichen Bestandteil der ägyptischen Religion, der orphischen Mysterien, der pythagoreischen und platonischen Philosophie, sie wird im altskandinavischen und germanischen Heidentum von der Völuspá, dem großartigsten der Eddalieder, in der altkeltischen Religion von den Druiden verkündet; sie bezeugt sich sogar in dem Glauben wilder Naturvölker in Afrika, Amerika und Australien.

Es ist doch sehr merkwürdig, dass die rohsten und die tiefsten Vorstellungen, dass Wilde voller Aberglauben und höchst scharfsinnige Denker, skeptisch und kritisch gesinnte, in der Bejahung der Seelenwanderung zusammentreffen. Hat doch sogar ein Skeptiker wie Hume in seiner posthumen Abhandlung über die Unsterblichkeit erklärt, dass „die Metempsychose das einzige System dieser Art sei, worauf die Philosophie hören könne". Wir werden an den Ausspruch Lichtenbergs in seiner Selbstcharakteristik erinnert: „Ich kann den Gedanken nicht loswerden, dass ich gestorben war, ehe ich geboren wurde." Und Lessing in der Erziehung des Menschengeschlechts: „Aber warum konnte jeder einzelne Mensch auch nicht mehr als einmal auf dieser Welt vorhanden gewesen sein? Ist diese Hypothese darum so lächerlich, weil sie die älteste ist? Weil der menschliche Verstand, ehe ihn die Sophisterei der Schule zerstreut

521 Die Welt als Wille u. s. f., I, § 54, II, 41. Kap. (S. 542 – 598), S. 589 – 592.

und geschwächt hatte, sogleich darauf verfiel?" „Warum sollte ich nicht so oft wiederkommen, als ich neue Kenntnisse, neue Fertigkeiten zu erlangen geschickt bin? Bringe ich auf einmal so viel weg, dass es der Mühe wiederzukommen etwa nicht lohnet? Darum nicht? – Oder weil ich es vergesse, dass ich schon dagewesen? Wohl mir, dass ich es vergesse! Die Erinnerung meiner vorigen Zustände würde mir nur einen schlechten Gebrauch des gegenwärtigen zu machen erlauben. Und was ich jetzt vergessen muss, habe ich denn das auf ewig vergessen? Oder, weil soviel Zeit für mich verloren gehen würde? – Verloren? – Und was habe ich denn zu versäumen? Ist nicht die ganze Ewigkeit mein?"[522]

Lessing lehrt die Palingenesie auf intellektueller Basis, Schopenhauer auf moralischer. In einem Punkt sind beide einverstanden: dass die irdischen Wiedergeburten nicht von der Erinnerung an die früheren Zustände, also von demselben Intellekt begleitet sein können. Eben darin liegt der Unterschied zwischen der Metempsychose und der Palingenesie. „Weil ich es vergesse, dass ich schon dagewesen? Wohl mir, dass ich es vergesse!"[523]

Achtzehntes Kapitel

Das Fundament der Ethik als deren zweites Grundproblem

I. Der Grundsatz und die Grundlage der Moral

1. Das Problem

Dass die Leiden und das Elend des Daseins nicht größer sein können, als sie sind: Diese Einsicht bildet das Thema des Pessimismus.[524] Dass die Größe des Leidens und die Größe der Schuld einander völlig gleich sind, dass alles Leiden verschuldet, alles Leben Abbüßung und demgemäß die Welt eine Buß- und Strafanstalt ist und sein muss: Darin besteht die ewige Gerechtigkeit oder das Weltgericht, welches nicht erst am jüngsten Tag kommen wird, sondern schon am ersten erschienen ist und nie aufgehört hat sich zu offenbaren. Es ist so alt

522 Lessing: Die Erziehung des Menschengeschlechts, § 94 – 100.
523 Schopenhauer: Parerga I, Aphorismen z. Lebensweisheit, 4. Kap., Über die Lebensalter, Schluss, S. 554. Vgl. oben 2. Buch, 7. Kap., S. 311.
524 Die Welt als Wille u. s. f., II, 46. Kap., S. 674 – 693. Parerga II, 11. u. 12. Kap., S. 294 – 319.

wie die Welt. Mit der Erkenntnis des Weltelends vereinigt sich die des Weltgerichts und ruft dem Willen zu: „Das bist du! Das alles ist dein Werk und deine Schuld! Weil du so nichtswürdig bist, darum ist die Welt so traurig. *Tu l'as voulu*!"

Aus der Erkenntnis der ewigen Gerechtigkeit leuchtet ein, dass die Erlösung aus den Banden dieser Buß- und Strafanstalt nur durch die Tilgung der Schuld geschehen kann; und da alle Schuld aus der Bejahung des Willens zum Leben hervorgeht, so kann die Schuld auch nur durch die Verneinung des Willens zum Leben getilgt werden. Solange der Wille noch durch Motive zu diesem oder jenem bestimmt wird, solange währt seine Selbstbejahung. Erst wenn die Motive zu wirken aufhören, tritt das Quietiv ein und beschwichtigt den Sturm und die Unruhe der Affekte: Erst dann wendet sich der Wille von der Selbstbejahung zur Selbstverneinung, und die Erlösung gelangt zum Durchbruch.

Wir stehen unmittelbar vor der Grundfrage der Ethik: *Motiv* oder *Quietiv*? Auch ist schon in der Wurzel des empirischen Charakters der intelligible, d.i. die moralische Freiheit, nachgewiesen worden, kraft welcher der Wille das Quietiv ergreifen, sich wenden und die Erlösung herbeiführen kann. Die Frage nach der menschlichen Willensfreiheit war jenes erste Grundproblem der Ethik, dessen Lösung Schopenhauer in seiner ersten Preisschrift ausgeführt hat.[525] Nun aber sind die empirischen, von Motiven beherrschten Charaktere mit ihrer individuellen, angeborenen Gesinnungsart, dieser Tat des intelligiblen Charakters, von sehr verschiedener moralischer Beschaffenheit, wie denn der Unterschied guter und schlechter Menschen als eine unleugbare, überall im Leben und im Sprachgebrauch anerkannte Tatsache gilt. Worin besteht und wie erklärt sich dieser Unterschied? Welches sind die Prinzipien der guten Denk- und Handlungsweise? Mit diesen Fragen als ihrem Grundthema hat sich von jeher alle Sittenlehre beschäftigt, die gewöhnliche und die philosophische; sie bilden „das zweite Grundproblem der Ethik", welches Schopenhauer unter dem Titel „Das Fundament der Moral" in seiner zweiten Preisschrift behandelt hat.[526]

525 S. oben II. Buch, 15. Kap., S. 446 – 455.
526 Die Welt als Wille u.s.f. I, § 62 (bis S. 439 Anmerkung). Über die Grundlage der Moral (1841), § 12 – 22. (Die erste Hälfte des Textes enthält die polemische Kritik der kantischen und damit im Zusammenhang der fichteschen Sittenlehre.)

Man muss wohl unterscheiden zwischen dem Grundsatz und der Grundlage, zwischen dem Prinzip und dem Fundament der Moral: jenes erklärt, was Moralität ist und in aller Welt als solche gilt, dieses begründet die Sache; jenes enthält das *Was* (*ὅ,τι*) dieses das *Warum* (*διότι*). Die Frage nach dem Prinzip oder Grundsatz ist nicht schwer zu beantworten, und fast alle Moralsysteme laufen auf dasselbe hinaus; dagegen sei die Frage nach dem Fundament sehr schwer zu beantworten und auch bisher noch nie wirklich beantwortet worden. Daher lautet das Motto der Schrift: „Moral predigen ist leicht, Moral begründen schwer."[527]

2. Die Kritik der kantischen Sittenlehre

Auch die kantische Sittenlehre trotz ihrem seit zwei Menschenaltern herrschenden Ansehen habe die Frage keineswegs gelöst: Vielmehr habe sie den Grundsatz mit der Grundlage vermischt, sie habe jenen nicht so formuliert, dass er den Charakter der Moralität richtig und genau ausspreche, sie habe diese in drei verschiedenen Formen darzutun gesucht als die absolute Gesetzmäßigkeit der Maxime, als die unbedingte Achtung der Menschenwürde und als die Autonomie des Willens; sie habe „Rechtspflichten" und „Tugendpflichten" unterschieden, während jene zu diesen gehören oder, besser gesagt, die rechtliche Denk- und Handlungsweise nicht Tugendpflicht, sondern Tugend zu nennen sei, sie habe die „Pflichten gegen sich selbst" als eine besondere Kategorie behandelt, während es solche Pflichten überhaupt nicht gebe; endlich habe sie von dem Pflichtbegriff eine viel zu weite und darum falsche Anwendung gemacht: der Umfang der Pflicht reiche nicht weiter als die eingegangene Verpflichtung, daher von absoluten Pflichten so wenig geredet werden könne als von absoluten Zwecken, absolutem Sollen, kategorischen Imperativen usw. Die Form der Gebote stamme aus dem Dekalog, die theologische Moral bilde die Wurzel der kantischen Sittenlehre, daher es nicht zu verwundern sei, dass die Moraltheologie, d.i. die praktische Vernunft mit ihren Postulaten, aus ihr hervorgehe.

Wir lassen diese Kritik auf sich beruhen, da eine nähere Prüfung derselben nicht im Interesse der gegenwärtigen Darstellung liegt und uns zu weit von unserem Thema abführen würde. Wir bezeichnen es

527 S. oben I. Buch, 5. Kap., S. 122 ff.

kurz als den hervorstechenden Grundzug dieser Kritik, dass sie den diktatorischen und imperativen Charakter der kantischen Sittenlehre durchgängig bekämpft. Wenn man die Charakterzüge einer Sache übertreibe, so entstehe deren Karikatur. Dies gelte auch von den Systemen. So habe Fichte die Charakterzüge der kantischen Kritik sowohl der reinen als auch der praktischen Vernunft karikiert: jene in seiner „Grundlage der gesamten Wissenschaftslehre", diese in seinem „System der Sittenlehre", worin der kategorische Imperativ die Rolle des Schicksals spiele; die vollkommenste Entwicklung dieses „Systems des moralischen Fatalismus" sei die „Wissenschaftslehre in ihrem allgemeinen Umrisse" (1810).[528] – Es sei nicht die Aufgabe der Moral, die menschlichen Gesinnungen und Handlungen zu gebieten, sondern dieselben zu erklären; sie habe mit der Erfahrung zu rechnen und die Probe der Menschenkenntnis zu bestehen.

3. Die gute und böse Gesinnung. Das gute und böse Gewissen

Der unbestreitbare und von allen empfundene Grundsatz der Moralität lässt sich einfach und genau so aussprechen: „Tue keinem Unrecht, vielmehr hilf allen, so viel du kannst." In der Erfüllung der ersten Hälfte dieses Satzes (*neminem laede*) besteht die Tugend der *Gerechtigkeit*, in der Erfüllung der zweiten (*imo omnes, quantum potes, juva*) die der *Menschenliebe*. Hier ist nicht die Rede von jener erzwungenen und erzwingbaren Gerechtigkeit, welche die Staatsgesetze vorschreiben und deren Gegenteil sie bestrafen, es ist nicht die Rede von der legalen, sondern von der *moralischen* Gerechtigkeit, welche Schopenhauer auch die freie oder freiwillige nennt. Diese allein ist Tugend, und zwar ist sie die Kardinaltugend.

Das Gegenteil dieser Tugend ist der *Egoismus*, dessen alleiniges Thema das eigene Wohl und Wehe ist, und dessen Grundsatz demgemäß lautet: „Hilf keinem, vielmehr tue allen nach Kräften Unrecht, wenn es dir Nutzen bringt." Es ist der Grundsatz der Immoralität. „Der Egoismus ist grenzenlos, er ist kolossal und überragt die Welt." „Indem ich", sagt Schopenhauer, „um ohne Weitläufigkeit die Stärke dieser antimoralischen Potenz auszudrücken, darauf bedacht war, die Größe des Egoismus mit *einem* Zuge zu bezeichnen, und deshalb nach einer recht emphatischen Hyperbel suchte, bin ich zuletzt auf

528 Über die Grundlage der Moral, § 11. „Die Fichte'sche Ethik als Vergrößerungsspiegel der Fehler der kantischen."

diese geraten: Mancher Mensch wäre imstande, einen andern totzuschlagen, bloß um mit dessen Fett sich die Stiefeln zu schmieren. Aber dabei blieb mir doch der Skrupel, ob es auch wirklich eine Hyperbel wäre."[529]

Das Gegenteil der Menschenliebe sind *Gehässigkeit* und *Übelwollen*, aus welchen Gesinnungen bei dem Anblick fremden Wohls der *Neid*, bei dem fremden Wehes die *Schadenfreude* hervorgeht, und wenn das fremde Wehe nicht bloß vergnüglich betrachtet, sondern ohne allen eigenen Nutzen verursacht wird, bloß um sich daran zu weiden, die *Bosheit* und die *Grausamkeit*, deren Grundsatz heißt: „Tue so viel Unrecht und Übel, als du kannst (*omnes, quantum potes, laede*)".

Die Gegenteile der Tugenden sind die Laster. Wie die beiden Grundformen aller Tugend die Gerechtigkeit und die Menschenliebe sind, so sind die beiden Grundformen aller Laster der Egoismus und die Gehässigkeit, deren Extrem in der Bosheit besteht. Aus dem Egoismus folgen „Gier, Völlerei, Wollust, Eigennutz, Geiz, Habsucht, Ungerechtigkeit, Hartherzigkeit, Stolz, Hoffart u. s. w., aus der Gehässigkeit aber Missgunst, Neid, Übelwollen, Bosheit, Schadenfreude, spähende Neugier, Verleumdung, Insolenz, Petulanz, Hass, Zorn, Verrat, Tücke, Rachsucht, Grausamkeit u. s. w. Die erste Wurzel ist mehr tierisch, die zweite mehr teuflisch." Diese Versammlung von Lastern gleicht der Hölle Dantes und dem Pandämonium Miltons.[530]

Das Thema alles menschlichen Wollens in zahllosen Variationen ist unser Wohl und Wehe. Es gibt nichts Drittes. Dieses Thema aber zerfällt in drei Arten: Entweder handelt es sich lediglich um das eigene Wohl und Wehe, oder um das fremde Wehe, oder um das fremde Wohl. Das eigene Wohl ist das Ziel des Egoismus, das fremde Wehe ist das der Bosheit, das fremde Wohl ist das der Gerechtigkeit und Menschenliebe. Eine so scharfe Grenzlinie scheidet die Immoralität von der Moralität, die „antimoralischen Triebfedern", wie Schopenhauer sie nennt, von den „moralischen". Sollte es noch ein viertes Ziel geben? Dieses konnte nur sein das *eigene Wehe*, nicht um es zu vermeiden, sondern um es auf sich zu nehmen und zu tragen. Aber dieses Ziel liegt schon jenseits der Bejahung des Willens zum Leben und erscheint erst nach dem Anfang des Quietivs. Eine so

529 Das Fundament der Moral, § 14, S. 579 – 580.
530 Ebendas., § 14, S. 582.

scharfe Grenzlinie scheidet die Bejahung des Willens zum Leben von der Verneinung.

Da unsere Gesinnungen dem Erkennen vorhergehen und keineswegs aus ihm folgen, so lernen wir unseren Charakter und dessen Willensbeschaffenheit erst aus den Taten kennen, welche ihn offenbaren. Was geschehen ist, lässt sich nicht mehr ungeschehen machen: Das steht fest und ist unumstößlich gewiss. Diese aus unseren Taten uns unmittelbar einleuchtende Gewissheit unseres moralischen Wesens ist das *Gewissen*, welches daher erst nach der Tat redet, d. h. *richtet*, unausbleiblich und unfehlbar. Sein durchgängiges Thema ist der eigene empirische Charakter: „Du hast so gehandelt, weil du so *bist*!" Aus den Taten der Gerechtigkeit und Menschenliebe folgt ein zufriedenes, aus denen des Egoismus und der Bosheit ein unzufriedenes Gewissen: Jenes heißt das *gute*, dieses das *böse Gewissen*; das Vorgefühl des Letzteren ist die *Gewissensfurcht*; die Stimme, womit es nach unerhörten Taten der Bosheit und Grausamkeit redet, ist die *Gewissensangst*, wie dieselbe Schiller in Franz Moor, Shakespeare in Richard III. geschildert hat. Richards Worte: „O feig Gewissen, wie du mich bedrückst!" kennzeichnen die Gewissensangst. Hamlets Worte: „So macht Gewissen Feige aus uns allen!" kennzeichnen die Gewissensfurcht.

II. Das Mitleid als Fundament der Ethik

1. Der metaphysische Grund des Mitleids. Rousseau

Das gute Gewissen ist die Folge der durch Taten bewährten Gerechtigkeit und Menschenliebe. Was ist deren Grund und Quelle? In diese Frage zieht sich das Problem zusammen, welches Schopenhauer das Fundament der Moral genannt hat. Das Thema jener beiden Tugenden ist das fremde Wohl und Wehe, wenn uns dasselbe so, wie unser eigenes, am Herzen liegt, wenn wir es so lebhaft, wie die betroffenen Personen selbst, empfinden. Aus einem solchen lebendigen und tiefen Mitgefühl entspringen notwendig und unmittelbar die moralischen Triebfedern der Gerechtigkeit und Menschenliebe.

Nun ist bereits gezeigt worden, dass wir unser Wohlsein weniger als unsere Leiden und, wenn es zum gewohnten Zustand geworden ist, gar nicht mehr fühlen. Dasselbe gilt von dem fremden Wohl; auch dieses weckt uns keine lebendige Empfindung und Vorstellung, wenn nicht etwa die Personen, die es erleben, uns so nahe stehen, dass wir davon mitbetroffen werden. Sich wohlbefinden heißt so viel als *nichtleiden*: Daher dem Leiden die positive Bedeutung zugeschrieben wurde, dem Wohlsein die negative. Ebenso verhielten sich Unrecht und Recht. Hieraus erhellt, dass jenes Mitgefühl, die lebendige Quelle aller hilfreichen Gesinnungen und Handlungen, wesentlich im *Mitleid* besteht und dieses daher den Grund der Moralität und die Erkenntnis dieser seiner fundamentalen Bedeutung die Grundlage oder das Fundament der Moral ausmacht. „Das Mitleid ist die Basis aller freien Gerechtigkeit und aller echten Menschenliebe, die alleinige Quelle aller Handlungen von moralischem Werte." Es ist, um es nach Goethe'scher Ausdrucksweise zu bezeichnen, „das ethische Urphänomen".[531]

Statt „Gerechtigkeit und Menschenliebe" sagen wir jetzt kurzweg „Mitleid" und bezeichnen demgemäß die drei Grundtriebfedern alles menschlichen Handelns als Egoismus, Bosheit und Mitleid. Das Thema der ersten Triebfeder ist das eigene Wohl, das der zweiten das fremde Wehe, das der dritten das fremde Wohl. Der Egoismus ist grenzenlos, die Bosheit geht bis zur Grausamkeit, das Mitleid bis zum Edelmut und zur Großmut.

Dem wahren Mitleid ist es unmöglich, den anderen zu verletzen und ihm auf irgendeine Weise unrecht zu tun. Daher ist es die Quelle der freien Gerechtigkeit. Ich tue unrecht, wenn ich das Urteil des anderen verfälsche, indem ich ihn belüge. Es gibt pflichtmäßige Lügen, wie die des Arztes, edelmütige, wie die Lüge Posas, rechtmäßige, wie die Notlüge und die Täuschung zudringlicher, neugieriger, vorteilssüchtiger Frager. Die lebendige Vorstellung des zugefügten Leides befördert jede Art der Gerechtigkeit und verhindert jede Art ihres Gegenteils. Die Ungerechtigkeit verdoppelt sich, wenn der Beschützer mordet, der Vormund sein Mündel beraubt, der Richter sich bestechen lässt, anvertrautes Gut veruntreut wird, u. s. f.: Das sind himmelschreiende Ungerechtigkeiten, vor denen die Götter ihr Angesicht verhüllen! Solche Untaten zeugen von der Abwesenheit alles Mitleids und entspringen aus der Fülle des Egoismus und der Bosheit. Wo sich noch menschliche Gefühle regen, da ist die Mahnung: „Er ist unglücklich, tue ihm nichts zu Leide!" mächtig

531 Ebendas., § 16.

genug, um das Mitleid zu wecken, den Zorn zu entwaffnen und die Ausübung eines Übels zu verhindern.[532]

Das Mitleid ist die Quelle, wie der Gerechtigkeit, so der Menschenliebe, nicht im Sinne des Eros, sondern der *ἀγάπη*, *caritas*, *pietà*, die sich auf alle leidensfähigen Wesen erstreckt, also auch auf die *Tiere*, über welche die menschliche Grausamkeit unsägliche Qualen verhängt. Um die menschliche Grausamkeit als das äußerste Gegenteil alles Mitleids in kolossalen Beispielen zu veranschaulichen, nennt Schopenhauer diese drei: den Sklavenhandel, die Inquisitionsgerichte und die Tierquälerei. Alba habe in den Niederlanden 18 000 hinrichten lassen, in Madrid seien im Laufe von drei Jahrhunderten 300 000 Ketzer qualvoll auf dem Scheiterhaufen gemordet worden; noch im Jahre 1839 habe man nachgewiesen, dass die Zahl der Sklaven in Amerika jährlich durch ungefähr 180 000 Neger vermehrt werde, bei deren Einfangung und Reise über 200 000 andere jämmerlich umkommen.[533]

Die Wahrheit erleuchtet sich und ihr Gegenteil: Die Taten der Gerechtigkeit und Menschenliebe gründen sich auf das Mitleid, die Untaten des Egoismus, der Bosheit und Grausamkeit auf das Gegenteil des Mitleids oder dessen völlige Abwesenheit. Unter den früheren Moralphilosophen erkennt Schopenhauer nur einen, der dieses Fundament der Moral richtig erkannt habe: Es ist *J. J. Rousseau*, „der größte Moralist der ganzen neuen Zeit, der tiefe Kenner des menschlichen Herzens, der Zögling der Natur". Schon in seiner Abhandlung „Über den Ursprung der Ungleichheit unter den Menschen" hat er das Mitleid (*pitié*) als die einzige natürliche Tugend gepriesen, die selbst der äußerste Gegner der Tugendlehre nicht bestreiten könne, und welche die Quelle aller sozialen Tugenden in sich schließe. Im vierten Buch seines „Emile" erklärt Rousseau das Mitleid aus dem Gefühl unserer Einheit mit dem leidenden Geschöpf: Wir identifizieren uns dergestalt mit demselben, dass wir den engen Bezirk unseres Ichs durchbrechen, aus ihm heraustreten und das Leid des anderen in seiner Seele fühlen („*en quittant, pour ainsi dire, notre être, pour prendre le sien*").[534]

Darin besteht in Wahrheit das Wesen des Mitleids. Es ist darunter nicht jene laue philanthropische Teilnahme zu verstehen, womit man

532 Ebendas., § 17.
533 Ebendas., § 19, S. 616.
534 Ebendas., § 19, S. 627 – 629.

das Unglück und Wehe des anderen bedauert, sich aber dabei ganz behaglich in der eigenen Haut fühlt, sondern es ist das tiefe Gefühl der *Wesenseinheit* aller Erscheinungen. Der Schleier der Maja reißt, der den Blick des Egoisten gefangen hält und verdunkelt: Dieser erscheint sich als das alleinige Ich in der Welt, alle anderen Individuen erscheinen als Nicht-Ich. Diese Kluft zwischen Ich und Nicht-Ich, die ihm vorschwebt, ist nicht bloß die Grundlage, sondern auch der *Grundirrtum* des Egoismus, die Schuppen vor seinen Augen. Es gibt eine Erkenntnis, in deren Licht diese Schuppen fallen werden.

Das Mitleid ist der Grund aller moralischen oder nichtegoistischen Handlungen, wie die Selbstsucht der Grund aller nichtmoralischen oder egoistischen. Was aber ist der Grund des Mitleids selbst? Worauf gründet sich das Fundament der Moral? Diese Frage überschreitet die Grenzen der Ethik und lässt sich nur *metaphysisch* beantworten. Wenn die physische und materielle Ordnung der Dinge die alleinige und endgültige wäre, so würden Zeit und Raum Dinge an sich und die Wurzeln der Erscheinungen, dann würden die Vielheit und Geschiedenheit der Letzteren wesentlich und unvertilgbar sein, und ebenso der Standpunkt des Egoismus, der zwischen dem eigenen Individuum und allen übrigen jene Kluft sieht, die nicht größer gedacht werden kann: Dann wäre das Gefühl der Wesenseinheit oder Identität der Personen, welches sich im Mitleid kundtut, nicht bloß ein mysteriöser, sondern ein unmöglicher Vorgang. So aber verhält es sich nicht. In Wahrheit sind Zeit und Raum nicht Dinge an sich, sondern Vorstellungsarten, sie sind nicht die Wurzeln, sondern bloß die Formen der Erscheinungen; daher das Wesen der Letzteren unabhängig von Zeit und Raum, also frei von aller Vielheit ist: das Eine in Allem, das *῞Εν καὶ πᾶν*. Der tiefste Grund des Mitleids ist das innerste Wesen der Welt: das *All-Eine*, dieses Thema aller echten Metaphysik, die endlose Meditation aller tiefsinnigen Denker, die Grundlehre der Weisheit des Veda, auch die des Pythagoras, der Eleaten, des Plotinos, des Scotus Erigena, des Bruno und des Spinoza, den man mit der Lehre von der All-Einheit identifiziert hat. In der nachkantischen Zeit habe sie Schelling in seinem aus der Theosophie des Plotin, der Mystik Jakob Böhmes, dem Pantheismus Spinozas und der Freiheitslehre Kants eklektisch zusammengesetzten Systeme wieder erneuert. In Wahrheit begründet hat sie Kant durch seine Entdeckung sowohl der Idealität der

Zeit und des Raumes als auch der Vereinigung des intelligiblen und empirischen Charakters, welche Lehren „die beiden großen Diamanten in der Krone des kantischen Ruhmes“ sind.[535]

Weil der Grund der Moral aus dem innersten Wesen der Welt stammt, darum nennt Schopenhauer das Mitleid einen mysteriösen Vorgang, denn in ihm offenbare sich das Weltmysterium: daher der unmittelbare Zusammenhang zwischen der Ethik und der Metaphysik und die Bedeutsamkeit unserer moralischen Handlungen. Wie die Taten der Bosheit und Grausamkeit praktische Gehässigkeit und Schadenfreude sind, so ist jede echte und reine Wohltat praktisches Mitleid, dieses aber, wie die ganze Ethik, die auf ihr ruht, praktische Mystik. Die ethische Bedeutsamkeit unserer Handlungen erstreckt sich auch, und zwar in eminenter Stärke, auf die letzte, nämlich das *Sterben*, den Anblick des Todes, das Erleben der Todesstunde. Ein plötzliches, unerwartetes Ende gilt nach kirchlicher Ansicht mit Recht für ein Unglück, das uns der moralischen Bedeutsamkeit des Sterbens beraube. Der Anblick des Todes weckt oft mit unwiderstehlicher Macht das Bedürfnis, im Gefühl der Einheit, nicht in dem des Zwiespaltes mit den anderen zu sterben, begangenes Unrecht gut zu machen, mit seinen Feinden sich auszusöhnen. Ein gutes Gewissen ist das Kissen, auf dem man nicht bloß, wie das Sprichwort sagt, sanft ruht, sondern auch sanft stirbt. Perikles soll in seiner Todesstunde bekannt haben, es gereiche ihm zum Trost, nie einen Bürger in Trauer versetzt zu haben.[536]

Es hieße den Philosophen völlig missverstehen, wenn man seine Ethik für eine Anweisung zum tugendhaften Handeln nehmen und in diesem Sinne das Verhältnis von Theorie und Praxis auffassen wollte. So wenig die Ästhetik imstande ist, geniale und schöne Menschen hervorzubringen, so wenig kann die Ethik gute und mitleidige machen. Diese moralischen Eigenschaften gehören zur Charakterart und werden nicht angebildet, sondern angeboren. Wie verschieden

535 Ebendas., § 22, S. 647 – 651.

536 Ebendas., § 21, S. 641 – 645. Vgl. Die Welt als Wille u. s. f., I, § 65 bis 66, S. 462 – 481. Seine „Transzendente Spekulation über die anscheinende Absichtlichkeit im Schicksal des Einzelnen“ beschließt Schopenhauer mit diesem Ausspruch: Aus der Willensrichtung, womit der Mensch stirbt, „ergibt sich der Weg, den er jetzt zu wandern hat, bereitet nämlich seine Palingenesie sich vor, nebst allem Wohl und Wehe, welches in ihr begriffen und von dem an unwiderruflich bestimmt ist. Hierauf beruht der hochernste, wichtige, feierliche und furchtbare Charakter der Todesstunde. Sie ist eine Krisis im stärksten Sinne des Worts, – ein Weltgericht.“ Parerga I, S. 255.

im Übrigen Genie und Tugend, Können und Wollen auch sind, darin stimmen beide überein, dass sie nicht erlernt werden können. Man kann mit einem Kopf voll wüsten Aberglaubens und abstruser Vorstellungen von sich und der Welt ein Heiliger und umgekehrt mit der durchdachtesten Lehre und Anpreisung der Heiligkeit ein Egoist in Folio sein und bleiben.

2. Mitleid und Liebe

Mitleid und Liebe sind identisch. Alle Liebe ist Mitleid, denn das geliebte Wesen ist leidensfähig und lebt in einer leidensvollen Welt, daher die Liebkosungen unwillkürlich so oft den Ton des Mitleids annehmen. Das Weib ist von Natur mitleidsfähiger als der Mann. Aus der mitleidigen Liebe der Frau kann die erotische, aus der *caritas* der *amor* hervorgehen, wie Shakespeare diesen rührenden Vorgang in seiner Desdemona und Miranda wunderbar geschildert hat. Desdemonas Mitleid hat Othellos Liebe geweckt: „Sie liebte mich, weil ich Gefahr bestand, ich liebte sie um ihres Mitleids willen. Das ist der ganze Zauber, den ich übte!" Die Erzählung seiner Gefahren und Leiden hat ihr Herz mit Bewunderung und innigster Teilnahme erfüllt: „Und rührend war's, unendlich rührend war's, sie gab dafür mir eine Welt von Seufzern." Dieses Mitleid war der Ursprung ihrer Liebe, die *pietà* hat hier den Eros geboren.

3. Der Ursprung des Weinens

Dass sich das Mitleid häufig in Tränen ergießt und die alleinige Quelle der Letzteren ist, hat den Philosophen veranlasst, zu wiederholten Malen den Zusammenhang beider, das Phänomen und den Ursprung des *Weinens* psychologisch zu erörtern.[537] Nicht der empfundene Schmerz ist die Quelle der Tränen, sondern die Wiederholung desselben in der Reflexion, die lebhafte Vorstellung des Leidens, es sei nun ein fremdes oder unser eigenes. Daher sind weiches Gefühl und lebhafte Einbildungskraft die beiden Bedingungen, ohne welche keine Tränen fließen: Hartherzige und phantasielose Menschen weinen nicht. Wir weinen über fremdes Leiden, wenn wir dasselbe auf das Innigste nachfühlen, nicht bloß als ob es unser eigenes wäre, sondern so innig und lebhaft, dass es unser eigenes ist,

537 Die Welt als Wille u. s. f., I, § 67, S. 483. II, 47. Kap.

dass wir selbst die leidenden Personen sind. Die tiefste Quelle des Mitleids ist auch die des Weinens: Daher ist der Grund des Letzteren das *Mitleid mit uns selbst*, das direkte oder indirekte. Dieses Mitleid, richtig verstanden, ist nicht egoistisch, sondern mystisch. „Das bist du!" lehrt die Weisheit des Veda.

Das Wesentliche ist, dass wir das Leiden in unser Bewusstsein erheben und auf das Lebhafteste vorstellen, wodurch es zu der Höhe emporsteigt, wo der Quell der Tränen entspringt. In den dumpfen Zustand des Schmerzes sind wir versunken, vorstellungslos, tränenlos, trostlos; in dem Moment, wo wir denselben aussprechen und teilnehmenden Freunden schildern wollen, was wir empfunden, erlitten, verloren haben, bricht uns die Stimme und ein Tränenstrom erleichtert das beschwerte Gemüt; oder wir hören unsere Leiden von einem anderen aussprechen, darstellen, verdeutlichen. Die Kinder, wenn ihnen ein Übel begegnet ist, weinen umso heftiger, je mehr man sie beklagt. Ein Klient, als er seine Schicksale von seinem beredten Verteidiger schildern hörte, brach in Tränen aus und sagte: „Ich habe gar nicht gewusst, dass ich so viel gelitten hatte." Ein vorzügliches Beispiel bietet die homerische Erzählung am Schluss des achten Buches der Odyssee. Wie Odysseus am Hof des Phäakenkönigs aus dem Mund des Sängers die Zerstörung Trojas und den Preis seiner eigenen Heldentaten vernimmt, da vergegenwärtigt sich ihm klarer als je sein eigener Zustand, der ganze Kontrast zwischen dem Helden und dem Dulder, zwischen dem, was er getan, und dem, was er erlitten hat, zwischen seiner Vergangenheit und Gegenwart: Er *weint* und sucht seine Tränen zu verbergen. In einer Galerie auf Capo di Monte zu Neapel hatte Schopenhauer ein Bild dieser Szene gesehen und sich dieselbe für seine Lehre vom Weinen zu einem Beispiel dienen lassen, das nicht erhabener und rührender sein konnte. Und wie die Tränen aus dem Mitleid hervorgehen, so pflegen sie auch das Mitleid zu wecken und den Zorn zu entwaffnen. Weiche Menschen können andere nicht weinen sehen und fürchten sich vor dem Anblick der Tränen.

Aus Mitleid mit sich selbst kann man auch *Freudentränen* vergießen. Wenn geliebte Personen nach langer, höchst schmerzlicher Trennung einander endlich wiedersehen, so kann in diesem glücklichen Moment der Zustand ihres vergangenen Leidens, Sehnens, Entbehrens, Befürchtens u.s.f. sich mit solcher Gewalt ihrem

Bewusstsein aufdrängen und vergegenwärtigen, dass sie in Tränen ausbrechen. Schiller hat in der „Bürgschaft" einen solchen Moment, der zugleich die Probe aufopferungsvollster und treuester Freundschaft erfüllt, vortrefflich geschildert: „In den Armen liegen sich beide und weinen vor Schmerzen und Freude. Da sieht man kein Auge tränenleer" u. s. f.[538]

Fremdes Leid in eigenes verwandeln ist der mysteriöse Vorgang des Mitleids, der seinen Weg durch das Gefühl in die Einbildungskraft oder durch diese in jenes nimmt und auf beiden zum Mitleide mit sich selbst führt, welches der Quell der Tränen ist.

Neunzehntes Kapitel

Die Verneinung des Willens zum Leben. Das Verhältnis der Lehre Schopenhauers zu der Religion und den Religionen

Noch ist die Grundfrage der Ethik nicht gelöst. Was den guten Willen auch in seiner höchsten Gestalt, der des Edelmuts und der Herzensgüte, von der Verneinung des Willens zum Leben unterscheidet, ist die *Weltbejahung*, mit welcher die Bejahung des Willens zum Leben Hand in Hand geht; während die Verneinung des Letzteren diejenige Weltverneinung zum Zweck und zur Folge hat, welche die *Welterlösung* in sich schließt; diese aber betrifft die letzten Dinge, deren Ausführung gleichsam die Eschatologie der Lehre Schopenhauers ausmacht. Die Welterlösung ist das Thema der *Religion* oder der Ethik im tiefsten Sinne des Wortes, weshalb wir auch die Bejahung und Verneinung des Willens zum Leben als die Grundfrage der Ethik überhaupt bezeichnet haben. Denn die engere Fassung der Letzteren am Schluss der zweiten Preisschrift akkommodiert sich der gestellten Frage; die unsrige entspricht dem vierten Buch des Hauptwerks.

538 Ebendas., II, 47. Kap., S. 696 ff.

I. Die Stufenleiter des bösen und des guten Willens

1. Der heftige, grimmige, böse und teuflische Wille

Zwischen dem guten Willen und der Verneinung des Willens zum Leben liegt keine Kluft, die nur durch einen gewaltsamen Sprung zu besiegen wäre, sondern es zeigt sich eine Stufenleiter, die in einer fortschreitenden und folgerichtigen Steigerung des guten Willens an das Ziel führt. Auch der böse Wille hat seine Stufenleiter. Beide Stufenordnungen sind einander völlig entgegengesetzt und gewissermaßen parallel, jede von beiden hat ihr *non plus ultra*, jede der beiden Spitzen tendiert zur Weltvernichtung: die des bösen Willens im Sinne des äußersten Egoismus, der äußersten Bosheit und Grausamkeit, die des guten Willens im Sinne der äußersten Selbstverleugnung und der Welterlösung. Vergegenwärtigen wir uns diese Stufen auf beiden Seiten.

Alles Wollen ist beständiges Streben, Fortstürmen von Befriedigung zu Befriedigung: Daher ist der Grundzug der Willensbejahung auf der Höhe des menschlichen Daseins *heftiges* und *vieles Wollen*, das schon als solches die unauslöschliche Empfindung der Unzufriedenheit und Qual in sich trägt; dazu kommt das Gefühl der alleinigen Realität des eigenen Ichs, d. h. der Egoismus mit seiner natürlichen Tendenz zur Verneinung des fremden Willens oder zum Unrecht. Darin bestehen die beiden Grundelemente des *bösen* Willens: Heftiges und vieles Wollen ist das eine; egoistisches, zum Unrecht geneigtes Wollen ist das andere. Schon aus dem ersten Element folgt die beständige Unzufriedenheit mit dem eigenen Zustand in Vergleichung mit welchem so viele andere weit besser daran sind: das Gefühl des *Entbehrens*, woraus beim Anblick fremden Wohlseins sogleich der *Neid* hervorgeht. Der heftige, vom Gefühl der eigenen Unzufriedenheit und Entbehrung schon schmerzlich erregte, vom Anblick fremden Glücks und fremder Zufriedenheit noch schmerzlicher gestachelte Wille wird zum *grimmigen*, dem der Anblick fremden Unglücks und Leidens zur Linderung und Erquickung gereicht. Aus dem Neid entsteht die *Schadenfreude*; beide liegen so nah zusammen und sind genealogisch einander so verwandte Affekte, dass man mit Schopenhauer nicht diese für teuflisch erklären möge, da man doch jenen für menschlich halten muss.

Wenn aber der grimmige Wille durch fremdes Leid erquickt wird, sollte er nicht sehr geneigt sein, etwas zu tun, um sich diesen Anblick zu verschaffen, d.h. um fremdes Leid zu *verursachen*? Freilich ist der Übergang von der theoretischen zur praktischen Schadenfreude ein großer Fortschritt im Bösen, aber wenn man eigenes Leid zu rächen, erlittenes Unrecht zu vergelten hat, so ist doch die Wurzel der bösen Tat noch der natürliche, lediglich dem eigenen Wohl fronende Egoismus.

Dieser heftige und grimmige Wille, den keine Befriedigung zu stillen, kein Genuss zu sättigen vermag, erreicht erst seine grausige Höhe, wenn der Anblick und die Verursachung fremder Leiden das einzige Labsal sind, das er begehrt, ohne allen Eigennutz, bloß um sich an fremden Qualen zu weiden. Darin besteht der *Blutdurst*, die uneigennützige Bosheit und Grausamkeit, welche die Teufel in Menschengestalt kennzeichnet. Der Egoismus kulminiert in dem Wunsch: *„pereat mundus, dum ego salvus sim!"* Wenn es nötig wäre, so würde er dieses Verdammungsurteil vollstrecken, um die Qual *aller* zu sehen; hat doch der monströse Caligula der Welt einen einzigen Hals gewünscht, um ihn abschlagen zu können! Eine Art dieses Höhenschwindels der Bosheit, die schrecklichste und psychologisch interessanteste, ist der Cäsarenwahnsinn. Schopenhauer hätte neben Caligula und Nero nicht auch den Robespierre nennen sollen, da die Bosheit und Grausamkeit dieses Charakters aus einer Art des Eigennutzes stammte, die er selbst mit vielen anderen fälschlicherweise für Tugend ansah. – Nur der Mensch quält, um zu quälen, aus bloßer Lust an fremder Qual: Er ist *„l'animal méchant par excellence"*.

2. Der gelassene, rechtliche und großherzige Wille

Wenn das erste Grundelement des bösen Willens das viele und heftige Wollen war, so ist das Gegenteil davon das erste Grundelement des guten: die *Gelassenheit*. Der Egoismus macht zwischen seinem Ich und den anderen eine ungeheure Kluft, er sagt: „Ich und Nicht-Ich"; der gute Wille macht zwischen seinem Ich und den anderen einen weit geringeren Unterschied, als sonst geschieht, er sagt: „Ich und in jedem anderen noch einmal Ich." Die Tendenz zur Verneinung des fremden Willens, d.h. zum Unrechttun, war das zweite Grundelement des bösen Willens. Die entgegengesetzte Tendenz oder das Widerstreben, einem anderen Unrecht zu tun, ist das zweite Grundelement des guten: Demnach sind die *Gelassenheit* und die *Rechtlichkeit*, zu welcher Letzteren auch Redlichkeit und Ehrlichkeit zu rechnen sind, die beiden Faktoren des guten Willens.[539] Ungerecht sind die Allermeisten, gerecht die Allerwenigsten. „Redlich sein", sagt Hamlet, „heißt ein Auserwählter unter Zehntausenden sein."

In dem Widerstreben, Unrecht zu tun, geht der gute Wille so weit, dass er bei einem Streit der Rechte lieber das eigene bezweifeln als das fremde verneinen und das Unrecht lieber erleiden als zufügen will; er wird, da doch die Arbeit die alleinige Quelle des Eigentums ist, schon an der Rechtmäßigkeit des eigenen ererbten Besitzes Anstoß nehmen; es widerstrebt ihm sogar, sich von anderen bedienen zu lassen und deren Kräfte zur Schonung der eigenen zu brauchen, weshalb Pascal, so weit er es irgend vermocht, alle auf seine persönlichen Bedürfnisse bezüglichen Dienste selbst verrichtet hat.[540]

So gelangt der gute Wille dazu, an dem Wohl der anderen einen völlig uneigennützigen Anteil zu nehmen, einen größeren als an dem eigenen: Aus diesem reinen Wohlwollen geht eine Erweiterung des Gemüts, eine *Großherzigkeit* der Gesinnung hervor, die gar nicht mehr an die eigene Person, nur an die anderen denkt, daher kein Bedenken trägt, das eigene Glück und Dasein dem Wohl des höheren Ganzen, dem des Volkes und Vaterlandes aufzuopfern, wie es die moralischen Großtaten des Kodrus, Leonidas, Decius, Mus, Regulus, Arnold Winkelried u. s. f. bezeugen. Ebenso großherzig ist die persönliche Aufopferung, um die Geltung wichtiger, zur intellektuellen Veredlung der Menschheit dienlicher Wahrheiten zu bekräftigen, wie der Märtyrertod des Sokrates und des Bruno.

Vergleichen wir den bösen Willen auf der schrecklichen Höhe der Grausamkeit und des Blutdurstes mit dem guten Willen auf der erhabenen Höhe der Großherzigkeit und des Edelmutes: dort der Wunsch, alle *quälen* zu können, um sich daran zu laben; hier der Wunsch, den die Tat besiegelt, allen *helfen* zu können und um ihres Wohles willen zu sterben. Den Wohltäter der Menschheit erfüllt die tiefe Ruhe des guten Gewissens, während jene Teufel in Menschengestalt die Gewissensangst quält, denn sie müssen die Unmöglichkeit ihrer Erlösung fühlen; sie sind in der Hölle, welche sie anderen bereiten.

539 Die Welt als Wille u. s. f., I, § 68. Vgl. Parerga, 8. Kap., § 115.
540 Die Welt als Wille u. s. f., I, § 66, S. 476.

II. Die Selbstverleugnung und Askese

1. Die Modifikation des Willens

Die Selbstverleugnung, die sich in Taten der edelmütigen und großherzigen Gesinnung kundgibt, steht schon an der Grenze der Bejahung des Willens zum Leben und der Welt als seiner Erscheinung; die nächste Steigerung des guten Willens überschreitet diese Grenze: An die Stelle der relativen Selbstverleugnung, welche das eigene Glück und Dasein dem Heil des Volks, des Vaterlandes, der Menschheit aufopfert und darum die Weltbejahung im besten Sinne des Worts noch in sich schließt, tritt die *gänzliche*, die bis zur Selbstverneinung, d. h. zur Verneinung des Willens zum Leben fortschreitet, denn dieser ist unser Innerstes selbst, also im Aufhören alles Wollens endet, denn Wille und Wille zum Leben sind identisch. Gänzliche Selbstverleugnung in ihrer Vollendung ist „gänzliche Willenlosigkeit".

Die eigentümliche und adäquate Erscheinung dieser Willensverneinung ist die *Askese*, das völlige und ausdrückliche Gegenteil aller üppigen, vom Lebensdrang strotzenden Willensbejahung. Der Wille zum Leben ist der Wille zur Erhaltung des Individuums, zur Fortpflanzung der Gattung und zur alleinigen Geltung des eigenen Ichs: Daher erscheint die üppige Willensbejahung in der Völlerei, in der Wollust und in dem kolossalen Egoismus, der sich nur im Unrechttun befriedigt; wogegen die Askese in der kärglichen Ernährung, in der vollkommenen Keuschheit, in der freiwilligen Armut, im willigen Unrechtleiden besteht. Es ist nicht mehr genug, kein Unrecht zu tun; man will auch keines mehr abwehren, auch keines vergelten, vielmehr alles Unrecht gern und freudig erleiden, das erlittene mit Wohltun erwidern, die zugefügte Beleidigung und Schmach mit Demut und Unterwerfung. Nunmehr wird die Gelassenheit zur unerschöpflichen *Sanftmut und Geduld.* Die Askese ist „die *vorsätzliche* Brechung des Willens durch Versagung des Angenehmen und Aufsuchen des Unangenehmen, die selbst so gewählte büßende Lebensart und Selbstkasteiung zur anhaltenden Mortifikation des Willens".[541]

---

541 Ebendas. I, § 68, S. 485 – 491, S. 501 – 502. Vgl. II, 48. Kap.

2. Die Verneinung des Selbstmords

Die Verneinung des *Willens* zum Leben ist nicht die Verneinung des *Lebens*, die Selbstverneinung ist nicht die Selbstvernichtung. Es wäre ein sehr grober Irrtum, beide zu verwechseln und zu meinen, dass der Selbstmord der kürzeste Weg zum Ziel sei, die Vermeidung aller Weitläufigkeiten und Widerwärtigkeiten der Askese. Als ob diese erspart und nicht vielmehr um ihrer selbst willen erlebt und erlitten sein wollte! Hier ist der Ort, die Frage des Selbstmords mit ihren endlosen Erörterungen für und wider, welche in der Philosophie eine so ausgedehnte Rolle gespielt haben, für immer zu entscheiden. Es ist falsch, den Selbstmord als das schnellste und sicherste Mittel der Befreiung vom Leben zu empfehlen; es ist ebenso falsch, denselben als eine gottlose Handlung zu verdammen oder als eine pflichtwidrige zu verbieten. Die Tat des Selbstmörders durch kirchliche Ächtung zu brandmarken und an seiner Leiche durch die Entziehung der kirchlichen Ehren zu rächen, ist barbarisch und sinnlos. Das menschliche Leben ist kein geliehenes oder anvertrautes Gut, sondern das Werk seines eigensten Willens; es ist auch nicht eine Leistung, die wir versprochen und zu der wir uns verpflichtet haben, in welchem Falle allein die Unterlassung derselben pflichtwidrig sein würde, wie die Moraltheologie und auch Kant lehren. Endlich möge man den viel gehörten Vorwurf, dass der Selbstmord eine Tat der Feigheit und Furcht sei, nicht ohne Weiteres gelten lassen, damit es nicht scheine, als ob die Selbsterhaltung und Liebe zum Leben ein besonderes Bravourstück und ein rühmlicher Beweis von Courage sei, sonst könnten am Ende die Feiglinge den Selbstmördern gegenüber sich wie Helden vorkommen.

Das Gefühl, welches im Selbstmord eine von Grund auf *verkehrte* und widersinnige Handlung erkennt, ist ganz richtig, aber die herkömmlichen Auslegungen desselben sind ganz falsch. Der Selbstmord ist das äußerste Gegenteil der Verneinung des Willens zum Leben und ihrer Ausführung in der Askese: Der Asket verabscheut die *Genüsse*, der Selbstmörder verabscheut die *Leiden* des Lebens, er verneint das Leben nur unter gewissen Bedingungen, die es ihm erschweren oder unerträglich erscheinen lassen: Er kann nicht leben ohne den Besitz dieser Geliebten, ohne den Fortbestand dieses Vermögens, ohne die Fortdauer dieser sozialen Geltung und Ehre, ohne das Behagen des körperlichen Wohlstandes u. s. f., er will das *glückliche*, ihm angenehme Dasein, nicht das unglückliche, mangelhafte, entbehrungsvolle, vielleicht auch moralisch zerrüttete, von der Gewissensangst gequälte; er will nur das glückliche und leidensfreie, daher ist es eigentlich die stärkste Bejahung des Willens zum Leben, welche den Selbstmörder zu seiner Tat treibt: Er hört auf zu leben, weil er nicht aufhören kann zu wollen.

Wille und Wille zum Leben sind identisch; dem Willen ist das Leben gewiss: Daher gibt es keine Tat, die so wenig imstande ist, das Leben loszuwerden und sich von demselben zu erlösen, als den Selbstmord. Der Selbstmörder will das Leben; nur will er es nicht so, wie es ist und allein sein kann, das leidensvolle Leben, darum vernichtet er diese seine individuelle Willenserscheinung im Wahn, den Willen selbst, das Wesen und die Wurzel des Daseins vernichtet zu haben. Deshalb nennt Schopenhauer den Selbstmord „das Meisterstück der Maja als den schreiendsten Ausdruck des Widerspruchs des Willens zum Leben mit sich selbst".

Wenn der Selbstmord erlösen könnte! „Wenn man sich selbst in Ruhestand setzen könnte mit einer Nadel bloß! Es ist ein Ziel aufs Innigste zu wünschen!" Aber der Selbstmörder schafft das Leben nicht fort, er vernichtet es nicht, weil er es bejaht; er wird fortleben und den Lebenstraum von Neuem träumen. Dies ist der Sinn in Hamlets berühmtem Monolog:

Schlafen! Vielleicht auch träumen! – Ja, da liegt's:
Was in dem Schlaf für Träume kommen mögen,
Wenn wir den Drang des Ird'schen abgeschüttelt.
Das zwingt uns stillzustehn.[542]

3. Die Heiligkeit und die Erlösung

Die Tugend führt durch die Steigerung des guten Willens zur Askese. Der tugendhaft Gesinnte, beseelt von reinstem Wohlwollen und edlem Eifer, sich für andere zu opfern, hat schon aufgehört, etwas für sich zu wollen; noch bejaht er den Willen zum Leben, denn er ist bestrebt, die großen Zwecke zu fördern, welche in der Welt als die höchsten gelten, aber er verneint schon alles egoistische Wollen. Der

542 Ebendas., I, § 69. Vgl. Parerga II, 13. Kap., § 157 – 160. Vgl. mein Werk über Shakespeares Hamlet, 2. Abschnitt, 3. Kap., S. 131 – 135. 4. Kap., S. 292 – 301, S. 304.

asketisch Gesinnte mit seiner kärglichen Ernährung, vollkommenen Keuschheit, freiwilligen Armut, unerschöpflichen Geduld, grenzenlosen Demut und freudigen Todeshoffnung verneint alles Wollen überhaupt. Es gibt nichts mehr in der Welt, gar nichts, woran er sein Herz hängt. Die Tugend tötet den egoistischen Willen, die Askese den *Eigenwillen*; und da der Leib die unmittelbare Erscheinung des Willens ist, so wird die kärgliche Ernährung das Hinschwinden des Leibes, so kann das freiwillige Hungern das Erlöschen des Lebens zur unmittelbaren Folge haben: Dies ist nicht Selbstmord, sondern freiwilliges Sterben.

Das Ziel der Tugend, die ihre Grenze überschreitet, ist die *Askese*; das Ziel der Askese ist das Freiwerden von der Welt, vom Willen, d.i. die *Heiligkeit* und die Erlösung. Mit dem Willen erlischt der Brennpunkt des Willens, der Geschlechtstrieb und die Geschlechtslust, daher ist die vollkommene Keuschheit das charakteristische Phänomen der Askese; der heilig Gesinnte, so viel an ihm ist, trägt nichts mehr bei zur Fortpflanzung des menschlichen Daseins; wenn alle so dächten und handelten wie er, so würde die *Menschheit* erlöschen, diese vollkommenste aller Willenserscheinungen. Denn es gibt überhaupt keine anderen Erscheinungen als die des Willens, und keine höheren als die des menschlichen Daseins, da in ihm der Wille seine Selbsterkenntnis erreicht und vollendet.

Wenn die vollkommenste aller Willenserscheinungen verschwindet, sollte sie nicht die niederen nach sich ziehen? Die Welt ist „der Mensch mit seinem ganzen Gefolge". Sollte der Menschheit nicht die Tierheit folgen, der Intellekt, die Welt als Vorstellung, auch die vorstellungslose Welt? Wenn der Wille verschwindet, so ist nichts mehr da, was erscheinen könnte, so verschwindet die Welt: Dann ist der Zustand der *Erlösung* gekommen. Denn die Welterlösung besteht in der Erlösung *von der Welt*. Dann wird nichts sein als Gott, um in der Sprache der christlichen Mystiker zu reden; als *Nirwana*, wie die Buddhisten sagen.

So erscheint der Mensch als der *Erlöser* der Welt. Seine Erlösung schließt die aller Kreaturen in sich und zieht sie nach sich. Darum sagt Angelus Silesius, „der unabsehbar tiefe":

Mensch! Alles liebet dich; um dich ist sehr Gedrange!
Es läuft dir alles zu, dass es zu Gott gelange!

Ganz in demselben Sinne hat Meiser Eckardt (Eckhart), der Vater der deutschen Mystik, verkündet: „Ich bewähre dies mit Christo, da er sagt: ‚Wenn ich erhöhet werde von der Erde, alle Dinge will ich nach mir ziehen' (Joh 12, 32). So soll der gute Mensch alle Dinge hinaustragen zu Gott. Dies bewähren uns die Meister, dass alle Kreaturen sind gemacht um des Menschen willen." „So kommen alle Kreaturen dem guten Menschen zu Nutz: eine Kreatur in der andern trägt ein guter Mensch zu Gott."[543]

Die Heiligkeit führt zur *Erlösung*. Dieses Ziel ist das herrlichste, das einzig wünschenswerte. Darum ist der Weg zu ihm der schwerste und die beharrliche Wanderung auf diesem Weg das seltenste aller Phänomene. Denn, wie Spinoza sagt, *„omnia praeclara tam difficilia, quam rara sunt"*. Die Welt lockt beständig und sie verlockt die meisten, von dem steilen und harten Weg, wenn sie ihn je betreten haben, wieder abzufallen und in das Irrsal des Weltlebens zurückzukehren. Die Weltentsagung ist schwer. Wer hat und besitzt, der will behalten und seine Habe vermehren. Die Habenden sind auch die Habenwollenden. Darum heißt es: „Selig sind die Armen!" Darum hat Jesus gesagt: „Es ist leichter, dass ein Kamel durch ein Nadelöhr geht, als dass ein Reicher ins Himmelreich kommt."

Die Heiligen sind die *Weltüberwinder*, denen gegenüber die Welteroberer als die Geißeln und Erzteufel der Menschheit erscheinen. Jene verkünden und verkörpern den Frieden, der höher ist als alle Vernunft, diese erheben die innere Zwietracht der Welt, die Eris, auf ihren Gipfel und entfesseln unter den Völkern, also im größten und schrecklichsten Umfange, das *bellum omnium contra omnes*. Darum sind auch die Lebensbeschreibungen der Heiligen bei Weitem bedeutsamer, wichtiger und beherzigenswerter als die Geschichten des Livius und des Plutarch. „Nicht der Welteroberer, sondern der Weltüberwinder ist die größte, wichtigste und bedeutsamste Erscheinung, welche die Welt anzeigen kann."[544]

---

543 Die Welt als Wille u. s. f., I, § 68, S. 488 – 489. Eckardts Schriften, herausg. von Franz Pfeiffer: Die deutschen Mystiker des 14. Jahrhunderts, 2. Bd. (Leipzig 1857), S. 459.

544 Die Welt als Wille u. s. f. I, § 68, S. 495.

III. Das Quietiv und die Heilswege

1. Die Vorbilder auf dem Wege zum Heil

Es ist auch vom Standpunkt der Ethik aus weit lehrreicher, auf die *Beispiele* hinzuweisen, welche die Askese und Heiligkeit verkörpert haben, als dieselbe nur in Begriffen darzustellen und zu beschreiben; es ist einleuchtender, diese Lehre zu illustrieren als zu demonstrieren. Daher verweist Schopenhauer vor allen auf Buddha und Jesus, die Stifter der beiden größten Weltreligionen, auf die indischen und christlichen Büßer, die bei einer so großen Verschiedenheit in Ansehung ihrer Länder, Völker und Vorstellungsarten eine so große Übereinstimmung in der Gesinnungs- und Lebensweise zeigen, auf die christlichen Anachoreten und Mönche, unter denen er ganz besonders den *Franziskus von Assisi*, diese echteste Personifikation der Askese, hervorhebt, wie sein Leben von Bonaventura beschrieben worden ist, auf die christlichen Mystiker Eckart, Tauler und den Verfasser der deutschen Theologie, auf Michael Molinos, den Stifter des Quietismus (1675), seine Schülerin Madame Guyon und deren Autobiographie (1720), auf Fénélon, der die Heiligen durch seine Darlegung ihrer Grundtriebfedern („*explication des maximes des saints* 1697") wider deren kirchliche Gegner in Schutz genommen hat, auf Goethes „Bekenntnisse einer schönen Seele" und seine Lebensbeschreibung des heiligen Filippo Neri usw.

2. Motive und Quietiv

Solange der Wille noch etwas will, dieses oder jenes, handelt er aus *Motiven*, diese mögen je nach der Gesinnungsart die niedrigsten und ruchlosesten oder die erhabensten und edelsten sein. Soweit sich die Motive erstrecken, das Wollen und Handeln nach dem Satz des Grundes, herrscht noch die Bejahung des Willens zum Leben: Daher gibt es *kein Motiv* zur Verneinung des Willens; denn diese besteht im Nichtwollen, im Aufhören alles Wollens, also darin, dass überhaupt nichts mehr gewollt wird. Die Motive sind Beweggründe, die als solche den Willen bewegen, beunruhigen, in Ebbe und Flut versetzen. Was nun den Willen nicht mehr bewegt und beunruhigt, vielmehr beruhigt, den Sturm der Affekte gänzlich und für immer beschwichtigt, die völlige Wind- und Meeresstille des Gemüts herbeiführt, jenen Frieden, der höher ist denn alle Vernunft: Das ist kein Motiv mehr, sondern ein *Quietiv*, welchen Ausdruck Schopenhauer von den Molinisten entlehnt hat. Der Motive gibt es viele und verschiedene. Das Quietiv ist nur eines und wirkt nur eines: erlöst sein von der Welt. Die Motive reichen so weit, als die Bejahung des Willens zum Leben; das Quietiv hat zu seiner unmittelbaren Folge die Verneinung desselben.

3. Die ethisch-geniale Erkenntnis als der erste Heilsweg

Wie die Motive, so ist auch das Quietiv durch die *Erkenntnis* vermittelt; nur dass eine ganz andere Art der Erkenntnis den Willen erregt und stachelt, eine ganz andere ihn beruhigt und stillt. Motive sind erkannte Ursachen, sie stehen unter dem Satze des Grundes, sie haben die Willensinteressen zu ihrem Ausgangspunkt, die Relationen zwischen dem Willen und den Objekten außer ihm (den Personen und Dingen) zu ihrem Thema: Daher ist ihr Schauplatz die Welt, wie sie durch den Schleier der Maja erscheint, d.i. die Sinnenwelt in ihrer zahllosen Vielheit.[545] Kurz gesagt: Die Voraussetzung der Motive ist die Selbsterkenntnis des Willens, wie derselbe in Zeit und Raum erscheint; die Voraussetzung des Quietivs dagegen ist die Selbsterkenntnis des Willens, wie er an sich ist, unabhängig von Zeit und Raum. An sich ist der Wille das All-Eine, er ist das eine, in allen Dingen identische Urwesen, dessen Erscheinung im Großen und Ganzen die leidensvolle Welt ist; diese ist die Folge der Bejahung des Willens zum Leben, des vielen und heftigen Wollens, dem die Größe der Leiden entspricht. Wäre der Wille noch unruhiger und heftiger, als er ist, so wären die Leiden noch größer, noch schrecklicher, und die Welt eine wirkliche Hölle.

Diese Erkenntnis ist die Voraussetzung des Quietivs: die Erkenntnis des Weltelends nicht im Einzelnen, sondern im Großen und Ganzen, die Erkenntnis auch der Quelle dieses Elends, nämlich des vielen und heftigen Wollens, welches seinen Grund einzig und allein in der Bejahung des Willens zum Leben hat; dieser aber ist das Wesen der Welt und der Kern aller Erscheinungen. Die Quelle des Leidens versiegt, wenn das viele und heftige Wollen aufhört, ganz und für immer. Dies aber heißt den Willen quieszieren oder verneinen. Was

545 S. oben II. Buch, 12. Kap., S. 383 f.

kann auch die tiefste Selbsterkenntnis des Willens, d.i. die Erkenntnis seines Wesens und seiner Welterscheinung für eine andere Wirkung haben als diese?

Man verstehe wohl die Art dieser Erkenntnis. Dieselbe wird nicht stückweise und mühselig zusammengesetzt, ergründet und ergrübelt, sondern sie durchschaut gleichsam mit einem Blick die Sache bis auf den innersten Grund: Sie ist nicht demonstrativ, sondern *intuitiv*. Wie der Dichter in einer einzigen Begebenheit das Wesen und Schicksal der Charaktere, die *tragische* Bedeutung der Welt erkennt und darstellt, so genügt hier ein Blick in das leidensvolle Dasein, um die *ethische* Bedeutung der Welt zu erkennen: das Weltelend, das Erlösungsbedürfnis, das einzig mögliche Heil. Der Anblick *eines* Bettlers, *eines* hinfälligen Greises, *eines* Kranken, *eines* Leichnams war genug, um den Sohn der Çâkjas plötzlich zu bekehren und aus einem vornehmen Weltmenschen in einen geringen Bettler, Einsiedler und Welterlöser zu verwandeln: Er wurde Buddha. Darum nennt Schopenhauer diese Erkenntnisart, welche den Ursprung des Quietivs ausmacht, die ethisch-geniale.

In derselben vereinigen sich drei Richtungen. Sie wendet den Willen und führt zu seiner Verneinung: Darin besteht der *Quietismus*; die Folge der Willensverneinung ist die Ertötung des Eigenwillens: Darin besteht die *Askese*; das Thema dieser tiefsten Selbsterkenntnis des Willens ist die Wesenseinheit aller Erscheinungen: Darin besteht der *Mystizismus*. Hören wir den Philosophen selbst: „Quietismus, d.i. Aufgeben alles Wollens, Askesis, d i. absichtliche Ertötung des Eigenwillens, und Mystizismus, d.i. Bewusstsein der Identität seines eigenen Wesens mit dem aller Dinge oder dem Kern der Welt, stehen in genauester Verbindung, sodass, wer sich zu einem derselben bekennt, allmählich auch zur Annahme der anderen, selbst gegen seinen Vorsatz, geleitet wird.“[546]

Auch wenn der Philosoph nicht ausdrücklich darauf hinwiese, müssten wir uns erinnern, in seiner Lehre schon einer Erkenntnis zu sein, die sich vom Willen befreit und denselben in tiefes Schweigen versetzt hatte: Es war jene willensfreie Betrachtung, deren Gegenstand die Weltideen waren, welche in ihrer deutlichsten Gestalt das Genie des Künstlers entdeckt und darstellt. Damals handelte es sich

546 Die Welt als Wille u. s. f., II, 48. Kap., S. 722.

um die *ästhetisch-geniale* Erkenntnis, jetzt um die *ethisch-geniale*, der die leidensvolle Gestalt der Welt ebenso anschaulich, einleuchtend und ergreifend vor Augen steht als dem Künstler die Idee, welche er abbildet.

Beide Erkenntnisarten sind intuitiv und den Willen beschwichtigend, aber ihr Unterschied liegt darin, dass jene den Willen für Augenblicke, diese dagegen für *immer* quiesziert; dass jene uns die Welt nur vergessen macht, diese dagegen uns von ihr *erlöst*; dass jene uns wohl zu trösten und momentan zu beglücken vermag, diese aber uns *beseligt*. Denn mit der Verneinung des Willens ist ein solcher Zustand gänzlicher Resignation und Willenlosigkeit eingetreten, dass man sagen kann: Der Wille ist verschwunden, nur die Erkenntnis und Kontemplation sind geblieben.[547]

Goethe hat in einer seiner großen und tiefsinnigen Dichtungen beide Erkenntnisarten, sowohl die ästhetisch-geniale als auch die ethisch-geniale in zwei Charakteren höchst anschaulich geschildert: jene im Tasso, diese in der Prinzessin. Treffend bemerkt Schopenhauer, indem er aus jener Dichtung auch dieses zweite Beispiel hervorhebt, dass in dem Charakter der Prinzessin der Zug einer gänzlichen Resignation walte, die nicht aus partikularem und eigenem Ungemach, sondern aus der intuitiven Erkenntnis der leidensvollen Welt und der Nichtigkeit aller ihrer Güter herrühre.[548] Mit dem Tiefblick einer solchen Entsagung verträgt sich sehr wohl der Ernst der Sinnesart und eine gewisse edle Trauer, aber gar nicht der Ton des Klagens und Lamentierens, der am Ende gar ins Sentimentale und Weinerliche gerät. Die echte Erkenntnis ist immer schmerzlos, auch wenn sie gar nicht erfreulich ist. „Wer erfreute sich des Lebens, der in seine Tiefen blickt?"

Unter den Philosophen der neuen Zeit ist wohl keiner, in dessen Charakter und Leben sich die ernste und resignierte Grundstimmung des Gemüts so erhaben ausgeprägt hat wie in Spinoza. Von dem Zuge nach dem unvergänglichen Gut ergriffen, hatte er die Vergänglichkeit der irdischen Güter, der Sinnenlust, des Reichtums und der Ehre früh erkannt und ihre Nichtigkeit vollkommen durchschaut; er hat diesen seinen Heilsweg in der herrlichen Einleitung des *„Tractatus*

547 Ebendas., I, § 71, S. 526 – 527.
548 Über den Charakter der Prinzessin im Tasso vgl. mein Buch über „Goethes Tasso", S. 135 – 156.

de intellectus emendatione“ geschildert, welche auch Schopenhauer als ein „Besänftigungsmittel“, d.i. als ein Quietiv, empfunden hat und empfiehlt.[549] Hier weht „die Friedensluft des Spinozismus“, in welcher Goethe gern und oft sich die heiße Stirn gekühlt hat. Um alle partikularen Resignationen loszuwerden, müsse man einmal für immer im *Ganzen* resignieren. Dieses Grundthema seiner Lebensweisheit hat er von Spinoza empfangen und der Prinzessin im Tasso mitgeteilt.

Die Übel, der Unwert und die Grausamkeit der Welt, die der Natur inbegriffen – denn die Wut der Naturkräfte verursacht einen furchtbaren Bestandteil unserer Leiden – sind das Thema der *pessimistischen* Weltansicht, die von den Dichtern der neuen Zeit drei in vorzüglicher Weise ausgeführt haben. Dem flachen Optimismus und Theismus entgegen, der die Übel der Welt nicht zu rechtfertigen vermocht und darum zu bemänteln versucht hat, ist die wahre Lage der Dinge so unverhohlen und *aufrichtig* wie möglich von *Voltaire* in seinem „Candide“ dargetan worden auf satirische und scherzhafte Art. Der tragische Ausdruck des Pessimismus ist in keinem Werk großartiger hervorgetreten als in *Byrons* „Kain“. In erschütternde Wehklagen hat sich das Gefühl der erkannten und empfundenen Leiden des Daseins in den Gedichten *Leopardis* ergossen.[550] In dem Streit über die optimistische Weltansicht, der zwischen Voltaire und Rousseau entstanden war, steht Schopenhauer ganz auf der Seite Voltaires, dem es zum Ruhme gereiche, die Wahrheit des Pessimismus und die des Determinismus erkannt zu haben; während Rousseau, obwohl „der größte Moralist der ganzen neuen Zeit“, das Gegenteil jener beiden Wahrheiten behauptet und noch den flachen Theismus hinzugefügt habe, den er „das Glaubensbekenntnis des savoyischen *Pfarrers*“ genannt hat.

4. Das empfundene Leiden als der zweite Heilsweg

Der Weg zum Heil führt durch das Quietiv, d.i. die Verneinung des Willens zum Leben; der Weg zum Quietiv führt durch die Erkenntnis, dass die Leiden zum Dasein und Wesen der Welt gehören und aus der Bejahung des Willens zum Leben unvermeidlich folgen: Schopenhauer bezeichnet diesen Weg durch *„das erkannte Leiden“*

549 Vgl. über dieses Werk meine Geschichte der neuern Philosophie (4. Aufl. 1898, Jubiläumsausg.), 2. Bd., 2. Buch, 10. Kap., S. 276 – 280.

550 Die Welt als Wille u. s. f., II, 47. Kap.

als den ersten zum Heil. Es gibt noch einen anderen, welchen er mit einem dem eklektischen Werk des Stobäus entlehnten Ausdruck „δεύτερος πλοῦς" (die zweite Seefahrt) nennt. Darunter ist „*das empfundene Leiden*" zu verstehen, das *non plus ultra* selbst erlebten und erlittenen Unglücks.[551]

Hier sind es die Leiden selbst, mit deren Übermaß der Grund alles Leidens und aller Schuld sich plötzlich enthüllt, sodass es dem Gequälten wie Schuppen von den Augen fällt und er mit einem Male zu jener intuitiven Erkenntnis gelangt, durch sie zum Quietiv, zur Verneinung des Willens zum Leben, zur Erlösung, sei es durch den gewaltsamen Tod als Abbüßung der Schuld oder durch die Askese. Der Wille erlischt. Es kann der Fall sein, dass einem dieser Selbsterkenntnis nicht verschlossenen, aber noch von wildem Lebensdrang strotzenden Gemüt, mitten in der Sünden Maienblüte, vom Liebeszauber bestrickt, plötzlich die Augen darüber aufgehen, was es für eine Bewandtnis mit der Herrlichkeit des Lebens hat, mit diesem unserem Dasein, das mit der Zeugungslust beginnt und mit dem Modergeruch endet. So erging es im dreizehnten Jahrhundert dem ritterlichen *Ramon Lull*, Großseneschall des Königs von Majorka, als er mitten in einem lange ersehnten, endlich, wie er wähnte, glücklichen Liebesabenteuer vom Anblick eines schrecklichen Geschwürs entsetzt wurde; er hörte auf, ein weltlicher Ritter zu sein und wurde ein Glaubensstreiter mit dem Wunsch, der sich ihm auch erfüllt hat, ein Märtyrer zu werden. Ähnlich erging es im siebzehnten Jahrhundert dem Abbé *Rancé*, der im Liebesrausch eines Abends zu der Geliebten kam und ihren Leichnam fand, mit abgeschnittenem Kopf, neben dem Sarg, der für den ganzen Körper zu klein befunden war (1660). Da erlosch in ihm für immer alle Lebenslust, alle Bejahung des Willens zum Leben, er behielt nur das Kloster La Trappe, er stiftete den Orden der Trappisten, mit den schwersten Kasteiungen und dem Gelübde des ewigen Schweigens, mitten in der geistreichsten und leichtsinnigsten aller Nationen den strengsten aller Orden! Und er selbst, der in früher Jugend den Anakreon herausgegeben hatte, starb, wie er es vorhatte, auf einem Aschenhaufen. Selbst schwere Verbrecher in der Erwartung ihrer bevorstehenden Hinrichtung, im Anblick des Schafotts, haben eine Bekehrung von Grund auf

551 Ebendas., I, § 68, S. 502.

erlebt und in den letzten Augenblicken ihres Lebens in freudiger Todeshoffnung öffentlich bekannt.[552]

Niemals aber ist der Heilsweg durch das empfundene, unsägliche Leiden so deutlich und so rührend dargestellt worden, als ihn Goethe in seinem *Gretchen* geschildert hat. Erst das volle Liebesglück: „Mir wird's so wohl in deinem Arm, so frei, so hingegeben warm." Im Gefühl der Schuld und des Falls noch der Trost ihrer vollen Liebe und Hingebung: „doch – alles was mich dazu trieb, Gott! War so gut! ach war so lieb!" Dann das Übermaß der Leiden: der verschuldete Tod der Mutter, die Gewissensangst, die Ermordung des Bruders durch den Geliebten, der flieht und sie verlässt, die Tötung des Kindes, Schande und Verfolgung, Kerker und Verurteilung, endlich die Möglichkeit der Rettung! Sie will keine Rettung mehr, die Verneinung des Willens zum Leben ist eingetreten, alles andere erloschen: „Nimmer werd' ich wieder froh." – „Ist das Grab draus', lauert der Tod, so komm! Von hier ins ewige Ruhebett, und weiter keinen Schritt!" „Ich darf nicht fort." Der Kerker ist ihr zum „heiligen Ort" geworden; ihr Abschiedswort heißt: „Heinrich! Mir graut's vor dir!" Sie ist *„gerettet"*, ruft die Stimme von oben, und sie hat recht. Wenn man Anfang und Ende dieser Tragödie vergleicht, vielleicht der inhaltschwersten und kürzesten, die es gibt, die Lockungen des Eros und die Gräuel der Verwüstung und des Elends, so muss man mit Schopenhauer sagen: zuerst das Thema des Anakreon, zuletzt das des Äschylus! Das Gretchen im Faust ist das vollkommenste Beispiel der Umwandlung oder der Verneinung des Willens zum Leben, welches uns die Dichtung bietet.

Das Leiden läutert durch „die Lauge des Schmerzes"; es ist, wie Meister Eckardt sagt, „das schnellste Tier, das uns zur Vollkommenheit trägt".[553] Diese aber ist die Erlösung von der Welt, die Wendung des Willens, die Umgestaltung des Charakters von Grund auf, welche Veränderung man als Bekehrung oder Wiedergeburt treffend bezeichnet. Hier ist der einzige Punkt, wo die wirkliche Freiheit zum Durchbruch kommt und zur Erscheinung gelangt; die Umwandlung des Willens ist die einzige Art ihrer Erscheinung. Sonst ist sie nirgends. Der intelligible Charakter macht den empirischen, der so

552 Schopenhauer bringt zwei englische Beispiele solcher „Galgenpredigten". Die Welt als Wille u. s. f., II., 45. Kap. – Vgl. I, § 68, S. 505 – 506.

553 Die Welt als Wille u. s. f., II, 48. Kap.

handelt, wie er ist (*operari sequitur esse*), aber sich nie ändert, es sei denn, dass der intelligible Charakter sich selbst und dadurch auch den empirischen von Grund auf umgestaltet. Diese Selbstaufhebung des Willens ist die *einzige* Tat der Freiheit, ihre einzige unmittelbare Äußerung, sie ist die den Willen und die Welt verneinende, darum von der Welt erlösende Tat.[554] Matthias Claudius (Asmus) hatte im „Wandsbecker Boten" bei Gelegenheit einer Bekehrungsgeschichte diese Umgestaltung, da sie eine totale oder universelle und gründliche ist, „eine *katholische, transzendentale* Veränderung" genannt, was Schopenhauer mit seiner Lehre in völliger Übereinstimmung fand.[555] Und da Claudius den göttlichen Fluch über das sündige Menschenpaar pessimistisch auslegte und in den Leiden unseres Daseins erfüllt sah, so meinte Schopenhauer, den Wandsbecker Boten, wie Claudius sich und seine Werke nannte, in zwei Hauptstücken seiner Lehre für sich zu haben, und widmete ihm sogar häusliche Bilderverehrung.[556]

5. Die Heilsordnung

Nunmehr erscheint uns die Welt in einem neuen Licht. Wenn in ihrem Wesen das Leiden begründet ist und notwendig aus demselben folgt, sich mit dem Stufengang der Dinge steigert, umso tiefer empfunden wird, je höher die Vorstellungs- und Erkenntniszustände sich entwickeln, das empfundene Leiden aber die Kraft der Läuterung besitzt und zur Erlösung führt, so gewinnt das Dasein der Welt eine *moralische* Bedeutung und erscheint selbst als „Heilsordnung", wie denn auch Schopenhauer in einem der letzten Kapitel des ergänzten Hauptwerks sie als solche betrachtet.[557] Nicht die Welt befindet sich auf dem Irrweg, sondern wir, die wir uns einbilden, zum Glück und Wohlsein geboren zu sein. Gleich in den ersten Worten seiner Lehre von der Heilsordnung erklärt Schopenhauer diese Vorstellung für den einzigen uns angeborenen Irrtum.

Der Weltlauf ist so eingerichtet, dass er diesen Irrtum gründlich widerlegt, uns in der Schule des Leidens die vielen und heftigen

554 Ebendas., I, § 70, S. 518.
555 I, § 70, S. 517.
556 Vgl. oben I. Buch. 5. Kap., S. 113. – Wandsbecker Bote, 1. Bd., 1. Teil, S. 57 – 58. 1. Bd., 4. Teil, S. 312 – 316 betr. Moses I, 3. Kap., V. 17 – 19. (Matthias Claudius' Werke, Gotha, Fr. A. Perthes.)
557 Die Welt als Wille u. s. f., II, 49. Kap., S. 747 – 754.

Willensbejahungen allmählich abgewöhnt, unsere Bestrebungen vereitelt, zuletzt durch den Tod völlig zunichte macht. Der natürliche Lebenslauf nimmt dieselbe Richtung, er ist ein beständiges Vergehen und Sterben; das zunehmende Alter lässt uns der Welt auf natürlichem Weg absterben, die Zeugungskraft versiegt, die Selbstliebe erlischt in der Liebe zu Kindern und Enkeln, der Greis will nichts mehr für sich und hat nichts mehr zu wollen, daher ist das Altern die *Euthanasie* des Willens und der menschliche Lebenslauf eine natürliche Heilsordnung, in welche nur der vorzeitige und plötzliche Tod nicht passt.

Das Unglück *läutert*, wenn es den Willen bricht und die Liebe zum Leben auslöscht: Daher ihm eine heiligende Kraft zugeschrieben wird, und ein von den Schlägen des Schicksals schwer betroffener Mensch als ein geheiligtes, unverletzbares Wesen erscheint, gleichsam sakrosankt. Der Tod *erlöst*, wenn die Verneinung des Willens vorangegangen oder im Angesichte des Todes noch vor dem Ende erfolgt ist: daher der Tod wie eine Heiligsprechung erscheint und der Anblick eines Leichnams einen so ernsten, ehrfurchtgebietenden, feierlichen Eindruck hervorruft.

Wenn aber aus dem Leiden und Sterben die Erlösung hervorgeht, dieses höchste aller Ziele, dieses *Endziel* im wahrsten Sinne des Worts, so sind auch das bittere Leiden und Sterben, die einen ganz anderen Charakter als den der Euthanasie haben, nicht allein als die Folgen, sondern auch als der *Zweck* und die *Absicht* unseres Daseins zu betrachten; so waltet in unserem Leben nicht der Zufall, dieser Beherrscher des dunklen Weltlaufs, wie er früher genannt wurde, sondern ein planmäßiges Schicksal, welches den Weltlauf und unseren Lebenslauf dergestalt verknüpft und zusammenführt, dass wir mit „*einem unverkennbaren Anstrich von Absichtlichkeit*" zu dem Ziel der Ziele gelenkt werden. Hieraus erst erhellt, was in der Lehre Schopenhauers „Heilsordnung" bedeutet.[558]

558 Ebendas., II, 48. Kap., S. 749. Vgl. ebendas., 47. Kap., S. 706. Vgl. Parerga I, S. 231 – 255.

IV. Religion und Religionsphilosophie

1. Monotheismus und Polytheismus

Nunmehr gewinnt diese Lehre den religiösen und religionsphilosophischen Charakter, auf welchen Schopenhauer das größte Gewicht legt; derselbe steht in unmittelbarem Zusammenhang mit der Lehre von dem Quietiv und der Willensverneinung, welche er für den wichtigsten Punkt seiner ganzen Betrachtung erklärt hat, es ist der Zielpunkt alles früheren. Der einzige uns angeborene, weil mit der Willensbejahung gegebene, Irrtum war die Einbildung, dass wir da sind, um glücklich zu sein und glückselig zu werden. Aus dieser Vorstellung entwickelt sich die optimistische Weltansicht, welche den Glauben an einen intelligenten, uns günstig gesinnten Welturheber, d. h. den Theismus entweder in der Einzahl oder in der Mehrzahl zu ihrer Voraussetzung hat und darauf beruht.

Die Grundform des Monotheismus ist das Judentum, woraus das judaistische Christentum (d. h. das Christentum, soweit es jüdisch gesinnt war und ist) und der Islam hervorgegangen sind; die höchste Blüte und Gestalt des Polytheismus ist das klassische Heidentum. Jede dieser drei Arten des Theismus hat ein Element in sich, welches der theistischen und optimistischen Weltansicht widerstreitet und mit der Lehre von der Willensverneinung übereinstimmt: Dieses Element ist im Judentum der Mythus vom *Sündenfall*, im Hellenentum die *Tragödie*, im Islam die (im neunten Jahrhundert unserer Zeitrechnung entstandene) Sekte des mystisch und pantheistisch gesinnten *Sufismus*.[559]

Der Mythus vom Sündenfall enthält zwei Faktoren, die nicht auf jüdischem Boden gewachsen, überhaupt nicht semitischen, sondern arischen Ursprungs sind: die Lehre von unserem verschuldeten, sündhaften, darum leidensvollen Dasein und die Satansidee; jene ist *indischer*, diese *persischer* Herkunft. Je schroffer und starrer, je roher und fanatischer der Monotheismus ist, umso schlechter und verwerflicher: Diese seine schlechteste Art ist der *Islam*. Das *non plus ultra* des Eudämonismus ist das künftige Paradies aller Sinnesgenüsse, welches Mohammed seinen Gläubigen verheißen hat; das

559 Die Welt als Wille u. s. f., II, 48. Kap., S. 712 – 763.

non plus ultra des Optimismus ist die mosaische Schöpfungslehre, nach welcher Jehova am sechsten Tag sein Schöpfungswerk – diese Welt, die gerade zur Not besteht, mit Ach und Krach, wie man zu sagen pflegt, und von Übeln und Leiden aller Art geradezu wimmelt – über alle Maßen schön und vortrefflich befunden hat: „*πάντα καλὰ λίαν*". Schopenhauer kann das Schlusswort der Schöpfung: „Alles war sehr gut!" nicht oft genug wiederholen, um diese ärgste aller Verblendungen, diesen in dem Grundirrtum der Willensbejahung versunkenen Charakter des jüdischen Monotheismus zu kennzeichnen. Wer den Willen dieses Gottes erfüllt und tut, was er befiehlt, der wird belohnt, zwar nicht durch ein künftiges, aber durch ein sehr langes gegenwärtiges Leben und irdisches Wohlergehen. „Auf dass es dir wohlgehe und du lange lebest auf Erden!" Darin besteht das Thema des jüdischen Eudämonismus.

2. Das echte und unechte Christentum

Das historische Christentum besteht aus zwei ganz heterogenen Elementen, die zwar aus geschichtlichen Gründen zusammenhängen, aus inneren dagegen einander völlig widerstreiten: Diese beiden Elemente sind das Judentum und das echte, dem Heile der Menschheit adäquate Christentum, die sich zueinander verhalten wie der Monotheismus zur Gottmenschheit, die optimistische Weltansicht zur pessimistischen, nach welcher die Welt als „Jammertal" erscheint, die eudämonistische Lebensanschauung zur asketischen, die falsche Freiheitslehre zur wahren.

Der Mosaismus ist die Gesetzesreligion, die Erfüllung der Gesetze wird bedingt oder motiviert durch die Hoffnung auf göttlichen Lohn und die Furcht vor göttlicher Strafe, der Lohn aber besteht in der langen Lebensdauer, dem irdischen Wohlergehen, Reichtum, Familienglück, Kindersegen u. s. f. Dieser Lohn wird erworben durch lauter Werke, welche den Gesetzen gemäß, d. h. gerecht sind: Daher die *Werkgerechtigkeit* oder der Glaube an die Rechtfertigung durch die Werke den Grundcharakter der mosaischen Religion ausmacht. Schon hieraus erhellt, dass die menschliche Willensfreiheit in die Freiheit oder Willkür der *Handlungen* (*operari*) gesetzt wird, also gerade in diejenigen Erscheinungen, worin sie schlechterdings nicht besteht, sondern welche durchgängig motiviert oder nezessitiert sind. Soweit die Motive reichen, erstreckt sich die Bejahung des Willens zum Leben, und umgekehrt. Auch ist es der vollkommenste Widerspruch, das menschliche Dasein für das Machwerk eines fremden Willens zu halten und ihm zugleich Eigenmächtigkeit und Freiheit zuschreiben zu wollen. Geschaffen sein und frei sein, als Prädikate desselben Wesens, sind einander kontradiktorisch entgegengesetzt; geschaffene Freiheit oder freie Kreatur ist, wie die Logiker sagen, ein hölzernes Eisen oder ein eisernes Holz. Unter der Voraussetzung der jüdischen Gotteslehre lässt sich das Problem der sogenannten Theodizee niemals lösen; vielmehr ist es ganz unmöglich, mit der Güte Gottes die Übel und Leiden in der Welt, mit der Allmacht und Allwissenheit Gottes die menschliche Freiheit zu vereinigen.

In allen Punkten, die wir genannt haben, ist nun das echte Christentum das entschiedene Gegenteil des Judentums. In der Glaubens- und Lebensrichtung des Urchristentums herrschen die *Askese*, die Willensverneinung und das Quietiv. Jesus selbst hat in der Bergpredigt nicht bloß die im Geiste Armen und die nach Gerechtigkeit Hungernden selig gepriesen, sondern die wirklich Armen und Hungernden. Schopenhauer beruft sich hier auf die „*πτωχοί*" im Lukas und auf die Erklärung, welche Strauß von der asketischen Bedeutung dieser Worte gegeben habe; desgleichen auf die Parabel vom reichen Mann und armen Lazarus, derzufolge jener nicht wegen seiner Sünden, sondern bloß wegen seines Reichtums in die Hölle, dieser aber nicht wegen seiner Tugenden, sondern bloß wegen seiner Armut in Abrahams Schoß kommt.

Dem jüdischen und judenchristlichen Glauben an die Gerechtigkeit der Werke und die Rechtfertigung durch dieselben, womit der *hierarchische* Charakter beider Religionen Hand in Hand geht, hat der Apostel Paulus im Geist des echten Christentums die Rechtfertigung bloß durch den Glauben, den Glauben als Gnadenwirkung und aus Gnadenwahl, die Verneinung aller falschen Willensfreiheit, die Verneinung alles Eigenwillens, die Umwandlung des Charakters von Grund auf, die Wiedergeburt als die einzige Erscheinung der wahren Freiheit entgegengesetzt: denjenigen Glaubens- und Willenszustand, von welchem es heißt: „Nicht ich lebe, sondern Christus lebet in mir", d.i. der gekreuzigte Heiland, der Weltheiland, der Erlöser von der Welt, außer welchem es kein Heil gibt. Das echte, paulinische Christentum ist durchaus antijudaistisch und folgerichtigerweise auch durchaus antikosmisch. Ludwig Feuerbach in seinem „Wesen des Christentums" (1841) hatte die Grundrichtung des Letzteren als *„antikosmische Tendenz"* bezeichnet, um mit diesem Wort den Grundirrtum und die Illusion des christlichen Glaubens zu charakterisieren, da doch die Welt, und zwar die Sinnenwelt allein das wahrhaft Wirkliche sei. Er war schon auf dem Weg zum Sensualismus und Materialismus, als er jenes leidenschaftliche, der damaligen Zeitstimmung willkommene und sie tief erregende Buch schrieb. Offenbar hat Schopenhauer, ohne das Werk und den Verfasser zu nennen, in der unten angeführten Stelle beide im Sinne gehabt, um sich gegen den Mann und die Zeitrichtung auf das Schärfste zu erklären. Er findet es ganz richtig, dass dem Wesen des Christentums die „antikosmische Tendenz" zugeschrieben werde, aber es sei der gröbste aller Irrtümer, diese Tendenz für illusorisch, dagegen die Herrlichkeit der Welt für das Reale und Ansichseiende zu erklären. Ich hebe diesen Punkt hervor, weil hier der religiöse Gegensatz zwischen Schopenhauer auf der einen und Feuerbach nebst dem aus der Hegel'schen Philosophie entsprossenen Pantheismus auf der anderen Seite sich in ungemeiner Deutlichkeit darstellt.

Das paulinische Christentum ist die Grundlage des Augustinismus, der christlichen Mystik wie der lutherischen Lehre von der allein seligmachenden Kraft des Glaubens, von der Knechtschaft des Willens und der christlichen Freiheit (*sola fides, servum arbitrium, libertas christiana*); wogegen das Judentum, der Deismus, der Pelagianismus und der protestantische Rationalismus die falsche Freiheitslehre mit allem Zubehör vertreten und daher im Christentum nicht „die vortreffliche, heilbringende Religion", sondern nur reformiertes Judentum zu erkennen vermögen. Schopenhauer pflegt diese falschen Lehrarten als jüdische, im Christentum enthaltene und fortwirkende Elemente zu betrachten und in der kollektivischen Bezeichnung „jüdisch" und „protestantisch-rationalistisch" häufig zu kombinieren. Das echte Christentum ist die Religion der *Erlösung*: Nur sind von dem historisch gegebenen Christentum alle jene jüdischen Elemente in Abrechnung zu bringen, denn das Judentum sei „das Urgebrechen des Christentums".[560]

Die Religion der Erlösung ist die der *Willensverneinung*, diese ist der Weg zum Heil, der einzige Weg, der zur Erlösung von der Welt

560 Ebendas., II, 48. Kap., S. 725 ff.

führt; Judentum und Christentum, das unechte (mit den jüdischen Elementen durchsetzte) und das echte Christentum verhalten sich zueinander wie die *Willensbejahung zur Willensverneinung*, und da mit jener die Notwendigkeit aller Erscheinungen und Handlungen gegeben ist, in dieser aber die einzige Tat und Erscheinung der wahren Freiheit besteht, so verhalten sich die beiden Religionsarten zueinander wie das Reich der *Notwendigkeit* zu dem der *Freiheit*. Die Notwendigkeit ist das Reich der Natur; die Freiheit dagegen, welche das Quietiv zu ihrer Voraussetzung hat und in einer allen Motiven und aller Willkür völlig entrückten, durch dieselben unmöglichen Tat, in einer nach dem Satze des Grundes völlig unbegreiflichen Erscheinung besteht, ist das Reich der Gnade: Demnach verhalten sich jene beiden Religionsarten zueinander wie das Reich der *Natur* zu dem der *Gnade*. Alle notwendigen Erscheinungen geschehen in der Zeit, sie haben einen zeitlichen Charakter, den des Werdens; die Tat der Freiheit ist zeitlos, wie diese selbst, sie erscheint daher nicht allmählich, sondern *plötzlich*, nicht als die Erwerbung, sondern als der *Durchbruch* der Gnade und der Gnadenwirkung.[561]

Die Willensbejahung, da aus ihr Dasein und Leben, die Erhaltung und Fortpflanzung der Individuen hervorgehen, enthält die Urschuld, die sich von Geschlecht auf Geschlecht forterbt: Daher sie Augustin mit Recht als *Erbsünde* kennzeichnet; die Willensverneinung, welche die Weltverneinung in sich schließt, enthält die Erlösung von der Urschuld oder Erbsünde, vom Dasein, von der Welt. Das Thema des echten Christentums, wie der wahren Religion überhaupt, ist die Lehre von der Erbsünde und der Erlösung: Die Willensbejahung und die in ihr enthaltene Urschuld erscheint in Adam, dem Stammvater des Menschengeschlechts, mit dem wir alle durch das Band der Zeugung verknüpft sind; die Erlösung erscheint in *Christus*, „im menschgewordenen Gott, der, als frei von aller Sündhaftigkeit, d.h. von allem Lebenswillen, auch nicht wie wir, aus der entschiedensten Bejahung des Willens hervorgegangen sein kann, noch wie wir einen Leib haben kann, der durch und durch nur konkreter Wille, Erscheinung des Willens ist; sondern von der reinen Jungfrau geboren, auch nur einen Scheinleib hat. Dieses Letztere nämlich nach den Doketen, d.i. einigen sehr konsequenten Kirchen-

561 Ebendas., I, § 70, S. 515 – 523.

vätern. Besonders lehrte es Appelles (*sic*), gegen welchen und seine Nachfolger sich Tertullian erhob." „Wirklich ist die Lehre von der Erbsünde (Bejahung des Willens) und von der Erlösung (Verneinung des Willens) die große Wahrheit, welche den Kern des Christentums ausmacht; während das Übrige meistens nur Einkleidung und Hülle oder Beiwerk ist. Demnach soll man Jesum Christum stets im Allgemeinen auffassen als das Symbol oder die Personifikation der Verneinung des Willens zum Leben, nicht aber individuell, sei es nach seiner mythischen Geschichte in den Evangelien oder nach der ihr zugrunde liegenden, mutmaßlichen, wahren."[562] Wir werden in der Kritik der Lehre Schopenhauers auf diese und die nächstfolgenden Erörterungen zurückkommen.

Verbindet man nun – was zwar schlechterdings nicht zusammenpasst, aber nun einmal auf geschichtlichem Weg zusammengebracht ist – diese Kernpunkte der christlichen Glaubenslehre mit der jüdischen Gotteslehre, zufolge welcher der Mensch die Kreatur eines fremden Willens ist, so verschlingt sich das Problem der *Theodizee* zum unauflöslichen Knoten; denn, wie man die Sache auch drehen und wenden mag, immer fallen die Schuld und die Übel der Welt auf Gott zurück, der ja alles in allem gemacht hat. Nimmt man dagegen, wie es sich in Wahrheit verhält, das Dasein des Menschen als das Werk und die Schuld seines *eigenen* Willens, die Erlösung des Menschen als seine *eigene* Willensverneinung und Gnadenwirkung, so ist der Knoten gelöst; vielmehr es ist gar keiner vorhanden, sondern die ewige Gerechtigkeit liegt für jeden, der Augen zu sehen hat, am Tage.[563]

Auch das klassische Heidentum verhält sich zum Christentum wie die Willensbejahung zur Willensverneinung. Der heidnische Trost liegt in der Unsterblichkeit der Gattung, in der Fortpflanzung und Unverfügbarkeit des Daseins; der christliche Trost dagegen in dem gewollten Leiden, welches zur Erlösung vom Dasein führt. Um diesen Gegensatz recht anschaulich darzustellen, vergleicht Schopenhauer den antiken Sarkophag zu Florenz, auf welchem das Bild der Hochzeitsfeier dargestellt ist, mit dem christlichen Sarkophag, bedeckt mit dem schwarzen Tuch, darauf das Kruzifix. Das gewollte Leiden ist das Kreuz, die Erlösung ist die ewige Ruhe.

562 Ebendas., I, § 70, S. 518 – 519.
563 Ebendas., S. 520, Anmerkung. Vgl. oben II. Buch, 17. Kap., S. 474 ff.

3. Nirwana

Diese ewige Ruhe bezeichnet Schopenhauer mit dem buddhistischen Ausdruck „Nirwana", der die Erlösung von allem Dasein und allen Wiedergeburten bedeutet, einen Zustand, in dem es vier Dinge nicht gibt: Geburt, Alter, Krankheit und Tod. Der Begriff des indischen Wortes selbst ist nicht außer Streit. Sicher ist, dass etwas dadurch *negiert* wird, dass es die völlige Abwesenheit gewisser Zustände oder Tätigkeiten bedeutet, seien diese nun alles, was unter Wehen, oder unter Dasein und Leben, oder unter Gelüsten verstanden wird: Im ersten Fall würde Nirwana gleichbedeutend sein mit der Windstille, im zweiten mit der Vernichtung, im dritten mit der Aufhebung alles Wollens: Dann wäre, wie J. J. Schmidt das Wort zu erklären gesucht hat, Nirwana das Gegenteil des Sansara als der Welt des Gelüstens.[564]

Man möge, wie Schopenhauer meint, das Nirwana nicht dem einfachen, beziehungslosen Nichts gleichsetzen: Es sei kein *nihil negativum*, sondern ein *nihil privativum*. Wem diese Welt *nichts* ist, dem ist Nirwana alles; wem aber diese Welt alles ist, dem ist Nirwana nichts. „Vor uns bleibt allerdings nur das Nichts. Aber das, was sich gegen dieses Zerfließen ins Nichts sträubt, unsere Natur, ist ja eben nur der Wille zum Leben, der wir selbst sind, wie er unsere Welt ist. Dass wir so sehr das Nichts verabscheuen, ist nichts weiter als ein anderer Ausdruck davon, dass wir so sehr das Leben wollen und nichts sind, als dieser Wille, und nichts kennen, als eben ihn. – Wenden wir aber den Blick von unserer eigenen Dürftigkeit und Befangenheit auf diejenigen, welche die Welt überwanden, in denen der Wille zur vollen Selbsterkenntnis gelangte, sich in allem wiederfand und dann sich selbst frei verneinte, und welche dann nur noch seine letzte Spur mit dem Leibe, den sie belebt, verschwinden zu sehen abwarten, so zeigt sich uns statt des rastlosen Dranges und Treibens, statt des steten Überganges von Wunsch zu Furcht und von Freude zu Leid, statt der nie befriedigten und nie ersterbenden Hoffnung, daraus der Lebenstraum des wollenden Menschen besteht, jener Friede, der höher ist als alle Vernunft, jene gänzliche Meeresstille des Gemüts, jene tiefe Ruhe, unerschütterliche Zuversicht und Heiterkeit, deren bloßer Abglanz im Antlitz, wie ihn Raffael und Correggio dargestellt

---

564 Die Welt als Wille u. s. f., II, 41. Kap., S. 598, Anmerkung.

haben, ein ganzes und sicheres Evangelium ist: Nur die Erkenntnis ist geblieben, der Wille ist verschwunden."[565]

In diesen Worten am Schluss des ursprünglichen Hauptwerks vergegenwärtigt sich uns die gesamte Lehre Schopenhauers. Ob es mit dem Nichts, in welches seiner Erklärung gemäß das Nirwana ohne Rest aufgeht, völlig übereinstimmt, wenn es an einer früheren Stelle heißt: „Hinter unserem Dasein nämlich steckt *etwas anderes*, welches uns erst dadurch zugänglich wird, dass wir die Welt abschütteln"?[566]

4. Epiphilosophie

Das Schlusskapitel des vollständigen Hauptwerks heißt „Epiphilosophie" und enthält den kurzen Epilog des ganzen Systems, dessen durchgängige Aufgabe und Leistung die immanente Erklärung der Dinge war, d.i. die Erklärung der Welt nicht aus einem fremden, außer ihr befindlichen, sondern aus ihrem eigenen, inwohnenden Wesen und Willen. Dasselbe erstrebt und beansprucht jeder Pantheismus, aber die Lehre Schopenhauers ist Pantheismus ohne *θεός*, da sie allen Arten des Theismus auf das Nachdrücklichste widerstreitet, denn als ein Werk Gottes oder der Götter muss die wirkliche Welt als die möglich beste angesehen werden, während sie in Wahrheit die möglich schlechteste ist. Eben darin liegt einer der Grundfehler der Lehre Spinozas: Er hat den Monotheismus seiner früheren Glaubensgenossen in Pantheismus verwandelt, er hat Gott und Welt identifiziert, wodurch die Welt zur Theophanie erklärt und das „*πάντα καλὰ λίαν*" bestätigt wird. Die optimistische Weltansicht ist jüdischer, die pessimistische echt christlicher Herkunft. Darum verhalte sich die Lehre Schopenhauers, wie dieser selbst erklärt, zu der Spinozas wie das Neue Testament zum Alten. Auch das Neue Testament enthält jüdische Elemente, welche die echt christliche Mystik abgestreift hat. Darum sagt Schopenhauer an einer früheren Stelle, dass sich das Neue Testament zur christlichen Mystik verhalte „wie die erste zur zweiten Weihe –*σμικρὰ καὶ μεγάλα μυστήρια*".

Die Welt, um ihr Wesen in der kürzesten und prägnantesten Formel auszusprechen, besteht in der Selbsterkenntnis des Willens, und da diese sich im Menschen vollzieht und vollendet, so ist der Mensch die höchste Willenserscheinung, die es überhaupt gibt, die Spitze

565 Ebendas., I, § 71, S. 526.
566 Ebendas., § 70, S. 518.

der Weltpyramide, das Endziel in der Stufenleiter der Welt. Daher sagt Schopenhauer: Die Welt ist der Mensch mit seinem ganzen Gefolge; daher will er nicht den Menschen durch die Welt, sondern die Welt durch den Menschen erklärt haben; zufolge seiner Lehre heißt es nicht: Der Mensch ist „die Welt im Kleinen", sondern die Welt ist „der Mensch im Großen", sein Thema ist nicht der Mensch als Mikrokosmus, sondern, wie er es mit einem Wort eigener Erfindung ausdrückt, die Welt als „*Makranthropos*".[567]

Dadurch kennzeichnet sich die Eigentümlichkeit der ganzen Lehre. Das Thema des Pantheismus war und ist das All-Eine: das *Ἓν καὶ πᾶν*. Was *πᾶν* bedeutet, haben alle gewusst: Es bedeutet das All, die Welt. Was aber das *Ἓν* ist, habe noch keiner zu erklären gewusst, sondern erst Schopenhauer offenbar gemacht: Dieses Eine ist die Selbsterkenntnis des Willens, dieses Eine ist der Mensch mit seinem ganzen Gefolge. Es ist der Wille, der durch seine Selbstbejahung die Welt verschuldet und ihre Qualen zu leiden hat; es ist der Wille, der durch seine Selbstverneinung die Qualen der Welt freiwillig trägt und zur Erlösung gelangt. Der Wille in der Welt ist „entweder der gekreuzigte Heiland oder der gekreuzigte Schächer".

Zwanzigstes Kapitel

Schopenhauers kritisches Verhalten zur früheren, gleichzeitigen und eigenen Philosophie

I. Übersicht

Die kritischen Betrachtungen, von denen in diesem Kapitel die Rede sein soll, bestehen aus mehreren Aufsätzen, welche, mit einer Ausnahme, fragmentarisch und skizzenhaft verfasst sind und an innerer Durcharbeitung und Bedeutung, an schriftstellerischen Vorzügen und Ideengehalt gegen die übrigen Werke weit zurückstehen. Ich wundere mich, dass Schopenhauer, der an seine Arbeiten so strenge Anforderungen zu stellen pflegte, diese Schriften selbst herausgegeben und nicht als *opera postuma* hinterlassen hat. Die Hauptpunkte, welche unser Interesse anziehen, sind in den übrigen Werken so

567 Ebendas., 2. Bd., 50. Kap., S. 750 – 762. Vgl. I, § 68, S. 497.

oft erwähnt und hervorgehoben, dass diese hingeworfenen Skizzen und Fragmente, die noch dazu einen halben Band füllen, aus den Werken sogar hätten wegbleiben können, ohne dass wir Vieles und Wichtiges entbehren würden.

Die einzige Ausnahme ist die „Kritik der kantischen Philosophie", die den Anhang des ursprünglichen Hauptwerkes bildet und in der kantischen Literatur eine sehr hervorragende und bemerkenswerte Stellung einnimmt.[568] Die übrigen Abhandlungen stehen im ersten Band der Parerga. In sachgemäßer Ordnung nenne ich: l. „Fragmente zur Geschichte der Philosophie", dieselben erstrecken sich auf die alte, mittelalterliche und neuere Philosophie; aus diesen Fragmenten sind besonders hervorzuheben die beiden Schlussparagraphen (§§ 13 u. 14) „Noch einige Erläuterungen zur kantischen Philosophie" und „Einige Bemerkungen über meine eigene Philosophie". 2. „Skizze einer Geschichte der Lehre vom Idealen und Realen." Ihr Thema ist das Grundproblem der neueren Philosophie. 3. „Über die Universitätsphilosophie". Zu den Fragmenten, welche die Geschichte der Philosophie betreffen, müssen auch die religionsphilosophischen Ansichten gerechnet werden, die im vorigen Kapitel zur Sprache gekommen sind.

II. Die christliche Religion und die vorkantische Philosophie

1. Religionsgeschichtliche Irrtümer

Wir wollen zuvörderst die Hauptpunkte und Grundzüge seiner kritischen Betrachtungsart, soweit sie die vorkantischen Zeitalter, also die eigentliche Vergangenheit, die Geschichte der Religion und Philosophie betrifft, hervorheben und zunächst die Grundmängel erleuchten, welche dieser ganzen Betrachtungsart anhaften. Schopenhauer hat ein so großes Gewicht auf die literarische Tätigkeit, nämlich die schriftstellerische Darstellung und Verbreitung *eigener* wichtiger Ideen gelegt, dass er aus der Unterlassung jener auf das

568 Ebendas., I, Anhang, S. 531 – 677. Parerga I: Skizze einer Geschichte der Lehre vom Idealen und Realen, 4. Bd., S. 13 – 33. Anhang, S. 33 – 44. Fragmente zur Geschichte der Philosophie, S. 47 – 162. Über die Universitäsphilosophie, S. 165 – 228. Aus dem von Grisebach herausgegebenen Nachlass: 3. Bd., „Anmerkungen zu Locke und Kant sowie zu nachkantischen Philosophen". 4. Bd., „Neue Paralipomena: Vereinzelte Gedanken über vielerlei Gegenstände".

Nichtvorhandensein dieser schließen wollte. Wer neue Wahrheiten entdeckt habe, müsse merken, dass er nicht zur Herde, sondern zu den Hirten, d. h. den Erziehern und Lehrern der *Menschheit* gehöre, dass er sich nicht an Einzelne, sondern an das ganze Menschengeschlecht zu richten habe, was nur auf dem Wege der Schrift geschehen könne; daher die Tatsache, dass Pythagoras und Sokrates keine Werke verfasst haben, unserem Philosophen hinreichte, um beiden „hohe Geistesfähigkeiten" abzusprechen und den Pythagoras weniger für einen Selbstdenker als nach dem Urteil des Heraklit für einen Polyhistor zu halten, der fremde Weisheit erlernt und überliefert habe.[569]

Man sollte nun erwarten, dass Schopenhauer in der Kenntnis und Beurteilung der Schriftwerke des Altertums viel Studium und Scharfsinn an den Tag legen werde, dass er über die handgreifliche Unechtheit gewisser Werke nicht erst fremder Belehrung bedürfe, sondern aus eigener Forschung orientiert sei. Dies ist aber keineswegs der Fall. So hält er z.B. die bekannte pseudoaristotelische Schrift, welche früher unter dem Titel „*De Xenophane*" angeführt wurde, jetzt richtig „*De Melisso*" heißt, für echt aristotelisch und die darin befindliche angebliche Darstellung der Lehre des Zeno für authentisch; es ist ihm gewiss, dass Spinoza diese Schrift gelesen habe müsse, aus ihr seine Lehre von der Substanz entlehnt habe und auf diesem Wege der Erneuerer der Eleaten geworden sei. Diese Schlussfolgerungen sind Schritt für Schritt bodenlos.[570] Auch die Kosmogonie der Phönizier in der Darstellung des Philo Byblius nach Sanchoniathon hält er für echt, desgleichen die pseudoplutarchische Schrift „*De placitis*" u. s. f. und zwar gründen sich diese Meinungen nicht auf kritische Gegengründe, sondern einfach auf Unkritik und guten Glauben.

Theismus und Judentum sind nach ihm Wechselbegriffe. Wo er Theismus wittert, wie in den Vorträgen des Epiktet nach Arrian, da erblickt er den Einfluss der jüdischen Religion. Wir wissen, wie sehr er dieselbe verabscheute, ausgenommen die Lehre vom Sündenfall, die er „den Glanzpunkt des Judentums" nennt. Indessen ist Schopenhauer kein Kenner der jüdischen Religion und des Alten Testaments. In allen seinen Werken, ein paar armselige Stellen abgerechnet, einen

569 Parerga, 1. Bd. Fragmente u. s. f., § 3 (Sokrates), S. 57.
570 Ebendas., § 12, S. 89 – 90.

Spruch des Jesaias, einen des Jeremias, findet sich keine Spur, dass er die *Propheten* gelesen. Nicht bloß, dass er sie nicht anführt, er erwähnt sie nirgends. Von der ganzen außerordentlichen Erscheinung ist bei ihm nirgends die Rede. Wenn man in das Register blickt, wo Professoren und Propheten alphabetisch benachbart sind, so wird man mit einigem Erstaunen bemerken, dass in den Werken Schopenhauers den „Philosophieprofessoren" eine Unzahl Stellen gewidmet sind, den Propheten nicht eine einzige. Wie will man die Geschichte und Bedeutung der jüdischen Religion würdigen, wenn man ihre Propheten gar nicht in Rechnung zieht und kennt? Es ist festzustellen, dass Schopenhauer die Entwicklungsgeschichte des jüdischen Monotheismus wie die historisch-kritischen Fragen überhaupt, welche die Entstehung und Komposition der Schriften des Alten Testaments, insbesondere die des Pentateuchs betreffen, völlig ungekannt gelassen hat: Untersuchungen, die sich durch unser Jahrhundert erstrecken und eine so wichtige, mit den religiösen Zeitfragen so genau verknüpfte Wissenschaft ausmachen.

Es steht nicht besser mit seiner Kenntnis der historisch-kritischen Fragen, die sich auf die Entstehung und Komposition der Schriften des Neuen Testaments beziehen, sich in der Folge erweitert, auf das gesamte Urchristentum erstreckt und Forschungen hervorgerufen haben, welche den mächtigsten Einfluss auf die religiösen Zeitfragen ausgeübt. Kaum, dass er in späterer Zeit das Leben Jesu von Strauß durchblättert hat. Er war nicht einmal im gewöhnlichen Maße bibelkundig. Ein Pröbchen seiner Unkenntnis, das uns in seinen Werken einige Male begegnet ist, liefert „die Hochzeit zu Kanaan"; sogar in einem Brief an A. Becker wird die Gnadenwirkung mit dem „Wunder zu Kanaan" verglichen.[571] Das ist kein Schreib- oder Druckfehler, sondern ein Irrtum, der häufig genug denen begegnet, welche ihr bisschen biblische Geschichte vergessen haben und mit Kanaan bekannter sind als mit Kana. Doch bezeugt dieser Irrtum noch mehr als nur eine Konfusion. Man sieht daraus, dass ihm der johanneische Ursprung der ganzen Erzählung und deren aus dem Geist des vierten Evangeliums (dem sie angehört) allein erkennbare Bedeutung völlig unbekannt geblieben; hierbei aber handelt es sich nicht um Detail-, sondern um Kern- und Grundfragen der gesamten Evangelienkritik.

571 Briefwechsel zwischen A. Schopenhauer und A. Becker. (Br. Schopenhauers vom 23. Aug. 1844). Grisebach, Schopenhauers Briefe, S. 96.

Um die asketische Gesinnung Jesu nachzuweisen, hat sich Schopenhauer auf die bekannte Stelle der Bergpredigt bei Lukas berufen. Da aber gerade in dieser Stelle eine Differenz zwischen Matthäus und Lukas besteht, so konnte aus historisch-kritischen Gründen nur auf eine dem urchristlichen Glauben inwohnende zwiespältige Auffassung der Person und Lehre Jesu geschlossen werden. – Schopenhauer nimmt die strengste asketische Gesinnung und Lebensart für das echte Christentum im ausdrücklichen Gegensatz zum Judentum und Judenchristentum in Anspruch, aber diese Richtung kennzeichnet den Ebionitismus, die extremste *judenchristliche* Glaubenspartei, welche ganz antipaulinisch gesinnt war. Die evangelischen Zeugnisse wohlgeprüft und erwogen, gewinnen wir von der Person und dem Charakter Jesu ein Bild, auf welches die Züge jener strengen, vom Glauben an die Werkgerechtigkeit erfüllten judenchristlichen Askese keineswegs passen.

Der Doketismus, demzufolge Christus einen Scheinleib gehabt habe, war eine gnostische Lehre, welche Schopenhauer mit Ungrund und Unkunde „einigen konsequenten Kirchenvätern" zuschreibt; vielmehr waren die wirklichen und konsequenten Kirchenväter sämtlich die entschiedensten Gegner des Doketismus und mussten es sein.

2. Die alte Philosophie und die indo-ägyptische Hypothese

Seine Betrachtungsart der Geschichte der Philosophie in den vorkantischen Zeitaltern ist durchaus *eklektisch*, sie gründet sich auf die Vergleichung der früheren Systeme mit den Grundlehren des eigenen und verhält sich demgemäß bejahend oder verneinend, angreifend oder verwerfend. Nun sind seine uns bekannten Grundwahrheiten die Lehren von der All-Einheit, vom Weltelend, von der Seelenwanderung, vom Ursein und Primat des Willens, vom organischen Ursprung und der sekundären Beschaffenheit des Intellekts, die darauf gegründete Lehre von der gänzlichen Verschiedenheit des Idealen und Realen oder der Erscheinungen und des Dinges an sich, endlich die Lehre von der Willensverneinung und Erlösung.

Diese Wahrheiten seien in der indischen Religion und Philosophie, im Brahmanismus und Buddhismus enthalten und bilden die Urquelle aller echten Weisheit im Gegensatz zum jüdischen

Theismus und Optimismus, dieser Quelle der Grundirrtümer. Aus der indischen Weisheit sei die ägyptische hervorgegangen, und aus dieser „indoägyptischen“ Quelle habe die griechische Philosophie ihre tiefsinnigsten Ideen geschöpft in den Lehren des Pythagoras, der Eleaten, des Empedokles, Plato und Plotin, welcher Letztere aus Ägypten kam und den Kaiser Gordian nach Persien begleitet habe, wohl in der Absicht, nach Indien zu gehen, um aus der Urquelle zu schöpfen.

Die Lehre der Eleaten habe ihren Gegensatz in Heraklit hervorgerufen, dieser den seinigen in Plato. Demokrit habe eine Reihe von Grundirrtümern gelehrt: Das Urwesen sei nicht eines, sondern *vieles* und bestehe in zahllosen *Stoffen*, daher die einzig richtige Welterklärung die mechanische sei. Anaxagoras habe den doppelten Grundirrtum gelehrt: das Urwesen sei der Intellekt, und die organischen Dinge nicht Produkte, sondern Edukte (aus den Homoiomerien). Diesen beiden Philosophen entgegen steht der tiefsinnige und preiswürdige Empedokles mit seiner Lehre von den beiden Urkräften der *φιλία* und des *νεῖκος*, der Liebe und des Hasses, diesen beiden Grundrichtungen des *Willens*, der aus den Grundstoffen die organischen Wesen gestalte und hervorbringe (diese seien demnach nicht „Edukte“, sondern „Produkte“), mit seiner pessimistischen Welt- und Lebensanschauung, seiner Seelenwanderungs- und Läuterungslehre u. s. f. Dieser Empedokles sei „ein ganzer Mann“, offenbar ein Jünger der „indo-ägyptischen Weisheit“.

Dass Pythagoras, der die Zahl und das Zahlenverhältnis als das Wesen der Dinge erkannte, diese *ratio numerica* als *λόγος* bezeichnet habe und dadurch der Urheber der Logosidee geworden, die durch Philo in das vierte Evangelium gelangt sei, ist Schopenhauers irrige Annahme. Der Urheber der (in dem Wesen der griechischen Philosophie tief begründeten) Logosidee ist Heraklit; dieselbe wurde in dem vierten Evangelium auf die Person und das Leben Jesu übertragen, nachdem sie die Lehren Platos, der Stoiker und des Philo durchwandert hatte.

Als der schlimmste Grundirrtum des Aristoteles erscheint ihm dessen *Theismus*, nämlich seine Lehre vom jenseitigen Gott, die mit der falschen Vorstellung von dem begrenzten Weltall unmittelbar zusammenhänge und durch die kopernikanische Kosmologie umgestürzt worden sei, da zufolge derselben die Gottheit ihren Wohnort eingebüßt habe. Vergleicht man die in den Werken Schopenhauers zerstreuten Stellen über Plato und Aristoteles mit den paar dürftigen Paragraphen, die in seinen „Fragmenten zur Geschichte der Philosophie" von den beiden größten Philosophen des Altertums handeln, so erscheinen jene weit gehaltvoller als diese, die nichts Eindringendes und Erleuchtendes vorbringen und recht obenhin sprechen. Dem Sokrates hat er „hohe Geistesfähigkeiten" abgesprochen und unter den charakteristischen Schwächen des Aristoteles „lebhafte Oberflächlichkeit" verzeichnet.[572]

3. Die Scholastik

Von den mittelalterlichen Philosophen gilt ihm als der bedeutendste und tiefsinnigste *Scotus Erigena*, der Erneuerer der neuplatonischen Lehre. – Der scholastische Realismus habe die Universalien, d.h. die Eigenschaften der Dinge für das wahrhaft Wirkliche erklärt, der Nominalismus dagegen die Träger derselben, d.h. die einzelnen Dinge. Da nun das eigenschaftslose Substratum aller körperlichen Erscheinungen und Qualitäten die Materie sei, so befinde sich der Nominalismus auf dem Weg zum Materialismus, der eine philosophische Richtung der neuen Zeit ausmacht.[573]

Übrigens lässt Schopenhauer den scholastischen Zustand der Philosophie so lange andauern, als deren Abhängigkeit von der Religion besteht und sie genötigt ist, das Dasein Gottes, die Substantialität der Seele und den Primat des Intellekts zu demonstrieren. Ob diese Herrschaft von der römischen Weltkirche oder von der protestantischen Landesreligion ausgeübt wird, ist für die Sache gleichgültig. Diesem Zustand der Philosophie ist erst durch die kantische Vernunftkritik ein Ende gemacht worden, welche die Unmöglichkeit aller jener Beweise dargetan habe. Daher wächst bei Schopenhauer die Dauer der Scholastik auf vierzehn Jahrhunderte und erstreckt sich von Augustin bis Kant.

4. Die neuere Philosophie

Das Grundproblem der gesamten neueren Philosophie, gleichsam die Achse, um welche sich dieselbe dreht, ist „die Lehre vom Idealen und Realen" oder, anders ausgedrückt, die Lehre von der Idealität

572 Parerga I. Fragmente u.s.f., § 5 (Aristoteles), S. 65.
573 Ebendas., § 9 u. 10.

und Realität unserer Außenwelt: Es ist das Problem, welches Schopenhauer als der einzige folgerichtige Kantianer endgültig gelöst haben will. Ideal sein heißt vorgestellt sein, real sein dagegen heißt unabhängig von aller Vorstellung existieren oder Ding an sich sein: Daher der Unterschied des Idealen und Realen gleichbedeutend ist mit dem Unterschied zwischen Erscheinungen und Dingen an sich. Die Eleaten hielten die Objekte unserer sinnlichen Wahrnehmung für bloße Erscheinungen, dagegen das widerspruchslos Gedachte für das Wesen der Dinge oder das Ding an sich und unterschieden demnach „*φαινόμενα*" und „*νοούμενα*". Da aber unsere Gedanken oder Vernunftbegriffe aus den Anschauungen abstrahiert sind, so sind dieselben ebenfalls Erscheinungen, sie sind nicht real, sondern ideal: die *νοούμενα* sind ebenfalls *φαινόμενα*. Es war der Irrtum der Eleaten, jene für Dinge an sich zu nehmen.

Die ganze Frage nach der Idealität und Realität der Dinge betrifft demnach die *Objekte* (Welt), die wir vorstellen: Es wird gefragt, was und wieviel von dem vorgestellten Gegenstand auf die Rechnung der subjektiven Natur unseres Vorstellens komme, was und wieviel auf die des Dinges selbst. Es handelt sich demnach lediglich um die Bestimmung der Grenzlinie zwischen der Idealität und Realität der Dinge, zwischen Vorgestelltsein und Wirklichsein oder, was dasselbe heißt, zwischen Erscheinung und Ding an sich. Wird diese Grenzlinie richtig gezogen, so ist das Problem gelöst; wird sie dagegen falsch gezogen, so bleibt dasselbe ungelöst, die Rechnung der Philosophie stimmt nicht und lässt einen Rest, der nicht aufgeht. Dieser Rest besteht in gewissen unerklärten Tatsachen. Durch die Bestimmung jener Grenzlinie unterscheiden sich in der Philosophie der *Idealismus* und der *Realismus*: Beide Richtungen betreffen das Objekt, nicht das Subjekt des Erkennens. Was die philosophische Betrachtung des Letzteren angeht, so wird das erkennende Subjekt, der Intellekt oder Geist, entweder für ein ursprüngliches und unabhängiges oder für ein durch die leibliche Organisation, also durch die Materie bedingtes Wesen erklärt: Das Erste geschieht durch den *Spiritualismus*, das Zweite durch den *Materialismus*. Demnach bedeutet etwas ganz anderes Idealismus und Realismus, etwas ganz anderes Spiritualismus und Materialismus. „Der Gegensatz von *Idealismus* und *Realismus* betrifft das *Erkannte*, das Objekt, hingegen der zwischen *Spiritualismus* und *Materialismus* das *Erkennende*, das

Subjekt. (Die heutigen unwissenden Schmierer verwechseln Idealismus und Spiritualismus.)"[574]

1. *Descartes* hat durch sein „*de omnibus dubito*" den Glauben an die Realität der Außenwelt erschüttert und dadurch das Hauptproblem der neuen Philosophie gestellt. Seine eigene Lösung dieses Problems ist aber aufgrund des Glaubens an die Wahrhaftigkeit Gottes so ausgefallen, dass er einen doppelten Dualismus gelehrt hat: den zwischen Gott und Welt und den zwischen Geist und Körper. Unabhängig von unseren Vorstellungen existieren als Dinge an sich Gott, wir selbst als denkende Substanzen, und die Körper außer uns als ausgedehnte. Aus diesem doppelten Dualismus folgt eine doppelte Unmöglichkeit: 1. die Unmöglichkeit des *influxus physicus*, d. h. die Unwirksamkeit des Körpers auf den Geist, wie die des Geistes auf den Körper, also die Unwirksamkeit der natürlichen Dinge überhaupt; 2. die Unerkennbarkeit der Dinge außer uns.

2. Diese Konsequenzen zieht der tiefsinnige *Malebranche:* 1. Es gibt keinen *influxus physicus*, es gibt in der Welt (Natur) keine wirksamen, sondern nur gelegentliche Ursachen, d. h. Umstände oder Bedingungen, ohne welche nichts erfolgt: die Lehre des *Okkasionalismus*. Die alleinige Wirksamkeit in der wahren Bedeutung des Worts übt der göttliche *Wille*. 2. Auch die Erkenntnis oder Vorstellung der Dinge ist nur in Gott möglich; daher der Satz, der den Mittelpunkt seiner Lehre ausmacht: „Wir sehen die Dinge in Gott."

Wenn man von dieser Lehre den Augustinismus oder den Theismus, der auf die Rechnung des Judentums kommt, abzieht, so steht der Satz vor uns: Die einzige Kraft, die es überhaupt gibt, ist der *Wille* in seiner absoluten, unergründlichen Freiheit. „*La liberté est un mystère*", welchen Satz Schopenhauer zum Motto seiner ersten Preisschrift gewählt hat. Er spricht von Malebranche stets mit der höchsten Anerkennung.

3. Von der alleinigen Wirksamkeit Gottes zur Lehre von der *All-Einheit* oder der Identität Gottes und der Welt ist nur ein Schritt: Diesen Schritt tut *Spinoza*, der zur Feststellung seines Pantheismus mehr von Malebranche empfangen und gelernt habe als von Descartes. Dieses Urteil ist falsch und gehört zu den zahlreichen historischen Irrtümern Schopenhauers, womit seine Verachtung der Geschichte

---

574 Parerga I. Skizze u. s. f., S. 26 Anmerkung.

und der geschichtlichen Studien sich an ihm gerächt hat. Es steht fest, dass Spinoza vor allem durch das Studium der Werke Descartes' zur Philosophie und zu seiner eigenen Lehre geführt worden ist; es ist nicht richtig, was Schopenhauer zu wiederholten Malen erklärt, dass Spinoza ein Cartesianer war, als er seine Darstellung der cartesianischen Prinzipien erscheinen ließ (1663): eine Lehrschrift, entstanden aus dem Unterricht eines jungen Mannes, dem er seine eigene Lehre nicht mitteilen wollte, mit welcher Letzteren er damals schon völlig im Reinen war; es ist endlich unmöglich, dass er von Malebranches Lehre Einflüsse empfangen hat, da sein System in seiner endgültigen Form bereits feststand, als Malebranche sein Hauptwerk „Von der Erforschung der Wahrheit" erscheinen ließ (1675). Das alles ist urkundlich dargetan und bewiesen, weshalb eine gegenteilige Behauptung nur aus der Unkenntnis der Tatsachen hervorgehen kann.[575]

In der Lehre Spinozas erblickt Schopenhauer eine Vereinigung hoher Vorzüge und größter Irrtümer. Die Vortrefflichkeit seines Systems bestehe in der Lehre von der *All-Einheit*, worin er mit Bruno übereinstimme (dessen Werke Schopenhauer nicht zu den Erscheinungen des siebzehnten Jahrhunderts hätte rechnen sollen) und mit Scotus Erigena, dessen Werk zum ersten Mal im Jahr 1681 zu Oxford gedruckt erschien.[576]

Spinoza hat Denken und Ausdehnung einander entgegengesetzt als die Attribute Gottes, aus deren Modi (Seele und Körper) jedes einzelne Ding besteht. Hier ist er, wie Schopenhauer richtig sieht, in dem cartesianischen Dualismus stecken geblieben: Er setzt die Ausdehnung der Vorstellung entgegen, statt sie derselben unterzuordnen, denn die Ausdehnung sei nichts anderes als Vorstellung; daher habe Spinoza die Grenzlinie zwischen Erscheinung und Ding an sich falsch gezogen, da sie in die Erscheinungswelt falle und diese in zwei Gebiete sondere. Dies sei der Grundfehler seiner Erkenntnislehre. Das Denken gilt als ursprüngliche Kraft, das Wollen daher als Folge und Funktion des Denkens, als eine Art des Urteilens: „*voluntas et intellectus unum idemque sunt*". Dies sei der Grundirrtum seiner Metaphysik.[577]

575 Vgl. oben 15. Kap., S. 452. Vgl. meine Geschichte der neuern Philosophie (4. Aufl. 1898, Jubiläumsausg.), 1. Buch, 4. Kap., S. 51 ff. 2. Buch, 7. u. 8. Kap., S. 207 – 247.
576 Parerga I, Skizze, S. 17.
577 Ebendas., S. 20 – 26.

Seine All-Einheitslehre ist pantheistisch, also *optimistisch* gesinnt. Darin besteht der zweite Grundirrtum seiner Metaphysik mit allen Folgeirrtümern: daher seine Anpreisung der *laetitia* als des vortrefflichsten aller Affekte, der zu verewigen sei, seine Geringschätzung der *tristitia*, also auch des Mitleids, seine Gleichgültigkeit gegen die Tiere, sein grausames Spiel mit den Spinnen, die er zu seiner vergnüglichen Betrachtung Fliegen fangen ließ, u. s. f. „Die Anpreisung der Freude geschieht bloß aus Liebe zur Konsequenz: Denn ist diese Welt ein Gott, so ist sie Selbstzweck und muss sich ihres Daseins freuen und rühmen, also *saute Marquis*! *semper* lustig, *nunquam* traurig! Der Pantheismus ist wesentlich und notwendig Optimismus." In Spinozas Optimismus, seiner Geringschätzung des Mitleids und seiner Gleichgültigkeit gegen die Leiden der Tiere wittert Schopenhauer den „*foetor judaicus*". Er sagt im vierten Teil seiner Ethik: „Außer den Menschen kennen wir in der Natur kein einzelnes Wesen, an dessen Geist wir uns ergötzen, mit dem wir uns befreunden und Umgang pflegen können." Über diese Stelle gerät Schopenhauer in einen fast possierlichen Ausbruch des Ärgers und Unwillens. „Hunde scheint er ganz und gar nicht gekannt zu haben." Man müsse aber mit dem Spanier Larra antworten: „Wer nie einen Hund gehalten hat, weiß nicht, was lieben und geliebt sein ist."[578]

„Absurd, sehr oft empörend, stellenweise bis zur eigentlichen Infamie anwachsend" findet Schopenhauer, indem er namentlich auf das 16. Kapitel des „*Tractatus theologico-politicus*" hinweist, gewisse Sätze der Moralphilosophie Spinozas, welche sämtlich aus seiner pantheistischen und optimistischen Grundrichtung hervorgehen. Die Formel seines Pantheismus heißt: „*Deus sive natura*". Alles, was die Natur tut, ist demnach recht und gut: daher identifiziert Spinoza Recht und Gewalt, Unrecht und Ohnmacht; demnach müsste jeder Quäler recht, jeder Gequälte unrecht haben. Dies war wohl die unausgesprochene und falsche Folgerung, welche Schopenhauer aus Spinozas Lehre vom Naturrecht gezogen hat.

4. Den cartesianischen Dualismus zwischen Denken und Ausdehnung endgültig aufzuheben und die Philosophie davon zu befreien, kam *Leibniz,* der das Wesen der Substanz gleichsetzte dem der Kraft, dem Grundbegriff sowohl des Geistes als der Materie, welche Kraft-

578 Ebendas., Fragmente u. s. f., § 12, S. 88 – 93.

einheit er mit dem Wort *Monade* bezeichnete. So weit hat Schopenhauer den Charakter der Leibniz'schen Lehre richtig erkannt. Dass aber Leibniz das Urwesen nicht als das All-Eine, sondern vielmehr als die zahllose Vielheit der Monaden gefasst, dass er das Wesen der Kraft nicht in den Willen, sondern in die Vorstellung gesetzt und die Ordnung der Monaden als „prästabilierte Harmonie", d. h. eine durch den Willen Gottes bestimmte Einrichtung erklärt hat, sind den Grundlehren Schopenhauers so durchaus widerstrebende Ansichten, dass dieser in jenem nicht den großen Philosophen sieht, sondern nur „den berühmten Mathematikus und Polyhistor".

Zwar übersieht er nicht, dass bei Leibniz die Körperwelt nicht mehr, wie bei Descartes und Spinoza, für ein Ding an sich, sondern für eine Erscheinung der Monadenwelt gilt, also nur *phänomenale* Bedeutung hat, und er will darin „eine Vorahnung" sowohl der kantischen Lehre als seiner eigenen erblicken; aber in der Lehre vom Erkennen und Wollen, von der primären Geltung des Intellekts und der sekundären des Willens findet Schopenhauer bei Leibniz die cartesianischen „Urirrtümer" wieder.[579]

Warum hat Schopenhauer gar nicht beachtet, dass nach Descartes der *Wille* zur Wahrheit das bewegende Prinzip aller Erkenntnis ist und jeder Irrtum eine *Willensschuld*? Warum hat er gar nicht beachtet, dass bei Leibniz Vorstellung und Streben unauflöslich verknüpft sind, und die vorwärtsstrebende Kraft, d. i. der *Wille*, die Vorstellungszustände erhöht? Weil er diese Systeme nicht gründlich genug kennen gelernt und darum zu oberflächlich gewürdigt hat; weil er die historische Erkenntnis zu gering geschätzt und darum viel zu wenig sich angeeignet hat, um historischen Erscheinungen, wie doch die philosophischen Systeme sind, *gerecht* werden zu können. Es würde mich zu weit führen, wenn ich mich hier auf die Kritik seiner Kritik ausführlicher einlassen wollte; daher verweise ich meine Leser auf die Darstellungen, welche ich in meiner Geschichte der neuern Philosophie von den Systemen des Descartes, Malebranche, Spinoza und Leibniz gegeben habe.[580]

5. Das durchgängige Thema dieser Metaphysiker war der Begriff der *Substanz*, den sie von Aristoteles empfangen und in ihrer

579 Ebendas., S. 93 – 95.
580 Geschichte der neuern Philosophie, 1., 2., u. 3. Bd. (4. Aufl., Jubiläumsausg. 1897, 1902.)

Weise ausgesponnen und entwickelt haben, ohne den *Ursprung* dieses Begriffs und der Begriffe überhaupt zu untersuchen. Nur auf dem Weg einer solchen Untersuchung konnte ausgemacht werden, welche Geltung dem Begriff der Substanz zukommt, ob derselbe eine Erscheinung oder ein Ding an sich bezeichnet. Auf diese Art allein konnte in der „Lehre vom Idealen und Realen" die Epoche gemacht werden, welche der Engländer *Locke* durch seinen Versuch über den menschlichen Verstand (1690) herbeigeführt hat; daher auch die Bedeutung dieses Philosophen nicht hoch genug anzuschlagen ist, wie Schopenhauer immer und immer wieder hervorhebt. Er ist der Anfänger der *kritischen* Philosophie, der Vorläufer Kants.

Bekanntlich hat *Locke* aus den sinnlichen Eindrücken, die er Ideen nannte, die Begriffe hergeleitet, er hat die Beschaffenheiten der Dinge, welche uns die Eindrücke verursachen, in sekundäre und primäre Dualitäten unterschieden: Jene sind nur die Affektionen unserer Sinnesorgane, also lediglich subjektive Empfindungsarten, diese dagegen Eigenschaften der Dinge an sich. Was die äußeren Dinge oder die Körper betrifft, so sind Farbe, Klang, Geruch, Geschmack, Temperatur, Härte und Weichheit u. s. f. sekundäre, dagegen Undurchdringlichkeit, Ausdehnung, Gestalt, Bewegung und Ruhe primäre Dualitäten, aus denen alle körperlichen Erscheinungen zu erklären sind; daher Locke, welchem Newton gefolgt ist, die Lehre des Demokrit erneuert, wie Spinoza die der Eleaten. Die Grenzlinie zwischen dem Idealen und Realen hat innerhalb der Körperwelt Locke so gezogen, dass die sekundären Dualitäten (Sensationen) auf jene Seite fallen, die primären auf diese.[581]

6. Die Abrechnung, welche Locke begonnen hat, führt *Berkeley* zu einem gewissen Abschluss. Man möge denselben mit Malebranche und Spinoza vergleichen, aber es besteht zwischen ihnen keineswegs „die genaueste Verwandtschaft", von welcher Schopenhauer redet. Auch ist Berkeley in keiner Weise Locke voranzustellen, denn er ist zeitlich wie sachlich sein Nachfolger.[582] Was jener halb getan hat, tut dieser ganz: Er weist nach, dass Lockes primäre Qualitäten sekundäre, d. h. nichts anderes als subjektive Eindrücke oder Ideen (Perzeptionen) sind; dass mithin von der Materie oder Ausdehnung nichts Reales, kein Ding an sich übrig bleibt, dass die Körperwelt

581 Parerga I. Skizze u. s. f., S. 27 – 33. Fragmente u. s. f., S. 96 – 98.
582 Ebendas., Skizze, S. 26 – 27.

ohne Rest in die Vorstellung oder das Vorgestelltsein aufgeht, dass sie durchaus ideal oder phänomenal ist, und unabhängig von den Ideen (vorgestellten Dingen) nur denkende und wollende Wesen als Dinge an sich existieren: Gott und die Geister.

Dies ist der Standpunkt des „*Idealismus*", welchen Berkeley zum ersten Mal in diesem Umfang ausgeführt und mit diesem Wort bezeichnet hat. Die Frage nach dem Realen hat er gar nicht gelöst und die Feststellung des Idealen ungesichtet gelassen, da er zwischen dem Stoff der Vorstellung und den Formen des Vorstellens nicht zu unterscheiden gewusst und Raum und Zeit auf gleichem Fuß behandelt hat wie Farben und Töne. Daher bleiben der Ursprung und die Entstehung der Ideen oder Wahrnehmungsobjekte völlig unerklärt; sie sind in uns durch Gott gegeben: Das ist alles, was der Bischof Berkeley zu sagen weiß.

7. Wir stehen vor der Frage nach dem *Grund* oder dem Kausalitätsverhältnis, dessen reale Geltung Locke behauptet und Hume bestritten hat, wodurch das Erkenntnisproblem zu dem Punkt geführt worden ist, wo es Kant ergriff und auflöste. Hume hat zu seinen nächsten Vorgängern Locke und Berkeley, wie Locke zu den seinigen Bacon und Hobbes.

III. Die Kritik der kantischen Philosophie

1. Die Aufgabe

Schopenhauer hat zu wiederholten Malen versichert, dass zwischen Kant und ihm (während des Menschenalters von 1790 – 1820) in der Philosophie sich nichts von irgendwelcher Bedeutung oder der Rede Wertes zugetragen habe, es seien drei Pseudophilosophen aufgetreten, die nur ihre persönlichen Vorteile im Auge gehabt, die Sache der Philosophie gar nicht ernstlich genommen und lauter Luftgebäude, Wolken-Kuckucksheime errichtet hätten, weshalb er sie als „Sophisten, Spaßphilosophen und Windbeutel" kennzeichnet. Darunter sei Schelling „der Begabteste", Fichte die Karikatur Kants (der Vergrößerungsspiegel der kantischen Fehler), Hegel „der Hanswurst Schellings" gewesen, dieser „geistlose und plumpe Scharlatan", in Vergleichung mit welchem Fichte noch ein „Talentmann" zu nennen sei. Kritische Erörterungen seien hier gar nicht am Platze, weshalb Schopenhauer dieselbe sich auch so gut wie völlig erspart und durch häufige, erboste und maßlose Schmähungen ersetzt hat, die zwar keinem zur Belehrung, ihm selbst aber zum Labsal gereicht haben, wie er einmal in einem Brief an Frauenstädt, nachdem er den „Erzevangelisten" tüchtig heruntergemacht hat, in die Worte ausbricht: „So, nun ist es gut, ich bin meine Galle los!"[583]

Das Beste seiner Leistungen will Schopenhauer der Anschauung der wirklichen Dinge, den Werken Kants, den heiligen Schriften der Hindu und dem Studium Platos zu verdanken haben. Zwischen den drei Letztgenannten herrsche eine wunderbare Übereinstimmung, denn die Lehre von der Maja, das platonische Gleichnis von der finsteren Höhle, worin die Gefangenen nur Schattenbilder zu sehen bekommen – diese schönste Stelle der platonischen Schriften, mit welcher das siebente Buch der Staatslehre beginnt –, und Kants Lehre von der durchgängigen Idealität aller Erscheinungen haben im Wesentlichen dasselbe Thema.

Wie demnach die Sache der Philosophie gegenwärtig steht, so handelt es sich in den Augen Schopenhauers lediglich um die Übereinstimmung und Differenz zwischen Kant und ihm; er selbst bezeichnet sich als „Kantianer", als den Einzigen, der die Lehre des Meisters folgerichtig zu Ende gedacht, ihr Problem endgültig gelöst und die Sphinx vom Felsen gestürzt habe. Um die Differenzpunkte, wodurch seine Lehre sich von der kantischen unterscheidet, zu erleuchten und festzustellen, schrieb Schopenhauer als Anhang seines Hauptwerks die „Kritik der kantischen Philosophie".[584]

2. Kants Verdienste

Die Vorläufer Kants sind Locke, Hume und Wolf. Er hat Lockes Lehre bestätigt und erweitert, die Lehre Humes benutzt und berichtigt, die Leibniz-Wolf'sche Philosophie durchgängig bekämpft. Kants unsterbliche Verdienste bestehen hauptsächlich darin: 1. dass er die Grenzlinie zwischen den Erscheinungen und dem Ding an sich richtig gezogen und beide für immer geschieden hat, was Schopenhauer als „die gänzliche Diversität des Realen und Idealen" zu bezeichnen pflegt; 2. dass er die *moralische* Bedeutung des menschlichen Handelns und deren Unabhängigkeit von den Gesetzen

583 Ebendas., Skizze, Anhang S. 34 – 44. Über das Schimpfen und Schmähen vgl. oben II. Buch, 7. Kap., S. 297 f.
584 Die Welt als Wille u. s. f., I, S. 531 – 677, insbes. S. 533 – 536.

der Erscheinungen erkannt, 3. dass er dem Scholastizismus in der Philosophie durch die bewiesene Unmöglichkeit aller rationalen Theologie und Psychologie für immer ein Ende gemacht hat.

Das erste dieser Verdienste beruht auf der transzendentalen Ästhetik, dem ersten Teil der Vernunftkritik, worin bis zur völligen Evidenz die Idealität der Zeit und des Raumes dargetan worden ist. Nachdem durch Locke die sekundären Qualitäten (unsere Sinnesempfindungen) von dem Ding an sich in Abzug gebracht, durch Berkeley die primären Qualitäten auf die sekundären zurückgeführt waren, blieb als die bei Weitem größere und schwierige Aufgabe übrig, von dem Ding an sich nicht bloß die Leistungen der Sinnesaktionen, sondern auch die der Gehirnaktion abzuziehen, vermöge welcher die Affektionen in Objekte, die Sinnesempfindungen in die Sinnenwelt verwandelt werden. Diese Aufgabe hat Kant gelöst. Nichts ist seltener als eine Entdeckung in der Metaphysik. Kants Lehre von Zeit und Raum ist eine der seltensten und größten.

Das zweite seiner Verdienste beruht auf seiner Freiheitslehre, das dritte auf seiner „Transzendentalen Dialektik", dem dritten Teil der Vernunftkritik. Hier hat er die gesamte Wolf'sche Metaphysik, die rationale Lehre von der Seele, der Welt und Gott vernichtet und sich in den Augen der dogmatischen Philosophen als „der Alleszermalmer" erwiesen. So nannte ihn Mendelssohn, „einer der letzten Schläfer".

3. Kants Fehler

Diesen unerschütterlichen Verdiensten steht aber eine Reihe *Fehler* gegenüber, durch deren Entdeckung und Berichtigung Schopenhauer zu seinen Abweichungen von Kant und zu der eigenen Lehre gelangt ist. Der erste und folgenschwerste der Fehler Kants besteht in der falschen Herleitung des Dinges an sich. Dieses nämlich soll die äußere Ursache unserer Empfindungen sein: Dadurch wird das Kausalitätsverhältnis, welches nur innerhalb der Erfahrung zu gelten hat, jenseits derselben auf das Ding an sich angewendet, im augenscheinlichsten Widerspruch mit Kants eigenster ausdrücklicher Lehre: eine Inkonsequenz, welche G. E. Schulze, „der scharfsinnigste aller Gegner der kantischen Philosophie", nachgewiesen habe.

Der zweite Hauptfehler war die falsche Unterscheidung zwischen Sinnlichkeit und Verstand, wovon die falsche Unterscheidung zwischen Verstand und Vernunft die nächste Folge war: die Vermischung der anschaulichen und abstrakten Erkenntnis, wodurch die ganze Erkenntnislehre in Verwirrung geraten musste. Kant habe nämlich unterschieden: 1. die Vorstellung, 2. den Gegenstand der Vorstellung, 3. das Ding an sich. Die Sinnlichkeit liefere die Vorstellung oder „empirische Anschauung“, der Verstand denke den Gegenstand der Vorstellung hinzu, wodurch die Erfahrung zustande komme; das Ding an sich sei von allen Vorstellungen gänzlich unterschieden.

Was will dieser „Gegenstand der Vorstellung“, welcher durch den Verstand, d.h. durch dessen zwölf Kategorien zu der Anschauung hinzugedacht werden soll? Als ob es eine Anschauung ohne Verstand geben könne! Kant hat ja selbst gelehrt, dass durch den Verstand „die Natur allererst möglich werde“, dass also der Verstand es ist, welcher die Natur oder die Sinnenwelt macht; diese aber ist die anschauliche Welt oder der Inbegriff unserer empirischen Anschauungen. Ohne den Verstand gibt es keine empirischen Anschauungen, vielmehr sind dieselben erst durch ihn möglich.

Daher behauptet Kant mit Unrecht und im Widerspruch mit seiner eigenen Lehre, dass die empirische Anschauung uns durch die Sinnlichkeit *gegeben* werde. Was durch die Sinnlichkeit gegeben wird, sind Eindrücke oder Empfindungen; diese aber sind keine Vorstellungen oder Anschauungen.

Der Gegenstand der Vorstellung wird nicht „gedacht“, sondern angeschaut: Es heißt das Denken nicht auf richtige Art der Anschauung hinzufügen, sondern auf falsche in dieselbe einmischen, wenn Kant lehre, dass der Gegenstand der Vorstellung durch den Verstand zur Anschauung hinzugedacht werde. Dadurch entsteht der Schein, als ob „der Gegenstand der Vorstellung“ unabhängig von dieser vorhanden sei und als „Objekt an sich“ existiere, als ein Mittelding, eine Art Zwitter zwischen Vorstellung und Ding an sich. Dieses in der Erscheinung spukende Ding an sich ist die Quelle vieler Irrtümer geworden.

Der Gegenstand der Vorstellung ist, bei Licht betrachtet, das vorgestellte Objekt, d.h. die empirische Anschauung der Vorstellung selbst und gar nichts anderes oder davon Verschiedenes: Es ist die Vorstellung, welche der Verstand aus den Empfindungen macht; daher ist der Verstand durchaus anschauend (intuitiv) oder, was dasselbe heißt, unsere sinnliche Anschauung ist intellektuell. Der kantische „Gegenstand der Vorstellung“ spielt demnach eine völlig müßige und unstatthafte Rolle, die von dem Schauplatz der Vernunftkritik wegzuräumen ist. Und da dieser Gegenstand durch die zwölf Kategorien gedacht wird, so kommt auch die Kategorientafel, dieses „Prokrustesbett“, mit aller hineingezwängten künstlichen Symmetrie des kantischen Systems in Wegfall. Gültig von jenen zwölf Kategorien ist nur die *Kausalität*, die übrigen elf sind „blinde Fenster“; die Kausalität aber ist keine Kategorie, kein Verstandesbegriff, sondern nebst Zeit und Raum die Grundform der Anschauung, und zwar deren alleinige Grundform, da Zeit und Raum auch Kausalität sind.[585]

Indessen sind die Kategorien, wie Aristoteles und Kant dieselben genommen haben, keineswegs bedeutungslos und blinden Fenstern vergleichbar; denn sie sind die Formen alles Denkens und Urteilens, da ohne sie kein Begriff gedacht, kein Urteil gebildet werden kann: Dies hat auch Schopenhauer anerkannt und die Kategorien, da sie „die allgemeinsten und allerobersten Begriffe“ sind, den „*Grundbass der Vernunft*“ genannt. Wir erinnern uns, dass er die Grundkräfte der Materie als „die Grundbasstöne der Natur“, die Säulenordnung als „den Generalbass der Architektur“ bezeichnet hat: Demnach verhalten sich nach seiner eigenen so charakteristischen Ausdrucksweise die Kategorien zur Vernunft wie die materiellen Grundkräfte zur Körperwelt und die Säulenordnung zur Baukunst. Wir wollen es aber anmerken, dass Schopenhauer dieselben Begriffe, die er hier für blinde Fenster und an anderen Stellen für die leersten Hülsen der Vorstellungen, also für gänzlich bedeutungslos erklärt, zugleich als den Grundbass der Vernunft gelten lässt.[586]

Da die Begriffe vermöge der Reflexion aus der Vergleichung unserer anschaulichen Vorstellungen entstehen durch die Weglassung der verschiedenen und die Vereinigung der gemeinsamen Merkmale, so leuchtet ein, dass zur Bildung allgemeiner Begriffe etwas als *Merkmal* oder Eigenschaft eines anderen gedacht werden muss; die Vorstellung der Merkmale oder Eigenschaften (Tätigkeiten) fordert die des Trägers (Dinges), dem jene Merkmale inhärieren oder zukommen. Begriffe wie Ding, Eigenschaft, Tätigkeit u. s. f. sind Kategorien. Sollen dieselben nicht bloß gedacht, sondern auch sprachlich bezeichnet werden, so gehört dazu die Unterscheidung substantivischer, ad-

585 Ebendas., S. 558 – 576. Vgl. oben II. Buch, 1. Kap., S. 201 – 215.
586 Kritik der kantischen Philosophie, I, S. 608.

jektivischer, verbaler Wortformen, d. h. die Bildung der *Redeteile*, die Unterscheidung der Wörter in die beiden Klassen der Begriffs- und Formwörter, welche Letztere nicht anschauliche Objekte, sondern bloß Beziehungen ausdrücken wie die Pronomina, Präpositionen, Partikeln u. s. f.; die Beziehungen der Substantiva, Adjektiva und Verba werden durch die Veränderungen der Wortform, d. h. durch die *Flexion* ausgedrückt, die Formen der Deklination, Komparation, Konjugation. Demnach sind die Redeteile, die Formwörter und die Flexion die sprachliche Bezeichnung der Kategorien. Dieser Zusammenhang zwischen der logischen Bedeutung der Kategorien und der grammatischen der Redeteile ist so augenscheinlich, dass schon Aristoteles denselben vor Augen gehabt und A. Trendelenburg darin den Ursprung der aristotelischen Kategorienlehre erblickt oder vermutet hat; daher ist die Vergleichung Schopenhauers nicht so neu, wie er meint. Die menschliche Vernunft denkt in Kategorien, auch wenn die Sprache vermöge ihres Baues nicht imstande sein sollte, dieselben grammatisch auszudrücken. Dies ist der Fall in den nichtflektierenden und isolierenden (monosyllabischen) Sprachen, welche die Wurzeln unverändert nebeneinander stellen und den Unterschied der Redeteile durch die Art der Betonung bezeichnen wie das Chinesische. Daher hätte Schopenhauer nicht sagen sollen, „dass wir uns keine Sprache denken können, die nicht wenigstens aus Substantiven, Adjektiven und Verben bestände".[587] Aber er scheint überhaupt von der vergleichenden Sprachwissenschaft, obwohl die epochemachenden Untersuchungen Bopps seinem Hauptwerke vorangingen, keine Notiz genommen zu haben.

Nach Schopenhauer gibt es nur *eine* Urteilsform: die kategorische, welche entweder bejahend oder verneinend, entweder allgemein oder partikular, entweder problematisch oder assertorisch ausfällt; demnach reduzieren sich bei ihm die Kategorien auf die der Bejahung und Verneinung (Realität und Negation), Allheit und Vielheit, Möglichkeit und Tatsächlichkeit. Das singulare Urteil ist allgemein (da das Subjekt in seinem ganzen Umfang unter das Prädikat fällt), das partikulare Urteil ist vom allgemeinen nur grammatisch verschieden (statt der *einigen* Bäume, welche Galläpfel tragen, kann es heißen „*alle* Eichen"); das apodiktische Urteil trägt schon den

587 Ebendas., S. 567. Vgl. mein „System der Logik und Metaphysik oder Wissenschaftslehre". Zweite völlig umgearbeitete Aufl., 1. Buch, § 7, S. 12 – 15.

Schluss in sich. Die hypothetischen und disjunktiven Urteile, welche Kant nach der gewöhnlichen Logik von dem kategorischen unterscheidet, sind nicht Urteilsarten, sondern Urteilsverhältnisse, denn sie stellen zwei oder mehrere Urteile vor, die entweder das eine von dem anderen abhängt, d. h. kausal verknüpft sind (hypothetisches Urteil), oder einander ausschließen (disjunktives Urteil).[588]

Demnach verwirft Schopenhauer die Kategorien der *Relation*, auf welche Kant ein so großes Gewicht gelegt hat: die Substanz ist keine Kategorie, sondern der Begriff der *Materie*, als welche die einzige Substanz ist, die es überhaupt gibt; Wechselwirkung existiert überhaupt nicht, sondern ist, bei Licht betrachtet, nichts anderes als Kausalität, nämlich die Sukzession gleichnamiger Zustände (Dünste erzeugen Regen, der wieder Dünste erzeugt); also bleibe von den Kategorien der Relation nur die Kausalität übrig, die keine Kategorie ist, kein Begriff, sondern die Grundform der Anschauung. Notwendigkeit ist nichts anderes als Folge aus gegebenem Grunde, d. h. Kausalität.

Es gibt daher keine *unbedingte* Notwendigkeit; diese ist „der kosmologische Beweis inkognito". Kant hat diesen Beweis für immer widerlegt und hätte nie von einer unbedingten Notwendigkeit reden sollen. Das Unbedingte ist ein „Unding", wenn es zum Thema der Erkenntnis, der Beweise und Schlüsse gemacht wird. Hier will Schopenhauer ein ganzes Nest kantischer Fehler entdeckt haben: 1. Das Unbedingte hat nicht den Charakter der Notwendigkeit und ist daher kein Vernunftbegriff. 2. Dieser vermeintliche Vernunftbegriff ist nicht „Idee" zu nennen, denn dieses Wort hat und behält, seiner platonischen Geltung gemäß, die Bedeutung des Urbildes und Vorbildes (*exemplar*). So haben die alten Philosophen wie die Scholastiker das Wort genommen, die neueren Philosophen in England und Frankreich haben aus Spracharmut das Wort Idee auf alle Eindrücke und Vorstellungen angewendet. 3. Das Unbedingte, fälschlich Idee genannt, hat nicht drei Arten, die im Weg der drei Vernunftschlüsse, des kategorischen, hypothetischen und disjunktiven, zu suchen sind; es besteht nicht in den Ideen der Seele, der Welt und Gottes, schon deshalb nicht, weil die beiden ersten (Seele und Welt) durch die dritte (Gott) bedingt sind. 4. Die Idee Gottes ist kei-

588 Vgl. oben II. Buch, 1. Kap., S. 206 – 209. 5. Kap., S. 261 – 263.

ne Vernunftidee, sonst müssten sie alle Menschen haben, während über die Hälfte der Menschheit (die Anhänger des Brahmanismus und Buddhismus) sie *nicht* hat; vielmehr ist diese Idee jüdischen Ursprungs; Judentum und Vernunft sind aber keineswegs identisch. 5. Die Welt ist nicht unbedingt, sondern bedingt, daher die kantische Weltidee von Grund auf verfehlt, desgleichen die kosmologischen Antinomien, deren Thesen in der Sache unrecht, die Antithesen aber recht haben. 6. Mithin bleibt von den vermeintlichen Ideen nur die psychologische übrig, die Idee der *Seele*, die aber nie auf einen Vernunftbeweis, sondern auf die Gewissheit unseres Denkens und Wollens gegründet worden ist, worin das Dasein des denkenden und wollenden Wesens in uns unmittelbar einleuchten soll. Dieses Wesen nannte man Seele. So entstand die rationale Psychologie, welche Plato in seinem Phädon eigentlich erst begründet und Kant in seiner Vernunftkritik (Paralogismen) von Grund auf widerlegt habe.[589]

Was wir als unser innerstes Wesen erkennen, dieser unmittelbare Gegenstand unseres Selbstbewusstseins, ist nicht das erkennende, sondern das erkannte Subjekt, d.i. der *Wille*; dieser ist gleichzusetzen dem Unbedingten, der Freiheit, dem Ding an sich; hieraus folgt die Lehre von dem Primat des Willens und jenen Grundirrtümern der rationalen Psychologie, welche die Seele hypostasiert, deren Substantialität und Einfachheit behauptet, den Primat des Intellekts und die Abhängigkeit des Willens gelehrt hat. In der dritten Antinomie der Kritik der reinen Vernunft und in der Kritik der praktischen hat Kant von der Freiheit als dem intelligiblen Charakter gehandelt, welcher den empirischen macht: Er hat die Freiheit dort als das transzendentale Weltprinzip, hier als das praktische Vermögen in uns gefasst, er hat jene mit dem innersten Wesen der Welt (aller Erscheinungen), diese mit dem Willen identifiziert und aus dem kategorischen Imperativ (Sittengesetz) hergeleitet; aus beiden Stellen aber erhellt, dass auch das Ding an sich nicht anders aufzufassen ist denn als Wille und Freiheit. „Ich nehme daher wirklich an", sagt Schopenhauer, „obwohl es nicht zu beweisen ist, dass Kant, so oft er vom Dinge an sich redete, in der dunkelsten Tiefe seines Geistes immer schon den Willen undeutlich dachte." Indem er in jener dritten

589 Kritik der kantischen Philos. I, S. 611 – 637.

Antinomie den Widerstreit zwischen Freiheit und Notwendigkeit auflösen wollte, habe sich ihm die Gelegenheit geboten, „die tiefsten Gedanken seiner ganzen Philosophie sehr schön auszusprechen". Vor allem gehöre die Auseinandersetzung des Gegensatzes zwischen dem empirischen und intelligiblen Charakter zu dem Vortrefflichsten, das je von Menschen gesagt worden.[590]

Dass aber Kant den reinen und freien Willen „*praktische Vernunft*" genannt habe, sei eine höchst unstatthafte, dem bisherigen Sprachgebrauch völlig zuwiderlaufende und irreführende Bezeichnung; denn unter praktischer Vernunft verstehe man die kluge, welt- und lebenskundige, auf das persönliche und gesellschaftliche Wohl gerichtete Denkart, die in der Bejahung des Willens zum Leben wurzle und mit der Selbstverleugnung und tugendhaften Gesinnung nichts gemein habe. Macchiavellis politische Denkart ist sehr klug und vernünftig, aber zugleich ruchlos. Wer um der Nachfolge Jesu willen sein Vermögen fortgibt und ein Bettler wird, handelt höchst tugendhaft, aber zugleich sehr unklug und keineswegs vernünftig. Aus diesem Grund ist es weit richtiger, mit Rousseau „*raison*" und „*conscience*" einander entgegenzusetzen, als mit Kant Lauterkeit der Gesinnung und praktische Vernunft zu identifizieren.[591]

Was nun Schopenhauers Behauptung angeht, dass Kant bei dem Dinge an sich den Willen dachte, so hat es damit, wohlverstanden, seine Richtigkeit: nur nicht „in der dunkelsten Tiefe seines Geistes", auch nicht „undeutlich", auch nicht „immer schon", oder „sooft er von dem Dinge an sich redete". Ich erspare mir alle weiteren Erörterungen, indem ich auf meine „Kritik der kantischen Philosophie" verweise. Hier bemerke ich in aller Kürze, dass Schopenhauer in seiner Beurteilung der kantischen Lehre zwei höchst wichtige Tatsachen völlig außer Acht gelassen hat: 1. dass die kantische Lehre unter den Händen des Philosophen selbst sich *entwickelt* und fortgebildet hat, dass ihre Sache in der Kritik der Urteilskraft anders steht als in der Kritik der reinen Vernunft; dass insbesondere im Fortgang der Lehre das Rätsel des Dinges an sich zu immer tieferer Auflösung gelangt ist, und zuletzt kein Zweifel sein kann, wie es sich in Wahrheit mit dem Ding an sich verhält: Es ist gleich dem Willen, der Freiheit, dem moralischen Endzweck der Welt. 2. Von den kritischen

590 Ebendas., S. 637 – 644.
591 Ebendas., S. 652 – 668.

Schriften Kants hat Schopenhauer die *Geschichtsphilosophie* völlig ignoriert, deren Thema die moralische Entwicklung der Menschheit ist: der Fortschritt im Bewusstsein der Freiheit.[592]

Es ist doch sehr charakteristisch, dass Schopenhauer sowohl die geschichtlichen Fortschritte der kantischen Lehre selbst, als auch diejenigen kantischen Schriften, welche den geschichtlichen Fortschritt der Menschheit zum Thema haben, *gar nicht* beachtet hat. So wenig lag ihm an der Geschichte! Die kantische Lehre galt ihm als die höchste Erscheinung in der gesamten Geschichte der Philosophie, aber die Geschichte selbst erschien ihm als ein Chaos.

4. Erläuterungen

„Noch einige Erläuterungen zur Kantischen Philosophie!" Dieselben sind 32 Jahre später erschienen als jener Anhang zum Hauptwerk und enthalten im Wesentlichen nichts Neues; nur dass der Gegensatz zwischen der kantischen Lehre und der *jüdischen* Religion, die durchgängig verneinende Kritik des jüdischen Theismus, eines jener Themata, die Schopenhauer nicht oft und eindringlich genug wiederholen konnte, nirgends so scharf, ergrimmt und satirisch ausgeführt ist als hier.

Die transzendentale Dialektik der kantischen Vernunftkritik zähle zu deren glänzendsten und verdienstlichsten Leistungen, weil sie der rationalen Psychologie und spekulativen Theologie für immer den Garaus gemacht habe; dagegen seien die kosmologischen Antinomien verfehlt, weil sich dieselben auf Widersprüche gründen, die in Zeit, Raum und Kausalität enthalten sein sollen; aber Zeit, Raum und Kausalität sind Anschauungsformen, und „das Anschauliche als solches kennt keinen Widerspruch". Wir wollen diese merkwürdige und bequeme Erklärung nicht überhören.[593]

Das Hauptgewicht der „alles zermalmenden" kantischen Kritik lassen die Erläuterungen in die Zerstörung sämtlicher Gottesbeweise, in die Widerlegung ihrer Möglichkeit fallen, wodurch „Kant

592 Vgl. meine Kritik der kantischen Philosophie (2. Aufl. 1892), 3. u. 4. Kap., S. 202 – 265. [Dasselbe in meiner Geschichte der neuern Philosophie (4. Aufl.), 5. Bd., 2. Teil, 4. Buch, S. 567 – 623.] Über Schopenhauers Kritik der kantischen Philosophie, vergl. die obige Schrift, 4. Kap., S. 241 – 245. [Ebendas., 5. Bd., S. 601 – 606.] – Über Kants geschichtsphilos. Abhandlungen vergl. meine Geschichte der neuern Philosophie, 5. Bd. (4. Aufl., Jubiläumsausg.), 1. Buch, 17. Kap., S. 256 – 257.

593 Parerga I. Noch einige Erläuterungen u. s. f., S. 128.

die erschreckliche Wahrheit aufgedeckt habe, dass Philosophie etwas ganz anderes sein müsse als Judenmythologie". Er habe alle spekulative Theologie vernichtet und dann durch die sogenannten Postulate der praktischen Vernunft und die daraus gegründete Moraltheologie die entsetzten Gemüter einigermaßen zu besänftigen gesucht. – Die Judenreligion sei der einzige und alleinige Monotheismus, die Grundlage der gesamten theistischen Glaubenslehre, welche als solche nicht bloß aller echten Philosophie, sondern auch aller echten Religion widerstreite: Diesen Widerstreit, insbesondere den religiösen, so intensiv wie möglich zu erleuchten, ist das Hauptziel der Erläuterungen.[594]

Man müsse den Gott jenseits der Welt notwendigerweise anthropomorphisieren und lokalisieren; man könne ihn nicht anders vorstellen denn als einen mit Vernunft begabten Willen, d. h. als eine *Person*, die ihren besonderen Wohnort habe, d. h. im Himmel throne. Diesem göttlichen Wohnort habe die kopernikanische Astronomie für immer ein Ende gemacht, und Giordano Bruno habe für die Bejahung und Verbreitung dieser Lehre den Märtyrertod auf dem Scheiterhaufen erlitten.

Der menschliche Wille befindet sich fortwährend im Zustande der Not, der Bedürfnisse und der Wünsche: daher bedürfe er des Glaubens an Wesen, die ihm Hilfe und Erleichterungen gewähren können, hilf- und gnadenreicher Wesen, zu denen er beten, deren Gunst und Gnade er sich durch Opfer und Lobpreisungen, welche die Surrogate der Opfer sind, erwerben könne; daher personifiziere er die Naturgewalten und verwandle dieselben in Götter, die zuletzt auf einen einzigen reduziert werden. So sei aus dem Heidentum das Judentum, aus dem Polytheismus der Monotheismus hervorgegangen.[595]

Die beiden Kennzeichen echter Religion sind die moralische Bedeutsamkeit des menschlichen Handelns und die Fortdauer nach dem Tode, welche Letztere zusammenfällt mit der ewigen Gerechtigkeit. Beiden Kennzeichen steht die jüdische Religion entgegen, da sie dieselben nicht bloß selbst entbehrt, sondern bekämpft und unmöglich macht. Die moralische Bedeutsamkeit unserer Handlungen besteht in der Selbstverleugnung und tugendhaften Gesinnung, welche alle eigennützigen Motive ausschließt; die jüdische Religion dagegen

594 Ebendas., S. 133, S. 151 Anmerkung.
595 Ebendas., S. 140 ff.

fordert die eigennützigen Motive, denn sie verheißt für die Gesetzeserfüllung göttlichen Lohn und für das Gegenteil göttliche Strafe, beide zeitlicher Art: langes Leben und irdisches Wohlergehen. Kurz gesagt: Sie verdirbt die Moralität der Gesinnung und des Handelns.

Die moralische Bedeutsamkeit des Handelns setzt voraus die Zurechnungsfähigkeit und moralische Freiheit, die in der Unbedingtheit oder Aseität des Willens besteht; die jüdische Religion dagegen nimmt den Menschen als göttliches Machwerk und zerstört dadurch die moralische Freiheit von Grund auf. – Was durch *sich selbst ist* (*a se*), durch seine Selbstbejahung besteht, durch seine Selbstverneinung aufhört, das allein ist ewig, unsterblich, ohne Anfang und Ende. Was dagegen anfängt, muss auch enden. Nach der jüdischen Religion beginnt und endet der Lebenslauf des Menschen mit seinem gegenwärtigen Dasein, er ist von Staub und wird zu Staub; sie kennt keine Unsterblichkeit, keine Fortdauer nach dem Tode, keine ewige Gerechtigkeit und Vergeltung; sie ersetzt dieselbe durch die zeitliche Vergeltung, durch das schlechteste Surrogat der Gerechtigkeit, nämlich die Rache, welche die Sünde der Väter heimsucht an den Kindern bis ins dritte und vierte Glied. Wo sich in den Schriften des Alten Testaments Unsterblichkeitsvorstellungen finden, wie im Daniel (Kap. XII), im zweiten Buch der Makkabäer (Kap. VII) u.s.f., sind dieselben auswärtigen Ursprungs. Die echt jüdische Vergeltungslehre steht im Deuteronomium (Mos. V, Kap. V, 16 u. 33) zu lesen, die jüdische Anschauung vom Anfang und Ende des menschlichen Daseins im Kohelet (Prediger Salomo III, 19 – 21).

Das lange Leben und irdische Wohlergehen hat zu seinem Schauplatz das Land der Verheißung: Dieses aber sind die Länder der *Nachbarvölker*, welche seinem auserwählten Volk sein auserwählter Gott verliehen hat: Er schenkt ihm die *Nachbarländer*, die durch grausame Kriege erst zu erobern sind und ihm dann durch grausame Kriege wieder entrissen werden, das Letztere mit vollem Recht. Schopenhauer rühmt als die Frucht seines Studiums der Septuaginta, dass er eine „herzliche Liebe und innige Verehrung“ für den großen König Nebukadnezar, den Zerstörer Jerusalems und des salomonischen Tempels, gefasst habe, von welcher Zuneigung er auch den Antiochus Epiphanes keineswegs ausgeschlossen haben will.[596]

596 Ebendas., S. 151 – 152, Anmerkung.

Nach diesen Aussprüchen erscheint Schopenhauer als der grimmigste aller Feinde des Judentums, welches er hier noch wegwerfender ansieht als den Islam und die übrigen Religionen insgesamt. Hören wir ihn selbst: „Überhaupt besteht das eigentlich Wesentliche einer Religion als solcher in der Überzeugung, die sie uns gibt, dass unser eigentliches Dasein nicht auf unser Leben beschränkt, sondern unendlich ist. Solches nun leistet diese erbärmliche Judenreligion durchaus nicht, ja unternimmt es nicht. Darum ist sie die roheste und schlechteste unter allen Religionen und besteht bloß in einem absurden und empörenden Theismus, und läuft darauf hinaus, dass der *κύριος*, der die Welt geschaffen hat, verehrt sein will; daher er vor allen Dingen eifersüchtig ist auf die übrigen Götter: Wird diesen geopfert, so ergrimmt er und seinen Juden geht's schlecht. Alle diese anderen Religionen und ihre Götter werden in der LXX *βδέλυγμα* geschimpft: Aber das unsterblichkeitslose, rohe Judentum verdient eigentlich diesen Namen. Denn es ist eine Religion ohne alle metaphysische Tendenz." „Hingegen kann man dem Judentum den Ruhm nicht streitig machen, dass es die einzige wirklich monotheistische Religion auf Erden sei: Keine andere hat einen objektiven Gott, Schöpfer Himmels und der Erde aufzuweisen. Wenn ich aber bemerke, dass die gegenwärtigen europäischen Völker sich gewissermaßen als die Erben jenes auserwählten Volkes Gottes ansehen, so kann ich mein Bedauern nicht verhehlen."[597]

IV. Schopenhauer und die nachkantische Philosophie

1. Bemerkungen über die eigene Lehre

Obgleich Schopenhauer die nachkantischen Philosophen in der abschätzigsten Weise genommen und die Erscheinungen zwischen Kant und ihm selbst für so bedeutungslos erklärt hat, dass sie als nicht vorhanden zu betrachten seien, so hat doch die gemeinsame Abkunft von Kant zwischen der Lehre jener Philosophen und der seinigen eine Verwandtschaft zur Folge gehabt, die er nicht ableugnen konnte, und welche seiner Originalität schon in den Augen der ersten Beurteiler zum Nachteil gereichte. Der Primat der praktischen Vernunft und die Unterordnung der theoretischen war von Kant

597 Ebendas., S. 150 – 155, S. 152, Anmerkung.

festgestellt worden und enthielt die Lehre vom Primat des Willens und der Abhängigkeit des Intellekts, den Grundgedanken Schopenhauers. Zu dieser Lehre hatten sich längst Fichte und Schelling bekannt: Fichte, der unmittelbar aus Kant hervorging, wie Schelling aus ihm; jener hatte das Ich gleichgesetzt dem Willen und Streben, wodurch der Vorstellungstrieb, der Reflexionstrieb, mit einem Wort das theoretische Ich in seiner ganzen Entwicklung hervorgebracht werde; dieser hatte den Willen für „die Urkraft" und „das Ursein" erklärt.[598]

In seinen „Bemerkungen über meine eigene Philosophie" will Schopenhauer diese Einwürfe dadurch entkräften, dass jene Philosophen den Grundgedanken seiner Lehre, den sie von Kant entlehnt, zwar ausgesprochen, aber ohne Folge, Zusammenhang und Durchführung gelassen hätten: D.h. sie haben den Wert und die Bedeutung desselben nicht erkannt. Und so verhalte es sich stets mit den unreifen Vorläufern großer Wahrheiten, weshalb Donat mit Recht gesagt habe: *„pereant, qui ante nos nostra dixerunt"*.[599]

Und nun kommt das alte Märchen. Um ihn, den allein echten Thronerben Kants, nicht zur Herrschaft gelangen zu lassen, haben die Philosophieprofessoren sich verschworen und ihn vor den Augen der Welt sekretiert, sie haben ihn von Licht und Luft abgesperrt und die Rolle der eisernen Maske oder, wie Dorguth gesagt hat, des Kaspar Hauser der Philosophie spielen lassen, bis endlich der totgeschwiegene Mann zum Entsetzen der Untäter auferstanden sei.

2. Die Universitätsphilosophie

Das Kollektivum der Philosophieprofessoren heißt Universitätsphilosophie. Es war Schopenhauer ein wahres Herzensbedürfnis, nach so vielen ungezählten Gallenergüssen, womit seine Schriften wie übersäet sind, in dem letzten seiner Werke sie noch einmal gleichsam in einem Reservoir zu sammeln unter dem Titel „Über die Universitätsphilosophie". In einem Brief an Frauenstädt hatte er diese Abhandlung sein Streitross genannt, das im Stall vor Kampfeslust wiehere.[600] Wenn das brave Ross, als es losgelassen wurde, statt zu

598 Vgl. darüber die näheren Ausführungen in meiner Geschichte der neuern Philosophie: 6. Bd., 3. Buch, 6. Kap., S. 379 ff (3. Aufl. 1900) und 7. Bd., 2. Buch, 5. Kap., S. 308 ff. (3. Aufl. 1902)

599 Parerga I. Einige Bemerkungen u. s. f., S. 159 ff.

600 Siehe oben I. Buch, 7. Kap., S. 142.

kämpfen nur nicht einige sechzig Seiten lang gewiehert hätte! Leser, welche sich an Schopenhauers Polemik ergötzen wollen, mögen diese Abhandlung zuerst in die Hand nehmen; denn kommt man von den früheren Schriften her und zuletzt an diese, so hat man so oft dasselbe gehört, dass man sich am Ende gelangweilt fühlt und selbst für den stärksten Pfeffer den Geschmack verloren hat. Übrigens ist auch die Feder durch den Missbrauch der zu vielen und übermäßigen Grundstriche, die sie hat machen müssen, abgestumpft worden.

Es ist immer dasselbe Thema, dieselben Objekte, dieselbe Art der Polemik. Die Objekte sind die „drei ausposaunten Sophisten", unter denen Hegel den Inbegriff aller intellektuellen und moralischen Schlechtigkeiten ausmacht, die Philosophieprofessoren, unter denen die Hegelianer ihres Meisters würdig sind, und die Universitätsphilosophie insgesamt. Die Art seiner Polemik ist die immer erneute Einschärfung des Gegensatzes zwischen ihm und den anderen: Er lebt *für* die Philosophie, jene *von* ihr; er *ist*, was jene bloß *scheinen* und vorstellen; er hat Einsichten, jene bloß Absichten; er ist der Rentier, sie die armen Schlucker, die mit Weib und Kind leben und Geld verdienen müssen, die vom Staat bezahlt werden, um die Landesreligion zu verteidigen; Gott, der die Raben auf dem Felde ernähre, soll auch die Philosophen auf dem Katheder ernähren, „wessen Brot ich ess, dessen Lied ich sing" u. s. f. Wenn die Philosophie zum Gewerbe wird, d. h. zum Gelderwerb dient, so wird der Philosoph zum Sophisten, d. h. zum Gegenteil des Philosophen, wie schon Plato gezeigt hat.

Da diese Angriffe wider die Universitätsphilosophie in der Polemik Schopenhauers eine solche Hauptrolle spielen, so wird man mit Gewalt daran erinnert, dass er selbst ein Universitätsphilosoph war, ein Johann ohne Land, ein Dozent ohne Zuhörer, länger als ein Jahrzehnt; dass er noch im Jahr 1828 in Heidelberg ein Lehramt zu erhalten gewünscht und von Creuzer abschlägig beschieden wurde, dass er im folgenden Jahr, als er Kants Werke ins Englische übersetzen wollte, sich auf seine akademische Stellung an der Berliner Universität berief, auf die Stelle, die er (nicht auf dem Katheder, sondern) nur in den Lektionsverzeichnissen einnahm. Ich möchte nicht die Fabel auf ihn anwenden, die uns allemal einfällt, wenn jemand den Gegenstand schlecht macht, welchen er vergeblich zu erreichen gesucht hat!

Es gibt nur eine einzige fruchtbare Art der Polemik: die *belehrende*, wodurch ein bedeutendes Objekt, wie nie zuvor, erleuchtet und das Urteil der Welt darüber umgestaltet wird. Solcher Art waren Pascals Provinzialbriefe, Lessings Anti-Goeze u.a. Eine Masse von literarischer Polemik wird an unbedeutende Gegenstände verschwendet und versinkt in die Lethe; eine andere Masse erstickt die belehrenden Wirkungen, welche sie haben könnte, durch die Flut ihrer Schmähungen und verfällt mit Recht ebenfalls der Lethe: zu dieser Art gehört die Polemik Schopenhauers, von welcher hier die Rede ist; sie macht durch die überhäufige Wiederholung zuletzt den Eindruck der Litanei, die ihm zur Erleichterung gedient hat, keinem zur Belehrung. Was hat die Welt davon, dass er seine Galle los wird?

Lassen wir also Fichtes und Schellings „Windbeuteleien", des letzteren „Bekehrung vom Spinozismus zum Bigotismus", Hegels „ekelhaften Galli-Matthias", die im Neu- oder Deutschkatholizismus „popularisierte Hegelei", die „Herbart'schen Querköpfigkeiten und Possen", das „Friesische Alte-Weibergeschwätz" u. s. f. auf sich beruhen. Wer diese Bezeichnungen vernommen hat, ist so klug wie zuvor. Es wird dieser *φιλοσοφία μισθοφόρος* der Universitätsprofessoren vorgeworfen, dass sie die kantische Philosophie von den Kathedern verdrängt habe: „die wichtigste Lehre seit zwei Jahrtausenden, die wichtigste aller je da gewesenen philosophischen Erscheinungen, das Werk des originellsten Kopfes, den vielleicht jemals die Natur hervorgebracht, der in der Philosophie den größten Fortschritt gemacht, indem er dem jüdischen Theismus in derselben ein Ende gesetzt habe".[601]

Nichts sei seltener als ein echter Selbstdenker, der das Wesen der Welt erleuchtet. In den fünfundzwanzig Jahrhunderten, welche die Geschichte der Philosophie erlebt habe, verhalte sich die Zahl der großen Philosophen zu der Zahl der namhaften Monarchen wie eins zu hundert. Wir hören mit Erstaunen, dass Schopenhauer, der ja die Geschichte der Menschheit so gering schätzt, die Geschichte der Philosophie mit der Geschichte der Staaten vergleicht und jene den *Grundbass* nennt, der diese begleite.[602]

---

601 Parerga I. Über die Universitätsphilosophie, S. 196 – 200.
602 Ebendas., S. 185.

Einundzwanzigstes Kapitel

Die Kritik der Lehre Schopenhauers

I. Das Grundgebrechen des ganzen Systems

1. Die entwicklungsgeschichtliche Betrachtung. Die Antithese zwischen Kant und Schopenhauer

Der durchgängige Mangel, welcher Schopenhauers kritischer Betrachtungsart anlastet, und dem wir im vorigen Kapitel schon auf Schritt und Tritt begegnet sind, liegt in der fast gänzlichen Abwesenheit einer historischen Erkenntnis und Würdigung der Dinge. In seiner Art, die Erscheinungen der Religion und Philosophie aufzufassen und zu beurteilen, haben wir den historischen Faktor vermisst, der den kritischen zu ergänzen hat und mit diesem zusammen den historisch-kritischen Standpunkt, die historisch-kritische oder *entwicklungsgeschichtliche* Methode ausmacht, wodurch sich der wissenschaftliche Charakter des neunzehnten Jahrhunderts von dem des achtzehnten unterscheidet. Daher kommt es, dass Schopenhauers kritisches Verhalten, weil ihm die geschichtliche Erfahrung und Einsicht fehlt, nur eklektisch und polemisch ausfällt: Diejenigen Systeme, welche mit seinen Grundlehren übereinstimmen, werden hervorgehoben und gepriesen, die anderen dagegen getadelt und verworfen; auch geschieht es, dass ein und dasselbe System, das sowohl übereinstimmende als auch widersprechende Lehren enthält, auf beide Arten behandelt wird, wie z.B. die Philosophie Spinozas.

Da nun in der *kantischen* Lehre die entwicklungsgeschichtliche Weltbetrachtung nicht bloß angelegt und gefordert, sondern in einer Reihe höchst bemerkenswerter natur- und geschichtsphilosophischer Schriften ausgeführt und als Zukunftsphilosophie verkündet ist, so vermag ich nicht anzuerkennen, dass Schopenhauer Kants „alleiniger und echter Thronerbe" sei: Er hat sein Leben lang verneint, was Kant sein Leben lang bejaht und als eines der Hauptprobleme der Philosophie erkannt hat, an dessen Lösung er ein halbes Jahrhundert hindurch, sowohl in seiner vorkritischen als in seiner kritischen Periode, gearbeitet: die entwicklungsgeschichtliche Erforschung der Dinge. „Wahre Philosophie ist es", sagte er schon in seiner physischen Geographie, „die Verschiedenheit und Mannigfaltigkeit einer Sache durch alle Zeiten zu verfolgen."[603] Dieses Thema betrifft die Entstehung und Entwicklung der Dinge überhaupt; darunter fällt auch die kritische Philosophie, deren Thema kein anderes ist als die Entstehung und Entwicklung der menschlichen Erkenntnis. Man braucht aber diese Frage nur anzuwenden auf das Weltall, die Erde, die irdischen und organischen Körper, Pflanzen, Tiere und Menschen, die Menschenrassen, die historischen und prähistorischen Zustände der Menschheit, die Sprachen, die Weltreiche und Kulturvölker, die Religionen und Religionsurkunden, das Alte und Neue Testament, das Urchristentum, die epischen Nationaldichtungen u. s. f., um die wissenschaftlichen Aufgaben und Forschungen zu erkennen, welche die unvergänglichen Verdienste des neunzehnten Jahrhunderts ausmachen.[604]

An diesen Verdiensten hat Schopenhauer nicht bloß keinen Anteil genommen, sondern er hat dieselben so gut wie unbeachtet gelassen, ja nach seiner philosophischen Denkart nicht einmal zu schätzen gewusst. Hieraus erklärt sich, wie ihm das Verständnis des eigenen Zeitalters in einem solchen Grade abging, dass er die andauernde Nichtbeachtung seiner Philosophie keineswegs aus den in ihr selbst gelegenen Gründen, aus ihrer (in dem Menschenalter von 1820 bis 1850) unwirksamen und isolierten Lage, sondern nur aus einer Verschwörung der Philosophieprofessoren und anderen imaginären und falschen Motiven sich zurechtlegen konnte. Was historisch sich einleuchtend und leicht genug erklären ließ, war und blieb ihm unerklärlich.[605]

2. Der Unwert der Geschichte. Die Antithese zwischen Schopenhauer und Hegel

Schopenhauer selbst hat die Gebrechen der philosophischen Systeme darin erblickt, dass, wenn ihre Begriffe mit der Wirklichkeit verglichen werden, die Rechnung jener nicht stimmt, vielmehr gewisse Reste sich zeigen, welche in der Rechnung nicht aufgehen: Diese unaufgelösten Reste sind die unerklärten und nach den in dem Sys-

---

603 Vgl. meine Geschichte der neuern Philos., 4. Bd. (4. Aufl. 1898, Jubiläumsausg.), S. 183.
604 S. meine Philosophischen Schriften, 3. Heft (2. Aufl.), 1892. Die hundertjährige Gedächtnisfeier der Kritik der reinen Vernunft.
605 S. oben I. Buch, 1. Kap., S. 44 – 47. 5. Kap., S. 116 – 118.

tem herrschenden Begriffen unerklärlichen Tatsachen. Vergleichen wir z.B. die Lehre Descartes' mit der anschaulichen Wirklichkeit, so hat dieselbe unter der Herrschaft ihrer dualistischen Prinzipien die Tatsache des Lebens nicht zu erklären vermocht und in krassem Widerstreit mit der Anschauung des Letzteren die Tiere für Automaten oder empfindungslose Maschinen gelten lassen müssen.

Wird eine solche Probe auf die Lehre Schopenhauers angewendet, so springt sogleich in die Augen, dass die ungeheure Tatsache der *Weltgeschichte* in ihre Begriffe nicht passt und darin das Grundgebrechen seines Systems liegt. Er hat der Geschichte alle philosophische Bedeutung und überhaupt jeden wissenschaftlichen Wert abgesprochen und zu diesem Zweck in den Ergänzungen das Kapitel „Über die Geschichte" geschrieben, nachdem er in dem ursprünglichen Hauptwerk mit Aristoteles dargetan hatte, dass die Dichtung philosophischer sei als die Geschichte. Kunst und Wissenschaft haben es mit Ideen und Begriffen zu tun, die Geschichte dagegen nur mit einzelnen Individuen; jene stellen dar, was *immer* ist; diese dagegen erzählt, was einmal ist und *nie* wieder; dort handelt es sich um das Beständige, hier um das absolut Vergängliche. Es gibt in der Geschichte keine Universalien, nichts wahrhaft Allgemeines, also auch keine dadurch bedingte Einteilung und Gliederung. Die historischen Begebenheiten erstrecken sich ins Anfang- und Endlose und verschwinden im Dunkel der Zeiten. Zwar wird die Geschichte eingeteilt in Perioden und Epochen, jene sind lange Zeitabschnitte, diese sind Hauptbegebenheiten; zu beiden verhalten sich die Individuen und ihre Schicksale wie die Teile zum Ganzen: Sie sind *darin* enthalten, nicht *darunter*: Deshalb ermangeln die historischen Gegenstände der Subordination, der logischen Einteilung, des wissenschaftlichen Aufbaues, des systematischen Zusammenhangs und der ihm entsprechenden Darstellung. Das Reale und Spezielle sind die Individuen, während die Völker und gar erst die Menschheit bloße Abstrakta sind.

Die Reihe der koordinierten Einzelbegebenheiten geht ins Endlose, die Details jeder Begebenheit und jedes Individuums gehen auch ins Endlose: Jene lassen sich nicht auszählen, diese nicht erschöpfen; so bleibt nach beiden Seiten die Geschichte Stückwerk und Fragment, woraus nie ein Ganzes gemacht werden kann. Je mehr die Dinge individualisiert werden und ihre Darstellung die Einzelheiten erleuchtet, umso interessanter wird die Geschichte, aber auch um so unsicherer, vielleicht ist keine einzige Begebenheit so geschehen, wie sie erzählt wird; je allgemeiner, universeller die historischen Dinge gefasst und dargestellt werden, umso einförmiger, uninteressanter, steriler und weniger bedeutsam erscheint ihr Inhalt. Es geschieht nichts Neues unter der Sonne, es ist bei Schopenhauer, wie beim Rabbi Akiba, alles schon da gewesen: Schlachten und Kriege, Thronstreitigkeiten und Thronfolgen, die Kostüme ändern sich, die Sachen bleiben dieselben, mehr oder weniger vom Staub der Zeit bedeckt: „ein Kehrichtfass und eine Rumpelkammer und höchstens eine Haupt- und Staatsaktion!" Es gibt keine Universalgeschichte, sondern nur einzelne Begebenheiten und Individuen, diese aber sind keine Universalien. Wer den Herodot gelesen hat, kennt das Wesen der Geschichte und deren Konfigurationen, den flüchtigen Wolkengebilden vergleichbar, in denen man seltsame Gruppen von Tieren und Menschen zu sehen meint.[606]

Im Lebenslauf des Einzelnen ist Einheit, in dem der Menschheit ist keine. „Was die Geschichte erzählt, ist der lange, schwere, verworrene Traum der Menschheit." Wir haben es schon gehört, als von der Malerei die Rede war, dass kein Unterschied sei zwischen Historie und Genre: Streit sei Streit und die menschliche Bedeutsamkeit dieselbe, ob sich die Bauern in der Schenke über die Spielkarten zanken oder die Staatsmänner im Königssaal über die Landkarten. Auch haben wir gehört, als von der Welteroberung und Weltüberwindung die Rede war, dass die Legenden vom Leben der Heiligen und die Autobiographie der Madame Guyon weit interessanter, belehrender und beherzigenswerter seien, als die Geschichten des Livius und des Plutarch![607]

Ebenso nichtig, wie die Universalgeschichte, ist die *Philosophie der Geschichte*, deren Thema mit jener zusammenfällt, und deren Aufgabe darin besteht, die Weltgeschichte als ein „planmäßiges Ganzes", als den Entwicklungsgang der Völker und der Menschheit aufzufassen und darzustellen. Nichts erscheint in den Augen Schopenhauers verkehrter als diese Idee. In ihrer Begründung und Ausführung lag die ganze Bedeutung und zeitweilige Herrschaft Hegels und seiner

606 Die Welt als Wille u. s. f., II, 38. Kap., S. 521 ff. Vgl. I, § 51, S. 326. S. oben 2. Buch, 12. Kap., S. 386.
607 Die Welt als Wille u. s. f., II, 38. Kap., S. 517 ff.

Schule. Man nehme die Philosophie der Geschichte in dem umfassenden Sinne, in welchem sie nicht bloß das so betitelte Werk bezeichnet, sondern die Philosophie des Rechts, der Religion, Kunst und wissenschaftlichen Erkenntnis, die Geschichte der Staaten, Religionen, Kunstwerke und philosophischen Systeme (Geschichte der Philosophie), wesentlich zu ihr gehören und das Ganze der Geschichtsphilosophie ausmachen: In diesem Geist und Umfang ist die Letztere erst von Hegel begründet worden und zwar so, dass sie in der von ihm überlieferten Form wohl der Mängel genug, aber zugleich eine Fülle von Aufgaben in sich schloss, die zur Fortbildung und Lösung drängten. Eben darin besteht Hegels nicht bloß zeitweilige, sondern fortwirkende und unvergängliche Bedeutung, für welche Schopenhauer teils aus Unkenntnis, teils aus Hass und Befangenheit in der eigenen Denkart vollkommen blind war. Er nennt die Betrachtung der Weltgeschichte als eines planmäßigen Ganzen, d.h. als des fortschreitenden Entwicklungsganges der Völker und der Menschheit, „geistesverderbliche und verdummende Hegel'sche Afterweisheit", „platten und rohen Realismus" und zugleich „eine bloße Fiktion"; er nennt die Hegelianer, da bei ihnen die Philosophie der Geschichte für den Hauptzweck aller Philosophie gelte, „einfältige Optimisten, Realisten und Eudämonisten", „platte Gesellen", „eingefleischte Philister und zugleich schlechte Christen!" Lauter Einwürfe, die auf ihren Gegenstand passen wie die Faust aufs Auge, sie sind so bedeutungslos wie hinfällig. In seinen „Aphorismen zur Lebensweisheit" hat Schopenhauer den Philister sehr gut definiert als den „Menschen ohne geistige Bedürfnisse"; er hat deshalb in seinem Aufsatz „Über die Weiber" behauptet, dass diese „im Ganzen genommen die gründlichsten und unheilbarsten Philister" seien. Wie aber das Prädikat „eingefleischte Philister" auf die Hegelianer als Geschichtsphilosophen passt, hat er nicht begründet, sondern dem Leser zugemutet, sich diese sinnlose Phrase gefallen zu lassen.[608]

Nach Schopenhauer reduziert sich die Philosophie der Geschichte auf die Einsicht, dass die Geschichte beständig lüge, denn sie erzähle immer dasselbe mit der Versicherung, es sei neu: immer „*eadem, sed aliter*". Auf diese Art wird aus den Weltbegebenheiten eine Art Rummel; wer seinen Herodot gelesen hat, darf sagen: „Ich kenne

608 Parerga I. Aphorismen u.s.f., 2. Kap., S. 385 ff. Parerga II, 27. Kap., § 369. Vgl. oben II. Buch, 20. Kap., S.539.

den Rummel!" Nach Schopenhauer leidet demnach die Geschichte an diesen drei Fehlern: Sie ist wertlos, keine Wissenschaft und kein Ganzes.[609]

Wider Hegel beruft er sich auf Plato und Kant, die uns gelehrt haben: Der Gegenstand der Philosophie sei das Beständige und Bleibende, nicht das Veränderliche und Vergängliche. Auf Kant beruft er sich mit völligem Unrecht. Er höre doch, was dieser sagt: „Wahre Philosophie ist es, die Verschiedenheiten und Mannigfaltigkeit einer Sache durch alle Zeiten zu verfolgen!" Wenn es sich um die ethische Bedeutung der Universalgeschichte, d. h. um die Entwicklung der menschlichen Freiheit als das Thema der Weltgeschichte handelt, so ist Kant recht eigentlich der Begründer der Geschichtsphilosophie zu nennen; er ist es durch seine ganze Lehre, insbesondere durch seine geschichtsphilosophischen Aufsätze, deren erster die erste kantische Schrift war, welche Schiller gelesen hat, und die ihn für das Studium der kantischen Lehre gewann. Sie hieß: „Idee zu einer *allgemeinen* Geschichte in weltbürgerlicher Absicht." Die nächste Frucht dieses Studiums war Schillers akademische Vorlesung: „Was heißt und zu welchem Ende studiert man *Universalgeschichte*?" Was aber die weltbürgerliche oder politische Absicht betrifft, in welcher Kant die Idee einer allgemeinen Geschichte gefasst hatte, so dachte Schopenhauer darüber nicht wie Kant, sondern wie der Brander in Auerbachs Keller, dessen Rat stets sein Wahlspruch gewesen sei: „Ich danke Gott an jedem Morgen, dass ich nicht brauch' fürs Römische Reich zu sorgen."[610]

3. Der Wert der Geschichte

Wie aber reimt es sich, dass Schopenhauer, nachdem er der Geschichte allen Wert und Ideengehalt abgesprochen hat, mit einem Male anfängt, von dem positiven Wert derselben zu reden und nun darlegt, dass die Weltgeschichte sich zur Menschheit verhalte wie die Vernunft zum Individuum? Diese kraft ihrer Begriffe mache die Vorstellungen unabhängig von den Eindrücken der Gegenwart und eröffne uns die Perspektive in die Vergangenheit und Zukunft;

609 Die Welt als Wille und Vorstellung u. s. f., II, 38. Kap., S. 518 – 522.
610 Parerga I. Über die Universitätsphilosophie, S. 173. Vgl. meine Kritik der kantischen Philos. (2. Aufl. 1892), 3. Kap., S. 51 – 56 – mein Werk: Imm. Kant und seine Lehre, 2. Bd., 4. Aufl. (1899), S. 567 ff.

erst dadurch komme Einheit in den Lebenslauf des Individuums und sein Bewusstsein desselben. Ebenso bringe die Geschichte, d.i. die Überlieferung des Geschehenen, und zwar der wichtigsten und denkwürdigsten Begebenheiten durch steinerne und schriftliche Denkmäler, Einheit in das Leben des Menschengeschlechts und sein Bewusstsein desselben. „In diesem Sinne also ist die Geschichte anzusehen als die Vernunft oder das besonnene Bewusstsein des menschlichen Geschlechts und vertritt die Stelle eines dem ganzen Geschlechte unmittelbar gemeinsamen Selbstbewusstseins, so dass erst vermöge ihrer dasselbe zu einem Ganzen, zu einer Menschheit wird. Dies ist der wahre Wert der Geschichte, und demgemäß beruht das allgemeine und überwiegende Interesse an ihr hauptsächlich darauf, dass sie eine persönliche Angelegenheit des Menschengeschlechts ist."[611]

Was fehlt denn noch zu dem Begriff der Geschichte, auf den sich die Philosophie der Geschichte gründet? Wenn durch die Geschichte das Menschengeschlecht zu einem wirklichen Ganzen wird, so ist dieses besonnene, seiner Wege und Ziele bewusste Geschlecht doch wohl ein Zweck und planmäßiges Ganzes: Eben darin besteht ja das Thema „der geistesverderblichen und verdummenden Hegel'schen Afterweisheit". Wir stehen vor einer völligen Antinomie, die in der Thesis den Begriff der Geschichte verwirft, in der Antithesis dagegen aufrichtet. Die Thesis erklärt: Da Völker und Menschheit Abstrakta sind, so gibt es keine Geschichte als Wissenschaft, weder universale noch nationale. Die Antithesis erklärt: Da die Geschichte als die Vernunft oder das besonnene Bewusstsein des menschlichen Geschlechts anzusehen ist, so existiert die Menschheit in Wirklichkeit und bildet ein Ganzes. Dasselbe gilt von den Völkern. Schon die höchst anschauliche Tatsache der Volkssprachen hätte den Philosophen nach seiner eigenen Denkart verhindern sollen, das reale Dasein der Völker in Abrede zu stellen und diese unter die bloßen Begriffe zu versetzen.

Die widerspruchsvolle Rolle, welche die Geschichte in der Lehre Schopenhauers spielt, haftet nicht bloß an der Stelle, wo wir sie aufgedeckt haben, sondern charakterisiert das ganze System; auch ist dieser Widerspruch nicht der einzige, an dem das System leidet,

611 Die Welt als Wille u. s. f. II, 38. Kap., S. 522 – 524.

sondern nur der erste, der unserer Betrachtung in ihrem zusammenhängenden Fortgang sich unwillkürlich darbietet und aufdrängt.

II. Die Widersprüche in dem System

Ich werde eine Menge Widersprüche, die uns in Schopenhauers Schriften entgegentreten, unangefochten lassen, nämlich alle diejenigen, welche nicht die Lehre selbst und deren Grundlage treffen, sondern teils aus der Vielseitigkeit der in Rede stehenden Sache, teils aus der lebhaften Einbildungskraft und Ausdrucksweise des Philosophen herrühren, der so wenig historisch schreibt, als er historisch denkt und stets von dem jedesmaligen Eindruck des Gegenstandes, den er beleuchtet, ganz erfüllt ist. Widersprüche solcher Art z.B. sind es, wenn er jetzt den Islam, jetzt das Judentum die schlechteste aller Religionen nennt; wenn er jede historische Begebenheit als einzig in ihrer Art bezeichnet, denn sie geschehe einmal und nie wieder, und doch die Geschichte immer dasselbe erzählen lässt; wenn die Begebenheiten, je eingehender sie in ihren Einzelheiten geschildert werden, umso interessanter, aber auch umso weniger glaubwürdig werden, und doch die interessantesten dieser Geschichten, wie die Biographien, Autobiographien und Memoiren die zuverlässigsten sein sollen, weil die Gesellschaft weit mehr zum Lügen und Belügen verlocke als die Einsamkeit, in der jemand seine Autobiographie schreibt.

Im Interesse der vornehmen und gelehrten Bildung beklagt er es tief, dass die lateinische Sprache als Welt- und Literatursprache aufgehört habe zu herrschen, denn alle Nichtkenner derselben rechnet er zum „Pöbel"; er verwünscht den Untergang der lateinischen Weltliteratur und die Entstehung der Nationalliteraturen, während er doch die großen Dichter und Schriftsteller der Letzteren, wie Petrarca, Shakespeare, Calderon, Voltaire, Goethe, auf das Höchste schätzt und verehrt!

1. Die falsche Abwehr

In dem Gefühl, dass in seinen Schriften widerspruchsvolle Sätze genug enthalten sind, hat Schopenhauer, um sich gegen die hieraus geschöpften Einwürfe zu decken, zwei Schutzwehren gebraucht, die ich *nicht* gelten lasse. Er hat die Anschauung für widerspruchslos erklärt und sich damit die Probleme aus dem Weg geräumt, vielmehr als gar nicht vorhanden beseitigt, welche die Eleaten in den Begriffen der Zeit und des Raumes, der Größe und der Bewegung entdeckt und so gelöst hatten, dass sie die sinnliche Anschauung und deren Phänomene für Schein und Täuschung hielten. Wäre die Anschauung widerspruchslos, so hätten die Eleaten nicht nötig gehabt, sie für unwahr, und Heraklit nicht nötig gehabt, den Widerspruch für notwendig zu erklären. Warum rühmt Schopenhauer die Eleaten und Heraklit?

Er hatte noch ein zweites, für alle Fälle parates Schutzmittel gegen die unbequemen Einwürfe, Widersprechendes zu lehren, in petto. „Widersprüche aufzuzeigen, sei überhaupt die gemeinste und verrufenste Art, einen Autor zu widerlegen." So schrieb er an A. Becker im Hinblick auf die Darstellung und Kritik seiner Philosophie, womit damals R. Seydel in Leipzig einen akademischen Preis gewonnen hatte. Die aufgezeigten Widersprüche seien sämtlich hinfällig, denn die einen seien nur scheinbar, die anderen aber so krass, dass der Philosoph, der sich ihrer schuldig gemacht hätte, kein Denker sein müsste, sondern ein Pinsel.[612] Dieser letzte Grund ist ein *argumentum ad hominem*, womit man den Gegner nicht aus dem Felde schlägt; es könnte jemand sich in die krassesten Widersprüche verstricken, ohne geraden Weges ein Pinsel zu sein.

2. Die Welt als Entwicklungssystem

Die widerspruchsvolle Behandlung, welche nachgewiesenermaßen dem Begriff der *Geschichte* widerfährt, trifft auch dessen Anwendung und erstreckt sich auf das ganze System. Dieses erscheint nach seinem Grundgedanken wie nach seinem gesamten Aufbau als ein *monistisches Entwicklungssystem*: Das All-Eine ist der Wille, die Entwicklung besteht in der Stufenleiter der Welt, den Weltstufen, welche Schopenhauer die Objektivationen des Willens genannt hat. Wie verschieden im Übrigen Fichte, Schelling und Hegel in ihren Systemen sein mögen, so stimmen sie darin überein, dass sie das in der kantischen Lehre angelegte Thema der Weltentwicklung aus einem einzigen Prinzip auszuführen gesucht haben; und zwar ist

612 Brief vom 10. Juni 1857. (Grisebach, Schopenhauers Briefe, S. 135.) S. oben, I. Buch, 7. Kap., S. 148.

Fichte der Erste gewesen, der von diesem Thema erfüllt war und im Rückblick auf die Summe seiner Wissenschaftslehre hätte sagen können: Es ist „die Welt als Wille und Vorstellung".

Darum hatte auch Schopenhauers erster Beurteiler, Herbart im „Hermes" (1819)[613], nicht unrecht, wenn er ihn einerseits mit den geistreichen, philosophisch unterhaltenden Schriftstellern, wie Lessing und Lichtenberg, verglich, andererseits sein Hauptwerk mit Fichte zusammenstellte und dessen Grundgedanken darin erläutert sah. Er selbst verwarf allen Monismus und alle metaphysische Entwicklungslehre, als welche in die uralten Irrtümer der Kosmogonie und Theogonie zurückfalle, von einer Geschichte Gottes, einem Drang und Werden des Urgrundes u. s. f. rede und aus Wolkenkuckucksheim stamme. Als eine solche „historische Philosophie" verwarf er auch das Werk Schopenhauers.

Dieser aber, wie wir wissen, verwarf auch seinerseits alle historische Philosophie, alle Vermischung der Metaphysik mit der Geschichte und zeitlichen Entwicklung der Dinge, welche Letztere nur Erscheinung und Vorstellung sei; deshalb nahm er die Weltstufen nicht als zeitlich entstanden oder geschichtlich geworden, sondern als ewig gewollt und nannte diese Objektivationen des Willens *platonische Ideen*, die immer sind, nie wechseln, gleichsam fest und unbeweglich stehen mitten in dem Strom der einzelnen Dinge, die nie *sind*, sondern unaufhörlich entstehen und vergehen. So wechseln unaufhörlich die Tier-Individuen, während die Tierarten oder Spezies ewig und metaphysisch sind, unabhängig von Zeit und Raum, zeitlos und geschichtslos. Der Hund, wie er heute in seiner Art ist und vor uns steht, so war er vor Jahrtausenden und wird so nach Jahrtausenden sein.

Lamarck habe die rühmenswerte Einsicht gehabt, dass der Tierleib gewollt sei und der Bau desselben sich nach dem Willen des Tieres zu dieser bestimmten Lebensart richte, aber dieser große Zoologe sei in dem unbegreiflichen Irrtum befangen gewesen, dass die zu der bestimmten Lebensart notwendigen Organe, wie z.B. die Hörner, die Schwimmhäute, die langen Beine und Hälse der Sumpfvögel u. s. f., allmählich entstanden seien, im Laufe der Zeit, durch fortgesetzte Generationen, als ob die Tiere, da sie ohne jene Organe nicht

613 Ebendas., 4. Kap., S. 103.

bestehen konnten, nicht längst hätten zugrunde gehen müssen! Er tadelt den Lamarck, dass er die Tierspezies, statt dieselben platonisch aufzufassen, genetisch und historisch entwickelt habe.[614]

Hieraus erklärt sich auch, warum Schopenhauer, der Goethes Genie und seine Farbenlehre immer so hoch gepriesen hat, von dessen morphologischen Ansichten, wie der Pflanzenmetamorphose und seiner Entdeckung der Entstehungsart des Schädels aus Wirbelknochen – gerade denjenigen Ideen Goethes, welche die Naturforscher rühmen – mit einer sichtlichen und auffallenden Herabsetzung redet. Eine von Caspar Friedrich Wolf in seiner „Neuen Theorie der Generation" hingeworfene Idee habe Goethe zum Thema einer eigenen neuen Lehre unter dem hyperbolischen Titel „Pflanzenmetamorphose" gemacht und in einem pomphaften und schwierigen Vortrag dargestellt![615]

Hätte er Darwins epochemachende Lehre von der Entstehung und Veränderung der Arten durch Anpassung, Vererbung und Selektion, natürliche und künstliche Zuchtwahl gründlicher kennen gelernt, so hätte sie ihn ohne Zweifel abgestoßen, da er die Arten als platonische Ideen gefasst wissen wollte, Darwin dagegen sie als entwicklungsgeschichtliche Produkte dargetan und die Wege erleuchtet hat, wie sie entstehen. Schopenhauer beschreibt uns z.B. einen bestimmten tierischen Charakter, den Willen zu dieser Lebensart: „Ihn ergriff die Sehnsucht, auf Bäumen zu leben, an ihren Zweigen zu hängen, von ihren Blättern zu zehren, ohne Kampf mit anderen Tieren und ohne je den Boden zu betreten; dieses Sehnen stellt sich endlose Zeit hindurch dar in der Gestalt (platonische Idee) des *Faultiers*."[616] Diese Idee ist der unvergängliche, geschichtslose Typus, unabhängig von Zeit und Raum.

Wie aber soll eine Idee, welche die Vorstellungen von Bäumen, Zweigen, Blättern, Bewegungszuständen u.s.f. in sich enthält, unabhängig sein von Zeit und Raum? Er nennt die Tiergestalt „eine von den Umständen hervorgerufene Sehnsucht des Willens zum Leben". Wie aber lassen sich Umstände und Vorgänge, die von jenen hervorgerufen werden, denken ohne Raum und Zeit? Die Schopenhauer'schen Ideen als unvergängliche Typen oder Weltstufen schließen,

614 Über den Willen in der Natur (4. Aufl. 1878). Vergleichende Anatomie, S. 242.
615 Die Welt als Wille u.s.f., II, 4. Kap., S. 65. 26. Kap., S. 391.
616 S. oben II. Buch, 9. Kap., S. 340 f.

da sie Stufen sind, die *Entwicklung* ein und, da sie unvergänglich sind, die Geschichte und das Gewordensein von sich aus. Wenn man das Weltall nach platonischer Art als ein göttliches und lebendiges *Kunstwerk* auffasst, so kann man unter diesem Gesichtspunkt bejahen, dass die darin enthaltenen und ausgeführten Ideen niederen und höheren Ranges (die untergeordneten und übergeordneten) ewig gedacht und gewollt sind: Dann gibt es ein Stufenreich oder eine Entwicklung ohne Geschichte. Wenn man aber mit Schopenhauer den göttlichen Ursprung und Charakter der Welt verneint und das völlige Gegenteil behauptet, dann müssen die höheren Stufen der Welt den niederen abgerungen und durch den Streit der Kräfte erkämpft werden, was nur im Laufe der Zeit und der Generationen geschehen kann: Dann ist Entwicklung ohne Geschichte undenkbar und unmöglich.

Dies lehrt nun auch Schopenhauer wirklich: Er lehrt, dass aus dem Streit der Kräfte, aus dem unaufhörlichen Kampf um das Dasein, der ihm die Welt so schrecklich erscheinen lässt, die höheren Kräfte, die höheren Arten des Daseins, die aufwärtsstrebenden Stufen der Welt hervorgehen, das Untüchtige geht unter, das Tüchtige siegt und gewinnt die Oberhand und die Herrschaft: Eben darin besteht die „*Aristokratie der Natur*", welche vornehmer, mächtiger und dauerhafter ist als jede andere. Er hätte darum die Welt und ihre Kämpfe nicht so schrecklich und verdammlich finden sollen, da er ja die darauf gegründete Aristokratie der Natur, zu welcher in der allerobersten Reihe die Genies gehören, nicht genug preisen konnte. Er selbst hat sich nicht gescheut, alles, was ihm feindlich oder gegnerisch erschien, unaufhörlich zu bekämpfen, auch wohl zu beschimpfen, um es so schnell wie möglich zu entwerten und aus der Welt zu schaffen. Er hätte sich nicht so sehr über den Spinoza entsetzen sollen, weil dieser seine Lehre vom Naturrecht auf die Aristokratie der Natur gegründet hat: Macht ist Recht, Ohnmacht ist Unrecht. Gilt etwas anderes im Streit der Kräfte, im Kampf ums Dasein? Dieser ist die Art und Weise, wie die Natur ihre Berufenen auswählt und die Selektion trifft, aus welcher ihre Aristokratie hervorgeht. In dieser Lehre liegt die Parallele zwischen Schopenhauer und Darwin. Auch hätte jener seine vorher erwähnten Bedenken wider Lamarck sich aus der eigenen Lehre selbst widerlegen können: Was liegt daran, wenn zahllose Individuen umkommen, weil sie den Kampf um die Bedingungen des Daseins nicht bestehen können?

Freilich hat Schopenhauer auch gelehrt, dass die Kraft, gleich dem Willen, grundlos und unentstanden sei, dass zwar ihre Erscheinungsformen durch die Umstände, unter denen sie hervortreten, bedingt sind, nicht aber sie selbst; er hat die Einheit und Ewigkeit der Kraft gelehrt, womit es sich keineswegs verträgt, dass die höheren Kräfte aus den niederen *entstehen*, indem sie dieselben überwinden, bemeistern und zu ihren Werkzeugen herabsetzen.[617]

Wenn es aber die siegreichen Kräfte sind, aus denen die Stufenleiter der Welt sich aufbaut, so ist nicht einzusehen, warum dieselbe mit der Tierheit enden und nicht in der Menschheit ihren Weg nach aufwärts fortsetzen und ein neues, höheres Stufenreich bilden soll. Ist der Streit der Völker nicht auch Kampf ums Dasein, und zwar der großartigste und furchtbarste von allen? Sind die Weltkriege und die Weltreiche, die daraus hervorgegangen sind, nicht auch Stufen der Weltskala, und zwar die deutlichsten und ausgeprägtesten von allen? Dieses Stufenreich ist die *Geschichte der Menschheit*, die Weltgeschichte, über deren Wert und Bedeutung die Lehre Schopenhauers mit sich selbst uneinig ist und streitet. Am liebsten mochte sie mit der Menschheit das Chaos wieder beginnen lassen und nichts anderes in ihr sehen als die dunkle Masse, in der es nur einzelne wenige selbstleuchtende Punkte gibt, darunter ihr eigenes Gestirn eines der hellsten. Ich glaube, dass diese Anschauung dem Philosophen persönlich die angenehmste war, weil er sich als Pessimist und als Genie dadurch gehoben fühlte, wenn er die Weltgeschichte tief unter sich sah, chaotisch und dunkel. In der Geschichte der Menschheit soll es keine Willensobjektivationen mehr geben, keine Weltstufen, keine Ideen, ausgenommen die Genies, die sich als Fremdlinge zu dem Geschlecht der Bipedes verirrt haben.

Indessen musste er dieser beliebten Anschauung auf Schritt und Tritt widersprechen. Die erste dargelegte Antinomie traf den Begriff der *Geschichte* selbst, die als endlose Ansammlung von lauter Einzelbegebenheiten für wertlos erachtet und zugleich als das vernünftige Selbstbewusstsein der Menschheit erkannt und gewürdigt wurde; die zweite Antinomie besteht zwischen der Lehre vom Stufenreich der Welt und der vom Kampf um das Dasein und dem geschichtlichen Hergang der Dinge: Es ist, kurz gesagt, der Widerstreit zwischen

617 S. oben II. Buch, 9. Kap., S. 328 f.

dem Begriff der *Entwicklung* und dem der *Geschichte.* Die Thesis erklärt: Die Stufen der Welt sind die Objektivationen des Willens und als solche unvergängliche Typen, ewige zeitlose Ideen; die Antithesis erklärt: Die Stufenordnung der Welt bildet eine Zeitfolge, denn die höheren Stufen entstehen durch den Streit der Kräfte aus den niederen.[618]

3. Die Welt als Erkenntnissystem

1. Über das Endziel der Weltentwicklung hat die Lehre Schopenhauers keinen Zweifel gelassen, sondern stets in aller Bündigkeit erklärt, dass der Sinn und das Thema der Welt die *Selbsterkenntnis des Willens sei.* Da nun die Welt die Erscheinung des Willens ist, dieser aber grundlos, darum erkenntnislos und blind, so tritt erst mit dem animalischen Intellekt und Bewusstsein die Epoche der Erkenntnis ein und erst mit der menschlichen Vernunft die der Selbsterkenntnis. Kein Objekt ohne Subjekt. Ohne vorstellendes Wesen keine Welt als Vorstellung oder als Objekt, keine Sittenwelt, keine gesetzmäßige Körperwelt in Zeit und Raum. Die Gesetzmäßigkeit besteht in der kausalen Verknüpfung, in der Herrschaft des Satzes vom Grunde, der auch Zeit und Raum in sich schließt, denn diese sind auch Kausalität. Zeit, Raum und Kausalität sind nicht Vorstellungsobjekte, sondern Vorstellungsformen, die vorstellende Tätigkeit selbst, die Grundformen des sinnlich anschauenden Intellekts, dieser aber ist die Funktion des Gehirns. Daher nennt Schopenhauer die Welt als Vorstellung *Gehirnphänomen*, die Welt als Erscheinung des Dinges an sich dagegen *Willensphänomen*: Sie ist als jenes durchaus *ideal* (vorgestellt), als dieses dagegen *real*; die Unterscheidung zwischen Gehirnphänomen und Willensphänomen deckt sich demnach mit der Unterscheidung zwischen dem Idealen und Realen, welche festzustellen das eigentliche Problem der ganzen neueren Philosophie war.

Hier aber treffen wir auf jenen Widerstreit, den Schopenhauer selbst „die Antinomie in unserem Erkenntnisvermögen" genannt hat: Vielheit, Mannigfaltigkeit, Gesetzmäßigkeit sind nur unter der Herrschaft des Satzes vom Grunde in Zeit und Raum möglich, diese aber sind die Formen des Intellekts und daher lediglich Gehirn-

618 Ebendas., II. Buch, 8. Kap., S. 322 f.

phänomene. Wo bleibt die Vielheit, Mannigfaltigkeit, Gesetzmäßigkeit der gehirnlosen, aller tierisch-menschlichen Organisation vorausgehenden Welt? Die Thesis erklärt: Unser Erkennen ist ein organisches Produkt und hat als solches den ganzen Stufengang der tierisch-menschlichen Organisation, die Pflanzenwelt, die Entwicklungsgeschichte des Weltalls und der Erde zu ihrer Voraussetzung. Die Antithesis erklärt: Das gesamte Weltall in seiner Vielheit, Mannigfaltigkeit und Gesetzmäßigkeit hat das erkennende Subjekt (den Intellekt) zu seiner Voraussetzung und zu seinem Träger.[619]

Intellekt und Gehirn sind bei Schopenhauer identisch: Sie verhalten sich wie Funktion und Organ. Zeit und Raum sind nur im Gehirn. Und dieses selbst? Es ist mit allem Zubehör und allen feinen Bedingungen und Vorbedingungen in Zeit und Raum! Hier verläuft sich die Lehre Schopenhauers in einen handgreiflichen *circulus vitiosus*, welchen er selbst auch wohl gefühlt und wegzuräumen sich viel, aber vergeblich bemüht hat.[620] Da das Gehirn nicht bloß Erkenntnisorgan, sondern auch Erkenntnisobjekt ist, da es nicht bloß die Erscheinungen macht, sondern selbst zu den Erscheinungen gehört, da Zeit und Raum nicht bloß in ihm sind, sondern es selbst wiederum in Zeit und Raum, so ist Schopenhauer genötigt, das *Gehirn als Gehirnphänomen* anzusehen und zu behandeln, wobei er immer in denselben *circulus vitiosus* gerät. Ich finde, dass er nirgends dunkler und verwickelter geredet hat als überall da, wo er uns zeigen will, wie das Gehirn sich selbst zum Phänomen des Gehirns macht; er mochte sich und uns überreden, dass erst der Intellekt mit seinen beiden Vervielfältigungsgläsern (Zeit und Raum) die Vielheit der Dinge macht und die unvergänglichen Typen der Willensobjektivationen (Ideen) in die zahllose Fülle unaufhörlich wechselnder Individuen verwandelt. Ganz abgesehen von der unbrauchbaren Vergleichung des Raumes mit einem in zahllosen Facetten geschliffenen Glas, wird die Schwierigkeit selbst nicht beseitigt; denn auch die Reihe unvergänglicher Typen, der Stufengang der Willensobjektivationen kann ohne Vielheit und Mannigfaltigkeit, ohne Zeit und Raum nicht gedacht werden und setzt dieselben also voraus.

---

619 Ebendas., II. Buch, 4. Kap., S. 247 f.

620 Vgl. meine Kritik der kantischen Philosophie (2. Aufl. 1892). 1. Kap., S. 17 – 21. – Geschichte der neuern Philosophie, 5. Bd., 4. Buch, S. 536 – 538 (4. Aufl. 1899).

Die Lehre von Zeit und Raum steht bei Schopenhauer anders als bei Kant, obwohl er die transzendentale Ästhetik völlig bejaht und stets auf das Höchste gepriesen hat. Niemals hat Kant gelehrt, dass unsere Erkenntnisformen bloße Funktionen des Gehirns und unser Erkenntnisvermögen mit dem Letzteren identisch seien. Etwas anderes ist organisch *bedingt* sein, etwas anderes organisch *produziert* werden: Jenes hat Kant von der Erkenntnis gelten lassen, nicht aber dieses. Dass Gehirn und Intellekt identisch sind, dass unsere Anschauungen und Begriffe sich zum Gehirn verhalten wie die Galle zur Leber, der Speichel zur Speicheldrüse, der Urin zu den Nieren u. s. f.: Diese Sätze, die ihm als evidenteste Wahrheiten galten, hat sich Schopenhauer auf dem Weg des französischen Sensualismus, unter dem Einfluss von Cabanis, Bichat, Flourens u. a., zu eigen gemacht. Kant hatte ihn von der Apriorität und Idealität der Zeit und des Raumes überzeugt; der französische Sensualismus und so viele anschauliche Tatsachen der Erfahrung, die er sich nicht anders deuten konnte, hatten ihn überzeugt, dass alle intellektuelle Tätigkeit lediglich Gehirnakt (Sekretion des Gehirns) sei. Nun wollte er beide unverträgliche Lehren in seinem System vereinigen: Hieraus entsprang die Antinomie, die sich in jene fehlerhafte Zirkelerklärung verstrickte.

Wir können an dieser Stelle einen recht deutlichen Einblick in die Entstehungsart der Lehre Schopenhauers und ihrer Widersprüche gewinnen. Nichts erscheint ihm einleuchtender und gewisser als Kants Lehre von Zeit und Raum. Nichts ist evidenter, augenscheinlicher, tatsächlicher, als dass alle intellektuelle Tätigkeit nicht bloß des Gehirns zu ihrem Werkzeug bedarf, sondern ganz und gar von demselben erzeugt wird. Nun müssen beide inkompatible Lehren, die des transzendentalen Idealismus und die des materialistisch gesinnten Sensualismus, miteinander verknüpft und zusammengezwungen werden, wirklich *par ordre de mufti*. Schopenhauer ist selbst, wie er bekennt, darüber erstaunt gewesen, dass seine auf so verschiedenen Wegen entstandenen Grundüberzeugungen in einem und demselben Zentrum zusammentrafen, und ein System daraus hervorging, welches dem hunderttorigen Theben glich!

2. Da alle Erkenntnis ein organisches Produkt, der Leib aber, aus dem sie hervorgeht, die Erscheinung des Willens ist, so sind der Intellekt und das Selbstbewusstsein nicht bloß sekundär, sondern

„*tertiär*". Wie verträgt sich nun diese Grundlehre Schopenhauers mit dem Grundcharakter seines ganzen Systems, welches die Welt als die Selbsterkenntnis des Willens betrachtet? Dieses Endziel der Welt muss demnach als die Vollendung ihres Stufenganges, als die höchste Weltstufe oder Weltidee gefasst werden, die als solche nach Schopenhauers ausdrücklicher Lehre einen unvergänglichen Typus ausmacht und nicht erst auf der animalischen Stufe des Daseins dem Willen gleichsam parasitisch zuwächst, wie doch Schopenhauer ebenfalls in der nachdrücklichsten Weise gelehrt und stets behauptet hat.

Er hat seiner Lehre von dem tertiären Charakter der Erkenntnis und des Selbstbewusstseins auf Schritt und Tritt widersprechen müssen, da die Selbsterkenntnis des Willens, als welche die Aufgabe und das Thema der Welt bildet, die fortschreitende Steigerung und Erhöhung unserer Erkenntniszustände fordert, diese aber unmöglich sind, wenn alle intellektuelle Tätigkeit nichts anderes sein soll als die Funktion des Gehirns. Wir stehen vor einer neuen Antinomie. Die Thesis erklärt: Die Erkenntnis gehört zu den Weltstufen oder Ideen, die ewig gewollt sind, daher schließt der Wille das Erkenntnisvermögen (das Erkennenwollen) in sich. Die Antithesis erklärt: Die Erkenntnis ist lediglich organisches Produkt und entsteht aus dem animalischen Bedürfnis, kraft dessen der Wille in seinen labyrinthischen Irrfahrten auf der Stufe seines tierischen Daseins der Leuchte bedarf, um die Nahrungsobjekte zu finden. Mit den Lebensbedürfnissen steigert sich das Erkenntnisbedürfnis.

„Allerdings setzt", so sagt Schopenhauer, „in meiner Erklärung das Dasein des Leibes die Welt als Vorstellung voraus, sofern auch er als Körper oder reales Objekt nur in ihr ist; und andererseits setzt die Vorstellung selbst ebenso sehr den Leib voraus, da sie nur durch die Funktion eines Organs desselben entsteht." Dies ist mit seinen eigenen Worten der oben dargelegte Zirkel. Im Gehirn als dem Zentralorgan vereinigen sich unsere Sensationen, alle Strahlen der in ihr aufs höchste gesteigerten und in seine verschiedenen Teile ausgebreiteten Sensibilität werden „gleichsam in einem Brennpunkt konzentriert". Dieser Fokus der Gehirntätigkeit ist „das Subjekt der Erkenntnis", was Kant die synthetische Einheit der Apperzeption, Fichte das Ich genannt hat. „Weit entfernt, das schlechthin Erste zu sein (wie z.B. Fichte lehrte), ist es im Grunde tertiär, indem es den Organismus voraussetzt, dieser aber den Willen." „Dieses *erkennen-*

de und bewusste Ich verhält sich zum Willen, welcher die Basis der Erscheinung desselben ist, wie das Bild im Fokus des Hohlspiegels zu diesem selbst und hat, wie jenes, nur eine bedingte, ja eigentlich bloß scheinbare Realität."[621] So wird der Fokus der Gehirntätigkeit, das erkennende Subjekt, dieser Träger der objektiven Welt, mit dem Brennpunkt bald des Konvexspiegels, bald des Hohlspiegels verglichen, wodurch die Sache nur verdunkelt und der Zirkel immer wieder bejaht wird: Das erkennende Subjekt geht aus dem Leibe hervor und der Leib aus dem erkennenden Subjekt! Die Erde ruht auf dem großen Elefanten und der große Elefant auf der Erde! Schopenhauer selbst hat das Gefühl, dass er im Bann seines Zirkels stecken bleibt. „Ich gebe zu, dass alles hier Gesagte doch eigentlich nur Bild und Gleichnis, auch zum Teil hypothetisch sei, allein wir stehen bei einem Punkt, bis zu welchem kaum die Gedanken, geschweige die Beweise reichen."[622]

3. Es ist unmöglich, dass die Funktion sich von ihrem Organ trennen, davon unterscheiden, losmachen und dasselbe in ihr Objekt verwandeln kann. Wenn daher der Intellekt lediglich Gehirnfunktion ist, d. h. organisch nicht bloß bedingt, sondern *erzeugt* wird, wenn unsere Anschauungen und Begriffe nichts anderes als Absonderungen des Gehirns (nach der bekannten und oft angeführten Analogie anderer organischer Sekretionen) sein sollen, so ist unerklärlich, wie diese Funktion ihr Organ *vorstellen*, wie das Gehirn Gehirnphänomen sein kann oder, was dasselbe heißt, der Intellekt Anschauung des Gehirns.

4. Ebenso wenig kann die Funktion, da sie an ihr Organ gebunden ist, *sich selbst* zu ihrem Gegenstand machen, indem sie auf ihre eigene Tätigkeit reflektiert und dieselbe dadurch verändert und erhöht; daher ist nicht einzusehen, wie der menschliche Intellekt als bloße Gehirnfunktion, die er ist, sich über seine Anschauungen erheben, sie vergleichen, in Begriffe verwandeln, nunmehr *logisch* operieren, d. h. sich denkend verhalten und zur Vernunft werden kann. Und es ist nicht genug, dass er denkt, Begriffe bildet, urteilt und schließt; er reflektiert auf diese seine logischen Operationen und macht sie zum Gegenstand einer wissenschaftlichen Beschreibung, die sich *Logik* nennt.

621 Ebendas., II, 22. Kap., S. 323 – 325.
622 Ebendas., II, 22. Kap., S. 325.

5. Schopenhauer lässt die abstrakten Begriffe durch die Weglassung der verschiedenen und die Vereinigung der gemeinsamen Merkmale entstehen: Je kleiner die Zahl der Letzteren ist, oder je mehr anschauliche Objekte dadurch vorgestellt werden, umso abstrakter oder allgemeiner sind die Begriffe; sie werden zuletzt so verdünnt und aller Anschaulichkeit entkleidet, dass sie nur noch „leere Hülsen“ sind wie die Kategorien. Indessen hat dieser Behauptung Schopenhauer selbst widersprochen, als er die Bedeutung der Kategorien aus ihrer grammatischen Geltung nachwies und sie als den „Grundbass der Vernunft“ bezeichnete.[623] Eben diese Bedeutung ist es, welche die Kategorienlehre seit Kant in Anspruch nimmt und Hegel in seiner Logik ausführen wollte.

Es ist eine zwar sehr verbreitete, aber gedankenlose und falsche Lehre, welche die Kategorien den Anschauungen entgegensetzt und als Machwerke der Abstraktion betrachtet; vielmehr sind dieselben in den Einzelvorstellungen als Merkmale oder Teilvorstellungen, wie man zu sagen pflegt, enthalten; die Abstraktion macht diese Vorstellungen nicht, sondern macht sie *deutlich,* indem sie aus dem Komplex, welchen die Anschauung enthält, gewisse Merkmale absondert, hervorhebt und für sich vorstellt: Die Abstraktion erzeugt nicht, sondern verdeutlicht nur die Begriffe, welche aller Anschauung inwohnen.[624]

So gehören z.B. zwei Kategorien zu den abstraktesten, darum auch zu den elementarsten und ersten der Hegel'schen Logik, und man begegnet ihnen auf Schritt und Tritt in der Hegel'schen Schulsprache: Sie heißen „Sein für anderes“ und „Ansichsein“. Wer sollte meinen, dass in diesen Kategorien Schopenhauer die Grundbegriffe seines Systems ausgesprochen hat, kurz und treffend! Er sagt: „An sich selbst aber und außerhalb der Vorstellung ist auch das Gehirn, wie alles andere, *Wille. Denn Für-ein-anderes dasein ist vorgestellt werden, an sich sein ist wollen.*“[625] Diese Ausdrucksweise hätte er aus keinem anderen Werk so leicht entlehnen können wie aus Hegels Logik, aber wir wissen ja von ihm selbst, dass er sie nie gelesen hat.[626]

623 S. oben II. Buch, 20. Kap., S. 534 ff., S. 534 Anmerkung.
624 Vgl. mein System der Logik und Meaphysik. 2. Aufl. 1865. § 6, S. 10.
625 Die Welt als Wille u. s. f., 2. Bd., 22. Kap., S. 319.
626 S. oben I. Buch, 2. Kap., S. 69.

6. Der Intellekt als Gehirnfunktion kann weder sein Organ noch sich selbst vorstellen, er kann sich weder intuitiv noch diskursiv (logisch) verhalten, er kann die logischen Operationen weder ausüben noch beschreiben. Nun aber soll er sein Organ, das Gehirn, und den Komplex seiner Organe, den eigenen Leib, nicht bloß anschauen, sondern sogar das innerste Wesen desselben erkennen, er soll sich nicht bloß anschauend und denkend, sondern erkennend, nicht bloß logisch, sondern *metaphysisch* verhalten. Freilich soll diese Erkenntnis nicht durch den Anblick von außen, sondern durch den Einblick in das eigene Innere geschehen, sie soll auch nicht von unseren Anschauungen und Begriffen, d. h. von der Außenwelt ausgehen, sondern unmittelbar im Selbstbewusstsein stattfinden durch den Akt der Selbsterkenntnis; aber wie dieser Akt sich vollzieht, bleibt unerklärlich. Das Erkannte selbst, unser innerstes Wesen, die in uns wirksame Kraft ist der Wille; das erkennende Subjekt ist jener Fokus oder Brennpunkt unserer Gehirntätigkeit, zwischen welchem und dem Willen das Gehirn gleichsam die Scheidewand bildet, die dem Intellekt, der ja nur Gehirnfunktion ist, unerkennbare und undurchsichtige Schranke.

7. Aus dem erkennenden Subjekt, wie Schopenhauer dasselbe gefasst hat – es ist nicht einmal von sekundärer, sondern von tertiärer Herkunft –, können unmöglich die Anschauung des eigenen Gehirns und Leibes, die Vorstellung der Außenwelt, der Verstand und die Vernunft, die Logik und die Metaphysik hervorgehen. Nun aber soll es noch weit höhere Aufgaben und Leistungen erfüllen. Nicht genug, dass es den Willen als seine Wurzel und Basis erkennt, es soll sich auch von dieser Wurzel loslösen, vom Willen emanzipieren, denselben in tiefes Schweigen versetzen und zu jener willensfreien Anschauung werden, der die Weltideen einleuchten: Aus dem erkennenden Subjekt wird „das reine Subjekt des Erkennens“, aus dem Fokus der Gehirntätigkeit der *Genius*, aus jenem „Brennpunkte“ im Gehirn das *„ewige Weltauge“*: die ästhetische, künstlerische, geniale Weltbetrachtung.

8. Endlich soll der Intellekt, der geborene Sklave des Willens, diesen nicht bloß erkennen, den ewig unruhigen und drängenden nicht bloß beruhigen und in tiefes Schweigen versetzen, sondern bemeistern, verneinen und bis zur gänzlichen Vernichtung unterjochen. Aus dem Kaliban wird der Prospero! Wenn es Grade der

Unmöglichkeit gäbe, so würden wir sagen, dass in dem System Schopenhauers der menschliche Intellekt dieselben durchläuft: vom anschauenden Tier zum Denker, Sprachbildner, vernünftigen Intellekt, vermöge dessen er als Prometheus und Epimetheus erscheint, von der Vernunft zum Metaphysiker und Philosophen, von diesem zum Genie und Künstler, der das Wesen der Welt in ihren reinsten und ewigen Formen erkennt und abbildet, endlich vom Genie und Künstler zum Heiligen und Welterlöser. Es ist nicht möglich, dass dieser so gebundene Intellekt sein Organ und sich selbst vorstellt, noch weniger den Willen als das Wesen der eigenen Erscheinung und aller Erscheinungen erkennt, noch weniger sich vom Willen befreit, am allerwenigsten aber denselben verneint, vernichtet, sich und die Welt erlöst. Es ist nicht möglich, dass dieser so gebundene Intellekt sich weltvorstellend verhält, noch weniger logisch, noch weniger metaphysisch, noch weniger ästhetisch und künstlerisch, am allerwenigsten aber *ethisch*, *religiös* und *welterlösend*.

9. Das System zersetzt sich und geht in Stücke. Doch möchte ich nicht, wie R. Haym in seinem Buch über „A. Schopenhauer" (1864), sagen, dass kein Stein auf dem anderen bleibe, denn die Stücke enthalten Bleibendes von unvergänglichem Wert; aber sie sind nicht Glieder eines Systems: Schopenhauers idealistische (kantische) Erkenntnislehre und seine materialistische Geisteslehre passen nicht zusammen. Wenn der Intellekt organischer Herkunft ist, sekundär oder gar tertiär, so sind jene Grundtatsachen, welche Schopenhauer in seiner Erkenntnislehre und Metaphysik, in seiner Ästhetik und Ethik erleuchtet hat, geradezu unmöglich. Wir bejahen diese Tatsachen und verneinen daher jene Bedingung, die deren Möglichkeit aufhebt: Der Intellekt ist nicht sekundär oder tertiär, er ist kein organisches Produkt oder Sekret, sondern *ursprünglich*, wie der Wille, womit sich der Primat des Willens sehr wohl verträgt, denn es gibt keine Erkenntnis ohne den Willen zum Erkennen, es gibt aber auch keinen Willen ohne den Drang und Trieb zum Erkennen. Allerdings macht die Gehirntätigkeit, das animalische Erkenntnisorgan und seine Funktion, die Epoche, welche das *unbewusste* Wollen und Vorstellen von dem *bewussten* scheidet: Hier beginnt die Skala, die vom dumpfesten tierischen Gefühl bis zur bewusstseinsvollsten, deutlichsten Tätigkeit des Menschen emporsteigt; und wenn es sich um die Energie und Stärke des Bewusstseins und des Geistes handelt,

so behält alles seine Richtigkeit, was Schopenhauer über den Bau, die Textur, das Gewicht des Gehirns und dessen Funktion gesagt hat. Dass in seiner Lehre, obwohl sie die unbewusste Logik unserer Sinneswahrnehmungen vorzüglich erleuchtet hat, der Begriff einer unbewusst waltenden und wirkenden Intelligenz völlig fehlt und der blinde Wille herumirren muss, bis endlich das tierische Gehirn als der Lahme mit der Krücke erscheint und sich ihm aufsetzt: Dies ist in der „Welt als Wille und Vorstellung" die augenscheinliche und auffallende Lücke, welche Ed. v. Hartmann mit seiner „Philosophie des Unbewußten" (1869) auszufüllen und demgemäß das System umzugestalten gesucht hat.[627] Wie sehr die Zeit von Schopenhauer bereits durchsäuert und auf weitere Belehrungen, die nach ihm schmeckten, begierig war, haben die behenden Erfolge gezeigt, deren sich der Verfasser der „Philosophie des Unbewußten" zu erfreuen gehabt.

4. Das pessimistische Weltsystem

Seinen Weltruf aber, der seit Mitte des Jahrhunderts sich zu rühren anfing, verdankt Schopenhauer nicht so sehr den tiefen Ideen und schriftstellerischen Vorzügen, die ja nur die Wenigsten zu würdigen vermögen, als vielmehr dem *pessimistischen* Charakter seiner Philosophie: Dieser, leicht fasslich und mitteilbar, wie er ist, lebt im Munde der Leute und findet in den Missstimmungen der Zeit seine weit verbreiteten Sympathien. Es ist uns wichtig, das System auf einen pessimistischen Grundzug und dessen Probehaltigkeit näher zu prüfen.

1. Schopenhauer hat die Frage des Pessimismus nicht immer auf denselben Punkt gerichtet, sondern wir begegnen dieser Frage in zwei verschiedenen Fassungen oder Fragestellungen: Ist von allen möglichen Welten die wirkliche die beste oder die schlechteste? Ist das Nichtsein der Welt überhaupt besser als die Existenz irgendeiner Welt, welcher Art sie auch sei?

Optimismus und Pessimismus sind Superlative, die als solche Vergleichungen voraussetzen und sich darauf gründen: Sie handeln vom Wert der wirklichen Welt in Vergleichung mit allen anderen möglichen. Der Optimismus sagt: Die wirkliche Welt ist die beste; der Pessimismus dagegen: Sie ist die schlechteste. Wenn man es mit

627 Philosophie des Unbewußten. (11. Aufl. Leipzig 1904.), 1. Teil, S. 24 ff., S. 103. 2. Teil, S. 29 ff.

den Worten so genau nimmt, wie man es zu nehmen hat, so kann nur dieser Satz „Pessimismus" genannt werden.

Wird nun die Frage so gestellt, wie sie zwischen Optimismus und Pessimismus liegt, so hat Schopenhauer den Letzteren sowohl bejaht als verneint. Wir stehen auch hier vor einer Antinomie. Die Thesis erklärt: Die wirkliche Welt ist die möglich schlechteste und enthält alle vorbildlichen Materialien, woraus Dante seine Hölle komponiert hat; die Antithesis erklärt: Wäre der Wille noch heftiger, als er ist, so wären die Leiden der Welt noch schrecklicher, als sie sind, und die Welt wäre dann eine wirkliche Hölle. Demnach könnte die wirkliche Welt noch schlechter sein, als sie ist.[628]

2. Da aber jede Welt, welcher Art sie auch sei, Willensphänomen ist, Erscheinung eines blinden, erkenntnislosen Willens, so ist jede gewollt, verschuldet und leidensvoll: Darum ist das *Nichtsein* der Welt besser als ihr Dasein und alles Dasein überhaupt; das Nichts ist besser als das Etwas. Dies ist nun das Thema derjenigen Lehre, welche Schopenhauer seinen Pessimismus genannt hat, welche aber, um das Kind beim rechten Namen zu nennen, nicht Pessimismus heißen sollte, sondern *Nihilismus*; nur dass im Sinne Schopenhauers dabei nicht an destruktive Tendenzen, gewaltsame, soziale Zerstörungen (als welche aus der grimmigsten Willensbejahung hervorgehen) zu denken ist, sondern an jene gänzliche Weltentsagung, die mit dem Willen auch die Welt, das Phänomen des Wollens aufhebt.

3. Wie wir auch Schopenhauers Lebens- und Weltanschauung nennen mögen, ob pessimistisch oder nihilistisch, so besteht doch ihr wesentlicher Inhalt darin, dass sie in der Welt ein verschuldetes Übel erkennt, welches zwar besser nicht wäre; da es nun aber einmal ist, so gibt es nichts Besseres als die Tilgung der Schuld und die Erlösung vom Übel. Zu diesem besten aller Ziele, so lehrt Schopenhauer, führt und leitet uns die Welt selbst; denn ihr durchgängiges Thema ist die Selbsterkenntnis des Willens, aus welcher die zunehmende Läuterung des Willens, zuletzt seine Verneinung und die Erlösung von der Welt hervorgeht. Demgemäß ist die Welt ein fortschreitender Erkenntnis- und Läuterungsprozess; sie ist, wie Schopenhauer in einem besonderen Kapitel ausgeführt hat, eine „*Heilsordnung*", in welche auch der natürliche Lebensgang des Menschen, dessen

628 S. oben II. Buch, 19. Kap., S. 501.

Altern ein allmähliches Absterben ist, sich vortrefflich einfügt. Nun frage ich: Was kann die Welt, wie sie einmal ist und besteht, noch Besseres sein? Sie ist den Umständen nach die möglich beste Welt.[629]

Hier gewinnen die Züge der Lehre Schopenhauers einen optimistischen Ausdruck, nicht unähnlich der ihm so verhassten Leibniz'schen Weltansicht. Da die Welt nicht perfekt sein kann (denn sie muss aus endlichen, darum unvollkommenen Wesen bestehen), so ist eine *perfektible* Welt, ein Stufenreich zunehmender Vollkommenheit, die möglich beste Welt; eine solche Welt aber ist die wirkliche: Dies lehrte Leibniz. Da die Welt ihrer Wurzel nach vom Übel ist, so kann es keine bessere geben als eine solche, die durch ihre fortschreitende Erkenntnis sich allmählich von dieser Wurzel loslöst und zuletzt vollkommen befreit. Dass eine solche Welt die wirkliche ist, lehrt Schopenhauer.

Ja er lehrt, was keine Theodizee zwingend zu beweisen jemals vermocht hat, dass es kein Missverhältnis zwischen Schuld und Strafe gibt, sondern die ewige Gerechtigkeit und Vergeltung der Welt selbst inwohne, und dass diese erdulde, was sie verdiene, nicht mehr und weniger. Und zwar sind es die *Leiden* der Welt, aus deren Erleuchtung, sei es im Wege der Erkenntnis oder in dem der eigensten persönlichen Erfahrung, jene gänzliche Weltentsagung hervorgeht, die zum Heil führt. Der Weg zum Heil ist einzig und allein der Kreuzesweg. So lehrt Schopenhauer und verwandelt die Anklage, welche er gegen die Welt gerichtet hat, in deren Rechtfertigung. Es ist mit seinem Pessimismus zu Ende, vielleicht auch mit seinem Nihilismus, denn sein Nirwana ist dunkel. „Hinter unserem Dasein nämlich steckt *etwas anderes*, welches uns erst dadurch zugänglich wird, dass wir die Welt abschütteln."[630]

4. Abgesehen von dieser erhabenen und religiösen Verklärung des Pessimismus, welche die Eschatologie der Lehre Schopenhauers kennzeichnet, herrscht in der Letzteren der gewöhnliche Typus der pessimistischen Lebensanschauung, die nicht in jener „ethisch genialen Erkenntnis" der leidensvollen Welt, sondern in der Heer-

629 In seinem Briefwechsel mit A. Becker, der ihm stets für den besten Kenner seiner Lehre galt, hat Schopenhauer selbst die Folgerung gelten lassen, dass „jene *finale Katastrophe* des Willens" das Ziel der Weltstufen sei und demgemäß „die Welt ein mit Notwendigkeit sich vollziehender Läuterungsprozess des Willens". Br. v. 23. August 1844. (Grisebach, Schopenhauers Briefe, S, 98.)

630 S. oben II. Buch, 19. Kap., S. 515.

schau ihrer zahllosen Übel und im Lamento darüber besteht. Wie die ewigen Schmähungen Hegels und der Philosophieprofessoren am Ende zur Litanei werden, so die ewigen Klagen über das Weltelend und die Dummheit der Menschen zum Lamento, obwohl Schopenhauer selbst fein und richtig bemerkt hat, dass die verständnisvolle Trauer über die Leiden der Welt zu ernst und erhaben sei, um zu lamentieren.

Immer wieder wird uns vorgerechnet, dass alles Wollen im Wünschen und Streben bestehe; wenn das Streben ausbleibe, so werden wir von der Langeweile gemartert; wenn die Erfüllung ausbleibt, so quält uns die getäuschte Erwartung; wenn endlich die Erfüllung kommt, so ist die Befriedigung kurz und flüchtig; wenn sie aber andauert, so hört sie auf, gefühlt zu werden und sinkt auf den Nullpunkt der Empfindung, wie ja die Gesundheit weit schmerzlicher entbehrt, als freudig gefühlt und genossen wird. Unsere meisten und besten Genüsse bestehen in der Abwesenheit unserer Leiden: Diese sind positiv, d. h. sie werden peinlich empfunden, jene dagegen negativ, d. h. sie werden gar nicht empfunden. (Hartmann hat diese Rechnungsart im Unwesentlichen bekämpft, im Wesentlichen aber befolgt und darauf seinen pessimistischen Kalkül gegründet, nach welchem es nur sehr wenige Genüsse gibt, die den Nullpunkt der Empfindung oder deren „Bauhorizont" überragen.)

Aus einer solchen Vergleichung der Leiden und Freuden des Lebens hat Schopenhauer das Fazit gezogen, welches recht eigentlich die Quintessenz seines und des heutigen, von ihm inspirierten Pessimismus ausmacht: dass die Gefühle der Unlust und des Schmerzes an Zahl wie an Stärke weit mächtiger sind als die angenehmen Empfindungen, dass die Welt weit mehr und heftiger gequält als erfreut werde, und man mit Petrarca sagen müsse: Tausend Genüsse können nicht eine einzige Qual aufwiegen. Kurz gesagt: Die in der Welt vorhandene Summe der Unlust ist in jedem Augenblick unendlich größer als die der Lust. „Das Wohlsein ist bloß negativ. Daher eben werden wir der drei größten Güter des Lebens, Gesundheit, Jugend und Freiheit, nicht als solcher inne, solange wir sie besitzen, sondern erst, nachdem wir sie verloren haben. Denn auch sie sind Negationen."[631]

631 Die Welt als Wille u. s. f., I, § 58. II, 46. Kap., S. 676 – 679. Vgl. Parerga II, 12. Kap., § 149, S. 303 ff.

Der Ansatz der ganzen Rechnung ist unbegründet und falsch. Es ist nicht wahr, dass die Empfindung der Gesundheit weniger erquicklich ist, weil wir uns daran gewöhnen und den herrlichen Zustand des Wohlseins gleichsam ungefühlt genießen; es ist nicht wahr, dass wir dieses Wohlgefühl entbehren, weil es uns nicht fortwährend angenehm auf der Haut prickelt und nicht den Charakter der Wollust hat, d.h. der erhöhten und luxurierenden Lustgefühle. Dass uns die Welt solche Genüsse zu wenig, zu selten und auf zu kurze Dauer gewährt, ist die Sache, worüber der moderne Pessimismus wehklagt. Wie elend, dass die Leiden so lang und die Genüsse so kurz sind! Das üppige Diner geht zu Ende, man fühlt sich satt und gar noch belastet: wie schade! Wenn der Bissen geschluckt wird, schmeckt er nicht mehr. Ich parodiere nicht, sondern brauche eines der Beispiele, woran Schopenhauer jene „Negativität" der Lustgefühle dartut, aus der sich die ungeheure Unterbilanz der Genüsse in der Welt ergibt. Wenn wir uns langweilen, fühlen wir die Zeit; dagegen fühlen wir sie nicht, wenn wir uns amüsieren: So ist alles Amüsement negativ; wir sollen darin noch extra genießen, dass wir uns nicht langweilen. Ich parodiere nicht, sondern lasse Schopenhauer selbst reden: „Ebenso werden wir bei der Langeweile der Zeit inne, bei der Kurzweil nicht." Dies beweist, „dass unser Dasein dann am glücklichsten ist, wenn wir es am wenigsten spüren: woraus folgt, dass es besser wäre, es nicht zu haben".[632]

Das ist eine sonderbare Art von Schlussfolgerung: besser nicht da sein, als das Dasein nicht spüren! Was den Alten als Götterleben im Genuss von Ambrosia und Nektar erschien, interpretiert uns Schopenhauer als menschliches Elend. „Ewig klar und spiegelrein und eben fließt das *zephyrleichte* Leben im Olymp den Seligen dahin!" Hol der Henker dieses zephyrleichte Dasein, sagen unsere Pessimisten, wenn es nicht prickelt und als Druckempfindung wirkt, d.h. mit andern Worten: Es soll nicht bloß zephyrleicht, sondern auch zentnerschwer sein, beides zugleich. So wünschen es unsere Pessimisten. Und doch hat Schopenhauer selbst gelehrt, dass die Nichtspürung des Daseins oder des Willens, nämlich die willensfreie Betrachtung der Dinge, der einzige Trost in der Welt und das Vorgefühl wie die Vorstufe der Seligkeit ist. Die Grundlage seiner ästhetischen und die seiner

632 Die Welt als Wille u.s.f., I, 46. Kap., S. 676 – 678.

pessimistischen Weltansicht stehen wider einander und bilden eine Antinomie. Dass wir unser Dasein oder, was dasselbe heißt, unsern Willen nicht fühlen: Darin besteht der reinste aller Genüsse, den uns das Leben gewährt. So lautet die Thesis. Dass wir unser Wohlsein nicht spüren: Darin besteht die Negativität der Lustgefühle, die Unterbilanz der Genüsse und das Elend unseres Daseins. So lautet die Antithese. „*Troppo poco*!" sagen unsere Pessimisten, wie die italienischen Kirchendiener, wenn sie mit ihrem Trinkgeld unzufrieden sind.

5. Die Welt hat nicht genug der mühelosen, raffinierten und üppigen Genüsse: Das sind solche, welche die *Genussgier* begehrt. Diese wird viel zu wenig befriedigt. Und da die Genussgier unersättlich ist und immer wieder leer, wie das Sieb der Danaiden, so muss sie unbefriedigt bleiben und in der Welt eine Art Höllenqual empfinden. Diese Gefühle sind es, welche der moderne Pessimismus verdolmetscht, ins Bewusstsein erhebt und dadurch auch erhöht und steigert; das ist die Tonart, welche uns heutzutage die Sperlinge von den Dächern und von den Bühnen vorpfeifen. Die Genussgier und der Pessimismus gehören zusammen, wie die Krankheit und ihr Symptom. Wer die Zeichen der Zeit versteht, wird über diesen Kausalnexus nicht in Zweifel sein und die Ursache nicht mit der Wirkung verwechseln. Die Genussgier herrscht auf den Höhen der Gesellschaft und gärt in den Massen, die schon die Hand nach der Herrschaft ausstrecken.

Ich spreche von dem *genusssüchtigen*, gemeinen und landläufigen Pessimismus, der wohl zu unterscheiden ist von dem edlen, erhabenen und religiösen, welcher Letztere durch die Tiefe der Welterkenntnis zur Weltentsagung und Willensverneinung führen soll, während jener aus der stärksten Willensbejahung und Lebenssucht hervorgeht und in ihr wurzelt. Schopenhauers Lehre umfasst beide Arten: den genussgierigen, weltdurstigen und den weltentsagenden. Der Weltgenuss hat seine Staffeln, deren höchste der Ruhm ist und das auf ihm ruhende olympische Kraft- und Selbstgefühl. Die Welt inbrünstig verachten und ihre Anerkennung oder den Ruhm noch inbrünstiger begehren, war jener schon in der Charakteristik Schopenhauers dargelegte Widerspruch, der ihn sein Leben hindurch gepeinigt hat.[633] Um ein ruhmloses, obskures Dasein zu ertragen, rettete

633 S. oben, I. Buch, 8. Kap., S. 185 f.

er sich in die bitterste Weltverachtung. Als das Alter ihm dann die „weißen Rosen“ brachte, verschwand der Pessimismus aus seinem Gemüt und wich der lebenslustigsten Gesinnung. Der dreißigjährige Schopenhauer hatte, gleich dem alten Simonides, gelehrt, dass Nichtleben besser als Leben sei. Der siebzigjährige, von den Ovationen erquickt, welche seine jüngste Geburtstagsfeier ihm eingebracht hatte, schrieb dem Freund in Mainz: „Dass das Alte Testament an zwei Stellen sagt 70 – 80 Jahre, würde mich wenig scheren; aber Herodot sagt dasselbe auch an zwei Stellen: Dies hat mehr auf sich. Allein der heilige Upanischad sagt an zwei Stellen: *hundert* Jahre ist des Menschen Leben und Mr. Flourens *de la longévité* berechnet es auch so. Das ist ein Trost.“[634] Wer auf eine hundertjährige Lebensdauer hofft und sich sogar damit *tröstet*, mit dessen Pessimismus hat es gute Wege. Solange er obskur blieb, verwünschte Schopenhauer Welt und Dasein; als er berühmt wurde und alles nach Wunsch ging, freute er sich seines Lebens und wünschte so alt zu werden wie Goethes Faust am Ende des zweiten Teils.

6. Der genusssüchtige, im Schwange befindliche Pessimismus kann unmöglich farbehaltig sein, und Schopenhauer war offen und naiv genug, die Farbe zu lassen. Es ist schwer, das Herz voller Lebenslust, voller Begierde nach Geltung und Ruhm, voller Freude über den Gewinn des Tages zu haben und doch beständig den Pessimismus im Munde und in der Feder zu führen. Da aber der Genuss in der Welt kein *perpetuum mobile* ist, so verdient sie den Tod, und der Pessimismus darf sich durch seine natürlichen Gegengefühle nicht bestechen lassen, sondern muss das Todesurteil mit der vollsten Einsicht in die Unverbesserlichkeit der Welt fällen und vollstrecken. Es ist die Aufgabe der Weltgeschichte, die Akten der Anklage zu vervollständigen: Sie ist im Altertum auf dem Wege der Philosophie zu der Einsicht gelangt, dass im *Diesseits* die menschliche Glückseligkeit nicht zu erreichen sei; sie hat im Christentum auf dem Wege der Religion zu der Überzeugung geführt, dass auch im *Jenseits* die menschliche Glückseligkeit sich nicht finden lässt; sie hat endlich in der neuen Zeit noch zu beweisen, dass auch im *diesseitigen* oder *zeitlichen Jenseits*, d. h. in der Zukunft, in der Entwicklung und Kulturarbeit der Menschheit das Ziel der Glückseligkeit vergeblich

634 Brief vom 1. März 1858 (Grisebach, Schopenhauers Briefe, S. 137).

gesucht wird. Dieses dritte Stadium der Illusion naht seinem Ende. Der Pessimismus selbst erleuchtet die Bahn. Unterdessen werden mittelst der technischen Erfindungen die Kommunikationen zwischen den Erdbewohnern sich dergestalt vervollkommnet haben, dass die Menschheit ein Parlament berufen kann, welches den Willen und damit die Welt abschafft. Dieses ist der jüngste Tag nach der Eschatologie des modernsten Pessimismus![635]

7. Schopenhauers Weltanschauung, auf ihren pessimistischen Grundzug geprüft, zerfällt demnach in zwei Richtungen, die einander zuwiderlaufen: Diese sind der genusssüchtige und der religiöse oder, was dasselbe heißt, der egoistische und der moralische Pessimismus: jener, aus der stärksten Selbstbejahung entsprossen und auf dieselbe gerichtet, dieser, auf dem Wege der Weltentsagung und Askese dem Ziel der Selbstverneinung und Erlösung zustrebend. Der Gegensatz beider liegt am Tage. Gerade diejenige Gesinnung, welche den egoistisch gesinnten Pessimismus nährt und von ihm genährt wird, will der moralische entwurzeln und aus dem Herzen vertilgen: Sie verhalten sich wie die ethischen Grundrichtungen des Bösen und Guten.

Nun war Schopenhauer so sehr vom Glauben an die *moralische* Bedeutung der Welt oder, wie er kurzweg sagte, „an eine Metaphysik" durchdrungen[636], dass er den Unglauben daran, als welcher in der Welt nur die *physische* Ordnung der Dinge anerkennen will, nicht bloß verwarf, sondern für den Ausdruck der verkehrtesten Gesinnung ansah. Noch in seinem letzten Werk hat er darüber dieses merkwürdige Bekenntnis niedergeschrieben: „Dass die Welt bloß eine physische, keine moralische Bedeutung habe, ist der größte, der verderblichste, der fundamentale Irrtum, die eigentliche *Perversität* der Gesinnung, und ist wohl im Grunde auch das, was der Glaube als den Antichrist personifiziert hat. Dennoch und allen Religionen zum Trotz, als welche sämtlich das Gegenteil davon behaupten und solches in ihrer mythischen Weise zu begründen suchen, stirbt jener Grundirrtum nie ganz auf Erden aus, sondern erhebt immer von Zeit zu Zeit sein Haupt von Neuem, bis ihn die allgemeine Indignation abermals zwingt, sich zu verstecken. So sicher aber auch das Gefühl

635 Ed. v. Hartmann: Philosophie des Unbewußten. 2. Teil. C. Metaphysik des Unbewußten. XII – XIV. S. 273 – 412 (295 – 305). (11. Aufl. Leipzig 1904.)
636 S. oben II. Buch, 6. Kap., S. 284.

einer moralischen Bedeutung der Welt und des Lebens ist, so ist dennoch die Verdeutlichung derselben und die Enträtselung des Widerspruchs zwischen ihr und dem Lauf der Welt so schwierig, dass es mir aufbehalten bleiben konnte, das wahre, allein echte und reine, daher überall und allezeit wirksame Fundament der Moralität nebst dem Ziel, welchem es zuführt, darzulegen; wobei ich zu sehr die Wirklichkeit des moralischen Hergangs auf meiner Seite habe, als dass ich zu besorgen hätte, diese Lehre könne jemals noch wieder durch eine andere ersetzt und verdrängt werden."[637]

Indessen erhebt aus dieser Lehre heraus der Widerspruch sein Haupt: Die Krone des Pessimismus gebühre dem egoistisch gerichteten, nicht dem moralischen, dem, bei Licht betrachtet, nicht einmal der Name mehr zukomme. Sobald das Gute und Böse als Grundwert bejaht und anerkannt werden, sei es mit dem Pessimismus vorbei. Unsere Leser erinnern sich, dass Schopenhauer in seiner Lehre auf dem Übergang von der Welt als Vorstellung zu der Welt als Willen oder, was dasselbe heißt, von der Idealität zur Realität der Welt den Standpunkt des absoluten Egoismus ins Auge gefasst hatte, auf dem das Individuum, in der Gewissheit eigenster Kraft und Willensmacht, sich als die alleinige Realität erschien und die anderen Individuen außer ihm für Phantome ansah. Wenn dieser Egoismus sich nur *theoretisch* geltend macht, so ist er für die letzte Burg des Skeptizismus zu halten, die als eine kleine, völlig ungefährliche Grenzfestung der Philosoph umgehen und im Rücken lassen darf. Wenn er sich dagegen *praktisch* gebärdet, so gehört er ins Tollhaus.

Das Individuum auf dem Standpunkt des absoluten Egoismus erscheint sich nicht mehr als eines unter vielen, nicht als ein einzelnes, sondern als das *einzige*, als das alleinige Wertmaß der Dinge und der Eigentümer der Welt. Als die Hegel'sche Epoche zur Neige ging, hat ein Berliner Gymnasiallehrer, Kaspar Schmidt, unter dem Namen Max Stirner ein Buch herausgegeben, welches den Titel führte: „Der Einzige und sein Eigentum" (1845). Unter den damals „modernen Sophisten"[638] war dieses Buch die interessanteste, übrigens wenig bemerkte, vom Zeitenstrudel bald verschlungene und, wie ich glaubte, längst vergessene Erscheinung, bis der moderne Pessimismus sie

637 Parerga II, 8. Kap. Zur Ethik, § 109, S. 205 – 206.
638 So hieß der Titel eines Aufsatzes, den ich in den „Epigonen", welche O. Wigand zu Leipzig herausgab, vor fünfzig Jahren veröffentlicht habe.

plötzlich wiedererweckt, allerhand Nachfragen und sogar mehrere neue Auflagen hervorgerufen hat. Der Verfasser selbst wusste nichts von Schopenhauer, obwohl dessen vollständiges Hauptwerk ein Jahr vor seinem Buch erschienen war.

Um aber den absoluten Egoismus wider Schopenhauers metaphysischen Pessimismus und seine Moralphilosophie ins Feld zu führen, braucht jenes veraltete Buch nicht als Revenant wiederzukehren. Mitten aus den eifrigsten Anhängern des Meisters, den er als seinen „einzigen Erzieher", als seinen „großen Lehrer" gepriesen hatte, ist in Fr. Nietzsche, einem ehemaligen Gymnasial- und Universitätslehrer in Basel, der neue „Einzige" aufgetreten, er hat sich mit seinen Truppen, ich meine die Schar seiner von Schopenhauer und R. Wagner abgefallenen Schriften, in jene kleine Grenzfestung geworfen und macht von hier seine Ausfälle wider den Glauben an die objektiv gültigen Werte der Welt. Der absolute, nach eigener Schätzung geniale Egoismus erhebt sich wider Moralität und Religion, der echte Pessimismus wider den unechten. Der neue Standpunkt liegt „Jenseits von Gut und Böse". „Mit dem Fundament der Moral", so steht hier zu lesen, „ist es bekanntlich auch Schopenhauer nicht geglückt – und wer einmal gründlich nachgefühlt hat, wie abgeschmackt falsch und sentimental dieser Satz ist, in einer Welt, deren Essenz Wille zur Macht ist, – der mag sich daran erinnern lassen, dass Schopenhauer, obschon Pessimist, *eigentlich* – die Flöte blies. Täglich nach Tisch: Man lese hierüber seinen Biographen. Und beiläufig gefragt: ein Pessimist, ein Gott- und Weltverneiner, der vor der Moral *Halt macht*, der zur Moral Ja sagt und Flöte bläst, zur *laede-neminem*-Moral: wie? ist das eigentlich – ein Pessimist?"[639]

Da der Einzige das Wertmaß aller Dinge ist, so verkündet er auch die „Umprägung aller Werte", womit er schon vor Jahren in seinen „Unzeitgemäßen Betrachtungen" begonnen hatte. Einer der vorzüglichsten Schriftsteller unseres Jahrhunderts, D. F. Strauß, wurde als *Stilist* auf die Bank der Angeklagten gesetzt; er gilt nunmehr als „Bildungsphilister" (welches Wort erfunden zu haben Nietzsche sich rühmt), als „Sprachverlumper" usw. Schopenhauer ist *„eigentlich* Flötenbläser". Wenn man auf diese Art die Werte umprägt, so

639 Nietzsche: Jenseits von Gut und Böse. Vorspiel einer Philosophie der Zukunft. 5. Hauptstück: Zur Naturgeschiche der Moral. (Nietzsches Werke, Erste Abt., 7. Bd. Leipzig 1899.)

wird ihr Bestand wohl bleiben, wie er war; aber zu fürchten ist, dass der Münzer selbst seinen Ort verändert und aus der Grenzfestung des theoretischen Egoismus in das Asyl des praktischen übersiedelt. Sein Gefolge hat leichtes Spiel; jeder braucht nur sich selbst für den Einzigen zu halten und alle anderen nach der Vorschrift des Meisters für „Tölpel" und „Herdentiere": So hat er die Luftfahrt gemacht und steht „jenseits von Gut und Böse".

III. Die Widersprüche im Fundament

1. Der Drang im Dinge an sich

Der Wille, dessen Erscheinung die Welt ist, besteht unabhängig von Zeit, Raum und Kausalität: Er ist daher das All-Eine, grundlos, erkenntnislos und blind; er ist unteilbar, darum ungeteilt und ganz in jeder Erscheinung enthalten. Da der Wille zeitlos ist, so schließt er alle Veränderung von sich aus und darf also nicht als „Drang", „Streben", „Unruhe", bezeichnet werden, denn diese Worte bedeuten einen Prozess, der als solcher den Charakter der Veränderung in sich schließt. Der Einwurf liegt auf der Hand. Schopenhauer wollte ihm mit der Erklärung begegnen, dass wir das Ding an sich nicht in seiner Reinheit erkennen, sondern nur soweit es in uns erscheint, soweit wir unser eigenes Erkenntnisobjekt (erkanntes Subjekt) sind: Es erscheint uns als Wille und durch den Schleier der Zeit.[640]

Indessen diese Erklärung hilft nicht; denn es ist nicht bloß die subjektive Erkenntnisart, welche macht, dass wir das Ding an sich als blinden Drang vorstellen, sondern es ist der Charakter und die Beschaffenheit der Welt, die uns zwingen, ihr Wesen (das Ding an sich) als einen solchen blinden Drang aufzufassen.

2. Die transzendenten Fragen

Da der Wille ganz und ungeteilt in jeder Erscheinung, also auch in jedem menschlichen Individuum enthalten ist, so muss die individuelle Willensverneinung zugleich die totale Verneinung und Vernichtung der Welt sein. Wie kann trotz jener diese fortbestehen, oder ist ihr Fortbestand unmöglich? Wir erinnern uns der beiden guten Kadetten in Mähren, welche gemäß der Lehre Schopenhauers

640 S. oben II. Buch, 8. Kap., S. 317 f.

zwar ihren Willen verneinen wollten, aber sich wegen der Erhaltung der Welt Skrupel machten; sie hatten den Meister gefragt und zur Antwort erhalten, dass ihre Frage zu den „transzendenten“ gehöre, die seine Philosophie zu beantworten nicht unternehme, denn sie halte sich innerhalb der immanenten Erklärung der Dinge.[641] Alle auf das Ding an sich bezüglichen Fragen pflegte Schopenhauer als „transzendente“ abzuweisen und auf sich beruhen zu lassen; er wolle nur der Interpret der tatsächlichen und anschaulichen Dinge sein. Was ist und worin besteht die Willenserscheinung? Diese Frage ist immanent. *Warum* erscheint der Wille? Diese Frage ist transzendent wie alles, was zu ihr gehört. Es gibt solcher transzendenten Fragen daher sehr viele. „Sie wissen“, schrieb Schopenhauer an Adam v. Doß, „dass ich auf solche Fragen keine Antwort habe, es also machen müsste, wie Goethe, den ein Student ebenfalls mehr gefragt hatte, als er zu sagen wusste, und dem er dann ins Stammbuch schrieb: ‚Der liebe Gott hat die Nüsse wohl geschaffen, er hat sie aber nicht auch geknackt‘.“[642]

3. Die einzigen Ausnahmen

Da jede Erscheinung begründet ist, die Freiheit aber grundlos, wie kann diese jemals erscheinen? Dies geschieht in der Askese. Da alle Erscheinungen Willensbejahungen (*velle*) sind: Wie kann die Willensverneinung (*nolle*) jemals erscheinen? Dies geschieht in der Umwandlung des Charakters. So fragte Becker. Die Antwort des Meisters hieß: Dies ist „die *einzige* Ausnahme“.[643] Aber an der Ausnahme, wenn es auch nur eine einzige ist, scheitert die Regel, welche für *alle* Fälle gilt. Alle Erkenntnis ist bedingt durch Zeit und Raum, ausgenommen nur die ästhetische oder „das ewige Weltauge“. Alle Vielheit ist bedingt durch Zeit und Raum, ausgenommen nur „die ewigen Weltideen!“ Es gibt demnach solcher einzigen Ausnahmen recht viele in Schopenhauers Philosophie.

641 S. oben I. Buch, 7. Kap., S. 161. Vgl. den Briefwechsel mit Ad. von Doß (Schemann, Schopenhauers Briefe), S. 245. Brief an Schopenhauer vom 12. Juli 1852.

642 Brief vom 10. Mai 1852. (Grisebach, Schopenhauers Briefe, S. 357. Dasselbe. Schemann, Schopenhauers Briefe, S. 240.)

643 Briefwechsel mit A. Becker, Erste Abt., S. 19 – 24. (Griesebach bringt nur die drei Antwortschreiben Schopenhauers vom 3. August 1844, 23. August 1844 und 21. September 1844. Vgl. Grisebach, Schopenhauers Briefe, S. 91 – 102.)

4. Die Individualität im Dinge an sich

Das Ding an sich ist das *All-Eine*, unabhängig von aller Vielheit, als welche nur möglich ist in Zeit und Raum. Diese aber sind die Formen des Intellekts, der die Individualität, die individuelle Willensbejahung und Willenserscheinung zu seiner Voraussetzung hat. Es gibt demnach eine Individualität, unabhängig von Raum und Zeit: die freie Tat, welche den individuellen Charakter eines jeden macht, die gewollte Individualität, deren Wurzeln hinabreichen bis in das Ding an sich. Schopenhauer gibt diese sehr überraschende Erklärung, die mit dem Fundament des ganzen Systems streitet: „Hieraus folgt nun, dass die *Individualität* nicht allein auf dem *principio individuationis* beruht und daher nicht durch und durch bloße Erscheinung ist, sondern dass sie im Ding an sich, im Willen des Einzelnen wurzelt: Denn sein Charakter selbst ist individuell. Wie tief nun aber hier ihre Wurzeln gehen, gehört zu den Fragen, deren Beantwortung ich nicht unternehme."[644] Welche vage Ausdrucksweise, die erstens die Individualität nicht bloß auf Zeit und Raum beruhen, sondern auch unabhängig davon im Ding an sich gegründet sein, zweitens aber dahingestellt sein lässt, wie tief sie hier wurzelt!

Zu der Individualität gehört auch ihre intellektuelle Begabung mit der Erkenntnis, die daraus hervorgeht, den Werken, die dadurch erzeugt werden, den Verdiensten, die sich auf diese Werke gründen. Nun hat die Lehre Schopenhauers in ihrem ganzen Verlauf uns nicht oft und nachdrücklich genug einschärfen können, dass der Intellekt von sekundärer Beschaffenheit und lediglich organischer Herkunft sei, dass derselbe zu der Erscheinung, zu dem Grad der Willensobjektivation gehöre und in keiner Weise zum Ding an sich. Der Wille *ist* man, den Intellekt *hat* man. Jetzt wird im Widerstreit mit dem Fundament des ganzen Systems das Gegenteil behauptet: dass nämlich „*alle* echten Verdienste, die moralischen wie die intellektuellen, nicht bloß einen physischen oder sonst empirischen, sondern einen metaphysischen Ursprung haben, demnach *a priori* und nicht *a posteriori* gegeben, d. h. angeboren und nicht erworben sind, folglich nicht in der bloßen Erscheinung, sondern im Ding an sich wurzeln".[645] Welche Schlussfolgerung! Die Geistesgaben sind angeboren, das heißt doch wohl vererbt, und wurzeln darum im Ding an sich!

644 Parerga II, 8. Kap., § 116, S. 233.
645 Ebendas., S. 234.

Zum individuellen Charakter gehört die Reihe seiner Handlungen, Schicksale, Lebensereignisse, mit einem Wort die ganze individuelle Lebensgeschichte, dieses Produkt des Charakters und seiner Motive, d. h. der Umstände, durch welche die Wahl seiner Handlungen bestimmt wird. Was im Fortgang des Lebens auf Schritt und Tritt sich als Zufall oder äußeres Zusammentreffen der Umstände darstellt, erscheint im Rückblick auf die erreichten Ziele als sinnvolle Fügung, welche ohne, ja wider unseren Willen uns gelenkt hat, nicht als *casus*, sondern als *fata*, von denen Seneca sagt: „*volentem ducunt, nolentem trahunt*". Unser Leben gleicht einem Epos oder Drama, welches ein geschickter Poet nach richtiger Kenntnis des Charakters und weiser Berechnung der Umstände komponiert hat. Dieser uns verborgene Poet sind wir selbst. Je bedeutsamer ein Menschenleben ist, umso mehr gleicht es einem solchen Epos oder Drama. Das ist gleichnisweise gesprochen. Es herrscht in unserem Leben ein uns verborgener planmäßiger Zusammenhang, „eine geheime, uns unbegreifliche Leitung der Dinge", die aus den tiefsten Wurzeln der Individualität, d. h. aus dem Ding an sich hervorgeht und dieses offenbart. „Nur mittelst der Formen der Erscheinung offenbart sich das Ding an sich: Was daher aus diesem selbst hervorgeht, muss demnach in jenen Formen, also auch im Bande der Ursächlichkeit auftreten: Demzufolge wird es hier sich uns darstellen als das Werk einer geheimen, uns unbegreiflichen Leitung der Dinge, deren bloßes Werkzeug der äußere, erfahrungsmäßige Zusammenhang wäre, in welchem inzwischen alles, was geschieht, durch Ursachen herbeigeführt, also notwendig und von außen bestimmt eintritt, während der wahre Grund im Innern des also erscheinenden Wesens liegt. Freilich können wir hier die Lösung des Problems nur ganz von Weitem absehen und geraten, indem wir ihm nachdenken, in einen Abgrund von Gedanken, recht eigentlich, wie Hamlet (als er den Greis erblickt hat) sagt: *thoughts beyond the reaches of our souls*".[646]

5. Der transzendente Fatalismus

Wenn man, den Blick auf das Fundament des Lehrgebäudes gerichtet, das ursprüngliche Hauptwerk mit den späteren Ergänzungen sowohl im zweiten Band als auch in den Parerga vergleicht, so wird es

646 Hamlet I, 4. – Die Welt als Wille u. s. f., 2. Bd., 47. Kap.: Zur Ethik, S. 705 – 706. Vgl. Parerga, 1. Bd., S. 240 – 250.

der aufmerksamen Prüfung nicht entgehen, dass die Lehre vom Ding an sich als dem Urwillen, dessen Erscheinung die Welt ist (die Welt als Wille), ihre Züge verändert, dass trotz aller Gegenversicherungen des Philosophen diese Grundlage, auf der sein System ruht, nicht sich selbst gleich bleibt und uns am Ende ein anderes Gesicht zeigt als im Anfang. Je mehr die Wurzeln der Individualität und ihres intellektuellen Charakters in das Ding an sich eindringen, um so mehr differenziert und erhellt sich dieser dunkle Abgrund der Welt. Und wenn Doß in seinem „langen apostolischen Schreiben" die Frage nach dem „Übergang vom Ding an sich zur *Persönlichkeit*" aufwarf, so waren solche Fragen und Bedenken nicht wegzuscherzen. Becker hatte gemeint, er wünsche „nähere Nachrichten über die Geschichte des Dinges an sich".[647]

Pessimismus und Atheismus hängen so genau zusammen, dass in demselben Maße, als jener an Geltung einbüßt, auch dieser an Sicherheit abnimmt und sich zurückzieht. Wir haben schon gesehen, wie es sich mit dem Pessimismus in der Lehre Schopenhauers verhält. Das Urwesen und das Endziel der Welt müssen einander entsprechen, und wie sich die Idee des Letzteren gestaltet, demgemäß wird sich auch die des Ersteren darstellen und – umgestalten. Zwischen den beiden Bänden des Hauptwerks liegt ein Vierteljahrhundert (1819 – 1844). Die Lehre von der Welt als einer *„Heilsordnung"*, die wir erst am Schluss des ergänzten Hauptwerks finden, enthält auch die Lehre vom menschlichen Leben als einem *Heilsweg*, von einer heilsamen auf das Endziel der Erlösung abzweckenden Fügung der Schicksale, welche an die christliche Idee der *Vorsehung* nicht bloß unwillkürlich erinnert, sondern von Schopenhauer selbst mit dieser verglichen wird.

Es gibt drei Arten, die Notwendigkeit im Gange der menschlichen Dinge aufzufassen: Sie gilt entweder als der völlig determinierte Naturlauf, das blinde Schicksal (Fatum), oder als die unsichtbare Lenkung des Einzelnen durch seinen Schutzgeist (Genius), oder als die vorhersehende, die Welt regierende Notwendigkeit (Vorsehung, *πρόνοια*). Der Glaube an die blinde Notwendigkeit heißt Fatalismus, den Glauben an die vorhersehende nennt Schopenhauer „transzendenten Fatalismus" und hat darüber in seinen Parerga den

647 Schemann: Schopenhauer-Briefe. Briefwechsel mit Ad. v. Doß. S. 228 – 241 (Briefe vom April und Mai 1852). Vgl. auch Grisebach, Schopenhauers Briefe. S. 357.

schon früher erwähnten Aufsatz geschrieben: „Transzendente Spekulation über die anscheinende Absichtlichkeit im Schicksale des Einzelnen".[648] Das Motto aus der vierten Enneade des Plotin lautet (deutsch): „Es gibt im Leben keinen Zufall, sondern durchgängige Harmonie und Ordnung."

Was uns als Zufall erscheint, ist, tiefer gesehen und bis auf den innersten Grund erleuchtet, Absicht, Fügung, Vorsehung. Jeder ist sein eigener Schutzgeist, der Werkmeister seiner Schicksale, wie jeder gleichsam der Theaterdirektor seiner Träume ist, auch aller Hindernisse und Widerwärtigkeiten, welche wir im Traum erfahren. Was wir mit Bewusstsein wollen und ausführen, nennen wir unsere Handlungen; was wir unbewusst wollen und vollbringen, sind unsere Schicksale. „Jeder Mensch ist der Wille zum Leben auf eine ganz individuelle und einzige Weise, gleichsam ein individualisierter Akt desselben." „Da wir nun das Abwenden des Willens vom Leben als das letzte Ziel des zeitlichen Daseins erkannt haben, so müssen wir annehmen, dass *dahin* ein jeder auf die ihm ganz individuell angemessene Art, also auf weiten Umwegen allmählich geleitet werde."[649]

Was von jedem Einzelnen gilt, gilt von *allen*, von dem Gang aller menschlichen Dinge überhaupt, also vom Weltlauf, der von der ausnahmslosen, blinden Notwendigkeit (Naturlauf) beherrscht wird. Was hier als Zufall erscheint, als äußeres Zusammentreffen der Umstände, das ist im Vergangenen begründet und Künftiges anzeigend, daher vom Schicksalsglauben als ominös, vom Vorsehungsglauben als absichtsvoll betrachtet. Diese unerklärliche Einheit des zufälligen mit dem Notwendigen ist der geheime Lenker aller menschlichen Dinge, und ihre alleinige Wurzel ist „das tiefinnere metaphysische Wesen der Dinge".

Wie der Einzelne in seinem Schicksalsgange zum Endziel alles Lebens geleitet wird, so die Welt zum Endziel aller Dinge. Wenn die Welt eine *Heilsordnung* ist, so ist der Weltlauf ein *Heilsweg* und die Notwendigkeit der Dinge, unbeschadet der durchgängigen Determination jeder Begebenheit, eine heilsame Fügung, d. h. Vorsehung. Wir lassen von der Welt gelten, was von jedem Einzelnen gilt: „dass selbst der individuelle Lebenslauf von den Begebenheiten, welche das oft so kapriziöse Spiel des blinden Zufalls sind, doch gleichsam

648 Parerga I. S. 229 – 255.
649 Ebendas. S. 255.

planmäßig, so geleitet werde, wie es dem wahren und letzten Besten der Person angemessen ist. Dies angenommen, konnte das Dogma von der *Vorsehung*, als durchaus anthropomorphistisch, zwar nicht unmittelbar und *sensu proprio* als wahr gelten; wohl aber wäre es der unmittelbare, allegorische und mythische Ausdruck einer Wahrheit und daher, wie alle religiösen Mythen – zwar nicht wahr, aber doch so gut wie wahr."[650]

Und die Wurzel der Vorsehung? Diese alleinige Wurzel ist „das tiefinnere metaphysische Wesen der Dinge", also das Ding an sich! Das Ding an sich, welches ja nichts anderes ist und sein soll als blinder erkenntnisloser Drang, erscheint nunmehr als die Wurzel der Vorsehung, die im Leben des Einzelnen, wie in dem des Ganzen alles zum Besten lenkt. Sind wir nicht auf dem Weg zum Theismus?

Freilich lautet die Überschrift: „*Transzendente* Spekulation" u. s. f. Und gleich im Anfang erklärt der Verfasser seine Betrachtung für „eine metaphysische *Phantasie*". Indessen lassen wir uns dadurch an der Bedeutung der Sache und dem Widerstreit im Fundament der Lehre nicht irre machen, denn erstens ist bei der genial-künstlerischen Geistesart des Philosophen kein so großer Unterschied zwischen einer metaphysischen Spekulation und einer metaphysischen Phantasie; zweitens würde eine solche Betrachtung auch als Phantasie unmöglich sein, wenn das Ding an sich das blinde All-Eine wäre, und drittens ist sie in der Lehre von der Heilsordnung der Welt begründet.

Zweiundzwanzigstes Kapitel

Die Kritik der Darstellungsart

I. Vorzüge und Mängel

Ich habe im Verlauf dieses Werkes so oft Gelegenheit und willkommenen Anlass gehabt, Schopenhauers Bedeutung als philosophischen Schriftstellers und Künstlers zu würdigen, die stets natürliche und erleuchtende Kraft seines Ausdrucks, die stets geistvolle, spannende und lehrreiche Behandlung seiner Gegenstände, lauter interessanter und wichtiger Welt- und Lebensprobleme, dass ich

650 Ebendas. S. 241, 245.

auf die Schilderung dieser in der philosophischen Literatur ungewohnten Meisterschaft der Rede und Schreibart, dieser immer in die Tiefe dringenden Klarheit, nicht mehr zurückkomme. Dagegen will ich meine Beurteilung nicht schließen, ohne auch gewisse Mängel seiner Darstellung zur Sprache gebracht zu haben, nicht um sie zu bekritteln, sondern weil sie zur vollständigen Kenntnis des Mannes und seiner Sache nicht unbemerkt bleiben dürfen. Keiner dieser Mängel haftet an einer Unfähigkeit oder an einem intellektuellen Gebrechen; sie folgen teils aus der Entstehungsweise seiner Werke, teils aus Eigenheiten und Kaprizen, welche er leicht hätte beherrschen können, aber er hielt sie für Tugenden.

1. Wiederholungen

Dieser ausgezeichnete philosophische Schriftsteller war kein Vielschreiber, sondern ein „Oligograph", wie er sich selbst bezeichnet hat, denn er wählte gern einen griechischen Ausdruck. Da aber seine neuen Werke großenteils dadurch zustande kamen, dass er die schon vorhandenen weiter ausführte oder kürzer zusammenzog oder ergänzte und zu den Ergänzungen wieder Ergänzungen schrieb, so konnte es nicht fehlen, dass er dieselben Ideen oft *wiederholt* hat, obgleich er das Gegenteil zu versichern pflegte. Wir erinnern unsere Leser an die Menge der von uns angeführten Parallelstellen. Seine Werke sind überreich an Doubletten, deren Vergleichung und Unterscheidung einer genauen und sorgfältigen Darlegung der Lehre ganz besondere Schwierigkeiten verursacht. Wiederholungen verunstaltender Art sind die vielen polemischen Transpirationen: Sobald die Rede auf gewisse Themata kommt, wie z.B. das Absolutum u.a., folgt allemal die Übergießung. Man wittert sie schon im Voraus.

2. Zitate und Fremdwörter

Seinen Sprachtalenten und Sprachkenntnissen, wie dem Reichtum und der Auswahl seiner Lesefrüchte gebührt alles Lob; er hat sie vortrefflich zu verwerten gewusst und sie haben sich im Dienste seiner Feder als glänzende Mittel der Darstellung erwiesen; wenn er uns auch bisweilen zu reichlich und zu viel auf einmal mit Lesefrüchten bewirtet. Was ich aber bei einem Schriftsteller, wie er, der klassisch zu schreiben versteht, unrichtig und formlos finde, ist der buntscheckige Haufen vielsprachiger Zitate, den er gern ausschüttet, bald mit, bald ohne Übersetzung; das Lateinische übersetzt er nie, weil er das Nichtverständnis dieser Sprache nur dem gemeinen Volk zuschreibt, und ein Geistespatrizier, wie er, nicht zum Volk redet. Der Leser soll merken und staunen, mit was für einem vielsprachigen Autor er zu tun hat: Ich fürchte, dass etwas von dieser kleinen Eitelkeit sich wirklich in seine Darstellungsart gemischt und dieselbe verunstaltet hat.[651]

Das Griechische hat er spät und gut gelernt, aber zu gern damit geprunkt und Worte eigener Komposition gebildet, ungelenk, schwerfällig, misstönend, vor denen der Genius ihrer Sprache die Griechen in Gnaden bewahrt hat. Er nennt sich einen Menschenverächter: Das heißt ihm auf Griechisch „*Kataphronanthrop*!" Er will den Menschen nicht als die Welt im Kleinen (Mikrokosmos), sondern die Welt als den Menschen im Großen betrachten: Das heißt ihm auf Griechisch „*Makranthropos*!" Statt Farbenblindheit sagt er lieber „Achromatoblepsie" u. s. f. Viele seiner Leser, wenn sie ihn so reden hören, werden sagen wie Casca von Cicero: „Was mich betrifft, mir war es griechisch."

Wir sind nicht Puristen von der törichten Art, die alle Fremdwörter aus unserer Sprache vertreiben möchten, um ungewohnte, weniger verständliche deutsche von eigener schlechter Mache an ihre Stelle zu setzen; wo aber gute deutsche Ausdrücke vorhanden sind, diesen die Fremdwörter vorzuziehen, aus welcher üblen Gewohnheit es immer sei, finden wir geschmacklos und verwerflich und müssen einem Schriftsteller wie Schopenhauer, der die deutsche Sprache so vorzüglich zu schreiben wie zu würdigen verstanden und unter allen lebenden Sprachen als die reichste und ausdrucksfähigste gepriesen hat, diese Untugend doppelt vorwerfen. Warum sagt er statt Erweiterung „Amplifikation", statt Veränderlichkeit „Modifikabilität", statt Willfährigkeit „Obsequiosität", statt bedauern „regrettieren" und so in zahllosen anderen Fällen? Ein anderes übrigens ist der Gebrauch französischer Wörter in deutscher Rede, ein anderes und schlimmeres ist die Verfälschung des deutschen Sprachgebrauchs durch den französischen. Darin bestehen die eigentlichen und verderblichen *Gallizismen*, welche Schopenhauer selbst auf das Schärfste verurteilt hat.

651 Parerga II. § 255 und 299. S. 515, 603.

3. Satzbildung und Interpunktion

Bisweilen begegnen wir Sätzen von übermäßiger Ausdehnung, wie z.B. gleich in der Einleitung der Schrift „Über den Willen in der Natur" einem von nahezu fünfzig Zeilen; aber diese Riesensätze sind wohl gewachsen und dürfen als stilistische Phänomene gelten, da ihre erstaunliche Länge der Deutlichkeit keinen Eintrag tut und wir beim Lesen eher die Geduld als den Faden des Gedankens verlieren, der sicher und einleuchtend durch die vielen Windungen hindurchläuft, seine Perioden beherrschend und ordnend, ohne sie je zu verzwicken und ineinanderzuschachteln. Man kann einen solchen Periodenbau mühelos in kleinere Sätze zerfallen lassen; dafür sorgt schon die Interpunktion Schopenhauers, in welcher die Kommata auf Weg und Steg zu finden sind, und das Kolon eine ähnliche Rolle spielt wie bei Lessing das Semikolon.[652]

Alle die angeführten Mängel und Makel, obschon sie kennzeichnend sind, können wider die genialen und durchgängigen Vorzüge seiner Darstellung nicht aufkommen, denn sie sind klein und gering, während diese groß und mächtig sind: Sie haften an einzelnen Stellen, während diese durch das Ganze walten, und man soll in dem Endurteil die Einzelheiten zwar abwägen und in Rechnung ziehen, aber nicht wider das Ganze ins Feld führen, als ob sie ebenbürtig wären; sonst erhält man ein falsches Resultat.

II. Stilistische Grundsätze

Der Stil ist der Mensch oder, wie Schopenhauer gesagt hat, „die Physiognomie des Geistes, noch untrüglicher als die des Leibes".[653] Auch in diesem Gesicht unterscheiden wir die obere und untere Gegend, Stirn und Augen, Mund und Kinn, die theoretische und die praktische Physiognomie. Die Bildung seines Mundes und die darin ausgeprägten Züge haben in seinem wirklichen Gesicht ihm selbst nicht gefallen; einige dieser Züge, die uns aufgefallen sind, haben auch sein geistiges Gesicht verunstaltet.

652 Vgl. oben II. Buch, 11. Kap., S. 378 Anmerkung. In dem „Versuch über das Geistersehen und was damit zusammenhängt" finden sich viele solcher Monstersätze. S. Parerga I. S. 316, 322, 341, 348.

653 Parerga II. 23. Kap. § 272 – 289. S. 530 – 584. (§ 282.)

Bedeutende Gedanken so einleuchtend vortragen, dass jeder Denkende sie verstehen muss, sie dergestalt ordnen, abstufen und sprachlich nuancieren, dass sie im Hörer und Leser genau den Sinn erwecken, welchen der Schriftsteller beabsichtigt: Darin besteht die *Schönheit* des Stils, sie wird nur aus dem eigenen, zu völliger Klarheit entwickelten Denken geboren und ist dessen deutlichster Ausdruck. Daher kann man nicht schön schreiben, wenn man einen fremden Stil nachahmt; dann zeigt man kein eigenes Gesicht, sondern eine Maske. Hätte Schopenhauer nur lateinisch geschrieben, so hätte er seine literarische Rolle in der Seneca-Maske gespielt, wäre aber kein origineller und ausgezeichneter Schriftsteller gewesen. Jede affektierte, pretiose, gekünstelte und gesuchte Schreibart ist eine Verstellung der eigenen Gesichtszüge, gleichsam ein Gesichterschneiden, um sich ein *air* zu geben: Das ist ein stilistisches Maskenspiel, dem wir nur zu oft begegnen.

Was die Deutlichkeit beeinträchtigt, widerstreitet der Schönheit, wie alles weitläufige und breite Gerede, alle unbestimmte, matte und charakterlose Bezeichnung; die Deutlichkeit fordert und erzeugt die Kürze, Energie und Prägnanz des Ausdrucks, sie bedarf des bündigen, kraft- und bedeutungsvollen, entschiedenen Ausdrucks, des konkreten und anschaulichen, zu dessen Ausübung auch die Beispiele, Bilder und Gleichnisse gehören. In der schriftlichen Darstellung soll jeder Gedanke so einfach, schlicht und verständlich ausgeprägt werden, als ob es sich um eine Inschrift handelt: daher der schöne Stil etwas vom Lapidarstil behalten und haben soll. Eben darin unterscheidet sich die schriftliche Rede von der mündlichen. Aus diesem Grund kann und soll man nicht so schreiben, wie man spricht; die schriftliche Rede kann und soll so natürlich und naiv sein wie die mündliche von guter Art, aber nicht improvisiert wie diese. Alles Geschwätzige ist in der schriftlichen Darstellung vom Übel. Um schön zu schreiben, muss man klar und geordnet denken: „Man muss so denken, wie die Architekten bauen, nicht so, wie man Domino spielt.“

Diese Grundsätze, die auf keine Schreibart so genau und vollkommen passen wie auf den *philosophischen* Stil, hat Schopenhauer ausgesprochen und in seinen Werken erfüllt. Seine eigenste Art zu denken und zu erkennen hat er in den Briefen an Goethe treu und lebendig geschildert; er hat so geschrieben, wie er gedacht hat, und er hat in einer seiner letzten Abhandlungen sehr gut und treffend auseinandergesetzt, wie er geschrieben hat. Was diese seine Geistesart angeht, so zeigen sich Theorie und Praxis auch hier in einer seltenen und schönen Übereinstimmung.

Anhang

1. Allgemeine Bemerkungen

Zur Rechtfertigung der von mir [Arnold Ruge] angeordneten Umsetzung des Textes in die neue Orthographie, die nunmehr für alle Bände der „Geschichte der neuern Philosophie" beibehalten wird, sei hervorgehoben, dass Kuno Fischer selbst die Zitate aus anderen Schriftstellern seiner Schreibart anpasste. Die Änderung der Orthographie ist selbst dann, wenn sie wie bei der Herausgabe von Schopenhauers Werken das ausdrückliche Verbot des Verfassers gegen sich hat, eine Konzession an den Leser, die dem Autor keinen Abbruch tut.

Bei der Umarbeitung der Anmerkungen war das leitende Prinzip, stets nach dem neuesten, wissenschaftlich korrektesten und zugänglichsten Material zu zitieren. Kuno Fischer rühmte selbst die von Grisebach besorgte Gesamtausgabe von Schopenhauers Werken, nach ihr sind die Belegstellen umgestaltet worden.

In den „besonderen Zusätzen" war ich bemüht, auch manchen von Kuno Fischer gezeichneten Zug aufgrund neuer Ergebnisse schärfer hervortreten zu lassen und zu kolorieren.

2. Neue Schopenhauer-Literatur

Von größeren Arbeiten (seit 1897), welche das Lebensbild Schopenhauers wesentlich ergänzen, ist vor allem *Grisebachs* Supplementband zu seiner Biographie Schopenhauers zu nennen (Schopenhauer, Neue Beiträge zur Geschichte seines Lebens. Berlin 1905). Im ersten Abschnitt bringt der Verfasser Ergänzungen und Berichtigungen zu seiner Darstellung aus dem Jahr 1897 (§ 1 – 20): Vor allem kommen hier einige Briefe in Betracht, die Schopenhauer direkt oder indirekt betreffen. Der zweite Abschnitt ist ein Verzeichnis der im Besitz des Verfassers befindlichen Schopenhauer-Ausgaben, Schriften über Schopenhauer und seine Philosophie, die mit der dem Verfasser eigenen Sorgfalt zusammengestellt sind. Grisebach hatte bereits 1898 ein Bändchen erscheinen lassen, das den Titel trug: „Schopenhauers Gespräche und Selbstgespräche nach der Handschrift *έις έαυτόν* (in zweiter, wesentlich erweiterter Auflage 1902). Wir haben hier im ersten Teil eine Zusammenstellung von Gesprächen des Philosophen mit den hervorragendsten Männern seines Bekanntenkreises. Neben den Namen seiner Jünger und Apostel finden sich die von Wieland, Goethe, François Wille, Karl Hebler, Robert v. Hornstein, Julius Hamel, Friedrich Hebbel u. a. m. Diese Gespräche stammen aus teilweise schwer zugänglichen Arbeiten und verstreuten Feuilletons und bieten in ihrer Geschlossenheit einen erwünschten Beitrag zum Lebensbild Schopenhauers. Wie Grisebach selbst in seinem „Quellennachweise" am Schluss des Bandes sagt, sind die von L. Schemann veröffentlichten „Gespräche" die eigentliche Ergänzung zu dieser neuen Veröffentlichung. (Gespräche und Briefwechsel mit Arthur Schopenhauer. Aus dem Nachlasse von Karl Bähr, herausgegeben von Ludw. Schemann, 1894.) Der zweite Teil, die Selbstgespräche nach der Handschrift *εἰς ἑαυτόν*, stützt sich im Wesentlichen auf Gwinners Schopenhauerbiographie (s. oben S. 42 u. 43). Grisebach versucht nicht ohne Geschick, einen Teil der von Gwinner gemachten Angaben auf die von diesem verbrannte Handschrift zurückzuführen (s. oben S. 41). Die „Gespräche und Selbstgespräche" werden noch ergänzt durch einige „Lieblingsstellen" aus verschiedenen Werken.

Neben den vortrefflichen Arbeiten Grisebachs muss das Werk von *Möbius* genannt werden (Möbius, Schopenhauer, 2. Aufl. 1904. Ausgewählte Werke, Bd. 4), dessen erste Hälfte eine Lebensbeschreibung ist. Rein biographisch neu ist darin nur die gute Zusammenstellung der von Schopenhauer angefertigten Bilder. Diese Zusammenstellung ist berichtigt durch die Arbeit von *Karl Töwe* (Die Schopenhauer-Porträts, in: Zeitschrift für Philosophie und philos. Kritik, Bd. 124, Jahrg. 1904), und durch Grisebachs „Neue Beiträge" (S. 77 – 78). Sonst bietet das Werk von Möbius im Vergleich zu Kuno Fischers „Schopenhauer" in mancherlei Punkten nur andere *Auffassungen*. Die Haupttendenz ist, das Pathologische und medizinisch Interessante in Schopenhauers Wesen hervortreten zu lassen, ein Bestreben, das oftmals übertrieben erscheint. Bei der Darstellung von Schopenhauers Philosophie macht sich daneben eine starke, völlig unbegründete Polemik gegen das kantische Denken geltend.

Vornehmlich mit dem Problem der Persönlichkeit Schopenhauers beschäftigt sich *Friedrich Paulsen* in seinem Buch: „Schopenhauer, Hamlet, Mephistopheles. Drei Aufsätze zur Geschichte des Pessimismus" (Berlin 1900). Das Wesen Schopenhauers fand hier keine sehr liebevolle Behandlung. Paulsen tritt ganz besonders Kuno Fischers Ansicht über den „schmerzlosen Pessimismus" entgegen. Mit dem Resultat, dass „Schopenhauer als Erzieher" keinen sehr günstigen Einfluss haben könne und dass auch Friedrich Nietzsche besser getan hätte, sich ein anderes Vorbild zu wählen, schließt die Paulsen'sche Arbeit.

Auch *Johannes Volkelt* beschäftigt sich in den ersten Abschnitten seines Buches „Arthur Schopenhauer, seine Persönlichkeit, seine Lehre, sein Glaube" (3. Aufl., 1907), in erster Linie mit dem Problem der Persönlichkeit Schopenhauers, und auch er tritt *Kuno Fischer* besonders scharf in der Auffassung des Pessimismus entgegen. Während Kuno Fischer den Zwiespalt zwischen Leben und Lehre des Philosophen durch die künstlerische Erfassung des Lebens bei Schopenhauer zu erklären sucht, scheint sich Volkelt damit begnügen zu wollen, diesen Zwiespalt konstatiert zu haben. In der Darstellung von Schopenhauers Philosophie ist das „Mosaikhafte" und das „Irrationale seiner Metaphysik" in dem von Windelband (vgl. Gesch. der neuern Philosophie, 4. Aufl. 1907, § 69, S. 347 ff.) festgelegten Sinne bis in die Einzelheiten seiner Lehren verfolgt.

Obwohl *Georg Simmel* es in der Vorrede zu seinem Buch „Schopenhauer und Nietzsche" (Leipzig 1907) ausdrücklich ablehnt, die Lehren beider Denker ausführlich behandeln zu wollen, darf man für Schopenhauers Philosophie, um die es uns an dieser Stelle allein zu tun ist, behaupten, dass sie hier ihre eingehendste, bedeutendste und, man darf wohl sagen, auch gerechteste Darstellung gefunden hat. Die Zusammenstellung des Pessimisten und Willensmetaphysikers mit dem Egoisten und Verkünder der Lehre vom Übermenschen hat in der Tatsache ihren Grund, dass beide auf die Gegenwart eine bedeutende und in weite Schichten sich verbreitende Wirkung besaßen und noch besitzen. An diese Tatsache knüpft sich einerseits die Frage nach der Gleichartigkeit und Verschiedenartigkeit beider Philosophen in der Aufstellung und der Lösung philosophischer Probleme und der Erfüllung metaphysischer Bedürfnisse und dann die andere Frage nach dem an den Resultaten beider, was für die gegenwärtige *Kultur* von Bedeutung blieb. So wird Schopenhauers Philosophie eingestellt in die Gegenwart, während andere Darstellungen nur bis zum Vergleich mit der unmittelbar auf sie folgenden Zeit gelangten. Und dabei spricht und sichtet vor allem der Kulturphilosoph oder besser gesagt, der Kulturpsychologe, dem es darauf ankommt, die Beurteilungen von Kulturfaktoren nach ihrer psychologischen Genesis zu analysieren, wobei die von Schopenhauer gegebenen Lösungen oft eine scharfe, zustimmende oder abweisende Kritik erfahren; und endlich tritt an die Seite der Konfrontierung Schopenhauer'scher Gedanken mit der Gegenwart und der Kritik seiner Lösungen das Bestreben Simmels, einzelnen Kulturproblemen eine eigene tiefe Lösung zu geben. In dem Kapitel über Schopenhauer, das von der „Metaphysik der Kunst" handelt, scheint diese „Philosophie über das Denken" Schopenhauers hinaus ihren Gipfelpunkt erreicht zu haben. – In einem Bericht über die Literatur zur Philosophie Schopenhauers müssen diese Angaben über Simmels Buch genügen, die reichen Resultate aufzuzählen, die dem Kulturpsychologen in dieser Darstellung entgegengebracht werden, fällt aus dem Rahmen dieses Berichtes heraus. – In Simmels Buch tauchen alle die Fragen wieder auf, die sich an die Philosophie Schopenhauers angeknüpft hatten: *Der Irrationalismus* seiner Metaphysik, das metaphysisch „Geglaubte", das Unvernünftige, wie Simmel sagt, das *Zwiespältige* seines Denkens, die *Verwandtschaft mit den großen Denkern seiner Zeit*, wobei in feinsinniger Weise auch auf die intimste Verwandtschaft mit Hegel hingewiesen wird, *der Entwicklungsgedanke*, der hier als systematischer Faktor zur Scheidewand zwischen Schopenhauer und Nietzsche wird, die Frage nach den *Tendenzen des Schopenhauer'schen Denkens*.

Robert Schlüter versucht in seiner kleinen Schrift: „Schopenhauers Philosophie in seinen Briefen" (Leipzig 1906) gerade in den Briefen gewisse „Wendungen" im philosophischen Denken aufzuweisen. Von einem Beweis dieser These kann allerdings keine Rede sein, da die Probleme, in deren Lösung sich die Stellung Schopenhauers geändert haben soll, wenig systematisch zusammengestellt sind.

Die Arbeit von *Samuel Rappaport* (Spinoza und Schopenhauer, Berlin 1899) ist interessant, weil sie den noch nicht edierten Nachlass Schopenhauers berücksichtigt und aufgrund dieses zu neuen Resultaten zu kommen scheint.

In das italienische Werk über Schopenhauer von *Giuseppe Melli „la filosophia di Schopenhauer"* (*Firenze* 1905) konnte ich erst nach Vollendung des Druckes einen Blick tun; ich verweise deshalb auf die kurze Besprechung in der „.Zeitschrift für Philosophie und philos. Kritik", Bd. 129. (Bericht über die italienische Literatur des Jahres 1905 von Chr. D. Pflaum.)

Interessant durch nette Einzelheiten ist das französische Werk von *A. Bossert* (*Schopenhauer, L'homme et le philosophe, Paris* 1904). Es wurde von Friedrich Norden ins Deutsche übertragen und dabei literarisch etwas vervollkommnet: Bossert benutzte für seine Darstellung dieselbe Literatur wie Kuno Fischer und scheint auch in seinen Auffassungen nicht völlig unabhängig von ihm zu sein; doch bringt er für Mancherlei neue interessante Belege, so für das Verhältnis von Richard Wagner zu Schopenhauer einige Stellen aus dem Briefwechsel Wagners mit Franz von Liszt (Briefwechsel zwischen Rich. Wagner und Liszt, 2 Bde., Leipzig 1900, 2. Aufl.). Manch neues Moment ist aus dem Lebensgang des Philosophen mit Geschick hervorgekehrt. Die sehr zahlreichen und langen Zitate aus Briefen lassen zwar oftmals die eigene Arbeit des Verfassers stark in den Hintergrund treten, doch stört das in den biographischen Kapiteln des wesentlich populär gehaltenen Buches nicht, während die Darstellung von Schopenhauers Philosophie erheblich darunter leidet.

Populären Charakter trägt auch die Vortragssammlung von *Theodor Lessing* (Schopenhauer, Wagner, Nietzsche, Einführung in die neuere deutsche Philosophie, 1906). Hier ist der Versuch gemacht, Schopenhauers Persönlichkeit und Philosophie einem größeren Publikum im Vortrage näher zu bringen. Im Einzelnen werden die Ausführungen, in denen das Bestreben, der Psychologie ein Erklärungsgebiet einzuräumen, oft allzu stark in den Vordergrund tritt, nicht unanfechtbar sein, doch sind sie nicht ohne Geist und Lebendigkeit.

Zum Schluss sei von den größeren Darstellungen noch die Arbeit von *H. Rickert* erwähnt, die in der populär-wissenschaftlichen Sammlung „Aus Natur und Geisteswelt" erschienen ist (Schopenhauer, seine Persönlichkeit, seine Lehre, seine Bedeutung. 1905). In der Auffassung scheint sie sich wesentlich an die Darlegungen von Johannes Volkelt anzuschließen, ohne von ihm völlig abhängig zu sein.

Von kleineren biographisch beachtenswerten Arbeiten ist der Aufsatz von *Karl Töwe* bereits genannt (s. oben S. 589).

Fanny Lewald gibt in ihren „Lebenserinnerungen" (veröffentlicht aus dem Nachlass in „Westermanns Monatsheften", Juli bis September 1897), eine sehr interessante Beschreibung von dem Wesen der *Adele Schopenhauer*.

Rudolf Louis veröffentlicht in den „süddeutschen Monatsheften" (1. Jahrgang, 1904) einiges aus dem Nachlass von Julius Bahnsen („Die Stunden bei Schopenhauer"). Bahnsen spricht mit Begeisterung von der kurzen bei Schopenhauer verbrachten Zeit. Es bilden seine Worte eine Ergänzung zu den Schilderungen, welche *Friedrich Hebbel*, *Robert von Hornstein* und *Wilhelm Jordan* von ihren Besuchen bei Schopenhauer machten.

3. Besondere Bemerkungen

Seite 42. *David Asher* veröffentlichte in seiner oben genannten Schrift 24 Briefe Schopenhauers, Grisebach fügt diesen den Brief vom 3. Dezember 1857 hinzu (vgl. Grisebach, Briefe, S. 421), so dass nun im Ganzen 25 Briefe Schopenhauers aus der Korrespondenz mit Asher erhalten sind.

Grisebach führt in seinen *„Edita und Inedita Schopenhaueriana"* 12 Briefe an *A. v. Doß* an; in seiner Briefsammlung ist ein Billett vom April 1849 hinzugekommen (vgl. Grisebach, Briefe, S. 356).

Seite 43 (Anmerkung). Schopenhauers Briefe an Karl von Bähr vom 5. März 1858, 26. Februar 1859, 1. Mai 1859, 12. Januar 1860, 25. Februar 1860 sind in Grisebachs *„Edita und Inedita"* aufgeführt, ein sechster Brief, vom 1. Mai 1857, ist in Grisebachs Briefsammlung wieder abgedruckt (Grisebach, Briefe, S. 450).

Seite 44. Zu den Angaben über die letzten Erscheinungen vergleiche den Literaturbericht (Anhang, S. 598 ff.).

Seite 46. Möbius polemisiert in seinem Werk über Schopenhauer (vgl. oben S. 590) ganz besonders stark gegen Kuno Fischers Auseinandersetzungen über die Nichtbeachtung Schopenhauers (vgl. das. S. 86). Möbius stellt sich, was den Hass Schopenhauers gegen die Philosophieprofessoren anbetrifft, ganz auf die Seite des Philosophen! Dass Kuno Fischer die Philosophieprofessoren „entschuldige", hält Möbius für durchaus natürlich, was er dagegen vom „Zeitgeist" sagt, für gänzlich unnatürlich. Möbius fehlt es nicht nur an der philosophischen Durchbildung, sondern auch an der historischen Auffassung, die zweifellos auch hier den Historiker der Philosophie hat das Richtige treffen lassen. Mit Kuno Fischers Ausführungen mag das verglichen werden, was Schopenhauer selbst über den „Zeitgeist" sagte (W. a. W. u. V. I, S. 532) und das, was er über den Begriff der Philosophie an manchen Stellen erklärt (vgl. beispielsweise: W. a. W. u. V. I, 4. Buch, S. 555 – 556).

Seite 47. Über die Bewirtung *Peters des Großen* im Schopenhauer'schen Hause vergleiche den aus „Johanna Schopenhauers Nachlass" wiedergegebenen Bericht bei Grisebach (Neue Beiträge, S. 3 – 4).

Seite 54. Grisebach hat den 20. April 1805, als den Todestag von Schopenhauers Vater, aktenmäßig festgelegt (vgl. „Neue Beiträge", S. 5). Durch Grisebach ist auch die problematische Bemerkung Kuno Fischers über das Ende des Heinrich Floris Schopenhauer wesentlich gestützt worden (vgl. Gespräche und Selbstgespräche, S. 81 und S. 161). Grisebach bringt hier Schopenhauers eigene Äußerungen in dieser Sache Robert von Hornstein gegenüber, worin er den Selbstmord seines Vaters als feststehend bezeichnete und seiner Mutter daran schuld gab. Schopenhauer scheint Vermögensverhältnisse als Grund dieses Entschlusses vermutet zu haben und stützt dadurch die von Gwinner gemachten Angaben (vgl. bei Gwinner, S. 35). *Möbius* erklärte sich aus medizinischen Gründen für den Selbstmord (vgl. Möbius, S. 16 u. 17).

Seite 61. Die Zitate aus Briefen Schopenhauers beziehen sich nach Möglichkeit auf die Ausgabe von Grisebach („Schopenhauers Briefe an Becker, Frauenstädt, v. Doß, Lindner und Asher, sowie andere, bisher nicht gesammelte Briefe aus den Jahren 1813 – 1860", s. oben S.197).

Seite 69. Grisebach („Neue Beiträge", S. 17 – 18) bringt die Briefe, welche Schopenhauer an den Legationsrat Bertuch, den Besitzer des Weimarischen Landesindustrie-Comptoirs, und den Assistenzrat Schwarz, den Vertreter der Rudolstädtischen Zweiganstalt, in Betreff des Druckes seiner Dissertation richtete.

Seite 76. Über das Verhältnis der Johanna Schopenhauer zu ihrem „Freunde" Gerstenbergk geben einige von Grisebach („Neue Beiträge", S. 20 – 32) angeführte Briefe und Tagebuchnotizen näheren Aufschluss, ebenso über die Persönlichkeit *Gerstenbergks* und seine Beziehungen zu Goethe. Gerstenbergk verheiratete sich am 14. April 1825 und damit fand sein intimes Verhältnis zu der Mutter des Philosophen seinen äußeren Abschluss. Grisebach bemerkt dazu etwas lakonisch: Freunde blieben die beiden allerdings auch später, aber nur im Sinne des Heine'schen:

Hat man die Liebe ausgeliebt,
Fängt man die Freundschaft an.

Das Verhältnis der Mutter zu ihrem Sohn ist in der Schopenhauer-Literatur in mannigfacher Weise Gegenstand der Diskussion geworden. Soweit diese Erörterungen den Zweck und das eigentliche Interesse an diesem Gegenstand nicht aus dem Auge lassen, sind sie berechtigt, jedoch fehlt es keineswegs an Behandlungen dieses Themas, in denen die *Bedeutung für des Philosophen Leben und Art* völlig in den Hintergrund tritt. Diese Bedeutsamkeit gipfelt in den beiden Fragen: Wie weit hat die Freundschaft mit Gerstenbergk das Verhältnis zwischen Mutter und Sohn gestört? Und wie weit ist diese Störung von Einfluss auf Leben und Lehre des Sohnes gewesen? Dass der Bruch zwischen Mutter und Sohn aus mannigfachen Momenten resultierte und dass unter diesen Momenten die Freundschaft mit Gerstenbergk eine nicht unbedeutende Rolle spielte, ist nach allen historischen Fakten klar. Kuno Fischer hat auf die „angeborene Gemütsart" von Mutter und Sohn und auf die „ökonomischen Differenzen" hingewiesen (vgl. oben S. 72 ff.), es scheint nach allem, als habe Johanna Schopenhauer über ihren *Bedürfnissen* als Frau und als Literatin ihre *Pflicht* als Mutter nicht nur dem Sohne, sondern auch der Tochter gegenüber vergessen. – Möbius berechnet vom medizinischen Standpunkt aus die Intensität des Verhältnisses von Johanna Schopenhauer und Gerstenbergk, was für die eigentliche historische Frage völlig gleichgültig ist.

Seite 76 u. 110. Nach dem von Grisebach („Neue Beiträge", S. 40 – 41) veröffentlichten Brief Schopenhauers an Frau Mertens hat ein Wiedersehen mit der *Schwester Adele* doch noch kurz vor deren Tod stattgefunden. Der angeführte Brief ist vom 21. November 1849. Adele besuchte ihren Bruder auf der Rückreise von Rom; ob sie ihn auch auf der Hinreise gesehen, lässt sich aus diesem Brief ebenso wenig wie aus dem von Gwinner (S. 196) und von Grisebach (Lebensgesch. S. 211) angeführten Abschnitt eines Briefes Adelens an ihren Bruder bejahen oder verneinen (Br. vom 31. Dezember 1847).

Seite 96. Die „Erinnerungen von *Robert von Hornstein*" sind neu abgedruckt bei Grisebach „Gespräche und Selbstgespräche" (2. Aufl. 1898, S. 76 ff.).

Seite 97. *Fanny Lewald* hat in ihren Lebenserinnerungen (vgl. oben S. 592) mit wenigen Strichen ein Charakterbild von *Adele Schopenhauer* gezeichnet, wodurch die Angaben Kuno Fischers ergänzt und koloriert werden können. Das Vorwort zur zweiten Auflage des „Schopenhauer" ist vom Februar 1897, also Monate vor dem Erscheinen dieser Erinnerungen, die im Juli in „Westermanns Monatsheften" erschienen. Fanny Lewald schreibt dort: „Ihre Gespreiztheit und das Darstellen einer Jugendlichkeit, die weit hinter ihr lag, behielten für uns alle immer etwas Abgeschmacktes, aber sie war eine Frau von Geist, hatte viel erlebt und ich habe während meines ganzen italienischen Reiselebens viel und gern mit ihr verkehrt." „Größere Gegensätze als Frau Ottilie von Goethe und Fräulein Schopenhauer konnte man sich kaum vorstellen und doch waren sie vertraute Freundinnen, aber für den Fremden blieb es rätselhaft, wie Ottiliens geistvolle und oft bis zur Unvorsichtigkeit gehende Natürlichkeit, wie ihre auf Belieben des Augenblicks, auf die Eingebungen der Minute gestellte Leichtlebigkeit mit der feierlichen, auf eigene Gelehrsamkeit und auf den Zusammenhang mit einer großen Vergangenheit gebauten Pedanterie von Fräulein Adele sich jemals hatte zusammenfinden können." (S. 623.)

Seite 101. In der Angelegenheit mit *Beneke* gibt Grisebach („Neue Beiträge", S. 28 – 32) noch einige Ergänzungen, durch welche Schopenhauer hier in ein etwas günstigeres Licht gestellt wird.

Seite 110 siehe die Anmerkung zu Seite 76.

Seite 112 f. Über die erste Zeit in Frankfurt haben wir einen interessanten Bericht von Dr. Hermann Rollet in seinem Buche „Begegnungen". Die „Neue freie Presse" gibt davon folgenden kurzen Auszug (vgl. Grisebach, „Neue Beiträge", S. 33 u. 34): „Schopenhauer war ein feingebauter und – nur nach etwas veraltetem Schnitt – stets fein gekleideter, mittelgroßer Mann mit kurzem Silberhaar, mit fast militärisch zugestutztem Backenbart, im Übrigen immer sauber rasiert, mit rosiger Gesichtsfarbe und mit lichtem, meist vergnügt vor sich hinschauendem, ungemein verständigem, blaugesterntem Auge. Sein nicht gerade schönes, aber geistvolles Angesicht hatte öfters einen ironisch lächelnden Ausdruck. Er zeigte aber gewöhnlich ein in sich gekehrtes und, wenn er sich äußerte, manchmal fast barockes Wesen, wodurch er sich der wohlfeilen Satire eines übermütigen Teiles der sonst sehr verständigen, aber betreff der geistigen Qualität sehr gemischten Tischgesellschaft täglich nicht geringen Stoff gab. Und so bildete dieser oft komisch mürrische, aber eigentlich harmlose, gutmütig unwirsche Tischgenosse das Stichelblatt des Witzes unbedeutender Lebemänner, die ihn regelmäßig – aber in nicht arg gemeinter Weise zum Besten hielten."

Seite 114. Vergleiche die Anmerkung zu Seite 160 (s. unten).

Seite 145 u. 147. Noch vor dem Aufsatze in der Westminster-Review von Oxenford erschien die Rezension der „Parerga und Paralipomena" in Nr. 51 der „Jahreszeiten" (Hamburger neue Modezeitung vom 17. Dezember 1851), über die Schopenhauer in dem Brief vom 11. Januar 1852 (Grisebach, Briefe, S. 190) Frauenstädt gegenüber seine Freude ausspricht. Grisebach gelang es, die Nummer dieses Blattes ausfindig zu machen, und er bringt (Neue Beiträge, S. 46 ff.) die Rezension zum ersten Mal in aller Ausführlichkeit zum Wiederabdruck.

Seite 160 (vgl. auch S. 114, Anmerkung), über *Hebbels* Besuch bei Schopenhauer berichtet außer Wilhelm Jordan *Robert von Hornstein* in seinen „Erinnerungen an Richard Wagner" (Auszüge aus dem ungedruckten Nachlasse des Komponisten R. v. W.", Feuilleton der „Freien Presse", 23. u. 24. Sept. 1904 – die Stelle befindet sich im zweiten Abschnitt). Grisebach erklärt („Neue Beiträge", S. 25) alles andere, was Jordan über diesen Besuch zu sagen wusste, für „freie Erfindung". Hornstein schreibt: „Hebbel kam voller Enthusiasmus zu Schopenhauer nach Frankfurt. Er war gewiss, als kongenialer Dichter empfangen zu werden; wie ein begossener

Pudel stand er da, als Schopenhauer ihn frug, was er denn schon geschrieben habe. Hebbel kam nach Wien mit der Überzeugung zurück, Schopenhauer sei doch kein so großer Philosoph, als er geglaubt habe." Hornstein erzählt auch, dass Richard Wagners Begeisterung für den *Menschen* abgenommen habe (vgl. oben S. 153).

Vgl. auch *Julius Bahnsen* „Erinnerungen" (s. oben Anhang, S. 591).

Seite 163. Für die neue Fassung des zweiten Absatzes der Ausführungen über „Porträts und Ähnlichkeiten" wurden die Ausführungen von *Möbius* (a. a. O., S. 111), der oben genannte Aufsatz von *Karl Töwe* (vgl. oben, S. 590) und die sich an ihn knüpfenden Erörterungen von Grisebach (Neue Beiträge, S. 77 – 78) zu Rate gezogen.

Was Grisebach den Bemerkungen Töwes hinzufügt, scheint mir durchaus richtig und dadurch ein Irrtum beseitigt: Lunteschütz hatte das zweite Ölporträt, das 1858 fertig wurde, genau so wie das erste mit der Jahreszahl 1855 versehen, damit aber nicht den End-, sondern den Anfangspunkt seiner Arbeit bezeichnet. Diese Signatur konnte, wenn man das Bild selbst nicht gesehen hatte, Anlass geben, das zweite, im Städel'schen Museum zu Frankfurt aufgehängte Gemälde für eine Kopie des ersten, jetzt im Germanischen Nationalmuseum befindlichen zu halten.

Grisebach spricht in seiner Briefausgabe (S. 19) noch von einem vierten Porträt des Malers Lunteschütz. (Er vermutet, dass es mit dem von ihm aus dem Nachlass von Lindner erworbenen identisch sei. Das Gemälde befindet sich seit dem Tode Grisebachs im Besitz seiner Gemahlin, wie mir auf meine Anfrage freundlichst mitgeteilt wurde.

Seite 173. Kuno Fischers Auffassung von dem Verhältnis Schopenhauers zu seiner eigenen Philosophie und seine Ausführungen über den „schmerzlosen Pessimismus und den glücklichen Lebenslauf" sind in fast allen späteren Darstellungen angegriffen worden. Dass Schopenhauer der Zuschauer oder der betrachtende Künstler und nicht der kämpfende und ringende Philosoph war, leuchtet dabei aus so manchen Stellen seiner Werke hervor, wo er selbst von dem Wesen des Philosophierens spricht. Es sei hier nur eine dieser Stellen wiedergegeben, um darzutun, dass die vorliegende Auffassung sich rechtfertigen lässt. Schopenhauer spricht von der „Verneinung des Willens zum Leben" und beleuchtet dabei das Verhältnis von Philosoph und Philosophie (vgl. W. a. W. u. V. I, § 68, S. 492): „Es ist so wenig nötig, dass der Heilige ein Philosoph sei, als dass der Philosoph ein Heiliger sei: So wie es nicht nötig ist, dass ein vollkommener und schöner Mann ein großer Bildhauer oder dass ein großer Bildhauer auch selbst ein schöner Mann sei. Überhaupt ist es eine seltsame Anforderung an einen Moralisten, dass er keine andere Tugend empfehlen soll, als die er selbst besitzt." „Das ganze Wesen der Welt abstrakt, allgemein und deutlich in Begriffen zu wiederholen und es so als reflektiertes Abbild in bleibenden und stets bereitliegenden Begriffen der Vernunft wiederzugeben: Dieses und nichts anderes ist Philosophie."

Seite 194 ff. Grisebach hat außer der bei Reclam erschienenen mustergültigen Ausgabe nun noch eine zweite Ausgabe in Angriff genommen, die als Großherzog-Wilhelm-Ernst-Ausgabe erscheint (Leipzig, Inselverlag). Den Plan zu dieser neuen Gesamtausgabe hat der Herausgeber festgelegt in seinen „Neuen Beiträgen" (S. 67 – 68) und es geht daraus hervor, dass er sich noch fester an die von Schopenhauer gemachten Angaben halten wird. Die Ausgabe wird sich dementsprechend auf fünf Bände beschränken, was durch das dünne Papier erreicht wird. Bisher erschien der erste Doppelband, enthaltend die beiden Bücher der „Welt als Wille und Vorstellung", die „Kritik der kantischen Philosophie" und als Appendix den „Brief Schopenhauers an Rosenkranz". Da der um die Herausgabe der Schopenhauer-Werke so verdiente Grisebach inzwischen verstorben ist, wird Herr Privatdozent Dr. Brahn in Leipzig die Arbeit fortführen. An dem ursprünglichen Plan ist, wie mir der Inselverlag auf meine Anfrage mitzuteilen die Güte hatte, nur insofern eine Änderung vorgenommen, als die lateinische Fassung der „Farbenlehre" fortbleiben und die folgenden Bände nunmehr die neue Orthographie bringen werden. Im Rahmen dessen, was diese neue Ausgabe ihrer ganzen Anlage und Ausstattung nach sein will, ein Beitrag zur Bibliothek des gebildeten Laien, darf auch diese Änderung als zweckentsprechend bezeichnet werden. Die folgenden Bände sollen bis zum Ende des kommenden Jahres vorliegen. Es sei noch darauf hingewiesen, dass die neue Ausgabe sich auch zum wissenschaftlichen Arbeiten deshalb eignet, weil ihr Seiteninhalt ziemlich genau dem der Reclamausgabe entspricht und ein Umsetzen der Zitate deshalb nur mit wenig Mühe verknüpft ist. Die Reclamausgabe behält selbstverständlich neben dieser neuen Ausgabe ihren eigenen Wert. Sie ist die eigentliche Grundlage und durch die textkritischen Angaben im sechsten Band sowie durch den Nachlass unentbehrlich zum wissenschaftlichen Arbeiten und sollte die einheitlich *zitierte* Ausgabe sein.

Seite 197 ff. Es sei hier auf die oben erwähnte Arbeit von *Robert Schlüter* über die Briefe Schopenhauers kurz hingewiesen (Schopenhauers Philosophie in seinen Briefen. Leipzig 1906). Schlüter betont in ihr die *philosophische* Bedeutung der Briefe. Je klarer die Bedeutsamkeit der Schopenhauer'schen Briefe für das Verständnis seines Charakters und seiner Gedanken erkannt wird, um so mehr erwartet man eine sorgfältige Zusammenstellung all dieser Briefe, die noch immer fehlt, obwohl dieser Mangel auch von Kuno Fischer hervorgehoben wurde. Die Direktion des Inselverlages hatte die Güte, mir mitzuteilen, dass im nächsten Frühjahr ein von Herrn Dr. *Brahn* redigierter Briefband erscheinen werde; hoffentlich fällt die Auswahl so reichlich aus, dass wirklich nur die geschäftlichen Briefe ausscheiden.

Seite 199. Nach Grisebachs Angaben („Neue Beiträge", S. 67) waren 1901 von der sechsbändigen Reclam-Ausgabe im Ganzen 180 000 Bände abgesetzt und wie der Verlag auf meine Aufrage mir zu antworten die Freundlichkeit hatte, beträgt die heutige Absatzziffer der einzelnen Bände 220 000. Das Interesse an Schopenhauer ist also in stetigem Ansteigen geblieben. Neben seinen Werken haben noch Auszüge daraus für die Verbreitung seiner Gedanken gesorgt; allerdings sind diese Auszüge zum Teil sehr schlecht, zum Teil aber auch mit einigem Geschick veranstaltet worden. Schopenhauer gehört zu den wenigen Philosophen, aus deren Werken Auszüge zu machen, von einigem Wert sein kann.

Seite 476. Die oben zur Illustration von Goethes Verhältnis zur Palingenesie angeführte Stelle stammt aus dem an Frau von Stein gerichteten *Gedicht* vom 14. April 1776, das mit den Worten beginnt:

Warum gabst du uns die tiefen Blicke,
Unsre Zukunft ahnungsvoll zu schaun?

(vgl. Weimarer Ausgabe, Gedichte, Bd. 4, S. 97 u. 98 und „Goethes Briefe an Frau von Stein", herausg. von Ad. Schöll, 3. Aufl. 1899, S. 30 f.). Dies Gedicht wird erläutert durch ein Fragment eines an Wieland gerichteten Briefes (April 1776): „Ich kann mir die Bedeutsamkeit – die Macht, die diese Frau über mich hat, anders nicht erklären, als durch die Seelenwanderung. – Ja, wir waren einst Mann und Weib! Nun wissen wir von uns – verhüllt in Geisterschaft. – Ich habe keinen Namen für uns – die Vergangenheit – die Zukunft – das All" (vgl. Weimarer Ausgabe, 4. Abt., Bd. 3, S. 51 – 52). Schiller hat in seinem Gedicht „Das Geheimnis der Reminiszens" (1781) die gleiche Lösung für das Problem seiner innigen Liebe zu Laura gefunden:

„Waren unsre Wesen schon verflochten?
War es darum, dass die Herzen pochten?
Waren wir im Strahl verloschner Sonnen,
In den Tagen lang verrauschter Wonnen,
Schon in Eins zerronnen?

Ja wir waren's! – Innig mir verbunden
Warst du in Äonen, die entschwunden;"

(vgl. die Jubiläumsausgabe von Goethes Werken. Stuttgart und Berlin, Cotta, Bd. I, S. 295). – Herr Professor Rich. M. Meyer in Berlin und Herr Dr. Schüddekopf in Weimar hatten die Güte, mir bei der Textänderung und den Angaben an dieser Stelle behilflich zu sein.

Seite 575. Max Stirners Buch „Der Einzige und sein Eigentum" hat noch eine dritte Auflage gehabt (1900). Durch den Wiederabdruck in Reclams Universalbibliothek (eingeleitet von Paul Lauterbach 1892), ist es in vielen Exemplaren verbreitet worden. Es hat eine Wirkung gehabt, die ihm das Prädikat „veraltet" zu geben, jetzt nicht mehr verstattet. Im Jahre 1900 erschien es in französischer Übersetzung unter dem Titel „*L'unique et sa propriété*".

Namenregister

Auswahlbibliographie zur Schopenhauer-Literatur

Angesichts der unübersehbar gewordenen Literatur zu Schopenhauer können die folgenden Hinweise keinen Anspruch auf Vollständigkeit erheben. Die Auswahlbibliographie umfasst neben den „Schopenhauer-Klassikern" vor allem neuere Werke und ist für Leser gedacht, die ihre Schopenhauer-Lektüre nach der von Kuno Fischer gebotenen Gesamtdarstellung im Hinblick auf die Originalwerke und/oder ausgewählte Sekundärliteratur vertiefen wollen.

I) Gesamtausgaben

Arthur Schopenhauer's sämmtliche Werke, hrsg. von Eduard Grisebach, Leipzig 1890, [3]1920. (6 Bde.)

Arthur Schopenhauers sämtliche Werke, hrsg. von Paul Deussen, München 1911–1942. (15 Bde.)

Sämtliche Werke, nach der ersten, von Julius Frauenstädt besorgten Gesamtausgabe neu bearbeitet und hrsg. von Arthur Hübscher, Leipzig 1937–1941, [4]1988. (7 Bde.)

Sämtliche Werke, textkritisch bearbeitet und hrsg. von Wolfgang von Löhneysen, Stuttgart 1960–1965, Frankfurt am Main 1986. (5 Bde.)

Zürcher Ausgabe: Werke in zehn Bänden. Der Text folgt der histor.-krit. Ausgabe von Arthur Hübscher. Die editorischen Materialien besorgte Angelika Hübscher, Zürich 1977, 2007.

Arthur Schopenhauers Werke, nach der Ausgabe letzter Hand, hrsg. von Ludger Lütkehaus, Zürich 1988–1999. (5 Bde.)

II) Einzelausgaben

Schopenhauer, Arthur: Über die vierfache Wurzel des Satzes vom zureichenden Grunde, hrsg. von Michael Landmann, Hamburg [2]1970.

Schopenhauer, Arthur: Die Welt als Wille und Vorstellung. Vier Bücher nebst einem Anhange, der die Kritik der Kantischen Philosophie enthält, hrsg. von Arthur Hübscher, München 1998.

Schopenhauer, Arthur: Die Welt als Wille und Vorstellung, Band 1, hrsg. von Wolfgang Löhneysen, Frankfurt am Main [10]2007.

Schopenhauer, Arthur: Die Welt als Wille und Vorstellung, Band 2, hrsg. von Wolfgang Löhneysen, Frankfurt am Main [8]2007.

Philosophische Vorlesungen, hrsg. von Franz Mockrauer, in: Arthur Schopenhauer sämtliche Werke, 9. und 10. Bd., hrsg. von Paul Deussen, München 1913.

Schopenhauer, Arthur: Die beiden Grundprobleme der Ethik. Preisschrift über die Grundlage der Moral, hrsg. von Hans Ebeling, Hamburg 1979.

Schopenhauer, Arthur: Parerga und Paralipomena, Band I, Teil 1, hrsg. von Arthur Hübscher, Zürich 1976.

Schopenhauer, Arthur: Parerga und Paralipomena, Band I, Teil 2, hrsg. von Arthur Hübscher, Zürich 1976.

Schopenhauer, Arthur: Parerga und Paralipomena, Band II, Teil 1, hrsg. von Arthur Hübscher, Zürich 1976.

Schopenhauer, Arthur: Parerga und Paralipomena: Band II, Teil 2, hrsg. von Arthur Hübscher, Zürich 1976.

Schopenhauer, Arthur: Parerga und Paralipomena: kleine philosophische Schriften, nach der Ausgabe letzter Hand hrsg. von Ludger Lütkehaus, Zürich 1999.

Schopenhauer, Arthur: Aphorismen zur Lebensweisheit, vollständige Ausgabe mit Erläuterungen und Übersetzungen der fremdsprachigen Zitate. Mit einem Nachwort von Hermann von Braunbehrens, mit 16 Daguerreotypen und Fotos und Bilderläuterungen von Arthur Hübscher, Frankfurt am Main 1976.

Schopenhauer, Arthur: Aphorismen zur Lebensweisheit, hrsg. Georg Schwikart, Wiesbaden 2010.

Schopenhauer, Arthur: Über den Tod, München 2010.

Schopenhauer, Arthur: Über die Weiber, Zürich 1986.

Schopenhauer, Arthur: Eristische Dialektik oder Die Kunst, Recht zu behalten, Frankfurt am Main 2009.

Schopenhauer, Arthur: Ueber die, seit einigen Jahren, methodisch betriebene Verhunzung der Deutschen Sprache, hrsg. von Ludger Lütkehaus, Freiburg im Breisgau 1997.

Schopenhauer, Arthur: Senilia. Gedanken im Alter, hrsg. von Franco Volpi, München 2010.

Der handschriftliche Nachlaß, hrsg. von Arthur Hübscher, Frankfurt am Main 1966–1968. (5 Bde.)

Werke in zwei Bänden, hrsg. von Werner Brede, München – Wien 1977.

Schopenhauer, Arthur: Welt und Mensch. Eine Auswahl aus dem Gesamtwerk, hrsg. von Arthur Hübscher, Stuttgart 1992.

III) Gesamtdarstellungen, Einführungen und Biographien

Abendroth, Walter: Arthur Schopenhauer in Selbstzeugnissen und Bilddokumenten, Reinbek bei Hamburg [21]2007. (rm 133)
Ackermann, Frank: Schopenhauer. Kritische Darstellung seines Systems, Essen 2001.
Appel, Sabine: Arthur Schopenhauer. Leben und Philosophie, Düsseldorf 2007.
Copleston, Frederick, S. J.: Arthur Schopenhauer. Philosopher of Pessimism, London [2]1975.
Fleischer, Margot: Schopenhauer, Freiburg im Breisgau - Wien 2001.
Fromm, Eberhard: Arthur Schopenhauer. Vordenker des Pessimismus, Berlin 1991.
Gardiner, Patrick L.: Schopenhauer, Bristol 1997.
Grün, Klaus-Jürgen: Arthur Schopenhauer, München 2000.
Gwinner, Wilhelm von: Arthur Schopenhauer aus persönlichem Umgang dargestellt, Leipzig 1862; vielfach vermehrt und umgearbeitet; kritisch durchgesehen und mit einem Anhang neu herausgegeben von Charlotte von Gwinner, Leipzig 1922; gekürzte Neuausgabe Frankfurt am Main 1963, [2]1987.
Hauskeller, Michael: Vom Jammer des Lebens. Einführung in Schopenhauers Ethik, München 1998.
Hübscher, Angelika (Hg.): Arthur Schopenhauer: Leben und Werk in Texten und Bildern, Frankfurt am Main 1987.
Hübscher, Arthur: Denker gegen den Strom: Schopenhauer; gestern - heute - morgen, Bonn 1973.
Korfmacher, Wolfgang: Schopenhauer zur Einführung, Hamburg 1994.
Magee, Bryan: The philosophy of Schopenhauer, Oxford 1997.
Malter, Rudolf: Der eine Gedanke. Hinführung zur Philosophie Arthur Schopenhauers, Vorwort von Matthias Koßler, Darmstadt [2]2010.
Mauthner, Fritz: Schopenhauer, München 1911.
Padovani, Umberto Antonio: Arturo Schopenhauer. L'ambiente, la vita, le opere, Milano 1934.
Pisa, Karl: Schopenhauer. Kronzeuge einer unheilen Welt, Wien et.al. 1977.
Pisa, Karl: Schopenhauer. Der Philosoph des Pessimismus, München [2]1988.
Raymond, Didier: Schopenhauer, Paris 1979.
Richert, Hans: Schopenhauer. Seine Persönlichkeit, seine Lehre, seine Bedeutung, Leipzig [4]1920.
Safranski, Rüdiger: Schopenhauer und Die wilden Jahre der Philosophie, München 1987.
Schneider, Walther: Schopenhauer. Eine Biographie, Hanau o.J.
Spierling, Volker: Arthur Schopenhauer. Eine Einführung in Leben und Werk, Leipzig 1998.
Spierling, Volker: Arthur Schopenhauer zur Einführung, Hamburg [2]2006.
Volkelt, Johannes: Arthur Schopenhauer, Stuttgart [5]1923.
Weimer, Wolfgang: Schopenhauer, Darmstadt 1982.

IV) Sonstige Sekundärliteratur

Baum, Günther, und Dieter Birnbacher (Hrsg.): Schopenhauer und die Künste, Göttingen 2005.
Berg, Robert J.: „Objektiver Idealismus" und „Voluntarismus" in der Metaphysik Schellings und Schopenhauers, Würzburg 2003.
Birnbacher, Dieter (Hg.): Schopenhauer in der Philosophie der Gegenwart, Würzburg 1996.
Bobko, Aleksander: Schopenhauers Philosophie des Leidens, Würzburg 2001.
Böhmer, Otto A.: Schopenhauer oder die Erfindung der Altersweisheit, München 2010.
Booms, Martin: Aporie und Subjekt. Die erkenntnistheoretische Entfaltungslogik der Philosophie Schopenhauers, Würzburg 2003.
Broese, Konstantin, und Matthias Koßler und Barbara Salaquarda (Hrsg.): Die Deutung der Welt. Jörg Salaquardas Schriften zu Arthur Schopenhauer, Würzburg 2007.
Bucher, Edwald (Hg.): Von der Aktualität Schopenhauers. Festschrift zum 75. Geburtstag Arthur Hübschers, Frankfurt am Main 1972. (= Schopenhauer Jahrbuch 53)
Buschendorf, Christa: The Highpriest of Pessimism. Zur Rezeption Schopenhauers in den USA, Heidelberg 2008.
Dörpinghaus, Andreas: Mundus pessimus. Untersuchungen zum philosophischen Pessimismus Arthur Schopenhauers, Würzburg 1997.
Estermann, Alfred: Arthur Schopenhauer. Szenen aus der Umgebung der Philosophie, Frankfurt am Main 2000.
Fleischer, Margot: Schopenhauer als Kritiker der Kantischen Ethik. Eine kritische Dokumentation, Würzburg 2003.
Gödde, Günter: Traditionslinien des „Unbewußten": Schopenhauer, Nietzsche, Freud, Tübingen 1999.
Grün, Klaus J.: Arthur Schopenhauer interkulturell gelesen, Nordhausen 2005.
Haffmans, Gerd (Hg.): Über Arthur Schopenhauer, Zürich 1981.
Hallich, Oliver: Mitleid und Moral. Schopenhauers Leidensethik und die moderne Moralphilosophie, Würzburg 1998.

Hamlyn, David W.: Schopenhauer. The arguments of the philosophers, London 1980.
Haucke, Kai: Leben & Leiden. Zur Aktualität und Einheit der schopenhauerschen Philosophie, Berlin 2007.
Hesse, Sascha: Schopenhauer und das Christentum. Eine religionsphilosophische Studie, Berlin 2006.
Hühn, Lore (Hg.): Die Ethik Arthur Schopenhauers im Ausgang von Deutschen Idealismus, Würzburg 2006.
Hühn, Lore (Hg.): Die Philosophie des Tragischen. Schopenhauer – Schelling – Nietzsche, Berlin 2010.
Koßler, Matthias: Empirische Ethik und christliche Moral: Zur Differenz einer areligiösen und einer religiösen Grundlegung der Ethik am Beispiel der Gegenüberstellung Schopenhauers mit Augustinus, der Scholastik und Luther, Würzburg 1999.
Koßler, Matthias, und Dieter Birnbacher und Heinz G. Ingenkamp (Hrsg.): Die Entdeckung des Unbewußten. Die Bedeutung Schopenhauers für das moderne Bild des Menschen, Würzburg 2005.
Koßler, Matthias (Hg.): Musik als Wille und Welt. Schopenhauers Philosophie der Musik, Würzburg 2010.
Köttelwesch, Clemens (Hg.): Wege zu Schopenhauer. Arthur Hübscher zu Ehren. Festgabe zum 80. Geburtstag, Wiesbaden 1978.
Kropf, Andrea: Philosophie und Parapsychologie. Zur Rezeptionsgeschichte parapsychologischer Phänomene am Beispiel Kants, Schopenhauers und C. G. Jung, Münster 2000.
Lauxtermann, Paul F. H.: Schopenhauer's Broken World View. Colours and Ethics between Kant and Goethe, Dordrecht 2000.
Lehmann, Günther K.: Ästhetik der Utopie. Arthur Schopenhauer, Sören Kierkegaard, Georg Simmel, Max Weber, Ernst Bloch, Stuttgart 1995.
Lessing, Theodor: Schopenhauer, Wagner, Nietzsche. Einführung in moderne deutsche Philosophie, hrsg. von Detlef Weigt, Leipzig 2008.
Malter, Rudolf: Arthur Schopenhauer. Transzendentalphilosophie und Metaphysik des Willens, Stuttgart – Bad Cannstatt 1991.
Mann, Thomas: Schopenhauer, Stockholm 1938.
Meyer, Michael: Willensverneinung und Lebensbejahung: zur Bedeutung von Schopenhauer und Nietzsche im Werk Ricarda Huchs, Frankfurt am Main – Berlin et.al. 1998.
Pica Ciamarra, Leonardo: L' antropologia di Schopenhauer, Napoli 1996.
Pothast, Ulrich: Die eigentlich metaphysische Tätigkeit. Über Schopenhauers Ästhetik und ihre Anwendung durch Samuel Beckett, Frankfurt am Main 1982.
Safranski, Rüdiger (Hg.): Schopenhauer, München 1995.
Schmidt, Alfred: Die Wahrheit im Gewande der Lüge. Schopenhauers Religionsphilosophie, München 1986.
Scholz, Werner: Arthur Schopenhauer. Ein Philosoph zwischen westlicher und östlicher Tradition, Frankfurt am Main – Berlin et.al. 1996.
Schubbe, Daniel: Philosophie des Zwischen. Hermeneutik und Aporetik bei Schopenhauer, Würzburg 2010.
Schultz, Susanne: Determinismus oder Willensfreiheit. Ein Vergleich der Theorien von Arthur Schopenhauer und Peter Bieri, hrsg. von Björn Bedey, Marburg 2005.
Scruton, Roger: German philosophers. Kant, Hegel, Schopenhauer, Nietzsche, Oxford et.al., 1997.
Simmel, Georg: Schopenhauer und Nietzsche. Tendenzen im deutschen Leben und Denken seit 1870, Hamburg 1990.
Spierling, Volker (Hg.): Materialien zu Schopenhauers „Die Welt als Wille und Vorstellung", Frankfurt am Main 1984.
Spierling, Volker (Hg.): Schopenhauer im Denken der Gegenwart, München 1987.
Spierling, Volker: Arthur Schopenhauer. Philosophie als Kunst und Erkenntnis, Frankfurt am Main 1994.
Weiner, Thomas: Die Philosophie Arthur Schopenhauers und ihre Rezeption, Hildesheim et.al. 2000.
Weiper, Susanne: Triebfeder und höchstes Gut. Untersuchungen zum Problem der sittlichen Motivation bei Kant, Schopenhauer und Scheler, Würzburg 2000.
Welsen, Peter: Schopenhauers Theorie des Subjekts, Würzburg 1995.
Wilhelm, Karl Werner: Zwischen Allwissenheitlehre und Verzweiflung. Der Ort der Religion in der Philosophie Schopenhauers, Hildesheim et.al. 1994.
Zentner, Marcel: Die Flucht ins Vergessen. Die Anfänge der Psychoanalyse Freuds bei Schopenhauer, Darmstadt 1995.

V) Bibliographien, Lexika, Zeitschriften

Frauenstädt, Julius: Schopenhauer-Lexikon. Ein philosophisches Wörterbuch nach Arthur Schopenhauers sämmtlichen Schriften und handschriftlichem Nachlaß, 2 Bde., Leipzig 1871.

Grisebach, Eduard: Edita und Inedita Schopenhaueriana. Eine Schopenhauer-Bibliographie sowie Randschriften und Briefe Arthur Schopenhauer's, mit Porträt, Wappen und Facsimile der Handschrift des Meisters, Leipzig 1888.

Wagner, Gustav Friedrich: Schopenhauer-Register, neu hrsg. von Arthur Hübscher, Stuttgart – Bad Cannstatt ²1960.

Hübscher, Arthur: Schopenhauer-Bildnisse: eine Ikonographie, Frankfurt am Main 1968.

Hübscher, Arthur: Schopenhauer-Bibliographie, Stuttgart – Bad Cannstatt 1981. [Berichtszeitraum: 1813 bis 1980]

Estermann, Alfred: Die Autographen des Schopenhauerarchivs der Stadt- und Universitätsbibliothek Frankfurt am Main, Stuttgart – Bad Cannstatt 1988.

Gabel, Gernot U.: Schopenhauer. Ein Verzeichnis westeuropäischer und nordamerikanischer Hochschulschriften 1885 – 1985, Köln 1988. (Verzeichnis von Dissertationen mit 289 Titeln.)

Klamp, Gerhard: Schopenhauertradition und -forschung im 20. Jahrhundert, in: Zeitschrift für philosophische Forschung 14, 1960, Nr. 3. (S. 82–97)

Schirmacher, Wolfgang: Die Schopenhauer-Literatur übersehbar gemacht, in: 63. Schopenhauer-Jahrbuch 1982. (S. 120–122)

Aul, Joachim: Schopenhauer-Bibliographie, Vorwort von Margit Ruffing, Mikrofiche-Ausgabe, Stand: Juli 1995, Frankfurt am Main 1996. [Berichtszeitraum: ältere Literatur nicht in Abstimmung mit Hübscher-Bibliographie; 1880 bis 1995]

Die einzige laufende, periodische Schopenhauer-Bibliographie bringt das Schopenhauer-Jahrbuch, seit dem 2. Bd. 1913, einsetzend 1910.

Generalregister zu den Schopenhauer-Jahrbüchern Jg. 1–60 (1912 – 1979), erstellt von Fritz Zimbrich, Frankfurt am Main 1979.

VI) Briefe, Tagebücher, Gespräche und Übersetzungen

Arthur Schopenhauer: Gesammelte Briefe, hrsg. von Arthur Hübscher, Bonn ²1987.

Brockhaus, Friedrich A.: Das Buch als Wille und Vorstellung: Arthur Schopenhauers Briefwechsel mit Friedrich Arnold Brockhaus, hrsg. von Ludger Lütkehaus, München 1996.

Hübscher, Angelika (Hg.): Arthur Schopenhauer: ein Lebensbild in Briefen, Frankfurt am Main 1989.

Schopenhauer, Arthur: Die Reisetagebücher, hrsg. von Ludger Lütkehaus, Zürich 1988.

Arthur Schopenhauer: Gespräche, hrsg. von Arthur Hübscher, Stuttgart – Bad Cannstatt ²1971.

Gracián, Balthasar: Handorakel und die Kunst der Weltklugheit, übers. von Arthur Schopenhauer, hrsg. von Otto v. Taube, Franfurt am Main – Leipzig 2009.

VII) Elektronische Medien: Tonkassetten, CD-Rom, Internetadressen

Strohm, Harald: Arthur Schopenhauer. Ein Überblick über seine Philosophie, Heidelberg 1999. (= 5 Tonkassetten, ca. 337 Minuten)

Schopenhauer im Kontext III – Werke, Vorlesungen, Nachlaß und Briefwechsel auf CD-Rom, Volltextretrievalsystem ViewLit, 1. Aufl. 2008.

Schopenhauer-Gesellschaft e.V. [http://www.schopenhauer-online.de]

Schopenhauer-Jahrbuch [http://www.ksc.kwansei.ac.jp/~95024w/schopenhauer-jahrbuch]

Schopenhauer-Archiv d. Stadt- u. Universitätsbibliothek Frankfurt a. M. [http://www.stub.uni-frankfurt.de/schop.htm]